中華古籍保護計劃

成　果

《書目題跋叢書》工作委員會

《書目題跋叢書》編輯委員會

書目題跋叢書

日本訪書志校證

上册

〔清〕楊守敬 著
李小龍 校證

中華書局

圖書在版編目(CIP)數據

日本訪書志校證/(清)楊守敬著;李小龍校證. —北京:中華書局,2024.12
(書目題跋叢書)
ISBN 978-7-101-16528-9

Ⅰ.日… Ⅱ.①楊…②李… Ⅲ.古籍-圖書目録-中國 Ⅳ.Z838

中國國家版本館 CIP 數據核字(2024)第 027140 號

責任編輯:李芃蓓
封面設計:劉　麗
責任印製:陳麗娜

書目題跋叢書
日本訪書志校證
(全二册)
〔清〕楊守敬 著
李小龍 校證
*
中華書局出版發行
(北京市豐臺區太平橋西里 38 號　100073)
http://www.zhbc.com.cn
E-mail:zhbc@zhbc.com.cn
河北新華第一印刷有限責任公司印刷
*
850×1168 毫米 1/32 · 31½印張 · 4 插頁 · 630 千字
2024 年 12 月第 1 版　2024 年 12 月第 1 次印刷
印數:1-2000 册　定價:198.00 元

ISBN 978-7-101-16528-9

《書目題跋叢書》編纂説明

中華民族夙有重視藏書及編製書目的優良傳統，並以「辨章學術，考鏡源流」作爲目録編製的宗旨。

漢唐以來，公私藏書未嘗中斷，目録體制隨之發展，門類齊全，蔚爲大觀。延及清代，至於晚近，書目題跋之編撰益爲流行，著作稱盛。歷代藏家多爲飽學之士，竭力搜采之外，躬親傳鈔、校勘、編目、題跋諸事，遂使圖書與目録，如驂之靳，相輔而行。時過景遷，典籍或有逸散，完璧難求，而書目題跋既存，不僅令專門學者得徵文考獻之助，亦使後學獲初窺問學門徑之便。由是觀之，書目建設對於中華古籍繼絶存亡、保存維護，厥功至偉。

上世紀五十年代，古典文學出版社、中華書局等曾出版歷代書目題跋數十種，因當年印數較少，日久年深，漸難滿足學界需索。本世紀初，目録學著作整理研究之風復興，上海古籍出版社、中華書局分别編纂《中國歷代書目題跋叢書》及《書目題跋叢書》，已整理出版書目題跋類著作近百種。書目題跋的整理出版，不但對傳統學術研究裨益良多，與此同時，又在當前的古籍普查登記、保護研究等領域發揮了重要作用。

二〇一六年，經《中國歷代書目題跋叢書》第四輯主編、復旦大學吴格教授提議，由國家古籍保護中心聯合中華書局及復旦大學，全面梳理歷代目録學著作（尤其是未刊稿鈔本），整理目録學典籍，將其作爲調查中國古籍存藏狀況，優化古籍編目，提高整理人才素質的重要項目，納入中華古籍保護計劃框架。項目使用「書目題跋叢書」名稱，由國家古籍保護中心統籌管理，吴格、張志清兩位先生分司審訂，中華書局承擔出版。入選著作以國家圖書館所藏書目文獻爲基礎，徵及各地圖書館及私人藏本，邀請同道分任整理點校工作。出版采用繁體直排，力求宜用。

整理舛譌不當處，敬期讀者不吝指教，俾便遵改。

《書目題跋叢書》編委會

二〇一九年五月

前言

中華優秀傳統文化都深藏在無數的典籍中，從傳説中的河圖、洛書，到三墳、五典、八索、九丘，再到五經四書、經史子集，中華文明中的典籍用浩若煙海來形容毫不爲過。然而，典籍的保護與流傳也頗多艱難，火災、水災、書蟲等天災與兵燹這樣的人害，都是文獻傳承的大敵。正因如此，歷史上許多爲守護典籍而付出畢生甚至數代人心血的藏書家才會爲中華文化史所銘記。不過，這些藏書大家的典藏都在中華典籍文獻承傳的内部，如果把視野轉移到中外文獻交流的歷史中，就會重新發現有一位劃時代的大家——楊守敬。

一、楊守敬日本訪書的主客觀條件

楊守敬日本訪書的壯舉既有客觀的條件，也有主觀的因緣。

客觀而言，正如楊氏自己在《日本訪書志緣起》中所云：「日本維新之際，頗欲廢漢學，故家舊藏幾於論斤估值。爾時販鬻於我土者，不下數千萬卷。」這的確是一個千載難逢的時機——雖然此一時機出現的背景，恰恰是中、西文明進程此消彼長形勢下引發日本「脱亞入歐」的轉向，但不得不説，在日人仰慕中華文化之時，這些古鈔、古刊之漢籍便被視若拱璧；當其掉頭不顧之時，也便不過數册廢紙罷了；而彼時之中國雖從鴉片戰争後便元氣大傷，並無餘力保護典籍，但這些典籍所承載的仍然是中華文化，是中國人的核心價值，所以雖處於千年未有的極衰之世，國人仍甘拋心力維護典籍之綿延。

以上的客觀條件從楊氏本人到學界已多有叙述，此不贅言。然而，其主觀因緣則人多未及，這個因緣也很簡單，那就是楊守敬對典籍的熱愛。

其實，楊守敬只不過是駐日公使之隨員，像他的上司第一任中國駐日公使何如璋與第二任黎庶昌，位高權重，資金充足，遇此千載難逢的良機，本應有更大成就，但事實却並非如此。何如璋在此似全無可稱。黎庶昌稍有建樹，然亦端賴《古逸叢書》之刊行——而衆所周知，此叢書的關鍵主事者實爲楊守敬；除此書之外，細觀黎氏書目，並未發現其在日本所藏漢籍善本舶歸之上有何貢獻（其藏書仍爲傳統中國文人之樣貌格局，偶有和本，亦不過聊備一格〔二〕），其實黎氏兩度駐日，長達六年，且前有楊守敬襄助《古逸叢書》爲先導，於漢籍舶歸之事本當更有作爲。

此外，即便是楊守敬的某些同事，或許也比他機會更好，比如在他之前任何如璋參贊的黃遵憲。黃氏是最早睜眼看世界的中國文人之一，其所撰《日本雜事詩》及《日本國志》對國人瞭解日本功莫大焉。其光緒五年出版的《日本雜事詩》中有詩云：「鐵壁能逃劫火燒，金繩幾縛錦囊苞。彩鸞《詩韻》《公羊傳》，頗有唐人手筆鈔。」詩後自注云：「變法之初，唾棄漢學，以爲無用，争出以易貨，連檣捆載，販之羊城。余到東京時，既稍加珍重。然唐鈔宋刻，時復邂逅相遇。及楊惺吾廣文來，余語以此事，並屬其廣爲搜輯，黎蒓齋星使因有《古逸叢書》之舉，此後則購取甚難矣。」觀楊氏《日本訪書志緣起》中有云：「猶憶前數年有蔡姓者載書一船，道出宜昌。友人饒季音得南宋板《吕氏讀詩記》一部，據云宋、元槧甚多。意必有秘笈孤本錯雜於其中，未知流落得所否。今余收拾於殘剩之後，不能不爲來遲恨，亦不能不爲書恨也。」與黃氏所言可一一對照，或楊氏此條即由黃氏自注而來，則黃氏或爲楊守敬日本訪書的指導者。也就是説，他更早到日本，亦清楚此爲搜求漢籍千載難逢之良機；其任參贊的時間三年有奇，與楊氏亦相仿佛，但他也與大量漢籍善本失之交臂[三]。從《日本雜事詩》的其他作品或可看出問題所在：雖然他也曾提及數種中土散佚之典，如云「《論語》皇疏久代薪，海神呵護尚如新。《孝經》亦有康成注，合付編摩《鄭志》人」，提及《論語義疏》及《孝經鄭注》，並因後者又於注中言及《群書治要》；然在此詩前又有一詩云「博士來從繼體初，五經亦自劫灰餘。航頭古典欺人語，何處瑯環覓異書」，自注云：「余來東後，遍搜群籍，足利學校、水户書庫，皆藏書極富者，未聞有逸書也。歐陽公《日本刀歌》曰：『徐福行時書未焚，逸《書》百篇今尚存。令嚴不許傳中國，舉世無人識古文。先王大典藏蠻貊，蒼波浩蕩無通津。』亦儒者妄想，明豐坊因之遂有僞《尚書》之刻，是亦姚興《舜典》得自航頭之故智也。」可見黄氏雖關注到日本之逸書，却以歐陽修「逸書百篇今尚存」爲「儒者妄想」，爲「欺人説」〔三〕。或者他堅持把「逸書」理解爲「逸《書》」而不肯將此概念稍加延伸，從而關注其囑楊氏語中之「唐鈔宋刻」。楊守敬對黄氏當極欽佩，在一跋語中楊氏云：「光緒庚辰，大埔何子峨爲日本公使，書來招守敬東渡襄使事。赴之，則嘉應黄公度方爲參贊，磊落英多，洞悉五洲政治，與其國士大夫酬酢，即席爲西江詩，驚其國人。……當是時，新學始萌芽，若使得竟其施，當必有自强之術，融和中外，必不至演爲大劇，使貧弱至此。」〔四〕故其或遵黄氏所囑，兢兢業業，竟爲大觀。

另有一位較楊守敬稍晚渡日的公使館隨員姚文棟亦逢其時，他對日藏漢籍的情況有充分瞭解，曾云：「明治維新以後，西學興而漢籍替，世禄廢而學士貧，將不能保其所有，其流落歸於澌滅者，翹足可待也。」且亦慫恿刊行《經籍訪古志》，故亦當有所獲。據王賽《續補藏書紀事詩》云，其「家有昌明文社書庫，藏十六萬卷，以日本版本爲最多」〔五〕，又顧廷龍「年輕時曾到南翔姚文棟家拜訪。當時姚文棟家收藏的從日本帶回的刻本和鈔本放滿了兩個大房間」。可惜這些藏書或散佚於義和團運動中，或於一九三八年爲日軍炸毁〔六〕。這自然非常可惜，從其僅存之書目可見其收穫亦有價值，但不得不説，即使其書巋然而存，在漢籍舶歸史上亦未可與楊守敬争一日之長。

前述諸人在條件上當優於楊守敬，作爲當時的傳統文人，他們也自然對典籍有一定的認識，那爲何是楊守敬承擔起了這一責任？歷史的經緯異常複雜，自然無法假設，平心而論，似只能歸結到一點，就是楊守敬更加熱愛書籍。這種熱愛在《日本訪書志》諸多條目之論述中即可體會到，此不備舉，僅引楊守敬致友人黄萼書信中語即可見：「弟現在所藏書已幾十萬卷，其中秘本，亦幾萬卷，就中有宋板藏書五千六百册，大約在本朝惟錢遵王藏書可以相並，其他皆不足言也。自幸此身有此奇遇，故一切富貴皆漠不關懷，計明年之冬，當返國赴黄岡任，他日必邀仁兄一賞奇也。」〔七〕

二、楊守敬日本訪書的實績

有此機緣，楊氏訪書之實績又如何呢？

首先看搜書之數量。楊氏于光緒六年四月東渡日本，然因何如璋與副使張斯桂於隨員安排争議之故，尚未受職而暫居使館，此後接替何如璋之公使定爲許景澄，楊氏名分甫定，然其年冬，許氏赴任前又因丁艱而未果，直至次年，後任公使方定由黎庶昌接任。光緒七年二月，楊守敬即向黎氏展示了《日本訪書志緣起》，中云「日遊市上，凡板已毁壞者皆購之，不一年遂有三萬餘卷」，自光緒六年四月至次年二月，計十閱月而已，楊氏初渡日本，任職之事又多起波瀾，加之家中曾生變故（其弟病故，且有虧累，楊「焦灼萬分」〔八〕），然楊氏仍能「日遊市上」，終購得「三萬餘卷」，實稱豪舉。又前引致黄蕚信中云「明年之冬，當返國赴黄岡任」，其部選黄岡縣教諭在光緒九年，則此信當寫於光緒八年，據前寫《日本訪書志緣起》時大致又過一年，所收書之數量已「幾十萬卷」，三倍於前。然其《古逸叢書》仍未完成，黎庶昌「以公文咨鄂督，言守敬有經手事件，請委人代署」，故又延至光緒十年四月方始回國，則又遷延年餘，自然又有增益。具體數量，有學者統計，「楊氏藏書有五千一百三十二種，一萬七千零五十一卷，其中經部九百二十六種，一萬九千九百四十七卷；史部九百三十種，兩萬七千六百九十三卷；子部一千七百五十四種，六萬二千六百二十八卷；集部一千一百一十種，三萬二千三百一十九卷；叢書一百二十三種，一萬一千一百八十卷；類别待定的有二百八十九種，三千二百八十四卷」，並云「加上其賣出的部分，比較可靠的數據大約在二十萬卷左右」，然其認爲「楊守敬自己號稱其藏書有幾十萬卷，但這只是楊守敬的一面之詞，多少有些吹嘘和誇張的成份」〔九〕，却是對楊氏致黄蕚函用語之誤解，原文云「弟現在所藏書已幾十萬卷，其中秘本，亦幾萬卷」，此處之「幾」均當讀陽平，爲「接近」之義，而非上聲之「若干」義。大體而言，其舶歸之典籍當有五六千種，約二十萬卷。

此數量在當時藏書家中已可稱翹楚，但楊氏所藏之意義尚不止此。簡而言之，還有以下兩點。

一者，楊氏藏書珍善之本極多。

前引楊氏致黃蕚函中言「就中有宋板藏書五千六百册」，此後致信繆荃孫時又云「唯有宋槧全《藏》六千餘册」〔一〇〕，前云「五千六百册」自不包括後者，一來後者之數量多於前者，二來後者之購入時間晚於楊氏致黃蕚信時。此兩點尚需詳論。就數量而言，楊氏致繆氏函中所言或爲虛數，稍有不確，據《日本訪書志》所載，楊氏所得爲「五千七百四十卷」，以卷各一册計，不至有「六千餘册」，然亦當多於「五千六百册」。就購入時間論，前文已指出，楊氏致黃蕚函當在光緒八年，故稱其欲歸國赴黃岡教諭任爲「明年」，而此《資福藏》之購得，《日本訪書志》所載並無明確紀年，然據國家圖書館所藏此《藏》目録之末楊氏手跋，有「光緒癸未二月宜都楊守敬記」字樣，知跋於光緒九年，故前云「宋板藏書五千六百册」時尚未購入此《藏》。僅據此即可知，楊氏所藏宋刊本在萬册以上，這一數量在中國藏書史上恐怕也是前無古人、後無來者的。即以名動海内外、以「皕宋」相標榜的陸心源皕宋樓舊藏而言，據日人島田翰《皕宋樓藏書源流考》一文檢點，「不過宋本百十部、元本百五十五部，約四千餘册」〔二〕，此數量是宋本、元本之總量，據《静嘉堂文庫漢籍分類目録》所載，皕宋樓舊藏宋本一百二十四種，二千七百七十九册，則楊氏所藏僅從册數而言，幾於陸氏舊藏四倍。然此數量僅有册數而無種數，據前引武茂昌統計云，楊氏舊藏宋本五十五種，金元本一百八十種，然此數字僅爲作者以《故宫所藏觀海堂書目》爲主、參以其他數種目録而成者，並不確切，因楊氏歸國即將所藏珍善之本漸次出售，此類書籍多未體現於上述各目中。即以《日本訪書志》所載，便有宋本五十餘種，整理者所輯之《日本訪書志再補》所補宋本數量與前相埒，二者間偶有重覆，亦有個别文獻楊氏判爲宋本未有確據，然總數已非武氏統計之五十五種所能限。總之，目前若欲還原楊氏舶歸典籍之具體數量尤其是宋、元本數量，尚無可能，但其數量之大，則當毋庸置疑。

僅就此前所述藏書數量及珍善之本而言，楊氏説「大約在本朝惟錢遵王藏書可以相並，其他皆不足言也」，亦頗得其實。然而楊氏藏書還有一特點，又爲錢曾藏書所無，即楊氏所藏的第二個特點：增生型，此點尤爲重要。

此所謂「增生型」亦有二義。

一是從具體實物形態而言，相對於中國傳統藏書家之藏品大多源自本國之藏家，如皕宋樓大量宋本即來自上海藏書家郁松年之類，楊守敬的藏書幾乎全部來自域外。從這個意義上説，歷代藏書家的收藏不過是楚得楚失式的流傳，在我國典籍流傳史上，只是藏主在變化，典籍總量並無增加。而楊守敬所藏基本都來自東瀛，其舶歸的每一册文獻都是此前在海内沒有的，因此，對中華傳統文獻而言均爲增量。借用顧炎武論著書時的説法，傳統藏書家的藏品得來是「今人則買舊錢，名之曰廢銅，以充鑄而已」，而楊氏藏品的得來則頗類於「古人采銅於山」〔一二〕。

二是從抽象的角度來看，楊氏舊藏不僅在物質形態上增加了中華傳統文獻的總量，更重要的是，他的收藏在很大程度上對中華傳統文獻有補充意義。也就是説，增加總量或許只是增加了很多的複本，而補充意義則不然。在這一點上，楊氏主持刊行的《古逸叢書》便帶有某種象徵意義。《古逸叢書》共收二十六種，從某種程度上看，幾乎每部對傳統文獻都有特殊的價值。當然，對此二十六部文獻的收入，楊守敬本人也有不滿之處，關鍵在於此叢書的主持者實是黎庶昌，楊守敬並不能完全實現自己的想法（可參見《日本訪書志》中有關條目）。此外學界亦偶有争議，比如有日本學者對某些文獻的翻刻頗多指摘之辭〔一三〕，國内亦有類似聲音〔一四〕，但或許都並不恰當，因爲有的是以當下影印本的效果來要求的，甚至詳細比較《古逸叢書》本與原本字畫上的細微誤差，以此證明《古逸叢書》並不能與原本完全吻合；有的又指責楊氏對原本的部分訛誤曾加改正，沒有保留文獻的原貌，完全沒有考慮到楊守敬時代幾乎所有古籍翻刻都會有或多或少的改正——事實上，主持者往往也認爲這樣的改正是應有之義，如果不加改正反倒更簡單，但主持者却甘拋心力做了這樣的事，其實對那個沒有當下先進影印技術的時代來説，這只是慣例，因爲這樣的工作既是對原始典籍的保存，也是延續，二者合一[一五]。但即使如此，也從來沒有人否認《古逸叢書》在中華典籍舶歸史上劃時代的意義。從這個角度來説，可以把楊氏舊藏當作一個大號的《古逸叢書》，其實楊氏在東瀛訪書時，面對一本典籍要不要納入囊中，其第一考量正是基於這一補充的意義。

楊氏藏書的意義亦可從另一角度來體察。

據《日本訪書志》楊守敬自序云「光緒庚辰之夏，守敬應大埔何公使如璋之召，赴日本充當隨員。於其書肆頗得舊本。旋交其國醫員森立之，見所著《經籍訪古志》，遂按録索之」，可知楊氏如此短的時間搜求到如此多且精的典籍，《經籍訪古志》功不可没。而《經籍訪古志》從某種意義上説，又是日本保存漢籍的一大結穴。楊守敬於《日本訪書志緣起》中云：「日本收藏家除足利官學外，以金澤文庫爲最古，當我元、明之間，今日流傳宋本大半是其所遺。次則養安院，當明之季世，亦多宋、元本，且有朝鮮古本。此下則以近世狩谷望之求古樓爲最富，雖其楓山官庫、昌平官學所儲，亦不及也。又有市野光彦、澁江道純、小島尚質及森立之，皆儲藏之有名者。余之所得，大抵諸家之遺。」金澤文庫之典籍，多有散佚，與民間收藏一起，遞入養安院、求古樓，再至森立之等人，其成果，便是《經籍訪古志》。關於此書，推動其出版的姚文棟曾云：「日本之有古書會由來已久。此書會中所輯，先後相承，出於衆手。蓋搜訪勤則見聞日積，討論密則來歷益詳。中土古本之流落外洋者，散而得聚，晦而得彰，胥於此書是賴。」[一六]這部書並非澁江氏或森氏自家藏書之書志，而是一種「經眼録」與「善本志」之混合，是一部「日本十九世紀中期各私家收藏及部分官庫收藏……的日本藏漢籍善本書志」[一七]。楊氏按圖索驥，求購書籍質量便可得到保證。

日本學者橋川時雄曾在北京書肆購得楊守敬手批本《經籍訪古志》，長澤規矩也曾撰文介紹，其前有楊氏識語云：「大抵此書所載佳本，守敬約得其半；其不能得者，亦多方影抄之；至於奇籍出於此録之外者，守敬亦多有之。俟《訪書志》成，而後知守敬苦心搜羅，爲日人所驚訝者也。」[一八]知楊氏有意以此爲嚮導，且其所得，竟至其半，比例已極高。然細檢長澤氏所述楊氏手批，知爲其所得者皆有「在飛青閣」等批語，計之竟有五百種之多，事實上，《經籍訪古志》總共收録之文獻包括複本大約不過七百六十部，楊氏所得，則三分有其二！更何況前所引識語又云「至於奇籍出於此録之外者，守敬亦多有之」；在《日本訪書志緣起》中，也有類似的表達：「日本舊有鈔本《經籍訪古志》七卷，近時澀江道純、森立之同撰。所載今頗有不可蹤跡者。然余之所得爲此志之所遺，正復不少。」

越深入瞭解楊氏舶歸之典，越會發現其意義之重大，或可與敦煌文獻的發現作一對比。當然，後者數量更龐大，補充原本所缺失之文獻更多；但從文獻之精粹角度言之，則遠不如楊守敬所得，大多爲正經正史，爲中華傳統文獻中之要者。

三、楊氏訪書前的文獻功底問題

日本文獻學家長澤規矩也在其《日本書誌學研究史》中云「至於受到遺老森立之的指導而精通書誌學的，還有楊守敬」，這一説法影響很大，然此文之譯者亦不同意，其加注云：「楊氏自幼工于學，尤以史地學著稱（羅振玉評之爲清代三絶），亦以目録學名世。楊氏在目録學方面的著作有《增訂叢書舉要》《續群書拾補》等等。雖然在日本漢籍方面受過森立之的饋贈與影響，如楊氏《日本訪書志序》：『旋交其國醫員森立之，見所著《經籍訪古志》，遂按録索之。』但若説受森立之『指導而精通書誌學』，此論恐未公。」〔一九〕不過，此處之辯駁似亦不切，因楊氏被羅振玉評爲「清代三絶」之關鍵在《水經注疏》，與後舉之目録學二著作均爲歸國後所作，似尚不能説明問題。

其實，關於楊氏未東渡前之文獻功底，不必臚列此前的各項著述，僅從其自述中亦可窺一斑。其與巖谷一六有筆談留存，筆談中楊守敬説：「弟自覺寡學，中年憂患，年四十二即已鬚髮半白。」從「年四十二」可知此筆談在東渡之第一年。此筆談第一句，楊氏即云「弟平生酷愛圖籍」，文獻功底之基礎，實即在「酷愛圖籍」四字之中，此數字絶非森立之之「指導」所可至者，自是楊氏天性而已。若覺此證尚嫌單薄，在此筆談中還有更充足之證據，在「論學」時楊守敬説：

承諸君之厚意，不以爲鄙俗，弟始敢述所懷。弟於目録學亦頗留意。中土自喪亂後，經籍淪亡，使後生小子求書無路。前歲在京有張君湘濤，名之洞號孝達，知之否？其在四川督學時，撰一書曰《書目問答》，收羅極廣。然漢學、宋學之書取之甚少，且羅列各本不分良莠。弟嘗惱之。欲另撰一書，列入各善本，並注明其佚存，及其版今在何家。對漢、宋部分亦各略注其概説。此書如貴國能刊刻，也可了解中土現在學術之門徑。且此書只不過五、六本，刻之也易。如有此意，我將克期完成之。〔二〇〕

張之洞《書目答問》影響極廣,「承學之士,視爲津筏,幾於家置一編」〔二一〕,但楊守敬却頗有不滿,以其「羅列各本不分良莠」,此實知者之言,若無深湛之文獻功底,絶無此等認識。且「欲另撰一書,列入各善本,並注明其佚存,及其版今在何家」,此書之難度極大,然楊氏視之甚易,「如貴國能刊刻……我將克期完成之」。雖然巖谷氏未置可否,此事亦不了了之,然從此段對話可知楊氏於文獻寢饋之力。甚至在與宮島誠一郎對話時,還説出了「弟不佞,若使弟遇狩谷,固當北面;若使弟遇息軒,則當與並驅中原,未知鹿死誰手」〔二二〕的豪言,這自然有其早年打下的文獻基礎加持。

然而,《清客筆話》中有一段記載則似非如此。其至日本之次年八月,與森立之筆談中云:「僕以前專心金石文字,於經史未用功,近日始頗有意學之,然年已四十有三,兩鬢已白,恐終無成耳。然貴邦可與談學問者,公之外尚有幾人,當訪之。公耄而好學,我輩愧汗。僕若得留此,當常往來求教,公以爲孺子可教否?」〔二三〕又與前引長澤所云之「指導」吻合,那麽,如何理解這一表達呢?其實,此處所謂「文獻功底」頗需界定。就楊守敬而言,自幼工學,且多有著述,文獻功底自然不差,但這裏指的是對中國文獻的熟稔,至東瀛訪書,流傳於日本的中國典籍與日本翻刻者,與楊守敬早年積累的文獻經驗便頗有參差,因此,若想在日本搜羅漢籍,其實還需要對日本文獻的流傳樣貌有深入瞭解方可。就此而言，楊氏相比於沉浸其中數十年的森立之，自然需要指引。但這並不能直接把楊守敬這樣一位文獻巨匠的成長歸功於森立之等人。事實上，若易地而處，森氏至中國訪書，向楊氏請教亦是自然之理。

前引楊氏致黄蕘函云：「學問一事，敬以前皆毫未聞，自來此，因縱覽數萬卷書，始知此中門徑。」此種表述亦可辨析，一者，楊守敬早年雖酷愛書籍，但書籍只是積累知識的工具，並非研究對象；二者，至日本大量搜購漢籍，需於版本之學多所鑽研，方不至不辨燕石，如此觀千劍而後識器，並入研究之域，此亦常理。

因此，客觀地説，楊守敬與森立之的交往確實對他有很大幫助，但這個幫助的重點在對日藏漢籍與和刻漢籍方面，而不是在籠統的文獻功底上。

四、楊守敬藏書聚而復散

葉德輝《書林清話》「日本宋刻書不可據」條云：「日本友人言，楊氏刻《留真譜》時，往往見他人之舊本書，抽其中一二葉，以便橅刻。果如所言，則非士君子之行矣。」此爲劉禺生《世載堂雜憶續編》所載之謡言，整理者已於《書舶録：日本訪書詩紀》一書中辨之，此不贅述。然葉德輝此語爲聞「日本友人言」，且云「果如所言」，尚僅道聽途説，並未鑿實。但此後之文攻擊楊守敬却不遺餘力，所詆或云楊氏之書爲僞，或云楊氏藏書爲利，要之，皆與楊氏藏書之散出有關。如云：「楊從遵義黎蒓齋星使庶昌爲隨員，曾代其刻《古佚叢書》。內如《太平寰宇記》補闕六卷，實出僞撰。」楊氏所據原本今藏日本宫内廳書陵部（參本書相關條目），故已不必辨。又云：「所著《日本訪書志》中載卷子本佛經各種，大半近百年内高麗舊鈔。」此語即長澤規矩也也不能接受，云「誣妄太甚，不足置辯」；又云「至《留真譜》誤以明翻宋刻爲真宋本之類，殆如盲人評古董，指天畫地，不值聞者一笑」，長澤亦駁之云：「葉氏厚誣楊氏甚力。然葉氏又何以釋己嗜宋之癖？楊氏始至日本，識鑒未明，故往往爲森立之等詿誤。然其日久漸明，遂悟森立之等多僞言，並多所駁難。《日本訪書志》《留真譜》中往往有失考者，在當時似有其不得已之故。識者或謂葉氏之識見不及楊氏，此處暫置不論。至若葉氏謂己獨具慧眼，則如金主完顏亮之荒淫，《讀書志》中謬誤特熾，又何以解之！」[二四]所駁甚是。《留真譜》確偶有疏誤，即《日本訪書志》中亦有其例，然皆無心之過，「酷愛圖籍」者敝帚自珍，多不能免。又云「嘗見楊刻《古文苑》，明是據孫星衍岱南閣仿宋刻重雕，而猥云宋本」，實與前者相類，況楊刻《古文苑》覆自孫星衍《岱南閣叢書》本，孫本即覆自宋本，楊刻題「景宋本」亦彼時常態，其書前後亦並無識語云其徑覆自宋本，且扉頁署「重刊宋淳熙本」，加一「重」字，似亦可通——即如此後楊氏主持之《古逸叢書》，書名前均冠有「影」「覆」「仿」「集」之字以别之，甚至像《琱玉集》一樣，單行本名《舊鈔卷子本琱玉集》，其實並無歧義，然至彙印本則於名前加一「影」字，尤爲嚴謹。此類攻擊正如對《太平寰宇記》之評價，以爲楊氏「不值聞者一笑」，反貽笑於後人。

再據後者言，如云其「貌爲好古之人，而實爲孶孶爲利，吾斷其所著所刻書不足信今而傳後矣」。再如其《近人藏書侈宋刻之陋》條云：

藏書固貴宋元本以資校勘，而亦何必虚僞。如近人陸心源之以「皕宋」名樓，自誇有宋本書二百也。然析《百川學海》之各種，强以單本名之，取材亦似太易。况其中有明仿宋本，有明初刻似宋本，有誤元刻爲遼金本，有宋板明南監印本，存真去僞，合計不過十之二三，自欺欺人，毋乃不可。至宜都楊守敬，本以販鬻射利爲事，故所刻《留真譜》及所著《日本訪書志》，大都原翻雜出，魚目混珠。蓋彼將欲售其欺，必先有此二書，使人取證。其用心固巧而作僞益拙矣。〔二五〕

前詆皕宋樓事已可見其誇飾，今已無人相信；然後詆楊守敬事則影響頗大。長澤氏對此不滿，云其「勿寧爲葉氏自道之耳」。至少於『實爲利』之一事，葉氏當駕乎楊氏之上也」，雖亦揭出葉氏爲利之事，然似於楊氏未加辯解。學界至今亦有學者信之。

事實上，楊守敬招致此評，亦有原因，縱觀清末民國藏書大家，無非大富之族或小康之家，葉德輝氏即其顯例，然楊守敬則不然。他生於小商之家，幼時還曾在小店中做工。他在自撰年譜中云：「世之藏書者，大抵席豐履厚，以不甚愛惜之錢財，或值故家零落，以賤值捆載而入；守敬則自少壯入都，日遊市上，節衣嗇食而得；其在日本，則以所携古碑、古錢、古印之屬交易之，無一倖獲者；歸國後，復以賣字增其缺，故有一册竭數日之力始能入厨者。」〔二六〕細讀其人年譜，便可知他是在何等艱難的情况下在日本四處收書，對於這些苦心搜羅而來之珍籍，他一方面是酷愛，另一方面却也不自私，仍希望其書可廣行於世。所以，他希望買到更多的好書，然後把它們刻印行世，以此抗拒散佚，這一點細讀《日本訪書志》都可瞭解。然而，刻書談何容易，較之購書尤爲費錢，據《清客筆話》所載，楊氏曾語森立之云：「先生藏古書宜刻者甚多，弟望以向山爲懷。且先生老矣，此書若刻，先生名亦不朽。且弟非爲利也。如《穀梁傳》，刻之明知無還本之日，蓋好之少也。」〔二七〕

日藏漢籍彼時本無人問津，直如廢紙，然楊氏以一己搜羅之力，不惜其費，改變了日本漢籍市場的走向，直到他自己看著越來越高的書價，再也無力求購。這一點在《日本訪書志緣起》中亦有描述：「余之初來也，書肆於舊板尚不甚珍重。及余購求不已，其國之好事者，遂亦往往出重值而争之。於是舊本日稀，書估得一嘉靖本，亦視爲秘笈，而余力竭矣。然以余一人好尚之篤，使彼國已棄之肉，復登於俎，自今以往，諒不至拉雜而摧燒之矣。則彼之視爲奇貨，固余所厚望也。」此種豁達之態度絶非「孳孳爲利」者所能，而完全出於對圖籍之酷愛，希望無論是否爲己所有，都能承傳不絶。

正因經濟狀况之限制，楊氏甫一歸國，面臨一大家人口生計，便計畫將手中尚較值錢之善本出售；直至辛亥事起，他倉皇避至上海，以賣字爲生，欲售書濟急，然致羅振玉一信中云：「守敬在滬賣字爲活，倏逾兩年。衰老頹唐，眼昏手弱，刻下並字亦不能多作。家中書籍，蒙黎副統告示保護，而付托非人，亦損失太半，惟擇稍舊完整者賣之，以濟不足。而問價者亦少，加之所得日本書大半有倭文，亦不投時好。而上海房租奇貴，堆積無坐處。」〔二八〕其困苦之狀可知。然即便在如此艱難的條件下，凡關係文獻之存佚者，楊氏仍極慷慨，如《太平御覽》《尚書盤庚上第九》《大觀本草》《悉曇字記》《山谷詩注》《貞元新定釋教目録》《書史會要》《齊民要術》等皆可爲證（參本書各條按語）。

其實，關於此點，楊氏早有自剖之言。在與宮島誠一郎筆談時，楊云：「弟平生酷愛圖籍，因之家道中落。若早好利，不至有今日。以致勤勤懇懇數十年，而中土之老成者雕謝，後繼無人。故雖與同人謀劃之，略刊刻了數種，然弟所藏所著之精華，則仍在篋中。此次來到貴國，見好古錢幣者甚多，收藏碑版者甚少，故盡出我所藏，欲爲此邦人別開生面。如千載後，使能知此邦得以全睹中土之金石，係自某而始，則與願足矣。若係貪利齷齪之輩，則早已無此自信。如此間有好事者，能出資相助刊刻成書，弟願將所載碑版分贈之。將來成書後，弟亦不再受版片，只要能得書數十部携回中土，則亦不虛此一行。肺腑之言，幸勿以爲狂。」〔二九〕前引此筆談時已證其當爲至日本之初所爲，彼時楊氏即以刻書傳世爲職志，並望能有日本有志之士助成之，且若成事，不但將其所載碑版分贈之，且亦不受版片，只得成書數十部即足矣，則絶非「貪利齷齪之輩」所能爲。

五、《日本訪書志》的意義

由於楊守敬家境的原因，其以巨舟載書歸國之日，便是開始鬻書濟急之時，中國藏書史上絶大部分藏家之書均爲後人散出，自己總還能終生對之，然楊氏無此幸運。一方面，楊氏對自己的藏書極爲自信與自豪，即便在刊行《古逸叢書》時亦刻「惺吾海外訪得秘笈」之巨印以留痕，遑論其藏書，更是藏印累累，甚至後來還在藏書前粘貼小像；但另一方面，爲治生所迫，不得不以書易米時，又極低調，其售出之珍善之本不但不録於數種書目之中，亦多有不加鈐印者。幸而這些書籍偶爾會在《日本訪書志》中得到展示的機會，或者購書者（如張鈞衡、傅增湘等）會在自己的藏書目中提及。

總之，如此酷愛圖籍的楊守敬在世之時，便看著自己的藏品漸次散佚。至楊氏去世後，其家子弟更不能守而售出，此舉不想倒歪打正著：若爲小康之家，先人故去，尚不致急於拋售舊藏，然遷延日久，舊藏星散，反不知去向；楊氏家計無著，楊守敬離世，數十萬卷藏書即成無用之物，不如售之以補家計，加之楊氏舊藏聲名在外，又得傅增湘推介之力，故得以整體售予政府，從而較爲完整地保存下楊守敬去世前其藏書之樣貌。然而，其舊藏還添一重波折，據袁同禮云：「民國乙卯，楊氏歸道山，享年七十有六。其藏書全部以國幣三萬五千圓鬻諸政府。己未徐總統以一部份撥交松坡圖書館，所餘者儲於集靈囿，丙寅一月撥歸故宮博物院。」〔三〇〕則楊氏舊藏分爲兩半。十餘年後，抗日戰爭爆發，存於故宮之書被遷出以躲避日軍炮火，輾轉漂泊，抗日戰爭勝利後暫存南京，其後又隨國民黨敗退而運至臺灣。從某種程度而言，楊氏舊藏亦頗似《富春山居圖》，本爲一體，因複雜原因而分儲兩岸，惟願民族復興，祖國强大，早日消除近代中國遭受的種種不公，讓楊氏舊藏復歸一處，魂魄相守。

如前所述，楊氏舊藏不僅分藏兩岸，除此之外尚有數家圖書館亦有藏品。好在一書凡經楊氏收藏，即打上楊氏深深之烙印，似較黃跋、顧批尤爲鮮明，以後者僅有外加之文字標識，楊藏則以書籍內在之特質來彰顯，故其痕跡深透，難以消泯。而彰顯其內在特質者，則非《日本訪書志》莫屬，因此書實楊氏日本訪書之總結性成果。《日本訪書志》爲楊氏最具聲名之作，學界無人不知。然學人多將其廁於歷來書目之中。中國漫長的藏書史中，非人藏書，實書傳人，歷代藏書家即憑多次易手之典籍，各自獲得應有之聲名，今人亦多以此例視楊氏。但不得不説，這種看法是不妥當的。

中國古代文獻中的目録經過多次大的變化，從晁、陳二氏立名，到尤袤偶載版本，至錢曾《讀書敏求記》，是爲善本書目之開端，然籠統而言，錢氏《敏求記》也多爲描述性，也就是説，其叙録更多是在描述所叙典籍之外部特徵，或進一步描述其内部結構，却並不詳考其何以爲「善本」，也即將某一典籍置於宏觀文獻史之長河中，去考辨其意義。應該説，此種書目操作較易，只要目睹原書，即可如實描述其物質形態；若有精力，亦可細閱其書，對内容作出恰當判斷。

至楊氏《日本訪書志》，才開始了考論性的書目。如前所言，考論之目，不僅要描述典籍物質形態與内部結構，還要從宏觀文獻史角度賦予所叙之書以價值和意義。即此而言，楊氏此目有二難，一是總目確定，何者有價值；二是進一步考論其價值。關於此點，楊氏自己也有清醒認識：「前人譜録之書，多尚簡要。《敏求記》唯録宋本，《天禄琳琅》《愛日精廬》《拜經樓》藏書則兼采明本，時代不同故也。而張金吾論説尤詳。余之此書又詳於張氏，似頗傷繁冗。然余著録於兵燹之後，又收拾於瀛海之外，則非唯其時不同，且其地亦不同，苟不詳書，將有疑其爲郢書燕説者。且録中之書，他日未必一一能傳，則存此崖略，亦好古者所樂觀也。」即此而言，《日本訪書志》中每條叙録，都可視作一篇小型論文，比如幾頁看上去平平無奇的《左傳》鈔本，不但要從紙張、字體各方面來描述它，還要明確叙述其内容起止，這些傳統内容結束後，還要進一步從外部文獻角度分析其嬗遞與淵源、從内部文本考辨其與傳世文本之異同，從而彰顯其在傳統文獻中的位置。當然，作爲小型論文，即不似物質形態與文本面貌之描述那樣客觀和無誤，論斷之時受各種條件的限制，可能會有尚可斟酌甚至商榷之處，但這絲毫不妨礙這本書的價值，原因不僅僅在於楊守敬在此所討論的問題成爲後世無數學術問題的起點；更重要的是，這些學術問題的背後所顯示的，其實是中華文化中某一部分「飛地」在千百年後，重歸於文化母體時産生的互容與游移、體認與激蕩！

六、《日本訪書志》稿本介紹

《日本訪書志》有稿本存重慶圖書館，劉昌潤整理《日本訪書志》時曾加利用，補録數篇文字，然仍未能細校文本，稍有缺憾。故介紹如下。

稿本共分四册。因無明顯分册標誌，故大致依内容重新確定其分册次序，以便指稱。

封面有「訪書志緣起」者僅五葉，内容爲楊氏《日本訪書志緣起》全文之謄清稿，因此册内容單純，且《訪書志緣起》於全書中位置較前，故以此册爲第一册。正文每半葉十二行，行二十三字，注雙行小字同，工筆小楷，知爲謄清之稿（下稱清稿本）。正文所用紙當爲楊氏爲《國朝四部文類鈔》印製者，其版心上題「國朝四部文類鈔」，下署「飛青閣」。

封面題「訪書志（謄正本）」者爲第二册，由此册封面題名亦可資討論楊氏《日本訪書志》之命名。歷來書目命名慣例多徑以「書目」二字標之，即以《宋元明清書目題跋叢刊》所收爲例，自《崇文總目》《遂初堂書目》始，宋元明三代收書六十種，以「書目」「目録」或「目」爲名者有三十種，以「志」爲名者僅《郡齋讀書志》《百川書志》兩種（另有三種以「經籍志」「藝文志」爲名，均從史書中來，可不論）；然至清代，此類著述命名即有所變化，傳統之「目録」或「書目」爲名者僅《鐵琴銅劍樓藏書目録》及《天禄琳琅書目》二種，而以「志」爲名者五種，如《皕宋樓藏書志》《善本書室藏書志》等；以「記」爲名者有六種，超過前者，如《滂喜齋藏書記》《讀書敏求記》等。事實上，與楊氏之書更爲切近者爲後於楊氏之王文進《文禄堂訪書記》。故楊氏此書或當以名「日本訪書記」爲當（學界稱引此書時，亦偶誤用「記」字），然其擇「志」字，似與森立之及其《經籍訪古志》有關：森書以「訪古」名之，此書亦云「訪書」；森書以「志」爲其書名之「體字」，楊書亦同。此點得此稿本題名，則可得到確證，因其謄清之稿本，封面書名先題爲「訪古志」，再於「古」旁改爲「書」。

本册篇幅最大，可分兩部分。前半共五十三葉，二葉爲目録，五十一葉爲正文。目録與正文上有《千字文》序字，亦有批校之語，正文爲特製稿紙，四周單邊，黑口，單黑魚尾，有界行，半葉九行，行二十字，雙行小字同（行款與《日本訪書志》成書完全相同）。共收録三十三篇叙録，其中有《新羅古刀》一條，因與訪書無關，故不闌入，則餘三十二篇。後半共三十六葉，有成稿四篇，分别爲《漢志説文湑漢志作育水考》《絳水考》稿本及《漢志絳水考》清本、《王險城考》，此數條均收入《晦明軒稿》中，亦不再録入本書。

封面署「訪書志稿本」者爲第三册，共二十六葉，封面題八部書名，即《高麗刊本大藏經》《宋槧本大藏經》《大藏經未收古經》《方輿勝覽》《十三經集證》《古鈔蒙求》《蒙求補注》《標題徐狀元補注蒙求》，然《方輿勝覽》及《古鈔蒙求》各有二條（均收入楊《志》），末又有《周禮鄭氏注》之後半條，故共有十一條，然《十三經集證》與日本訪書無關，故餘十條。然有《蒙求補注》一條與第二册所收重覆。

封面署「雜録（訪書志）」者爲第四册，右上標「第十二」，未知何意，或爲楊氏原稿之第十二册。本册共分三部分，第一部分共十五葉，均爲書目，前十一葉爲國内文獻之書目，後四葉爲日本傳抄本書目；第二部分七葉，爲《日本訪書志緣起》楊氏初稿；第三部分十葉，爲《魁本排字通併禮部韻注》《大唐西域記》《尚書釋音》三篇叙録。

此書之整理，多得學界諸師友之助，如國家圖書館張志清館長、重慶圖書館任競館長、左鵬主任、袁佳紅主任、中華書局劉明兄、北京大學圖書館吴冕兄、北京師範大學圖書館楊健主任、肖亞男女史、上海社科院魏小虎兄、首都師範大學南江濤兄等，感謝他們的熱心幫助；更榮幸的是聯繫到了王重民先生哲嗣王平先生，希望在使用王重民先生《日本訪書志補》時得到授權，王平先生慨然允諾，非常感謝，今年又恰值王重民先生誕辰一百二十周年，也在此向王重民先生致敬；中華書局李芃蓓女史細心審閲，查漏補闕，非惟校正疏誤，且於文理、義理、疑處均不放過，啓我良多，要特別表達敬意與謝意。

本書屬教育部哲學社會科學研究重大專項《基於文獻重塑意義的中國文獻傳承研究》（項目批准號：2024JZDZ044）、北京師範大學領軍人才培育項目《中國古典小説學的建構與研究》(中央高校基本科研業務費專項資金資助項目)階段性成果。

楊守敬搜求佚籍始撰《日本訪書志》後一百四十年

李小龍識於涼雨軒

二〇二二年八月二日草

二〇二四年八月十九日修改

〔一〕參黎庶昌《拙尊園存書目》,《黎庶昌全集》第八卷,上海古籍出版社二〇一五年版。

〔二〕黄氏藏書亦復不少,然一者未聞其有搜羅東瀛漢籍之名;二者其藏書今存者約近六百種,八千餘册,然僅數十册常見之日本漢籍,參李玲《黄遵憲故居人境廬保存的日本漢籍》,《江西科技師範學院學報》二〇〇六年第五期。

〔三〕[清]黄遵憲著,錢仲聯箋注《人境廬詩草箋注》,上海古籍出版社一九八一年版,第一一二三至一一二四頁、一一一七頁。

〔四〕謝承仁主編《楊守敬集》第八册,湖北人民出版社、湖北教育出版社一九九七年版,第一一四三頁。

〔五〕倫明等撰,楊琥點校《辛亥以來藏書紀事詩(外二種)》,北京燕山出版社一九九九年版,第一六二頁。

〔六〕參陳捷《人物往來與書籍流轉》，中華書局二〇一二年版，第三七四頁。

〔七〕《鄰蘇園藏書目録·概論》，上海辭書出版社二〇〇九年版，第三頁。

〔八〕《鄰蘇老人年譜》，謝承仁主編《楊守敬集》第一册，湖北人民出版社、湖北教育出版社一九九七年版，第十七頁。

〔九〕武茂昌《楊守敬藏書目的整理與研究》，首都師範大學二〇〇八年碩士學位論文，第二八頁。

〔一〇〕顧廷龍校閲《藝風堂友朋書札》，上海古籍出版社一九八〇年版，第六五九頁。

〔一一〕〔日〕島田翰撰，杜澤遜、王曉娟點校《古文舊書考》，上海古籍出版社二〇一四年版，第三八八頁。

〔一二〕〔清〕顧炎武著，黄汝成集釋，欒保群、吕宗力校點《日知録集釋》（全校本），上海古籍出版社二〇〇六年版，《序》第一頁。

〔一三〕參〔日〕長澤規矩也《關於〈古逸叢書〉的可信度》，《長澤規矩也著作集》第一卷，汲古書院一九八二年版，第四九八—五〇二頁。

〔一四〕參馬月華《〈古逸叢書〉研究》，北京大學出版社二〇一五年版。

〔一五〕許媛婷《清末中日文人對影鈔及覆刊漢籍的主張——以楊守敬〈古逸叢書〉成書過程爲例》（《故宫學術季刊》二〇一〇年第四期）對此問題也有較詳的疏理，但仍欠允當。

〔一六〕參陳捷《人物往來與書籍流轉》，第三七三頁。

〔一七〕此書之意義，可參看杜澤遜、班龍門《經籍訪古志·整理説明》，上海古籍出版社二〇一四年版。

〔一八〕〔日〕長澤規矩也《楊惺吾日本訪書考》，《長澤規矩也著作集》第二卷，汲古書院一九八二年版，第二三六頁。

〔一九〕〔日〕長澤規矩也《日本書誌學研究史》，童嶺譯，《域外漢籍研究集刊》第五輯，中華書局二〇〇九年版，第二〇六頁。

〔二〇〕穆毅《楊守敬與巖谷一六之筆談——穆毅譯自日本〈書藝〉昭和九年版》，陳上岷主編《楊守敬研究學術論文選集》，崇文書局二〇〇三年版，第二七九、二八六頁。

〔二一〕參〔清〕張之洞撰，范希曾補正《書目答問補正》，上海古籍出版社二〇〇一年版，第二七三頁。

〔二二〕陳捷《楊守敬與宫島誠一郎筆談録》，東京大學中國哲學研究會《中國哲學研究》一九九八年第十二號。

〔二三〕《清客筆話》，《楊守敬集》第十三册，第五三五頁。

〔二四〕〔日〕長澤規矩也《書林清話糾繆並補遺》，《長澤規矩也著作集》第一卷，第三三九頁。按：長澤氏原文爲日文，引用時參考漆永祥點校本《書林清話 外二種》（北京聯合出版公司二〇一八年版，第三二六頁）。

〔二五〕葉德輝《書林清話》，中華書局一九九九年版，第二七〇頁。

〔二六〕《鄰蘇老人年譜》，謝承仁主編《楊守敬集》第一册，第二七頁。

〔二七〕《清客筆話》,《楊守敬集》第十三册,第五三〇頁。

〔二八〕楊先梅輯,劉信芳校注《楊守敬題跋書信遺稿》,巴蜀書社一九九六年版,第一八五—一八六頁。

〔二九〕穆毅《楊守敬與巖谷一六之筆談——穆毅譯自日本〈書藝〉昭和九年版》,陳上岷主編《楊守敬研究學術論文選集》,第二七九頁。

〔三〇〕何澄一編《故宫所藏觀海堂書目》之《序》,故宫博物院圖書館一九三二年版。

凡例

一、《日本訪書志》（以下簡稱「楊《志》」）既有刊本，又有殘存稿本。據趙嘉《楊守敬〈日本訪書志〉的版本問題》（《圖書館雜誌》二〇一九年第八期）所考，楊《志》之刊本當以「丁酉丁種本」爲定本，故擇《宋元明清書目題跋叢刊》本（中華書局二〇〇六年影印）爲底本。稿本藏重慶圖書館，二本相較，則刊本偶有誤刻，惜稿本僅存四十四篇（不計重覆條目），其收入楊《志》者三十一篇，未收者皆録入《再補》（詳下），凡稿本收録者，均於目録及正文書名後加「○」以别之，並據稿本詳加校勘。另《日本訪書志緣起》楊氏稿本有二，一爲原稿本，一爲謄清稿，二本全同，故以刊本爲底本，據校之時僅稱「稿本」。另，楊《志》偶有附《晦明軒稿》之本，此後楊氏即將此地理考證之書單行，故凡《晦明軒稿》逸出之文，均不闌入。

二、此書惟丁酉丁種本前有目録，然目録書名與版本標注偶與正文所標不同，兩相對校，在正文中補全；另，目録均無「刻入《古逸叢書》」之語，爲清晰起見，均據正文所標補出（個别正文未標，則不補）。

三、本書無卷目，然丁酉甲種本（日本圖會圖書館藏本）、乙種本（《續修四庫全書》影印本）與丙種本（《日本藏漢籍善本書志書目集成》影印本）於版心多注明部類，惟所注此有彼無，頗爲雜亂，檢視如下：卷一首葉注「經部」，五、六葉注「書經」，十三葉注「詩經」，十五葉注「儀禮」，十六至十八葉注「卷子左一」「卷子左二」「卷子左三」，二一至二九葉注「春秋」；卷二首至三、十二至十四葉注「論語」，十六、十七葉注「禮記」，十八至二三葉注「孝經」，二四葉注「小學」；卷三首至七、十、十一、十三至十七、二十葉、卷四首、二、十五至十八、二六、二七、三十、三一、三七葉注「小學」；卷五前十二葉均注「史部」；卷六前十五葉均注「地理」，二二、二三、二七、二八葉又注「史部」；卷七前四、十二、十三、十七葉注「子部」，四十葉注「術藝」；卷八第五、三三、三四葉注「小説」；卷九第七、二七葉注「醫類」；卷十第一至三葉注「外臺一」「外臺二」「外臺三」，四至十一、十五至二四、二六至卷末又注「醫類」；卷十一第三十、三一、三四、三五、四一、四二葉注「類書」；卷十二全注「總集」，唯末葉誤刻爲「別集」；卷十三葉四至六、八至十注「總集」；卷十四葉十三至十五、二三、三三、三五葉注「別集」；又丁酉乙種本將《文鏡秘府論》置於卷十五之末，注「評文」。最終修訂之丁酉丁種本或未能一例，故將版心所注部類悉數删去，似亦無奈之舉。今斟酌前者版心標注，爲每卷擬目;惟後二卷無可據之標注,則依森立之等《經籍訪古志》(以下簡稱「森《志》」)之分類,爲擬「釋家」二字。

四、爲文義顯豁,稍加分段。作者題署原刻中連排,整理中儘量單獨起行。

五、原本引録他人序跋者,以仿宋别之。

六、原本之衍字以「( )」示之,原本之闕字(及校補文字)以「〔 〕」補之,原本之誤字以「( )」標之,前用「〔 〕」標出正確用字。原本之空格及無法辨認之字,用「□」標之。

七、除辨析字體之特例外,異體字均徑改爲通行字;著作之「著」原刊多作「箸」,今徑改爲通行之「著」;原文列舉避諱字時,多有減筆,除個别文字對比者外,均徑改回,而作者行文中亦多注「缺筆」字樣,不致有誤認之虞;原文避清諱者,亦依例回改(如稱劉知幾爲「劉子元」,徑回改爲「劉子玄」;他如「鄭玄」「思玄賦」「玄應」等均同);原文表敬之空格徑删。

八、《日本訪書志緣起》云:「古鈔本及翻刻本多載彼國題記,其紀元名目甚繁;若必一一與中土年號比較詳注,則不勝其冗。今别爲一表,以便考校。」别附年號對照,確爲節省篇幅之善法,然《日本訪書志》各本均無此表,則或楊氏偶失於照應。然今檢索便捷,似亦不必再附。

九、楊《志》共收二百三十八篇，然「其中不盡罕見之書，而驚人秘笈尚多未録出者。良以精力衰頽，襄助無人，致斯缺憾。倘天假之年，或當並出所得異本，盡以告世人也」。故後之繼踵者亦多，王重民先輯《日本訪書續志》（簡稱「王《續志》」）三十七則，發表於《圖書館學季刊》民國十七年第二卷第三期，至民國十九年，又擴充爲輯《日本訪書志補》（以下簡稱「王《補》」）四十六則，現將王《補》附於書後（以整理者自藏民國十九年印本爲底本），然文字稍有疏漏。以其非作者手定，故可見楊跋手跡者重據手跡校録，亦偶據《適園藏書志》校録。王氏所補並未分類，爲統一體例，據楊《志》分經、史、子、集四部，楊《志》「釋家」別立，然王《補》釋書僅一則，即仍依王氏原書附於子部之下。又，王氏於初輯《日本訪書續志》目録後有跋語一條，附孫楷第序之後，以資參考。

十、整理者近年於此書稍事輯補，所補者三類：一爲日本訪得之書，二爲日本之書，三爲由題跋可窺日本訪書之跡者。共輯得三百九十二則，附全書之末，依王《補》之名，援王欣夫輯《蕘圃藏書題跋再續録》例，名之曰《日本訪書志再補》。劉昌潤曾輯《日本訪書志續補》（以下簡稱「劉《續補》」）十九條（參《楊守敬集》第八册），所輯較少，又多非「日本訪書」之文字，如《老子道德經古本集注直解》《新刊諸儒批點古文集成前集》等書，皆不當闌入；又有疏誤處，如據傅增湘《藏園群書經眼録》録文，並傅氏按語入録。《「國立中央圖書館」善本題跋真跡》録《楊守敬題跋》二十篇，李士彪曾標點整理，張雷收入其整理之《日本訪書志》中（以下簡稱「張《補》」），然已多見於楊《志》、王《補》，個別獨出者，據之録入，並注出處。長澤規矩也曾見楊守敬手批森《志》及手批初印本《留真譜》（分别簡稱爲「楊批森《志》」及「楊批《留真譜》」，參《長澤規矩也著作集》第二卷所收《楊惺吾日本訪書考》一文），由其手批之語可覘訪書之跡，故凡楊《志》、王《補》已收者，於按語中表出之；二書未收者，則闌入《再補》。此部分占《再補》之泰半，部分條目僅有「今在飛青閣」之片言只語，然亦可知楊氏於日本訪得舊籍之品類，並循此以明其書之遞藏，且於此類書，楊氏並非不欲題識，僅精力未及之故而闕之，故亦録之；又載録數種因各種原因未得之書，亦見其訪書之勤，得書之艱；楊批森《志》另有個別條目批「當删」「可删」「宜删」「應删」者，知楊氏以此類書並無價值，故不闌入（唯有《十八史略》等數條破例收入，詳參各條按語）。《鄰蘇園藏書目録》所載，偶有於書名下標出何時售予何人之信息者，亦擇其要入録；另有數十條售於書肆者，因多屬常見之本，即不再録。另，所補或自楊氏序跋而來，原題之末偶有「序」「跋」等「體字」，與全書以書名列目者異，然亦不便徑删，故參前第六款校勘文字之例，於此類「體字」處加「（）」以示收入時删去之。

十一、校證多將楊《志》所叙與楊氏《留真譜》相參照，然《留真譜》亦與楊《志》同爲隨輯隨刊者，最終印成之本多有修補更動，不盡一致。本書所用《留真譜初編》《留真譜二編》皆據日本國立國會圖書館藏本，以其卷次分明，便於指示；然亦偶參日本公文書館藏本及北京圖書館出版社影印本。

十二、校證參引主要著述列入書末參考文獻中，正文不詳列；所引論文則均隨文標出，不再闌入參考文獻。整理者另有《和刻漢籍善本考録》一書，凡涉及和刻及朝鮮本者，均多參酌，爲避繁瑣，校證時不再標注。

十三、各大圖書館網站資源亦多所參酌，如國家圖書館（以下簡稱「國圖」）「中華古籍資源庫」、「全國古籍普查登記基本數據庫」、臺北「故宫博物院」（以下簡稱「臺北故宫」）圖書文獻數位典藏資料庫、臺北「國家圖書館」（以下簡稱「臺北『國圖』」）、日本所藏中文古籍數據庫等，其中，國圖與臺北故宫爲楊氏藏書最大收藏單位，參用尤多。另，臺北故宫所藏之書，又經日本學者阿部隆一查訪，撰成《中國訪書志》一書（簡稱「阿部隆一《志》」），因其多據楊氏手跡録文，故亦多參考。

十四、附以音序排列之書名索引，以便檢索。

目録

日本訪書志

日本訪書志卷四　經部・小學

日本訪書志卷五　史部

日本訪書志卷十二　集部・總集

日本訪書志卷十三　集部・總集

日本訪書志卷十四　集部·別集

日本訪書志補卷二　史部

日本訪書志補卷三　子部

日本訪書志補卷四　集部

日本訪書志再補

日本訪書志再補卷一　經部

日本訪書志再補卷二　史部

日本訪書志再補卷三　子部

日本訪書志再補卷五　釋家

日本訪書志

訪書志序

光緒庚辰之夏，守敬應大埔何公使如璋之召，赴日本充當隨員。於其書肆頗得舊本。旋交其國醫員森立之，見所著《經籍訪古志》，遂按録索之。會遵義黎公使庶昌接任，議刻《古逸叢書》，囑守敬極力搜訪。而藏在其好古家者，不可以金幣得。屬有天幸，守敬所携古金石文字，乃多日本所未見者，彼此交易。於是其國著録之書麕集於篋中。每得一書，即略爲考其原委，别紙記之。久之得廿餘册，擬歸後與同人互相考證，爲之提要。

暨歸，赴黄岡教官任，同好者絶無其人，此稿遂束高閣。而遠方妮古之士，嘗以書來，索觀其目，因檢舊稿，塗乙不易辨。時守敬又就館省垣，原書多藏黄（州）（洲），未能一一整理，乃先以字畫清晰者付書手録之，釐爲十六卷。見聞之疏陋，體例之舛錯，皆所不免。又其中不盡罕見之書，而驚人秘笈尚多未録出者。良以精力衰頹，襄助無人，致斯缺憾。倘天假之年，或當並出所得異本，盡以告世人也。

辛丑四月宜都楊守敬自記於兩湖書院之東分教堂。

龍按：此序爲楊氏手書上版，無標題，此據版心之題。

日本訪書志緣起

余生僻陬，家尠藏書，目録之學，素無淵源。庚辰東來日本，念歐陽公「百篇尚存」之語，頗有搜羅放佚之志。茫然無津涯，未知佚而存者爲何本。乃日遊市上，凡板已毁壞者皆購之，不一年遂有三萬餘卷。其中雖無秦火不焚之籍，實有奝然未獻之書。因以諸家譜録參互考訂，凡有異同及罕見者，皆甄録之。夫以其所不見，遂謂人之所不見，此遼豕所以貽譏，然亦恂有秘文墜簡，經余表章而出者，不可謂非採風之一助也。

日本舊有鈔本《經籍訪古志》七卷，近時澁江道純、森立之同撰。所載今頗有不可踪跡者。然余之所得爲此志之所遺，正復不少。今不相沿襲，凡非目睹者别爲《待訪録》。《訪古志》所録明刊本，彼以爲罕見，而實我國通行者，如劉節之《藝文類聚》，安國、徐守銘之《初學記》，馬元調之《元白集》之類，今並不載。亦有彼國習見，而中土今罕遇者，又有彼國翻刻舊本而未西渡者，（如元槧本之《事文類聚》，）玆一一録入。

《經義考》每書載序跋，體例最善；《愛日精廬藏書志》遂沿之。玆凡《四庫》未著録者，宋元以上並載序跋，明本則擇有考證者載之。行款匡廓亦詳於宋元而略於明本。

日本古鈔本以經部爲最，經部之中，又以《易》《論語》爲多。大抵根原於李唐，或傳鈔於北宋，是皆我國所未聞。其見於《七經孟子考文》者，每經不過一二種，實未足概彼國古籍之全。

《考文》一書，山井鼎校之於前，物觀又奉敕校之於後，宜若彼國古本不復有遺漏。不知《考文》刊於享保中，當我康熙末〔年〕，其時彼國好古之士亦始萌芽，（故）故所傳《易》單疏本、《尚書》單疏本、《毛詩》黄唐本、《左傳》古抄卷子本，皆爲《考文》所未見，其他遺漏何怪焉。

日本古鈔本經注多有虚字，阮氏《校刊記》疑是彼國人妄增。今通觀其鈔本，乃知實沿於隋唐之遺，詳見陸氏《釋文》中。即其原於北宋者，尚未盡删削。如志中所載《尚書》《毛詩》經注鈔本猶多虚字。今合校數本，其漸次剷除之迹猶可尋。阮氏所見經注本，大抵皆出於南宋，故不信彼爲唐本。

日本文事盛於延喜、天平，當唐之中葉。厥後日尋干戈，至明啓、禎間，德川氏秉政，始偃武修文。故自德川氏以前，可信其無作僞之弊。《古文孝經》固非真孔傳，然亦必司馬貞、劉子玄所共議之本，《提要》疑是宋以後人僞作，未悉彼國情事也。

日本氣候，固無我江南之多霉爛，亦不如我河北之少蠹蝕，何以唐人之迹存於今者不可勝計？蓋其國有力之家皆有土藏，故雖屢經火災而不燬。至於鈔本皆用彼國繭紙，堅紉勝於布帛，故歷千年而不碎。

日本收藏家，除足利官學外，以金澤文庫爲最古，當我元、明之間，今日流傳宋本大半是其所遺。次則養安院，當明之季世，亦多宋、元本，且有朝鮮古本。此下則以近世狩谷望之求古樓爲最富，雖其楓山官庫、昌平官學所儲，亦不及也。又有市野光彦、澁江道純、小島尚質及森立之，皆儲藏之有名者。余之所得，大抵諸家之遺。

日本醫員多博學，藏書亦醫員爲多。喜多村氏、多紀氏、澁江氏、小島氏、森氏，皆醫員也，故醫籍尤收羅靡遺。《躋壽館目録》多紀丹波元堅撰所載，今著録家不及者不下百種，今只就余收得者録之。

日本崇尚佛法，凡有兵戈，例不燬壞古刹，故高山寺、法隆寺二藏所儲唐經生書佛經不下萬卷，即經史古本，亦多出其中。今茲所録，仿《〔新〕(舊)唐書・藝文志》之例，收諸家之爲釋氏而作者。其一切經雖精妙絶倫，皆别記之。

日本頗多朝鮮古刻本，皆明時平秀吉之役所掠而來〔者〕，如《姓解》《草堂詩箋》等書。余詢之朝鮮使臣，並稱無傳，且云秀吉之亂，其國典籍爲之一空。然則求朝鮮逸書者，此地當得半矣。《醫方類聚》，日本有活字本，亦醫籍之淵藪也。

日本維新之際，頗欲廢漢學，故家舊藏幾於論斤估值。爾時販鬻於我土者，不下數千萬卷。猶憶前數年有蔡姓者載書一船，〔入川求售，〕道出宜昌。友人饒季音得南宋板《吕氏讀詩記》一部，據云宋、元槧甚多。意必有秘笈孤本錯雜於其中，未知流落得所否。今余收拾於殘賸之後，不能不爲來遲恨，亦不能不爲〔古〕書恨也。

余之初來也，書肆於舊板尚不甚珍重。及余購求不已，其國之好事者，遂亦往往出重值而争之。於是舊本日稀，書估得一嘉靖本，亦視爲〔珍秘〕（秘笈），而余力竭矣。然以余一人好尚之篤，使彼國已棄之肉，復登於俎，自今以往，諒不至拉雜而摧燒之矣。則彼之視爲奇貨，固余所厚望也。近日則聞什襲藏之，不以售外人矣。

日本學者於四部皆有撰述，朝事丹鉛，暮懸國門，頗沿明季之風。然亦有通材樸學卓然可傳者，反多未授梓人如狩谷之《和名類鈔箋》、丹波之《醫籍考》，擬別爲《日本著述提要》，故兹皆不録入。其有采録古書不參彼國人論議者，如《醫心方》《和名類聚》之類，皆千年以上舊籍，尤爲校訂之資，故變例收之。至若朝鮮爲我外藩，《桂苑筆耕集》已見於《唐志》，今兹亦隨類載入。

皇侃《論語疏》、《群書治要》及《佚存叢書》久已傳於中土，此録似勿庸贅述。然皇《疏》有改古式之失，《治要》有鈔本、活字二種，他如《古文孝經》《唐才子傳》《臣軌》《文館詞林》《難經集注》皆在《佚存叢書》中，彼國亦别本互出，異同疊見，則亦何可略之？

日本收藏家，余之所交者，森立之、向山黄村、島田重禮三人，嗜好略與余等。其有絶特之本，此録亦多采之。唯此三人之外，余罕所晉接，想必有驚人秘笈，什襲於金匱石室中者，幸出以示我，當隨時補入録中，亦此邦珍重古籍之雅談也。

《志》中急宜刊布者，經部之《易》單疏，《書》單疏，萬卷堂之《穀梁傳》，十卷本之《論語疏》，小學類之蜀本《爾雅》，顧野王原本《玉篇》，宋本《隸釋》；〔史部之高似孫《史略》；〕子部之台州本《荀子》，類書之杜臺卿《玉燭寶典》，邵思《姓解》，醫家之李英公《新修本草》，楊上善之《太素經》；集部之〔《草堂詩箋》，總集之〕《文館詞林》十卷《佚存叢書》所刻僅四卷。是皆我久佚之籍，亦藝林最要之書，使彙刻爲叢書，恐不在《士禮居》《平津館》下也。若釋慧琳《一切經音義》百卷、釋希麟《續一切〔經〕音義》十卷，此小學之淵藪，一部傳而漢唐文字、音韻之書皆得以見崖略。〔余之苦心冥索，意在於此，初非矜奇炫異、博收藏之者，〕顧卷〔帙〕（佚）浩繁，力不能贍。世之高瞻遠矚者，或亦有取於斯。厥後黎公使多以刻入《古逸叢書》。

前人譜録之書，多尚簡要。《敏求記》唯録宋本，《天禄琳琅》《愛日精廬》《拜經樓》藏書則兼采明本，時代不同故也。而張金吾論説尤詳。余之此書又詳於張氏，似頗傷繁冗。然余著録於兵燹之後，又收拾於瀛海之外，則非唯其時不同，且其地亦不同，苟不詳書，將有疑其爲郢書燕説者。且録中之書，他日未必一一能傳，則存此崖略，亦好古者所樂觀也。

凡習見之書，不載撰人名氏。其罕見之品，則詳録姓氏，間考爵里。

古鈔本及翻刻本多載彼國題記，其紀元名目甚繁；若必一一與中土年號比較詳注，則不勝其冗。今别爲一表，以便考校。

光緒辛巳二月宜都楊守敬記。

龍按：此《緣起》據稿本校過，個别文字歧異已校於文中，亦有作者改换之詞，如開端云「余生僻陬」，稿本原作「窮鄉」，圈改之；又《醫方類聚》一節置日本學者四部著述條末，而據稿本原在朝鮮刻本條末，因此書爲朝鮮人編，故以稿本爲是；另有數條，稿本中有溢出文句，均以六角括號標記補入。然「日本收藏家」與「急宜刊布者」二條之間，稿本多一條，書眉批云「此條删之」，故不補入原稿，移録於下：

余二十年搜訪金石拓本，不下數萬種，所得古器亦數十百種。比爲求書之故，力不能及者，多以舊拓本及古器交易之。故余之書連屋，而余之金石録減色矣。然豐此缺彼，天道之常，且日本富於古書，而貧於金石，余以有餘者補其不足，使見我邦文物之盛，亦兩得之道也。

日本訪書志卷一　經部

七經 足利活字本

足利學活字本《七經》，山井鼎所據以著《七經孟子考文》者。是書印行於日本慶長時，當明萬曆年間。其原係據其國古鈔本，或去其注末虚字，又參校宋本，故其不與宋本合者皆古鈔本也。日本刻經，始見正平《論語》及翻興國本《左傳》，又有五山本《毛詩鄭箋》，其全印《七經》者自慶長活字本始。余至日本之初物色之，見一經即購存，積四年之久，乃配得全部。蓋活字一時印行雖多，久即罕存，其例皆然。如吾中土蘭雪堂活字本亦印於明代，今日已成星鳳。山井鼎當我康熙年間，此本已非通行，惟足利侯國大學始有全部，無怪近日之更難遇也。或疑其中凡近宋諱多缺筆，當是全翻宋本。是不然，蓋其刻字時仿宋本字體摹入，故凡遇宋諱亦一例效之，實不盡據宋本，證之余所得諸古鈔本而後知參合之跡顯然。且《尚書》《禮記》字體非仿宋本者即不缺筆，可以釋然矣。

龍按：《留真譜初編》有書影，卷一葉一至葉三《周易》，葉十二至十三《尚書》，葉三一至三二《毛詩》，葉四一至四三《春秋經傳集解》，卷二葉七至八《禮記》，葉三五至三六《論語》，葉四六《孟子》。據許媛婷《楊守敬赴日所搜經部圖書存佚情況及版本初探——從〈日本訪書志〉談起》一文（程焕文、沈津、王蕾主編《二〇一四年中文古籍整理與版本目録學國際學術研討會論文集》）載，此書藏臺北故宫（臺北故宫網上僅可檢得《春秋左傳集解》《論語》《孟子》三種，然據阿部隆一《志》載，則另四種俱存）。傅增湘《藏園群書經眼録》卷一亦曾載此書，且有「弘前醫官澁江氏藏書記」「向黄邨珍藏印」「清原」等藏印，或與楊氏有關，傅氏所藏後當歸李盛鐸，今藏北京大學圖書館，然據《北京大學圖書館日本版古籍目録》所載，似闕《禮記》《論語》二種。另此則題名原作「足利活字本七經」，與跋文首句幾全同，故據書前目録改。目録標云「七經■卷足利活字本」，或作者未及檢點。據《鄰蘇園藏書目録》載云「三十九本」，據傅增湘七經單列合計，則共一百十七卷。據葉昌熾《緣督廬日記》光緒十年十二月載，「巽庵書言明年將集鉅資開書局，以足利本七經爲始，亦星吾自日本携歸卷子本也」，知柯逢時曾起意刊行，然十六年後，柯致繆荃孫函又云「楊星吾有刻古本七經之議，持之甚堅，侍以古本未必可恃」，致其事未果。

周易正義十四卷 舊鈔本○

單疏古鈔本，無年月，狩谷望之求古樓舊藏。相傳爲弘治、永禄間鈔本。首《周易正義序》，次「周易正義第一」，「國子祭酒上護軍曲阜縣開國子臣孔穎達奉敕撰定」。第二卷以下並同，但無「定」字。凡標經注起止，並大字居中。《正義》則雙行小字，每半葉八行，行二十一字以大字計，其文字大抵與明錢〔孫保〕（保孫）所校宋本單疏合。《乾卦》「〔象〕（象）曰」至「萬國咸寧」，錢本總在「各以有君」之下，與十行以下分屬各段者不同，此亦總疏不分屬。唯錢本所據尚是宋刻，此則爲唐鈔之遺。如《文言》「知至至之，可與幾也」，日本古鈔本皆有「言」字，自《唐石經》以下皆無「言」字。此《正義》覆述經文有「言」字，且前九三疏引《文言》云云，此本亦有「言」字。可知《正義》所據經文本有「言」字，後人據《石經》並删《正義》。錢氏所據單疏已删此字，不待注、疏合刻矣。

龍按：森《志》著録求古樓藏弘治、永禄間鈔本，王《補》所録跋中云「余於日本則得古鈔本數通」，楊批森《志》云「在飛青閣」，現藏臺北故宫。《留真譜初編》卷一葉四有書影。據此書前又有「森氏開萬册府之記」印，知於狩谷之後，又經森立之收藏。據《清客筆話》載，明治十六年七月廿一日楊氏訪森氏，楊云：「前日所見《易經》單疏本，是《訪古志》中何種？」森氏云：「予所藏《易正義》三部，一爲楩齋舊藏，一爲天隱禪師舊藏，一爲增島竹蔭所藏本，非全本。」楊氏又云：「《易正義》前日云八圓，弟欲以六圓得之，何如？」知當即此次購入。另，跋中所謂「日本古鈔本皆有『言』字」者，指「可與」二字下有二「言」字。

伊川易解六卷繫辭精義二卷〔元重翻宋本〕，刻入《古逸叢書》

元至正己丑積德書堂刊本，中缺宋諱，當爲重翻宋本。唯首載朱子九圖，又《精義》題「晦庵先生校正」，恐皆是坊賈所爲。其東萊一跋，此本亦遺之，據董鼎《周易會通》補入。按《東都事略》《書録解題》並云「《易傳》六卷」，而《文獻通考》及《宋志》均作十卷《宋志》「《傳》九卷、《繫辭解》一卷」，《二程〔全〕（遺）書》則併爲四卷。惟錢遵王《敏求記》載有六卷本。其參差之故，或謂當時本無定本，故所傳各異，而其實非也。余謂《〔全〕（遺）書》之四卷爲明人所併，端臨之十卷，蓋據當時坊刻程朱傳、義合刊云，然而《宋志》因之，非別有所據傳鈔本也。日本昌平學藏有《程朱傳義》十卷，元延祐甲寅孟冬翠巖精舍刊本余亦得殘本二册，亦缺宋諱，則其根源於宋本無疑。蓋自宋董楷有《周易傳義附録》十四卷，坊賈遂以朱子所定之古文從《程傳》，而以《程傳》之卷第從《本義》，又删其所載異同，唯明廣東崇德堂刊本載異同，而《音義》亦删除。而二書皆失本真。後來各析爲書，而二書又互相攘奪。近世《本義》有重刊吴革本，始復朱子之舊，而《程傳》原本終不可見。此本仍爲六卷，又異同兩存，其爲東萊定本無疑。至《繫辭精義》，《書録解題》稱《館閣書目》以爲托祖謙之名。今按所載諸家之説，翦截失當，謂爲僞托，似不誣。然此書流傳尤少，其中所載龜山《易説》久已失傳，存之亦未必不無考證焉。

光緒癸未嘉平月記。

龍按：此本未知底本何在。據《古逸叢書》所附跋，末署多「宜都楊守敬」五字。另據目録補題注五字。

尚書正義二十卷 北宋槧本

《正義》單疏本。首孔維《上校勘正義表》，後題「端拱元年三月日秦奭等上表」，下列勘官軒轅節、胡令問、解貞吉、胡迪、解〔損〕（楨）、李覺、袁逢吉、孔維等銜名，次長孫無忌

《上五經正義表》，次《尚書正義序》，序下一行題「國子祭酒上護軍曲阜縣開國子臣孔穎達奉敕撰」，「敕」字提行，與「國子」平列；題「尚書正義卷第一」，次行題孔穎達銜與前同，唯「達」下有「等」字。以下每卷並有穎達銜名，唯無「等」字。每卷後統計若干字。每半葉十五行，行二十四字，左右雙邊，缺「玄」「胤」「讓」「敬」「弘」等諱。卷三末書「嘉元二年暮春廿五朝約句讀了，圓種」。每卷有「金澤文庫」印，又有「歸源」墨印，原本今藏楓山官庫。

是書中土久無傳本，山井鼎作《考文》時亦未之見。緣此書寬政間丹波櫟窗始得殘本獻之官。官併搜索餘卷所在，遂成完本。余初得〔近〕（後）藤正〔齋〕（齊）影鈔本，蓋正〔齋〕（齊）曾爲官書掌管，故能使人摹之也。因念是書猶是端拱經進原本，首尾完具，〔洵〕（詢）希世之珍，乃從書記官巖谷修借原本用西法照出，意欲携歸，醵金重刊，久不能集事。丙戌又携入都，以付德化李木齋，許以重刊，旋聞木齋丁艱，恐此事又成虚願也。或云此亦南宋初刻本。

龍按：森《志》著録楓山官庫藏北宋槧本，《留真譜初編》卷一葉十三至十六有書影。原書現藏日本宫内廳書陵部，楊氏借黎庶昌之力向日本政府提出申請，借出《春秋左傳集解》等書五種，其中所謂「宋板《尚書》單疏」即此（參《再補》中《左傳舊鈔卷子本》按語)，楊氏影鈔之本則今藏復旦大學圖書館(參整理者輯《再補》)。此書雖未如願影刻，然昭和三年，日本大阪每日新聞社請小林寫真所製版，將此書以珂羅版影印行世。傅增湘《藏園群書經眼録》云：「昨歲大坂每日新聞社已複製流傳，余蒙内藤湖南博士虎惠貽一帙，精美殊常，直下真迹一等。鄰蘇有知，亦當九原含笑矣。」

尚書注疏二十卷 宋槧本

南宋紹熙間三山黄唐題識，稱「《六經》疏義，自京、監、蜀本皆省正文及注，又篇章散亂，覽者病焉。本司舊刊《易》《書》《周禮》正經注疏，萃見一書，便於披繹」云云，故各經後皆有此跋，是合疏於注，自此本始，十行本又在其後。十行本板至明猶存，世多傳本；此則中土久已亡，唯日本山井鼎《七經孟子考文》得見之，以校明刊本，多所是正。顧其原書在海外，經師徵引，疑信參半。余至日本，竭力搜訪，久之，乃聞在西京大〔阪〕(板)收藏家。余囑書估信致求之，往返數四，議價不成。及差滿歸國，道出神户，乃親乘輪車至大〔阪〕(板)物色之，其人仍居奇不肯售。余以爲日本古籍有所見志在必得，況此宋槧經書爲海内孤本，交臂失之，留此遺憾。幸歸裝尚有餘金，乃破慳得之，携書歸。時同行者方詫余獨自入大〔阪〕（板），及携書歸舟，把玩不置，莫不竊笑癖而且癡，而余不顧也。書凡裝十册，缺二册，鈔補亦是以原書影摹，字體行款，毫無移易，固不害爲全書也。

黄唐跋是「紹熙壬子」，《七經考文》於《禮記》後誤「熙」爲「興」，阮氏《十三經校刊記》遂謂合疏於注在南北宋之間，又爲山井鼎之所誤也。附訂於此。

此書今歸南皮張制府。

龍按：森《志》著録足利學藏本，《留真譜初編》卷一葉十七有書影。楊批森《志》云「今缺一册，補鈔，在飛青閣」。楊氏回國後此書曾歸張之洞（《增訂叢書舉要》楊氏按語云「《尚書》則日本有重刻本。其原宋本余亦得之，今歸南皮張文襄公」），今存國圖。據楊氏手跡（參《中華再造善本》影印《尚書正義》），正文微有字句之異，如「把玩不置」原爲「蒼皇登舟」等，以未妨文義，故不細校。又「故不害爲全書也」之末原署「光緒甲申四月廿五日神户舟中挑鐙記，宜都楊守敬」，則原爲光緒十年所記。

楊氏云「故各經後皆有此跋」，當誤，此書後實無此跋，楊氏所藏之書缺二册，即缺卷七、八、十九、二十，故其末册爲後人補鈔，其所據又爲日本弘化四年（一八四七）熊本藩時習館仿宋刻本，而弘化本之底本，又爲日人松崎明復之鈔本，其人鈔録之時據《禮記》之八行本補録黄唐跋，實足利所藏《尚書注疏》之末即無此跋。

關於此書如何由張之洞處轉至國圖，各家叙録均未及之，如喬秀岩《影印南宋官版尚書正義編後記》云「此部爲楊守敬在日本大阪所購，後經張之洞，轉歸北京圖書館」，實其過程頗曲折。據鄭振鐸致蔣復璁信云：「中午與森老、斐雲應孫君約，看《尚書正義》，凡二函，十六册，中有三册係鈔配（以舊紙抄，諒係楊守敬所補鈔者），餘皆宋刻宋印，見之，狂喜不禁！孫君索價四億。我們説不好還價，須先向　兄接洽後再談。此事須與顧巨六商洽（顧可代爲作主），故當托他居中。此數甚昂，經與森老密談後，覺得一億五千萬乃是適中之數，但當時並未與孫君及顧君説明，兄意以爲如何？我們有力量購之否？乞便中示知，以便和他們再談。」（沈津《鄭振鐸致蔣復璁信札（下）》，《文獻》二〇〇二年第一期）云「有三册係鈔配」，又誤以爲楊守敬補鈔，則當即楊氏舊藏無疑。此「孫君」即上海修文堂主人孫實君（名誠温，解放後爲上海古籍書店副經理），知張書流散而歸爲修文堂所得。再據蔣復璁致朱家驊信云：「上海孫仲山君藏有宋刊《尚書正義》一部，爲南宋初注疏並刻黄唐本，實爲經部珍刊，職館如得此書，當可更爲所藏善本生色不少。孫君索價四億元，倘以價購，恐至少非兩億不可。爲節省計，擬懇鈞長致函孫君，請其捐贈，俾厚典藏。」（陳福康《鄭振鐸年譜》

載)未知此書最終是售是捐。然孫氏此後從未提及此事,則當以售出爲是。

尚書釋音二卷 影宋本,刻入《古逸叢書》○

余在日本校刊《古逸叢書》,黎星使女婿張君沆得影寫此本,議欲刻之。余謂此書非得之日本,似不必彙入,且此書非陸氏之舊,乃宋人之書,星使駭然。余乃檢《崇文總目》及《玉海》證之,知爲宋開寶中太子中舍陳鄂奉詔刊定,以德明所釋乃《古文尚書》,與唐明皇所定今文駁異,令鄂删定其文,改從隸書。故段若膺、盧紹弓於《釋文》中此二卷深致不滿。今不能得開寶以前古本,則此不足驚人也。張君意存見好,必欲刻之,余亦未便深拒。今按此書不特「淺」改作「餞」、「庸」改作「鏞」、「鳥」改作「島」、「苞」改作「包」、「旄」改作「毛」、「鏐」改作「璆」,皆深没陸氏原文;惟「頗」改作「陂」,注云「舊本作『頗』」,此有唐明皇之詔,故不能没之。最可笑者,《舜典》下注云:「王氏注。相承云梅頤上孔氏傳《古文尚書》,亡《舜典》一篇,時以王肅注頗類孔氏,取王注從『慎徽五典』以下爲《舜典》,以續孔《傳》。徐仙民亦音此本,今依舊音之。」又「曰若稽古」二十八字云:「聊出之,於王注無施也。」是陸氏於《舜典》全用王注,不用方興《傳》。而今本則改用方興《傳》,而以王注間載注中，又不申明用姚改王之故，而但存陸氏用「王氏注」於《舜典》題下，豈非大謬！

篇中「至于北岳，如西禮」，注云「方興本同」，似仍用王本者。其實所載音、字，皆方興《傳》〔中文〕，與今本無一字出入，且多明明與王注不照者。陳鄂不學至此，而以删定通儒之書，豈非千古恨事！

日本《古文尚書》古鈔本「驩兜」作「鴅殳」。近人謂爲日本人僞撰，以陸氏此本作「驩兜」爲證，亦癡人説夢也。

或曰：子力詆此書，然則不猶愈今之《釋文》乎？曰：此則當分別觀之。《序》〔下〕「訓」下「攝十四三篇亡」，盧刻本「四」「三」互倒；「科斗」下「蝦蟆」，不作「蟇」；《堯典》「氄」下「如兖反」，不作「如充反」；「女于」下「上恧反」，不作「上而反」；《舜典》〔「難下」〕（下難）「乃丹反」，不作「乃但〔反〕（及）」；「稾飫」不作「稾」；《大禹謨》「解」不作「懈」；《禹貢》「雍」下「州名，後同」，不作「後名州同」；「鉤般」不作「盤」；「犀」，「細兮反」，不作「緶」；《武〔成〕（城）》「〔云〕（四）月始生魄然貌」，不作「然也」；《酒誥》「文王第稱穆」下「黄僕」，不作「皇僕」；《召誥》「度」，「待洛反」，不作「時洛」；《洛誥》「惟七年周公攝政」，盧本脱「周公」二字；《君奭》「奔走」下「使人歸趣之」，不作「趨之」；

《君陳》「長」，「誅丈反」，不作「丁丈」：此皆勝於盧本者也。若《序》「高辛」下「母不見」脱「名」字；《舜典》「四朝」下「四季」誤「四季」；《禹貢》「道」作「導」，而誤「音導」爲「言道」；《洪範》「無虐」，馬本作「亡侮」，此誤作「悔」；《蔡仲之命》「從車」，此誤作「徒」；《顧命》「車渠，車輞」，此誤作「軔」：是皆形近之誤，或影摹失之。

案此本缺「慎」「遘」等諱，又多改「反」爲「切」，是南宋刊本。首不題「經典釋文卷幾」，當是單行本。然改「尚書音義」爲「釋音」，皆謬。又題下徐、盧二本並有卷第，葉鈔本無之。或以葉鈔爲是。余謂《大禹謨》下注云「徐云本《虞書》總爲一卷，凡十二卷。今依《七志》《七録》爲十三卷」，則陸氏原書載有卷第審矣。葉鈔及此本無卷第者非也。《釋文·條例》云：「孔傳《古文》亡《舜典》一篇。齊明帝建武中，吴興姚方興采馬、王之注，造孔傳《舜典》一篇，云於大航頭買得，上之。」是今之《舜典傳》明明爲姚方興作，或云劉光伯作，亦非。而考傳者亦多與他傳不分，非也。附訂於此。

龍按：此本既非日本訪得之典，又非日人翻刻之書，本不必入《古逸叢書》，然因爲黎庶昌之婿所得，黎氏堅持收入。由其末附潘錫爵跋可知，此本爲潘氏據汪氏振綺堂藏書影鈔，然原本及影鈔本今均不知下落。另據楊氏稿本稍加校正。

詩外傳十卷 明沈辨之刊本

每卷題「詩外傳」，無「韓」字。惟卷首錢惟善序題有「韓」字。序後有「吴都沈辨之野竹齋校彫」篆書木記。首行題「詩外傳卷第一」，次行題「韓嬰」二字，每半葉九行，行十七字，大如錢，左右雙邊。余以此本校之毛氏《津逮》本，小有異同，而此爲優。蓋毛氏亦原此本而又有謬誤者也。程榮《漢魏叢書》所據原本，脱首卷第二葉，竟以「抽觴」接「遊女不可求思」刊之，其他謬誤亦多。何允中雖補此一葉，而謬誤者亦未能校正。余嘗作《札記》，視趙懷玉、周〔廷〕寀校本似爲詳密云。

按沈辨之，明嘉靖間人，與文休承兄弟往來。《孫祠書目》因其木記接錢《序》後，遂以沈爲元人，非也。余謂此刻款式雖古，而字體實是明嘉靖間之格，《訪古志》稱即「以元本重雕者」，亦非也。此本亦得之立之，首有「吴氏仲文印」，又有「黑水居圖書記」。

龍按：森《志》著録「朝鮮國刊本」，楊批云「今在飛青閣」，則楊氏所收即此朝鮮本，另亦藏有原本，今均藏臺北故宫，《留真譜初編》卷一葉三六有書影。此本除楊氏諸印外，另有「歸鳥草堂」「茂父」印。

周禮鄭氏注十二卷 南宋槧巾箱本○

宋刊巾箱本《周禮》，唯齊次風《石經考文提要》猶及見之，近來著録家未之聞。阮氏《校勘記》亦不載，知傳世鮮矣。中有「重言」無「重意」，故標題略之。其文字往往與岳本及明刊徐氏本合，注疏本皆不及也。江陰繆筱珊編修愛不釋手，乃影摹一通，而以原本歸之。

《初學記》二十四卷出「國游」注：「《周禮》曰：『囿人掌國游之獸禁。』鄭玄注云：『國之離宮小苑游觀處。』」今本《周禮》皆作「囿游」，注云：「囿游，囿之離宮，小苑觀處也。」據「疏説」云云，知賈公彦所見本已如此，想宋以下板本無異同者。「國游」「囿游」皆通，「觀」上無「游」字不可讀。而阮校本不及之，附記於此。

近見歸安陸氏有宋槧巾箱本《周禮》，然彼有「重言重意互注」字，亦非此本也。

龍按：森《志》著録足利學藏本，楊批森《志》云「今在飛青閣」，似森《志》所録，已爲楊氏所得。然森《志》所録者，首題「萬秀山正宗寺公用」，尾題「正宗寺書院」，據嚴紹璗《日藏漢籍善本考録》載，此書現藏日本足利學校，爲日本重要文化財，有狩谷棭齋、近藤正齋跋，知與楊藏非同本。《留真譜初編》卷二葉五A面有書影，楊批云「今歸江陰繆筱珊」，與此跋云「江陰繆筱珊編修愛不釋手，乃影摹一通，而以原本歸之」合。據繆荃孫日記，其於光緒十六年初訪楊氏，得其出示宋本《周禮》，次年，日記中再及此書時亦云「從楊惺吾處購來」，繆氏《藝風藏書記》卷一即載云：「宋刊巾箱本，鄭氏注。有重言二字作陰文，無重意，刻印俱精。每半葉九行，每行十七字。日本曼殊院舊藏，有印，白文。」即此本。葉昌熾《緣督廬日記》光緒十年八月十九日云：「得翼甫書，知楊惺吾自東瀛攜歸宋元槧不少，《廣韻》有金刻、宋刻，《禮記》《周禮》皆有宋刻小字本」，然或因價未諧而未購，至十八年八月十一日云：「又見巾箱本《周禮》，楊惺吾從東瀛所得，筱珊前輩以八十金得之，秘爲宋刻，實明刻也。」然此論實疏，據傅增湘《藏園群書經眼録》載一本云：「半葉九行，每行十七字，注雙行十八字，細黑口，四周雙闌，版心上方記字數，左闌外上方有耳記篇名。版匡高三寸，寬二寸一分。鄭注文下附重言，用白文別識之。」行款、體制與楊、繆二人所述全同，亦斷爲「宋刊巾箱本」。此書楊氏僅存影本，現藏臺北故宫，其原本歸繆氏後，今不知藏處。另，楊氏稿本有此條之後半。

儀禮鄭注十七卷〔明刊本〕

明陳鳳梧刊本。每半葉十行，行十九字，經、注並同。首題「儀禮卷第一」，次行題「漢鄭玄注」，三行頂格，題「士冠禮第一」，皆非古式。附載《釋文》，凡釋經者即緊注其下，其釋注者則加「○」，而附於注後。所見宋槧經注本，亦無此式者。其「士冠禮第一」下，引鄭《目録》，遂使後來刊注疏者誤認此爲注文，而不標「疏」字。按顧亭林據《唐石經》，稱「今本《儀禮》脱經文五條」。此本五條皆在，唯《鄉射禮》「士鹿中」下脱注文耳。然以嚴州本校之，其他注文亦多脱誤。據鳳梧自序，蓋以鈔本上木，宜其多所遺失也。是本爲狩谷掖〔齋〕（齊）舊藏，森立之《訪古志》稱其與近世所行本大有異同，贊爲絶佳之本。蓋亦只就閩、監、毛注疏本校之，則此爲佳耳，固不足與嚴州本、徐氏本並論也。然脱誤雖多，取源自異，其足與嚴州、徐氏互證者，正復不少。此本著録家皆不及，則亦未可竟廢之也。陳氏自序别刊有單〔經〕（経）本，今不得見，睹此可知其概矣。

龍按：森《志》著録，楊批云「今在飛青閣」，《留真譜二編》卷一葉二二有書影。據《清客筆話》載楊氏訪森氏云：「前日所借陳氏刻《儀禮》，此書較閩、監、毛注疏本爲勝，而不及宋嚴州本及明人徐氏翻宋本，亦不及鍾人傑本。凡閩、監、毛所脱經文數處皆存。」則楊氏當得自森氏，此本現存臺北故宫。此則書名下原無標注，據目録補「明刊本」三字。

春秋左傳集解三十卷 古鈔卷子本

初，森立之爲余言，日本鷲人秘笈以古鈔《左傳》卷子本爲第一，稱是六朝之遺，非唐、宋本所得比數。此書藏楓山官庫，不許出，恐非外人所得見。余託書記官巖谷修訪之，則云〔遍〕（偏）覓官庫中未見。余深致惋惜。乃以所得小島學古所摹第三卷首半幅刻之《留真譜》中，冀後來者續訪之。立之又爲言，此書不容遺失，倶道是如何櫝藏之狀。復以白巖谷。忽一日來告，云此書無恙。余即欲借出一觀。巖谷云：「此非吾所敢任。」余謂：「貴國有如此奇書，韞櫝而藏，何如假吾傳録於西土，使海内學者得睹隋唐之遺，不尤貴國之光乎？」巖谷囅然，即遍商之掌書者借出，限十日交還。書至，果卷子三十，無一殘缺，紙質堅紉，蓋黄麻也。每卷有「金澤文庫」印，卷後有「建長八年叁河守清原」「建保三年清原仲光」「文永五年音博士清原」等校刊題記。余乃倩書手十人至寓館，窮日夜之力，改爲摺本影鈔之，刻期書成。其中異同之跡，真令人驚心動魄。多與陸氏《釋文》所稱一本合，真六朝舊笈也。其有《釋文》不載，爲《唐石經》、宋槧本所奪誤者，不可殫述。別詳《札記》。

今第舉一二大者。如《昭公廿七年傳》「夫鄢將師矯子之命，以滅三族。三族，國之良也」，今各本不疊「三族」二字，得不謂是《唐石經》以下之脱文乎？如《莊十九年傳》「鬻拳可謂愛君矣」注「楚臣能盡其忠愛，所以興」，各本「楚」下無「臣」字，尚可通乎？又如《隱九年傳》「衷戎師」注「以過二伏兵」，各本「過」作「遇」，山井鼎所見興國本亦作「遇」，旁注「別本作『過』」，蓋校者據此本耳。而阮氏《校刊記》非之。竊謂此一字千金也。蓋祝聃引戎師超過二伏兵，至後伏兵，後伏兵起，戎還，二伏兵禦其前，後伏兵擊其中，祝聃反逐其後。故注云：「前、後、中三處受敵。」衷戎師之情景如繪。若初即已遇見二伏兵，戎師不鬬即還走矣，安得更隨祝聃至後伏兵處乎？此得不謂宋槧以下妄改乎？至如何義門所舉「死而賜謚」，古刻多然，此類不足稱説矣。原本校注甚爲精密，其作「乍」者，「作」之省；作「扌」者，「摺」之省。所云「摺本」者，即謂宋本也。

此書山井鼎所未見，蓋山井鼎爲足利士族，足利學所藏古鈔本無《左傳》，故《考文》只有興國本及活字本，而無古本。楓山官庫在其京師，非彼列侯之士所得寓目也。余乃從百年後得見彼國學者未見之書，不可謂非厚幸乎！

龍按：森《志》著録原本，現存日本宫内廳書陵部。據《清客筆話》載，楊氏壬午年（光緒八年）八月訪森氏，云：「昨日從楓山官庫借出古鈔卷子本《左傳》三十卷。吾意欲屬寫生鈔之，但此書浩繁，非十人寫之不能成。吾近處有五人，先生有知者數人否？前日寫《字鏡》之寫生，可到我家寫之否？」森氏答云：「此書不宜出於堂也，就尊堂而寫則可也。今吾所知有三人，宜試筆也。」知其影鈔之過程。楊氏鈔本藏臺北故宫。其卷十七末，有楊守敬紫筆識語云：「光緒癸未，借楓山官庫本影鈔並手校一過。十一月十日，守敬記。」可知此書自光緒八年八月始，至次年十一月，或始鈔録完畢。《留真譜初編》卷一葉三七即楊守敬所言「以所得小島學古所摹第三卷首半幅刻之《留真譜》中」者，楊氏又有批語云「今在楓山官庫，古鈔卷子卅卷無缺，敬曾借摹之」，又云：「此書後竟從其書記官巖谷修訪得，借出卅卷，無一殘闕，洵爲日本經籍之冠。山井鼎所未見也。余曾借摹之。」傅增湘曾借楊氏藏鈔本校於日本安政三年刊本之上，傅有跋云：「楊惺吾先生東游時曾借出影鈔一本。辛亥壬子之交邂逅上海，始得見之，以索價太昂不及收也。甲寅夏，先生以參議入都，曾以借校爲請，先生許之，而因循數月不及檢付，先生遂於是冬歸道山。今春從先生文孫申前諾，乃舉以相假，因與伯兄雨農分校其半，自十七卷以下則屬以霸州門人陳瀛。凡二十日而畢，佳處至不可勝紀，當别爲札記以傳之，惜原本尚有校語不及詳録。今先生遺書，余爲作緣，歸之公家，異日尚欲重校以竟其志也。」（參王菡整理《藏園群書校勘跋識録》）

關於此書之影鈔，尚另有曲折。據王寶平《黎庶昌東瀛訪書史料二則》（《文獻》二〇〇四年第四期）載，先是黎庶昌於光緒九年五月十二日因欲刻《太平寰宇記》闕卷而向日提出申請得允（詳參該條）。同年十月十七日，或因楊氏慫恿，黎氏即再提出申請：「前承貴大臣假與宋本《太平寰宇記》，感荷無已。兹聞貴秘庫書中尚有可貴之本，爲本大臣所未見。生平好古，結習難除，特開後列各種，意欲煩請貴大臣破例，准再次第假出一觀，未知可否。如蒙惠許，交收之事仍希飭貴館員巖谷修與敝署隨員楊守敬辦理。」下列書目五種，即古鈔卷子本《春秋經傳集解》、北宋板杜佑《通典》、宋板《尚書》單疏、宋板《集韻》、宋板《世説新語》。日方回覆云：「貴大臣欲借我秘閣所藏古鈔本《春秋左氏傳》、宋槧杜氏《通典》等諸書，敬領來意，須照前例以應請焉。書係數部，宜逐次送進。如其交收之事，仍委館員巖谷修辦理。」得此史料，既可知影鈔過程，亦可據之對前引《清客筆話》稍加辨析，前言楊氏得此書於光緒八年八月始，至次年十一月十日方鈔完，費時年餘，然據黎氏與日方官書往來，借得此書則在光緒九年十月底，且據本條楊氏所言，「限十日交還」，自無可能留一年之久；官方文書均明署月日，自然無誤，則知《清客筆話》因屬二人筆談記録，或較散亂，嗣後森氏整理，容有錯簡。

春秋左氏傳殘卷 舊鈔卷子本

自《昭公二十七年傳》「惠已甚」起，至《三十二年》「民忘」止，每行字數不等，凡書「經」「傳」皆不出格一字，石山寺藏本。癸未春，日本印刷局借得，欲石印，余得往讀之。相傳爲唐人筆，書法精美，紙用黄麻，信奇跡也。注文脚多「也」字，余別有詳校本，今録其最異者：經文「二十」「三十」「四十」，並作「廿」「卅」「卌」；《注》「令終，陽匄子」，作「陽匄，正子也」；《注》「子〔梁〕（果）宋樂祁也」，「祁」下有「犁」字；《傳》「乃辭小國」，「乃」作「則」；《傳》「以滅三族，國之良也」，「三族」二字疊文，按文義，則不疊非也，自《唐石經》以下皆脱；《傳》「是瓦之罪」，「罪」下有「也」；「晉祁勝與鄔臧通室」，「鄔」作「鄢」，與《石經》合；「民之多辟」作「僻」，與《釋文》合；《注》「母氏性不曠」作「不廣」；《傳》「忿纇無期」，「纇」作「類」，與《釋文》一本合；《傳》「共子之廢」，「〔共〕（其）」作「恭」，上有「與」字，按文義，有「與」字爲長；《傳》「聞其聲而還」，無「其」字；《傳》「爲鄅大夫」，「鄅」作「鄅」，上、下《注》同，與《石經》合；「御以如皋」，「皋」作「睪」，古字通；《廿九年傳》「塹而死」作「壍」，《注》同；《傳》「能飲食之」，「之」作「龍」；《傳》「賜氏曰御龍」下有「氏」字；《注》「在〔襄〕（哀）二十四年」，上有「事」字；《傳卅年》「有所不獲數矣」，「數」上有「禮」字；《傳》「吴子問於伍員」，「伍」作「五」；「楚執政衆而乖」，「政」下有「者」；〔《三十一年》〕「以待〔君〕（字）之察也」，「察」下有「之」字，按《唐石經》此行計九字，是原刊有「之」字；「亦唯君」作「惟命」；（《三十一年》）「秋，吴〔人〕（則）侵楚」，「人」作「子」；「莒牟夷」《注》「在五年」，作「在廿五年」。

龍按：森《志》著録，然云「未見」，現存日本静嘉堂文庫，楊批云「今在飛青閣」，所指當影鈔之本。楊跋中引「陽匄」，有整理本作「陽囟」，劉昌潤注云「『囟』當作『匄』」，實爲誤認，因原刻作「匃」，即「匄」之異體。

春秋左傳三十卷 舊鈔本

此本不載經文，唯第三十卷載經文，其分卷與《唐石經》同，中缺北宋諱，當是據北宋經傳本録出。然第三十卷仍録經文者，鈔寫時未能畫一耳。亦或别有單行傳本，缺第三十卷，而别以經傳本補之耶？凡《傳》文多與《石經》及沈中賓本合，沈本之顯然訛誤者，此亦不與之同。而間有與諸本絶異之處，則往往與山井鼎所記異本合，洵爲北宋善本也。

《莊四年》「以國與紀季」，各本無「國」字，唯山井鼎云「足利本及宋板旁記異本有『國』字」；《十六年》「爲宋故也」，各本脱「爲」字，唯臨川本有「爲」字，與《釋文》一本合；《三十年》「謀伐山戎也」，各本無「伐」字，《石經》重刻增入「伐」字；《閔二年》「命可知矣」，各本「矣」作「也」，唯足利本與此同；《僖三年》「未之絶也」，各本作「絶之」，此與《石經》合；《二十二年》「隘而不列」，「列」上旁注「成」字，與《文選注》引合；《〔三十年〕（二十九字）》「雖然鄭亡，子亦有不利焉」，各本無「雖」字，此與《石經》合；《文六年》「辟刑獄」，各本作「辟獄刑」，此與沈本合；《宣十一年》「對曰，可哉！吾儕小人」，注疏本脱「可哉」二字，此與臨川本合；《成二年》「從左右皆射之」，各本「射」作「肘」，此與纂圖本、淳熙本合；「殺靈侯」，各本作「弑」，此與沈本同；《十三年》「養之以福」，旁注引家本作「養以之福」；《十五年》「向帶爲太宰」，與《釋文》、沈本合；「宋殺大夫山」，「殺」下無「其」字，與沈本同；《十六年》「晉有勝矣」，各本無「晉」字，《石經》旁增「晉」字；《襄四年》「棄武羅、伯困、熊」，各本「困」作「因」，唯臨川本、沈本與此同；《八年》「亦不使一介行李」，各本「介」作「个」，此與沈本同；《十二年》「同姓臨於宗廟，同宗臨於祖廟，同族臨於禰廟」，「三」「臨」字各本無；《十四年》「吾今實（過悔）（悔過）」，各本「今」作「令」，此與沈本合；「使子行請於孫子」，各本無「請」字，足利本旁注「異本有『請』字」，《石經》初刻有「請」字；「夫君，臣之主也」，按：此恐誤。各本「臣」作「神」；《十九年》「士子孔亦相親也」，各本「士」作「二」，此與臨川本、沈本合；《二十三年》「非鼠何如」，各本作「如何」，此誤，與沈本同；《二十四年》「胡載不謀」，各本「載」作「再」；《二十五年》「枕尸而哭之」，各本無「之」字，此與臨川本、沈本同；「何以至大焉」，各本無「大」字，足利本旁記「異本有『大』字」，臨川本有「大」字；「賦車兵徒卒」，各本「卒」作「兵」，此誤，與沈本同；《二十六年》「君與夫人」，各本作「大夫」；《昭三年》「又弱一介焉」，各本作「个」，惟明監本與此同；《四年》「曰晉有三不殆」，各本「曰」上有「公」字，此與沈本合；「禮吾未見者有六焉」，各本「吾」下有「所」字，此與沈本同；「使寘諸饋於介而退」，各本無「諸」字，「介」作「个」，惟《文選·思玄賦注》《運命論注》引作「介」；《五年》「敝邑休殆」，各本作「怠」，此與沈本合；《七年》「周文王之法」，下無「曰」字，旁添「曰」字；《八年》「莫保其性」，宋殘本、十行本「保」作「信」；「臣必致死禮以息楚」，「楚」下無「國」字，與岳本同；《十四年》「恤孤寡」，各本「恤」作「宥」，與岳本、沈本同；《十九年》「民有亂兵」，各本作「兵亂」，此與沈本同；《二十年》「郧申」，各本「申」作「甲」，此與臨川、沈本同；「古者無死」，各本「者」作「若」，此與沈本合；《二十七年》「工尹〔麇〕（麇）」，不作「王尹麇」；《定三年》「莊公〔卞〕（下）急而好絜」，各本作「潔」，此與《石經》、臨川本合；《四年》「命以康誥」，各本「康」作「唐」，此與沈本同；《八年》「必以而子厚」，各本無「厚」字，此與淳熙本合；《十四年》「謀救范中行氏也」，各本無「也」字，此與《石經》合；《哀元年》「逢猾當公而進」，各本「猾」作「滑」，此與足利本合；《十五年》「事死如事生」，各本無「事」字，此與沈本合；《十七年》「皇瑗奔晉，召之」，此本「召之」上旁注「宋公」二字；《二十四年》「以荆爲太子」，各本「以」上有「而」字，此與足利本合；《二十五年》「少畜於公宫」，此本「公」下旁注「宫」字，與《石經》初刻合。其他與各本異同參半及筆畫小異者，别詳《校札記》。

龍按：此本現藏臺北故宫。據阿部隆一《志》載，其卷末有楊守敬朱筆識語「辛巳十二月五日校一過畢，惺吾」。

春秋經傳集解三十卷 宋槧本

宋嘉定丙子興國軍教授聞人模校刊。末有《經傳識異》數十事，又有校刊諸人官銜及聞人模跋。每半葉八行，行十七字，不附《釋音》，藏楓山官庫，蓋即毛居正《六經正誤》所稱興國本。余以《正誤》所引十三條對校，一一相合。又以山井鼎《考文》照之，則彼所稱足利宋本者亦無一不合；而山井鼎不言是興國本者，以所見本無末題識數葉耳。按岳氏《九經三傳沿革例》稱興國本爲于氏所刊，此本並無于氏之名；又稱于氏本每數葉後附《釋音》，此本無《釋音》；又稱于氏本有圈點、句讀，併點注文，此本無句讀：則非于氏本無疑。蓋興國舊板始於紹興鄭仲熊，只有《五經》；聞人重刊《左傳》，並修他板，亦只《五經》，詳見聞人跋。至于氏始增刻《九經》。其《五經》經注文字雖仍舊本，而增刻《釋文》、句讀。故同爲興國本，而實非一本也。大抵南宋之初，諸道所刊經傳尚不附《釋音》，至南宋末，則無不附《釋音》者。岳氏既稱前輩，以興國、于氏本爲最善，而又議于氏經注有遺脱。余嘗通校此本，則經注並無遺脱，或于氏重刊此書，失於檢照而有遺脱耶？于氏增《釋音》、句讀已非以原書覆板，重寫時，保無改其行款？故有遺脱之弊。且嘗以岳本互勘，皆此本爲勝。如《昭二十年》「衛賜北宫喜謚」，杜《注》「皆未死而賜謚」，此本無「未」字，與何義門所見宋殘本合。岳本有「未」字，非也。不特岳本，凡阮氏《校勘記》所載宋本，亦均不及之。然則今世所存宋本《左傳》無有善於此者。別詳《札記》。

余在日本，曾勸星使黎公刻之，以費不足而止，〔其實《古逸叢書》中，不甚精要之書，不惜費至數千金者，而乃刻彼置此，解人難得如斯。〕竊羨聞人以校官慫恿當事者，既刻此書，又修《五經》板；余亦校官，携此書歸來數年，口焦脣乾，卒無應之者。古今人不相及，讀聞人跋，彌滋愧已。

〔光緒丁亥正月廿九日宜都楊守敬記。〕

〔又按：《困學紀聞》：衛侯賜北宫喜謚曰貞子，賜析朱鉏謚曰成子，是人生而謚也。然則王伯厚所見昭二十年衛賜北宫謚事，杜《注》作「皆未死而賜謚」，故云然。今按，岳刻本及注疏本皆與王氏所見同，唯何義門云得宋本《左傳》作「皆死而賜謚」，無「未」字，閻百詩擊節曰，若果未死而賜謚，是豫凶事，非禮也。一字之增，何啻天壤！宋槧真寶也！今此本亦無「未」字，即此一事，已足千金。守敬再記。〕

龍按：楊批森《志》云「日本官庫又藏有興國本，即此本（按：即森氏所謂『舊板覆宋大字本』）之祖」，此本現藏日本宫内廳書陵部。《留真譜初編》卷一葉四四至四九有書影。北京大學圖書館藏五山本有楊氏長跋（參傅剛《日本五山版〈春秋經傳集解〉考論》一文，文載查屏球編《梯航集——日藏漢籍中日學術對話録》），爲此則與下則之拼合（參下條），據其所署「光緒丁亥」知此跋早於楊《志》之刻，故或楊氏刊書之時，將此長跋一分爲二也，然文字與此二跋相異者頗多，擇其要者增補之，前後次序及微異之處不再詳校。又據此條，楊《志》删去於黎氏頗有微詞之語，或撰跋之時尚爲私人著述，無妨直言，然欲公之於世，則必稍加删芟。又嚴紹璗《日藏漢籍善本書録》云：「楊氏此言，評之中肯，拳拳之心，亦溢於言表，惟『釋文』中所言『携此書歸來數年』，不知所指何物。此本既然已『藏楓山官庫』，楊氏又何以能携此書歸返中國？存疑。」此疑實因楊氏由藏書題跋輯録爲書而生，其跋語原題於楊氏携歸之日本覆宋本之上者。傅增湘氏《藏園群書經眼録》即親驗李盛鐸藏本，並記其「有楊惺吾守敬跋二段」，而楊《志》恰載此書之跋二條，一跋上引之「宋槧本」，一跋上述之「覆宋本」——其跋語既題於覆宋本上，則其所云「携此書歸來數年」者，自指此「覆宋本」無疑。後楊氏跋語輯爲專書，各條割裂，則此條所指稱之對象亦爲模糊。

春秋經傳集解三十卷〔日本〕覆宋本

右日本古時覆宋刻《左傳集解》，不附《釋音》，每半葉八行，行十七字。森立之《訪古志》載此書，云是依蜀大字本重刊者，與李鶚本《爾雅》同種，其刻當在應永以前。然則此本雖非宋刻〔原書〕，而覆板時亦在宋代，故傳本亦絶希也。唯立之云是覆北宋蜀本。余親質之，則以字體類《爾雅》，又以不附《釋音》故；余覆校之，〔則〕「愼」字〔皆〕缺〔末〕

筆，知其決非北宋本。其後借得楓山官庫所藏興國本，行款、匡廓、字體皆與此本同，〔而末有《經傳識異》四葉，又有葉凱、趙師夏、鄭緝、聞人模、沈景淵諸人御名，皆興國軍官師也。又有教授聞人模一跋，稱嘉定丙子，乃知宋寧宗嘉定九年興國軍刊本。〕略校數册，文字亦無異，乃知此本即覆興國本。特所據祖本失載《〔識〕（考）異》、聞跋耳。森立之未見楓山官庫本，故不知此本原於興國。余乃影摹刻補於此本後，使後之讀者得所指名。

按岳氏言，《哀十六年》「石乞曰此事也，克則爲卿」，諸本多無「也」字，興國本有「也」字，今此本無「也」字，而「此事克」三字占四格，此明爲〔聞人〕重刊時去之；後來于氏重刊，又依鄭氏舊本增入「也」字。又岳氏云《僖〔三十〕（二）年》「若不闕秦，將焉取之」，原本無「若」「將」二字，〔建上諸本則有之，而不言興國本，知興國本無此二字。今〕此本擠入，故八字只占六格，〔足知此亦非紹興鄭氏之舊，亦〕與後《〔識〕（考）異》亦不相應。未知此爲聞人校刊時改刊，抑日本重刊時改刊也。〔恐是日本覆此書時補之也。〕惜當日未以聞人原本校及此。余從森立之得此書，立之自有跋，在籤蓋裏面，稱此書爲市野光彦舊藏，後歸澁江道純，是二人皆日本舊藏家。今書每册首尚有二人印記，册尾市野光彦亦有跋。又稱此外唯狩谷望之藏一本〔云云，其珍重甚至〕。而余乃並得之，以一部與章君碩卿。又按：山井鼎云「慶長活字板原於此本」。余嘗互校之，亦有異同。

〔光緒丁亥正月廿九日宜都楊守敬記。〕

龍按：森《志》著録，《留真譜初編》卷一葉四十至四三有書影。據《清客筆話》「日載，明治十六年一月廿一日，楊守敬首訪森立之，即得觀森氏出示此書，森氏云：「此本應永已前古板，全翻刊北宋板者。」楊氏即表贊同云：「此必北宋板，無陸德明《釋文》。此本不易得乎？」森氏答云：「末無梓行年月，只以板式、紙質、字旁國字訓點定爲應永已前耳，無確據。」問答頗可與此條呼應。此後楊氏即搜求此書，現北京大學圖書館藏一種，臺北故宫藏二種，均爲楊守敬舊藏，臺北故宫藏本一有「市野光彦印及市野手跋，一爲狩谷望之舊藏，二本當即楊氏此跋中所指市野及狩谷二家舊藏；北大藏本則或楊氏後得之另本，亦有市野光彦數印及「森氏開萬册府之記」及「弘前醫官澁江氏藏書記」印，可知其收藏之沿遞，亦可見楊守敬搜書不避重本之氣魄。此條仍據北大圖書館藏本後楊氏手跋稍作增補。

前條叙興國軍學本云其曾「通校其本」，並略舉數例以見優勝，注云「別詳《札記》」，惜其《札記》未刊，恐已湮滅。然北大藏本末附吴慈培跋，傅剛云「據此跋，吴慈培所舉諸例，皆出於楊守敬《札記》」（參傅剛《日本五山版〈春秋經傳集解〉考論》），然吴氏云「癸丑秋，保山吴慈培借校一過，此本佳處，星吾先生所稱昭二十年注之外……星吾先生《札記》未見刊佈，余略舉校勘所得，還以獻之李丈（按：此書時當已歸李盛鐸，故云），以當「一瓻」，其既言「借校」，又用還書一瓻之典，固非因襲楊校者，故不另爲列目，僅録於下，既明此本之優，亦不没校者之勞：

癸丑秋，保山吴慈培借校一過，此本佳處，星吾先生所稱昭二十年注之外，如《僖十年傳》「君其圖之」下補杜注「乏祀爲无主祭也」阮氏《校勘記》「盧抱經云『爲』疑『謂』」一句；《襄二十七年傳》「夫能致死」下補「與宋致死」一句；《昭三年傳》「寡君願事君」，「寡君」下補「使嬰曰寡人」五字；《定元年傳》注「使三國代宋受〔功〕役也」下補「郳小朱」一句。而尤以昭三年一條可爲叫絶，蓋「寡君使嬰曰」，是晏嬰之語，「寡人願事君」云云，是嬰致齊侯之語；若如岳本，則没嬰致辭之節文，且始稱寡君，下文又稱寡人，晏平仲有如此乖繆辭令，左丘明有如此乖繆文字，豈不可歎！此五字斷爲岳本脱所不當脱也。餘如《成六年傳》注「前年從晉盟」，岳本誤「從」爲「楚」，殿本知「楚」字之非，而不知是「從」字，因改作「與」。《昭十六年經》「葬晉昭公」，岳本脱「晉」字，是使魯之昭公代晉之昭公死也。《宣九年傳》注「言周徵也」，岳本誤「徵」爲「徵」，夫傳明言王使來徵聘，注必解之曰周徵，杜氏詞費，何至於此！此數者，雖單文只義，亦有功古人不淺。

星吾先生《札記》未見刊佈，余略舉校勘所得，還以獻之李丈，以當一瓻。

黄蕘圃《百宋一廛書録》近人刻大字《春秋經集解》三十卷，存者十八卷，《昭二十年傳》注「皆死而賜謚」、後序末有「經凡一十九萬八千四百四十八言，注凡一十四萬六千七百八十八言，分兩行刻《錢竹汀日記鈔》見此本十六行、二十七字」，按之此本，悉符聞人氏原本，中土尚有其書也。慈培又識。

春秋集傳釋義十二卷 元槧本，有圖

元俞皋撰，首吴澂序，真書雜以篆書，亦頗有致。次引用諸家名氏，次《凡例》。《凡例》後有「至元後戊寅日新堂栞行」木記。次《程朱説春秋綱領》，次《自序》，次《三傳序》，次《程傳序》，次《胡傳序》。首題「春秋集傳釋義大成卷之一」，次行題「後學新安〔俞〕(余)皋述」。每半葉十行，行二十字，注雙行，行二十七字，四周雙邊，中縫雙墨蓋。雕鏤精雅，錢氏《敏求記》稱爲元槧之至佳者，信然。俞氏所據《經》《傳》文皆宋佳本，往往與《唐石經》合。

龍按：森《志》著録求古樓藏元槧本，楊批云「今在飛青閣」；《留真譜初編》卷一葉五七有書影，楊批《留真譜》云「今存飛青閣」。現藏臺北故宫。

春秋穀梁傳十二卷 宋刊本，刻入《古逸叢書》

余仁仲萬卷堂所刻經本，今聞於世者，曰《周禮》、曰《公羊》、曰《穀梁》。《公羊》揚州汪氏有翻本，《周禮》舊藏盧雅雨家，惟《穀梁》僅康熙間長洲何煌見之。然其本缺宣公以前，已稱爲希世之珍。此本首尾完具，無一字損失，以何氏校本照之，有應有不應，當由何氏所見爲初印本，此又仁仲覆校重訂者。故於何氏所稱脱誤之處，皆挖補擠入。然則此爲余氏定本，何氏所見猶未善也。原本舊爲日本學士柴邦彦所藏，文政間，狩谷望之使人影摹之，纖〔毫〕(豪)畢肖，展轉歸向山黄村。余初來日本時，即從黄村求得之，慫恿星使何公重翻以傳。會瓜代，不果。暨新任星使黎公，乃以付之梓人，逾年而後成。

按《穀梁》所據之經，不必悉與《左氏》《公羊》合，而分經附傳之例，亦與二《傳》差互。至范氏之解，則傳習愈希，除《注疏》刊本外，絶尟證驗。即明知有脱誤，亦苦於無徵不信。然則此本之不絶如綫，誠爲瓌寶。今以《唐石經》證經、傳，以唐、宋人説《春秋》三傳者佐之，以宋監本余所得日本古鈔經注本，首題「監本春秋穀梁傳」，多與十行本經注合、注疏本證《集解》，以陸氏《釋文》佐之。又自宋以來所傳經注本，不必與《釋文》合，而合刊注疏者，往往改《釋文》以就之。至毛本則割截尤甚。此本後有仁仲自記，不以《釋文》改定本，亦不以定本改《釋文》，猶有漢、唐經師家法。今單行《釋文》俱在，此本既悉與之合，故於注疏所附，亦不一一訂正焉。

光緒癸未秋九月記。

龍按：森《志》著録阿波侯藏宋刊本，又云：「此本係柴學士邦彦舊藏。往年狩谷望之與松〔崎〕（碕）明復謀就阿波國學俾一書生影鈔，毫髮盡肖，宛然如宋槧。今猶藏在求古樓。」楊批森《志》云：「原本未見。《古逸叢書》所刊，係以求古樓影寫本上木。」《留真譜初編》卷一葉六一有書影。《清客筆話》載楊氏語森氏云：「弟好書成癖，頗以公諸世爲藏書。此《穀梁傳》本向山珍秘物。彼聞我欲刻之，即欣然相讓。蓋刻之非徒弟附以不朽，即向山亦不朽也。先生藏古書宜刻者甚多，弟望以向山爲懷。且先生老矣，此書若刻，先生名亦不朽。且弟非爲利也。如《穀梁傳》，刻之明知無還本之日，蓋好之少也。」知此書實爲柴邦彦所藏影鈔本，非宋刊原本；此本後經狩谷氏珍藏，再爲向山氏插架，後讓歸楊守敬。而其原本據阿部隆一《志》知原在德島光慶圖書館，燬於火。關於此書，楊氏有尤爲詳盡之《札記》，楊《志》中多言及其爲各書所作《札記》，然多散亂於楊氏篋中，未能流傳於世，此則幸附《古逸叢書》本《穀梁傳》之末，得以留存。

日本訪書志卷二　經部

論語集解十卷 古鈔卷子改摺本，分爲四册

卷末有「觀應元年五月二十二日。非夫人之爲書，而誰爲書？柳下惠則可，吾則不可？本住院權律師豪俊書」。然則是亦僧徒所爲。其引「柳下惠」云云，未知其解。《上論》二册爲一手所書，墨法濃古；《下論》二册又爲一手所書，用墨稍淡。其自《學而》至《雍也》注，皆全載姓名，句末亦多虚字，然自《中人以上章》以下，亦僅載其姓，《述而》以下，則多削其名，句末虚字亦多删削，亦有全載姓名者。第三册《先進》《顔淵》兩篇，全載姓名，亦有數章削名者；《子路》《憲問》以下至末，則全削其名。此書（不）見於森立之《訪古志》。余初得小島尚質校本，於《里仁》後跋云：「弘化三年丙午暮春，從卷子改帖本，朱校同異於正平本上層，此本上二帖紙墨最古，洵爲六（七百）（百七）年外古鈔。而下二帖，觀應元年權律師豪俊所鈔補也。」又於《雍也篇》後跋云：「卷首至此體式一同，斯本

實爲六朝舊本轉傳之真。而《述而》以下，蓋據宋時改竄本補鈔者，固不可就彼本以改此正平善本也。」又於《冉子退朝章》馬融注「匡」字作「匡」，因以爲是豪俊補寫時據宋代刊本之證。又云：「若據彼改此六朝舊本，則不能免取開元改字之本，以駁漢時博士之譏也。」今得此原本，細審之，乃知尚〔質〕（賢）所云，《述而》以下據宋本補寫之説爲謬。而所云據宋本以改此六朝本者，爲得其實。蓋自《述而》以下，雖多削其名，而與《學而》一册同出一手一時所書，毫無疑義，况亦有全載姓名者；《先進》以下則多不載注者之名，而亦未全行删除。其注末虛字雖皆準宋本，而注中實與宋本多異。乃知此書四册，雖出兩人手，而實爲一時所鈔。其自《述而》以下有削名者，則以當時習見宋本皆無名，故鈔手隨意省之；其有仍全書姓名者，則其删略不盡者也。至《退朝章》注中「匡」作「匡」，此亦因當時宋本書流傳彼國最多，觸目皆是，故鈔胥輩亦信筆效之。即如楓山庫所藏古卷子《左傳》，確爲六朝本之遺，而所書「桓」字亦多作「桓」，蓋緣彼本亦鈔於宋末，故有此弊也。不特此也，余所見日本當宋時所鈔彼國古文書及佛經，凡「匡」「桓」字皆多作「匡」「桓」，又如慶長活本《七經》，實不盡據宋本，而所用活字皆缺「桓」「匡」「貞」等筆，此足見習慣不察矣。

龍按：森《志》著録，楊批森《志》云「日本古鈔《論語》甚多，余所得幾二十通」，此其一，現藏臺北故宫。《留真譜初編》卷二葉三一有書影。據阿部隆一《志》所録，原跋至「不特此也」止。

監本論語集解二卷 宋刊本

宋槧本。以《學而》至《鄉黨》爲上卷，《先進》至《堯曰》爲下卷，分卷最謬，當是〔坊〕（訪）賈所爲。「監本纂圖重言重意互注論語卷上」，次行頂格，題「學而第一凡十六章，下引陸氏《釋文》集解音義云云」，每半板十行，行十八字，注二十四字。全附陸氏《釋音》。序後有「劉氏天香書院之記」八字木戳。又有《魯國城里圖》一葉接於序後，書中宋諱並缺筆「徵」「貞」「慎」「讓」「桓」「恒」「完」「玄」「匡」，唯「敬」字不缺〔，蓋因已祧之故〕。又《蓋有不知而作章》注末，引朱氏曰「識音志」，則知此本刊於《集注》既行〔之〕後也。今按，其與注疏本尤異者，若《不患人之不己知章》有注曰「徒患己之無能知」與皇《疏》本、十卷《注疏》本合，《一貫章》有注曰「忠以事上，恕以接下，本一而已，其唯人乎」與岳本合，見余蕭客《〔古〕經解鉤沉》，《託孤章》有注曰「重稱君子者，乃可名爲君子也」與十卷《注疏》本合。此並足訂近本之脱〔漏〕。其他經文尤異者：「君子疾没世而名不稱焉」，「名」作「民」；「曰敢問死」，無「曰」字與《集注》同；「可與言而不與之言」，無「之」字；「窺見室家之好」，「窺」作「闚」；「出納之吝」，「納」作「内」。注文之尤〔異〕(要)者：《其爲人也章》「孔子」作「孔(子)曰」〔此《注疏》本誤〕；《吾十有五章》「有所成也」，「也」作「立」〔此亦《注疏》本誤〕；《子游問孝章》「豕畜」之「畜」作「交」；《或謂孔子章》「與爲政同」，「與」上有「即」字；《禘自既灌章》「列尊卑」，「列」作「别」〔此亦《注疏》本誤〕；《里仁章》「里者〔仁〕(人)之所居」，「仁」作「人」〔此亦《注疏》本誤〕；《公冶長章》「縲攣也」，「攣」作「繫」；《令尹子文章》注「姓鬬名穀」，「穀」作「彀」〔此亦《注疏》本誤〕；《子在陳章》「狂簡者」，無「簡」字；《雍也章》「孔曰以其能簡」，無「孔曰」二字；《子謂仲弓章》「騂，赤也」，「也」作「色」〔此亦《注疏》本誤〕；《季氏使閔子騫章》「託使者」，「託」作「語」；「我辭焉」作「辭説」；《賢哉回也章》「簞食」下有「瓢飲」二字；《孟子反章》「前日啓」，「啓」作「奔」此恐誤；《如有博施章》「皆恕己」，「恕」作「如」；《默識章》「無是行於我」，「我」上有「人」字；《用行章》「孔子言」，「子」作「曰」；《文莫章》「凡言文」，作「言凡」；《曾子有疾章》「不敢欺詐」，〔「詐」〕作「誕」；《如有周公章》「周公者」，無「者」字；《才難章》「人才難得」，「人」作「大」；《麻冕章》「下拜然後成禮」，「後」下有「升」字；《畏匡章》「未喪此文」，「此」作「斯」；《彌高章》「有所序」，「所」作「次」；《反魯章》「反魯」下疊〔「魯」〕字；《在川章》「言凡往也者」，無「也」字；《唐棣章》「而不自見者」，「自」作「得」；《回也非助章》「無發起」，「無」下有「所」字；《厚葬章》「割止」作「制止」；《長府章》「因舊事則可也」，無「也」字；《善人章》「然亦不入於聖人之奧室」，「入」上有「能」字；《司馬牛章》「孔子行仁難」，「子」作「曰」〔此亦《注疏》本誤〕；《棘子成章》「與犬羊別」，下有「者」字；《年饑章》「孔曰孰，誰也」，無「孔曰」二字；《辨惑章》「孔曰」作「包曰」；《子張問士章》「其志慮」，「志」作「念」；《會友章》「友相切磋」，「友」作「有」；《仲弓問政章》「人將自舉其所知」，「舉」下有「之各舉」三字〔此《注疏》本脱也〕；《多學章》「而一知之」，作「一以知之」；《三年之喪章》「子生於〔三〕歲」，「於」作「未」〔此《注疏》本誤〕；《待孔子章》「聖道難成」，「成」作「行」；《歸女樂章》「廢朝禮三日」，無「三日」二字；《荷篠章》「不分植五穀」，「植」作「殖」；《大師摯章》「居其河内」，「其」作「於」；《大德章》「小德則不能〔不〕踰法」，無「〔則〕（澤）」字；《堯曰章》「殷豕尚白」，「豕」作「家」〔此亦《注疏》誤〕。凡此者，雖不免小有譌誤，而其佳者，或與《釋文》合，或與皇《疏》本合，〔或與日本正平《論語》合，〕皆證據鑿鑿，優於明刊《注疏》本。其他字句異同不甚關出入者，別詳《札記》。

按《集解經注》本，明代無重刊宋本者。自《集注》盛行之後，學者束諸高閣，故有明一代，唯存永懷堂一本。然是從《注疏》本割取，非重刻宋本也。國朝唯惠定宇及見相臺岳氏本，至阮氏作《校勘記》時，並岳本不〔得〕見〔焉〕。此本爲自來著録家所不及，即日本亦罕知之者。唯吉漢宧《近聞寓筆》載其所見永正年古鈔《論語》，有清原明經宣賢父子跋。其中依唐本補入二處即《忠恕章》及《託孤章》與此本合，而吉漢宧亦不能指其據何宋本。此本書估從西京搜出，前後無倭訓，至爲難得。余以重價得之。至其雕鏤之精，紙墨之雅，則有目共賞，洵爲希世之珍也。

又按，重言重意相傳爲宋人所爲，吉漢宧則云「輯自唐人」，未詳所出，附記於此。

又按，十行本以下《論語注疏》不附《釋音》，此本獨載之，往往與宋本《音義》合，且有足訂其誤者，亦一善也。余携此書歸時，海寧查君翼甫不惜重金力求，余不之與。章君碩卿酷愛之，余與約，能重刻餉世則可。碩卿謂然，乃跋而歸之。後章君罷官，以抵關君季華夙債。關君携之都中，又轉售於李君木齋。

龍按：《留真譜初編》卷二葉四一有書影。此本現藏北京大學圖書館，並影印入《中華再造善本》中，據之稍加校補。其末所附之跋語與此則頗有異同，請參《再補》。

論語集解十卷日本正平刊本

此本卷末跋云：「堺浦道〔祐〕（祐）居士重新命工鏤梓。正平甲辰五月吉日謹誌。」案正平甲辰爲日本後村上天皇正平十九年，當元順帝至正二十四年也。市野光彥云：「道〔祐〕（祜）居士，足利義氏之四子，幼喪父，與其母居於堺浦，遂薙染爲僧，更名道〔祐〕（祜）。」據所云「重新鏤梓」，則猶有原本可知。驗其格式、字體，實出於古卷軸，絶不與宋槧相涉。其文字較之《群書治要》《唐石經》頗有異同。間有與《漢石經》《史》《漢》《説文》所引合，又多與陸氏《釋文》所稱一本合。彼邦學者皆指爲六朝之遺，並非唐初諸儒定本。其語信不爲誣。案《日本國史》云，應神天皇十六年，百濟博士王仁齎《論語》十卷，皇太子就而受之，日本之有經典自是始。即晉武帝太康六年也。顧前代市舶罕載，其流傳中土者，唯錢遵王述古堂一通，因得自朝鮮，遂誤認爲朝鮮刊本。蓋彼時未知「正平」爲日本年號也。況其所得亦是影鈔逸人貫重鐫本，並非原槧。爾後展轉傳録，不無奪漏。故陳仲魚、阮文達諸人所校出者十不三四。近世張金吾、吴兔床輩始〔有〕知此爲出自日本〔者〕。然又不知幾經鈔胥，愈失其真。而此間所存舊本，亦復落落如晨星。又有無跋本，界闌字形全同此本，蓋後人剷去跋文，其實同出一版也。文化間江户市野光彥以此本翻雕〔餉世〕，惜梓人未良，失原本古健之致。又印行不多，板亦旋毁。

今星使黎公訪得原刊本上木，一點一畫，模範逼真，〔居然六朝舊格，〕非顯有訛誤，不敢校改。原《集解》單行之本，宋人皆著於録，有明一代，唯閩、監、毛之注疏合刊本，別無重翻《集解》宋本者。永懷堂所刊，亦從閩本出，非別有所承之經注本也。故我朝唯惠定宇得見相臺岳氏刊本，至阮文達校《注疏》時，並岳本不得見焉。余得南宋刊本《纂圖互注集解》，頗足訂注疏本之脱誤，然亦不載諸家之名。余以爲此不足深惜也。觀邢氏疏《集解·序》之語，《序》云：「今集諸家之善，記其姓名。」邢《疏》云：「注言『包曰』『馬曰』之類是也。注但記其姓，而此連言名者，以著其姓所以名其人，非謂名字之名也。」則知其所見唯存姓削名之本，此本不知始於何時，大抵長興刊布之本。案《魏·王肅傳》注，周生烈爲複姓，今但稱「周曰」，其不學可知。及朱子作《集注》，〔亦〕沿其例，盡削所引諸家之名，遂致明道、伊川不分。並不悟何氏原本皆全載姓名，唯包氏不名，以何氏諱咸故。望文曲解，何殊郢書燕説乎！〔逮〕及南宋朱子作《集注》，亦僅引《孟蜀石經》及福州寫本，論者頗惜其隘於旁徵，不知其互勘無從也。良由長興版本既行，宋初遂頒布天下，收向日民間寫本不用，雖有舛誤，無由參校，此晁公武所由致慨者。夫邢氏所據既如彼，朱子所見又如此，今之憖遺尚不足以證《開成石經》，何論陸氏《釋文》以上。則讀此本者，直當置身於隋、唐之間，與顔師古、孔沖遠一輩人論議可也。雖然流俗相習，因仍已久，自非衆證鑿鑿，何能以海外孤本服窮經者之心？猶幸此邦故家之所藏弆，名山之所沉霾，往往有别本爲好事者物色以出，其間謄文壞字，得失參池，固非鴻都、石渠難盡依據，要其根源皆在邢氏見本以前。好學深思之士，或以徵舊聞，或以解疑滯，拾其一字，莫非瓌寶。以余披訪所及得目睹者，亦〔三〕〔二〕十餘通，較之相臺之著《沿革》數猶過之岳氏參校諸本凡廿三通，不可謂非千載一遇也。乃彙集諸本，較其異同别詳《札記》，使天下學者讀此一本，並得兼采日本諸古鈔之長，又使知彼此錯互之中，有源流變遷之漸，而此本之可憑，邢本之妄删，昭若日月，或亦通經學古者所不嗤乎？

光緒壬午十月二十八日記。

龍按：森《志》著録，曾刻入《古逸叢書》，然此底本未知藏所。《留真譜初編》卷二葉三八至四十有書影。《古逸叢書》本末附楊氏跋，與此小有異同，據之校改。另題署後多「宜都楊守敬」五字，楊《志》删之亦宜，故不補。跋中云其所見《論語》「二十餘通」，《古逸叢書》本作「三十餘通」，實僅據《故宫所藏觀海堂書目》即三十餘種，《鄰蘇園藏書目録》亦可增益，故或以後者爲是。楊批森《志》云「今得此書二部，以一部上木，仍藏一部」。

論語注疏十卷 元槧本

首行頂格題「論語序」，次行低一格題「翰林侍讀學士朝〔請〕〔議〕大夫守國子祭酒上柱國賜紫金魚袋臣邢昺等校定」，三行頂格題「序解」，本書題「論語注疏解經」。卷第一行頂格題「學而第一」，旁注「凡十六章」，下題「何晏集解」，再下題「邢昺疏」。每半板十三行，行

二十三、四字不等。注、疏並雙行，行三十二字。注緊接正文，不别題「注」字；正義則以「疏」字隔之，分爲十卷，尚仍單疏之舊。《宋志》：《論語正義》十卷。十行本以下並二十卷，是合注疏者分之。第四卷、第八卷後有木記云「平陽府梁宅刊」，第五卷、第九卷有木記「大元元貞丙申刊」，第十卷題「堯都梁宅刊」，首、尾有「養安院藏書」印記。〔養安院爲日本舊藩藏書之名，今日本所傳古本多有其印記。〕

按今世所傳《論語注疏》以十行本爲最古，〔然亦脱誤不少。〕如《序解・疏》中「少府朱畸」，十行以下皆同，據《漢書・藝文志》《釋文・序録》並作「宋畸」，此本正作「宋畸」，若無此本，則「宋」「朱」二字竟不能定爲誰誤。又《不逆詐章》《古之狂也蕩章》及《叔孫武叔毁仲尼章》疏文，十行〔本〕有空缺，閩、監〔本〕同，毛本以意補，此本獨全。又十行本以下，疏中訛字，凡浦鏜及阮校疑誤者，此本皆不誤。〔别詳《札記》。〕是此本雖刊於元代，其根源於單疏本，決非從十行本出。其注文亦多與宋刊〔纂〕（篡）圖本合，遠勝十行本。〔如「王云徒患知己之無能」九字，各注疏本皆脱。〕至其雕刻之精，儼然北宋體格，亦絶非十行本所及。考元、金之世，平陽立經籍所，故一時書坊印板麕集於此。今傳世者，唯《政和證類本草》是平陽張存惠所刊，然已經明成化間重雕，已非平陽原本。唯此本尚是原刻初印，無一葉損失，豈非瓌寶也哉！

又森立之《訪古志》載楓山官庫藏北宋本《論語注疏》，然彼爲二十卷，知非此本。向謂合疏於注始於南宋，有黄唐《禮記疏》一跋爲據，則森氏之説似誤。然森氏精鑒，必不妄語。今觀此書字體方正，又參差無横格，所見元刊本無似此者，或此爲翻北宋本，因疑《論語》在當時傳習者多，故合注疏爲最先也。

附各本空缺疏文：

《不逆詐章》：言先覺人者，是寧能爲賢乎？言非賢也。所「是」下十字各本皆缺不信之人，爲人億度，逆知反怨恨人。「之人」下十字，各本空缺。

《古之矜也廉章》：謂曠蕩無所依據；「古之矜也廉」者，謂有廉隅；「今之矜也忿戾」者。此二十四字，十行本空闕二十九字，閩、監亦然，毛本臆補。

《叔孫武叔毁仲尼章》：「則如日月」下四字作「貞明麗天」；「其何傷於日月乎？言」下作「人毁仲尼猶毁日月」；「日月」下作「雖欲絶」；「其何能傷之乎」下作「猶欲絶毁仲尼」；「仲尼亦不」下作「亦不能傷其賢也」。此數處，十行、閩、監並空闕；毛本臆補，唯「貞明麗天」四字仍空闕。

龍按：森《志》著録北宋刻本，楊批森《志》云「飛青閣所得則元貞本，亦二十卷，當原於此」，《留真譜初編》卷二葉四二、四三有書影，楊批《留真譜》又云「今存飛青閣，元刊本絶佳，遠勝閩、監、毛本，擬重刻」。此書於楊氏歸國後當欲售出，曾至繆荃孫處，據繆氏日記光緒二十一年七月二十日載「心吾送元平陽刻《論語》來」，此後繆氏幾於日校一卷，至九月四日即已「寄還」，其《藝風藏書記》云：「是書楊惺吾得於日本，刊印之精，爲元刻中罕見。跋中推爲北宋體格，實非虛語。留案頭月餘，因議值未妥，校阮刻一過，成《札記》一卷。還書之日，頗爲悵悃。」繆氏曾録楊跋，較此小有異同，據之校補數十字。此後，當售於劉世珩，劉氏將此景刊行世，牌記云「貴池劉氏玉海堂景宋叢書之四光緒甲辰九月付黄岡陶子麟刻丁未十一月校刊竣工附札記一卷」，末有「大元元貞丙申刊」之木記，又有「養安院藏書」印，當即楊氏舊藏無疑。然其書已燬於火，據《永豐鄉人行年録》載，民國七年，王國維致信羅振玉云：「劉葱石世珩北行至浦，因路斷折回。所携書籍，分置浦口客棧，適遇火災。聞蜀本《家語》、小字本《周禮》、元貞本《論語疏》與杜詩均在劫中。」傅增湘《藏園群書經眼録》述及《家語》時亦云：「戊午秋劉氏携之行篋，在浦口客邸被燬。」

中庸集略二卷 朝鮮刊本

宋石𡼏編，朱子删定。此書《四庫》著録者名「輯略」。明嘉靖中呂信卿刊本首有乾道癸巳朱子序。此本脱朱子原序，末有「嘉靖二十五年朝鮮金光轍跋」，跋中亦稱「輯略」。蓋以近用互稱也。按朱子《中庸序》稱，以《輯略》《或問》附《章句》後，則此書與《中庸章句》合爲一書。逮《章句》孤行，而此書晦。雖明人嘗刻之，而今又晦。時藝興，經學廢，名爲尊朱，而朱子手定之書，且在若存若亡之間，可慨也夫！

龍按：此書楊氏諸書目中均未載，今國圖藏一部，卷前附楊氏小像，卷端有「星吾海外訪得秘笈」「宜都楊氏藏書記」「朱師轍觀」「松坡圖書館藏」諸印，知爲劃撥松坡圖書館之書。然此書爲朝鮮活字本，非刊本，未知楊氏此處云「刊本」是否僅爲泛稱或誤認，此本全書未見「嘉靖二十五年朝鮮金光轍跋」字樣，或亦非楊氏所跋之本，日本國立國會圖書館藏有一種朝鮮刊本，其末亦無楊氏所云之字樣。

中庸章句一卷 不記刊行年月

板心有「倭板四書山崎嘉點」八字，此《四書》中之一種也。山崎氏爲此間宋學名儒，其所據當是宋槧精本。末有朱子跋一篇，爲諸本所無，亟録於左：

右《中庸》一篇，三十三章，其首章《子思》，推本先聖所傳之意以立言，蓋一篇之體要；而其下十章，則引先聖之所嘗言者以明之也。游氏曰：以性情言之，則曰「中和」；以德行言之，則曰「中庸」，其實一也。至十二章，又子思之言，而其下八章，復以先聖之言明之也。十二章，明道之體用。下章庸言、庸行，夫婦所知、所能也。君子之道，鬼神之德，大舜、文、武、周公之事，孔子之言，則有聖人所不知、不能者矣。道之爲用，其費如此。然其體之微妙，則非知道者孰能窺之？此所以明費而隱之〔義〕（意）也。第二十章，據《家語》，本一時之言，今諸家分爲五、六者，非是。然《家語》之文，語勢未終，疑亦脱「博學之」以下，今通補爲一章。二十一章以下至於卒章，則又皆子思之言，反復推説，互相發明，以盡所傳之意者也。二十一章〔承上章〕總言天道、人道之别，二十二章言天道，二十三章言人道，二十四章又言天道，二十五章又言人道，二十六章又言天道，二十七章又言人道，二十八、二十九章承上章「爲下」「居上」而言亦人道，三十章復言天道，三十一、三十二章承上章「小德」「大德」而言亦天道，卒章反言「下學」之始，以示入德之方，而遂極言其所至，具性命、道教、費隱、誠明之妙，以終一篇之意，自人而入於天也。熹嘗伏讀其書，而妄以己意分其章句如此。竊惟是書，子程子以爲孔門傳授心法，且謂善讀者得之，終身用之有不能盡，是豈可以章句求哉！然又聞之，學者之於經，未有不得於辭而能通其意者，是以敢私識之，以待誦習而玩心焉。

新安朱熹謹書。

龍按：此書日本所存甚多，爲常見之書。所録朱子跋，亦見《晦庵先生朱文公文集》卷八一。

唐玄宗開元注孝經一卷 享禄卷子本，寬政十二年橅刊，已刊入《古逸叢書》中

按《唐會要》「開元十年六月，上注《孝經》頒天下及國子學。天寶二年五月，上重注，亦頒天下」云云，是《注》凡再修，此本爲開元十年初注本，前有元行沖序，末有跋文數條。書寫人自記稱「享禄辛卯苾芻堯空」。寬政十二年，源弘賢以此本橅刻，書法亦神似明皇御書，想原本必仿效明皇手跡，故此尚有典型也。元行沖序後，緊題「孝經」二字，空一格，題「御注」。下行題「開宗明義章第一」，係以卷子本改爲摺本，每行十五字。《三才章》額上題「疏中」，《廣要道章》額上題「疏下」，知元疏分上、中、下三卷，與《唐志》合。

按此書與石臺重注本頗有更改，固不可以此本校重注本，然亦有足證重注本之異同者。如《諸侯章》注「恒須戒慎」，正德本作「恒須戒懼」，《疏》標起止，亦作「戒懼」，阮校以爲誤，此本作「恒慎戒懼」，「慎」爲「須」字之誤，至「戒」「懼」分承上「戰」「兢」二項，玩注文自見。「懼」字必非「慎」誤，此石臺本之不可從者。《卿大夫章》注「懈，惰也」，此作「惰」，與天聖本、正德本合。《士章》此作《士人章》，與《古文孝經》別本合。《〔聖〕（孝）

治章》注「臨撫其人」，岳本改「撫」作「於」，此作「臨莅」，可知岳本之作「於」，因形近而誤。《紀孝行章》注「擗踴哭泣」，此本「踴」作「踊」，與天聖本合。《五刑章》〔注〕「君者臣所禀命也」，天聖、正德本「所」作「之」，此本作「君者臣之所禀教命也」，然則重注本當是「臣之所禀命也」，各脱一字耳。「豈唯不孝」，此作「皆爲」，與《疏》合。《廣至德章》注「家到户至」，《正義》云「此依鄭注」，阮校：《文選注》引鄭注「家」作「門」。此仍作「門」，則知作「家」者，石臺所改，恐非明皇原本。《應感章》「光于四海」，注「于」作「於」，石臺、天聖、岳本皆同，與經不相應，此注作「充于四海」，乃知以「充」釋「光」，故改「于」作「於」，石臺等本注中之「光」，當爲「充」誤。是皆足以訂證石臺諸本異同之跡。至此本亦間有脱誤，則由鈔寫筆誤，不足怪也。

按源弘賢跋稱，《應感章》「長幼順，故上下治」，疏與注不合，今按此本注云「君能順於長幼，則下皆效上，無不理也」，《正義》云云，果與此本應。今略校之，亦不特此條。《五刑章》「此大亂之道也」，此本注云「言人有上三惡，皆爲不孝」，《正義》云云，亦與此本應，而與石臺不合。竊怪邢氏翦截元疏，而不知元疏本爲初注本而作，可謂至疏。豈邢氏作疏時第見元氏單疏而未見玄宗初注本，故其序文只知「天寶二年」之注，不言「開元二年」，而疏中與石臺本違異之處，遂失之不覺？然則此本真唐人之遺，爲北宋人所不見，若非有元疏序可憑，誰信有此事哉！

又按古注與疏皆别行，無合併之本。此本祇録注文，何以有元疏之序並《三才章》《廣至德章》有「疏中」「疏下」之語？然余所得日本《易》《書》《詩》古鈔北宋單注本，其楣端往往録疏中要義，以便講習，不得謂皆從南宋合併之本録出也。日本古鈔本經書注中，每多「之」「也」等字，阮校謂是彼國人所加，森立夫謂是隋、唐之遺。余通觀其古鈔本，唐本最多虚字，至北宋始多删削而未盡，至南宋乃翦截八九，遂各本爲一律，頗與立夫之説相應。但此本注脚較石臺每多「也」字。兩本雖有初注、重注之分，不應違異若此。余後見鈔本至多，乃知古鈔者因注文雙行，難於均齊字數，故往往於對行字懸空數字者，增添虚字以足之。故所增之字總在注末，而各鈔不同，其在注中者，則原本皆如是，故各鈔皆同。至於經文，則毫無增損。其有異同，故是隋、唐之遺。阮説、森説各據一邊，爲發其凡於此。

龍按：森《志》著録，楊批森《志》云：「《古逸叢書》即據屋代弘賢本重翻，而去其日本點校。」《留真譜初編》卷二葉十八有書影。楊氏歸國後將此書鬻於潘祖蔭，潘氏《滂喜齋藏書記》載其書中鈐印，除「味腴書室」「讀杜草堂」外，尚有「快哉」及「壽世盛業」二印，此數印皆當寺田望南之印。此本今藏國圖，前有「松坡圖書館印」。書中尚夾有狩谷望之《校譌》二紙，末有朱筆題記「安政五年戊午八月十又五日朱筆一句讀畢。瞻淇」，此人爲小島尚質之次子小島尚絅。

楊文中有云「立夫」者，劉昌潤、張雷二書均改「夫」爲「之」，實均爲誤改，以森立之字立夫也。

唐玄宗天寶重注孝經一卷 翻北宋本〇

卷首題「孝經序」，次行上空四字，題「御製序并注」，序後上空四字，題「開宗明義章第一」，卷末間一行題「御注孝經一卷」，又間一行載《孝經音略》；每半板十五行，行二十二三字至二十四五字不等，左右雙邊；書中避「敬」「匡」「胤」「恒」「竟」「炫」「通」七字。按：「通」字係章獻明肅皇太后家諱，天聖元年，太后臨朝稱制，令天下皆避其父諱。明道二年，太后崩，〔復〕（後）舊。據「通」字諱，則此本當是天聖間刊本。其中與石臺本異者，《開宗明義章》前無「孝經」二字；《諸侯章》注「履薄恐陷」，誤「伉陷」；《卿大夫章》注「懈，惰也」，「惰」作「憜」；《孝治章》注「得小大之歡心」，脱「得」字；「助其祭亨也」，「亨」作「享」；「鬼神亨之」亦作「享」；《聖治章》注「懸衾篋枕」，「懸」作「縣」；《五刑章》注「臣所禀命」，「所」作「之」；

《應感章》注「王者父事天」，「者」誤「孝」；《喪〔親〕章》「擗踴哭泣」、注，「踴」作「踊」。其他皆與石臺本同，遠勝相臺岳本。文政九年狩谷望之以此本影橅重雕板亦燬，有跋一通，引其國古制，頗足考見鄭、孔、御注傳習之由，録之如左。

〔夫孝者德之本，教之所由生，則家不可一日而無教，人不可頃刻而忘孝。故天平寶字元年四月辛巳詔曰：古者治民安國，必以孝理，百行之本，莫先於兹。宜令天下家藏《孝經》一本，精勤誦習，倍加發□。其教授正業，《孝經》用孔安國、鄭玄注。既明著大寶之令甲，而貞觀二年十月壬辰，制若曰：哲王之訓以孝爲基，夫子之言窮性盡理，即知一卷《孝經》十八篇章，六籍之根源，百王之模範也。然此間學令孔、鄭二注爲教授正業，厥其學徒相沿，盛行於世者，安國之注、劉炫之義也。唐玄宗開元十年撰御注《孝經》，作新疏三卷，以爲世傳鄭注，比其所注餘□，義理專非，又稽之《鄭志》，康成不注《孝經》。安國之本，梁亂而亡，今之所傳，出自劉炫，事義紛薈，誦習尤艱，靡厭衆心，更招疑義。故廣酌儒流，深廻睿想，爲之訓注，冀闡微言，即敕學士儒官僉議可否。於是當時有識碩德名儒，咸集廟堂，恭尋聖義，妙理甚深，常情難測，同共嗟服，伏請頒傳。侍中安陽縣男乾曜等奏曰：「天文昭爛，洞合幽微，望即流行，佇光來葉。」制曰「可」。然則孔、鄭之注並廢於時，御注之經獨行於世，而唯傳彼注，未讀件經，假之通論，未爲允愜。鄭、孔二注即謂非真，御注一本，理當遵行，宜自今以後，立於學官，教授此經，以充試業，庶革前儒必固之失，遵先王至德之源。但去聖久遠，學不厭博，若猶敦孔注，有心講誦，兼聽試用，莫令失望。自是以來，天皇、太子御讀《孝經》，必奉授玄宗注，而人間依兼聽之制，多守孔《傳》者。然古文之非真，孔《傳》之依託，制中固既明辨而斥之，且曰「御注一本，立於學官，革前儒必固之失」，則捨御注而學孔《傳》，豈非沿習之陋蔽邪！御注《孝經》舊無刻本，近時源輸池弘賢摹刻逍遥院内府真蹟本，卷首有元行沖序，注文與天寶石臺本不同。按《唐會要》：開元十年六月，上注《孝經》頒天下及國子學；天寶二年五月，上重注，又頒天下。則知逍遥内府本爲開元御注，是本西土失傳，足稱最奇。然天寶四載九月，以重注本刻石於大學，則今日授業，理宜用天實重定本，而世猶未有刻本，蒙竊憾焉。嚮有依開元本增益改竄，以天寶本刻於京師者，不知校書之法亦甚矣。所幸篋衍中有北宋天聖、明道間刻本，精意摹彫以公世。夫家不可一日而無教，人不可頃刻而忘孝，則伏冀家藏日誦，欽遵天平寶字詔天下之聖意，庶革必固，恭奉貞觀立御注之明制云爾。

文政九年十一月長至日市井之臣狩谷望之昧死敬識。〕

龍按：森《志》著録宋本，其書原爲狩谷望之舊物，楊批森《志》云「原本今在木村正辭家」，此人即明治時學者、東京大學教授木村清宫，此原本現存日本宫内廳書陵部。楊氏所藏爲文政覆刻本，今當藏於臺北故宫，前引許媛婷氏文稱「藏地不詳」，並云「故宫有『日本文政九年（一八二六）湯島狩谷氏求古樓覆刊宋本』版本一部」，似以此非楊藏本，然其本有楊氏小像及藏書印多枚，爲楊氏舊藏無疑。

楊批森《志》又云「狩谷曾影刻之，余又重刻之」，然此本未刻入《古逸叢書》。檢《留真譜初編》卷二，初印本則僅摹一葉以見其意，後印本則將全文六葉（葉十九至葉二四）均行上木，則當指此。

楊跋末云「録之如左」，然實未録狩谷氏跋，以此四字恰位於本葉末行，可推測跋語或已刊刻，然於排序成書時偶失之，刻工補刻葉碼時即爲聯綴，泯滅此闕葉之痕跡，故據狩谷刻本補録。原文「太后崩後舊」，有誤字，據稿本改。

古文孝經孔氏傳一卷附直解一卷 鈔本

此本孔《傳》與前二本略同。《直解》一卷則爲孔《序》作疏，不題撰人名氏。《訪古志》載求古樓藏二通，題「魏劉炫」。「魏」爲「隋」誤，無論矣。但劉炫所作爲《述議》五卷、《稽疑》一卷，不名《直解》，且此卷中明引《述議》「子者德之稱」一條，則非《述議》審矣。又每章題解皆引邢《疏》，與山井鼎所稱合，但彼本夾入注中，此則别爲一卷。則是以今文之疏，竄入古文之本。山井鼎稱爲後人附入，當得其實。

龍按：森《志》著録求古樓藏舊鈔本，楊批森《志》云「日本《古文孝經》抄本其惟多，余所得凡十五本」，此即其一，楊又云「今在飛青閣」，《留真譜初編》卷二葉二五有書影。今當藏於臺北故宫。

日本訪書志卷三　經部・小學

爾雅注三卷 影鈔蜀大字本

首《爾雅序》，無「郭璞撰」三字。字大如錢。「敬」「驚」「弘」「殷」「匡」「胤」「玄」「郎」「恒」「楨」「真」「徵」「恒」「遘」「慎」「彀」等字，「溝」「遘」二字及「恒」「慎」二字間有不缺筆者。則爲南宋孝宗時所刊。卷末有「經凡一萬八百九言，注凡一萬七千六百二十八言」二行，又有「將仕郎守國子四門博士臣李鶚書」一行。按王明清《揮麈録》云：「後唐平蜀，明宗命大學博士李鍔書《五經》，倣其製，刊板於國子監，〔監〕中印書之始。今則盛行於天下，蜀中爲最。明清家藏有鍔書《五經》印本存，後題『長興二年』也。」據此，則此本爲翻蜀大字本。其不題「長興二年」者，蓋翻刻時去之。唯「鍔」作「〔鶚〕（鍔）」爲異，當以此本爲正。案《釋詁》注云「倫，理，事〔務〕以相約敕」，阮氏《校刊記》謂「事務以相」四字係因疏語竄入，其説似精。若此果爲蜀本，則在邢《疏》未作之先，而注中亦同他本，然則此四字，本郭氏原文歟？又《釋畜》「狗四尺爲〔獒〕（熬）」注，各本有「《尚書》孔氏曰」云云十五字，此本獨無，段茂堂云：「此非郭注，後人所附益。按單疏本標起止云《注》『公羊』至『之〔獒〕（熬）』，是邢氏所據郭注無此十五字。」今以此本證段説，若合符節，則此〔洵〕（詢）爲蜀本矣。但段氏所以謂此非郭氏注者，豈以孔《傳》僞書郭所不見乎？然孔《傳》於東晉之初已傳於世，故《釋鳥》「鳥鼠同穴」注，明引孔氏《尚書傳》云「共爲雄雌」，而段氏未之檢及，則謂孔《傳》必郭所不引，亦非事〔實〕（情）也。此本後爲黎公刊入《古逸叢書》中。余别有《札記》，未刊。

又按此書據松崎明復云，是日本室町氏所刻原本，今尚存東京高階氏。余嘗於黑田某所見之，果是日本重翻，字體校影鈔殊肥。黑田告余云，日本今存僅此一本。

龍按：森《志》著録原本，此爲影鈔者，今存臺北故宫。《留真譜初編》卷三葉一、二有書影。此跋文字有數處誤字及奪文，據《古逸叢書》後附楊跋校改。另，後者文字與此稍有詳略及位置之異，可不必校，然其末一節，此則無有，故據録如下：

按《爾雅》宋刻唯見於邵氏《正義》，阮文達作校刊，第引吴元恭仿宋本及元雪窗書院本，至曾賓谷所刊繪圖本，名曰宋刻，實未足據。馬諒本以下，更無譏焉。此間别有松崎復重刊北宋明道小字本，又有明天順胡深等刊注疏本，皆足以互相證驗。而此本尤爲祖禰，因刊之，以貽習《蒼》《雅》者。

光緒癸未春正月楊守敬記。

爾雅注三卷〔日本〕重翻北宋本

首《爾雅序》，次行題「郭璞撰」。首行題「爾雅（序）卷上」，次行題「郭璞注」。以下款式同前本。每半葉〔十〕（九）行，行二十一字至二十三字不等，注雙行，約三十字。其中避諱缺筆略同前本。松崎明復定爲北宋仁宗時刊本，亦有「桓」「遘」二字缺筆，則係南宋時補刊，其板心有「重刊」「重開」記。每卷末附《釋音》，比前本字稍小，然望而知爲北宋刊本也。其中〔譌〕（僞）舛不少，然無臆改之失，遠勝元以來刊本。

此書原本爲日本大醫某所藏，狩谷望之借之精摹，而松崎明復據以重刊，又別作《校訛》以附於後。大抵據大字本及阮氏校刊本删繁摘要，然時過於疏略。如《釋詁》經文，「席」大字本作「蓆」，而此不校；「禕」兩本皆作「禕」，而此校云，「禕」大字本作「禕」，不相應；《釋詁》注「先祖于摧」，大字本「于」作「於」；「樓猶今言拘樓」，大字本「拘」作「枸」，此皆未校。其他二本異同、漏略者不可勝數，而所校出者亦多誤刻，良由松崎氏校此時年已七十餘，自言衰病相仍，多假手於門人，故未能精審。然影摹雕鏤之工，則與宋刻無二云。

龍按：森《志》著録崇蘭館藏原本，現未知藏處。此所叙爲松崎氏覆刊本，《留真譜初編》卷三葉三有書影。文中辨「禕」處，刻本四字幾同，不可分辨，然據松崎氏《校訛》云：「《説文》有從衣之禕，無從示之禕，此本從衣不誤，大字本從示，非。」知前三從衣，末字從示。又，據目録於標題補「日本」二字。

爾雅注疏十一卷 元槧本

此本雕鏤精雅，元槧之極精者，分卷與明閩本同，蓋閩本原於此也。左右雙邊，每半葉九行，行二十字，注疏並低一格，雙行，行二十字，經下載注，不標「注」字，「疏」標陰文。首題「爾雅注疏序」，次行、三行邢昺官銜，四行以下邢序。本書題「爾雅注疏卷第一」，次行題「爾雅序」，行下題「郭璞序，邢昺〔疏〕」。郭《序》後題「爾雅兼義一卷上」，行下題「郭璞注」。按此下應題「邢昺疏」。

按此本與阮氏《校刊記》所載元槧本一一符合，其中誤謬之處甚多，如「肇祖元胎」，此本「胎」竟誤「始」，此其尤顯然失之不校者。然阮本多明正德補刊，此則爲元時初印本，絶無補刊之葉，今略校數端。邢昺題銜，彼本「子」誤「賜」，而此本不誤；又序疏，「至序末揔序」，閩、監以下脱「至」字，此不脱，「惣」作「總」，此作「揔」，與各本異，而阮校不及之；又「凡物雖殊其號」，阮校云「補刊本脱『凡』字」，此不脱；又「謝嶠」，阮校云「注疏本改『濤』」，此仍作「嶠」，是皆補刊之失，非其原本如此。則此本之可貴，不得因有阮校而略之矣。

龍按：森《志》著録。《留真譜初編》卷三葉五有書影，有楊氏手跋「元槧《爾雅注疏》，飛青閣藏本」，楊批《留真譜》云「今存飛青閣，元刊初印本，無補刊，唯存首册」，知其所藏爲殘存之本，傅增湘《藏園群書經眼録》著録並注云「楊守敬氏藏，其子秋浦相貽」，《雙鑑樓善本書目》手稿載云：「楊惺吾得之日本，曾刊入《留真譜》及《日本訪書志》，昔年曾許以余，遲遲未果（按：上十字原作「余屢乞惠讓，遲遲未許」，點改）。其後惺老没於京師，遺書入政事堂，其子秋浦乃檢出相貽，因重加補綴，什襲藏之，以志老友之高誼云。」現未知藏處。另，楊於森《志》所録朝鮮本旁批云「曾見之，未購也」。

爾雅注三卷 明景泰七年刊本

首郭璞序。卷首體式頗同宋本，但標目冠「新刊」字。每卷末附《釋音》。每半葉十一行，行二十二字，注雙行。卷末有分書「景泰七年八月應天府府尹和陽馬諒校刊跋」。按：金陵陳氏於道光五年重刊此本，删去首行「新刊」二字，又改十一行爲十行。嘗校之，《釋器》「以蜃者謂之珧」，注「以爲名，珧，小蚌」，此誤作「玤」。《釋言》「還，復，返也」，注云「皆迴返也」，此脱注四字。皆别本不誤，此獨誤者。然其他皆與宋本、元雪窗本合，遠勝注疏本及郎奎金、鍾（人）〔仁〕傑本。《訪古志》又載有明弘治間刊本，余未之見。

龍按：森《志》著録，楊批云「今在飛青閣」，現藏處不詳。臺北故宫有楊氏舊藏道光本。

説文五音韻譜三十卷 宋刊大字本

首題「許氏説文」，次行題徐鉉校定官銜，以下許氏自序、許沖上表及徐鉉表，而首尾無李燾序跋，凡「慎」字皆不書，雙注「御名」二字，蓋孝宗時刊板。序後題「許氏説文解字五音韻譜卷一」。據《文獻通考》所載仁甫《後序》云：「燾在武陵，嘗與賈直孺之孫端修，因徐楚金兄弟《説文解字韻譜》，別〔以〕《類編》所次五音先後，作《五音譜》。其部序仍用許叔重舊次。」又云：「會得請歸眉山，茲來遂寧，囑餘杭虞仲房鏤板，即用徐氏舊《譜》，參取《集韻》卷第，起東終甲。」即此本也。按《宋史·仁甫本傳》，淳熙四年後，燾知常德府，即所云「在武陵初撰此書」之年也；又云「表請閑，提舉興國宮秩」，則所云「會得請歸眉山」也；又云「頃之屋、塾繼亡，上欲以吏事紓燾憂，起知遂寧府」，即所云「來遂寧與虞仲房相遇」也。此本字體端整，雕刻精工，當即虞仲房所鏤原本，不知何時將仁甫序、跋脱去。自明萬曆戊戌兵部侍郎陳大科重刻是書，所見本亦脱仁甫序、跋，遂誤認此爲徐氏校定許氏原書，而删去「五音韻譜」之篇題，別題「許慎自序」「許沖上書」等字。段茂堂所譏爲「庸妄人」者，又改許《序》「形聲」爲「諧聲」，岐誤後學。此本與段氏所見周錫瓚宋大字本大致相合，當同出一本；而段氏不言有仁甫序、跋，當亦脱去。余意明代無刻「始一終亥」之本者，今著録家所傳舊本，皆宋本也。書估或得此舊板，抽出仁甫序、跋，以充大徐原本。明人罕治小學，故遂通行。而陳大科又成其錯，遂以誣罔天下。陳大科所附《説文異同》亦引李巽巖序，而不悟此書即巽巖所作，真異事也。又奇者，《文獻通考》載仁甫序、跋，即續於《説文繫傳》之後，而失標「五音韻譜」之題。或疑許氏、徐氏等《序》《表》以爲明人羼入，則冤矣。昔人謂鉉書行，而鍇書微；《五音韻譜》行，而鉉書微；今鉉、鍇書行，而《五音韻譜》又微。李氏書體例固駁，而所録《説文》必雍熙舊本，其足與今「始一終亥」之本相證驗，不猶愈於小徐之《韻譜》乎！世有好古之士，以此本重刊，並録仁甫序、跋，以正明本之誤，亦治《説文》者所不疵也。

龍按：《留真譜初編》卷三葉六有書影。李燾此書傳世之本均十二卷，未見三十卷本者，此或誤。倉石武四郎編拍之《舊京書影》中收此書影二幅，橋川時雄爲作提要稱「宋刻殘本，舊清内閣書，見藏北平圖書館（亦見《留真譜初集》）」，亦注云「三十卷」（參《舊京書影》），或受楊氏影響。其書影分别爲卷十一之葉一及葉四十，與傳世十二卷本者無不同，知標「三十」者誤。

漢隷字源殘本〔元槧本，〕有圖

狩谷氏求古樓舊藏，《訪古志》所稱元槧未見者，即此本也。每半葉六行，行六字以大字計數，四周雙邊，板心魚尾下標「漢隷字源」。今存去聲五「寘」，自「義」字起，前半葉缺。至册九「宥」「臭」字止，凡八十六葉有半。其書以婁氏《字源》爲主，每字先以陰識楷書標目，其下隸字次第，亦與婁氏同，而筆畫小異。凡婁氏已收之碑而有所遺者，則題云「某碑，今補」；原書有誤者，則題云「今正」；原書未收之碑及未收之字，則題云「續增」；並沿婁氏之例，以數目字記之。惜其首卷《碑目》不存，無從考其爲何碑也。按《蘇平仲集》及《宋濳溪集》均有宋季子重校《漢隸字源》六卷《序》，似此書即季氏所編。然濳溪稱其於《字原》之外，增多僅一千八百十七字，而此書所增，約略計之，幾及原書之半，然則亦非宋氏書也。視其板式，當在明初。惟漢碑之出土者，元、明二代著録寥寥，不應此人得見如此之多。或所采沿及南北朝，或足以印章之近隸書者。觀其所補之字，以《隸釋》及今所存漢碑照之皆合，則知其所增之字，必非鄉壁虛造，擬其博綜，歐、趙以還，良堪指數。惜缺其首、尾，使作者姓名翳如，真可謂之不幸。要其所增之字，雖無碑名，望而知其可爲典要，學者猶有資焉。記之以告海内之講金石者。

龍按：森《志》著録「《漢隸字源》零本□卷元槧本，求古樓藏」，標「未見」，據楊氏所云，即此本，今存臺北故宫。《留真譜初編》卷三葉五三有書影。

金薤琳琅二十卷 鈔本

每卷有王鴻緒印，知是横雲山人舊藏，不知何時流入彼國。又有「備前河本氏藏書記」，此亦日本有名之收藏家也。按都氏此書原刻今罕見。德州盧氏刊本所據亦鈔本，以此本校之，大有(有)異同。然以見存之碑校之，則二本皆有脱誤。則其碑之不存者，未敢定其誰是也。是書首題「金薤琳琅卷第一」，次行題「太僕少卿吴郡都穆」，三、四行題子目「周壇山石刻」「周石鼓文」，五行低一字題「周壇山石刻」，款式仿宋本，蓋都氏富藏古籍，故所自著書猶仍古式也。

龍按：此本現藏臺北「國圖」，據「備前河本氏藏書記」知曾經日本藏書家河本立軒舊藏。

玉篇殘本四卷〔卷子本，〕刻入《古逸叢書》

《玉篇》卷子本四卷，其第十八之後分，從柏木所藏原本用西洋影照法刻之，毫髮不爽，餘俱以傳寫本入木刻成。後日本印刷局長得能良介從西京高山寺借得《糸部》前半卷，以影照法刻之，乃又據以重鎸，而《糸部》始爲完璧。四卷中唯柏木本最爲奇古，餘三卷大抵不相先後，然皆千年以上物也。

是書所載義訓，皆博引經傳，其自下己意者，則加「野王按」三字。按：顧氏《玉篇》經蕭愷等删改行世，見《梁書·蕭子顯傳》。至唐上元間，有孫强增加之本，又有《玉篇鈔》十三卷，見《日本國見在書目》。是則增、損顧氏之書，在唐代已有數家。釋慧力《像文玉篇》、趙利正《玉篇解疑》當别自爲書，與顧氏原本不相亂。然就此四卷核之，則爲顧氏原本無疑。今孫强等增損之本已無傳，僅存宋陳彭年大廣益本。余舊疑廣益本雖亦三十卷，僅分爲上、中、下三册，若顧氏原本更簡，何能分爲三十卷？豈知其所云「廣益」者，特於正文大有增益，而注文則全删所引經典，並有删其大字正文者。據廣益本於祥符牒後載，舊一十五萬八千六百四十一言，新五萬一千一百二十九言，新舊總二十萬九千七百七十言；又雙注云，注四十萬七千五百有三十字。余以廣益本合大字注文並計之，實只二十萬有奇，絶無注文四十萬之事。今見此本，始悟其所云「注四十萬」者，爲顧氏原本之數，故盈三十卷；舊一十五萬者，孫强等删除注文，增加大字，並自撰注文之數也；新五萬有奇者，陳彭年等增加大字並自撰注文之數也。或者不察，乃以顧氏原本注文爲簡，孫强、陳彭年注文爲繁，傎之甚矣。按野王所收之字，大抵本於《説文》，其有出於《説文》之外者，多引《三蒼》等書，於字異義同，且兩部或數部並收，知其〔綱〕（網）羅《蒼》《雅》在當時已爲賅備。廣益本遞有增益，而不爲之分别，使後人無從考驗得失，殊失詳慎。又原本次第多與《説文》同，《説文》所無之字續之於後，廣益本則多所淩亂，間有以增入之字夾厠其中，近人乃欲以《玉篇》之次第校《説文》之次第，不亦謬乎！今顧氏原本雖不得見其全，而日本釋空海所撰《萬象名義》三十卷，當唐開成、會昌間，其分部隸字，以此殘本校之，一一吻合，則知其全書皆據顧氏原本，絶無增損淩亂。又日本僧昌住《新撰字鏡》十二卷，日本昌泰間所撰，當唐昭宗光化中，其分部次第雖不同，而所載義訓較備，合之釋慧琳《一切經音義》百卷，唐元和十二年撰，此爲中土佚書、源順《和名類聚鈔》二十卷，日本天延間所撰，當宋開寶間、具平《弘決外典鈔》四卷，日本正曆二年，具平親王所撰，當宋淳化二年、釋信瑞《浄土三部經音義》日本嘉禎二年撰，當宋端平二年，皆引有野王按語，若彙集之以爲疏證，使顧氏原書與孫、陳廣益本劃然不相亂，亦千載快事也。今第就顧氏所引經典，校其異同，爲之《札記》焉。別詳。

光緒十年正月。

龍按：森《志》著録石山寺藏本。《留真譜初編》卷三葉八至十有書影。《玉篇》底本多楊、黎二人輾轉摹寫而來，故亦無藏本；惟得能良介摹刻本楊氏有藏，今存臺北故宮。據杜澤遜《長伴蠹魚老布衣——記藏書家張景栻先生》一文載，山東藏書家張景栻所藏有原本《玉篇》影摹本一軸（參《藏書家》第四輯，齊魯書社二〇〇一年版），另據張景栻、張旻《楊守敬舊藏日本卷子本目録》（《藏書家》第四輯載），此爲「石山知足院所藏（據日本人所寫原簽題）。影摹本，長約一七一〇釐米」，未知是否《古逸叢書》之底本。

又按：本條「其第十八之後分」句，此前整理本均將「分」字屬下，文義莫通，實此「分」字爲量詞，據《古逸叢書》，此卷十八僅存後半，故原鈔本前後均標「玉篇卷十八之後分」。

大廣益會玉篇三十卷 北宋槧本

款式全與澤存堂本同，首亦無大中祥符牒，而野王《序》前亦有新舊字數。此書並宋槧《玉篇》初爲森立之所藏，余欲購之，則以高木壽穎有前約爲辭，厥後高木遂以此二書納之博物館，故余所藏僅有宋本《廣韻》而無宋本《玉篇》焉。按《提要》據曹楝亭所刊本前有大中祥符牒，余所見元、明刊本皆有此牒。而張氏刊本無之，遂謂是張氏所删，而詭稱爲上元本，並謂竹垞一序以未見其書而漫題之。今按竹垞序明云「借毛氏宋槧元本以屬張氏」，又明云「張氏書刊成求序」，是則宋槧、張刻皆竹垞所目見。今以此本照之，一一吻合，是則删除牒文亦係宋人。謂竹垞誤以大中祥符本爲上元本，可也；謂爲張氏删牒作僞，不可也。至張氏校刊以《廣韻》例之，亦必多所校改。惜此書已爲官物，不得借出。然原書俱在，後之好事者可就其館見之，以證余言之不誣，而張氏詭託之冤可白。至曹氏所刊本有祥符牒，或據元、明本增，或所見宋本本有此牒，今亦不敢臆斷焉。蓋大中祥符原刊頒行本，必有此牒，其删除牒文者，爲重刊本也。

龍按：關於此書，楊守敬與森立之《清客筆話》開篇即提及，明治十四年一月廿一日，楊守敬首次拜謁森立之，先云：「聞先生精小學，收藏古書甚富，特來拜謁。」之後即云：「聞有宋本《玉篇》《廣韻》。」森氏云：「收藏于官庫，今不在家……不能今日披覽，他日携來而後可以書報也。」楊徑問：「《玉篇》《廣韻》可割愛否？」，但未録森氏回答；楊氏又以將《玉篇》付刻爲請，亦未見森氏回覆；此後在楊四閱月後第五次造訪時，又詢及此二書，森氏回答：「已沽却了，在兩三年前。」並云：「已有約，然未携金來，故暫在于此。但堅約不沽于他人，故不得已如此。」末附其價「二部百圓」。此後又有關於此詳盡之説明，不具録。

此本現藏日本之宫内廳書陵部。其末有天真道人（森立之）跋云：「此本間有元時補刻，字畫自鮮明，可一目而知矣。今與《廣韻》一對雙璧正成，最可貴重也。庚辰冬日，天真道人。」按：此似亦可爲《經籍訪古志》之補遺。卷中有「森氏」「森氏開萬册府之記」「高木壽穎藏書之記」諸印，知爲楊守敬所述之本無疑。然楊氏定其爲北宋刊本，或誤，因其刻工姓名中多有與宋慶元六年紹興府刊《春秋左傳正義》相同者，如金滋、方至、方堅、王寶等等（王肇文《古籍宋元刊工姓名索引》），可知當爲南宋刊本。《留真譜初編》卷三葉十三有書影。

大廣益會玉篇三十卷 元刊本

每半葉十三行，每行大字十九字，左右雙邊。首有大中祥符六年《牒文》，次野王《序》，次《進玉篇啓》。目録後有「至正丙申孟夏翠巖精舍新刊」木記，又後有《新編正誤足注玉篇廣韻指南》，蓋據釋神珙《反紐圖》而增益僧守温等之字母爲之。第一卷後又有木記，與前同。此本以張士俊所刻宋本校之，此多大中祥符一牒，而每部文字次第不與張本同，殆坊賈欲均其注文字數，以便排寫，唯圖易於檢尋，不知依類相從之義。考《玉篇》

原本次第皆本《説文》，以《古逸叢書》殘卷照之可證。張刻宋本已有移易，然不甚懸絶，此則任意排置，全無義例，但所據原本，當是祥符官刊，故仍存祥符一牒。張刊本無牒文，故朱竹垞認爲上元孫强之本。然「大廣益會」之題未改，則亦從祥符本出也。二本同源異流，當有互相訂正處。此本卷首有「狩谷望之」印，又有「掖齋」印，即望之之字也。望之博極群書，其求古樓所藏秘本，爲日本之冠。珍惜此册，洵可貴也。

龍按：此本森《志》曾著録，楊批云「今在飛青閣」，《留真譜初編》卷三葉十四有書影，今存臺北故宫，前有「千手千眼大士璽寶」「狩谷望之」「棭齋」「惟明」「湯島狩谷氏求古樓暴書記」諸印。據原手跡，末署「光緒辛巳秋分宜都楊守敬記」。據《鄰蘇園藏書目録》載，楊氏又藏《玉篇》張士俊刊本五本，「送買於甘翰臣，壬子正月初一」。

大廣益會玉篇三十卷 元刊本

每半葉十二行，四周雙邊，篇幅較至正本、鄭氏本尤廓，無刊板年月，蓋亦元槧。此書與張刊宋本異同之處，已見於至正本、鄭氏本兩跋。兹復即每部字數合校之，如《須部》張刊本六字，此本少一「顉」字與《天禄琳瑯》所説合；《長部》張刊本十六字，此本多一「⿰镸各」字；《土部》張本四百五十五字，此題「四百五十六字」，因就此部字字互對，乃知複一「垺」字，而説解不同；又張本有「埒」「埌」「墟」「至」四字，而此本無之至正本、鄭本同；此本有「⿱癶土」「埨」「壤」「塚」四字至正本、鄭本同，而張本無之。然則他部之出入，何可勝紀。他日當合此數部，與張本一一對勘，姑爲發其端於此。

龍按：《留真譜初編》卷三葉十一有書影。此書今存臺北故宫，其書上有「岸本家藏書」印，知即下則所云「岸本氏藏本」也，即日本詩人、藏書家岸本弓弦舊藏。據故宫標注，此跋末所署爲光緒九年，阿部隆一《志》録爲「光緒甲申七月宜都楊守敬記」。

大廣益會玉篇三十卷元刊本

此本缺《牒文》《序》《啓》及《指南》一卷，本書卅卷皆全，其篇幅贏於至正、鄭氏兩本，蓋亦元刻，每半葉十二行，四周雙邊，每卷有「赤龍館」印。按：岸本氏藏本與此體式相同，此似更在前，或彼即從此本翻雕，以其缺首《序例》，故抑置第四。其中文字異同，已詳前三卷。

龍按：此書今存臺北故宫，標注爲「元至正丙午（二十六年）南山書院刊本」。其書上有「飛青閣藏書印」「楊守敬印」「宜都楊氏藏書記」「星吾海外訪得祕笈」「赤龍館」等印。書前楊守敬題詞末署「光緒甲申年九月宜都楊守敬記」。

大廣益會玉篇三十卷 元刊本

此本板式校至〔正〕（順）本稍羸，行款亦同，唯標題彼作大字，跨兩行，此則只占一行。目録後有鼎形木記，中有篆書「宗文」二字，下有「建安鄭氏鼎新繡梓」方木記。相其字體，蓋亦元代刊本，其中與張刻宋本參差之跡，已略見至〔正〕（順）本跋中，今復比校之：如目録，宋本三十卷分爲上、中、下三册，每十卷爲一册，每册有十卷之總目，每卷又有總目，非也。蓋野王《玉篇》三十卷，孫强本亦三十卷，每卷爲一軸，故應每卷有總目，斷無分上、中、下三册之理。祥符官刊雖有增删，改卷子爲摺疊本，亦必仍其舊。不然，既經重修，若嫌每卷葉數過少，何必不爲之合併，而仍三十卷也。北宋官刊如《太平御覽》之類，亦每卷不及三十葉，此蓋猶沿卷子本之舊，以卷子本不能過長也。至南宋則始爲之合併，而每卷相連屬，不隔流水矣。此本目録通在第一卷之首，固非祥符舊式。然三十卷不分上、中、下，每卷各自爲首尾，不相接續，則又此本之勝也。又目録張刻部首大字居中，部數旁注於下。此本部數陰識，部首陽識，疑此本爲古。此本每卷有「新宫城書藏」印，日本儲籍家之有名者。

或謂所貴於舊本者，文字之異同耳，沾沾於目録卷數之分合，似無關出入。余謂古書分合以唐、宋爲一大關鍵，蓋由卷子改摺本之故。今存北宋本尚多舊式，至南宋則面目全非，此唐、宋《志》所以違異，而《崇文總目》又多不同於《讀書志》也。

龍按：《留真譜初編》卷三葉十六有書影，楊批云「今存飛青閣」。此書今存臺北故宫，書上有「新宫城書藏」朱長印，知即日本紀伊新宫藩第九代城主水野忠央舊藏。另，跋中云「至順本」，又云「略見至順本跋中」，然前無所謂「至順本」者，故據前文校改爲「至正本」。

大廣益會玉篇三十卷 明刊本

此本板式校永樂本稍縮，而行款相同。第一卷標題下有木記云「劉氏明德堂京本校正」，第三十卷末又有木記云「劉氏明德書堂新刊」。案：《四庫提要》所著有明德堂刊本

《廣韻》，余舊亦藏之，蓋《篇》《韻》合刊本，相其字體，當在明成化、弘治間。或以爲元槧本，誤也。

此本《黄部》獨多一「黌」字，蓋又竄入者。

龍按：《留真譜初編》卷三葉十七有書影。此本現藏中山大學圖書館，卷端有「劉氏明德堂京本校正」木記，又有「楊守敬印」「星吾海外訪得秘笈」等印（參《第二批國家珍貴古籍名録圖録》第四册），知確爲楊氏舊藏。

廣韻五卷 北宋刊本，刻入《古逸叢書》中

此即張氏澤存堂刊本所從出也。原爲日本寺田望南所藏，後歸〔博物館局長〕町田久成，余多方購之未得。會黎公使欲重刻之，〔以爲張刊雖精，不如此本之古樸，屬余借摹。〕堅不肯出，而町田久成喜鐫刻，見余所藏漢印譜數種，亦垂涎不已，因議交易之。以西法影照而上木。原本謬訛不少，張氏校改撲塵之功，誠不可没。然亦有本不誤而以爲誤者，有顯然訛誤而未校出者，有宜存而徑改者，如「官」字下原本「并」作「井」，尚是形近之誤，張氏據謬説改爲「开」。錢竹汀未見原本，遂謂誤「并」爲「开」始於《廣韻》，而不知原本不

如是也。

余初議刻此書，盡從原本，即明知其誤亦不改，以明張氏校刻之功過，而黎公使必欲從張氏校改，故《古逸叢書》皆守敬一手審定，唯此書及《老子》是黎公使據余校本自爲《札記》，然往往有當存疑而徑改者。如開卷景德四年牒，原本「準」作「准」、「勅」作「勑」，二字雖俗體，然當時公牘文字本來如此，今皆校改之，亦似是而非也。〔原本字體從通俗，而張氏據《説文》改從正字，此尤非多見隋唐人手跡，不知其失也。〕又有失於校改者，如《一東》「蒙」字下注「二十六」，實二十七；又如「鶫」字下注「鶫鴻，鳥名，美形。出《廣雅》」，泰定、至順刊本《廣韻》皆作「又美形也」；〔「同」字注「亦州」，元本「州」下有「名」字；〕「狨」字注「細布」，泰定、至順刊本均作「猛也」。此皆當從元本者。又如「去聲豔第五十五」注「㮇、釅同用」、「釅第五十七」、「陷第五十〔八〕注」「鑑、梵同用」、「鑑第五十九」，原本如是，顧澗〔薲〕（濱）因其與曹楝亭刻本不同，謂是張氏據《禮部韻略》，此則張氏之受誣也。余別見北宋本《玉篇》，體式與澤存堂本亦同，曹刻《玉篇》有大中祥符牒，亦謂爲張氏所削，並誣，附記於此。又第五卷後《四聲清濁法》「生」字下張本留墨丁，此本「生」作「朱」，曰「之余反。朱，赤也」；「朝」字下一格張本留墨丁，此本作「紬，直流反，紬布也」。此必張氏所據原本。此二處有霉爛處，非又有別一本也。

日本收藏家於古字書最多，余盡數購求之，不遺餘力。自宋本外，凡得元刻本《玉篇》《廣韻》各四五通，明初刻本各三四通，各不同板；而明中涓大字本不數焉。其中異同差池，不可枚舉，元、明本亦有足訂宋本者。〔余〕意欲歸後合諸本校之，重刊此二書，詳爲《札記》，而〔以方謀别刻日本古卷子字書爲隋唐之遺者，有《新撰字鏡》及《萬象名義》，所據《玉篇》《廣韻》皆顧野王及陸法言原本。兹事遂輟。日月如馳，〕力薄願奢，終不克副〔，謹記於此，以告當世之著録者〕。昔顧澗薲憾張本校刊不審，深惜傳是樓原宋本不傳，不能盡刊潘氏轉寫、張氏〔意改〕之誤。孰知〔距徐氏又二百年，〕今日宋本之外，更有互證之本如是其多也。

〔光緒甲申十一月朔，宜都楊守敬記於鄂城通志局客次。〕

龍按：森《志》著録昌平學藏本，《留真譜初編》卷三葉二一有書影。此書與前之《玉篇》同爲楊氏關注之書，故前引之《清客筆話》亦與《玉篇》並及，惜森氏所藏之本售於高木，後者又將其書上獻，其書現藏日本宫内廳書陵部。然楊氏其後仍從町田久成處得（另一宋版原爲寺田盛業舊藏），並將之刻入《古逸叢書》。楊批森《志》云：「已刻入《古逸叢書》，原本歸潘尚書。」知其歸國後此書即入潘祖蔭滂喜齋，按潘氏得此，當經葉昌熾之手，據《緣督廬日記》載，光緒十年十月初七云「即覆一函，僅擇

《廣韻》《論疏》《竹友集》等四五種，并定一價，可售則寄蘇償直，否則罷論」，次月十六日則云「得翼甫書，並寄到北宋槧《廣韻》、南宋刻《竹友集》各一部，價名世之數，論直幾半年，信函往還數十次，僅而得此，古緣豈易締歟！《廣韻》即澤存祖本。據楊星吾跋，張氏多臆改，今黎星使在日本重刻，亦不能悉依舊文，則是書誠至寶也」。

《孟子》云「五百年必有王者興，其間必有名世者」，則「名世之數」即代指「五百」；據潘祖蔭日記十一月十七日載「葉鞠常交來查翼甫信並《廣〔韻〕》〔均〕》《竹友集》，直名世元也」，次日載云「以書直交鞠常三百五十金，合洋五百」。今歸上海圖書館，二〇〇五年《中華再造善本》將此收入影印。此書楊氏定爲北宋本，然據其版心所列刻工，多有南宋中葉之名工，如陳壽、方至、何澄、金滋等（參王肇文《古籍宋元刊工姓名索引》），則當爲南宋本。

《滂喜齋藏書記》及《上海圖書館善本題跋輯録》所録與此跋異處甚多，據二書校補一過，然另有大段文字未能補入，另録如下：

余初謂張本傳世尚多，此書似不必刻，若必刻則當盡從原本，即顯然訛誤，亦一字不改，而星使堅欲改之，争之幾失色，乃議改其太甚，刻成後爲《札記》，然往往有可存疑竟爲張氏所牽者。厥後工未竣而余差滿歸，恐《札記》未必刻，仍留學者以口實也。

楊氏主張似是，然其云「恐《札記》未必刻，仍留學者以口實也」則非，《古逸叢書》所刻此書之末附有黎氏所爲《宋本廣韻校札》十數葉，或楊氏「工未竣」而「差滿歸」，故未知完工時情形。然黎氏云其「從張本十之八，從原本十之二」，則仍不免於「口實」也。

廣韻五卷 宋刊本

首題「陳州司法孫愐唐韻序」，與元至順本同。序後當有木記，爲後人割去。每半葉十二行，兩邊雙綫，缺宋諱處與各本同。每卷首有「若秋藏書」印。此本字體絶似南宋，蓋不如北宋之方整，而又非元本之圓潤。雖無年月可考，固一望而知之也。至此本與重修本之分合，詳見余至順、至正兩本及勤德堂本三跋，兹不贅録。

龍按：《留真譜初編》卷三葉三十有書影。此書楊氏去世後當爲袁克文所得，袁氏得書前當致函諮訪李盛鐸，李回信云：「《廣韻》當是宋末元初刊本，亦不常見之帙。楊惺吾藏元、明刊《篇》《韻》疑有十餘種，人遂不以爲珍貴，實則從前藏書家極以經、小學書爲要。」（此函見於嘉德四季第六十二期拍賣會。）據《寒雲日記》載「乙卯十一月十四日獲於京師」，並於楊氏提要有所回應：「楊惺吾跋謂此處應有木記，爲後人割去云云。竊按南宋坊刻序後卷尾於正文盡處往往刻數空行，後留一大墨釘，以省刀工，即如此葉。斷處尚餘闊墨，欄後無木記可知也。」（參李紅英《寒雲藏書題跋輯釋》）。袁氏書散出又歸涵芬樓，張元濟《涵芬樓燼餘書録》著録，標爲「楊星吾舊藏」，云其「蓋猶在景祐合併以前，尚未盡失《唐韻》之舊也」（《張元濟全集》第八卷）。今藏國圖，並重新認定爲元刊，收入《中華再造善本》中，提要云：「此本前後無刻書牌記、題跋，無以斷定其確切的刻書年代。字體近柳，竹紙刷印，文中黑、花魚尾提行。據其版式風格、字體刀法，應爲元時福建坊間刻本。……書中匡、筐、貞、楨、禎等字時有闕筆避諱，桓、構、敦等字未見闕筆，知此元刊蓋以北宋刻本爲祖本。」

另據國圖所藏楊氏手跡，跋末有「光緒甲申夏五月楊守敬記」字樣。

廣韻五卷 元刊本

首載陳州司法孫愐《唐韻序》，《序》後有「至順庚午敏德堂刊」篆書木記，木記後又有

「辛未菊節後十日印」，校刊此書首尾年餘，宜其刻印俱精。此本校張士俊澤存堂所刊重修本注文殊簡，而與顧亭林刊本略同。朱竹垞謂明代内府刊板中涓欲均其字數，取而刪之。《提要》謂《永樂大典》引此本，皆曰「陸法言《廣韻》」，引重修本皆曰「宋重修《廣韻》」。世尚有麻沙小字一本，與明内府板同，題曰「乙未歲明德堂刊」，當爲元刻，非明中涓所刪。然其本但題曰「乙未歲」，究不能確指爲元刊。余藏有《玉篇》，亦劉氏明德堂刊本，似已在明初。此本明著「至順」，則刊於元代無疑。

又《提要》稱「二十一殷」不作「二十一欣」，「殷」獨用，不作「與文通」，皆與此本合。又稱「匡」字紐下十三字皆闕一筆，避太祖諱，其他則不避，此本亦與所説合。但「朗」字雖不避，而《一東》「融」字注「朗」作「朗」；又「蕩」字下「徒朗切」，亦缺筆作「朗」，是其他不避者，重刻時補之也。據此，其根源於宋本無疑。又《提要》稱「東」字下「舜七友」訛作「舜之後」，此本作「七友」不誤。足知明德堂本又不如此本之善也。今略校之，其足以訂重修本之誤者，如「東韻」中「恮」字，重修本注「古文，見《道經》」，此本「見」作「出」，二義雖通，以下「仝」字注例之，則作「出」是也；「同」字注「亦州」，此本「州」下有「名」字；「狨」字注「細布」，「絨」字注「上同」，此本「狨」字注「猛也」，「絨」字注「細布」；「蒙」字紐下注「二十六」，此本作「二十七」，按「蒙」紐實「二十七」字；聰字注「聞也」，此本作

「開」，皆當以此本爲是。而「猈」「絾」二字，則一望而知爲重修之謬。其他雖亦有此本獨誤者，皆是未校之故，可以參證得之。

至《永樂大典》稱此本爲陸法言《廣韻》，殊非典據。按法言之書自名《切韻》，其書久亡。《崇文總目》有陸慈《切韻》五卷，當即法言之書。唯《郡齋讀書志》稱「《廣韻》五卷，陸法言撰，其後唐孫愐增加字」，是公武以孫愐之書本之法言，故以標題，然屢經增改，非事實矣。〔孫愐自序云「名曰唐韻，蓋取《周易》《周禮》之義」，是非特法言之書不稱「廣韻」，即孫愐書亦不得稱「廣韻」。〕況《封氏聞見記》載法言韻凡一萬二千一百五十八字，今此本有二萬五千九百二字，則爲增加本無疑。又李涪《刊誤》云：「《尚書》『嘉謨嘉猷』，法言曰『嘉予嘉猷』；《詩》曰『載沈載浮』，法言曰『浮，伏予反』。」今此本「謀」「猷」二字皆在「尤韻」，與李涪説不相應，則非法言書更無疑義。要之，法言之《切韻》、孫愐之《唐韻》、重修本之《廣韻》三書，同源異流，此本每卷既題《廣韻》，則非孫愐之舊，無論法言。然少於重修本二百九十二字，則非從重修本出。疑重修本既行於世，而孫愐本仍存書坊，刻孫本因冠以《廣韻》之目，其中參差各不相照。書此以俟知者。

龍按：森《志》著録容安書院藏本，楊批云「今在飛青閣」，《留真譜二編》卷一葉四一有書影，此本今藏臺北故宫。書中有「永昌圖書」「讀杜草堂」印，知爲寺田望南舊藏。據楊氏手跋補數十字，楊跋署「光緒癸未夏五月宜都楊守敬記」。

廣韻五卷 元刊本

首題「陳州司馬孫愐唐韻序」，序後有木記，題「至正丙午菊節南山書院刊行」。行款與至順本同，而篇幅則廓。又四周雙邊，知非從至順本翻刻。按各本皆題爲「司法」，此題爲「司馬」，當是淺人所改。此書前人未得刊刻年月，故多疑竇，余已略疏其分合於至順本。今又得此本，注文亦簡略，尤足證非明中涓所删。或疑此即陸法言之原本，謂《切韻》亦兼《唐韻》之名，引《唐志》《宋志》皆載陸法言《唐韻》五卷爲證。余檢新、舊《唐志》皆不載法言《唐韻》，唯《舊唐志》有陸慈《切韻》五卷，法言蓋以字行。《和名類聚鈔》作陸詞《切韻》，慧琳《一切經音義》亦云「陸詞」。然題爲「切韻」，並無《唐韻》之目，唯《宋志》有法言《廣韻》，《宋志》多謬，不足據。此蓋沿《郡〔齋〕（齊）讀書志》之稱，而又失其意者。宋人多以《切韻》《廣韻》《唐韻》三書爲一，《困學紀聞》已辨之。或又謂孫愐以後，陳彭年以前，修《廣韻》者尚有嚴寶文、裴務齊、陳道固三家，此本當爲三家之遺。今按重修本牒文，有郭知玄、關亮、薛峋、王仁煦、祝尚丘諸人增加字，亦不止嚴、裴、陳三家。考《日本現在書目》自武玄之以下皆稱《切韻》，《和名類聚鈔》、慧琳《音義》、希麟《音義》、《白氏六帖》、《佩觿》等書引孫愐、郭知玄、王仁煦、祝尚丘、裴務齊、麻〔杲〕（果）、蔣魴諸人之書，亦並稱《切韻》。無稱《廣韻》者。況祥符牒文云：「仍特换於新名，庶永昭於成績，宜改爲《大宋重修廣韻》。」可知《廣韻》之稱，實始祥符，陳彭年以前，固不得冒此名也。且果爲嚴寶文等之遺，何以獨載孫愐一序？余跋至順本，亦疑此爲孫愐之書，特爲書賈改題，今細繹之，亦非也。愐自序稱：「按《三蒼》以下之書數十種，並列注中。」今此本注皆不引各書名。尤有切證者，丘光庭《兼明書》云：「孫愐《唐韻》引《風俗通》云：『丘氏，魯左丘明之後也』。」此本「丘」下但注「地名」二字，則非孫愐之書無疑。又按魏鶴山稱，吴彩鸞《唐韻》寫本「二十九山」之後，繼之以「三十先」「三十一仙」，則此本非《唐韻》又一證也。鶴山之説未足據，《困學紀聞》已辨之。按《雲煙過眼録》及《研北雜志》皆云彩鸞所書爲「二十三先」「二十四仙」，此卷國初尚存，故閻潛邱稱親見彩鸞所書《唐韻》，次第較鶴山亦不合。然謂此本是據重修本所删削乎？則又非也。重修本「二十文」下注「『欣』同用」；「十八吻」下注「『隱』用同」。此本「二十一殷」不作「欣」，不避宋諱。與「二十文」皆獨用，「十八吻」目録注「『隱』同用」，而卷内仍注「獨用」，不使連屬。按合「欣」於「文」，合「隱」於「吻」，始於景祐中之修《禮部韻略》，非特唐人無此，顧亭林、朱竹垞皆力言其非。即重修本亦不應有此。幸此本尚有參差之跡可尋，不盡爲景祐之合併所汩没。唯其注文之簡略，前既非孫愐，後亦不同陳彭年，武玄之以下之書既不存，無從考驗其根源。或以簡略爲古，或以詳贍爲真，皆未可爲定論也。

龍按：森《志》著録昌平學藏本，楊批云「今在飛青閣」，《留真譜初編》卷三葉二七有書影，今存臺北故宫。據原手跡，末署「光緒癸未秋八月楊守敬記」。書中除楊氏鈐印外，尚有「杉垣簃珍藏記」「增島氏圖書記」「江户市野光彦藏書記」印，可知其書收藏之跡。有學者推測此「杉垣簃」爲人名（《鄰蘇觀海：院藏楊守敬圖書特展》），實爲藏書處名，藏者爲山田業廣，爲當時著名醫員，與澁江全善、森立之等合稱「蘭門五哲」。

廣韻五卷 元槧本

孫愐序。後有木記云「余氏勤德書堂鼎新刊行」，不著年月。相其字體、紙質，亦是元刊元印。此書余既得至順、至正兩本，已著其參差之跡，然究不能定爲何時、何人之作，反覆研尋，乃知張刊宋本，非陳彭年之舊。此本係從重修原本出，非從張本節删，故有勝於張本之處。而其依用《禮部韻略》，則此本與張刊本皆然。按張淏《雲谷雜記》：「詔丁度等以唐諸家韻本，刊〔定〕其韻窄者凡十三處，許令附近通用，此蓋今所行《禮部韻略》也。」《東齋記事》所説亦同。今以《集韻》《禮部韻略》校《廣韻》，則知併「殷」於「文」，併「嚴」於「鹽」「添」，併「凡」於「咸」「銜」；上聲併「隱」於「吻」；去聲併「廢」於「隊」「代」，併「焮」於「問」；入聲併「迄」於「物」，併「業」於「葉」「帖」，併「乏」於「洽」「狎」。凡得九處，餘悉相同。及考之上聲末，合「儼」於「琰」「忝」，合「范」於「〔豏〕（豏）」「檻」；去聲末，合「釅」於「豔」「㮇」，合「梵」於「陷」「鑑」，與「平」「入」之部分不相應，乃知此四處亦《韻略》《集韻》所合併，合之前九處，恰符「十三」之數，並非《廣韻》原注如此，乃校刻《廣韻》者因《韻略》《集韻》而改移之。當因此四韻尤窄之故。細校此本，闕宋孝、光、寧三帝諱，「慎」「惇」字皆缺筆。張氏重修本亦缺欽宗諱，是其根源不出南、北宋之間，皆非祥符官刊原本。張氏本注文詳〔贍〕（瞻），與《兼明書》、《路史》、《困學紀聞》、姚寬《戰國策後序》所引多合，其爲孫愐以下諸家增加之本無疑。此本簡略過甚，其中實有刪削不成語者，其爲從祥符本節省無疑。然如「狨」「絨」二字之互異，則顯爲張刊本之誤，則不唯部分有改易，即注文亦未盡陳彭年之舊。吁！二百六部之祥符本尚費尋究，何論陸法言與孫愐！古書罕存，存者又不得其真，源流變遷，非深識不能見其癥結，此余所以有《經籍沿革考》之作也。

龍按：此本《留真譜初編》卷三葉三一有書影，今存臺北故宫，有「淺野源氏五萬卷樓圖書之記」「彤函翠藴」「漱芳閣鑒藏印」等印，此皆江户至明治時藏書家淺野長祚之印。此處「亦是元刊元印」句，原手跋作「頗似南宋，但橅印稍後」，可見楊氏至刊《日本訪書志》時，態度亦有改易。

廣韻五卷 明刊本

標題亦改「司法」爲「司馬」，與元至正本同。序後木記云「弘治辛酉劉氏文明書堂新刊」。四周雙邊，匡廓亦與至正本不殊，但字體略大，其中正俗文字不一。然其避宋諱處，宋、元本同，知其亦翻舊本，非重書上木也。首册書眉有日本人以他本校字，往往此本爲是。此余所得舊本《廣韻》之第六册，舊係日本寺田弘所藏，有「讀杜草堂」印記。

龍按：森《志》著録同版之書，今存日本宫内廳書陵部，楊氏舊藏今存臺北故宫，《留真譜二編》卷一葉四十有書影。除楊氏所云「讀杜草堂」印外，尚有寺田之「黄絹幼婦」印。此文稱「寺田弘」，劉校本云「不詳」，實即寺田望南，其人名「弘」。據故宫標注及阿部隆一《志》所録，楊跋署「光緒壬午十月宜都楊守敬記」。

廣韻五卷 明刊本

標題改「司法」爲「司馬」，與元至正本同。序後木記云「永樂甲辰良月廣成書堂新刊」。行款、匡廓亦同至正本，而字體稍寬博，文字亦有異同。避宋諱處則皆與宋、元本同，則亦據舊本重翻者也。每卷有「釋意芳印」，第一册有「多紀氏印」。按多紀亦稱丹波元堅，字茝庭，三世爲醫，博通典籍，收藏極富。此本每卷籤題分書「孫愐廣韻」，當是多紀氏之筆。蓋彼國人亦疑此爲孫書也。

龍按：森《志》著録昌平學藏本，楊批云「今在飛青閣」，《留真譜初編》卷三葉三二有書影，今存臺北故宫，據阿部隆一《志》録文，末署「光緒壬午十月宜都楊守敬記」。

日本訪書志卷四　經部・小學

集韻十卷　宋刊本

缺首卷。楓山官庫藏本。篇幅甚大，高約九寸，闊約一尺二寸。每半葉十行，行三十一二不等。余從修史官巖谷修借出，使日本人高根虎松以曹刻本校一過，而手摹卷後跋四葉，刻期繳還。今據馬遠林汲古影宋校本對勘，十合八九。唯汲古本每半葉十一行，則與此本非出一源。又陳頌南云：「宋本『十四賄』以『梁益謂履曰屩』六字綴於『隧』字注。曹本無此六字，而空白二寸弱。」高根校本亦未填補。豈原本亦如曹刻與？抑高根之疏與？惜當時匆匆未能手勘之也。至頌南所舉「十四太」之脱文，此則一一皆具。又曹刻本寶元二年奏，脱「聖聰」以下七行半，一百二十四字。又脱寶元二年丁度以下官銜一葉，又脱慶曆三年章得象以下官銜一葉，汲古本與此本皆有。唯汲古本「章得象」以下有「恭惟」云云至「書籍」止以下缺爛，此本則自「章得象」以下並無文字，而別有淳熙乙巳田世卿跋一葉。是知汲古祖本是慶曆本而有修板以板心有「重刊」字樣。此本則淳熙重刻本也。丁度、章得象兩葉官銜俱已見蔣光煦《東湖叢〔記〕》（録）》，兹不贅記。特録田世卿跋於左。

世卿舊聞《集韻》收字最爲該博，搜訪積年，竟未能得，皆云此板久已磨滅，不復有也。世卿前年蒙恩，將屯安康，偶得蜀本，字多舛誤，間亦脱漏。嘗從暇日委官校正，凡點畫錯謬者五百三十一字，其間湮晦漫不可省者二百一十五字，正文注解脱漏者三十三字，繼得中原平時舊本重校，修改者一百五十五字。舊本〔雖〕（推）善，而書字點畫亦有謬誤，復以《説文》《爾雅》等書是正，改定凡五百一十五字。因令鋟板以廣其傳。自淳熙乙巳九月至丁未五月，僅能畢工，亦庶幾不作無益害有益之義也。武功大夫高州刺史充金州駐劄御前諸軍都統制田世卿謹跋。

龍按：森《志》著録楓山官庫原本，今存日本宫内廳書陵部，已闕卷一，《日本宫内廳書陵部藏宋元版漢籍影印叢書》第一輯影印。據嚴紹璗《日藏漢籍善本書録》載，此書原爲金澤文庫所藏，後入豐後佐伯藩主毛利氏，文政間獻於幕府，明治初入内閣文庫，明治二十四年移入宫内省圖書寮。楊批森《志》云「曾借出一校，乃知刊本多誤」，其能借出，實得黎庶昌之力，以向日本政府提出申請，借出《春秋左傳集解》等書五種，其中所謂「宋板《集韻》」者即此（詳參《再補》中《左傳舊鈔卷子本》按語）。據

《鄰蘇園藏書目録》載，楊氏曾有《集韻校勘記》鈔本四本，「蒯光典借去」，今不知存否。《留真譜初編》卷三葉三四、三五有書影。楊氏曾致信繆荃孫云：「《集韻》校本正録副訖，敢煩轉至禮卿先生。如果欲付梓，敝處尚有南宋刻校本日本内府藏大字本，係馬君所未見，其板式樣已載入《留真譜》，其中與馬君所據宋本多異同。他日刻此書，縱不彙入馬本，亦當附於其後，以成完璧。」（參《藝風堂友朋書札》）惜刻刷之願未果，直至百餘年後，《日本宫内廳書陵部藏宋元版漢籍影印叢書》第一輯方將其影印行世。

禮部韻略五卷 影宋元祐刊本

《禮部韻略》，宋元祐五年官刊本，首列「元祐庚午禮部續降韻略條制」，即《提要》稱「博士孫諤」所上者，凡四葉。每半葉十二行，行二十一字，摹寫精整，想見原刊之善。卷首題「禮部韻略第一卷」。中每有兩音之字，則圈記之。第五卷後載《貢院條制名諱》，至哲宗止。後又有中書門下丁度等劄子，有「今將舊本看詳」云云，蓋丁度等重修此書之劄子也。晁公武所云「丁度撰」，蓋即據此本。然實非丁度所創始。劄子後附《條制》二葉，末題「景祐四年六月」。案此書今時著録家只有歐陽德隆之《押韻釋疑》及紫雲山民郭守正增修本，而當時原書竟不可見。此則的爲元祐官刊正本，尤可寶也。《提要》著録係錢保赤影宋本，當無丁度劄子，今録於後。

中書門下牒刊修《廣韻》所

翰林學士兼侍讀學士、尚書、刑部郎中知制誥丁度等劄子奏：昨奉敕詳定刊修《廣韻》《韻略》，所有《韻略》，今將舊本看詳，其間文字多無解訓，並疑混聲及重疊出字，不顯義理，致誤舉人使用。今取合入詩賦使用聲韻要切文字，重修《韻略》。除義理灼然可曉，更不解釋外，於逐字下各著訓説，或引經史爲證。又有獨用韻苦窄者，難爲著撰聲律文字凡一十三處，並取有唐諸家韻本詳據，許令附近通用。其疑混聲及重疊出字，各許依本字下注解使用。上件《禮部韻略》並删定《附韻條制》，謹先寫録進呈。如可施行，欲望却降付刊修所鏤板訖，送國子監印造頒行，取進止。

景祐四年六月　日牒

禮部侍郎、參知政事石

按所云「牒刊〔修〕《廣韻》所」者，蓋併《廣韻》刊書所也。以下《附韻條制》，文多不録。

吏部侍郎、參知政事程

户部侍郎、參知政事韓

户部侍郎、平章事陳

門下侍郎、平章事王

是書收字既狹，解釋尤簡，其習見之字或但有反切，且有一字不注者。蓋其初就《廣韻》删其不經見之字，其一字數音，間有收入，全爲舉人場屋之用，故稱《韻略》。其不直用《廣韻》者，緣欲考其所學，厥後因一字重疊收入者無訓解，乃爲之注釋。又以韻窄十三處，許令附近通用，此丁度景祐所詳定者。又其後孫諤等以其明見經傳，而《禮部韻》不收，其一字兩音者亦不備，故又爲之增添。至毛晃之《增韻》、歐陽德隆之《釋疑》，則增字愈多，解釋愈煩，然尚未併韻。未知何時併二百六爲一百六韻，其官刊本必有「條例」，而今不傳，其傳者有〔王〕（劉）文郁、劉淵等刊本，皆不言其併韻之故，然解釋較毛、歐爲略，當源於官刊本。至陰時夫之《韻府群玉》，則繁稱蔓引，竟成類書。此《禮部韻》源流之大略也。

龍按：森《志》著録尾張真福寺藏北宋槧本零本三卷，云爲「元祐五年孫鶚等詳定本」，當即此影本之原本。然彼行數「每半板十三行，行二十一二字」，與此所云「半葉十二行」者異，又似非是。實真福寺藏本行數較雜亂，據李子君《宋代韻書史研究》檢原書，「正文每半頁十一行」，「附録每半頁十二行」；嚴紹璗《日藏漢籍善本書録》又云「每半葉有界十一行至十三行不等」：知行數不同者，爲著録者所選葉數不同所致。李氏又云：「内容與真福寺藏本基本一致，但將《元祐庚午禮部續降韻略條制》列於卷首，底本是否係真福寺藏本，則語焉不詳。」似以此爲二本，然其又云真福寺藏本内容多有倒裝之處，故順序亦不足爲證。宿白《現存釋典以外的北宋刊印書籍的考察》云此書「板式既同於汴京官板，刊工又多同於《通典》，所以也可能是汴京官板」（參《唐宋時期的雕版印刷》一書），與楊氏所斷同。前引李氏文云此書訛誤脱漏較多，斷其「既非監本亦非官刻明矣」，或稍武斷，官板未必無誤，不待詳辨。又，楊氏此處所引牒文爲文獻未載者，楊氏首次披露，百餘年後日人水谷誠方再次引録。另：此前著録者皆言其爲零本三卷，據前引李氏文，實僅闕卷四，餘四卷。

魁本排字通併禮部韻注五卷元刊本（附朝鮮明天順八年黄從兄刊本）〇

此本無序跋，上、下平各爲十五，上聲二十九，去聲三十，入聲十七，蓋合併二百六部爲一百六部也。所併之韻，韻首以墨蓋隔之如魚尾形。《韻略》所載依字母爲次第，如「東」「通」「同」「籠」是也。此本則「東」紐下次「同」，而「籠」「通」隔越於後。次第與《廣韻》多同，訓解亦然。向傳今韻之併，始於平水劉淵，錢竹汀跋王文郁刊本，謂始於文郁，詳見張金吾《愛日精廬藏書志》。今以此本照之，則金吾稱《韻會》所引平水韻與其本不合者，皆與〔此〕（其）本合。唯「〔泜〕（泜）」下云「水名，又音『遲』」，無「在常山」三字；「〔莁〕（筮）」下文郁本只一「莁」字，《韻會》本作「〔莁〕（巫）莁，藥名」四字，此本則不與文郁合，而與《韻會》同；然文郁本有「新添」「重添」之字，此本無之，是又出文郁之前。又以歐陽德隆《釋疑》校之，則所隸之字互有出入，如「東」字紐下，此本有「涷」字；「同」字紐下，此本無「氃」「詷」「艟」三字；「蟲」字下無「爞」字；「中」字下無「忡」字，而「忡」字又別出一紐，曰「敇中切」：似又在歐陽之前也。又「通」字紐下無「桐」字，「同」字紐下無「重」字，「先」字紐下無「西」字，「煙」字紐下無「殷」字，是不從毛晃《增韻》之説，或本又在毛氏前也。然以元祐刊本校之，而贏出之字爲不少矣。且元祐本兩音之字有圈以記之，歐陽《釋疑》本同，此本則無圈記，當是坊刻去之。此本每半葉十二行，大字横列排匀郭守正所刊《韻略》亦如此，鎸刻頗精，爲日本寺田弘所藏，每卷有「淺〔野〕（草）源氏五萬卷樓圖書之記」印章，末有天保甲辰長祚題跋。其跋首録張金吾跋，以此本比勘，又據錢竹汀跋，定爲金刊，余望而知爲元版，凡宋諱皆不缺筆，而寺田奇貨居之，堅稱金刻。余以中土此書頗少，破慳得之，惜不得金吾藏本一一校之也。

按併韻既不得主名，其實原本《廣韻》目録之注。今以《禮部韻注》通用之韻，與《廣韻》校之。平聲：《廣韻》「鹽」字下注「『添』同用」，《禮部》注「『添』『嚴』通」；《廣韻》「咸」字下注「『銜』同用」，《禮部》注「『銜』『凡』同用」；《廣韻》「嚴」字下「『凡』同用」，《禮部韻》無注，是較《廣韻》多併二部。入聲：《廣韻》「葉」字下注「『帖』同用」，《禮部韻》注「『帖』『業』通」；《廣韻》「洽」字下注「『狎』同用」，《禮部》注「『狎』『乏』通」；《廣韻》「業」下注「『乏』同用」，《禮部韻》無注，是又較《廣韻》多併二部。今以《廣韻》二百六部注「同用」者合併算之，已得一百十一部；以《禮部韻》注「同用」者合併算之，得一百七部。至毛氏《增韻》、歐陽氏《釋疑》皆然，然只注「通用」，尚未合併，不知何時又以上聲之「〔迥〕(迴)」「〔拯〕(極)」通用，遂爲一百六韻而合併之。或謂併「拯」入「〔迥〕(迴)」，始於劉淵。而王文郁本已併之，此本亦然。遂爲元明以來定制。

日本長祚跋

《魁本排字通併禮部韻注》五卷，狩谷氏求古樓藏本也。卷首有清周亮工賴古堂藏印，及第二卷末韓人「源龍在田」印記。此書張金吾《愛日精廬藏書志》著録大德本

《新刊韻略》五卷，曰：「金王文郁撰，是書并上下平聲各爲十五，上聲二十九，去聲三十，入聲十七，合一百六部。此并舊韻二百六部爲一百六部之始也。所并之韻首一字以魚尾隔之，〔如鍾并入冬，脂之并入支，則鍾與脂之字上加一魚尾是也。兩韻之字，尚不相混。〕如鍾韻之字不混入冬，脂之韻字不混入支是也。不至若後來之漫無區别也。論者謂并韻始於劉淵，淵成書後文郁二十四年，淵書今不可見，就《韻會舉要》〔所〕引考之，蓋襲取文郁〔所〕之書而稍有增損者也。如一東『烘，燎也』『烿，火氣』『絨，細布』，二冬『佟，姓也』『膿，腫血』，三江『肛，虚江切』『胮，胮脹』，四支『泜，水名，在常山』『嵯嵾，嵯山不齊』，俱與《韻會》所引平水韻合，是則全襲文郁之原書也。一東『芃，蔚草也』，《韻會》引作『益母也』；『𨉖，謹敬之皃』，《韻會》引作『恭貌』；二冬『夆，掣也』，《韻會》引作『牾也』；三江『跫，蹋地聲』，《韻會》引作『履地聲』；四支『紕，飾緣邊也』，《韻會》引作『邊飾謂之紕』；『琵琶推手爲琵，引手爲琶，取其鼓時以爲之名也』，《韻會》引作『琵琶胡樂，胡人馬上所鼓，推手前曰琵，引手後曰琶』；『荑，莁荑』，《韻會》引作『荑，莁荑，藥名』；『攡，《太玄經》云張也』，《韻會》引作『攡，張也，《太玄》幽攡萬類』。是則因文郁之舊而稍有增損者也。淵書行而是書晦，故後人知有淵而不知有文郁耳。每韻末間有標『新添』『重添』者，文郁所添歟？抑刊刻者所添歟？未可知也。卷末有『大德丙午重刊新本平水中和軒王宅印』。是書世無傳本，諸家書目亦從無著録，此本猶是元時舊槧，首尾完善，洵韻學中有一無二之秘籍也。」又載「正大六年己丑季夏中旬〔中〕大夫前行右司諫致仕河間許古道真書於嵩郡隱者之中和軒」序及錢大昕手跋。

此本經本邦人改裝，脱許道真序，又前後無録刻年月、木記及錢氏所謂《聖朝頒降貢舉程式》《御名廟諱》一條等，而張金吾所〔校〕（考）勘，如「東」「冬」「江」「支」四韻字注及全韻之數、所併之韻字、首以魚尾隔等，悉相符矣。但「肛，虚江切」，作「許江切」；「泜，水名，〔在常山〕」，無「在常山」之三字，而作「泜，水名，」」又音遲」；至「萬」字全注「萬，茈萬，藥名」四字；又所謂韻末標「新添」「重添」者，此本無有，且諦審版式字樣，與《琳瑯書目》所舉金版《貞觀政要》條下曰「字宗顔體，刻印精良」者相似。顧金版於西土流傳寔尟，耳目罕經，譬諸吉光片羽。今此本既非大德再刊者，而異同板樣亦復如是，雖難遽定其正大己丑初刻本即是此種，然而其與張本則敻乎不侔，是殆金版無容疑也。嗚呼！張氏不夢知「排字通併」之舊名，僅獲元大德「重添」新刊本，而詑其「有一無二秘籍」，若見此版，鄭重驚奇當更何如也！且張氏所疑「新添」「重添」者，果係刊刻者所增，此本可據而斷焉。古刻之可尊如此，豈可不十襲爲寶愛之乎！

〔天保甲辰秋八月書於峽府香芸書堆，長祚。〕

余又得朝鮮明天順八年黄從兄刊本，首有益城金孟子進序，又有朝奉大夫知清道郡事、兼勸農副使大丘道兵馬團練副使黄從兄跋，蓋與《玉篇直音》合刊者，首題「排字禮部韻略」，上平聲無「魁本」二字，其隸字及注與前本十同八九，唯前本以反切居前，此本居後，刊刻草率之極。據金孟序，是屬淄流所鎸。余以已有前精本，故以此爲次，録其《玉篇直音》則全删其解説，但著音讀，而又亂《玉篇》次第，不足録也。

又按此本訓解之字與《廣韻》多同，而與元祐刊本《韻略》及歐陽《釋疑》本多異，不第次第有參差也。

龍按：此本《故宫所藏觀海堂書目》録，注云「有天保甲辰長祚跋，又楊氏題識，有『淺草源氏五萬卷樓圖書之記』印章」。劉昌潤注云：「源氏爲日本豪族，皇室後裔。有名親房者富藏書。淺草文庫得足利學校部分藏書，後歸日本宫内廳圖書寮。」當據「淺草」與「源氏五萬卷樓」而來，實皆誤。此書收藏者與前《廣韻》勤德書堂本收藏者同，即淺野長祚，楊氏録印時誤「淺野」爲「淺草」。

此本《留真譜初編》卷三葉四六有書影，現藏臺北故宫。前有「賴古堂□藏」及韓人「源龍在田」鼎形白文印，又有「求古樓」「淺野源氏五萬卷樓圖書之記」「漱芳閣清賞」「錢長祚珍賞印」「長祚之章」「彤函翠藴」「漱芳閣」「楳堂閲藏」「寺田盛業」「字士弘號望南」「讀杜草堂」諸印（據阿部隆一《志》及許媛婷《楊守敬赴日所搜經部圖書存佚情況及版本初探——從〈日本訪書志〉談起》一文），可知曾經清人周亮工庋藏，後入朝鮮人手，再經狩谷望之、淺野長祚、寺田望南等人遞藏。另據阿部隆一所録楊氏跋，「淺野」二字無誤，知前及「淺草」之誤，當手民之誤刻也。又，此本卷末有淺野氏天保十五年長跋，此條僅録後半，稿本録有全文，以「日本長祚跋」五字恰位於葉八A面末行，臆其後或爲刻工漏刻，故據手稿補録。此跋前半多爲抄録張金吾《愛日精廬藏書志》者，偶有闕漏，據以校補。另，楊《志》後二段雖另起行刊行，然與前格式相同，故整理者多以此亦同爲淺野跋文，據楊氏手稿知其跋末尚有淺野之題署，知後二段爲楊氏之語。稿本此跋之末又有楊氏題「首題『魁本排字通併禮部韻註卷第一』，行下陰文『上平聲』三字，半葉十二行」二行。

增修互注禮部韻略五卷 元刊本

首有紹興三十二年十二月毛晃表文，目録前題「衢州免解進士毛晃增注，男進士居正校勘重增」。每半葉十一行，大字行十四字，小字行二十八字。末有「至正乙未仲夏日新書堂重刊」木記。卷内題「今增」者晃所爲，題「重增」者居正所爲。每卷後有增入、圈出、重增總數，顧無居正序跋，余所得五六通皆無之。未知其由。居正父子以博洽名一時，居正有《六經正誤》，今存。今觀其辨別毫釐，徵引博奥，在南宋諸儒中可謂翹楚，而《提要》詆其不知古今文字之别，又不知古今聲韻之殊，摘其「東」字紐下不應增「桐」字，「同」字紐下不應增「重」字，「先」字紐下不應增「西」〔字〕（子），「煙」字紐下不應增「殷」字，謂其不古不今，殊難依據。余謂此事難言，若謂不應以假借爲本文，則《禮部韻》中兩音之字，以假借而分隸，不可勝紀。若謂不應以古音入律詩，則自《廣韻》以來，以至今韻，其中與今俗方音不合者甚多，而今之方音與古音合者，尤難枚舉。毛氏不依附《廣韻》，於舉世不談古音之日，能采取古音以增入此書，可謂特出。獨惜其所采尚未備，不能如吴才老之《韻補》專成一書耳。然古音自顧亭林以來，江、段、孔、王或十部，或十七部，或二十一部，終不能定一尊。若夫古、今文字正俗之别，此又從來所不能畫一者，無論《廣韻》所收之字數倍於《説文》，即元祐之《韻略》，其不合六書者，亦不勝舉。今按，所增大抵音異之字爲多，其本爲禮部原書所無而增之者，皆《廣韻》所有。唯「沖」下增「冲」字，引《詩》「鑿冰冲冲」云「從冰」，似不免臆説。此然「禯」「穠」並收，「牕」「窻」互出，已見於《廣韻》，此孫愐之誤，陸法言當不爾，《禮部韻》亦有之。此又不得專咎毛氏也。

龍按：森《志》著録容安書院藏本，楊批云「今在飛青閣」，現藏臺北故宫。書有「黑川氏圖書記」「南谿」「向黄邨珍藏印」等鈐印。楊氏曾致函汪康年云「《廣韻》及《禮部韻略》，前已言明，非百金不可，祈轉至前途」（參《汪康年師友書札》），知汪氏曾欲購此二書，唯楊氏藏此二書多種，未知所指爲何本，或即此元刊本。

韻鏡一卷　日本舊刻本，刊入《古逸叢書》

其書不著撰人名氏，紹興辛巳，張麟之得其本，别爲之《序例》刊之，初名《指微韻鏡》。逮嘉泰三年麟之又重爲之序，蓋即鄭夾漈《七音序略》所云《七音韻鑑》者也。是宋代已經三刊，不知何故元、明以來遂無傳本，著録皆不之及。日本享禄戊子，清原宣賢合諸傳鈔本重刊之，頗有更改。永禄七年云：「又得慶元丁巳所刊原本重校之，始還其舊。」其書直列十六平、上、去、入各四等，大致與《切韻指掌》《四聲等子》略同，簡而不漏，詳而不雜，等韻書中稱最善本。唯内轉第一，本撮口、合口之音而云「開」；第二不撮口音而云「合開」；又第四、第五支攝内「坡」，《切韻指南》《五音集韻》唯「陂」「靡」「彼」「破」「被」「靡」六字屬「合」，餘七音皆屬「開」，今此六字在第五轉，則第四轉當云「開合」；又第十一轉，當云「合」，而云「開」；第十二當云「合」，而云「開」，「合」亦撮口合口音；第二十六與第二十五同，當云「開」而云「合」。凡此差互，不無疑竇，或又校改傳刻之誤。今悉依原本，俟識者定之。又圖後所列韻字「東」「冬」以下，余所見日本别刻本皆作陽文，此本陰、陽文錯出，似無義例，亦不校改以存其真焉。

龍按：森《志》著録，楊批森《志》云「今在飛青閣，已刻入《叢書》」，今存臺北故宫，標注爲「日本享禄元年釋宗仲泉州翻刊宋慶元三年本」，然《古逸叢書》所據爲永禄覆刊本，頗疑楊氏所得本即永禄本。

龍龕手鑑八卷 朝鮮古刻本

按智光原序稱「四卷」，此分爲八卷，蓋緣書中每部多有「今增」字樣，則非僧行均原書。此朝鮮古刻本，又有日本活字板本，則又從朝鮮出者也。今行世此書有二通。一爲張丹鳴刊本，分四卷，而每卷又分上、下卷，首弟四行題「金部第一」，第五行即以「鋑」字頂格，此必非行均之舊。其中謬誤百出，且有脱漏大字者如金部脱「鑑」字、「鏘」字。一爲李調元《函海》刊本，款式與此本合，當爲宋本之舊，其中多空缺處，此必原書有磨泐或蟲蝕之故。其本譌謬尤甚，如第一卷以第二十四之「巾部」爲首，第五葉「禾部」未終，乃接目録，又脱目録之第一葉，而第一葉「毛部」之後，忽接以「禾部」之後半，而不悟首四葉之應在此處。李氏《函海》固多不校勘，若其錯亂至此，是並未入目矣。此本雖有後人羼入之字，而其下必題以「今增」，與原書不混。至其文字精善，足以訂正張刻本、《函海》本不可勝數。邇來著録家雖有此書傳鈔舊本，而無人翻雕，得此本固足寶貴。況其所增之字，亦多經典常用之文，不盡梵筴俗書，異乎鄉壁虚造者矣。

龍按：森《志》著録求古樓舊藏朝鮮本，然云有「蟠桃院印」「如實庵圖書記」，

「原係能登石動山僧大惠舊物，大惠歿後歸求古樓」，楊批森《志》云「今在飛青閣」。《鄰蘇園藏書目録》「移」字號録一種七本，標云「朝鮮古刻本，惺吾得于日本」，今臺北故宫存一種，標爲「明嘉靖四十二年朝鮮高德山歸真寺刊本」，前有「養安院藏書」「向黄邨珍藏印」，無森氏所舉二印，阿部隆一《志》以此二者爲異本。然二本皆有「全州鄉校上」之墨書，森《志》云「又有一印，文字漫滅不可讀」，而楊氏藏本則有「或即韓人之印文不明之方形大朱印」，二者多有偶合，或仍當一書，或前有藏者將「蟠桃院」諸印撕去耳。《故宫所藏觀海堂書目》著録有「日本刊本」，《留真譜初編》卷三葉五八有書影，楊批《留真譜》云「今在飛青閣，日本舊活字本」，味其意或楊氏既有朝鮮本，又有日本古活字本。

韻府群玉二十〔卷〕(篇) 元槧本

首滕賓序，次姚雲序，次趙孟頫題，次陰竹野序，次陰復春序，次陰勁弦序，次凡例，次序目，次目録，缺二葉，鈔補。有「戊申春東山秀岩書堂刊本」。書首行題「韻府群玉卷之一」，行下有陰文「上平聲」三字，次行題「晚學陰時夫勁弦編輯」，三行題「新吴陰中夫復春編注」。按《提要》録此書，云是大德間刊本。今考時夫之父陰竹野序爲大德丁未，陰復春序爲延祐甲寅，陰勁弦序雖不書年月，而言其書成時其父已没，是大德間此書尚未成，安得有刊本？則所云大德本者，意斷之説也。《千頃堂書目》云：「陰〔幼〕（勁）遇一作陰時遇，字時夫，奉新人。數世同居，登宋寶祐九經科，入元不仕。其兄中夫，名〔幼〕（勁）達。」今以此書證之，中夫爲時夫之兄，見於自序，與黄氏所説合。不知《提要》何緣以中夫爲時夫之弟，豈以標題時夫居中夫之前乎？又足見所見本無陰氏昆弟二序也。今按陰竹野序稱「前進士陰幼達」，序稱「延祐甲寅鄉試後五日」，則黄氏所云「登宋寶祐九經科」進士者，爲其父陰竹野，亦非時夫昆弟登科之年也。今合序與標題參互考之，陰竹野未詳其名，陰時夫爲竹野之季子，名幼〔遇〕（達），字時夫，以字行，遂别字勁弦。陰中夫爲時夫之兄，名〔幼〕（勁）達，字中夫，以字行，又别字復春。其書爲時夫所作，其注爲中夫所作，故標題弟居兄前，然一稱後學，一稱中吴，爲不典矣。余嘗謂陰氏韻書，非唯分部難據，即以至淺者言之，《廣韻》以下，多沿字母七音之次第，凡同音之字，皆隸一處，使人識首一字，凡以下同音之字皆可不考而知。今以常見之字置於前，遂使音切次第錯雜淩亂，徒眯後生之耳目，相沿至今，編爲令甲，此真事理所不解者也。

龍按：森《志》著録求古樓藏本，楊批森《志》云「今在飛青閣」，現藏臺北故宫，

《留真譜初編》卷三葉四八有書影。

經史通用直音四卷 明成化刊本

通妙邵真人編纂，清瀏喻道純校正，雲中張道中重校。首有成化八年白玢序，稱趙堂披閲《道藏》經典，以直音難字證於經末，其徒喻道純補訂之。然不以《道藏》經典爲次第，而以〔偏〕〔篇〕旁統之。俗體、古文，收羅綦博，其體例略如《龍龕手鑑》，唯直音不用反切，訓詁亦較略耳。

龍按：此本現藏臺北故宫。書有「光林寺藏」墨印及「小島氏圖書記」「字學古」「尚質之印」等印，知爲日本豐前光林寺舊藏，後入小島尚質手。楊氏標爲「明成化刊本」，乃據書前之序者，或當云「成化序刊本」，今故宫標注爲「明嘉靖間刊本」。

〔釋慧琳〕一切經音義一百卷 日本覆刊高麗《藏》本

唐沙門慧琳《一切〔經〕音義》百卷。余初至日本，有島田蕃根者持以來贈，展閲之，知非玄應書，驚喜無似。據《宋高僧傳》稱，周顯德中，中國已無此本。又《行瑫傳》亦稱慧琳《音義》不傳。此本從高麗《藏》本翻出，原本爲胡蝶裝，余曾於日本東京三緣山寺見之，字大如錢，然亦多訛字。按唐人景審原序，稱此書取音於《韻英》《考聲切韻》，而以《說文》《玉篇》《字林》《字統》《古今正字》《文字典説》《開元文字音義》「七家字書釋誼，七書不該，百氏咸討」。今就此書覆審，如張戩《考聲》《集訓》《古今正字》《文字典説》《文字釋要》等書，並隋、唐《志》所不載。又如武玄之《韻詮》、〔元〕（陳）庭堅《韻英》、諸葛〔潁〕（穎）《桂苑〔珠叢〕》（叢珠）》，雖見於著録家，而他書亦罕徵引。又如引《説文》則聲義並載，引《玉篇》則多野王按語，引《左氏傳》則賈逵注，引《國語》則唐固注，引《孟子》則劉熙注，此外佚文秘籍不可勝紀，誠小學之淵藪，藝林之鴻寶。此書出，遂覺段茂堂、王懷祖、任子田、沈匏廬諸先生之撰述，皆有不全不備之憾。

初得此書，即勸黎純齋星使刻之，以費繁而止。厥後中江李眉生廉使欲刻之，已措資矣，會余差滿將歸，遂輟議。然此書訛謬奪誤觸目皆是，其未佚者，固當檢原書一一對勘；其已佚者，亦必參合諸書審視裁擇；可兩存者，仍之〔别爲《札記》〕；顯然訛誤者，直改之〔，然必守以不校校之，況一一爲之詳記，勢必如岑建功之刻《輿地紀勝》，其《札記》反多于本書〕。唯兹事體大，非博極群書，心有識别者，不得妄下雌黄。海内深識之士，何能共聚一堂，商榷從違？所爲撫卷太息，恐年歲之不我與也。〔既思直改之説甚難，能任此者海内能有幾人？不如所兩存者仍之，顯然訛誤者改之，皆爲之《札記》。〕

〔光緒甲申四月宜都楊守敬記。〕

此本初印多誤字，厥後又有挖改，然不盡當。余既見此本，凡書肆中所有皆購之，以餉中土學者。厥後又知其板尚存西京，又屬書估印數十部，故上海亦有此書出售，皆自余披剔而出也。

此書他日若有重刻者，必先即所引諸書，無論已佚、未佚，各訂一册，盡爲録出，一可校異同，一可輯佚書，倘不爲此，每讀一條，翻檢一條，既難分任，又費時日，且不能旁參互證。

七月六日守敬再記。

龍按：此本原標爲「日本藏高麗《藏》本」，然目録則標爲「日本覆刊高麗《藏》本」，以後者爲是，森《志》著録，楊批森《志》云「此爲朝鮮國原刊本，在三緣山寺中，即芝田區大寺」。《留真譜初編》卷十一葉八、九、十一、十二有書影。楊氏舊藏現存臺北故宫，著録爲「日本元文二年江户獅谷白蓮社刊本」。前有「松本氏圖書印」「勝鹿文庫」諸印，知曾爲江户儒學者松本月癡舊藏。另據阿部隆一《志》所録，小有異同，末段即據之校補。其言「所引諸書」，即包括已佚之《韻英》在内，然景審原序爲「元庭堅《韻英》」，楊氏或受《南部新書》載録影響，誤書爲「陳」。又刻本誤爲「叢珠」，據阿部隆一《志》，其原文當爲「珠叢」無誤。「既思直改」一節爲欄上補書。

楊、黎二人均思將此書校刻，黎庶昌有光緒九年八月初四致莫繩孫函（參《黎庶昌全集》第一册），亦可爲楊氏此節之補證，故録如下：

六月間即寄尊處慧琳《音義》一部，未知是否收到。頃展六月廿四日手椷並李眉翁箋翰，聆悉種種。琳《音》一書照日本板計之，實有一千九百數十葉每葉七百字以内，原式甚陋，難以據繙，重寫亦乏佳手，惟有將現刻之書擇其尤者一種，集字重刻，較易爲力。此間有木村嘉平者自謂能之鄙人所刻佳書多出此匠手，惟日人刻書係以葉論，以中等價值計之，每葉非有金幣四圓每洋一元換金幣一圓二角弱，此是現價不可，實需曹平銀五千兩之數，尊估只能其半。已照此函復眉翁，不知果能力任斯舉否。鄙人現刻之書，總須明歲秋間始可告蕆，統歸隨員楊星吾守敬一手經理。此君已選黄岡教諭，又明年四月三年期滿，似有去志。如届時乏人，欲調閣下接辦此席每月百三十金，未識於雅意若何。

然至本年底另函中即云：「前此眉公決意任刻，及近今兩信催其匯貲若干，方可與刻工定議，而日久尚未得復，不知有無改易。或近來倒帳紛紛，有暗中喫虧之事，以致遲回，亦未可定。」此事未果，誠爲憾事，然於拍場得見李氏致潘祖蔭函云：「蒓三月來書，言趕六月内刻奉定本，澤存祖本兩《廣韻》秋冬間刻，杜詩俱以歲杪數滿爲限，後半種雖少而卷帙則較前多至五倍云云。弟自三月病後，各路箇札均未裁答，蒓齋兩月無信，必因弟無還章耳……蒓齋到東海後，又物色得慧琳全書，去夏始以相聞，言係彼國舊鈔本，而未言有刻本。今楊君發售之刻本即從舊鈔本出？抑坊間原有之刊本耶？若坊間原有刊本，何以蒓齋尚欲向朝鮮借鈔本相校，亦若希希罕見者，殊不可解，小坡又言之不詳。三日内當發奮作東洋書，並催其隨刊隨寄，不必待至歲杪也。」兩相對讀，可知信作於光緒十年，此時與黎氏書信往還受李氏身體有恙之影響，然尤要者，或爲楊守敬「凡書肆中所有皆購之」「又屬書估印數十部」至上海出售，使李氏於翻刻此書頗生疑慮。然檢閲文獻，此事另有波折，明治十六年十一月十八日，全力刊行《古逸叢書》之四代木邨嘉平遽然去世，楊氏與宫島誠一郎筆談中云：「又有《一切經音義》百卷，已有成約，而木邨死，此後弟不能保之。然念其人爲我勞而死，故《音義》亦仍使其家刻之，約六千圓……此事而即受病，命之蹇也。」（參陳捷《人物往來與書籍流轉》）引文中省略號處文字極關鍵，然彼處數字殘損，故未知刻費已付與否。無論如何，木邨之死，於慧琳書之刊行亦爲重大打擊，使楊氏之努力終歸於空。

〔釋玄應〕一切經音義二十五卷 日本古鈔本

此本原爲日本浪速井上氏所藏，納之博物館中者，爲蝴蝶裝，兩面書之，字體殊古雅。每半葉十二行，首題「一切經音義目録」，下旁注「第一、第二」，又下題「沙門玄應撰」。第二行題「第一卷」，以下爲第一卷子目。目録後提行，高二格題「摩竭〔提〕（題）」。注雙行。卷末題「願以此功德過去二親等出離三有海，共生安樂國。大治叄年戊申五月十八日敬奉書寫畢」。按大治叄年爲宋高宗建炎二年，然望其界格體式，當是從唐卷子本出。故標「玄應」不題「唐」字也。此本非唯勝宋、元本，當亦高麗本所不及。余於癸未嘉平月十四日因舊局長町田久成始得見之，意欲影鈔之，以歸期迫不及待而罷，僅摹首葉款式入之《留真譜》中，然耿耿於心，未能釋也。書以告後之渡海者，其勿忽諸。

龍按：此本現存日本宫内廳書陵部，録爲「一切經音義七帖（二十五卷）」，闕第二至三帖（卷三至八），唐釋玄應撰，大治三年寫（釋覺嚴等）」，將其與《留真譜初編》卷十一葉七所摹者相較，確爲一書。然今所存已不完，未知楊氏見時是否完整。據楊氏跋，或其當時僅就所見第一帖而言也，因其謂「卷末」云云，即第一帖末之記述，後之各卷並不相同，楊氏均未及，即可知也。

〔釋玄應〕一切經音義二十五卷 宋槧本○

釋玄應《一切經音義》二十五卷。自《開元釋教録》以下，至明《北藏》皆同，《南藏》始分第三、第四、第五三卷爲四卷，遂爲二十六卷，而訛謬宏多。嘉慶間武進莊氏以《北藏》本校刊行世，臧氏言「從咸寧大興寺得善本」，不言何本。今據其本校之，實《北藏》本也。近日杭州曹籀復重刊之。曹氏言漢陽葉氏有影宋本，爲某所乾没，竟不出，曹氏至擬之雷擊，而不知宋《藏》原本猶在天壤間。此本爲宋理宗嘉熙三年安吉州資福寺刊，自「階」字號起，至「弁」字號止，爲摺疊裝，每葉十二行，行十七字。首題「衆經音義序」，下標「階」字，以下略與高麗本同。惟「玄應」上有「大慈恩寺」四字。所釋經文大字頂格，音義俱雙行，自第八卷至第十四卷，則惟標目頂格，經文則低一格，此或以別本補之，然字體板式皆同。十五卷以下仍同前七卷之式。今以校明兩《藏》本，非唯異於《南藏》，並與《北藏》大異。如開卷序文「諒在前模」，與高麗本、元本合，明南、北《藏》本「模」誤作「後」；上文「求其本據」，莊刻本誤「據」爲「模」，此莊本之獨誤也。「斯則得於要約」，元、明本並誤「斯」爲「期」；第一卷《華嚴經》「踰摩」下無「新譯音義」以下三十五字；「毗嵐」下，「或作『毗藍婆風』」，或作『鞞嵐婆』，或云『吠藍婆』」；《大集日藏分經》「屏中」下「圊圂，屏廁也」，上有「廣椎」二字；第二卷《涅般經》「震動」下，經文有「從手，作振，掉也，亦動也」，無「發也掉」三字；「矛稍」下，無「或作鏰，俗字也」六字；「規欲」下「謂以法也」，「法」下有「取之」二字按無此二字不可通；「金錍」下無「賓彌」以下十四字，而有「按荀〔楷〕（揩）《誥幼文》，字宜作篦，音方美反」十四字；惟「鷃鵡」下與「婆嘻」注文共連爲一條，與高麗本同誤。以下增删處不勝紀。余得此本後，即屬高根虎以明《南藏》本校之，異同不下數千事。別詳《札記》。

憶余初至日本，與森立之遇，談及日本古鈔本注多虛字，以阮文達《十三經校刊記》之説以爲日本人所爲。森立之變色言曰：「此在《經典釋文》已言之，君不省之乎？」余曰：「《釋文》言多虛字，爲注脚『某也』『某某也』之類。非如『也』下安『之』，『哉』下續『矣』之類也。且自有刻本以後，此弊已全除之矣。」立之隨即入内，取此宋板《音義》出，指數處「也之」「哉也」等處，並有「也也」疊刊者，因謂：「此非宋刻本乎？」余乃歉然。厥後悟得鈔書者欲注文兩行整齊，不及細核字數排勻，故隨意以虛字填入，互詳前「經部」中。

龍按：楊氏稿本有此條，然較此爲簡，唯「與高麗本同」下多「而時有節删，然遠出元、明本上」一句。又，森《志》著録此書，然未標其版本，楊批森《志》云「今在飛青閣」。

篆隸萬象名義三十卷 舊鈔本

日本東大寺沙門大僧都空海撰。空海入唐求法，兼善詞翰，歸後遂爲日本聞人之冠。今世彼國所傳假字〔母〕，即空海所創造也。此書蓋據顧野王《玉篇》爲本，而以一篆、一隸配之。隸即今之真書。其注文則如大廣益本《玉篇》，但舉訓詁，不載所引經典。唯所載篆書，每部中或有或無，當是鈔胥省之。又自卷首至「面部」分析爲十二卷，而總目則仍顧氏原卷，此不可解。今古鈔原卷子本尚在高山寺，余曾於紙幣局見之，原卷雖古，亦非空海親筆。此又狩谷掖齋所藏，其籤題尚是掖齋親筆。據跋，則源弘賢不忍文庫中物也。〔此蓋從彼傳鈔也。〕

按野王《玉篇》一亂於孫强，再亂於陳彭年，其原本遂不可尋。今得古鈔卷子本五卷，刻入《古逸叢書》中，可以窺見顧氏真面目，然亦只存十之一二。今以此書與五殘卷校，則每部所隸之字，一一相合，絶無增損淩亂之弊；且全部無一殘闕，余以爲其可寶當出《玉篇》五殘卷之上。蓋《廣益》本雖刪顧氏所引經典原文，而經典義訓大抵尚存。〔況經典義訓爲顧氏原書所遺者正復不少。〕唯顧氏上承《説文》，其所增入之字皆有根據，而其隸字次第，亦多與《説文》相合，其有不合者，正足與今本《説文》互相證驗，〔王貫三以今本《玉篇》校《説文》，惜不見此。〕則此中之原流升降，有關於小學者匪淺。況空海所存義訓，較《廣益》本亦爲稍詳，顧氏原書於常用之字，往往列四五義，《廣益》本概存二三義而已。若據此書校刻餉世，非唯出《廣益玉篇》上，直當一部顧氏原本《玉篇》可矣。〔然此惟段茂堂、嚴鐵橋、王貫三諸人能解之，稍涉藩籬、但知搜索逸書如任大椿輩，恐未必知之，餘無論矣。〕唯鈔此書者草率之極，奪誤滿紙，此則不能不有待深於小學者理董焉。

弘賢嘗讀弘法大師作書目録，有《篆隸萬象名義》卅卷，而不知其存亡。余固勤於小學，求之有年於兹矣。享和元年冬，稻山、秋月二公以寫本見寄，云：「原本藏山城國高山寺，其部首始『一』終『亥』，一依《説文》《玉篇》，至於音訓與二書互有出入，不知當時據何書。」數十年聞其名而不得見者，一旦獲之，吾不忍文庫之榮莫加焉，什襲以藏。

源弘賢踴躍歡喜識。按弘賢謂與《玉篇》有出入者，蓋據所見《廣益》本而言。

龍按：此本現藏臺北故宮及臺北「國圖」，後者有周懋琦諸印，曾爲周氏珍藏。

張《補》亦録，並附楊跋。此據張《補》録文校補數十字，另其文末有「光緒癸未秋八月宜都楊守敬記於東京使館」字樣；個别異文不備列，如張録文云「余曾得古鈔卷子本《玉篇》殘本四卷，刻入《古逸叢書》中」，楊《志》改爲「今得古鈔卷子本五卷，刻入《古逸叢書》中」，知其初撰於光緒九年（一八八三），至整理《日本訪書志》時，又有新得之殘卷。

新撰字鏡十二卷影古鈔本

日本僧昌住撰。原序中不出昌住之名，然日本别有删削注文之本，及《群書一覽》皆題爲「昌住撰」，當别有著録之書可據。序稱昌泰中撰成此書，實中土唐昭宗光化元年也。其書自天部至連部凡一百六十部，共二萬九百四十餘字。分部不依《説文》《玉篇》次第，而亦各以類從。其有偏旁上、下、左、右之不同者，亦爲分之，如火部居左者爲第八，居下者爲第九；人部居上者爲第十，居左者爲第十一。蓋特以便尋檢，無他義例也。其注收羅義訓，最爲廣博。據其自序，大抵本釋〔玄應〕（應玄）《一切經音義》及《玉篇》《切韻》爲主，而又旁采諸字書以增益之。其有東倭義訓，亦間爲附入。今爲勘之，其正、俗等字有出於《集韻》《龍龕手鑑》之外者。所列古文，亦有出於《説文》《玉篇》之外者。蓋昌住當日本右文之時，多見古小學書，觀《見在書目》可證。不第《玉篇》《切韻》皆顧、陸原本〔，此亦訓詁之淵藪，藝林之鴻寶〕也。

余初從書肆得影鈔本五卷，一、四、五、六、七。驚喜無似，惜其不全，〔遍〕（偏）訪諸藏書家，亦絶無傳鈔本，詢之森立之，乃知原本在博物館中，因局長町田久成使鈔胥就其館影寫之。町田云：第二、第四兩册，原爲鈴鹿氏所藏，餘十册爲浪速井上氏所藏，兩家皆欲合併爲全書，而皆不肯割。町田爲局長時，勸兩家均納博物館，於是始爲全書，每卷有「法隆寺印」，蓋此寺爲日本古時名刹，多藏古書。余所得古鈔本多有此印。首卷末有「天治元年甲辰五月下旬書寫之畢」題記，當宋宣和六年。餘卷或有或無。又云：「法隆寺一切經書寫之次，爲字決，諸人各一卷。書寫之中，此卷是五師静因之分，以〔曚〕（朦）筆所寫了。」蓋十二卷爲十二人所書。余嘗赴博物館親見原書，用單紙，堅滑異常，兩面書寫。日本古寫佛經多兩面書寫。筆法各自奇古，惜鈔者尚未能似之，乃別摹第一册第一葉，以存原書真面目焉。

《新撰字鏡》序

〔倩以〕（詳）夫大極元氣之初，三光尚〔遥〕（匿）；木皇火帝之後，八卦爰興。是知仁義漸開，假龍圖而起文；道德云廢，因鳥跡以成字焉。然則曁如倉頡見鳥跡以作字，史遷綴《史記》之文，從英雄、高士、耆舊、逸民，文字傳來，其興尚矣。如今愚僧生蓬艾門，難遇明師；長荊蕀盧，弗識教誨。於是〔瞻見〕書疏，閉於胸臆；〔尋讀〕文字，闇諸心神也。況取筆思字，蒙然如居雲霧中；向紙認文，茫然如〔冒〕（日月）盆窺天。搔首之間，歎懣之頃，僅求獲也。《一切經音義》一帙廿五卷雖每論字音訓頗覺得，而於他文書，搜覓音訓，匆匆易迷，茫茫叵悟也。所以然者，多卷之上不録顯篇部，披閲之中，徒然玩日。因爲俾易覺於管見，頗所鳩纂諸字音訓，粗攸撰録，群文倭漢，文文辨部，字字搜篇。以寬平四年夏草案已竟，號曰《新撰字鏡》，勒成一部，頗察泰然，分爲三軸。自爾以後，筆翰不捨，〔尚隨見得，〕拾集無輟。因以昌泰年中間得《玉篇》及《切韻》，捃加私記脱泄之字，更增花麗，亦復《小學篇》之字及《本草》之文，雖非字之數内等閑撰入也。調聲之美，勘附改張，乃成十二卷也；片數壹佰陸拾末在臨時部等，不入數，文數貳萬九佰卌餘字。又《小學篇》字四百餘，不入數。從此之外，連字並重點字等不入於數。如是二章之内，字者依煩，不明音反「音反」者，各見片部耳，亦於字之中，或有東倭音訓，是諸書私記之字也；或有西漢音訓，是數疏字書之文也。或有著「平」「上」「去」「入」字；或有專不著等之字，大概此趣者，以數字書及私記等文集混雜造者也。凡《孝經》古文字多誤，博士頗以教授者，且云「諸儒各任意」，或以正之字論俗作，或以通之字〔論〕(諍)正作，加以字有三體之作。至讀有四音及叵多訓，或字有異形同字「嵩、崧」「流、泝」「巛、坤」「憐、伶」「叄、三」「予、余」「姦、姧」「啞、咹」「飜、翻」如是叵多，見《正名要録》，是等字雖異形，而至讀作及讀皆同也。或字有形相似，音訓各別也，「專、専」「傳、傅」「祟、崇」「盂、孟」「輕、輊」如是叵多，見《正名要録》，如是等字形相似，而音訓各别也。或有字之片同，相見作別也，「十、卜」「王、玉、壬」「月、肉」「舟、丹」「角、甪」，如是等字片者，雖相似而皆別也。或有字點相似，而亦別也，「馬」「魚」「爲」等字從四點，「焉、鳥、与」此等字從一點，觀舊等字從少，大略如是，至書人而文作者，皆謬錯也。至内悉見悟耳。雖然部文之内，精不搜認，若有等閑可見用也，後〔覽〕達者，普加諧糺，流布於後代，聊隨〔菅〕(管)神所撰集字書，敢爲〔苦〕(若)學之輩述亂簡以序引耳。

右序文詰屈難通曉，僧徒文理本疏，又展轉傳鈔，遂不可讀，聊出之以俟善思者。

龍按：《留真譜初編》卷三葉十九有書影。據《清客筆話》載，楊氏壬午年八月訪森氏，商談由楓山官庫借出之古鈔卷子本《左傳》，詢及「前日寫《字鏡》之寫生，可到我家寫之否」，知此書楊氏得數卷，又補鈔數卷。此本現藏臺北故宮及臺北「國圖」，後者除楊氏諸印外，尚有周懋琦諸印，知曾經周氏珍藏。張《志》亦録，並附楊跋，據之文末署「光緒壬午秋八月宜都楊守敬記於東京使館」。

又，楊氏此跋所録《新撰字鏡序》與本卷末《浄土三部經音義序》互有羼誤，劉昌潤氏即以二者互倒，又據《留真譜初編》書影知《新撰字鏡序》與楊録同，頗疑爲日人鈔誤。細校二書序文，知楊《志》付刻時，卷四第三十、三十一兩葉與第三十八、三十九、四十誤乙，後三葉雖爲《新撰字鏡序》文，然次序亦舛，當先三十九，次三十八，繼之以四十。另，楊氏鈔録此序，與日本各刊本及鈔本均有小異，稍加對勘，以疏通語句爲主，不一一細校，個別校改稍加説明。「茫然如日月盆窺天」一句，享和刊本及《群書類從》本覺其不通，故删「月」字，然仍不能通，張磊推測爲「冒」字誤拆（參張磊《〈新撰字鏡〉研究》），甚爲合理，從之。「文數貳萬九佰册餘字」，不通，享和本等改爲「八十餘字」，然楊氏跋語云「四十餘字」，實楊氏原文亦不誤，以其當作「卌」字，後人誤認爲「册」。文末云「聊隨管神所撰集字書」，享和本等不明其義，改爲「聊隨管軸而所撰集」，張磊指其「臆改不可從」，然又云「神，疑當作『伸』（『亻』旁與『礻』旁形近相訛），指申述、表達」，實均誤。此「管」當作「菅」，「菅神」當指菅原是善，此下《浄土三部經音義》條中，楊守敬云其書：「引《東宮切韻》載曹憲、陸法言、孫愐、王仁煦、麻杲、薛峋、郭知玄、祝尚丘、孫伷、韓知十、武玄之、裴務齊、沙門清徹等之説」，又其書旁注云「《東宫切韻》〔菅〕（管）丞相之父所作」，又引日本《皇統紀略》載「《東宫切韻》三十卷，〔菅〕（管）原是善撰」（此二處楊氏亦誤引作「管」），知其曾撰《東宫切韻》一書，則此處「管神所撰集字書」當指此書，即以菅原之書爲榜樣，爲後世苦學者（下文原作「若學」，據《群書類從》本改）指路。又，中日學者研究《新撰字鏡》時，多據序中言「昌泰年中間得《玉篇》及《切韻》」，故詳考其引《玉篇》及《切韻》之處，然又與傳世《切韻》多有不合，頗疑此所謂《切韻》者非指陸法言等書，而爲菅原之書。

弘決外典鈔四卷 寶永丁亥刻本〇

日本村上天皇子具平親王撰。蓋據釋藏《止觀輔行傳弘決》所引外典之文而詮釋之。自序稱「正曆二年」，當中土宋太宗淳化三年也。按《輔行記》所引，已多異聞，如説「隋」字云「本無『走』，唐祚既興，謂隋已走，是故加之」，與「周、齊不遑寧處」之説相反；又如張華治李子預病用「八毒丸」稱出《本草》郭注，案《本草》無郭注，豈有誤字與？至於具平注中所引，如葛洪《兼名苑》當出於《和名鈔》，麻〔杲〕（果）、韓知十、郭知玄、祝尚丘等之字書疑出於《東宫切韻》；《周書異記》、《漢法本内傳》、顧愷之《啓蒙記通玄》、賈大隱《老子疏》、周弘正《莊子疏》、劉炫《孝經述議》，皆古書之罕見稱引者。又如引皇侃《論語疏》、楊上善《太素經》、《明堂經》，或有疑其僞造者，不知彼國固流傳有緒也。昔吾友績溪胡甘伯澍從《輔行記》鈔出所引古書一册，吴潘氏刻於《滂喜齋叢書》中。豈知八百年前已有爲之者，並有爲之箋注者。今對照之，胡氏專鈔經典，具平則兼及古德遺事、遺説，差爲不同耳。

《弘決外典鈔》序

余竊見天台章疏，智者大師已説三種之止觀，深顯一乘之妙理，圓融實相，一心三觀，佛旨殆盡歟？章安一聞記之，妙樂後來弘之。或假儒、墨以爲比喻，或采陸、郭以釋音訓，欲令末代下根，易得覺悟也。當知四依菩薩爲如來，使遞爲師弟，弘宣正教矣。去年有一僧相語曰：「我宗法文多引外典，就中《弘決輔行記》太爲繁碎，後來末學，不必兼習。況轉寫之間，點畫多誤；披讀之處，文義易迷。羡勘本書，以決疑滯。」余自知不才，再三辭謝，然而苦請不休，難得默止。今直鈔外典之文，引本書而注之。其未決者，缺而不論。撰爲四軸，號《弘決外典鈔》。筆削甫就，欲聞臧否，先寫一本，敬贈多武岑賀公，庶世世與公結因緣，猶今章安與妙樂焉。於時正曆二年二月廿九日也。

龍按：此本現藏臺北故宫。據《清客筆話》載，楊氏曾至森立之處「借《弘決外典鈔》二册」，或即此書。又據稿本，「説相反」下原有「尤足廣異聞」五字，圈去；「有誤字」原作「葛之僞」，旁改。

景祐天竺字源七卷 有圖，影宋本

宋沙門惟净撰。蓋爲翻譯天竺文字而作。明南、北兩《藏》皆不載。有宋仁宗景祐二年御製序，末有御書〔譯〕（譚）經等銜名。邇來西洋文字頗有精者，而印度梵筴，雖釋子亦多略之。竊惟數十百年後，印度亦必多交涉之事，則此書又何可聽其若存若亡哉！

《景祐天竺字源》序

御製

原夫文籍既生，音韻斯辨。五聲所配，叶律吕之和；六音並分，有形意之異。由是詁訓之説，著於部録。及乎常星夜隕，載誕〔金〕（余）仙；白馬東來，遐傳〔貝〕（具）牒。則又梵文竺字寖入於中區矣。鼎國而下，翻譯繼多，敷演空宗，發揮義諦。唐氏中葉，時非暇豫，西明之館，亦既停豪；迦陵之音，久無嗣響。天厭亂德，神輿睿圖。太祖皇帝揖讓開階，威靈燭遠，摩伽法侣，始綴於妙經；太宗皇帝恢布文明，闡揚世範，興國浄宇，再啓於譯場；真宗皇帝祚契重熙，化孚有截，繼宣聖教之作，增新法寶之編，嚴事荐修，勝緣茂集。朕欽承景業，緬鑒先猷，敦清浄以保民，務慈仁而庇物。每謂覺雄奥旨，溥利群生，助我無爲，誠資國教，滞於有相，且匪予心。然而假筌蹄則意象方明，捨文字則性理難究，允繫精學，克〔纘〕（績）微言。《景祐天竺字源》者，西天譯經三藏試光禄卿傳梵大師法護、譯經三藏試光禄卿光梵大師惟浄所同綴集也。西天章典，以八字爲句，四句成頌。成劫之初，梵王〔先〕（光）説，具百萬頌，傳授天人，以其梵王所説，故曰「梵書」。住劫之初，帝釋天主，又略爲十萬頌，其後波膩尼仙又略爲八千頌，此並音字之本。其支派論有一千頌。字體有三百頌，字緣有二：一者三千頌，二者二千五百頌。又字緣、字體有八界，論總八百頌，其諸經典文字不出十二轉聲，三十四字母，相生相引，合二、合三，句戴聯環，分體分用。中有邊際、超越、和會、長短、清濁、不清不濁等聲，蓋此方音切純清、次清、純濁、不清不濁之比焉。是書也，華梵對翻，都爲七卷，聲明之學，寔肇於兹。推而衍之，觸類皆達。昧其趣者，重輕訛略，或有差殊；窮其致者，錯綜會歸，咸臻融暢。庶使學徒祖習，便於討求，誠法海之津梁，而真〔乘〕（宗）之軌〔軏〕（軌）。終篇奏御，因得詳研。賜以名題，仍裁序引。冀永流於花《藏》，俾常續於潮音云耳。

景祐二年九月日，奉聖旨開板摹印頒行。

御書祗候臣盛師民、臣路德鄰、臣論端翰林書藝，御書院祗候臣張琪等書。

梵學明梵大師賜紫沙門臣文涉書梵字，譯經筆受慧悟大師賜紫沙門臣文一書梵字兼校勘，西天譯經三藏朝散大夫試光禄卿傳梵大師賜紫沙門臣法護編集。

第二番以下，梵書略不出之，準第一可知也。余所見町田久成所携古鈔本，第二卷以下，並一行正書，一行梵文。此本第二卷以下則止有正書，故卷末記此數語。

龍按：《留真譜初編》卷十一葉十四有書影，楊批《留真譜》云「今存飛青閣。逸書，舊鈔本，原書字體草率」。此本現藏臺北故宫。書上有「淺草門外福井之坊覺咋蘭若圓明驗院」「效梵書院藏本」等印。羅振玉《雪堂校勘群書叙録》云：「亡友楊惺吾舍人亦藏一本，載之《日本訪書志》。不云有佚卷，而云卷二以下但漢文，無梵書。恐亦是『略出』本。」

净土三部經音義四卷 舊鈔本

日本嘉禎三年沙門信瑞撰，當宋端平二年。所云「三部」者，卷一、卷二爲《無量壽觀經》，卷三爲《觀無量壽經》，卷四爲《阿彌陀經》，其引《東宮切韻》載曹憲、陸法言、孫愐、王仁煦、麻〔杲〕（果）、薛峋、郭知玄、祝尚丘、孫伷、韓知十、武玄之、裴務齊、沙門清徹等之説。其書久佚，見於新、舊《唐志》者唯武玄之《韻詮》十五卷。其陸法言、孫愐之書，雜在《廣韻》中，今亦不能別出。按《日本現在書目》載有王仁煦、麻〔杲〕（果）、孫愐、孫伷、祝尚丘、裴務齊、韓知十等《切韻》，而薛峋亦闕。《和名類聚鈔》亦只載郭知玄、祝尚丘、裴務齊、麻〔杲〕（果）之説，其他亦不載。此書旁注：「《東宮切韻》〔菅〕（管）丞相之父所作。」按日本《皇統紀略》「《東宮切韻》三十卷，〔菅〕（管）原是善撰」，其人當中土中唐之世，其子〔菅〕（管）原道真，爲日本名臣。惜原書已佚，僅見引於此書及《和名類聚鈔》，蓋百不存一，深爲可惜也。

原夫吾大師堪忍世尊，久證遮那之妙身，本無出没；遥究法性之真理，永絶言音。然而哀生之流轉，託影幻化門；顧物之長迷，和光方便道。是以悲周四生，智覃萬物。或震圓音於三千兮，驚重昏之睡；或耀普眼於九界兮，拂永夜之蒙。其數十二分，其門八萬四。權實殊塗，大小異歸。當機皆潤法雨，有緣盡煦惠風。而鷲嶺輟影，鶴林〔庇〕（疪）光。捃貝葉以寫《三藏》，疏貫華以益《一切》。蓋聞如來説法，必藉文字，若無文字，實相焉〔禪〕（檀）？其文字者，月氏梵天所制，原始垂則，四十七言，一十八章。滂流諸國，枝派漸廣。但雖自古以還無異書，因地隨人，點畫微不同矣。漢家靈龜負書，以出於玄滬之水；神鳥帶文，以飛於丹山之雲。文字之起，自然奇哉。矧至庖犧成八卦，蒼頡創六〔爻〕（書），政罷結繩，教興書契。自爾已來，三綱五常之世規，「七覺」「八正」之奥典，莫不記鳳尾、施人庸。而隸、古品異，正、俗作區。内、外憲牒覩詁訓，識宏致焉；大、小經論瞻音義，弁雅趣矣。粤《浄土三部經》者，末法良導，濁世指南也。五逆不難，白毫輝於稱名之床；十悪惟易，金臺現乎念佛之牖。繇是自瞻智博達之書〔案〕（按），迄愚鷇短慮之圭窬。握經之者，偏握此經；愛法之者，專愛此法。然而人咸謔談義理，俗殫廢拋文字。魚魯致乖，豕亥斯惑。諸老俊彥，弗箴於積謬；童蒙孱囂，逾病夫重疑。音謬功淺，語誤義失，義失理乖，理乖寡益。自非略其差舛，集其正義，彰德大範，難矣。吁嗟！踳駁夥邪，莫之能正；微言既絶，大旨亦乖。是故余寔寔涉年，欲罷不耐，遂披衆經音義，抽相應之注釋；目諸典篇章，取潤色之本文，注緝爲四卷，名曰《浄土三部經音義集》。蓋述而不作，是則尼父之格言也；因而略纂，豈非鄙生之懇志乎！抑反音據《廣韻》，爲辨四聲；字義稽群籍，爲識教訓。不顧敷淺之身，恣傳聖〔謨〕（模）；定知校讎之文，僭訂仳〔傂〕（傂）。總會之説，是否愚糅，冀見者添削之，形《洪範》之至賾焉。時也嘉禎弟二之曆、柔兆涒灘之暮春王正月序云爾。

龍按：此本現藏臺北「國圖」，除楊氏諸印外，另有「福海春長之署」「莚圃收藏」「鴻寶齋署」「韓侯周氏校□之學」「韓侯聲音訓詁之學」「讀未見書齋」「觀察使」諸印，知曾藏周懋琦、張乃熊（張鈞衡之子，號莚圃）處。另，國圖亦藏有三種，均爲楊氏舊藏，其一前有楊氏手跋，録入《再補》。另，楊氏以日本嘉禎三年當宋端平二年，誤，實當爲嘉熙元年。

類聚名義鈔十册 舊鈔本

此書無撰人姓名，亦無年月，其原本不知其爲卷子、爲摺本。此則狩谷望之舊藏影鈔本，每卷面尚是望之題籤。其書分部以「人」字起至「酉」字止，又别爲《雜部》以附其後。其分部若有次第、若無次第，以「佛」「法」「僧」三字分爲十册：「佛」字四册，上、中各一册，下二册；「法」上、〔中、〕下三册；「僧」上、中、下三册。然亦僅標目有此名，其本書則但題爲「類聚名義鈔」。其書正俗並收，而以倭訓注於其下。其每部之中，名義可以相附者，即彙入之。有似類書，如《魚部》中有「新婦」「黄頰」「石首」等各目是也。然若此者僅十之一二，全部仍以偏旁爲主，雖稍涉龐雜，然古文奇字賴之以考見者正復不少，固不得以《説文》等書律之也。

龍按：此本現藏臺北故宫。另，關於此書作者，東大圖書館所藏抄本前有伴信友所作《附言》云「《類聚名義抄》者，菅原是善卿述作字書也」。

日本訪書志卷五　史部

國語二十一卷 明刊本

此爲明嘉靖戊子吳郡金李仿宋刊本。韋叙後有「金李校刻於澤遠堂記」。中間宋諱並缺筆，故知原於宋本也。按宋元憲公序作《國語補音》，取官私十五六本參校。今以此本校《補音》，皆合，則知此即公序定本。自明人穆文熙等刻《國語》，以補音注於當文之下，時多謬誤，而公序定本並《補音》單行本皆亂。自國朝黄（蕘）（堯）圃士禮居刻天聖明道本，而公序本遂微。不知明道本固有勝公序處，而公序之得者十居六七，即如卷一「昔我先王世后稷」，公序本無「王」字，錢遵王、顧千里、汪小米皆以明道本有此字爲奇（珍）（貨），而許宗彦云：「韋解於下『先王不（窋）（空）』，始釋『王』字，則此唯云『先世』可知。」明道本未必是，公序本未必非。今明道本有武昌書局重刊，而公序本竟如星鳳。世有知言君子，以此本重刊，與明道本並傳，豈非合之兩美？

龍按：森《志》著録求古樓藏本，《留真譜初編》卷四葉二有書影，此本現藏臺北故宫，爲求古樓舊藏，其云「此本附宋庠《補音》三卷」，當即下則所叙者，下條楊跋云「此本澁江道純舊藏，余從森立之得之」，則亦與森氏有關。則楊氏所得，當即森《志》所録者。據阿部隆一《志》所録，末署「戊子四月宜都楊守敬記」。

國語補音三卷〔明刊本〕

宋元憲作《國語補音》，取官私所藏十五六本參校，得多失少。自明人附刊入韋《注》中，而單行本遂微。自黄蕘圃刻明道本，顧千里爲《札記》，汪小米爲《考異》，宋氏之書遂多疵議。傳世舊本，唯見孔氏《微波榭叢書》中。近日盱眙吴氏又從孔本翻刻於成都，末附錢保塘《札記》，稱以明修舊刻本校孔本，知孔本實從明本出，又以舊刻校正孔本數處。今以照此本，則與錢君所稱舊本多合。而錢君不言是明嘉靖正學書院刊本，豈錢君所據本佚趙〔伸〕（仲）一序耶？此本澁江道純舊藏，余從森立之得之。

龍按：此本現藏臺北故宫，前有「江户市野光彦藏書記」「弘前醫官澁江氏藏書記」印。楊跋原云「一卷」，據前書當爲「三卷」。另，據目録補「明刊本」三字；楊

《志》云「趙仲一序」，手跡則云「趙中一跋」，然均誤。據阿部隆一《志》所録，末署「光緒戊子四月守敬記」，餘亦有小異，不備列。

晉書一百三十卷 明刊本

每卷後題「西爽堂吴氏校刻」，首有黄汝亨序，簡端以嘉靖本、萬曆本及汲古閣本校其異同，最爲精密。每册首有「留蠹書屋儲藏史編」印記。按留蠹書屋爲吉漢宦藏書庫名，吉君有《論語考異》及《近聞寓筆》二書，蓋日本校訂名家。又有「曾根書庫」印，未詳其人。載記末有「歲癸亥長夏二十有五日校完，竹逕居士源元起」硃記。據此，則此書爲源君所校，非出吉君之手也。

龍按：此本現藏臺北故宫，《留真譜二編》卷四葉二五有書影。卷端有「朱師轍觀」印，又有「日本文久癸亥源元起朱筆手校」字樣。據阿部隆一《志》載，首册封面有楊守敬題跋云：「此吉漢宦校本也，每册首有留蠹書屋印記可證也。又按，非也哉，記末有源元起校讀記。」另，森《志》著録賜蘆文庫藏宋刊本，楊批森《志》云「余初見在寺田弘家。後不知爲何人購去」。

（宋槧）五代史記七十五卷〔宋槧本〕

此書開卷題《五代史記》，便與各本不同。別本皆有「曾三異校定」，宋槧《歐陽居士集》，亦有三異《考異》，此本無之，則爲北宋槧無疑。字畫古雅，饒有歐書《化度寺》筆意。間有補刊，亦端正不苟。相其紙質，雖是明代所印，然不害爲宋刻佳本。世傳《五代史》以明汪文盛本爲最，以此比擬，不啻婢見夫人矣。

此本今歸江陰繆筱珊編修。

龍按：森《志》未録《五代史》，楊於森《志》著録《唐書》處批云「又有北宋本《五代史》，飛青閣得之」，當即此本。《留真譜初編》卷四葉二二有書影，楊批《留真譜》云「宋刊明印，有補抄」。今歸江陰繆筱珊」。此亦繆荃孫光緒十六年訪楊氏所見者，次年又云「從楊惺吾處購來」，據《藝風藏書記》載，此本半葉十二行，「每葉下注一字，似是刻工之姓」，「楊惺吾得之日本，輾轉歸余」。又據《藏園群書經眼録》載：「又有小字本，十二行二十一至四字不等，舊爲楊惺吾守敬所藏，今歸劉聚卿世珩家。」則或先歸繆氏，再轉劉家。劉氏於宣統三年據之覆刻，其刊記云「貴池劉氏玉海堂景宋叢書之七。宣統建元十月付黄岡陶子麟刻，三年辛亥閏六月竣工」。後當經張乃熊收藏，今存臺北「國圖」。傅增湘又云「楊氏號稱北宋本明印，殊不足據，要是宋季所刊耳」，然亦未當，其自藏有所謂「北宋刊遞修本」《史記集解》（即學界所稱之景祐本），其中刻工即有與此書同者，後阿部隆一《志》據刻工之排比，指其當刊於南宋初期，可信從。又，據目録於標題補「宋槧本」三字。

史略六卷 宋槧本，刻入《古逸叢書》

高似孫《史略》六卷，宋槧，原本今存博物館。此書世久失傳，此當爲海外孤本。首有「〔蒹〕（兼）葭堂」印、「木氏永保」印。按木世肅，大〔阪〕（坂）人，以藏書名者也。原本亦多誤字，今就其顯然者改之。其稍涉疑似者，仍存其舊。按史家流别，已詳於劉知幾《史通》，高氏此書未能出其範圍。況飣餖雜鈔，詳略失當。其最謬者，如《後漢書》既采《宋書》范蔚宗本傳，又采《南史》及蔚宗《獄中與諸甥書》，大同小異，一事三出，不恤其繁。又如既據《新唐書》録劉陟《齊書》十三卷爲齊正史，又據《隋志》録劉陟《齊紀》十三卷爲齊别史；既出范質《晉朝陷蕃記》四卷，又出范質《陷蕃記》四卷：而不知皆爲一書。其他書名之誤、人名之誤與卷數之誤，不可勝紀。據其自序，成書於二十七日，宜其罅漏如斯之多也。似孫以博奧名，其《子略》《緯略》兩書，頗爲精核，此書則遠不逮之，久而湮滅，良有由然。唯似孫聞見終博，所載史家體例，亦略見於此篇。又時有逸聞，如所采《東觀漢記》爲今《四庫》輯本所不載，此則可節取焉。

龍按：森《志》著録此南宋刊本，現藏日本公文書館，被認定爲日本重要文化財，《留真譜初編》卷四葉三三有書影，楊批森《志》云「亦未精覈」。《古逸叢書》所載此跋末署「光緒甲申春正月宜都楊守敬記」。《清客筆話》載楊氏曾云：「又有《史略》《姓解》，弟皆屬人影抄之，皆欲刻之。」《古逸叢書》所據即楊氏影抄本。《〈古逸叢書〉研究》比較原本及《古逸叢書》本，認爲「兩者雖然行款、版式皆相同，但是字形筆劃却有不小差距，《古逸叢書》底本應非該宋刻本的影抄本，而只能是它的一個傳抄本，這個傳抄本的字形與宋刻原本有較大差距」，然細勘二書，實不可以「仿宋本」目之，其仍當據宋本影抄，唯有極細微之異耳；又公文本與《古逸叢書》本前均有「蒹葭堂藏書印」「木氏永保」等鈐印，足證後者所據爲影抄之本，惜此影本今不知何在。楊氏有詳盡之《札記》，參《續群書拾補》（《楊守敬集》第七册）。

又，高氏《史略》一書，中國失傳，故楊氏訪得抄本入木；然光緒九年（較楊氏稍早），國内虞山鮑廷爵亦將黄丕烈舊藏之宋本刻入《後知不足齋叢書》中，細勘二本，幾近全同，知所據當爲同版宋本，而楊氏未知。惜楊氏底本今存日本，鮑氏底本則未見流傳。

帝範二卷日本舊刊本

唐太宗《帝範》，新、舊《唐志》並四卷，賈行注。又《舊唐書·敬宗本紀》有韋公肅注，是唐時已有二注。《崇文總目》《書録解題》並稱一卷，豈爲無注之本與？晁公武《讀書志》僅載六篇，則顯然闕佚其半。《四庫》著録〔係〕從《永樂大典》本鈔出。據元吴萊稱，征雲南僰時所得，其注文頗繁冗，中有引〔楊萬里、〕吕東萊之言，則非賈、韋二注明矣。此本分上下二卷，有康平三年五月江匡房點校記，江氏爲日本文章巨族，有《江家次第》傳世，皆一家之言也。又有寬治、長寬、承安、建久、承元、元仁等題記。考康平三年當宋仁宗嘉祐五年，則其根源最古。其注文簡要，不注姓名，亦不詳爲賈、爲韋。但以正文考之，則此當是太宗原本。其序文題「御製」，與《大典》本題「唐太宗文皇帝撰」不同，又書中文皇自稱皆曰「余」，不曰「朕」，「民」字、「治」字皆不避，均以此本爲是。其他如《建親篇》「枝葉扶疏」，

《大典》本誤「扶」爲「不」；「子弟無一户之名」，〔《大典》本〕誤爲「封户之人」；「神器」誤爲「大器」；「設〔令〕（今）懸教」，〔《大典》本〕誤「令」爲「分」；「宜其不遠」謂與堯不遠也，〔《大典》本〕誤「不」爲「宏」；「察之以明，撫之以德」，〔《大典》本〕脱四字，作「察之以德」；《審官篇》「有劣智者不可〔責〕（賴）以大功」，〔《大典》本〕誤作「有小力者不可賴以成職」，其下脱「君擇臣而授官，臣量己而受職」二句；《納諫篇》「折檻壞疏」，〔《大典》本〕誤「壞」爲「懷」，注者遂不知「壞疏」是用《説苑》「師經投瑟撞疏」事；《去讒篇》「宣王終身而不知」，〔《大典》本〕誤「宣王」爲「〔寧〕（宣）一」；《誡盈篇》「民財匱」，誤作「人才遺」；《務農篇》「衣食乏則忘廉恥」，誤「乏」爲「足」，誤「忘」爲「志」；「欲澄其流」，誤「〔澄〕（證）」爲「止」；《閲武篇》「忘戰則民殆」，誤「忘」爲「亟」；「三年治兵，辨等列也」，以正文混入注中；《崇文篇》「此崇文之術也」，脱「崇」「之」二字；「不能逸，居其易」，誤「逸」爲「力」：是皆顯然謬訛。其他訛文、奪字，尤不勝舉，别詳《札記》。而《大典》本注者不能訂正，遂望文生義，不顧其安。然則此本非特元、明以來不見，亦《大典》本作注者所不見也。又此書每二篇一總結，《大典》本注者皆以本篇文曲解之，尤爲鹵莽。《去讒篇》「昏明之本」，《大典》本竟改爲「〔危〕國之本」；《〔納〕（訥）諫篇》「卻坐」二字，是用袁盎卻慎夫人同坐事，《大典》本竟不知其所出；《去讒篇》「昭公去國而方悟」，是用宋昭公事,《大典》本注誤引魯昭公失國事,又見「方悟」與情事不合,遂改「方」爲「不」,而不知上文「(臣)朝有千臣」,尤無著也。凡此皆《大典》注本之陋,不及此本之精博遠甚。唯此本合《臣軌》刻於寬文八年,其中脱誤甚多。余校以古鈔數本,又以所引原書照之,始可讀。然《建親篇》引《雒書》一條,各本皆誤字錯出,竟不可校。又此本「六王懷叛逆之志」,注云韓、魏、燕、趙、齊、楚等王,亦與本書意不合,當以《大典》本補正之。若能重刻行世,亦快事也。

上卷題云:康平三年五月五日點之。禮部郎中江匡房。

下卷題云:康平三年五月六日點之。治部少丞江匡房。

寬治八年七月十六日於楊梅亭點了,尤可秘藏而已。藤永實。

長寬二年正月廿八日奉授主上已訖。式部大輔〔藤〕(滕)永範。

承安元年七月廿四日御讀畢,此書奉授一代聖主,早家之重寶也。從三位行宫內卿兼式部大輔〔藤〕(滕)永範。

建久三年六月十五日御讀畢。此書繼家蹤已及聖主三代,誠是家之秘本也。正四位下行式部大輔藤朝臣光範。

承元二年四月廿三日書寫畢。以二品户部永範本移點畢,〔菅〕(管)原淳高。

元仁二年三月廿五日侍御讀畢。翰林學士〔菅〕(管)淳高。

龍按：此本楊氏僅云「日本刻本」，無具體信息，日本目前所知《帝範》最早刊本即與下條《臣軌》相同之寬文八年刻本，當即此本。檢國圖藏寬文八年本《帝範》數種，前均有楊氏諸印，亦多有楊氏校記，又有「松坡圖書館藏」印，知即楊氏舊藏之本。其一本《御製序》後有楊氏手跋，與此略同，據之稍加校補。另，「精博遠甚」下，手跋有「其他文字異同，雖無關宏義，亦此本爲長。余别有《校札記》，擬刻此書時附之。余别藏高野山古鈔卷子，與此同出一原，少有異同，無關宏旨矣」一段，然當圈去之，故不校補入正文，附録於此。

此書之刊行甚艱，楊致羅振玉函云：「《悉曇字記》《帝範》《黄帝明堂經》三種本是二十年前汪穰卿囑我刻者。當時仿宋每字三文，誠然而寫工及板片在外，故每字五文；今則刻工每字五文，寫工、板片又在外矣。此書彙入《國學叢刻》中甚善，以其板式甚小，與尊刻合也。通計三種五十五葉，共計一萬九千一百五十七字，每字五文，當日之價應九十五千七百八十五文，合洋銀七十六元。足下欲買之，即懇以洋銀兑付(緣近日需款甚急)。其板片由陶子林彙交爲便。《帝範》與中土所傳大異，守敬有校記未刻，其稿當尚存。《悉曇字記》《黄帝明堂》吾不在行，未有題跋，唯足下補刻之。」（引自國圖所藏《鄰蘇老人書札》）此札當作於宣統三年，檢光緒二十年楊氏曾致汪康年函云「又《悉曇字記》《黄帝内經明堂》二種已經刻成樣本呈覽，餘《帝範》一種不日亦可竣工」（參《汪康年師友書札》），知汪康年曾囑楊氏代刻此三書，且書已刻成，未知何故而未見印行。據此信，楊氏欲轉板片於羅氏，故楊氏又有函云：「《帝範》《悉曇字記》《黄帝明堂》板片囑陶森在家中取出交閣下，而彼未有回信。未知閣下囑之刻板如何。」（《楊守敬題跋書信遺稿》）然又遇辛亥事起，另據汪詒年云：「此外尚有覆刊宋本《黄帝内經明堂》《悉曇字記》《帝範》三種，亦在湖北所刊，字極精美，惜版已不存。」（參《汪穰卿先生傳記》）後羅氏將此書刊入《東方學會叢書》中。

臣軌二卷 寬文八年刊本

《臣軌》二卷，新、舊《唐志》、《崇文總目》並同。此卷末題「垂拱元年撰」。按《唐會要》云：「長壽二年三月，則天自制《臣軌》兩卷，令貢舉人習業，停《老子》。」與「垂拱元年撰」不合。阮文達《四庫未收書目》遂疑此五字爲日本妄增。余按日本楓山官庫藏本及向山黄村所藏天正年間鈔本皆有「垂拱元年撰」五字，筆跡亦相同，絶非此邦人所臆增。竊意此書撰於垂拱，而令貢舉人習業則在長壽，《會要》第舉其制令之年耳。又楓山本及向山黄村本均有「鄭州陽武縣臣王德纂注」，而楓山本並記臣德纂述曰：「其《臣軌》所引正經及子、史者，其正經之義則皆取先儒舊注，不敢更生異見。《老子》之義，則唯取河上公焉。餘皆出自愚心，亦不師祖往説矣。」余按注中所引《論語》鄭注七條、《孝經》鄭注二條，皆他書所未引者，足見其非宋以下人。官庫本又引江本云：「《臣軌》既是御撰，妙極稽古，垂範〔千載〕，作鏡百僚。既爲臣之令模，乃事君之要道。宜誦登於口，誠藏於心。束髮盍簪，庶多弘益。長安四年三迮四日，江都縣孫祥記。」今按，此本及活字板本並無「王德」「孫祥」二記，蓋鈔者脱之。活字本爲林天瀑所校，注脚虚字殊少，當是天瀑所删。此本注脚虚字爲多，雖訛誤之處此本爲甚，而根源則較古矣。此與《帝範》體式皆原於唐人卷子鈔本，絶非從刊本翻雕者。

《帝範》二卷、《臣軌》二卷也者，共成於唐帝。唐帝受隋氏弊，聰明神武，庶幾成康，功德兼備，自漢以來未之有。自吁咨都嗟之後，而元首股肱，互爲治道，故所以《帝範》《臣軌》之有作者也。本朝博士讀之，尤尊之至。若鎌倉將軍家皆讀之，有助治道久，何啻中華而已哉！洛人林白水新鏤之梓，以欲行於世，良有故哉。白水需書其後，於是題之。

寬文八年秋八月日，柳谷散人埜子苞父書。

龍按：以上二書森《志》均著録有舊鈔本，據森《志》補二字。

唐六典三十卷 古鈔本

案此書今著録家不見有宋、元本，僅傳明正德乙亥蘇州所刻，首有王鏊序，末有宋紹興四年張希亮、詹棫校刊題跋，篇中墨丁空缺，觸目皆是，幾不可讀，而流傳亦少。日本亨保甲辰當雍正二年，其攝政大臣家熙爲之考訂：凡原書空缺者擬補於其下；亦有原書本缺，如第四卷「禮部郎中」條下脱文，則據《册府元龜》《舊唐志》所引補之；第七卷「屯田郎中員外郎」下「凡天下諸軍」云云，則據《通典》《舊唐志》補之。凡數百字，校訂矜慎，見聞亦博。據其自序，用力二十年始克成書。然亦有缺而不能補者。如第一卷「令史十八人」下，空缺仍不下五十餘字。獨怪家熙當時以宰相之尊，著書行世，而所據者亦只正德、嘉靖兩本。而余於百餘年後乃從其書肆得古鈔本，其本紙質堅紉，兩面書寫，末無張希亮等題識，相其筆跡，當亦七八百年前之書，凡明刻所缺皆不缺。今以對校之，家熙所補十同七八；其有不同者，皆以此本爲是。蓋家熙意度，終不如原書之確也。惟鈔手筆誤，則當以明本、家熙本正之。

又有日本天保七年當道光丙申刻本，書籤亦稱「官板」，首録王鏊序，尾有張希亮跋，無墨丁空缺，然不言所據何本。其中有勝於家熙本者，亦有似臆度者。若謂是據家熙本補填，而亦多違異，且第一卷「令史」下空缺，家熙本未補，此本則與古鈔本合；若謂是見古鈔本，而第四卷「禮部郎中」下之缺文、第七卷「令史」下之缺文仍未補，且於「令史，凡天下諸」下妄添「侯」字，以彌縫其缺，不知其注文不可接；若謂書坊所爲，而其補填之字出家熙外者亦多有典據，如第二卷「護軍」注「魏武帝以牽招爲中護軍將軍」，家熙本云「當填『韓浩』」，此本則作「牽招」，案韓浩以護軍從太祖破柳城，改爲中護軍，太祖平張魯，以韓浩還，留牽招爲中護軍，是韓浩爲護軍在前，牽招繼其位，然原本空缺下是「招」字，則作「牽招」是也，鈔本亦作「牽招」。此豈不學者所能？或謂其本原於蘇州掃葉山房之本，余架上無之，不能質言之也。

余謂此書自唐虞而下，本末粲然，真所謂經國大典，豈獨有唐一代，百世而下，雖有損益，不能出其範圍。顧傳本絶少，余嘗合諸本，竭一月之力，就天保刊本定其從違，安得有心經世之略者重刊焉。

龍按：森《志》載有正德本，楊批云「今在飛青閣」，《留真譜二編》卷四葉三六有正德本書影。此所跋爲古鈔本。又跋中所云近衛本今藏國圖，有楊氏校；官板本藏臺北故宫，有「朱師轍觀」印（《故宫所藏觀海堂書目》載，然阿部隆一《志》失録）。《唐六典》向無善本，國内所存宋本僅及其書之半，正德本「篇中墨丁空缺，觸目皆是，幾不可讀」，掃葉山房本則「錯字太多，幾乎令人不堪卒讀」（陳仲夫點校《唐六典》凡例言），故較重要者爲日本近衛家熙校本。然據楊氏此跋，所得古鈔本「凡明刻所缺皆不缺」，甚爲珍貴，惜楊氏各書目中絶無蹤影，現亦無從覓其藏處，或已佚。楊氏又曾「合諸本」「定其從違」，亦未之見。楊氏致羅振玉信中曾言及：「《唐六典》守敬所藏，一册正德本；一日本人校刻本；一掃葉山房本此本不佳。日本校刻本凡正德缺字皆補之，頗精。守敬在日本嘗亦致力於此，於各史志中有異同互證者抄出之，亦可備參證。〔庋〕（支）閣二十餘年，未嘗省視，得足下提及，欲重刊此書，甚善甚善。……今以所校原本呈覽。吾意行款仍照正德本，缺字依日本刻補之。其守敬所輯有可采者附於後，何如何如？記中有作『明慶』者，守敬謂當作『顯慶』，既檢唐中宗諱『顯』，則『明慶』不誤。此等處仍求足下正之。但刻此書似宜用木板精寫刻之，不可以石印。如必欲刻，似應仍在鄂屬陶子林刻之，唯近日刻工較前更貴，未知貴同人允否。如不刻，仍祈將原書付還，斷不可遲留。緣從前甚負翻檢力，不欲輕棄也。」（引自國圖藏《鄰蘇老人書札》。）則曾寄希望於羅氏刊行，然亦未果。羅氏大雲書庫曾藏家熙本，並贊楊氏於此書「用力之勤」（載《大雲書庫藏書題識》）。

唐律疏義三十卷日本刊本〇

首有雍正乙卯刑部尚書勵廷儀序。以孫氏岱南閣所刊元余志安本較之，有柳〔貫〕（贇）序，而無貰治子《釋文》，亦無王元亮《纂例》、諸《表》，而顧千里所舉卷三、卷十七、卷二十六、卷二十八所載《釋文》删除不盡者，此本亦同，而目録前多出議刊官職名氏一葉，有「龍興路儒學某某」，與柳〔貫〕（贇）序云「刊於龍興」者合，則是此本即泰定初刊本，故《疏義》與《纂例》《釋文》别行，而余志安乃合刊之。唯柳序稱「廉訪使師公而議刊」，廉訪使乃是朵州禿。豈師唱於前而朵爲後任與？此本雖不能無誤，而足以訂正余本者不下數百字，孫氏當日竟未見此本，亦一缺事也。又余收得日本人校本一通，以孫氏刊本硃識其上，其所出《疏義》多與此本合；而所校《釋文》異同尤多，則不知竟出何本，豈泰定所刊《釋文》，日本别有傳録與？

議刊《唐律疏義》官職名氏

廉訪司官：

中奉大夫江西湖東道肅政廉訪使朵州秃

奉政大夫江西湖東道肅政廉訪使司事岳出謀

管勾承發架閣庫照磨程志通

儒學提舉司官：

文林郎江西等處儒學提舉〔柳〕〔貫〕〔贇〕

承事郎江西等處儒學副提舉高若鳳

龍興路儒學教授李鼎孫

學正李時董正刊成。

又按，余志安元本，楓山官庫亦有之。

龍按：此本現藏臺北故宫，《留真譜初編》卷四葉五三有書影。此書之名，據卷端及版心當作「唐律疏議」，然此和刻本前勵廷儀序作「義」，《四庫全書》本亦作「義」，實作「議」是。又，楊氏録「議刊《唐律疏義》官職名氏」中漏一行「朝列大夫簽江西湖東道肅政廉訪司事大思都」。

此書序作者之名當稍辨之，元余志安刊本署「柳贇」，然清代刊本或不識此字，均誤爲「贇」，和本亦同此誤，再訛爲「贊」，楊氏原文又據清代通行本回改爲「贇」，至今學界整理本仍據清本（如中華書局一九八三年點校本），實均誤。據黄溍《元故翰林待制柳公墓表》云，柳貫之名爲其外大父俞葵所取，「命之曰『贇』」，義取以兩文易兩武。『贇』於今文爲『貫』」，故公自署其名爲『貫』」云」，然柳氏亦常自署爲「贇」，以致後世之誤。

貞觀政要十卷 古鈔本

舊影寫本，狩古望之求古樓所〔藏〕（載），前二卷末有「安元三年二月五日奉授主上既訖」云云，有「永久」「建久」「建保」「嘉禄」「建長」等名記，與森立之《訪古志》所載首一部合。每半葉七行，行十七字。字體精妙，神似唐人寫經之筆，原本當是卷子，影寫改爲摺本，然首無吴兢表文，猶不免有脱漏也。其第三卷以下，每卷後有「文化六年六月」等日「齋中寫勾勘，宲」，第末卷有「〔文〕（又）化十二年十月上澣寄與興田箕山，生之記」。每半葉九行，行十七字，而森立之顧未言及。此書以戈直注本照之，非唯字句多有不同，即篇第亦有增減移易。戈氏自序云：「嘗會萃衆本，參互考訂。章之不當分者，合之；不當合者，分之。」知是皆爲戈氏所亂久矣。今全録其題識，以與森氏《訪古志》相證驗；又録篇第異同於其下，使讀者知其崖略。若夫字句之差互，則屢牘不能盡，别爲《札記》焉。

安元三年二月五日奉授主上既訖，正三位行宫内卿兼式部大輔播磨權守藤原朝臣永範

永久三年仲春二十五日點訖，合證本等又加自點，秘本也。良兼

建久第五年九月二十一日詣三品李部大卿書閣讀合畢，有秘説等，匠作員外少尹藤孝範

建保第四年夷則二十五日受嚴訓訖，文章得業生經範

嘉禄三年四月二十四日合二條院御本并八條左相府證本畢。刑部權少輔經範

建長三年二月十日以家説授茂才明範既訖，三品李部大卿經範

建長六年三月二十日以家説授小男淳範既訖，三品吏部大卿經範

《貞觀政要》古抄本次第

第一卷

《貞觀政要》序標題作「弘文館」，戈本作「修文館」。

《君道第一》戈本題「論君道一」，以下每題多有「論」字。此篇次第同。

《政體篇第二》古本十八章，戈本題「十三章」，而有十四章。

第十一章戈本無。

貞觀八年，太宗謂房玄齡等曰：「我所居殿即是隋文帝所造，已經四十餘年，損壞處少。唯承乾殿是煬帝造，工匠多〔覓〕(不見)新奇，斗拱至小，年月雖近，破壞處多。今爲改更，欲別作意見，亦恐似此屋耳。」魏徵對曰：「昔魏文侯時，租賦歲倍，有人致賀，文侯曰：『今户口不加，而租税歲倍，此由課斂多，譬如治皮，令大則薄，令小則厚。理民亦復如此。』由是魏國大理。臣今量之，陛下爲理，四夷賓服，天下已安，但須守今日理道，亦歸之於厚，此即是足。」

第十二章戈本無。

貞觀八年，太宗謂群臣曰：「爲理之要，務全其本。若中國不静，遠夷雖至，亦何異焉？朕與公等共理天下，令中夏乂安，四方静肅，並由公等〔咸〕(盛)盡忠誠，共康庶績之所致耳。朕實喜之。然安不忘危，亦兼以懼。朕〔見〕煬帝纂業之初，天下隆盛，棄德窮兵，以取顛覆。頡利近者，足爲强大，志意既盈，禍亂斯及，喪其大業，爲臣於朕。葉護可汗，亦太强盛，自恃富貴，通使求婚，失道怙通，以致破滅。其子既立，便肆猜忌，衆叛親離，覆基絶嗣。朕不能遠〔慕〕（纂）堯、舜、禹、湯之德，目睹此輩，何得不誡懼乎！公等輔朕，功績已成，唯當慎以守之，自獲長世，並宜勉力。有不是事，則須明言，君臣同心，何得不理。」侍中魏徵對曰：「陛下弘至理以安天下，功已成矣。然每睹非常之慶，彌切慮危之心，自古至慎，無以加此。臣聞上之所好，下必從之，明詔獎厲，足使懦夫立節。」

第十三章戈本無。

太宗問拓〔設〕（跋）使人曰：「拓〔設〕（跋）兵馬，今有幾許？」對曰：「見有四千餘人，舊有四萬餘人。」太宗謂侍臣曰：「朕聞西胡愛珠，若得好珠，劈身藏之。」侍臣咸曰：「貪財害己，實爲可笑。」太宗曰：「勿唯笑胡，今官人貪財，不顧性命，身死之後，子孫被辱，何異西胡之愛珠耶？帝王亦然，恣情放逸，好樂無度，荒廢庶政，長夜忘返，所行如此，豈不滅亡？隋煬帝奢侈自賢，身死匹夫，足爲可笑。」魏徵對曰：「臣聞魯哀公謂孔子曰：『有人好忘者，移宅乃忘其妻。』孔子曰：『又有好忘甚於此者，近見桀、紂之君，乃忘其身。』」太宗曰：「朕與公等既知笑人，今共相匡輔，庶免人笑。」

第十四章戈本無。

貞觀九年，太宗謂侍臣曰：「爲帝王者，必須愼其所與。只如鷹犬、鞍馬、聲色、殊味，朕若欲之，隨須即至，如此等也，恒敗人正。邪佞忠直，亦在時君所好。若任不得賢，何能無滅？」侍中魏徵對曰：「臣聞齊威王問淳于髡：『寡人所好與古帝王同否？』髡曰：『古者聖王所好有四，今王所好唯有其三。古者好色，王亦好之；古者好馬，王亦好之；古者好味，王亦好之；唯有一事不同者，古者好賢，王獨不好。』齊王曰：『無賢可好也。』髡曰：『古之美色有西施、毛嬙，奇味即龍肝、豹胎，善馬則有飛兔、緑耳，此等今既無之，王之厨膳、後宮、外廄，今亦備具。王以爲今之無賢，知前世之賢，得與王相見以否？』」太宗深然之。

第十五章戈本無。

貞觀十年，太宗謂侍臣曰：「《月令》是早晚有？」侍中魏徵對曰：「今《禮記》所載《月令》，起自呂不韋。」太宗曰：「〔但爲政〕（促爲化）專依《月令》，善惡復皆如所記不？」魏徵又曰：「秦、漢以來，聖王依《月令》事多。若一依《月令》者，亦未有。〔但〕（促）古者設教勸人爲善，所行皆欲順時，善惡亦未必皆然。」太宗又曰：「《月令》既起秦時，三皇、五帝並是聖主，何因不行《月令》？」徵曰：「計《月令》起於上古，是以《尚書》云『敬授民時』。呂不韋只是修古《月令》，未必始起於秦代。」太宗曰：「朕比讀書，所見善事，並即行之，都無所疑。至於用人，則善惡難别，故知人極爲不易。朕比使公等數人，何因理政猶不及文、景？」徵又曰：「陛下留心於理，委任臣等逾於古人。直由臣等庸短，不能稱陛下委寄。欲論四夷賓服，天下無事，古來未有似今日者。至於文、景，不足以比聖德。」徵曰：「自古人君初爲理也，皆欲比隆堯舜，至於天下既安，不能終其善；人臣初被任也，亦欲盡心竭力，及居富貴，即欲全官爵。若遂君臣常不懈怠，豈有天下不安之道哉！」太宗曰：「論至理，誠如公此語。」

第十八章戈本無。

貞觀三年，上謂房玄齡曰：「古人善爲國者，必先理其身。理其身必慎其所習。所習正，則其身正，身正，則不令而行；所習不正，則身不正，身不正，則雖令不從。是以舜誡禹曰：『鄰哉鄰哉！』周公誡成王曰：『其〔朋〕（明）其〔朋〕（明）！』此皆言慎其所習近也。朕比歲臨朝視事，及園苑間遊賞，皆召魏徵、虞世南侍從，或與謀議政事，講論經典，既常聞啓沃，非直於身有益，在於社稷亦可謂久安之道。」

第二卷

《任賢第三》凡八章，戈本同。

《求諫第四》凡八章，戈本十一章，移《納諫篇》三章於此篇，作第四、第六、第七章。

《納諫第五》凡十章，戈本亦十章。

第二章戈本移入《求諫篇》爲第四章。

第四章戈本移入《求諫篇》爲第六章。

第五章戈本移入《求諫篇》爲第七章。古本原爲二章。戈本云：「舊本此與前章通爲一章，今按不同分爲二章。」而此古本原是二章。

按：此篇戈本移出三章，而又别采太宗事跡增入三章。太宗有駿馬一條，貞觀七年幸九成宫一條，貞觀八年謂長孫無忌一條。

又按：此下戈本增入《直諫》一篇，凡十章，皆古本所無。但於《直諫》下標一「附」字，而不增題第六，是此書爲後人所亂之確據。

第三卷

《君臣鑒戒第六》凡四章，戈本七章。

按：此篇戈本第一章、第二章皆古本所無。其第五章「魏徵上疏」云云，是此本《禮樂篇》文。

《論擇官第七》凡十章，戈本十一章，無「論」字。

第四章戈本移爲第二章。

第七章戈本分「治書侍御史」以下别爲一章，而增「貞觀十一年」五字。

第八章戈本於「朕聞」下增「太平後必有大亂，大亂後必有太平。大亂之後，即是太平之運也」二十五字。

第九章戈本於「賞不遺疏遠」上增一百三十二字。

《論封建第八》古本、戈本篇第同。

第四卷

《論太子諸王定分第九》凡四章，戈本亦四章。

第一章戈本分「御史馬周」以下别爲一章。

第二章戈本於「或至亂國」下增入三十六字。又於「發病而死」下增入二十四字。

第四章「貞觀中皇子年少者」云云，戈本移入《教〔誡〕（誡）篇》末。

《論尊師傅第十》古本、戈本並六章。戈本作「尊敬師傅」。

第五章戈本於「是故周儲」上增入七十一字。

《教誡太子諸王第十一》凡六章，戈本七章，「教」上有「論」字。

第四章戈本於「覆亡非一」下，增入三十七字。又於「信非虚説」下，增入三十四字。

第六章戈本移《定分篇》末章於此章下，爲第七章。

《規諫太子第十二》凡五章，戈本四章。

第四章戈本合上第三，共爲一章。又於「人面獸心之徒」下增入十六字。

第五卷

《論仁義第十三》

第二章「貞觀初太宗從容謂侍臣」云云，戈本移入《〔辯〕（辨）興亡》。

第五章「貞觀五年太宗謂侍臣」云云，戈本移入《〔辯〕（辨）興亡》。

第六章「乃可存其性命」下，戈本有「王珪頓首曰陛下能知此〔言〕天下幸甚」十〔五〕（四）字。

《論忠義第十四》凡十二章。戈本題十五章，核之只十四章。

第一章「太宗聞而嘉〔嘆〕之」下，此本有「曰：於生死之間甚衆義備矣。如此則彼尋行數里、矯事談〔義〕（議）者，徒自以爲人何逮於此也」，戈本無此三十四字。

第四章「忠臣烈士何代無之」下戈本增入九十八字。

第五章戈本於此章下，别采「貞觀八年桂州都督」一條爲第六章，古本無之。

第八章戈本移入《政體篇》。

第十二章「尋擢弘文館學士」下，戈本於此截斷，而以《赦令篇》之第七章移於此下，爲第十三章。又於「太宗攻遼東」上增「貞觀十九年」五字，别題爲第十四章。

《論孝友第十五》凡三章，戈本五章。

第一章「虞世南」以下，戈本别爲一章，是也。此本誤連。

第二章「〔霍〕王元軌」以下，戈本别爲一章，是也。此本誤連。

《論公平第十六》凡六章，戈本八章。

第五章古本「情疏禮隔」下作「豈不難言乎」，戈本增爲五十六字。

〔按：此篇戈本第七章爲古本所無，戈本第八章爲古本《論誠信》篇文。

《論誠信第十七》凡五章，戈本四章。

第二章戈本爲第三章。

第三章戈本移入《論公平》篇。

第四章戈本爲第二章。「克終之美故也」下至「夫君能盡禮」上，戈本增四百餘字。

第六卷

《論儉約第十八》凡四章，戈本題「八章」，實九章。一入《論赦令》，餘四章古本無。

《論謙讓第十九》凡三章，戈本同。

《論仁惻第二十》凡四章，戈本同。

《慎所好第廿一》凡四章，戈本亦四章。

第四章戈本無，戈本第四章爲古本《論赦令》第二章。

貞觀五年，有人上注解圖讖，太宗曰：「此誠不經之事，不能愛好。朕杖德履義，救天下蒼生，蒙上天眷命，爲四海主，安用圖讖。」命焚之。

《慎言語第廿二》凡三章，戈本同。

《杜讒佞第廿三》凡五章，戈本七章。」

第四章戈本無。

太宗謂房玄齡等曰：「昨日皇甫德參上書，言朕修營洛州宫殿，是勞民也；收地租，是厚斂也；俗高髻，是宫中所化也。觀此人心，必欲使國家不役一人，不收一租，宫人皆無髮，乃稱其意耳。事既訕謗，當須論罪。」魏徵進曰：「賈誼當文帝之時，上書云『可爲痛哭者三，可爲長太息者五』。自古上書，率多激切。若不激切，則不能起人主之心。激切即似訕謗，所謂狂夫之言，聖人擇焉。惟在陛下裁察，不可責也。」太宗曰：「朕初欲責此人，但已許進直言，若責之，則於後誰敢言者？」賜絹二十疋，令歸。

第五章戈本爲第七章。

《論悔過第廿四》凡五章，戈本四章。

第二章「移居武德殿，魏徵上疏諫」下，有「此殿在内，處所寬閒，參奉往來，實爲穩近。但」十七字，戈本無。

第三章戈本無。

貞觀五年，太宗謂侍臣等曰：「齊文宣何如人君？」魏徵對曰：「非常顛狂。然與人共争道理，自知短屈，即能從之。臣聞齊時魏愷先任青州長史，嘗使梁，還除光州長史，不就。楊遵彦奏之。文宣帝大怒，召而責之。愷曰：『先任青州大藩長史，今有使勞，更無罪過，反授小州，所以不就。』乃顧謂遵彦曰：『此漢有理。』因令捨之。」太宗曰：「往者，盧祖尚不肯受官，朕遂煞之。文宣帝雖復顛狂，尚能容忍此一事，朕所不如也。祖尚不受處分，雖失人臣之禮，朕即可煞之，大是傷急。一死不可再生，悔無所及，宜復其故官蔭。」

《論奢縱第廿五》

第一章戈本移入《〔辯〕（辨）興亡篇》凡四章，戈本一章。

第二章戈本無。

貞觀七年，太宗授郭孝恪西州道行軍總管，率步騎三千人出銀山道以伐焉耆。夜往掩襲其城，破之，虜其王龍突騎〔支〕（發）。太宗謂侍臣曰：「計八月中旬孝恪發，去二十日應到，必以二十二日破焉耆，當弛使報朕。計其行程，今日應有好消息。」言未訖而騎至，云孝恪已破焉耆。太宗悦。及征龜兹，以孝恪爲崑〔丘〕（山）道副大總管，破其都城，留孝恪守之，餘軍分道别進。〔城外〕（域中）未賓，孝恪因乃出營於外，有龜兹人來謂孝恪曰：「那利，我之國相，人心素歸，今亡在外，必思爲變。城中之人頗有異志，公其備之。」孝恪不以爲虞。那利等果率衆萬餘，私與城内降胡相知，表裹爲應。孝恪失於警候，賊入城鼓噪，孝恪始覺之，爲胡矢所中而死。孝恪性奢侈，家之僕妾以及器玩，務極鮮華，雖在軍中，床榻器皆飾以金玉。仍以金床華帳充具，以遺行軍大總管阿史那社尒，社尒一無所受。太宗聞之，乃曰：「二將何優劣之不同也。郭孝恪今爲寇虜所屠，可謂自招伊咎耳。」

第三章戈本移入《〔辯〕（辨）興亡》。

第四章「明王聖主」下，戈本增入十三字；「禍亂不作者也」下，此本有「臣愚頃聞京師營〔造〕（迭）供奉器物頗多，〔糜〕（縻）費百姓，或有怨嗟之言」二十四字，戈本無，而别增二百七十一字，下接「陛下少處人間」；又至「不可不誡也」〔下〕，戈本增二百九十七字。

《論貪鄙第廿六》凡七章，戈本六章。

第四章戈本無。

貞觀四年，濮州刺史龐相壽貪濁有聞，追還，解任，殿庭自陳：「幕府舊左右，實不貪濁。」太宗矜之，使舍人謂之曰：「爾是我舊左右，我極哀矜爾，爾取他錢物，祇應爲〔貧〕（貪）。今賜爾絹一百疋，還向任所，更莫作罪過。」魏徵進而諫曰：「相壽貪濁，遠近所知。今以故舊私情，赦其貪濁之罪，加以厚賞，還令復任。相壽性識，未知愧恥。幕府左右，其數甚多，人人皆恃恩私，足使爲善者懼。」太宗欣然納之，使引相壽於前，親謂之曰：「我昔爲王，爲一府作主。今爲天子，爲四海作主。既爲四海作主，不可偏與一府恩澤。向欲令爾重任，左右以爲爾若得重任，必使爲善者皆不用心。今既以左右所言者爲是，便不得申我私意，且放爾歸。」乃賜雜物而遣之。相壽默然，流涕而去。

第七卷

《崇儒學第廿七》凡二章，戈本六章。

第一章戈本截「貞觀二年」以下爲第二章。又於「徵天下儒士」下增作八字。又截「太宗幸國學」以下爲第三章。又截「十四年」下，〔前〕增「貞觀」二字爲第四章。

第二章戈本截「太宗嘗謂中書」以下爲六章。

《論文史第廿八》

第二章戈本無「尚書左僕射」以下十一行。

尚書左僕射房玄齡、侍中魏徵、散騎常侍姚思廉、太子右庶子李伯藥、孔穎達、侍郎岑文本、禮部侍郎令狐德棻、舍人許敬宗等，以貞觀十年撰成周、齊、梁、陳、隋等五代史，奏上。太宗勞之曰：「良史善惡必書，足爲懲勸。秦始皇奢侈無度，志在隱惡，焚書坑儒，用緘談者之口。隋煬帝志在隱惡，雖曰好學，招集天下學士，全不禮待，竟不能修得歷代一史，數百年事殆將泯絶。朕今欲見近代人主善惡，以爲身誡。故令公等修之，遂能成五代之史。深副朕懷，極可嘉尚。」於是進級班〔賜〕（次），各有差降。

《論禮樂第廿九》凡十章，戈本十二章。戈本無「論」字。

第三章戈本截「禮部尚書」以下，别爲第四章。

第四章戈本截「禮部尚書王珪」以下爲第六章。

第八章「貞觀十四年」云云，戈本移入《鑒誡篇》。

第八卷

《務農第卅》《禁末作》附。凡五章。戈本四章，無「禁末作附」四字。

第三章戈本無。

貞觀四年，太宗謂諸州考使曰：「國以人爲本，人以食爲命，若禾穀不登，恐由朕不躬親所致也。故就别院種三數畝禾，時自鋤其稊莠，才得半畝，即苦疲乏。以此思之，勞可知矣。農夫實甚辛苦，頃聞關東及諸處，粟兩錢半價，米四錢價。深慮無識之人，見米賤遂惰農自安。儻遇水旱，即受饑餓。卿等至州日，每縣時遣官人就田隴間勸勵，不得令有送迎。若迎送往還，多廢農業，若此勸農，不如不去。」

《論刑法第卅一》凡九章，戈本八章，無「論」字。

第一章戈本無。

貞觀元年詔：以犯大辟罪者，令斷其右趾。因謂侍臣曰：「前代不行肉刑久矣，今斷人右趾，意不忍爲。」諫議王珪對曰：「古行肉刑，以爲輕罪。今陛下矜死之多，故設斷趾之法，損一足以全其大命，於犯者甚益矣。且見之足爲懲誡。」侍中陳叔達又曰：「古之肉刑，在死刑之外，陛下於死刑之内，降從斷趾，便是以生易死，足爲寬法。」

第四章自「蘊古始也」下，戈本多三十三字。

《論赦令第卅二》凡七章，戈本四章。

第二章戈本移入《慎所好篇》。

第六章戈本移入《儉約篇》。

第七章戈本移入《忠義篇》。

《論貢獻第卅三》凡五章，戈本同。「獻」作「賦」。

按：戈本此篇後有《〔辯〕（辨）興亡》一篇，凡五章。其第一章以此本《仁義》第二章移入。第二章以此本《奢縱篇》第一章移入。第三章以此《仁義篇》第五章移入。第四章古本無。第五章以此本《奢縱篇》第二章移入。

第九卷

《議征伐第卅四》凡十三章，戈本同。此篇據原校與南本多有增減，别詳《雜記》。

《議安邊第卅五》凡二章，戈本同。

第十卷

《論行幸第卅六》凡三章，戈本四章。

此篇後戈本有「貞觀十二年」云云一章，爲第四章，古本無。

《論田獵第卅七》凡四章，戈本五章。

戈本於第二章下增入「貞觀十二年太宗幸同州」一條，爲第三章。

《論祥瑞第卅八》一本，戈本合下《災害》爲《災祥》一篇。

第一章戈本以此條爲《災祥》第一條。

《論災異第卅九》凡三章，戈本合前條題爲「災祥」，共四章。各抄本皆作「災異」，惟安元抄本目録作「災害」。

《論慎終第卌》凡七章，戈本同。

第一章戈本爲第二章。

第二章戈本爲第一章，而於「太宗謂侍〔幸〕臣〔曰〕（也）」下多十七字。

第三章戈本於「房玄齡〔進〕曰」下多四十〔一〕（二）字。又於「天下大治」下多九字。又於「遠勝古也」下多〔九〕（八）字。

第四章戈本於「天下無憂，不理也」下多六字。

龍按：此本森《志》著録，《留真譜初編》卷四葉五十有書影，現藏臺北故宮。楊跋所録卷末題署中「寀」字，原爲花押，據森《志》云「爲藤長親卿花押」，楊跋又云末卷之題署森《志》未言及，或未詳檢。據故宮所標，此本爲「日本江户影寫南家鎌倉鈔本配補傳寫文化六年菅原長親寫菅家本」。本篇開端云「求古樓所載」，各本皆同，然森《志》注「求古樓藏」，據改。《論奢縱第廿五》論及焉耆王龍突騎支，誤「支」爲「發」，實古本原爲「友」，手民或誤爲「发」，即再誤爲「發」，遂致不可究詰；又云「以孝恪爲崑山道副大總管」，《貞觀政要》各本皆然，謝保成集校本亦沿而未改，然據《舊唐書》，知「山」當作「丘」，據改。

另，《論公平第十六》下云「第四章戈本無」「第五章戈本爲第七章」，均與本篇不合，且所録第四章皇甫德參上書事，實屬《杜讒佞第廿三》，所注章次之異亦與此篇合；又依楊氏之例，全書四十篇每篇必録，如《君道第一》《任賢第三》《論封建第八》《議征伐第卅四》《議安邊第卅五》等與戈本同者，亦羅列之：故知其間必誤奪一葉，致第十六至二十三篇文字無存。爲合楊氏原貌，依其體例，據原書擬補，其篇第亦大致爲一葉。

貞觀政要十卷 影舊鈔本

此本影文化六年鈔本。每半葉九行，行十七字，與狩谷藏本第三卷以下皆同。首有吴兢《上貞觀政要表》，而無吴兢《貞觀政要序》。其第二卷後有「建保」「嘉禄」「貞應」「安貞」「嘉禎」「仁治」「弘長」「永仁」「永禄」等年，〔菅〕（管）氏歷世題記。每卷後均有文化六年六月等日寫記，有「案」字押，森立之稱爲藤長親卿花押。此本即影寫長親卿手書本者。蓋原本卷軸改爲册子也。立之又云：「以《玉海》所載目録及元戈直本校之，體式大異，蓋其國博士家所傳唐時真本。」其言當不誣。末卷有文化十二年興田吉從一跋，言此書甚悉。第一卷、第四卷、第七卷有「不忍文庫」「温故堂文庫」印，皆日本收藏名家也。

上《貞觀政要》表

臣兢言，臣愚比嘗見朝野士庶有論及國家政教者，咸云：「若以陛下之聖明，克遵太宗之故事，則不暇遠求上古之術，以必致太平之業。」故知天下之蒼生所望於陛下者，誠亦厚矣。《易》曰：「聖人感人心，而天下和平。」今聖德所感，可謂深矣。竊惟太宗文武皇帝之政化，自曠古而求，未有如此之盛者也。雖唐堯、虞舜、夏禹、殷湯，周之文、武，漢之文、景，皆所不逮也。至於用賢納諫之美，垂代立教之規，可以〔弘〕（引）闡大猷、增崇至道者，並煥乎國籍，作鑒來葉。微臣以早居史職，莫不成誦在心。其有委質策名，立功樹德，正詞鯁議，志在匡君者，亦隨事載録，用備勸誡。撰一帙十卷合四十篇，仍以《貞觀政要》爲目，謹隨表奉進。望紆天鑒，擇善而行。引而申之，觸類而長。《易》不云乎，「聖人久於其道而天下化成」，伏願行之而有恒，思之而無倦。則貞觀巍巍之化，可得而致矣。昔殷湯不如堯舜，伊尹恥之。陛下儻不修祖業，微臣亦恥之。《詩》曰「念茲皇祖，陟降廷止」，又云「無念爾祖，聿修厥德」，此誠欽奉祖先之義也。伏惟陛下念之哉，則萬方幸甚。不勝誠懇之至。謹詣明福門，奉表以聞。謹言。

本云：以下諸條在第二卷末。

手自校衆本，勘本文，擇善合點了。三品李部員外大卿菅判。

建保四年五月十〔一〕（二）日，授男著作郎長貞了。大〔藏〕（府）卿菅爲了。

嘉禄元年八月九日，候於〔九〕條前，殿下且讀判。

貞應三年閏餘七月廿六日，授男長成了。李部大卿判。

安貞二年四月二日，授男高長了。大府卿判。

嘉禎四年五月一日，授少子長明、孫〔宗〕（家）長等了，李部大卿判。

仁治三年七月廿八日，侍當今皇帝御讀。大藏卿兼式部大輔判。

弘長二年三月二日，授愚息清長了。李部大卿判。

永仁五年十二月五日，以家説重授正修上人了。從二位菅清長了。

永仁七年三月十日，以説授小童摩尼殊丸了。生年十〔二〕（三）歲，明玄判。

永禄三年四月，終書功了。李部大卿菅長雅。

文化六年六月十九、二十兩日寫功了。寀。

同年七月十日，寓直之暇，一校了。昨日大風甚，自辰到酉。

《貞觀政要》十卷，菅原氏所傳，而從三位勘解，由長官菅原長親卿所親寫也。初吉從獲元德年中菅氏文章，得業生款狀於觀智院住寶僧都，愛藏之。長親卿一見奇之，介藤原以文而求之。吉從深欽卿慕其祖之意，割愛奉呈焉。卿大喜，辱手書，且賜以此書。事詳於其書牘中。蓋《政要》之爲書坊間所刻者，係於戈直所注，縉紳學士家雖間有傳之者，衍錯脱誤，大紊其真。此編乃菅氏奕世所傳，而出於參議爲長卿所授也。卷首載吴兢上表，蓋兢表獨載於國字譯本，而其他則未嘗見存之者。況菅氏之令孫所親寫，而校訂《政要》之真，舍此編，吾安適從焉？吉從獲之，不啻十朋之龜，乃十襲寶藏，以貽之永世焉。長親卿手書別藏於家，宜併考。卿稱清岡，學業富贍，最能文章。嘗聞卿常侍讀於皇太子，頗有啓沃之功云。實菅廟三十一世之孫也。

文化十二年乙亥正月興田吉從謹識。

龍按：此本森《志》著録容安書院藏本，現藏臺北故宫。底本卷五葉四十至「吉從獲之」止，其下之文則誤刻於葉四十三，據阿部隆一《志》移正。

貞觀政要十卷 舊抄本

此本係文政元年阿波介藤原以文以其國諸古本及戈本合校者。篇首載其國古墨筆凡十三通，又硃筆二通，一爲永本，一爲江本。又載漢本奥書題識。奥書，卷子反面書也。其本有《政要表》，而□《政要序》。《表》後有：「景龍三年正月□日，衛尉少卿兼修國史館、崇文館學士臣吴兢等上表」，爲各本所無。按吴兢本傳，其書實成於神龍中，《書録解題》引《館閣書目》亦云然，則此「景龍」當爲「神龍」之誤。而據其自序，《提要》考在開元八年以後，亦至確，莫詳其乖異之由也。此本每卷有「松田本生」印，又有「向山黄村」印。余從黄村得此本，而日本古本異同皆彙集無遺，擬歸而刻之，久無應者。今以阿波介藤合校諸本列左。

古本校合凡例

八條左府本　二條院御點本　〔菅〕（管）本　或本　南家本

異本　古本　一本　摺本　亻本　才本　家本　自本

永本菅長雅卿親寫本，有「永〔禄〕（録）三年」之奥書，故稱「永本」。今爲五條家藏。

江家本原本卷子本有匡衡朝臣奥書，故稱「江本」。

江家本奥書如左：

本云：以累代秘説本，奉授聖上了，尤可秘藏也。寛弘三年三月五日吏部大卿江判。

朱云：寬弘九年閏七月念一日，藤家本一校了。江匡衡。

此一卷以江家舊卷卷子本，有匡衡奥書。傳寫本校正訖，稱「江本」者是也。餘卷今逸，惜哉。

以源容所元寬校本再校訖。此本有「多福文庫」印，元和活版也。

以清國嘉慶戊午重鐫掃葉山房刻本再訂訖，所稱「清本」是也。

文政元年八月一日阿波介藤原以文。

龍按：此本現藏臺北故宫。此文所引「永本」下小字注時，楊《志》丁酉乙種本及丙種本均作墨丁，於丁種本方改「菅」「録」二字，然「録」字亦誤，改之；另正文有二處空格，以方框示之。

日本訪書志卷六　史部

桂林風土記一卷 舊鈔本〇

唐莫休符撰。《新唐書·藝文志》作三卷，此爲洪武沈氏本，即《曝書亭集》所稱謝在杭傳録本也。首有休符自序，目録《舜祠》起，《張鷟》止，凡四十四條，觀其次第，似已爲完本，疑後人合并，非有缺佚。惟「蒼梧火山」有録無書，「宜州龍開江」與「宜州龍採木」合爲一條。又據《明一統志》載「獨秀山」有張固詩一首，此「獨秀山」條不載，是不免有脱漏。是書展轉傳録，譌誤甚多，首有「張載華收藏」印，引據他本互校，頗多是正，而齟齬不可通者仍不免。乃據《唐書》、《寰宇記》、曹學銓《名勝志》諸書校改，略可以讀。其所不知，仍從蓋闕，未知海内尚有善本否也！

龍按：據《鄰蘇園藏書目録》，此本下注「辛亥冬月賣於傅沅叔八元」，知當售於傅增湘，今存上海圖書館，有傅增湘跋。《中國古籍善本書目》云有張載華、楊守敬題跋，實將張載華鈔録《曝書亭集》文字誤爲張跋，而書前雖有「飛青閣藏書印」「宜都楊氏藏書記」「楊守敬印」等鈐印，然無楊氏跋語，楊氏稿本有此條。另，此書傅跋之末署「壬戌八月，江安傅增湘借校一過」，在辛亥之後十一年，傅氏仍云「借校」，且書前另有「古鹽張氏」「涉園」「張元濟印」等鈐印，全無傅氏之印，則或辛亥時售於張氏，楊氏誤記。

太平寰宇記殘本 宋刻本，刻入《古逸叢書》

此書《太平寰宇記》，中土宋刊本久不存。《四庫》著録據浙江汪氏所進鈔本，闕一百十三至一百十九，凡七卷。而乾、嘉間江西萬氏、樂氏兩刊本更缺《河南道第四》一卷。考曝書亭所見池北書庫本，亦缺《河南道第四》，則審缺八卷矣。余於森立之《訪古志》見有此書宋槧殘本，藏楓山官庫，意或有足以補中土所佚者。因托修史館監事巖谷修探之，並告知星使黎公，行咨於其太政大臣，借之以出。計原書凡二十五册，爲蝴蝶裝，其存者不及半焉。乃以近刻本校一過，其一百十三至一百十八一百十四尾缺「湘鄉」以下五縣則重刊之《古逸叢書》中，並刊其卷首一表。雖尚佚其二卷有半《江南道第四》一卷、一百十九一卷、一百十四尾數葉，未爲完書，亦足以慰好古之懷矣。世傳《岣嶁禹碑》始自宋何致（一），多有疑其僞造者。今按，此書於《潭州》下引庾仲雍《湘州記》云：「夏禹刻石書名，在山之上。」而不敢質言之，則樂氏初不見此碑審矣。又錢竹汀《養新録》稱，《元史・地理志》於郴州之郴陽縣云：「舊敦化，至元十三年改今名。」疑「敦」字犯宋諱，湖南爲宋土，不得有敦化縣。因據《輿地紀勝》引《寰宇記》爲晉天福初所改，漢初復舊，以訂其誤。今此書與《紀勝》悉合。其他所引逸書、逸事，不遑縷述，固非後人所得臆補者也。至江西兩刻本皆據傳鈔及活字本入木，互有脱誤，而萬氏本臆改尤甚。世有好事君子，因此所存殘本，以正江西兩刻，又以兩刻互校，而一一考樂氏所引原書，雖未必盡復舊觀，亦庶幾十得八九。若陳氏蘭森臆補之卷，固無論焉。

光緒癸未九月記。

附宋刊原本存佚卷數

序。目録全。一卷全。二卷全。三卷存前十三葉。四卷缺。五卷存十四、十五兩葉。六卷存校勘一葉。七卷全。八卷全。九卷全。十卷存前九葉。十一卷缺。十二卷存一至五，又存第七一葉。十三至三十六并缺。三十七存前九葉。三十八至四十三并缺。四十四存七葉。四十五、四十六并缺。四十七第四葉以下存。四十八存前三葉。四十九缺。五十存第十三一葉。五十一至七十一并缺。七十二存第二、第四、五、六四葉。七十三至七十六并缺。七十七第三葉以下存。七十八缺第七一葉。七十九至八十八并缺〔，存卷八十八第九葉〕。八十九存第七〔至〕第十〔四〕（兩）葉。九十存前三葉〔，另存第十六至二十三葉〕。九十一全。九十二至九十五并缺。九十六存前八葉。九十七、九十八并缺。九十九全。一百全。〔一百一全。〕一百二〔存前二葉〕（全）。一百三〔存第三至九七葉〕（缺）。一百四全。一百五存前九葉。一百六八葉以下存。一百七全。一百八全。一百九全。一百十存前七葉。一百十一第八葉以下存。一百十二全。一百十三全。一百十四存前九葉。一百十五全。一百十六全。一百十七全。一百十八全。一百十九至一百廿三并缺。一百廿四存十三、十四兩葉。一百廿五全。一百廿六至一百三十二并缺。一百三十三全。一百三十四全。一百三十五全。一百三十六全。一百三十七全。一百三十八存前六葉。一百三十九、一百四十并缺。一百四十一全。一百四十二缺〔二、〕三、四、五、六〔五〕（四）葉。一百四十三存前七葉。一百四十四至一百四十六并缺。一百四十七第三葉以下存。一百四十八缺六、七兩葉。一百四十九存前八葉。一百五十至一百五十四并缺。一百五十五存第七、第八兩葉。一百五十六至一百六十并缺。一百六十一存第七一葉。一百六十二至一百八十六并缺。一百八十七存前四葉。一百八十八第七葉以下存。一百八十九存前九葉。一百九十至一百九十三并缺。一百九十四第二葉以下存。一百九十五全。一百九十六全。一百九十七全。一百九十八全。一百九十九全。二百存前六葉。

刻成後，乃知金陵書局已據樂氏祠堂本重刻，校訂頗審，惜乎其未見此宋殘本也。

案：此本日本森立之《訪古志》載之，但云殘本，不記卷數。及余借得重校，及將其全部殘葉記之，並附刊余跋語。乃余歸後，姚君子良刻《訪古志》，但見《古逸叢書》有《補闕》六卷，遂改《訪古志》殘本爲六卷，並不詳觀余跋尾記其全書存佚，若日本只存此書六卷者，豈非讀首不讀尾者乎！又《訪古志》載紹熙壬子黄唐刊本《禮記注疏》七十卷，與曲阜孔氏藏本同，姚君但見通行《禮記注疏》六十三卷，遂悍然據改之。計姚君刻《訪古志》只改此二處，乃皆大謬，附訂於此。

龍按：森《志》著録，原本今藏日本宫内廳書陵部。《留真譜初編》卷四葉六十有書影。楊批森《志》云：「楓山官庫所存《寰宇記》尚百餘卷，此六卷特因中土傳本所缺，均補刻之，非僅存此六卷也。此條爲姚君所補，即有誤訛。」今通行森《志》之整理本均未據校正（參杜澤遜、班龍門點校本）。另，據《古逸叢書》末附楊跋，「光緒癸未九月記」後尚有「宜都楊守敬記於日本東京使館」字樣；補記末又有「十二月望日守敬再記」。另，細檢宫内廳藏本（中華書局有影印本），知楊氏跋語所列存佚卷數小有疏誤，據之稍加校改。又於此書，葉德輝於《書林清話》中引證數例，力言其僞，指其「爲從《輿地紀勝》及他類書鈔撮而成」者，然此宋本原書尚存，孰是孰非已不必辨。

因此書藏於官庫，商借翻刻當向官方申請。檢楊氏與巖谷修明治十六年五月二日筆談中，楊云：「《太平寰宇》呈上。如有人可爲代校者，其費弟願任之。」巖谷則徑云「弟借之官庫而轉貸與先生則可」，又云「先生欲影寫之，則須謀之於修史總裁公然（疑爲『後』）爲之更爲妙」（參陳捷《人物往來與書籍流轉》）。十日後，黎庶昌即呈書云：「敝國所傳宋樂史撰進之《太平寰宇記》二百卷，乾隆年間四庫著録時即闕自一百十三至一百十九七卷，無別本可補。今聞貴國官書庫中尚有此書，宋本具在，意欲煩請貴大臣啓明貴朝家借與本大臣一觀。如此數卷尚存，擬影刻補完，亦同文盛事，特此奉商。」日方回覆：「貴大臣欲借我秘閣宋槧《太平寰宇記》影刻，以補貴邦所傳之闕，敬領來意。我秘閣藏本例不許外出，而如本項則屬同文盛事，乃稟啓朝家，破格以應請焉。」黎氏回覆：「昨准台函宋槧《太平寰宇記》一書，承貴朝家破格相借，足爲斯文之幸，本大臣實任欣感。所有交收此書，已飭使署隨員楊守敬與貴館員巖谷修妥爲商辦。」（均見《古逸叢書》本《太平寰宇記》書後所附。）

方輿勝覽前集四十三卷後集七卷續集二十卷拾遺一卷宋槧本〇

首吕午序，次祝穆自序，行書。序後有兩浙轉運司録白，蓋祝氏恐人翻雕，故請官爲給榜。《初集》自「浙西路」起至「海外四州」止，凡四十三卷；《後集》自淮東路、淮西兩路；《續集》自「成都路」起，至「利西路」止；《拾遺》則自「臨安府」至「紹熙府」，每府州各補數條。此蓋和父原本，其分數次開雕者，當因資費不足，隨雕隨印行，非别爲起訖也。每半葉大字七行，小字十四行，行廿五字。每卷標題「新編四六必用方輿勝覽」，蓋本爲備四六之用也。首卷又有引用文集目，亦分類載之。

吕午序嘉熙己亥。

祝穆自序嘉熙己亥。

兩浙轉運司録白：

據祝太傅宅幹人吴吉狀：本宅見〔雕諸郡志，名曰〕（刊）《方輿勝覽》〔，并〕（及）《四六寶苑》〔兩〕（《事文類聚》凡數）書，並係本宅〔進〕（貢）士私自編輯，〔數載〕（積歲）辛勤。今來雕板，所費浩瀚，竊恐書市嗜利之徒，輒將上件書版翻開，或改换名目，或以《節略輿地紀勝》等書爲名，翻開攙奪，致本宅徒勞心力，枉費錢本，委實切害。照得雕書合經使臺申明，乞行約束，庶絶翻版之患，乞給榜下衢、婺州雕書籍處張掛曉示。如有此色，容本宅陳告，乞追人毁版，斷治施行。奉台判備牓須至指揮。

右今出牓衢、婺州雕書籍去處張掛曉示，各令知悉，如有似此之人，仰經所屬陳告追究，毁版施行，故牓。

嘉熙貳年拾貳月　日牓。衢、婺州雕書籍去處張掛。轉運副使曾　台押。

福建路轉運司狀，乞給牓約束所屬，不得翻開上件書版，並同前式，更不再録白。

是編蒐獵名賢記序、詩文及史傳、稗官、雜説，殆數千篇，若非表而出之，亦幾明珠之暗投。今取全篇分類，以便檢閲。其一聯片語不成章者，更不贅録，蓋演而伸之，則爲一部郡志；總而會之，則爲一部文集，庶幾旁通曲暢云。此木記在引用文集目之前。

今將每郡事要標出卷首，餘並倣此，覽者切幸詳鑒。

郡名　風俗　形勝　土産　山川

學館　堂院　亭臺　樓閣　軒榭

館驛　橋梁　寺觀　祠墓　古跡

名宦　人物　名賢　題詠　四六此在《前集》目録之前。

今將兩淮州郡作《後集》刊行。四蜀及兩淮新復之境，見此纂輯，續當鋟梓。引用文目，已具《前集》卷首，更不重複。仍標出每郡事要如右。此在《後集》目録之前。

是編亦既鋟梓流布矣。重惟天下奇聞壯觀，見於文人才士之所紀述者，浩不可窮，耳目所及，幸而得之，則亦泰山一毫芒耳。因閲群書，復抄小集，附刊於後，名以「拾遺」。每州各空其紙，以俟博雅君子續自筆入，或因鬻書者録以見寄，使足成此一奇書，蓋所深望云。此在《拾遺》目録之前。

龍按：此本今藏日本宫内廳書陵部，爲日本近江西大路藩主市橋長昭舊藏，後獻於皇室。楊氏引《後集》目録前識語，今宫内廳所藏原本已闕，然傅增湘猶及見之，其於《藏園群書經眼録》卷五亦有此條，然當非襲楊氏之文，因前《兩浙轉運司録白》楊氏所録頗有誤字，傅氏則無，知傅氏當據原書迻録。楊氏稿本於「行廿五字」後原有「穆父書成於嘉熙己亥，故所標題於浙西路之嚴州、浙東路之温州、廣西路之宜州、夔州路之忠州，皆直稱本名」一句，圈去。

方輿勝覽七十卷 宋槧本〇

首吕午序，次祝穆自序，楷書，通編爲七十卷，不復分前、後、續、拾遺名目。標題亦去其「四六必用」四字，又去其每集告白。字體校原本稍大，行款雖同，小字則每行廿三字，歸安陸氏藏本與此同。字多減畫，蓋麻沙坊本也。此本標題，於浙西之嚴州，改稱「建德府」；浙東路之温州，改稱「瑞安府」；廣西路之宜州，改稱「慶遠府」；夔州路之忠州，改稱「咸淳府」。案和父自序，書成於嘉熙己亥，而改嚴、温、宜、忠等州爲府，在咸淳元年，相去〔二〕（三）十六年，其爲後人改編可知。書中亦多所增添，非祝氏之舊。然其所增亦皆據方志舊記編入，猶有知識者所爲，不似坊賈之羼亂妄作，故亦可貴。

余按此書元、明以下均未重鐫，故著録家只有宋本，恐再延數世，歸於泯滅。余乃得兩宋本，惜無好事者重雕焉。

龍按：《留真譜初編》卷四葉六一有書影，現藏臺北故宫。前除楊氏諸印外，尚有「小島氏圖書記」「臣尚質」「向黄邨珍藏印」「字學古」諸印，知曾經向山黄村及小島尚質收藏。張氏《適園藏書志》載一本，並云「昔年見楊惺吾本與《季滄韋書目》

合」，未知即此本否。另，此文云其「得兩宋本」，楊批《留真譜》識語云「此書敬有兩部，皆宋刊而各不同，擬合校刻之」，然據楊氏諸書目知，其另有一套「宋槧小字本」，據《鄰蘇園藏書目録》標注「癸丑二月賣於辛仿蘇三百零九兩」。楊氏稿本稍有塗抹。

大唐西域記十二卷 宋《藏經》刊本〇

明吴琯《古今逸史》有刊本，《四庫》據以入録。其第十一卷「僧伽羅國」下有明永樂三年太監鄭和見國王阿烈苦奈兒事，此校者之語，吴氏誤連入正文。想吴氏所得必傳鈔本，故有斯誤。其實此書明南、北《藏》本皆有之，皆不附鄭和事。此本爲宋理宗嘉熙三年安吉州資福寺刊本，在「轉」字號，首題「大唐西域記」，次行題「尚書左僕射燕國公製」，不署「張説」名。宋、元、高麗《藏》本皆無之，明《藏》本始補名。序後題「大唐西域記卷第一」，又下行題「三藏法師玄奘奉詔譯」，又下行題「大總持寺沙門辯機撰」，再下一行題「三十四國」，再下三十四國之目，再下爲《總序》，末有辯機《後序》。蓋玄奘奉詔譯此書，而辯機但排纂潤色之也。故晁公武《讀書志》謂「玄奘撰」者以此。《通志略》分玄奘、辯機爲二書，則大謬矣。《讀書志》又載有玄奘自序，則據其目録後總序而言，非本有而脱之也。唯余於日本三緣山所見高麗《藏》本，前有秘書著作佐郎敬播序，則宋、元、明《藏》及日本活字本皆無之。至明《藏》本之脱誤，不下數百言。而吴瑄本更不足道矣。別詳《札記》。今附敬播序於左。

《大唐西域記》序

竊以穹儀方載之廣，蘊識懷靈之異，談天無以究其極，括地詎足辯其原。是知方志所未傳，聲教所不暨者，豈可勝道哉！詳夫天竺之爲國也，其來尚矣，聖賢以之疊軫，仁義於焉成俗。然事絶於曩代，壤隔於中土。《山經》莫之紀，《王會》所不書。博望鑿空，徒寘懷於〔邛〕（印）竹；昆明道閉，謬肆力於神池。遂使瑞表恒星，鬱玄妙於千載；夢彰佩日，秘神光於萬里。暨於蔡愔訪道，摩騰入洛。經藏石室，未盡龍宫之奥；像畫涼臺，寧極鷲峰之美。自兹厥後，時政多虞。閹豎乘權，潰東京而鼎峙；母后成釁，剪中朝而幅裂。憲章泯於函雒，烽燧警於關塞，四郊因而多壘，況兹邦之絶遠哉！然而釣奇之客，希世間至。頗存記注，寧盡物土之宜；徒採神經，未極真如之旨。有〔隋〕（隨）一統，寔務恢疆。尚且眷西海而咨嗟，望東〔離〕（雒）而杼軸。揚旌玉門之表，信亦多人；利涉葱嶺之源，蓋無足紀。曷能指雪山而長騖，望龍池而一息者哉！良由德不被物，威不及遠。我大唐之有天下也，闢寰宇而創帝圖，掃攙槍而清天步。功〔侔〕（伴）造化，明等照臨。人荷再生，骨肉豺狼之吻；家蒙錫壽，還魂鬼蜮之墟。總異類於藁街，掩遐荒於輿地。苑十洲而池環海，小五帝而鄙上皇。法師幼漸法門，慨〔祇〕（祗）園之莫履；長懷真跡，仰鹿野而翹心。褰裳净境，實惟素蓄。會淳風之西偃，屬候律之東歸。以貞觀三年，杖錫遵路。資皇靈而抵殊俗，冒重險其若夷；假冥助而踐畏塗，幾必危而已濟。暄寒驟徙，展轉方達。言尋真相，見不見於空有之間；博考精微，聞不聞於生滅之際。廓群疑於性海，啓妙覺於迷津。於是隱括衆經，無片言而不盡；傍稽聖跡，無一物而不窺。周流多載，方始旋返。十九年正月届於長安，所獲經論六百五十七部，有詔譯焉。親踐者一百一十國，傳聞者二十八國。或事見於前典，或名始於今代，莫不餐和飲澤，頓顙而知歸；請吏革音，梯山而奉贐。歡闕庭而相抃，襲冠帶而成群爾。其物産風土之差，習俗山川之異，遠則稽之於國典，近則詳之於故老。邈矣殊方，依然在目。無勞握槧，已詳油素。名爲《大唐西域記》，一〔帙〕（秩）十二卷。竊惟書事記言，固已緝於微婉；瑣詞小道，〔冀〕（異）有補於遺闕。秘書著作佐郎敬播序之云爾。

《四庫提要》以每卷之末附有《釋音》，疑爲後人所加。余所見惟古鈔卷子本無之，凡宋、元《藏》本皆有《釋音》。余在日本，曾得鈔本《隨函録》三十卷，後晉釋可洪撰，宋人刻

《藏經》，分載入之。

此本第一、第六兩卷原缺，日本元禄九年當康熙三十五年山城州天安寺法金剛院重修整此書，乃從别本影鈔此二卷補之，亦同宋本也。日本所藏宋本不一部。此二卷末並有「山城國綴喜郡薪村」，又有「靈瑞山酬恩〔庵〕（巷）沙門宗桂書寫」之記。

余在日本，森立之出狩谷望之所製古書帙一具，係用竹籤以絲排連如小簾，外敷以巾，可方可圓，不同今之函套，謂古者卷軸以此束之，故有數卷共一帙、十餘卷共一帙者。後見《白氏文集》目録亦標第幾帙。今見敬播序云「一〔帙〕（秩）十二卷」，益恍然矣。又《經典釋文》亦云「合爲三〔帙〕（秩），三十卷」。

龍按：據《藏園群書經眼録》載此書宋經摺本，六行十七字，注云「楊守敬獲之東瀛，後入余齋」，當即楊跋所叙之本。另傅氏於此書下另録日本元和活字印本，括注云「楊守敬氏藏書」，當指楊跋所云之「日本活字本」。傅氏藏本曾爲張元濟收入《四部叢刊》之中。據《中國古籍總目·史部》載，國圖藏有宋紹興二年王永從刻安吉州思溪法寶資福禪寺大藏本，注云「卷一寶資福禪寺、卷六配日本抄本」，而傅氏《經眼録》所載亦標云「卷一、六抄配」，可知二者當爲同一本，則楊氏所叙今藏國圖。實亦可知，此即楊氏自其所購資福寺《大藏經》中擇出者。此本收入《中華再造善本》，後有楊守敬孫楊先梅據《日本訪書志》所録識語。《留真譜初編》卷四葉五八有書影。楊氏稿本亦有此條，「理宗嘉熙三年安吉州資福寺」十二字空缺，或作者下筆時未能查證此信息而暫空；另，稿本未録敬播序。

釋迦方誌三卷 南宋《藏》本

唐釋道宣撰。道宣以佛土事跡傳録差互，乃作是書。凡八篇。一《封疆》，二《統攝》，三《中邊》，四《遺跡》，五《遊履》，六《通局》，七《時住》，八《教相》。其書與《大唐西域記》相表裏。玄奘詳其所歷之國，此則詳佛教所統攝之國，亦多計東西道里，眉目粲然，可以披覽。邇來五印度迤北，爲回邦所據；迤南爲英吉利所攝；而所謂三千大千世界者，亦近在耳目之前。以此志校之，皆可按圖而稽。然則以此志當五印度古方志可也。

《釋迦方誌》序　唐終南太一山釋道宣撰

惟夫大唐之有天下也將四十載，淳風洽而澆俗改，文德修而武功暢。故使青丘、丹穴之俟，並入提封；龍砂、〔雁〕（鳥）塞之區，聿遵聲教。膜拜稽首，顒朝宗之羽儀；輸賝奉贄，表懷柔之盛德。然則八荒内外，前史具書；五竺方維，由來罕述。豈非時也？雖復周穆西狩，止届昆丘；舜禹南巡，不逾滄海。秦皇畫野，近袤臨洮；漢武封疆，關開鐵路。厥斯以降，遐討未詳。所以崆峒問道，局在酒泉之地；昆侖謁聖，實唯玉門之側。至於弱水、洞庭，三危、九隴，燕然、龍勒，沙障、黎河，具歷《夏書》，咸圖雍部。及博望之尋河也，創聞大夏之名；軒皇之遊夢也，初述華胥之國。貳師之伐大宛，定遠之開鐵門，由余入秦，日磾仕漢。聲榮覆於蔥嶺，帝德亘於耆山。赫奕皇華，其徒繁矣。而方土所記，人物所宜，風俗之沿革，山川之卓詭，雖陳之油素，略無可紀。豈不以經途遼遠，遊詣之者希乎！以事討論，縱有傳説，皆祖行人，信非躬睹，相從〔奔〕競，虚爲實録，何以知其然耶？故積石河源，西瞻赤縣，昆侖天柱，東顧神州，鳴砂以外，咸稱胡國。安用遠籌，空傳緗簡。是知身毒之説，重譯臻焉；《神異》等傳，斷可知矣。自佛教東傳，榮光燭漢。政流十代，年將六百。輶軒繼接，備盡觀方，百有餘國，咸歸風化。莫不梯山貢職，望日來王。而前後傳録，差互不同，事跡罕述，稱謂多惑，覆尋斯致，宗歸譯人。昔隋代東都上林園翻經館沙門彦〔琮著《西域傳》一部十篇，廣布風俗，略於佛事；得在洽聞，失於信本。余以爲八相顯道，三乘陶化；四儀所設，莫不逗機。二嚴攸被，皆宗慧解。今聖跡靈相，雜沓於華胥；神光瑞影，氤氲於宇内。義須昌明形量，動發心靈。洎貞觀譯經，嘗參位席。傍出

《西記》，具如别詳。但以紙墨易繁，閱鏡難盡，佛之遺緒，釋門共歸。故撮綱猷，略爲二卷，貽諸後學。序之云爾。」

龍按：此書今未知藏處。所附之序，據傳世之本補字。底本卷六葉十七至「沙門彦」止，葉十八接「學爲先，必因文而輔教，纖微之善，罔不備書。百代之後，知斯言之可復也」，與卷八葉二十一《大唐新語》所録《總論》内容全同，爲刊工誤刻。今删，並據傳世之本補足。

朝鮮國大典通編六卷 朝鮮刊本

乾隆五十年其國寄臣金致仁奉教纂輯。先是明成化五年寧城府院君崔恒等奉教撰《經國大典》。至乾隆九年，議政府領議政金在魯等又奉教爲《續大典》。至是致仁等以《經國大典》《續大典》合部而增補《續典》，復受教及見行法例通爲一編。其書以吏、户、禮、兵、刑、工分爲六編，略如《唐會要》，凡其國之典章制度皆在焉。詳而有體，簡而有要。考朝鮮之政治得失，此其總匯焉。

國王《序》。

《大典通編凡例》。

李福源《序》。

金致仁纂輯銜名。

金致仁等《進大典通編箋》乾隆五十年。

徐居〔正〕（仁）《經國大典序》成化五年。

崔恒《進經國大典箋》。

國王英廟題《續大典》二首。

元景夏《續大典序》。

金在魯等《進續大典箋》乾隆九年。

龍按：《留真譜初編》卷四葉四六有書影。此書國圖藏一種，或即楊氏舊藏。

大明律例附解十二卷〔明邗江書院刊本〕

邗江書院刊本。首載洪武七年劉惟謙《表》，次洪武十八年《御製大誥〔序〕》，次十九年《大誥續編〔序〕》《三編〔序〕》，次二十年《大誥武臣序》，次嘉靖二十九年十二月二日刑部尚書顧〔應〕祥等《重修問刑條例題稿》，據《洪武律》并爲十二卷，而加疏解者，自弘治十三年至嘉靖二十九年《問刑條例》皆附載入，亦可以考見有明一代刑法之制矣。

龍按：此本現藏國圖，書前有楊守敬小像，卷端除「宜都楊氏藏書記」「激素飛清閣藏書記」之外，又有「松坡圖書館藏」印，知確爲楊氏舊藏。「激素飛清閣藏書記」當爲楊氏早年所用之印，唯較少見，故阿部隆一《志》中將首二字誤爲「海東」。

東國史略六卷 朝鮮古刻本，成都楊氏重刻

此書有二種，一爲國別體，十二卷，仿《戰國策》；一爲編年體，六卷，仿《左氏春秋》，即此本也。二本皆不著撰人名，而其中皆有史臣論斷文，語略同。國別本題「菁川柳希齡編注」，又間引金富軾論説，此本則無之。是此本當爲明初李成桂朝其國史臣所爲，柳希齡本則又從此改編者也。此書自新羅、百濟以前，所紀檀君、箕子、衛滿、三韓、高勾麗等，皆寥寥數簡。竊意朝鮮自古爲文明之國，彼土册府，必多逸聞、逸事出於中土史書之外者。今簡略乃爾，此《四庫提要》所謂詳略不盡合體要者也。然觀其序李成桂易代之際，若鄭夢周、李穡、金震陽皆以忠義許之，則知所紀皆實録。其書本名《史略》，固亦不必以

詳贍律之。唯國别本論説稍多，而序事或反少顛末，注亦無甚發明，固不如此本尚爲質實也。方今朝鮮爲我外藩最要之區域，俄人俯瞰於北，日本垂涎於東，英、法各國又皆與之互市立約，幾成蜂擁之勢。則欲保我邊陲，尤宜詳其立國本末，而資我籌策，此葆初大令所爲亟謀刻此書之意，固不徒侈見聞，爲考列史、外傳之助也。

此書有明萬曆丁巳刻本，易其款式，頗有訛字，又改稱《朝鮮史略》，是以後來之國稱蒙屢代之名矣。

龍按：《留真譜初編》卷四葉三七有書影，楊批云「今存飛青閣，朝鮮古刻本」，臺北故宫藏此書二種，均楊守敬舊藏，一爲朝鮮活字本，即楊氏所云國别體十二卷本者，前有「吉家氏藏」「稱意館藏書記」「星吾海外訪得祕笈」「好古堂圖書記」「飛青閣藏書印」諸印；一爲朝鮮古刻本，即此本，前有「星吾七十歲小像」「楊守敬印」「宜都楊氏藏書記」「星吾海外訪得祕笈」「養安院藏書」諸印，知此本曾經曲直瀨正琳收藏。

又按：標題中云「成都楊氏重刻」，文中又云「此葆初大令所爲亟謀刻此書之意」，二語所指一事，即成都楊壽昌（葆初）據楊守敬所藏之本重刻。

懲毖録四卷 日本元禄八年刻本

朝鮮宰臣柳成龍撰。明萬曆壬辰，日本平秀吉發兵擾朝鮮，浹旬之間，八道幾盡。成龍身當其間，至戊戌亂後，乃追爲此録。按《武備志》稱柳成龍、李德馨惑李昖，《平壤録》亦直斥爲佞臣。而此書自序則稱「報國無狀」，深自悔責，似非小人之口所有。按《朝野別録》見《征韓偉略》稱，經筵官李珥啓李昖，養兵以備緩急，柳成龍非之。其後日本兵至，遂至瓦解。及平壤破後，又自任前迎明師，亦未免避難就易，則謂之爲佞，似非無因。又以沈惟敬有膽略，於其死也深致惋惜，尤少知人之明。但成龍本以文臣當此艱鉅，雖未能荷戈以衛社稷，而忍辱含垢，委曲求全，如跪李如松之類，其情可諒，其心可原。故日本人所爲《征韓偉略》大半以此書爲藍本，知其實録爲多，不盡出事後掩飾者矣。書首有日本人貝原篤信序，亦論事有識，不爲誇張語，并録之於原序之後。

《懲毖録》者何？記亂後事也。其在亂前者，往往亦記，所以本其始也。嗚呼！壬辰之禍慘矣，浹旬之間，三都失守，八方瓦解，乘輿播越。其得有今日，天也，亦由祖宗仁厚之澤，固結於民，而思〔漢〕（藻）之心未已。聖上事大之誠，感動皇極，而存刑之師屢出。不然，則殆矣。《詩》曰：「予其懲，而毖後患。」此《懲毖録》所以作也。若余者，以無似受國重任於流離板蕩之際，危不持，顛不扶，罪死無赦，尚視息田畝間苟延性命，豈非寬典？憂悸稍定，每念前日事，未嘗不惶愧靡容。乃於閑中粗述其耳目所逮者，自壬辰至戊戌，總若干言，因以狀、啓、疏、文、移及雜録附其後。雖無可觀者，亦皆當日事跡，故不能去。既以寓畎畝惓惓願忠之意，又以著愚臣報國無狀之罪云。

《傳》曰：「用兵有五，曰義兵，曰應兵，曰貪兵，曰驕兵，曰忿兵。」五之中義兵與應兵，君子之所用也。《傳》又曰：「國雖大，好戰必亡；天下雖安，忘戰則必危。」「好」與「忘」二者，可以不戒乎哉！曩昔，豐臣氏之伐朝鮮也，可謂貪兵兼驕與忿，不可爲義兵，又非不得已而用之者，所謂好戰者也。是天道之所惡，其終亡者，固其所也。韓人之脆弱而速敗瓦解土崩者，由教養無素，守禦失道，故不能用應兵，是所謂忘戰者也。嗚呼！朝鮮之國勢危殆而幾亡者，職此而已。宜哉柳相國之作《懲毖録》也，是觀前車而戒後車之意也。

此書記事簡要，爲辭質直，非世之著書者誇多鬬靡之比。談朝鮮戰伐之事者，可以是爲的據。其他如《朝鮮征伐記》，雖書以國字，亦足以爲佐證。二書亶可稱實録也。予近者偶客乎京師，書坊之輩刊此書於梓既成，屬序於予。予美此書之布行於世，故本兹編之所由作而論著之者如是，只恐見笑於大方之家已矣。

元禄乙亥芒種後學筑前州貝原篤信序。

龍按：此書日本所存甚多。羅振玉《大雲書庫藏書題識》亦收此書一種，云：「目録家多未見。惟丁氏《善本書室藏書記》、楊氏《日本訪書志》載之。光緒辛丑得之日本東京。」（參《羅振玉學術論著集》第七集）

史質一百卷 明刊本〇

明王洙撰。〔首〕有嘉靖庚戌秦鳴夏序，蓋爲删《宋史》而作。其書多立名目，自我作古，如不稱「本紀」而稱「天王」，以爲法《春秋》，迂固之甚。既有「直臣」「忠義」「卓行」等傳，又有《君子傳》；既有「權奸」「佞倖」等傳，又有《小人傳》；甚至分「烈女」「烈娥」「烈婦」「節婦」「義姑」「貞妾」「義婦」爲七門；既立《江南降臣傳》，而何以又不入徐鉉？既立《小校傳》，而何以又遺施全？以《道統傳》殿於十五志之後，而録邵康節於朱子門人中。此何殊瞑目道黑白乎？末一卷爲《觀心亭記》《敬一箴》《圜丘詔書》，直不知有史法，以此而訾議《宋史》，可乎？秦鳴夏序稱其「蚤遁丘園，未位通顯」，然則鄉僻村夫而欲筆削一代，遂至災及棗梨，本不足辨。因此書《四庫存目》中未載之，恐此間有以逸書相詫者，故駁之如此。

龍按：此書楊氏以《四庫存目》未載，實疏於翻檢，其書非但列入《四庫存目》，即今藏本亦多，唯國内著録多作《宋史質》，據《中國古籍總目》所載，國圖、遼寧、南京有藏，南京藏本有丁丙跋，國圖藏有二本（其一收入《四庫全書存目叢書》中），皆無楊守敬印記，遼寧所藏不詳。國外則美國國會圖書館及日本前田育德會各藏一種，然均不詳與楊氏有關否。此據楊氏稿本補一字。

華夷譯語十三册 鈔本

明茅伯符輯。首有朱之蕃《序》，稱伯符領大鴻臚時所輯《四夷考》，凡山川、道里、風俗、物産，無不備具。則此乃《四夷考》中之一種，而標目直題《華夷譯語序》，豈轉鈔者之所爲與？其書首朝鮮，次琉球，次日本，次安南，次占城，次暹羅，次韃靼，次畏兀兒，次西蕃，次回回，次滿剌加，次女真，次百夷。分天地、時令、花木、鳥獸、宫室、器用、人物、人事、身體、衣服、聲色、珍寶、飲饌、文史、數目、干支、卦名、通用諸類，或有合併，則各國詳略不一也，大抵皆日用習語。按《讀書敏求記》有洪武二十一年翰林侍講〔火〕（史）源潔《華夷〔譯〕（驛）語》一卷，又有《分類華夷譯語》二卷。此雖不分卷，然十三册必非一二卷能容。且《皇明從信録》稱前元素無文字，但借高昌書製蒙古字行天下。洪武十五年，命侍講〔火〕（史）源潔編類《華夷譯語》，復取《元秘史》參考。自是使臣往朔漠皆得通其情。是則源潔所撰僅蒙古譯語，非此書審矣。此書當必明四夷館中底本，爲茅氏所鈔出者。今泰西之語〔遍〕（編）於寰中，而環衛我中國者或反少解其語，一旦有事，不慮隔閡乎？此亦當今必要之書也。

龍按：此跋有數字誤，然非楊氏之誤，實楊氏所據《讀書敏求記》刊本之誤。另楊氏藏本今不知所在，然其本題「茅伯符」，日本德島縣立光慶圖書館藏鈔本亦題茅氏，則二本或有關係。

古鈔列仙傳二卷 古鈔本

此册余得之小島學古家，與沈汾《續仙傳》同裝爲一册。有「養安院藏書」印。首題「列仙傳卷上」，次行題「漢光禄大夫劉向撰」。每半葉十一行，行二十字。相其格式，與日本他鈔本不同，當是從宋刻出也。是書《漢志》不著録，陳振孫謂「非西漢人文字」，誠然。黄伯思疑爲東京人之所作。《提要》據葛洪《神仙傳序》，稱此書爲向作，《抱朴子》亦云然。則晉時已有其本，不第《隋志》著録也。《提要》又據其總贊引《孝經援神契》，《蜎子傳》稱《琴心》三篇，《老子傳》稱作《道德經》上、下二篇，均與《漢志》不合。余謂不特此數端也。按《世説新語》注引《列仙傳序》「歷觀百家之中，以相檢驗，得仙者百四十六人，其七十四人已在佛經，故撰得七十〔二〕（四）人，可以多聞博識者遐觀焉」，各本皆脱此序，然稱七十四人在佛經，此豈西漢人口吻？又《文賓傳》「太丘鄉人也」，前漢無太丘鄉，後漢屬沛國；《木羽傳》「鉅鹿南和平鄉人也」平字疑衍，前漢南和屬廣平國，後漢改屬鉅鹿；又《瑕丘傳》「甯人也」，兩漢上谷郡有甯縣，魏晉以下省廢。據此三證，似爲東漢人所作。然又稱安期先生爲琅琊阜鄉人，琅琊無阜鄉縣，據下文兩稱阜鄉亭，則知非縣名；又《騎龍鳴傳》「渾亭人也」，則並不著郡縣名渾亭無考；又《〔谿父〕（雞文）傳》「南郡鄘人也」，南郡無鄘縣，案南郡有郢、鄀、邔三縣，未知是何縣之訛。其爲方士所托無疑，贊文文義淺近，亦非通人之筆。或疑即《隋志》之郭元祖所撰，恐亦未然。然自魏晉以下，詞人據爲典要，何可廢也？此本以《文選注》《藝文類聚》《初學記》《北堂書鈔》《史記正義》《太平廣記》《太平御覽》等書所引校之，亦多異同，別爲《札記》附諸其後。

又按《世説注》云「七十二人」，李石《續博物志》及《書録解題》並同。葛洪《神仙傳》亦云「七十餘人」或云「七十一人」，誤，此本只七十人。或以江妃二女爲二人，然亦只七十一人。考《御覽》三十八引《列仙傳》曰：「王母者，神人也。人面蓬頭髮，虎爪豹尾，善嘯，穴居，名西王母。在昆侖山中。」又三十九卷引《列仙傳》曰：「馬明生從安期先生受金液神丹方，乃入華陰山中，合金神丹昇天也。」合此恰當七十二人之數。各本皆脱，附載於此。

〔光緒癸巳三月望日守敬記。〕

龍按：此書與下條爲合鈔之書，《鄰蘇園藏書目録》曾載此日本古鈔本二册，據楊氏所云，或當從宋本鈔出，則極珍貴，森《志》亦曾著録，云爲「懷仙樓」藏，又云伊澤氏酌源堂所藏「與此同種」，楊氏本有「養安院」印，又云「得之小島學古家」，此本今藏湖北省圖書館，據占才成《湖北省圖書館藏〈列仙傳〉日本古鈔本的文獻價值》（《北方工業大學學報》二〇二三年第六期）補末行題署。

續仙傳三卷古鈔本

此本合裝於《列仙傳》之後，上卷十六人，中卷〔十二〕（二十一）人，下卷八人。首題「朝請郎前行溧水令沈汾撰」，與俗本題「唐溧水令」者不同。有自序一篇，稱「汾生而好道」云云。《四庫提要》據吴淑《江淮異人録》載有侍御沈汾游戲坐蜕事，疑即其人。以自序證之，當不誣也。序又稱「中和年兵火之後，〔墳〕（焚）籍猶缺」，似汾爲唐人。然下卷載有譚峭，又似已及南唐。疑莫能明也。今以《太平廣記》所引凡十人條校之，互有得失。蓋《廣記》不無傳刻之差，此本鈔手亦嫌草率，然與俗本天淵矣。

龍按：楊《志》正文不同條目往往另葉刻，以備成書時重排次序，然此條則與前條連刻，且目録中二書亦連排，不過因此與前書關係較密，自不容有他書羼入，故初刻時即將之前後相聯。今依例分列。

日本訪書志卷七　子部

徐幹中論二卷 明嘉靖刊本

此爲明弘治壬戌吴縣黄紋原刊，嘉靖乙丑青州知府四明杜思重刻。每卷下又題「四明薛晨子熙校正」。然書中有墨丁數處，當是黄本原刊如是。程榮《漢魏叢書》原於杜刻，亦有空格，唯序文「蓋□百之一也」，原本「百」上空一字，程本遂緊接「蓋」字。至何允中重刻《廣漢魏叢書》，則皆不缺字。《法象篇》「夫以□□之困」，補「崩亡」二字；《貴驗篇》「故債□則縱多」上補「極」字；《貴言篇》「可以發□而步遠」，補「幽」字；《藝紀篇》「美育□材」，補「群」字。今以《群書治要》校之，知爲何氏臆補。《貴驗篇》，《治要》作「故墳庫則水縱」，因知補「極」字之妄。其他所補，皆不可據矣。近日金山錢氏校刻此書，頗稱精審，而亦沿何氏所補之謬。錢氏稱以程榮本校，不言程榮本有空格，據何本補字之故。非此本存世，則踪跡不可尋矣。至原書本二十餘篇，晁公武稱「李獻民所見别本尚有《復三年》《制役》二篇」，然曾南豐所據必校録者，亦即此本，則此二篇亡佚已久。唯《群書治要》所録《中論》十二篇，其末二篇的爲《復三年》《制役》二篇之文，此則唐初之本，非此本所可比擬。錢竹汀先生於《治要》尚疑是僞書，抑嘗於《治要》所引漢、魏諸書對校，知今本脱誤如此者甚多，此豈作僞者所能臆造耶？附記於此。

書新刻《中論》後

文章自六經而下，惟先秦、西漢爲近古，其次則及於東漢。余〔嚮〕（以）得桓氏《鹽鐵論》讀之，未嘗不歎其辭氣之古，論議之妙，至不忍去手。繼讀徐氏《中論》，其辭氣論議，視桓氏無大相遠，而余之愛之與《鹽鐵》同。蓋《鹽鐵》西漢之文，《中論》東漢之文也。二書雖幸存於世，然傳録之艱，人不易見。往歲同年〔涂〕（徐）君刻《鹽鐵論》於江陰，俾余識之；近黄華卿氏刻《中論》畢工，亦俾一言。余謂好古之士，世未嘗無，第所恨者，不得悉窺古人之製作而效法之。而〔坊〕（切）肆所市，率〔多〕（爾）射利之時文，求如二書蓋不可得。而今乃〔有〕（得）之，豈非學者之幸乎？余也舊學荒落，見古書之行，爲之欣躍，而且得〔綴〕（掇）名其末，其爲幸又何如也？華卿名紋，今爲吴〔縣〕（孫）學生。觀是舉，可以知其爲人矣。

弘治壬戌六月之望，前進士姑蘇都穆書。

龍按：此本《四部叢刊》曾據傅增湘舊藏本影印。楊氏舊藏於《留真譜初編》卷六葉五有書影，今存臺北故宫。據其書末附楊氏手跡，署「戊子四月宜都楊守敬」字樣；此跋之前另有楊氏手跋，大致爲此跋之前半，偶有異字，不再校録；書前扉頁亦有楊氏手跡，然因扉頁撕損，僅餘二十餘字。所録都穆跋語中「余嚮得桓氏」、「嚮」字極草，楊氏誤爲「以」，檢孫啓治《中論解詁》又誤爲「鄉」，據都穆《鐵網珊瑚》校改。

此條楊《志》丁酉甲種本無，乙、丙、丁三種本方收録，並入史部，然此分部或手民之誤。一者據楊《志》體例，子部一類中，卷八爲小説，卷九、十爲醫類，卷十一爲類書，餘者均入卷七，此條恰爲卷六末條，或疏於檢點，誤將下卷首條錯置於上卷之末。此亦可證實，楊氏《留真譜初編》録此書影，置於卷六，即屬子部，前爲《説苑》《新序》《鹽鐵論》，知大約首以儒家之典，且排序與《四庫全書總目》卷九一同。故據《留真譜初編》改隸於卷七之首。

墨子六卷 萬曆辛巳書坊刊本

按隋、唐《志》以下，《墨子》皆十五卷，陳振孫、宋濳溪所見則僅三卷，蓋南渡後所合併。然考明《道藏》本及嘉靖壬子芝城銅活字藍〔印〕（陽）本皆仍十五卷，此本又併爲六卷，蓋書估之所爲。卷首籤題「鹿門校刻墨子全編」，上層有書林童思泉識語，稱「得宋本」，請茅鹿門讎校，首有萬曆辛巳茅坤序，稱「別駕唐公得《墨子》原本，將歸而梓之」云云，然則鹿門第爲唐公作序，並未與校讎之役，其併爲六卷者，特書賈之所爲。然五十三篇皆備，不似他本之缺《經上》《經下》及《備城門》篇，其中文字異同，多與《道藏》本合，然則謂此本根源於宋槧，良不誣也。唯其中古字、古言，多爲書估所改，如「丌」本古「其」字，書估不識此字，皆改爲「亦」字，可笑之甚，鹿門雖陋，恐不至此。

按《墨子》世少善本，近日因以畢氏所校爲精核，今以此書照之，如《所染》篇「行理性於染當」，畢校云「性當爲生」，而不知此本原作「生」。如此之類甚多。

又按：日本寶曆七年源儀重刻此本，以諸本之異同者校刊於書楣，多與畢氏闇合，與《太平御覽》所引合，不惟勝此本，且勝畢氏所據之《道藏》本。惜乎源氏無卓識，不刻其所引之一本，而刻此合併之本，令人歎息也。

龍按：森《志》著録，《留真譜初編》卷五葉十一有書影，今藏臺北故宮，書前有「貞烈後人」「草間逋隱」「庚午進士丙子秋文科」「遊戲翰墨」「礪震人宋象贊德求章」「養安院藏書」「小島氏圖書記」等印，前五印阿部隆一《志》云其爲韓人之印。此童思泉刻本國內所藏亦多，國圖、北大、陝西黨校、温州、安徽、江西諸館均有庋藏。

傳增湘亦曾得一本，云「曾見楊惺吾藏此本……《訪書志》盛稱此本文字異同多與《道藏》合，謂實根源於宋槧，故遇而存之。」（參《藏園老人手稿·雙鑑樓善本書目》）

莊子注疏殘本 宋刊本

郭象注，唐西華道士成玄英疏，宋槧本，原十卷，缺三至六凡四卷，新見義卿賜蘆文庫舊藏，按新見氏藏書最富，余曾見其書目，森立之《訪古志》亦往往引之。後其書散佚，其孫新見旗山又從他處購還者也。先是日本萬治間書坊有刊本，分爲三十三卷，其中多俗訛字，蓋從古鈔本出。日本別有舊鈔本三十三卷，藏石經山房，見《訪古志》。市野光彥以《道藏》本校之，（藏向山黃村處，）有傳録者。校本甚略，訛字仍多。會星使黎公酷嗜《莊子》書，以爲傳世無善本，而成《疏》又秘在《道藏》，謀重刊之。又從市上購得宋本第三卷，凡二十二葉，蓋即旗山本之所佚。乃謀之旗山，即以其原本上木。旗山則以先世手澤，雖兼金不售，（夫以五六册殘書云千金不售，可謂至奇；而）其堅守先業，（亦）可謂至篤。黎公乃從旗山借宋本，以西洋法影照而刻之。其所缺之卷，則參校坊刻本、《道藏》本而集宋本之字以成之，（黎公以爲坊刻字體雖惡劣，而足以補宋本之缺。）不惜煩費，必欲爲完書，可謂與玄英有宿緣矣。余初以刻此書工費浩繁，又集字費日力，而所得古書有奇於此者，勸黎公輟此議，以其費刻他書，而黎公堅不許。〔夫以西法照影刻書，前世未聞；而集字成書，尤爲異想。此與新見氏抱殘篇如拱璧者，可稱雙絶。〕按玄英之書，雖名爲「疏」，實不爲解釋郭注而作，故其書中往往直録郭注，不增一辭。原書三十卷，本自孤行，後人多所分併，有稱十二卷者新、舊《唐志》、《通志略》、《文淵閣書目》、〔菉〕（箓）竹堂書目》，有稱三十三卷者《郡齋讀書志》《玉海》《文獻通考》《世善堂書目》，按此以每篇爲一卷，有稱三十卷者《書録解題》，按此與原序合，有稱二十卷者《讀書敏求記》，《述古堂書目》亦同。此本十卷，與《宋志》合，然亦合疏於注者，依郭《注》卷第，非成氏原卷如此也。〔《道藏》、坊刻，互有短長，宋本亦多訛字。余據三本，擇善而從，庶乎此書可讀矣。夫先人有藏書，子孫不能守之，是爲不孝；能守之而不能傳之，使先人之名與書共爲不朽，亦非善守者也。旗山既能守之，又能假之他人橅刻以傳，自今以往，海東西莫不知此書爲新見氏舊藏者，則旗山之孝爲何如乎！光緒癸未秋九月，宜都楊守敬記。〕玄英本道士，於此書爲當家，故於談玄處頗有理致語，讀者當自得之。

龍按：森《志》著録，楊批森《志》云「已刊《古逸叢書》中」，今藏日本静嘉堂文庫，《留真譜初編》卷五葉十二有書影，此本爲日本重要文化財，其書末有楊跋手跡，據原跋（嚴紹璗《日藏漢籍善本書録》録文）及楊氏手稿補百餘字。另，此本曾刻入

《古逸叢書》，然楊氏此處未依全書慣例於標題後標出，或因以此書刻入實非楊氏之意。細味此跋，楊氏之態度亦頗堪玩味：一者「以刻此書工費浩繁，又集字費日力，而所得古書有奇於此者，勸黎公輟此議，以其費刻他書」，一者又「以西法照影刻書，前世未聞；而集字成書，尤爲異想」。前者自是刻書家之心理，後者無疑出藏書家之手眼。另，此處云「原十卷，缺三至六凡四卷」，嚴紹璗《日藏漢籍善本書録》云其存五卷，「此本今又缺卷二」，似此後又有佚失，實或楊氏筆誤。黎庶昌《古逸叢書·敘目》有跋（静嘉堂文庫藏原本之末有黎氏親筆所書此跋）云：「此本爲日本新見旗山所藏，字大如錢，作蝴蝶裝，僅存十分之五。予見而悦之，以金幣爲請。新見氏重是先代手澤，不欲售，願假以西法影照，上木而留其真。予又别於肆中收得《養生主》一卷，《德充符》數葉，爲新見氏所無，并舉而歸之。然尚闕《應帝王》以迄《至樂》，因取坊刻本成疏校訂繕補，而别集他卷字當之，不足者，命工仿寫。」驗之《古逸叢書》，卷二包括《養生主》《人間世》《德充符》三篇，《養生主》九葉，與卷一體制同，版心有原刻工名；《人間世》第一葉因與前相連，尚爲原式，自第二葉起，版心即署「木邨嘉平」四字，知此篇全爲木邨氏補刻；而《德充符》僅中間七葉爲原本刻工，餘亦木邨所刻。知此書當時即缺五卷，又或黎氏爲補卷二之十數葉（約當全卷四分之一），楊氏即此則視卷二尚存。前引黎氏跋語亦有小誤,即云「尚闕《應帝王》以迄《至樂》」,當云「尚闕《大宗師》以迄《至樂》」,檢卷三首篇《大宗師》,每葉版心亦署木邨氏名可知。

莊子南華真經十卷 日本刊本○

郭象注本。此日本所刻,其初刊於服元喬,首有其序;覆刊於千葉〔玄〕(立)之,增校諸本異同於欄外。其書款式近俗,其中文字則大佳,亦不附釋音,雖未知源於何本,而其不從《纂圖互注》及世德堂本出,則斷斷矣。

龍按:此書爲日本元文四年所刊,現存甚多。其字體頗精美,即楊氏所謂「文字則大佳」。據楊氏稿本,標題前原有「重刻」二字,後點去,實楊跋所云千葉玄之(日本江户時學者,楊氏誤書「立之」)覆刊本卷端即署「重刻」,楊氏或原據覆刻本,後據原刻本删。

莊子郭注殘本三卷 古鈔卷子本〇

森立之《訪古志》云：「《莊子》舊鈔卷子本十五卷，是本往歲小島學古入京時展閲一過，後得傳録《雜篇·庚桑》第廿三、《外物》第廿六、《寓言》第廿七，凡三卷，餘卷未見。」又言：「此本就李唐舊本傳録，文字異同，校之今本，當據以校訂其誤者不少，間或與陸氏所依本合。」又按：「是書卷數《隋志》稱『三十卷，目一卷』，梁〔《七録》〕三十三卷，《釋文·序録》三十三卷三十三篇，《現在書目》三十三卷，舊、新《唐志》十卷。今此本一篇爲一卷，與《七録》《釋文》所稱合，蓋古本之舊裁也。其爲十卷，唐代併合，實非郭氏之舊。」立之言如此，余此三卷即小島學古所傳録之本也。界長七寸六分，幅七八分，每行十六七字不等，注雙行。此卷字體細瘦，相其筆意，當在七八百年間，而其根源則在六朝。

其一卷爲《庚桑》，首題「莊子雜篇庚桑第廿三」無「楚」字，與《釋文》合，行下標「郭象注」。今校之：「正得秋而萬寶成」，「寶」作「實」與《釋文》所稱「元嘉本」合；「大道已行矣」，「大」作「天」；「先善與利」，「與」作「興」；「而〔殖〕（植）蓬蒿」，「殖」作「列」；「子有殺父，臣有殺君」，「殺」作「弑」；「趎勉聞道達耳矣」，「勉」作「晩」以〔上〕（立）并與《釋文》一本合；「庚桑子曰：辭盡矣」，無「曰」字、「矣」字；「越雞不能伏鵠卵」，「雞」作「雛」，下云「雛之與雞」；「因〔失〕（夫）吾問」，「問」作「聞」與元嘉本合；「義則反愁我已」，無「已」字；「夫外韄者」，「韄」作「獲」，下同與《釋文》本合；「人見其跂」，「跂」作「企」；「道通其分也」下，多「成也」二字；「出無本」以下提行；「有生黬也」，無「也」字與《釋文》一本合；「可散而不可散（者）也」，上「可」字無，下多「者」字；「又適其偃焉」，作「偃者也」；「至禮有不〔人〕（入）」，無「至」字此當是因注文及下文增。若梁有「至」字，則「禮」下無「有」字；「徹志之勃」提行；「六者，勃志也」，「志」下有「者」字，以下四項並有「者」字；「道者」提行；「唯蟲能蟲，唯蟲能〔天〕（大）」，「唯」作「雖」與《釋文》一本合；「是故湯以庖人」，「庖」作「胞」與《釋文》一本合；「介者拸」，「拸」作「移」與《釋文》一本合。其注文與今本異者，每注脚多有「也」「耳」等字，不可悉舉。「將有問也」作「將有問之者耶」如此作文義始晰；「弗能止也」作「弗能正矣」；「斯順之也」作「期順之也」；「此〔妄〕（人）發作」作「此要發作也」；「若其本分素備」，無「本」字；「則其死不久」作「則其死久矣」；「欻然自生，非有本也」作「欻然生耳，非有根也」；「直聚氣也」作「直聚氣耳」；「則各是其所是也」，「也」作「矣」；「若知而後爲，則知僞也」作「則僞矣」，無「知」字；「斯而謂工乎天」，「而」作「所」「所」字是，今各本皆誤；「則逃將安在」作「逃將安之也」；「則不復以〔好〕醜在懷」，「在」作「存」；「恍惚」作「忽恍」。

又一卷題「莊子雜篇第此字當在「物」字下外物廿六」，款式與前卷同。「伍員流于江」，「于」作「乎」，下句同；「慰暋沈屯」，「暋」作「愍」此當誤；「莊周」提行；「我將得邑金」，「邑」作「色」；「斗升之水」作「升斗」，下同；「莫不厭若魚者」，「厭」作「饜」；「守鯢鮒」，「鮒」作「蒲」；「閉其所譽」，「譽」作「與」，旁注「譽」；「其載焉終矜耳」，無「終」字；「宋元君」提行；「且之網」，「網」作「罔」，下同；「知能」作「智能」，下同；「雖有至智」提行；「去善而自善矣」作「去而善而善矣」，旁注「自」字；「廁足」作「仄足」；「莊子曰」提行；「噫」作「意」；「厚德」作「厚得」；「雖相與爲君臣」，無「與」字；「故曰」無「曰」字；「且以狶（韋）氏」，「且」上有「爲」字；「天之穿之」下有「也」字；「不勝」下有「也」字；「到植」作「倒植」；「可以休老」作「可以已沐」，注「非不老也」作「不沐也」，案成玄英疏「衰老之容，以此而沐浴」，則正文似作「沐老」；「雖然，若是」下，旁注「者」字；「小人所以合時」作「小人之所時合」；「演門」提行；「筌者」提行；「在魚」下、「在（兔）（鬼）」下、「在意」下並有「也」字；末空一行，題「莊子雜篇外物第廿六」。其注文之異者：「至人無心」作「無必」；「唯變所適」作「唯變也」；「矜之愈重」，「愈」作「俞」；「所希跂者」，「跂」作「企」；「似營他人事者」下，有「無忩忩也」四字；「惠之爲歡者」，「爲」作「而」，與成《疏》本合；「隱括也」，疊「隱」字；「括，進之謂也」，無「括」字，「謂」作

「故」；「閉者閉塞」下，有「之也」二字；「居其所能」，無「能」字；「亦作恃息也」作「亦不息也」；「失當而後不通」，「而」作「然」，與上句一例。

又一卷題「莊子雜篇〔寓言〕第廿七」，款式與前同。「藉外論之」下有「也」字；「非其父者也」無「也」字；「是爲耆艾」下有「也」字；「（子）以期年耆者」作「以期來者」，按注「無以待人」，則作「來者」是；「人而無以先人」作「人也而無以先人」；「所以窮年」下有「也」字；「言與齊不齊也」，無「也」字；「故曰無言」作「言無言」，據注文，則有者是；「不可於不可」作「可於不可」；「以不同形」作「不以」；「孔子勤」作「懃」，注同；「而其未〔之嘗〕（嘗之）言」作「未之言也」；「而不敢蘁〔立〕（蘁）」作「遷」；「縣其罪」，「縣」作「懸」；「可以有哀乎」，「可」下有「謂」字；「顔成子」提行；「聞子之言」下有「也」字；「惡乎其所適，惡乎其所不適」，兩「乎」字作「何」，下「適」下有「也」字，據成《疏》則作「何」字是；「天有曆數」無「數」字，與《釋文》合；「衆〔罔〕（網）兩」提行；「景」作「影」；「叟叟也」作「搜搜」，與《釋文》一本合；「而非也」，「非」下有「者」字；「彼吾所以有待〔邪〕（耶）」，疊「以」字，「邪」作「也」；「而況乎以有待者乎」，無「以」字；「陽子居」提行；「至於梁」，無「於」字；「請問其過」，「問」作「聞」；「而睢睢盱盱」，「〔睢〕（雎）」「盱」間有「而」字，「睢」「盱」「居」爲韻，有「而」字是也；空一行，題「莊子雜篇寓言第廿七」。其注文之異者：「故借外論也」，「論」下有「之」字；「三異同」無「同」字；「以其耆艾」，無此四字；「無以待人」，「人」作「然」；「我竟不言也」，「不」作「无」；「與時俱也」，「俱」下有「化」字；「是不可常」作「是可常乎」；「衆之所爲」下有「也」字；「口所以宣心」下有「也」字；「吾因天下」，無「吾」字；「妙善也，善惡同」，作「妙善同」，無「也善惡」三字；「以其死之由〔私〕（生）耳」作「由私也」；「非由有也」作「非有由也」；「若有神靈以致也」，「靈」下有「也」字，「致」作「故」，覩下文注則「故」字是；「〔睢睢〕盱盱跋扈之貌」作「睢盱跋扈」，不疊「睢」「盱」字，無「之貌」二字，是也；「疏遠」下有「之也」二字。

龍按：此即日本高山寺所藏古鈔卷子本《莊子》，原本現仍藏日本京都高山寺，森《志》著録爲「石山寺」，或傳鈔致誤，據森《志》初稿本，題下注云「拇尾高山寺藏」（參《日本藏漢籍善本書志書目集成》影印本）；森《志》又云其原十五卷，或亦誤，此本實存七卷（參狩野直喜《舊鈔卷子本莊子殘卷校勘記》）。《故宫所藏觀海堂書目》著録「古鈔卷子，三卷」，即此楊氏所藏傳録本，楊批森《志》云「寶素本歸飛青閣」，然阿部隆一《志》未知此本所在，據杜澤遜《長伴蠹魚老布衣——記藏書家張景栻先生》一文所載，此本當爲山東藏書家張景栻所藏。臺北故宫亦有原觀海堂所藏之古鈔三卷，全無印記，當爲楊氏倩人重鈔之本。再據張景栻、張旻《楊守敬舊藏日本卷子本目録》著録，其所藏「有朱筆影摹高山寺印」，「卷前及卷末均有紫色長方九疊印，似是小島之藏印」，「卷末朱筆書『光緒丁酉八月校讀一過，守敬記』」，彼所云「長方九疊印」即小島氏常用之「小島氏圖書印」，知此即楊氏此處所云小島傳録之本。據楊氏致羅振玉信云：「吾見足下《國學叢刻》宗旨，則吾所藏可彙入者甚多，匆匆不及縷述。有古鈔《莊子》殘卷子三卷，與宋板大有異同，勿論近刻也。如可彙入，當檢出商之。惟守敬年老，精力衰頽，不能照料一切，爲可憾也。」（引自國圖所藏《鄰蘇老人書札》）知曾努力將此卷印行，惜未果。傅增湘曾據楊藏校世德堂本，云：「楊惺吾藏古鈔本《莊子》三卷，存《庚桑》《外物》《寓言》三篇，假校一過，其文字異處頗有出北宋本外者，句尾虚字增益尤多，可謂秘本矣。甲寅十二月二十一日沅叔記，時距惺老之殁將匝月矣，擲筆爲之愴然。」（參王菡整理《藏園群書校勘跋識録》）刊本偶有闕字，據楊氏稿本補；另於描述原本時，楊氏稿本惟稱「寓言第二十七」時不同，餘均用「廿」字，然刊本均統一爲「二十」，此殊誤，因原卷子本確用「廿」字，又稿本唯一用「二十」之文，實引森立之《經籍訪古志》，查森氏之書，仍用「廿」字，故均行回改；又「外物第廿六」處，楊氏「第」字在「外」前，故有注云「此字當在『物』字下」，檢卷子本實不誤，或此爲小島氏傳録時致誤。

孫子集注十三卷 明萬曆己丑刻本

首萬曆己丑新都程涓序，卷末新都黄邦彦後序，卷首題「孫子集注卷之一」，次行題「新都後學黄邦彦校正」。本書大字頂格，注雙行，小字低一格。按陽湖孫氏校刻本稱《道藏》原本題曰「集注」，大興朱氏明刻本題曰「注解」，今此題「集注」，則知亦原於《道藏》。又孫氏稱書中或改「曹公」爲「曹操」，或以「孟氏」置唐人之後，或不知何延錫之名稱爲「何氏」，或出杜佑於杜牧之後。今按，此本「魏武注」皆稱「曹操」無稱「曹公」者，此或黄氏校改。其餘皆如孫氏説。又「道者令民與上同意也」，孫云「『令民』二字原本脱」，此本有「令民」二字，則亦黄氏所補與？孫氏校訂此書頗精核，此本似不足録，但孫本於篇題之注皆作雙行小字，與本書注不一律，此則通爲雙行，體例（較）（校）勝。又孫本「法者，曲制官道主用也」，杜牧注「制者，金鼓□□有節制也」，空二字未刻，按此本知爲「旌旗」二字。其他間與孫本異同處，寸有所長，亦校《孫子》者所不廢也。日本寬文九年書坊以此本重刊，則頗有脱葉，不足觀矣。

按此書自《道藏》本外，明人重刻有朱氏所藏《注解》本，又有此本，而《四庫》皆不著録，則流傳之少可知也。

龍按：據《中國古籍總目》，此黄邦彦刊本《孫子集注》國内所存較多，未能確認楊氏藏本之藏所，楊氏諸書目中未見此書之載録。

武經直解十二卷 明萬曆刊本

明劉寅撰。凡《孫子》三卷、《吴子》一卷、《司馬法》一卷、《李衛公問對》三卷、《尉〔繚〕（僚）子》二卷、《三略》一卷、《六韜》二卷。首自序，次萬曆五年張居正增訂序，次翁鴻業序。按此書不及《施氏講義》之博贍，而隨文解義，明暢易曉，故在武經中亦稱善本。《四庫》僅著其《三略》一種，阮文達《四庫未收書目》著其《司馬法》《尉〔繚〕（僚）子》二種，知其書流傳甚罕。此本日本有重刊本，今只録劉氏自序。

《武經直解》序

洪武三十年，〔歲〕（年）在丁丑，太祖高皇帝劉氏書作于洪武戊寅，不得稱「高皇帝」，此必萬曆重刊時改之有旨，俾軍官子孫講讀武書通曉者，臨期試用。寅觀舊注數家，矛盾不一，學者難於統會。市肆板行者闕誤〔又〕（亦）多，雖嘗口授於人，而竟不能曉達其理。於是取其書删繁撮要，斷以經傳所載先儒之奥旨，質以平日所聞父師之格言，訛舛者稽而正之，脱誤者訂而增之，幽微者彰而顯之，傅會者辨而析之。越明年藁就，又明年書成。凡一十二卷，一百一十四篇，題曰「武經直解」。嗚呼！兵豈易言哉？觀形勢、審虚實、出正奇、定勝負，凡所以禁暴弭亂，安民守國，鎮邊疆、威四夷者，無越於此也。聖人於是重之，故仁義忠信，知勇明決，兵之本也；行伍部曲，有節有制，兵之用也；其潛〔謀〕（諜）密運，料敵取勝者，兵之機也；一徐一疾、一動一静、一予一奪、一文一武，兵之權也。不有大智，其何能謀；不有深謀，其何能將；不有良將，其何能兵；不有鋭兵，其何能武；不有武備，其何能國。欲有智而多謀，善將而能兵，提兵而用武，備武而守國，舍是書何以哉！兵者，詭道，是以孫、吴之流，專〔尚〕（爲）詐謀。《司馬法》以下數書，論仁義節制之兵者，間亦有之，在學者推廣默識，心融而意會耳。雖然，兵謀師律，儒者罕言；譎詭變詐，聖人不取；仁義節制，其猶大匠之規矩準繩乎？大匠能誨人以規矩準繩，而不能使之巧。寅爲此書，但直解經文，而授人以規矩準繩耳。出奇用巧，在臨時應變者自爲之，非寅所敢預言也。狂斐逾僭，得罪聖門，誠不可免，然於國家戡定禍亂之道，學者修爲戰守之方，亦或有所小補云。

洪武戊寅歲律中〔無射望日戊戌前辛亥科進士〕太原劉寅序。

龍按：此書國内所存較多，未知何者爲楊氏舊藏。楊録劉寅序，於首句「太祖高皇帝」下注云「劉氏書作于洪武戊寅，不得稱『高皇帝』，此必萬曆重刊時改之」，劉昌潤亦注云：「朱元璋洪武三十一年閏五月崩。死後廟號『太祖』，謚『高皇帝』。此序作於是年正月，故無廟號、謚號可稱。」又指序末所署「太原」之「原」字當是「蔟」或「簇」之訛。引《禮記·月令》「孟春之月，律中泰簇」，《史記·律書》「正月，月中泰簇。泰簇者，寓物簇生也」，指「戊寅歲律中太簇，即戊寅正月也」（《楊守敬集》第八册）。然楊、劉二人均誤。劉寅爲太原人，故自署「太原劉寅」，「原」字無誤，所誤者，翁刊本序末題署有删節處，據萬曆九年莫與齊刻本，題署作「洪武戊寅歲律中無射望日戊戌前辛亥科進士太原劉寅序」，「律中無射」指九月，此時距朱元璋之死已過四月，稱其廟號、謚號均無不妥。楊氏録劉序偶有誤字，據傳世本稍加校正。

孫子書五卷 明刊本

明趙本學注。本學字虚舟，晉江人。據俞大猷跋，蓋即大猷之師，所著尚有《韜鈐》二編。此本前有巡撫湖廣郭惟賢序，巡撫湖廣梁見孟序，末有都督僉事俞大猷跋。據序跋，此書初刻于薊遼，再刻于湖湘，三刻于鄖陽，此即鄖陽本也。其書章節句辭，蓋融貫《十家注》及《講義》《直解》等書而成，又以史傳與此書相發者，别爲引類，明白曉暢，誠《孫子》注之善本也。而《四庫》不著録，他家書目亦不載，蓋亡佚矣。此書日本有重刻，改題爲《趙注孫子》。其板售於書估，運至上海矣。

龍按：此本國内所存甚稀，楊《志》著録時以其亡佚矣，現知國圖、上海、浙江、湖南、軍科院等館、臺北故宫均有收藏，然未能確定何種爲楊氏舊藏。另，楊氏云此書有三刻，所述未密，明末五十年間，至少已有六刻。

荀子二十卷 宋刊本，刻入《古逸叢書》

今世中土所傳《荀子》宋本有二：一爲北宋吕夏卿熙寧本，一爲南宋錢佃江西漕司本；而唐與政所刊于台州，當時爲一重公案者，顧無傳焉。嘉慶間盧抱經學士據朱文游所藏影鈔吕夏卿本，合元、明本校刊行世，王懷祖、顧澗蘋皆有異議。然吕、錢兩本至今無重刊者。余初來日本時，從書肆購得此書雙鉤本數卷。訪之，乃知爲狩谷望之舊藏台州本，此其所擬重刊未成者。厥後從島田篁村見影摹全部，因告知星使黎公，求得之，以付梓人，一仍其舊，逾年乃成。

按此本後亦有吕夏卿等銜名，又別有熙寧元年中書劄子、曾公亮等銜名。據與政自序，悉視熙寧之故，則知其略無校改。案王伯厚所舉四條：「惟君子知嚮矣」，此本仍作「如響」，不相應，因知伯厚所舉者「嚮」「響」之異，非「知」「如」之異，此自校刊《紀聞》者之失，何校本仍作「如」。若盧抱經所勘，以此本照之，其遺漏不下數百字，又不第顧澗薲所舉《君道篇》「狂生者不胥時而樂」之不作「落」也。此間別有朝鮮古刊本，亦略與此本同。余又合元纂圖本、明世德堂本及王懷祖、劉端臨、郝蘭皋諸先生之説，更參以日本物茂卿有《讀荀子》四卷、冢田虎有《荀子斷》四卷、久保愛有《荀子增注》二十卷、豬飼彦博有《荀子補遺》一卷所訂，別爲《札記》，以未見吕、錢兩原本，將以有待，故未附刊焉。

光緒甲申三月。

龍按：森《志》著録，云其原本爲求古樓舊藏，又附狩谷氏於文政五年所撰之跋語，可參。《留真譜初編》卷五葉十八有書影。據《清客筆話》載，「楊氏以棭齋宋板《荀子》影抄本見示焉，云今日於琳琅閣購得之」，森氏云「棭齋本宋板《荀子》將翻刊之，令杉本庸三寫也」，楊云：「有此書不翻刻是恨事。今日已不知原本何在。」森氏答云：「散佚以後，頗爲搜索，不知在處。」楊批森《志》「荀子」條云：「此書原本今不知所在。《古逸叢書》所刊，係以島田重禮影鈔本重繙。」知此書原本今已無存，楊氏曾得影摹之本二，《古逸叢書》據島田氏影摹本爲底本。今此二影本亦未知去向。《古逸叢書》本附楊氏跋語末多「宜都楊守敬倚裝書」八字。

文中子中説十卷 日本重刊北宋小字本

前有《文中子中説》序，序後本書題「中説卷第一」，次行頂格，題「王道篇」，行下題「阮逸注」。每半葉十四行，行二十六七字不等，注雙行，約三十一二字不等，四周單邊。十卷後有《叙篇》、杜淹《文〔中〕（仲）子世家》一篇、《唐太宗與房魏論禮樂事》一篇、《東皋子答陳尚書〔書〕》一首、《關子明事》一首、《王氏家書雜録》一首，卷尾有「文政十年摹刊」字様，精雅絶倫。書中避諱「弘」「匡」「敬」「玄」「徵」「朗」等字，「讓」「慎」等字不避，知爲北宋本。而考森氏《訪古志》載《中説》〔四〕（三）種，此本獨遺。詢之同好，無知此本之原委者，亦無知此板之存亡者，余遍搜書肆，〔僅〕（謹）得二本，想模印不廣，板即毁廢矣，惜哉！

龍按：森《志》著録此書原本，楊批森《志》云「今在日本東京樋口光義家，余屢求之未獲也」；《留真譜初編》卷五葉三二有書影，楊批云「狩谷望之重刊本」。此原本今藏日本宫内廳書陵部，傅增湘曾觀之並于《藏園群書經眼録》叙云：「鈐有高麗國朱文印，文曰：『高麗國十四葉辛巳歲藏書大宋建中靖國元年大遼乾統元年』。按：此書麻紙，染作深黄色，且因有高麗國印，遂有疑爲朝鮮刊本者。然細審之，其筆意古健堅實，實爲宋刊無疑。」又云：「日本文政十年翻刊本雖亦精美，而字畫纖麗，古意不存矣。」檢視宫内廳書陵部所藏未見高麗國印，傅氏所觀自無誤，或因他故失之。據宿白《現存釋典以外的北宋刊印書籍的考察》云，日本所藏北宋本五種，皆「日本侵犯朝鮮，宇喜多秀家自朝鮮掠歸。每種都有朝鮮王室『經筵』『高麗國十四葉辛巳歲藏書大宋建中靖國元年大遼乾統元年』兩印」，現存本後印雖未見，然「經筵」一印仍存，又有「樋口光義」白文印，與楊批《森》志合，知即其書。

楊批森《志》又云「日本文政間有仿刊本，甚精」，而楊氏所得，即此文政影刻之本，當爲楊《志》所載時代最近之書。據《鄰蘇園藏書目録》載有「《文中子》，仿宋本，一本」，下注云「癸丑臘月二十一日賣於傅沅叔三元」，傅氏曾將其載於《藏園群書經眼録》中；後又歸李盛鐸，現存北京大學圖書館（參《北京大學圖書館日本版古籍目録》，臺北故宮亦有楊氏舊藏一種）。

齊民要術殘本三卷（北宋天聖刊本）

北宋天聖刊本，高山寺藏，見存卷五、卷八二卷，又卷一殘葉二紙。每卷題「齊民要術卷第幾」，次行題「後魏高陽太守賈思勰撰」，次列〔卷〕（傳）中篇目。每半葉八行，行十七字，注雙行，行二十五字。「竟」「玄」「通」等字闕末筆。按胡震亨《秘册彙函》刊本即毛氏《津逮》本有紹興甲子葛祐之刊是書序云：「此書乃天聖中崇文院板本，非朝廷要人不可得。」此本「通」字闕筆，故知是天聖官刊本也。余所得係小島尚質以高山寺本影鈔，精好如宋刻，今以胡刻本校之，乃知胡本謬誤脱漏，觸目皆是，不第如錢遵王《敏求記》所云「卷首《周書》曰」云云，小字夾注改爲大書也。錢謂嘉靖甲申湖湘本如是，故知胡刻原于湖〔湘〕（緗）本。第五卷《桑柘篇》，胡本脱一葉，此本亦完具。

又按：森立之《訪古志》稱尾張真福寺藏有卷子本九卷，只缺第三一卷，亦闕宋諱，與前本同，知亦是原於天聖本。若得此本，則賈氏書爲完璧，記以告後人。

又按：陸氏《藏書記》有張紹仁據士禮居校宋本，亦僅至第七卷「作秦州春酒麴法」一段止，又有勞季言校宋本，當亦是黄校本傳録者。

又按：《愛日精廬藏書志》有黄琴六校本，琴六云：「士禮居藏有〔校〕宋本前六卷，據張校本則至第七卷之半止。據以校照曠閣新刊本亦從胡本出，又據《農桑輯要》互勘，而後四卷無從釐正。」因云：「後四卷脱誤本少。」今以此第八卷校之，脱誤亦甚多。余又以聚珍本王〔禎〕（楨）《農書》校之，補脱釐誤，大有裨益。當出黄校本上，唯未得原書全本照之，終爲恨事。

同治戊辰，高州陳荔秋先生致書何小宋撫軍，薦余入崇文書局。適方刻此書，所據即《津逮》本。賈氏自序偶脱一葉，即注其下方云「原缺一葉」。其有不可屬讀者，則以意連綴之。

校此書者競語余云：「余等爲此書費力不少。」余微哂之，即辭不赴局。吁！此書宋本固不可得，《津逮》本、照曠本非罕見，乃因其所得本偶缺，遂不再求他本以補之，且不照原書行式以留他日校補，鹵莽如此，真所謂刊刻之功不蔽其僭妄之罪也。

龍按：此本森《志》著録，其原本藏日本高山寺，爲日本重要文化財，楊批森《志》云「飛青閣得求古樓精槧本」，此影本今藏臺北故宫，《留真譜初編》卷四葉五二有書影。據目録補「北宋天聖刊本」六字，然則當是「影鈔北宋天聖刊本」。其卷五末題有

「著雍掩茂夏五二十七日夜半校畢，弟子澤島傳對讀」，卷八末題：「紹興甲子葛祐之刊此書，後序有言曰：『蓋此書乃天聖中崇文院板本，非朝廷要人不可得。』案斯刻『通』字缺末筆，審是天聖刊本也。辛丑花朝前一夕秉燭以識焉。佞宋。」知此二卷分别由小島及其門人於一八三八、一八四一年鈔就。羅振玉云：「歲庚子，在鄂中聞楊惺吾舍人藏影日本高山寺北宋本殘卷，求借而授之梓。舍人謂欲取王禎《農書》所引校末二卷之無宋本者，校畢即見畀。予請自任之，則又曰曩固已從事校勘，弟未清寫耳，盍稍俟之。然始終固未見與也。」（《羅振玉學術論著集》第九集）似頗有不滿之意，然據此知，楊氏確從事於茲。據楊致柯逢時函云：「來諭求《齊民要術》，意若守敬有難割之隱，豈知守敬但得有重刻古書之人，方將頃筐倒篋以贈之，況閣下素交乎！」（參劉信芳《楊守敬函稿》，《東南文化》一九九二年第三、四期）又據柯逢時致繆荃孫函云「《齊民要術》又得影北宋本大字三卷，擬將明刻付梓」（《藝風堂友朋書札》），知楊氏果將此書送柯，請柯氏刊行，然當未果。後羅氏於一九一四年於日本得神田香巖之介，終將高山寺藏原本影印行世。

另，森《志》著録尾張真福寺藏舊鈔卷子本，楊批云「此書訪之未得，當尚存也」，據嚴紹璗《日藏漢籍善本書録》載，此亦爲日本重要文化財，今藏蓬左文庫。又，據本跋前舉張紹仁本及《愛日精廬藏書志》補一「校」字。

夢溪筆談二十六卷 宋乾道本

末有乾道二年〔揚〕(楊)州教授湯修年跋，首題「夢溪筆談卷第一」，次行題「沈括存中」，三行低四字題「故事一」。左右雙邊，每條首行頂格，次行低二字。明崇禎間馬元調刊本即從此本出也。無《補筆談》《續筆談》。

龍按：此書存世並無宋刻之本，傅增湘《藏園群書經眼録》云，「此書世稱宋刊，董綬經以爲明刊翻宋者，余觀其刀法字體亦竊有疑焉」，即可知矣。楊氏舊藏未知藏所。

高似孫緯略十二卷〔影宋本〕

影宋本，前有嘉定乙亥似孫自序，首題「緯略卷幾」，次行「高似孫續古集」，每卷有總目，每半葉十〔一〕(二)行，行二十二字。此書著録家無宋本，守山閣所刻據明沈士龍本。

據士龍跋稱，以胡元瑞、曹能始、項穉玉、李貫之諸家參互考訂，始付之梓。篇首缺自序一篇，其第十二卷「筆槖」「金剛石經贊」「漢令甲」三條，有目無書；其末又有「竹宫」「甲觀畫堂」「八陣圖」「風馬牛」四條，則並目録無之。又沈本各條中注闕者，此本皆不缺。其低一行别寫之處，此本皆緊接上文雙行小字。是書傳流既少，《四庫》著録亦據沈本。沈本奪誤之處不勝舉，非重刊不能還似孫之舊。今僅附自序一篇及所脱七條於後。

《緯略》序

嘉定壬申春，程氏準新刊尚書公《演繁露》成，以寄先公。先公得書，晝夜看不休，雖行墅中必與俱，對賓客飯亦不舍。似孫從旁問曰：「書何爲奇古而眈視若此？」先公曰：「是皆吾所欲志者，筆不及耳。」似孫〔盡一〕（晝）夜之力省侍旁見聞者，鈔作二卷，急課筆史，仍裝〔褾〕（標）成册，曉以呈先公。先公翻閲再三，且曰：「此書好於《演繁露》，何人所作？」對曰：「似孫嘗聞尊訓，有所欲志而筆不及，是乃夜來旋加緝録者。」先公喜曰：「吾志也，宜增廣卷帙，庶幾成書。」一月後，甫得卷十二，而先公已捐館，展卷輒墮淚，然不可因此而失傳，略識其事以爲之序。嗚呼！後四年乙亥正月十日，似孫書。

筆槖

《張安世傳》曰："安世本持槖簪筆。"張晏曰："槖，契囊也。近臣負〔槖〕(囊)簪〔筆〕，從備顧問，或有所紀也。"師古曰："〔槖〕(囊)所以盛書也。有底曰『囊』，無底曰『〔槖〕(囊)』。簪筆者，插筆於首。"《南史·劉杳傳》曰"著紫荷槖"，即《安世傳》所云也。《齊·輿服志》曰："肩上紫袷囊，名曰『契囊』，世呼爲紫荷。"梁制，尚書令、僕射尚書，銅印墨綬，朝服佩水蒼玉，腰劍、紫荷、執笏。《通典》。今人用荷囊，直曰"紫荷之槖"，蓋兼二字而用之，誤矣。如蘇味道詩："盛府題青槖，殊章動繡衣。"徐彦伯詩："思急青綸賜，徂裝紫槖懸。"便用二事矣。宋景文公詩："毛脱荷囊筆，塵昏寶帶金。"乃以"荷"爲平聲。

《金剛石經贊》

唐梁肅非唯文章嚴壯，而於佛理高妙，曾作《金剛般若波羅密經石幢贊》有曰："二十五有之内，〔根〕塵相磨，生滅相蕩，斡流旋《集》作"〔幼〕(句)"轉，往復無際，如來憫之。於是開智慧門，示諸法如義，俾夫即動而寂，即寂而照，假文字以筌意，一色空而觀妙。然離一切相，得無住心，二乘遠而不見，十住見而不辨，如是信解乎難哉！"又曰："傾沙界以施，而施有窮；等山〔王〕(河)之大，而大有終；唯金剛空印，永不壞滅。」讀《金剛》之法，盡在是矣。又有《千手千眼觀世音菩薩像贊》曰：「不形之形無形，神人之形也。當法王御世，有元聖曰：『觀音以感通之妙用，運溥博之弘應，協贊無上，弼成玄功，神行無方，形亦丕變。故此像設，施於群生。』此其至矣」。夫此數語亦妙。隋尉遲乙僧盡千手千眼觀音筆力之妙，贊歎不盡，若以梁《贊》較之，猶欠筆力千鈞也。

漢令甲

漢有「令甲」「令乙」者，律令之次序也。且如《漢律》，其〔闕〕（開）於軍政者，曰「傳民」、曰「卒更」、曰「〔戍〕（成）邊」、曰「軍司空」；〔闕〕（開）於民事者，曰「出等」、曰「群飲」、曰「占〔租〕（祖）」、曰「大逆」、曰「鬬、傷爲城旦」、曰「不行親喪不得選舉」；〔闕〕（開）於〔吏〕（夫）道者，曰「官奉」、曰「盜金」、曰「邊尉」、曰「左官」、曰「皈寧」、曰「矢官」，稱士伍，曰「都水」，治堤渠水門，曰「司空」，主水及罪隸；〔闕〕（開）於國事者，曰「大樂」、曰「傳置」、曰「朝請」、曰「僞金」、曰「爲酒」、曰「租銖」、曰「平賈」、曰「弛商賈」、曰「小學試吏」、曰「兵器錢」。毋出關令之闕於軍政者，曰「馬復」、曰「出牝」、曰「若盧弩射」、曰「天下給邊」；闕於民事者，曰「箠」、曰「櫝皈死者」、曰「毋陳赦前事」、曰「毋捕婦女老幼」、曰「七歲鬬殺死」；闕於吏道者，曰「功」、曰「秩禄」、曰「賣爵」、曰「貤爵」、曰「任子」、曰「保同産」、曰「監臨受財」、曰「特封吴芮」；〔關〕（開）於政事者，曰「祠」、曰「宫衛」、曰「犯蹕」、曰「議宗廟」、曰「行馳道」、曰「金布」、曰「告緡」、曰「盜鑄」、曰「鬻鹽」、曰「養老」、曰「禁擿巢」。以漢之律令整整如此，而班固志《刑法》，略不該載，往往見於傳注之間，余因輯而彙之，亦足以見漢之律令猶爲寬簡也。

竹宫 竹殿

《漢書·郊祀志》曰，武帝祠泰畤竹宫，望拜神光，須宫闕名曰「長安甘泉宫」，有竹宫。杜甫詩「竹宫時望拜，桂館或求仙」，韋應物詩「嘗〔陪〕（陪）夕月竹宫齋，每返温泉灞陵醉」，此「竹宫」也。而又有所謂「竹殿」焉。《洛陽宫殿簿》曰「洛陽南宫有竹殿」，《魏略》曰「青龍三年起太極殿，内有竹殿」，梁任昉《静思堂秋竹應詔》曰「竹宫豐麗於甘泉之右，竹殿弘〔敞〕（敞）於神嘉之旁」，盧思道詩「竹殿遥聞鳳管聲，虹橋别有羊車路」，張〔暈〕（暉）詩「隮險入幽林，翠微含竹殿」是也。

甲觀畫堂

《成帝紀》曰：「帝生甲觀畫堂。」應劭曰：「甲觀在太子宫〔甲〕（中）地，主用乳生也。〔畫〕（畫）堂畫九子母。」如淳曰：「甲觀，〔觀〕（之）名；畫堂，〔堂〕（之）名。

《三輔黄圖》曰『太子宫有甲觀』。」師古曰：「甲者，甲乙丙丁之次也。《元后傳》曰『見於丙殿』，此其例也。應氏以爲『在宫之甲地』，謬矣。畫〔堂〕（室）但畫飾耳，豈必九子母乎？霍光止畫室中，是則宫殿中通有彩畫之堂室。」唐温庭筠《生禖屏風歌》：「玉墀暗接昆侖井，井上無人金索冷。畫壁陰森九子堂，階前細月鋪花影。繡屏銀鴨香〔蓊濛〕（翁滌），天上夢皈花繞叢。宜男漫作後庭草，不似櫻桃千子紅。」如庭筠歌，則堂畫「九子」故有其事。然觀唐周昉輩所畫幃障，多作宫禁間嬪御小兒，極其工緻，往往蓋取「則百斯男」之義，故殿曰「百子殿」，池曰「百子池」。錢起詩「臘雪新〔晴〕（暗）百子殿，春風欲上萬年枝」，王維詩「春池百子外，芳樹萬年餘」，杜牧詩「百子池頭一曲春，君恩和淚濕紅塵」，是也。

八陣圖

盛弘之《荆州記》曰：「魚復鹽井以西，石〔磧〕（碩）平曠，騁望四遠。諸葛孔明積細石爲壘，方可數百步。壘西又聚石爲八行，相去二丈許，謂之八陣圖。桓宣武伐蜀經之，以爲常山虵勢。」《孫子》曰：「善用兵者辟如常山之〔虵〕（地）也，擊其首則尾至，擊其尾則首至，擊其腹則首尾俱至。」東坡夢杜子美曰：「世人誤會《八陣圖詩》『江流石不轉，遺恨失吞吴』，世人以爲先主、武侯欲與關羽復仇，故恨不滅吴，非也。

我意本爲蜀、吴脣齒之國，不當相圖，晉能取蜀，以蜀有吞吴之意，此爲恨耳。」

風馬牛

《左氏傳》曰：「君處北海，寡人處南海，唯是風馬牛不相及也。」服虔曰：「風，放也。牝牡相誘謂之風。」《尚書》曰：「馬牛其風。」左氏所謂「風馬牛」，以「馬牛風逸，牝牡相〔誘〕（遠）」，孔穎達曰：「蓋是末界之微事，言此事不相及，故以取喻不相干也。」洪龜父詩乃曰：「鴻雁書遠空，馬牛風寒草。」

龍按：此書現藏臺北故宫，《留真譜初編》卷六葉八有書影，楊批云「影宋鈔本」。扉頁有楊守敬七十歲小像，有楊氏諸印記，序末有傅增湘題字「丙辰六月用舊寫本傳校畢江安傅增湘」。楊氏所録自序及所脱七條錯訛較多，稍據傳世文獻校改。

黄氏日鈔九十七卷 明刊本

明正德刊本。首至元三年沈逵序，序後有「正德己卯孟秋書林龔氏重刊」木記。缺第九十二卷，第九十三卷尾亦有殘缺，蓋所據原本不全也。乾隆間汪氏刊本即據此重翻，故所缺亦同，汪氏自云從元本出者，誣也。每半葉十四行，行二十〔六〕（五）字。

龍按：此書國内所存甚多，有南京、復旦、安師大、湖南、廣東諸館藏本。楊藏本今存臺北故宫，有「愛宕源通直所得之書也」印，《留真譜二編》卷五葉九有書影。另，此書各本均闕八十一、八十九、九十二卷，楊氏或偶有疏漏。

困學紀聞二十卷 明翻刊元慶元路本〇

明翻刊元慶元路本《困學紀聞》二十卷，卷末題「孫厚孫、寧孫校正，慶元路儒學學正胡禾監刊」。又有泰定二年陸晋之跋。據閻校本閻詠序稱，此本最善，唯誤「慶元」爲「應元」，豈閻氏有所避與？其中文字亦不盡與閻校合：第二卷「乃命三后」條，閻本脱「於禽獸」三字；第四卷「《管子・地員》」條，「次曰五〔弜〕（弜）」下，各本空三格，此不空；第五卷「猶《金縢》之新逆」，各本誤作「迎」；第八卷「陳烈」條注，「前賢之讀書如此」，各本「前賢」作「古人」，義雖得通，然烈於伯厚爲前輩，則作「前賢」是也；第十卷引《尸子》「儉〔則〕（者）爲獵者表虎」，各本「儉」作「狩」，此與《御覽》引合；第十四卷引《温彦博傳》「有時而僞」，各本作「賜」，此與《新唐書》合。凡此之類，必是伯厚原書，非經後人校改者。

龍按：此條書名原標爲「元刊本」（目録同），而正文則云「明翻刊元慶元路本」，當是（參《再補·困學紀聞》條考辨），據改。另據楊氏稿本，第五卷尚可補「『舜葬蒼梧之野』閣本『之』誤『山』」一句。又，關於此書楊守敬有詳盡補注，參《續群書拾補》（《楊守敬集》第七册）。此書所存較多，未知何本爲楊氏舊藏。《留真譜初編》卷六葉十二有書影。

道一編六卷 明弘治二年刊本

此書《四庫》著録在《存目》中，稱其不著撰人名氏，因陳建《學蔀通辨》中有程篁墩著《道一編》云云，知爲程敏政作。今是本篇明有敏政自序，《四庫》本缺之耳。今録於左。

《道一編》序

朱、陸二氏之學，始異而終同，見於書者可考也。不知者往往尊朱而斥陸，豈非以其早年未定之論，而致夫終身不同之決，惑於門人記録之手，而不取正於朱子親筆之書耶？以今考之，「志同道合」之語著於《奠文》，「反身〔入〕（人）德」之言見於《義跋》。又屢〔有見于〕（自咎夫）支離之〔弊〕（失），而盛稱其爲己之功。於其高第弟子楊簡、沈煥、舒璘、袁燮之流拳拳(致意)(敬服),俾學者往資之。廓大公無我之心,而未嘗有芥蒂異同之嫌。兹其爲朱子,而後學所不能測識者與?齋居之暇,過不自揆,取「無極」七書、「鵝湖」三詩,鈔爲二卷,用著其異同之始,所謂早年未定之論也。别取朱子書札有及於陸子者,釐爲三卷,而陸子之説附焉。其初則誠若冰炭之相反,其中則覺夫疑信之相半,至於終則有若輔車之相倚,且深取於《孟子》「道性善」「收放心」之兩言。讀至此而後知朱子晚年所以(兼收)(推重)陸子之學,(誠不在)(殆出於)南軒、東萊之(下)(右)。顧不考者斥之爲異,是固不知陸子,而亦豈知朱子者哉?此予編之不容已也。編後附以虞氏、鄭氏、趙氏之説,以爲於朱、陸之學,蓋得其真。若其餘之紛紛者,殆不足録,亦不暇録也。因總命之曰《道一編》,序而藏之。

弘治二年歲己酉冬日長至新安程敏政書。

龍按:此書楊氏各書目未載,國内存本較多,未知何本爲楊氏舊藏。今傳本程序與此小有異同,據之校改。

乘除通變筭寶二卷法筭取用本末一卷續古摘奇筭法二卷
田畝比類乘除捷法二卷 朝鮮刊本

宋楊輝撰。朝鮮翻雕明洪武刊本。每半葉十六行，行二十五字。首有楊輝自序三通，《乘除通變》目録題「乘除通變筭寶」，後有「洪武戊午冬至勤德書堂新刊」木記，卷首題「筭法通變本末」，與總目稍異；卷上次行題「錢塘楊輝編集」，卷中省楊輝姓名，題「乘除通變筭寶」，卷下題「法筭取用本末」，次行題「錢塘楊輝、史仲榮編集」，蓋二人之作。上《乘除通變》爲上、中、下三卷，此亦編書罕見之例。目録後有「古杭余氏勤德書堂刊行」木記。《田畝比類》亦上、下二卷，目録後木記與《筭法通變》所題同，卷末有宣德八年朝鮮朴彧跋，跋後有刊板監刻人等官銜。按陸氏《藏書志》則共爲六卷，郁氏《宜稼堂叢書》刊有此書六卷，所據傳鈔本多殘脱，宋景昌補之。歸安陸氏又得毛鈔本，較郁本爲完善，然亦只六卷。阮氏《研經室外集》作三卷，尤誤。非唯卷數行款陸氏本每葉二十二行與此不合，即書之先後次第亦殊，然則二本皆爲後人所併。其《續古〔摘〕（嫡）奇》二卷，則郁、陸兩本均缺上卷，蓋脱佚已久。郁氏據《筭學啓蒙序》，知朝鮮曾有此書，顧終未傳來。余乃從日本得之。序後有二印，與陸氏説合。而每種皆有總目，則陸亦未言，想亦缺也。當重刊此是本，以還楊氏之舊。郁氏不載楊輝自序，陸氏本有序而未載。今列於左：

夫六藝之設，數學居其一焉。昔黄帝時大夫隸首創此藝，繼得周公著《九章》，戰國則有魏劉徽撰《海島》，至漢甄鸞注《周髀五經》，唐李淳風校正諸家筭法。自昔歷代名賢，皆以此藝爲重。迄於我宋，設科取士，亦以《九章》爲筭經之首。輝所以尊尚此書，留意詳解，或者有云無啓蒙之術，〔初〕（約）學病之。又以乘、除、加、減爲法，秤、斗、尺、田爲問，目之曰《日用筭法》。而學者粗知加減歸倍之法，而不知變通之用，遂易代乘、代除之術，增續新條，目曰《乘除通變本末》。及見中山劉先生益撰《議古根源演段鎖積》，有超古入神之妙，其可不爲發揚以裨後學？遂集爲《田畝筭法》。通前共刊四集，自謂斯願滿矣。一日，忽有劉碧澗、丘虚谷携諸家筭法奇題及舊刊遺忘之文，求成爲集，願助工板刊行。遂添摭諸家奇題與夫繕本及可以續古法草，總爲一集，目之曰《續古摘奇筭法》，與好事者共之，觀者幸勿罪其僭。時德祐改元冬至壬辰日錢塘楊輝謹識。

夫筭之數，起於九九；制筭之法，出自乘除。法首從一者，則爲加爲減；題式無乙者，則乃折乃倍。以上加名九歸，以下損名下乘，並副乘除，羽翼筭家之妙。學者惟知有加減歸損之術，而不知伸引變通之用。《金科賦》曰「知非難而用爲難」，言不誣矣。今將諸術衍盤取用，標注圖草，目之曰《乘除筭寶》。雖未盡前賢之閫奥，亦可爲後學之梯階。敬鋟梓以遠其傳。咸淳甲戌夏至錢塘楊輝序。

爲《田畝筭法》者，蓋萬物之體，變段終歸於田勢；諸題用術，變折皆歸於乘除。中山劉先生作《議古根源序》曰「入則諸門，出則直田」，蓋此義也，撰成《直田演段百問》。信知田體變化無窮，引用帶從開方正員損益之法，前古之所未聞也。作術逾遠，罔究本源，非探賾索隱，而莫能知之。輝擇可作關鍵題問者，重爲詳悉著述，推廣劉君垂訓之意。《五曹筭法》題術有未竊當者，僭爲刪改，以便後學君子，目之曰《田畝比類乘除捷法》，庶少裨汲引之梯徑云爾。時歲在乙亥德祐改元小暑節錢塘楊輝謹序。

龍按：森《志》録《續古摘奇算法》三卷，標「朝鮮國刊本，懷仙樓藏」，所録僅一種，且卷數有誤。楊批森《志》云「今在飛青閣」，《故宫所藏觀海堂書目》著録此四種，此本現存臺北故宫。文中引楊輝序云「戰國則有魏劉徽」「漢甄鸞」，似均誤，以劉爲三國人，當改「戰」爲「三」，而甄鸞爲北周人。

圖繪寶鑑五卷 日本重刻本

元夏文彦撰。此書《津逮》所刻合明欽天監玉泉韓昂續纂者并爲六卷，坊刻又分爲八卷。按元刻五卷，每葉二十二行，行二十字，道光間藏海寧吴氏。此本每葉二十行，行十八字，係日本人重刻，無年月，字體頗古雅，當是原於元刻。雖易其行款，而仍爲五卷之舊。首楊維楨序，次自序，首行題「圖繪寶鑑卷第一」，行下題「吴興夏文彦士良纂」；《補遺》附於五卷之後，其邊縫仍題卷五；《補遺》之後，又有《續補》一葉，凡七人；《續補》之後，又有《增補》一葉，凡八人。按《拜經樓藏書》稱《津逮》本不可據，而所藏元刻亦多漫漶。此本雖經重寫，而無竄亂混淆之失，則亦可貴也。

龍按：今此書元刊本國内頗有庋藏，然未見楊氏所藏此和本。又，原書名下標注爲「日本舊鈔本」，據目録校改。

書史會要九卷補遺一卷 明洪武九年刻本

是書《三續百川學海》刊本以明朱謀垔所作《續編》一卷爲卷十，而以《補遺》置《續編》後，使陶氏書中斷爲二，最爲謬妄。此爲洪武九年刊本，首宋濂序，次曹睿序，次孫作《南村先生傳》，次引用書目，次九成自序，次考詳，次目録。凡九卷，《補遺》一卷。末有鄭真跋。卷首題「書史會要卷之一」，次行題「南村處士陶宗儀九成著」。每卷之後題助刻人姓名四五人，合之共數十人。按宋潛溪《序》云「天台陶君九成新著《書史會要》成，翰墨之家，競欲觀之。以謄鈔之不易也，共鍥諸梓」云云，則知此書爲翰墨家合貲刊行者。第九卷末題「張氏以行存管刻此卷」，又云「補遺一卷，嗣後刊行」，則知《補遺》之刊，又稍後於九卷。《提要》因孫作小傳爲九卷，遂疑原本以《書法》共爲一卷，而以重刊本之《補遺》别爲卷首，爲朱謀垔之子統鉷所分。不知原本《補遺》本各爲卷，孫作小傳所載未詳言之耳。

是書收能書人姓名最爲博贍，可與夏文彦之《圖繪寶鑑》相伯仲。惟前列引用書目，而每條之下則不著見何書。雖陶氏意在成一家言，然其中頗有隱僻之姓名，不出所出，終爲俗學。

龍按：此洪武本國内頗有庋藏，然未知何者爲楊氏舊藏。《留真譜初編》卷三葉六三有書影（此書誤入經部小學類）。《故宫所藏觀海堂書目》載一日本鈔本，「有『根津文庫』、『向山黄邨珍藏印』朱記」，今藏臺北故宫。據楊氏致羅振玉信云：「《書史會要》以前在日本極力搜求，得兩部，今已失一部，尚存一部，未知閣下在日本得之否。」（《楊守敬題跋書信遺稿》）或此所叙正爲所失之一部。楊另函中云：「《書史會要》敝處有兩寫本，行款不同而互有長短，似是元本。有模糊處，形近致誤者。然二本亦竟有不可通者。未知尊處所藏何本，似宜寄來與此二本互校，再以《墨池篇》等書校之，方可入木。大凡守敬在日本得舊鈔本，每葉一角；影抄精者，每葉三角；次者二角。此二書每部約二百餘葉，原以二十餘元得之。如足下欲得之不刻，則以原抄貲付我，議定寄書；如欲刻之，則不須給我貲，亦不必寄書：緣傳古我亦有同情也。」（引自國圖所藏《鄰蘇老人書札》）。

靈棋經一卷古鈔本

首有序引，末有上黨紫團山叟韓運休後序。首題「靈棋經」，次題「晉襄城道人法味傳，晉駕〔部〕郎中顔幼明注，御史中丞何承天箋注，琅邪王瓘著卦名」。首卦題云「大通」，行下即繇辭，無「象曰」字，亦無「第一」「一上一中一下」「昇騰之象」「〔純〕（乾）陽得令乾天西〔北〕（此）」等字。而每卦之旁，以硃筆題，〔亦〕（赤）曰「某某」二字，又注「天」「地」「人」「一」「二」「三」「四」等字樣，森立之所云「王瓘著卦名」者也。顔、何二注，亦頗相近而稍詳，其異同之處尤多。按《隋書·經籍志》有《十二靈棋（棋）卜經》一卷，此書用「十二靈棋」，與所題合。晁氏《讀書志》始著爲二卷。近世所傳劉誠意《補解》本亦二卷，此爲一卷，尚是隋、唐之遺。又按《太平御覽》七百二十六引《異苑》云「晉寧康初，襄城寺法味道人傳此書」，則此本題爲法味所傳，亦近事實。森立之跋疑此書即法味所托，不爲無見。近本有唐李遠《序》，此本脱之。而此本之《首引》及《後序》亦爲近本所無，知其根源者古也。

漢留侯張良受此法於黄石公，初以占行軍用兵，萬無一失。至□時，大中大夫東方朔以覆射萬事，皆神中。□又以此卜法傳淮南王，自爾秘之，莫有傳。□晉大康中，襄城道人法味，云遇神叟著黄皮衣，以竹筒盛此經授法味。自此傳於世。其卜法用版子十二枚，〔周〕長一寸，書「上」「中」「下」各四枚。卜時先須清浄焚香，安然後握棋子呵而咒之曰：「謹□四孟諸神，四季諸神，十二辰，上□天地父母，太上老君，左日右月，二十八宿，四時五行，六甲陰陽，天十二神，地十二時，某心有所疑，意有所惑，沉吟猶豫，請爲訣之。吉當言吉，凶則言凶，唯卦是從。」□即擲之，不可再擲，再擲則吉凶不定。宋朝王涓兄弟及何承天共論此卜法，但志□心虔，啓無不中。凡人不言其微妙，以爲無驗，故多慢之，知幾者思過半矣。出處殊途，取捨萬端，不得以句之美疑脱「惡」字便爲是事皆定。至「東北喪朋，乃終有慶」「行人得半，邑人二字原本互倒之災」「明夷務晤，豐尚光大」，不可同年而語。其卦有上、中、下三位，象《易》三才之義。展轉窮盡，都一百二十四卦，皆以奇偶爲吉凶。奇爲陽，偶爲陰，以理相推，吉凶可知。不觀其爻卦者專於是，則善愚分矣。或有詞理相會者，宜詳其趣焉。唯「巍巍赫赫，不求自獲」，當其捕亡、討逐之類則吉，占病、結婚則不吉。又如「歲當月昌，安如泰山」，卜其憂厄、求財則吉，卜羈遊他望其速歸則未至。又知「君臣易位，方興大利」，君子得之吉，小人得之凶。皆以類推之。夫君子、小人者，舉其德行而已，不以尊官崇位而言也。向道者君子，背道者小人。智者推之可也。按此引不著撰人名，近本有卜法四條，即敷衍此引之文。

龍按：森《志》著録求古樓舊藏鈔本，楊批云「今在飛青閣」，現藏臺北故宮，標爲日本南北朝時期鈔本。《留真譜初編》卷五葉二九有書影。

日本訪書志卷八　子部・小説

世説新語殘卷 古鈔卷子本

是卷書法精妙，雖無年月，以日本古寫佛經照之，其爲唐時人所書無疑。余從日下部東作借校之，其卷首尾殘缺，自《規箴篇》「孫休好射雉」起至「張闓毁門」止，其正文異者數十字，其注異文尤多。所引《管輅别傳》多出七十餘字。竊謂此卷不過十一條，而差異若此。聞此書尚存二卷在西京，安得盡以較録，以還臨川之舊，則宋本不足貴矣。

龍按：楊氏所叙，即今學界所稱唐寫本《世説新書》者，楊氏稱其爲《世説新語》，以其所得僅四分之一弱，原卷計四百十八行，楊氏借校者爲前九十八行耳，此卷末標書名爲「世説新書卷第六」，楊氏未見，故有此稱。據日人神田醇跋語云「憶三十餘年前與亡友山田永年等四人獲一長卷，截而爲五，各取其一，余得末段」，知此卷爲當時收藏家分割珍藏。至民國四年，羅振玉於京都訪神田氏，得見此書末截，「又知第一截爲小川簡齋翁所得，其二截藏京師山田氏，其三截藏於小西氏，因請於神田、小川兩君，欲合印之，二君慨然許諾，並由小川君爲介於小西君，神田君爲介於山田君，於是分者乃得復合」。羅氏又云：「亡友楊星吾舍人，曾見第一段，載之《日本訪書志》，尚未知古今稱名之異。」知楊氏當於使日之時，或於小川爲次郎（號簡齋，著名藏家，曾藏智永《真草千字文》）處得見首截而入録。此處楊氏與日中學者同以此爲唐寫本，或未爲當，其更可能爲六朝之寫本（參見范子燁《六朝古卷：「唐寫本〈世説新書〉殘卷」揭秘》，《文獻》一九九九年第二期；拙文《〈世説新語〉命名的淵源、演變及定名困境》，《學術研究》二〇一九年第六期）。羅振玉影印本之末抄録楊氏跋語，末多「宜都楊守敬」字樣；另「爲唐時人」作「爲李唐時人」，然楊氏稿本亦有此篇，無「李」字，故不據補。

王子年拾遺記十卷 明翻北宋本

每半葉十行，行十八字，前有總目。本書首題「王子年拾遺記卷第一」，次行題「蕭綺序録」，三行以下蕭綺序，序後「庖犧」「神農」「黄帝」「少昊」「高陽」「高辛」「唐堯」「虞舜」八子目，目後再題「春皇庖犧」條目。以下每卷皆先子目，後條目，蓋猶唐人卷軸本之式。篇中「殷」「讓」「弘」「禎」「轅」五字缺筆。字體端雅，蓋北宋精本也。《漢魏叢書》刻此本删其每卷子目，而以蕭綺序置卷一之前，已大失古式。《秘書廿一種》亦然。邇來崇文書局又從《秘書》本翻刻，而訛謬尤甚：如「漢明帝陰貴人」，《叢書》本誤「陰」爲「因」，局本亦仍之；又如「始皇起雲明臺」，宋本自爲一條，《秘書》本亦同，《叢書》本因前條字抵行末，不便跳行，局本遂連上爲一條，而不顧文之不相續。吁！官刻局書草率乃爾，承學者將何取則焉？

又按：胡應麟《二酉綴遺》謂即蕭綺所作，托名「子年」，其語似是。然隋、唐《志》並有王子年《拾遺録》三卷，又有蕭綺《王子年拾遺記》十卷。據蕭綺序録稱，子年原書十九卷殘缺，綺搜檢爲一十卷。則隋、唐《志》所載之「三卷」，必仍是子年原書，而無蕭綺卷中「録論」之文，但又殘缺只存三卷耳。胡氏故爲高論，以矜其具眼，而不核隋、唐《志》「三卷」之録，失之目睫也。

又按：此本雖原於北宋，而以《太平廣記》所引校之，則此遠不逮焉。雖其中有兩通者，亦有《廣記》奪誤者，然細校其文字，則彼所據者，當是唐人所遺。如「周成王泥離國」條「視日月以知方國所向」，《廣記》引，上文有「或泛巨水」四字；「漢成帝飛燕」條，「帝以翠纓結飛燕之裾」，《廣記》引此，下有「遊倦乃返，飛燕後漸見疏，常怨恚曰」云云，今本「裾」下即接「怨曰」，不可通矣；「魏明帝昆明國」條，「宫人相嘲曰『不服辟寒金，那得君王心』」，《廣記》引此，下有「不服辟寒鈿，那得君王憐」二句；「蜀周群」條「蜀人謂之後聖」，《廣記》引止此，其下「白猿」云云，自相駁詰，必後人識語。蕭綺所録，百無一真，其迂誕豈獨此條？又「晉武帝」條「何必木偶於心識乎」，文義難解，《廣記》引作「何必〔土〕木之偶而無心識者乎」，此皆明明脱誤，其他異同以數百計，「周靈王昆昭臺」一條脱百餘字。別詳《札記》。

又按：此書次第條目，多無義例，往往有數事合爲一條者，《廣記》分引之，是也。然不敢謂蕭氏原書必無不合，如「晉文焚林」不與「師曠」相儷，乃置「周靈王」之前，以「魯僖」標目；「劉向校書」，不置「漢成」之後，乃擠於「郭況」「賈逵」間；「魏任城」明帝之朝，而載「建安三年胥徒國獻沈明石雞」；「魏帝爲陳留王之歲」，而云「太始〔元〕（四）年」「頻斯國〔人〕來朝」：皆時代乖迕，條理莫知，仍不能不以「斷爛」爲辭矣。

龍按：此未知何本，《王子年拾遺記》現知最早之本即顧春世德堂本，頗疑楊氏此本實即顧氏本，以其文字與避諱均同可知，然爲藏者挖去目録後顧氏牌記耳。以此本與下條楊氏所述顧氏本泰半相同，且森《志》亦著録一求古樓舊藏本，亦當爲顧氏本，亦云「此本不記梓刻歲月」。此顧本今存臺北故宫。《留真譜初編》卷六葉十五、十六有書影。

王子年拾遺記十卷 明嘉靖甲午仿宋本

明顧氏重刊，目録二葉，目録之後有「顧氏世德堂刊」八分書木記。首行題「王子年拾遺記卷第一」，次行題「蕭綺序録」，以下重格序文。序後低三格分二行排寫「庖犧」「神農」「黄帝」「少昊」「高陽」「高辛」「唐堯」「虞舜」八目，再下一行低四字題「春皇庖犧」。每半葉十行，每行十八字，左右雙邊。卷中避「弘」「殷」「讓」「轄」「禎」等字，「楨」字或記以「御名」二字，蓋原於宋仁宗時刊本也。末有嘉靖四年顧春跋，接刊於後序之後。程榮《漢魏叢書》即取原此本，而移蕭綺之序録於目録之前，又每卷删其總目，大失古式；亦間有臆改處，安得好事以此本重刊而還宋本之舊乎？按：顧氏嘗刻《荀》《莊》《列》《楊》《文中子》，世稱「世德堂六子」本是也。愚謂「六子」本雖善，然多改换原刻面目，不如此本之精雅也。此書日本有二部，一爲狩谷望之所藏，有明「錢穀叔寶」之印；余此本得之森立之，有「東石黄氏藏書籍」六字，立之甚寶愛，余屢求而後得之。

龍按：此本《故宫所藏觀海堂書目》有著録，云其「有光緒癸巳楊氏題識及東石黄氏藏圖籍印」，現臺北故宫藏本即有此印，當即楊氏舊藏。據阿部隆一《志》，末署「光緒癸巳三月宜都楊守敬記」。另，楊氏云書有「『東石黄氏藏書籍』六字」，其所引實七字，本可徑改「七」字，然或亦有誤，故宫標注云「東石黄氏藏圖籍印」，則又有八字，或原當無「印」字。

古鈔本冥報記三卷附冥報記輯本六卷冥報記拾遺輯本四卷

唐臨《冥報記》，《唐書》本傳及兩《唐志》并云「二卷」，唯日本藤原佐世《現在書目》作「十卷」，宋以下不著録，蓋亡佚久矣。余於日本得古鈔本三卷，首題「吏部尚書唐臨撰」，有臨自序。上卷十一條，中卷十一條，下卷十六條，相傳是三緣山寺保元間寫本，首缺四十三行，以高山寺藏本補之。上卷前七條皆僧尼事，當是日本釋子所節鈔，而又臆分爲三卷也。余因檢《法苑珠林》及《太平廣記》所引《冥報記》，溢出於此鈔本者甚多，而此鈔本亦有爲二書所無者。又有《冥報拾遺》，見於《珠林》《廣記》頗多，此鈔本「董雄」「釋僧徹」二條亦《拾遺》之文，而著録家皆不及，亦不詳撰人名氏。據《唐書》本傳：「臨，京兆人。官至兵部、度支、吏部三尚書。顯慶四年，坐事貶爲潮州刺史，卒官。年六十。」然則古鈔本題「吏部尚書」者，在臨未貶之前。而《廣記》引《冥報記》「尼修行」一條，在龍朔元年恐是《拾遺》之文，誤注《冥報記》也，《拾遺》所載，亦至龍朔而止。其「釋僧徹」一條明云：「臨嘗患腫，僧徹遺癩病人禁咒有驗。」是《拾遺》亦爲臨作無疑，又可知臨卒在龍朔後也。今合古鈔、《珠林》、《廣記》所引，輯爲一書，計《冥報記》八十四條，釐爲六卷；《冥報拾遺》四十二條，釐爲四卷。以合《現在書目》之數。蓋此百餘條以唐卷子本計之，必非二卷所能容，知《見在書目》爲得其實，本傳、兩《唐志》所題皆誤也。又《珠林》《廣記》往往以《冥報記》誤作《冥祥記》，按《冥祥記》王琰撰，見《隋書·經籍志》及唐臨此書序。據《萬歲通天帖》，琰爲齊太子舍人，《隋志》有《宋春秋》二十卷，梁吴興令王琰撰。是琰乃齊、梁間人，安能下及隋、唐間事？今劃所引言唐事者爲《冥報記》，其《廣記》「梁元帝」條引《韻對》，「嚴恭傳」引《獨異志》，「京兆獄卒」條引《古今五行記》，「傅奕」條引《地獄苦記》，蓋又因展轉傳録而未溯其源，今皆據古鈔及《珠林》訂正焉。

《冥報記》卷上　　吏部尚書唐臨撰

夫含氣有生，無不〔有識〕，有識而有行，隨行善惡而受其報，如農夫之播植，隨所植而收之，此蓋物之常理，固無所可疑也。上智達其本源，知而無見；下愚闇其蹤跡，迷而不返，皆絶言也。中品之人，未能自達，隨緣動見，遂見生疑，疑見多端，各懷異執，釋典論其分別，凡有六十二見，耶倒於是〔乎〕（平）生者也。臨在中人之後，幸而〔寤〕（誤）其萬一。比見衆人不信因果者，説見雖多，〔同〕（因）謂善惡無報。無報之説，略有三種：一者「自然」，故無因果，唯當任欲，待事而已；二者「滅盡」，言死而身滅，識無所住，身識〔都〕（却）盡，誰受苦樂，以無受故，知無因果；三者「無報」，言見今人有修道德，貧賤早死，或行凶惡，富貴靈長。以是事故，知無因果。臨竊謂儒書論善惡之報甚多，近者報於當時，中者報於累年之外，遠者報於子孫之後。當時報者，若楚子吞〔蛭〕（蛵），痼疾皆愈；宋公不禱，妖星多退；〔淖〕（諱）齒凶逆，旋踵伏誅；趙高〔惑〕（或）〔亂，〕俄而滅族之類是也。累年報者，如〔魏〕（巍）顆嫁妾，終以濟師；孫叔埋蛇，竟〔享〕多福；漢幽鴆如意，蒼苟成〔災〕（交）；齊煞彭生，立豕而祟之類是也。子孫報者，若弗父恭於〔三命〕（王令），廣宣尼之道；鄧訓歲活千人，遺〔和〕熹之慶；陳平陰計，自知無〔後〕（得）；欒黶忲侈，盈被其殃之類是也。若乃虞舜以孝行登位，周文以仁賢受命，桀紂以殘忍亡國，幽厲以淫縱禍終。三代功德，〔卜〕（下）祚長久；秦皇驕暴，及子而滅。若斯之比，觸類寔繁。雖復大小有殊，亦皆善惡之驗。但事法王道，理關天命。常談之際，非所宜言。今之所録，蓋唯取其微□

細驗，冀以發起〔同〕（因）類，貽告子孫，徵於人鬼之間，若斯而已也。釋氏説教，〔無非〕（元順）因果。因即是作，果即是報。無一〔法〕（作）而非因，無一因而不報。然其説報，亦有三種：一者「現報」，於此身中，作善惡業，即於此〔身〕而受報者，皆名「現報」；二者「生報」，謂此身作業，不即受之，隨業善惡，生於諸道，皆名「生報」；三者「〔後〕（得）報」，謂過去身作善惡業，能得果報，應多身受，是以現在作業，未便受報，或次〔後〕（得）得生受，或五生十生方始受之，是皆名「〔後〕（得）報」。於此三報，〔攝〕（操）一切法，無所不盡，〔足令〕（是今）諸見〔渙〕（復）然大〔寤〕（悟）。然今俗士，尚有〔惑〕（或）之，多習因而忘果，疑耳而信目。是以聞説〔後〕（得）報，則若存若亡。見有〔受〕（□）驗，則驚嗟信〔服〕（眼）。〔昔〕（習）晉高士謝敷、宋尚書令傅亮、太子中書舍人張演、齊司徒從事中郎陸〔杲〕（果），或一時令望，或當代名家，並録《觀世音應驗記》，及齊竟陵王蕭子良作《冥驗記》、王琰作《冥祥記》，皆所以徵明善惡，勸戒將來，實使聞者深心感〔寤〕（悟）。臨既慕其風旨，亦思以勸人，輒録所聞，集爲此記，仍具陳所受及聞見緣由，言不飾文，事專揚確，庶人見者，能留意焉。古鈔。

《冥報記輯本》目録

卷一

晉王範妾《廣記》一百二十九。

宋沙門僧規《珠林》八十三。

宋司馬文宣《珠林》六，《廣記》三百二十五。

宋王胡《珠林》六，《廣記》三百二十二。

宋李旦《珠林》六，《廣記》三百八十二。

宋鄭鮮之《珠林》六。

梁武帝古鈔卷上。

梁元帝古鈔卷中，《廣記》一百三十一。

後魏崔浩古鈔卷下。

東魏鄴下人古鈔卷上。

卷二

北齊冀州人古鈔卷上（，《珠林》六十四，《廣記》一百三十）。

周武帝古鈔卷下，《珠林》九十四。

陳嚴恭古鈔卷中，《珠林》十八，《廣記》一百十八引《獨異志》作「嚴泰」。

隋釋信行古鈔卷上。

隋冀州小兒古鈔卷下，《珠林》六十四，《廣記》一百三十一。

隋寶室寺《珠林》十八。

隋釋慧雲《珠林》九十七。

隋崔彦武《珠林》二十六。

隋王將軍古鈔卷下，《珠林》六十四，《廣記》一百三十二。

隋姜略古鈔卷下，《珠林》六十四，《廣記》一百三十二。

卷三

隋皇甫兄弟《珠林》七十四。

隋趙文若《珠林》九十四。

隋大業客僧《珠林》十八，《廣記》九十九。

隋蕭璟古鈔卷中。

隋河南人婦古鈔卷下，《珠林》四十九，《廣記》一百六十二。

隋京兆獄卒古鈔卷下，《廣記》一百二十作《廣古今五行記》。

隋洛陽人王古鈔卷下，《珠林》五十七。

隋釋智苑古鈔卷上，《珠林》十八，《廣記》九十一。

隋孫賓古鈔卷中。

隋卞士瑜古鈔卷下，《珠林》五十七。

隋庾抱古鈔卷下。

隋李寬古鈔卷下。

卷四

唐柳儉《珠林》十八。

唐謝弘敞《珠林》九十四，《廣記》三百八十六。

唐臨邛人韋古鈔卷下，《珠林》七十五，《廣記》一百二十。

唐孔恪《珠林》七十一，《廣記》三百八十一。

唐釋惠如古鈔卷上，《珠林》五十二。

唐尼法信古鈔卷上，《珠林》二十七，《廣記》一百九。

唐李山龍《珠林》二十，《廣記》一百九。

唐畢仲珪古鈔卷中。

唐蘇長《珠林》十八，《廣記》一百九。

唐岑文本古鈔卷中，《廣記》一百六十二。

唐李大安古鈔卷中，《珠林》十四，《廣記》九十九。

唐趙文信《珠林》十八。

唐劉弼《珠林》十八。

唐柳智感《珠林》七，《廣記》〔二百九十八〕（三百二十五）。

唐李壽《珠林》六十四，《廣記》一百三十二。

卷五

唐竇軌《珠林》七十三，《廣記》一百二十六。

唐修州佛跡《珠林》十四。

唐殷安仁古鈔卷下，《珠林》七十三。

唐賈道羨《珠林》十八。

唐張公瑾妾《珠林》六十五，《廣記》一百二十〔九〕（五）。

唐戴文胄古鈔卷中，《珠林》六十四。

唐方山開《珠林》六十四，《廣記》一百三十二。

唐張法義《珠林》八十九，《廣記》一百十五。

唐元大寶古鈔卷中。

唐孫迴璞《珠林》九十四，《廣記》三百七十〔七〕（九）誤作《冥祥記》。

唐傅奕《珠林》七十九，《廣記》一百十六引作《地〔獄〕苦記》。

唐兗州人《珠林》二十八，《廣記》二百九十七。

唐眭仁蒨《珠林》六，《廣記》二百九十七作「睦仁蒨」。

唐潘果古鈔卷下，《珠林》七十三。

卷六

唐李知禮《珠林》六十四，《廣記》一百三十二。

唐薛孤訓《珠林》九十五，《廣記》一百十六誤作《冥祥記》。

唐陸懷素《珠林》十八，《廣記》一百〔二〕（三）。

唐楊師操《珠林》七十六，《廣記》三百八十二誤作《冥祥記》。

唐頓丘李氏《珠林》九十四，《廣記》一百九。

唐巂州令《廣記》一百十六誤作《冥祥記》。

唐韋慶植《珠林》七十四。

唐王璹《珠林》七十九，《廣記》三百八十。

唐徐王任《珠林》六十五。

唐盧文厲古鈔卷中。

唐鄭師辯古鈔卷中，《珠林》九十四，《廣記》〔三百〕七十九。

唐僧義孚《廣記》一百十六。

唐長安市里古鈔卷下，《珠林》七十四。

唐明相寺《廣記》一百(二)十六〔誤〕作《冥祥記》。按鳳州始置于唐，今訂。

唐豆盧〔氏〕(寺)《珠林》十八〔，《廣記》一百三〕。

唐釋道英古鈔卷上。

唐尼修行《廣記》一百三。

《冥報拾遺輯本》目録

卷一

北齊仕人梁古鈔卷下，《珠林》三十六。

隋耿伏生《珠林》七十三。

隋賀悦《珠林》七十三，《廣記》一百三十二。

唐任義方《珠林》三十六，《廣記》三百八十二。

唐姜滕生《珠林》七十九，《廣記》一百十六作「勝生」。

唐王千石《珠林》四十九。

唐張亮古鈔卷中，《珠林》三十一。

唐邢文宗《珠林》七十，《廣記》一百二十一。

唐杜通達《珠林》七十，《廣記》一百二十一。

唐陸孝政《珠林》七十三，《廣記》一百〔三十二〕（二十八）。

唐董雄古鈔卷中，《珠林》二十六，《廣記》一百十〔二〕（一）。

唐咸陽婦人梁氏《珠林》七十六，《廣記》三百八十六。

唐李義琰《珠林》七十三，《廣記》一百二十七。

卷二

唐清禪寺《珠林》十四。

唐李思一《珠林》九十一。

唐杜智楷《珠林》四十六，《廣記》一百十一。

唐齊士望《珠林》七十三，《廣記》三百八十二。

唐劉善經《珠林》二十六。

唐盧元禮《珠林》六十四。

唐僧玄高《珠林》二十六。

唐裴則男《珠林》九十七，《廣記》三百八十二。

唐石壁寺《珠林》五十，《廣記》一百九。

唐陽武婦女朱《珠林》五十七。

唐釋僧徹古鈔卷上，《珠林》九十五，《廣記》一百九（十二）。

唐路伯達《珠林》五十七。

唐韋知十《珠林》九十四，《廣記》九十九。

唐王懷智《珠林》三十三。

唐夏〔侯〕（候）均《珠林》八十九。

唐王會師《珠林》五十二。

卷三

唐劉摩兒《珠林》六十四，《廣記》一百三十二。

唐館陶主簿周《珠林》七十四，《廣記》一百二十七。

唐李虔觀《珠林》十八。

唐信都元方《珠林》七十二。

唐封元則《珠林》七十三。

唐李信《珠林》五十二，《廣記》一百三十四。

唐孫壽《珠林》十八，《廣記》一百三。

唐童子寺《珠林》十四。

唐任五娘《珠林》九十四，《廣記》一百三。

唐姚明解《珠林》七十九。

唐謝氏《珠林》九十四。

唐濟陰縣《珠林》十八。

唐漁陽縣《珠林》十四。

唐倪氏妻皇甫氏《珠林》六十二。

唐司馬喬卿《珠林》十八，《廣記》一百三。

唐徹禪師古鈔本卷上，《珠林》九十五，《廣記》一百九。

龍按：森《志》著録此「三緣山某院藏本」，楊批森《志》云「飛青閣得影抄本」，楊氏《鄰蘇園藏書目録》録有「《冥報記》二本，鈔本《畫一元龜》一本（共一盒）」，珍藏於「柏木櫃」中，與各種古鈔、五山本同列，知其極爲珍視。然細繹楊氏所得此本與日本所存鈔本之關係，知此書或爲森立之僞冒真本售予楊氏者（參李銘敬《日本知恩院藏〈冥報記〉古寫本的傳承與著録考略——兼談臺灣故宫博物院所藏楊守敬舊持本》，《文獻》二〇〇六年第二期；李小龍《書舶録：日本訪書詩紀》）。楊氏所藏此鈔本現存臺北故宫，《留真譜初編》卷六葉十七、十八有書影。

另，此處所輯目録付刻時當有串葉現象，故卷五後爲拾遺本卷一，然後又爲卷六，檢視原本，中間二葉互換，故重排。輯本計七十八條，拾遺四十七條，與楊氏所云不符，亦相去不遠。此外，楊氏所録唐氏序文訛誤較多，以其所據爲抄三緣寺本者，故僅改數處影響文義之字，餘不細校。惟有二處，當稍加説明，以見校書之不易。一者，「説見雖多，同謂善惡無報」，方詩銘校本底本作「同」，據知恩院本、三緣山寺本改爲「因」，據校者正爲楊氏著録本，則當尊重原貌，然方校實誤，非但高山寺本、長治本均作「同」，且謂説見紛紜，然其所同者在以善惡無報，若用「因」字，則語意不合，此實鈔本以「回」「同」字形相近而訛者，故仍校改之。二者，「疑見多端，各懷異執，釋典論其分别，凡有六十二見，耶倒於是乎生者也」，「耶倒」二字未知其義，據長治鈔本，前字作「邪」(按：楊氏携歸之《黄帝内經太素》古鈔本亦將《黄帝内經》中之「邪」字寫作「耶」),或當爲「邪術」二字之譌。

大唐新語十三卷 明刊本

《新唐志》注云：「元和中，江都主簿劉肅撰。」此本爲馮夢禎序、潘玄度刻，結銜題「登仕郎前守江州潯陽縣主簿」，疑《唐志》爲傳寫之誤。唯自《唐志》以下諸家著録皆稱《大唐新語》。此本劉肅自序首題「唐世説新語序」，文中亦有「世説」二字，最爲謬妄。馮序又稱是弇州校定。竊意開之、元美皆一時之傑，未必至此，當是潘氏子所爲。卷首標「玉峰青霞館重摹宋板」。今以《稗海》本校之，則互有訛字，各爲正訂。其有二本並誤者，則據《廣記》等書校之。至「政能第八」標目，此本亦誤刻於第四卷《持法篇》「韋陟」條尾，而以第五卷《忠烈篇》爲第八，與《稗海》本同。唯卷首自序及卷末《總論》一篇爲《稗海》本所無，或是從宋本出耳。

自序

自庖犧畫卦，文字聿興。立記注之司，以存警誡之法。《傳》稱「左史記言，《尚書》是也;右史記事,《春秋》是也」。洎唐虞氏作,木火遞興,雖戢干戈,質文或異。而《九丘》《八索》,祖述莫殊。宣父删落其繁蕪,丘明捃拾其疑闕;馬遷創變古體,班氏遂業前書。編集既多,省覽爲殆。則擬虞卿、陸賈之作,袁宏、荀氏之録,雖爲小學,抑亦可觀。邇來記注,不乏於代矣。聖唐御宇,載幾二百,聲明文物,至化玄風,卓爾於百王,輝映於前古。肅不揆庸淺,輒爲纂述。備書微婉,恐貽床屋之尤;全采風謡,懼招流俗之説。今起自國初,迄于大曆,事關政教,言涉文詞,道可師模,志將存〔古〕,勒成十三卷,題云《大唐世説新語》。聊以宣之開卷,豈敢傳諸奇人。時元和丁亥歲有事于圜丘之月序。

總論

史册之興,其來尚矣。蒼頡代結繩之政,伯陽主藏室之書,晉之董狐,楚之猗相,皆簡牘椎輪也。仲尼因魯史成文,著爲《春秋》,尊君卑臣,去邪歸正。用夷禮者,無貴賤;名不達於王者,無賢愚;不由君命者,無大小;〔人〕邪行正,棄其人;人正國邪,全棄其國。此《春秋》大旨也。故《志》曰:「仲尼成《春秋》而亂臣賊子懼。」又曰:「撥亂世反諸正,莫近於《春秋》。」《春秋》憑義以制法,垂文以行教,非徒皆以日繫月、編年叙事而已。後之作者無力病諸。司馬遷意在博文,綜核疏略,後六經而先黄老，賤處士而寵奸雄。班固序廢興則褒時而蔑祖德，述政教則左理本而右典刑。此遷、固之所蔽也。然遷辭直而事備，固文贍而事詳。若用其所長，蓋其所短，則昇堂而入室矣。范曄絀公才而采私論，捨典實而飾浮言；陳壽意不迨文，容身遠害，既乖直筆，空紊舊章。自兹以降，漸已陵替也。國家革隋之弊，文筆聿修。貞觀、開元述作爲盛，蓋光於前代矣。自微言既絶，異端斯起。莊、列以仁義爲芻狗，申、韓以禮樂爲癰疣，徒有著述之名，無裨政教之闕。聖人遺訓，幾乎息矣。昔荀爽紀漢事可爲鑒戒者以爲《漢語》，今之所記，庶嗣前修。不尚奇正之謀，重文德也；不褒縱横之書，賤狙詐也；刊浮靡之詞，歸正也；損術數之略，抑末也。理國者以人爲本，當厚生以順天；立身者以學爲先，必因文而輔教。纖微之善，罔不備書。百代之後，知斯言之可復也。

龍按：此本現藏於臺北故宫，標爲「明萬曆三十一年潘玄度青霞館刊本」。《故宫所藏觀海堂書目》著録時標「有光緒癸巳楊氏題識」，據阿部隆一《志》，後署「光緒癸巳春暮宜都楊守敬記於鄰蘇園」。

西陽雜俎二十卷續集十卷 明刊本

《新唐志》及《崇文總目》並三十卷，《中興書目》則云《雜俎》二十卷，《續雜俎》十卷。見《玉海》。《郡齋讀書志》《書録解題》同。説者謂《唐志》《崇文》之三十卷，蓋合《續雜俎》計之。顧近代著録家有宋、元本《前集》，無舊本《續集》。胡應麟《少室山房筆叢》云：「《西陽雜俎》世有二本，皆二十卷，無所謂續者。近於《太平廣記》中鈔出《續記》，不及十卷。而《前集》漏佚者甚多，悉鈔入《續記》中，爲十卷，俟好事者刻之。」而《稗海》及《津逮秘書》皆只有《前集》，通行坊本有《續集》，不言是鈔綴而成，故《四庫提要》致疑於此。余辛巳於日本市上購得明萬曆戊申四川道監察御史内鄉李雲鵠刻本，前有宋嘉定癸未武陽鄧復序云：「陳君〔所〕（江）刊止《前集》二十卷，又缺其序。余以家藏《續集》十卷並《前集》之序畀之，遂爲全書。」然則《續集》在宋時已微，自鄧氏重刻以後，始有全書。又有明海虞趙琦美序，言得是書之原委，並增補《續集》之由。然則此書之《前集》根原於宋刻本，而《續集》則鄧氏所藏，亦宋本也，唯趙氏有所綴緝耳。趙氏以收藏鳴一代，所謂「清常老人」者是也，其語必不誣。《提要》疑《續集》從《太平廣記》鈔出，何以得其六篇之目，意胡應麟以意爲之。今閱此書，乃知本於李刻，非原於胡氏。

又《提要》云段氏自序「凡三十篇，爲二十卷。今自《忠志》至《肉攫》部凡二十九篇，尚闕其一」，遂疑《語資篇》後當有《破蝨録》一篇。今以此本校《稗海》本，第四卷《禍兆篇》下，此本有《物革》一篇，《津逮》本亦有之，目録則無。蓋《稗海》本《禍兆篇》共十條，此以前四條爲《禍兆》，而以後六條爲《物革》。觀後六條皆言物變，並無禍患。《提要》所録，亦同《稗海》本，故有「破蝨」一疑。

又按段氏序凡三十篇，今核之自《忠志》至《尸穸》凡二十七篇，加以《諾臯》上下、《廣動植》四卷，實〔六〕（五）類八篇，又加末卷《肉攫部》，實三十六篇。按《玉海》引《中興書目》云三十二篇，與自序不合。余疑段氏原書本三十卷，無所謂《續集》，經宋人删削爲二十卷，南渡後好事者又從他書鈔綴爲《續集》十卷，以合於《唐志》。其自序篇卷所云「二十卷」「三十篇」「三十二篇」者，當亦後人各就所有録之。故參錯不相應。今以《動植》四卷爲一篇，恐古無此式也。其《續集》六篇之目，亦鈔綴者意撰，唯非胡應麟創始耳。

《酉陽雜俎》序

段成式《酉陽雜俎》三十卷，《唐書·藝文志》載之於丙部子録小説家。今陳君所刊止《前集》二十卷，又缺其序。余以家藏《續集》十卷並《前集》之序畀之，遂爲全書。謹按成式出於將相之胄，襲乎珪組之榮，而史氏稱其博學强記，且多奇篇秘籍。今考其所論撰著，有書生終身耳目之所不能及者，信乎其爲博矣。然是書也，世所罕睹，是以周使君訪之而無有，管博士得之而未全。余家聚書萬有餘卷，奥編隱帙居多。而此書偶在所録，陳君知而求之甚力，姑序所以，俾廣其傳。嘉定癸未六月既望武陽鄧復應甫題。

序

《文獻通考》載《酉陽雜俎・前集》二十卷、《續集》十卷，世僅行其《前集》。吴中廛市鬧處，輒有書籍列入簷廡下，謂之「書攤子」。所鬻者悉爲小説、門事、唱本之類。所謂「門事」，皆閨中兒女子之所唱説也。或有一二遺編斷簡如玄珠落地，間爲罔象得之。美每從吴門過，必於書攤子上覓書一遍。歲戊子偶一攤見《雜俎續集》十卷，宛然具存，乃以銖金易歸。奮然思校，恨無善本。美堂兄可庵案頭有校本《雜俎前集》。因詢其據何本校定，兄曰：「吾婦翁繆含齋可貞氏，平生好奇讀書，嘗見昆山俞質夫先生有宋刻《雜俎》，因讎是書，吾轉録此册耳。」美喜甚，便携之歸。開窗拂几，較三四過，其間錯誤，如數則合爲一則者，輒分之；脱者，輒補之；魚亥者，就正之。不可勝屈指矣。又爲搜《廣記》類書及雜説所引，隨類續補。歲乙巳，嘉禾項群玉氏復以數條見示，又所未備也，復爲續之。乃知是書必經人删取，不然，何放逸之多乎？美每欲刻之，而患力不勝。丁未，官留臺侍御内鄉李公有士安、元凱之僻，與美同好，自美案頭見之，欣然欲刻焉。美曰：「子不語怪，而《雜俎》所記多怪事，奈何先生廣《齊諧》也？」先生曰：「否，否。禹鑄九鼎而神奸别，周公序《山海經》而奇邪著，使人不逢不若焉。」噫！世有頗行涼德者，侍御既以章疏爲鼎、爲經以别之矣，乃兹刻又大著怪事而廣之。豈謂有若《尸穸》《諾皋》所記，存之於心，未見之於行事者，又章奏所不及攻而人所不及避也。藉此以誅其心，僇其意，使暗者、昧者皆趨朗日，不至煩白簡矣。是亦息人心奇瑰之一端云。迪功郎南京都察院照磨所照磨海虞趙琦美撰。

龍按：此本《故宫所藏觀海堂書目》著録，現藏於臺北故宫，《留真譜初編》卷六葉十九有書影，標爲明萬曆三十六年内鄉李雲鵠刊本。其上除楊守敬諸印外，尚有「島範家藏萬卷」「必端堂圖書記」印及長達五十六字之大朱方印「勿折角勿卷腦勿以墨污勿令鼠齩勿唾幅揭勿爪字抓勿跨帙或作枕勿不如奉師教勿鬻市及借人勿違命爲不孝必端野父題以囑兒元徽」，知曾爲江户時篆刻家小島範（號必端）舊藏。另，楊跋手跡末有「光緒癸巳春三月宜都楊守敬記」字様。

遊仙窟一卷日本刊本

此書中土著録家皆未之及，首題「寧州襄樂縣尉張文成作」，日本人皆以爲張鷟，即著《朝野僉載》者。按《唐書·張鷟》附《張薦傳》：「鷟字文成，登進士第，授岐王府參軍，調長安尉，遷鴻臚丞。證聖中，天官劉奇以鷟及司馬鍠爲御史。性躁〔卞〕（下），儻蕩無檢，罕爲正人所遇。」又云：「鷟屬文下筆，輒成浮豔，少理致。」此書稱積石山有神仙窟，《水經注》積石山有唐述窟。文成奉使河源，於仙窟遇崔十娘，與之倡酬夜合。男女姓氏並同《會真記》，而情事稍疏，以駢麗之辭，寫猥褻之狀，真所謂「儻蕩無檢，文成浮豔」者。較之謂「張君瑞」即元微之所托名，尤爲可信。其注不知誰作，其於地理諸注，皆以唐十道證之，則亦唐人也。注中引陸法言之説，是猶及見《切韻》原本。又引范泰《鸞鳥詩序》、孫康《鏡賦》、揚子雲《秦王賦》此當有誤，皆向所未聞者。又引何遜《擬班婕妤詩》，亦馮氏《詩紀》所不載。他如稱「夫蒙曰」「陳三曰」，姓名皆奇，未詳爲何人。此書日本別有刻本，分爲五卷，其注中有引《〔埤〕（稗）雅》一條，則後人所羼入，原本未有也。

嵯峨天皇書卷之中，撰得《遊仙窟》，召紀傳儒者，欲傳受也。諸家皆無傳，學士伊時深愁歎。於時木島社頭林木鬱鬱之所，燒木結草，有老翁閉兩眼常誦之，問，「讀《遊仙窟》」云云也。伊時聞及，潔齋七日，整理衣冠，慎引陪從，參詣翁所。「誰來？」答曰：「唯唯。」跪申「爲得《遊仙窟》所參也」云云。翁曰：「我幼少自〔父口〕（吝）受此書，年闌倦事，僅所學誦而已。」重申願教此書，「僕苟〔候〕（侯）王家，居學士之職，少幼暗文無讀，垂哀矜。」翁諳讀之，伊時付假名讀一帙畢。還歸之後，送種種珍寶，庵跡異香郁郁，無其跡。其後感書，幾乎大明神爲化現耳。

文保三年四月十四日授申圓禪庵序畢。

文章生英房

龍按：森《志》著録多種鈔本，其昌平學所藏舊鈔本楊氏批云「今在飛青閣」。此所述當爲日本慶安五年刊本，《留真譜初編》卷六葉二十有書影，然楊氏諸書目中均未載此慶安本（其有二册之刻本，當非慶安本），臺北故宫存一楊氏藏本，然爲楊氏此跋中云「别有刻本，分爲五卷」之元禄本。楊氏所叙之本當歸繆荃孫，以繆氏光緒十六年訪楊氏時，楊曾向其出示此書，且其數日後離開時即「携歸」此册，而《藝風藏書記》亦載其藏有慶安本。另，傅增湘于壬戌年亦得一慶安本，未知與楊、繆二氏者有關否。書名下據目録補「日本刊本」四字。汪康年輯《振綺堂叢書》，有擬編而未及印者三十一種，中即有此書，並注云『日本抄本』（參汪詒年《汪穰卿先生傳記》），或當即借楊氏舊藏，惜其事未果。

楊氏云「『夫蒙曰』『陳三曰』，姓名皆奇」，學者多點爲「夫蒙『曰陳三』」、曰『姓名』，「皆奇」，誤；另，檢原書，「夫蒙云」者三十餘條，「陳云」近二十條，「夫蒙曰」「陳三云」各三四條。又，楊氏以其注爲唐人作，故云：「其注中有引《（埤）（稗）雅》一條，則後人所羼入，原本未有也。」以《埤雅》爲宋人書，故有此辨，然其原注「娬媚」二字，云「《埤雅》曰娬媚，悦也」，《埤雅》中無此語，檢《文選》李善注《上林賦》云「《埤蒼》曰，嫵媚，悦也」，知此注實出魏人張揖《埤蒼》，此當手民誤植，故非反證。另所録英房序中有「吝」字，不通，金程宇據金剛寺鈔本爲「父口」二字（參金程宇《域外漢籍叢考》），據改。

太平廣記五百卷 明刊本

《太平廣記》世無宋槧本，明嘉靖丙寅談愷始得鈔本刻之，長洲許氏又據以重刻，又有活字本，亦原於鈔本。至國朝乾隆十八年天都黄氏縮爲巾箱本，邇來書坊又即黄本重刊。

此本每卷題「明長洲許自昌玄祐甫校」。許氏喜刊書，余所得李、杜集、《次山集》、《皮子文藪》皆有許氏刊本，疑是書估也。據談氏自序，尚有闕文闕卷。胡應麟《二酉綴遺》稱其闕《嗤鄙類》二卷、《無賴類》二卷、《輕薄類》一卷，《酷暴類》闕「胡淛」等五事，《〔婦〕(婢)女類》闕「李誕女」等七事。談謂遍閱諸藏書家悉然，疑宋世已亡。又言《輕薄類》談已考補。今以許本總目所注闕卷、闕條較之，頗與胡説合。顧卷中則皆已考補，唯《輕薄類》「朝士使朔方」一條、「劇燕」一條、《酷暴類》「李紳」一條，仍闕而未補。黄、許二本皆同。《嗤鄙類》「王智興」一條、「韋氏子」一條、「崔育」一條、「宇文翃」一條、「道流」一條，仍斷爛不全。二本皆同。又許本《嗤鄙類》「王播」一條、「姓嚴人」一條、「楊錚」一條、〔《輕薄類》〕「輕薄士流」一條，皆有斷爛，黄本皆補填。其他字句爲黄本所補者不少。《婦人類》兩本皆補全。黄本於此類前尚有記云：「此卷宋板原闕，余考家藏諸書，得十一人補之。其餘闕文，尚俟他日。十山談愷志。」然則黄氏既據許本補足，則不應載談氏説，而别無考補之語。且許氏本所補，每條注出處間有數條未注，而黄本於前十一條皆不注，則又甚不可解也。許氏此卷亦有記云：「此卷宋板原闕，舊刻復贅一卷。今訂取其一，倘有謬戾，不妨更駁。」其語亦不甚明了。竊意此數卷中，固有習見之條，亦有甚隱秘者，不知其從何書補入。若以許氏重刊此書時得别本補之，而其中不應復有斷爛。若以爲按目據他書補入，則用力亦自不少，何以許、黄二氏皆不自標？且何以又多不注出處？《提要》著録但引胡氏之説，以爲仍是不完之本，而未即許、黄二本互勘。余又未見談氏原刻，第就許、黄二本著其參錯如此。他日俟得談本再核焉。

又按胡應麟云，《太平廣記》引用書凡三百四十餘種。此就《廣記》總目前所標引用書目數之也。今以全書逐條核之，其書所有而目録未標者，又五十二種。雖其中不無傳刻之誤，然爲前目所遺，正自不少。余别爲補目於後，俟再詳考焉。

《傳記》六十九
《松〔窗〕（川）録》七十八
《廣德神異記》七十九
《傳異記》七十九
《西京記》九十七
《廣（宫）異記》一百十一
《傳神録》一百十六
《南楚新聞》一百二十三
《祥異集驗》一百卅七、二百八十
《幽冥録》一百六十〔二〕
《李膺家録》一百六十四
沈亞之《馮燕傳》一百九十五
《胡綜别傳》一百九十七
《嶺表録異》二百五、四百九
《鄭玄别傳》二百十五
《陳留耆舊傳》二百卅四
《楊貴妃傳》二百四十
《樊川集》二百七十

房千里《楊倡傳》四百九十一

皇甫枚《非煙傳》四百九十一

《靈應傳》四百九十二

《騰聽異志録》四百五十三

龍按：此書今藏臺北故宫，前有「稽古館藏」「文化乙丑」印。楊氏原題云「明嘉靖本太平廣記」，然許自昌本當爲萬曆間刻本。另，楊氏新輯《太平廣記》引用書目中，《嶺表録異》未見於《太平廣記》卷四百九，而見於卷四百二、四百三、四百七、四百八，未詳孰是。

湖海新聞夷堅續志前集十二卷後集七卷 元刊本

首題「新編湖海新聞夷堅續志綱目」，旁注「前集」二字，以下不題「新編」二字，分「人倫」「靈異」「符讖」「〔拾〕（捨）遺」「人事」「治道」「藝術」「警戒」「報應」九門，凡一百八十三條，無撰人、刊刻名氏。《後集》題「重刊湖海新聞夷堅續志」，次行題「江陰薛詡汝節〔重〕（證）刊」，分「神仙」「道教」「佛教」「文華」「神明」「怪異」「精怪」七門，凡二百五十八條。每半版十五行，行二十三字。前、後集款式皆同，其分門亦無複者，的爲一人所撰著。其刊刻亦一時所爲，不知何以《前集》不題「薛氏重刊」之名，而《後集》題之。按李中著《養一齋集》有此書《前集》跋，稱不分卷，分八門，凡二百二十一條。首題「重刊」二字，次題「江陰薛詡汝節刊」。其前一行末有一「編」字，而無人名，其第一條曰「大元昌運」。今按此書《前集》亦以「大元昌運」爲首，而分門則贏，分條則絀，當是有分合删增者，未知誰爲祖禰也。至其《後集》，李氏亦未見。其書雖小説家，亦不盡無稽，而較景廬原書，尤可資談助。蓋景廬就一人之所見聞，成書百餘卷；此搜兩宋遺聞，以逮元初，僅成此數册，故較簡而要也。

龍按：《留真譜初編》卷六葉二一有書影。據《鄰蘇園藏書目録》載，有「《湖海新聞》，元刊，五本」，下標「癸丑臘月賣於傅五十元」，知於民國二年售於傅增湘。檢傅氏《藏園群書經眼録》即載此書，然有三種：一元刊前集十二行本，一元刊後集十五行本，一前後集均全之十五行本，末一種傅録爲前集元刊本，後集明薛詡刊本。則傅氏所藏之薛刊後集即楊氏舊藏，然與此相配之元刊前集則非此處楊氏所跋之前集，以《留真譜初編》書影前集實十二行本。再據張元濟《涵芬樓燼餘書録》載所謂「楊星吾舊藏」之本，即云其前集爲十二行本，後集有「江陰薛詡汝節證刊」字樣，故知楊氏售歸傅氏之書當爲《藏園群書經眼録》所載之第一種及第三種之後集。此二書後歸涵芬樓，今藏國圖，前者有「飛青閣藏書記」印，後者有「激素飛清閣藏書記」印。

然楊氏亦曾藏有後集之元本，繆荃孫《藝風藏書記》曾載此書云：「荃孫在鄂，見宜都楊惺吾學博所藏前集鈔本、後集元刻本，字極精。」民國三年張鈞衡《適園叢書》本末有張氏跋，亦云「前假湖北楊惺吾所藏前集鈔本、後集元刻本」云云。則其所稱，若前集指楊氏所藏十二行本（僅七、八兩卷爲元刊，餘皆爲日人抄補，故繆、張二人稱其爲鈔本），後集則或即傅氏所録元刊十五行本，其本不分卷，唯七十五、七十六兩葉爲補抄。

日本訪書志卷九　子部・醫類

楊上善黄帝内經太素廿三卷又零殘一卷 影古鈔卷子改摺本

按李濂《醫史》、徐春甫《醫統》並云楊上善隋大業中爲太醫侍御，述《内經》爲《太素》。顧《隋志》無其書，新、舊《唐志》始著「楊上善《黄帝内經太素》三十卷、《黄帝内經明堂類成》十〔三〕卷」。《崇文總目》《郡齋讀書志》《書録解題》皆不著録，知此書宋代已佚，故高保衡、林億等不及見。《宋志》「楊上善注《黄帝内經》三卷」未足據也（宋《志》多不可據）。日本藤原佐世《見在書目》有此書，蓋唐代所傳本。〔日本〕文政間，醫官小島尚質聞尾張藩士淺井正翼就仁和寺書庫鈔得二十餘卷，亟使書手杉本望雲就録之（原爲卷子本，今改爲蝴蝶裝）以歸，自後乃有傳鈔本（皆影鈔本）。此本每卷有「小島尚質」印，楣上又據諸書校訂，亦學古親筆，蓋初影本也。是書合《靈樞》《素問》纂爲一書，故其篇目次第與二書皆不合，而上足以證皇甫謐，下足以訂王冰，〔洵〕（詢）醫家鴻寶也。〔按《黄帝素問》王冰所注次第與全元起本不同，説者謂全本是原書真面。今以楊本校之，亦與全本不合，則知全之八卷、楊之卅卷、王之廿四卷各尊所聞，均與《漢志》九卷之數不合。蓋術家之書，代有增損移易，不可究詰也。」但楊上善爵里、時代，古書無徵，據其每卷首題「通直郎守太子文學臣楊上善奉敕撰注」，〔與《醫史》所太醫侍御已不同。〕按《唐六典》：「魏置太子文學，自晉之後不置；至後周建德三年，置太子文學十人，後廢；皇朝顯慶中始置。」是隋代並無太子文學之官，則上善爲唐顯慶以後人。又按：此書殘卷中「丙主左手之陽明」，注云「景丁屬陽明者，景爲五月」云云，唐人避太祖諱「丙」爲「景」，則上善爲唐人審矣。《醫史》《醫統》之説未足據也。

今本《漢書·地理志》「蜀郡湔氐道」注：「江水過郡七，行二千六百六十里。」識者知其誤。趙一清得見宋本，云是「過郡九，行七千六百六十里。」《説文繫傳》引《漢志》亦與宋本合。而又雜引近代人之説，以後世計里，强合漢代，謂宋本亦未合。今按：此書第五卷「手陽明，外合於江水，内屬於大腸」注：「江水出蜀岷山郡升遷縣東南，流入海，過郡九，行七千六百六十里也。」亦與宋本《漢志》合。是宋本是而今本非，無可疑者。附記於此。

又按宋高保衡、林億等《重廣補注黄帝内經序》云「隋楊上善纂而爲《太素》，時則有全元起者始爲之訓解」。是《醫史》《醫統》致誤亦由高保衡等。又按《南史·王僧〔孺〕

（儒）傳》有「侍郎全元起，欲注《素問》，訪以砭石」語。汲古本誤「全」爲「金」。則全元起亦非隋人。附訂於此。

余又得影鈔本十部，仍裝爲卷子，有「錦小路印」。按錦小路爲日本舊諸侯，藏書最富，在小島學古之前，是此書影鈔不自學古始。

龍按：此本森《志》著録，楊批云「飛青閣有傳抄本」，《留真譜初編》卷七葉三有書影。臺北故宫藏一種，有小島尚質朱筆手校，且含日本大醫博士福井丹波守影寫仁和寺藏殘卷一卷，有「惺吾海外訪得秘笈」印，或即楊氏此本，然無楊氏題跋。臺北「國圖」藏本有「福海長春署齋」「鴻寶齋署」「子玉校勘之學」「韓侯」「周懋琦印」「子瑜」諸印，知曾經周懋琦收藏，則其本當仍售予張鈞衡者，《適園藏書志》收録此本，云：「至林億校《内經》，所引遺文尤多，惺吾以爲宋代已佚，林憶等未見，則尤爲鶻突也」（按，楊跋此點確偶有疏誤，然除此之外，楊跋確甚精覈，如證楊上善爲唐人，張氏力言其爲周隋時人，如蕭延平本《例言》已指出，楊上素注中引及老子之言，均稱「玄元皇帝」，而「追號老子爲玄元皇帝在高宗乾封元年二月」，參《再補》），此本有楊跋，據張《補》録文補百餘字，跋語之末又有「光緒癸未十二月宜都楊守敬記」字樣。據《故宫所藏觀海堂書目》著録，原即有二，其一注云「日本傳鈔本，有楊氏題識」，則爲臺北「國圖」藏本；其一僅注「日本古鈔本」，當爲臺北故宫藏本。此外，楊氏另得有「錦小路印」之鈔本多部，故斷言日鈔此書當在尤早，此已有日本學者指其誤，錦小路確爲日本舊諸侯，但至天文十七年（一五四八）即家統中絶，後丹波氏一族冒用錦小路之姓，日人稱之爲新錦小路（參錢超塵、李雲《黄帝内經太素新校正·前言》），楊氏以此爲彼而致誤。楊氏知此驚人秘笈，亦當得之森立之，據《清客筆話》載，明治十四年三月二十八日，楊氏訪，森氏出示此書，楊問：「貴邦醫書仿宋本甚多，請問其目。此書《隋書·經籍志》不載」，森氏云「李唐遺卷也，《隋志》不録，舊、新《唐志》共載録」。至七月二十一日，楊氏即云：「《孟子》趙注及《古文孝經》、《靈樞》、《太素經》，前日已有成議，限之日必來清楚，今日已携五圓也。」

黄帝明堂一卷 卷子本

首題「通直郎守太子文學臣楊上善奉敕撰注」，前有自序，云：「是以十二經脈各爲一卷，奇經八脈復爲一卷，合爲十三卷。」今僅存第一卷耳。按：《舊唐志》有楊上善《黄帝内經明堂類成》十三卷，此無「類成」二字，然必一書也。森立之《訪古志》云此書寶素堂藏。

余所得即小島學古本，用油素雙鉤，字體精整，想見原本猶是唐人手筆。卷末有永仁中丹波長高題識五條，亦與《訪〔古〕（書）志》合。森氏稱：「其體手太陰一經，自肺藏形象以至經行腧穴，纖悉具載。更有注文解腧穴名義及主治病症，極爲精審，實係《千金》《外臺》所不有。」森氏精醫術，博極群書，所言當不誣。原本篇幅過高，不便爲摺本，乃仿宋刻字體版以餉世。其中訛字悉仍其舊，精斯術者，自能辨别。至楊上善相傳爲隋人，余考《唐六典》，魏置太子文學，晉廢；後周復置，又廢；唐顯慶中始置。然則上善本唐人，故《隋志》不著録。詳見余《内經太素》跋文。

龍按：此本森《志》著録，今國圖藏《黄帝内經明堂注》一書，存二十三卷二十五册，然實爲《黄帝内經太素》，僅第二册爲《黄帝内經明堂注》，前有「小島氏圖書印」九疊印、「臣元堅印」「樂真院」「讀杜草堂」「天下無雙」「寺田盛業」諸印。末有森立之跋云：「此本寶素小島君舊藏，欄外朱墨小記寶素君手書也。後入三松堂架中，故曾有元堅茝庭印記。今爲寺田望南藏，余懇求望南，遂爲余藏云。明治十二戊寅十二月八九翁源立之。」按本年森立之年七十二，故自稱「八九翁」；又據臺北故宫藏森立之手稿《本草經考注》（爲楊守敬携歸者）署「枳園拙者源立之」，知此署名亦森氏也。前舉六印正爲小島、多紀、寺田三人之印。後爲楊守敬舶歸，又入民國藏書家馮雄之手（書前有「馮雄之印」「南通馮氏景岫樓藏書」「馮雄印信」）。此書亦與前述《帝範》同，羅振玉曾請楊氏代刻，板已刻成，恰遇辛亥事起，書未印行，板即被毁（詳參前《帝範》條按語）。

千金翼方三十卷 校元本〇

日本文政己（丑）（酉）從元槧摹刻本。其原本係多紀氏聿修堂物，今未知所在。此本係小島尚質以初印本硃校於界欄上，蓋據宋本、元本、明王肯堂校刊本及《新修本草》諸書合校者，自丁亥訖己亥首尾十二年始成，其精核可想。

又按：森立之云《翼方》初擬附《考異》二卷而未成，當即以小島校本爲之也。

龍按：森《志》曾著録元梅溪書院刻本，楊批森《志》云「今殘在飛青閣」，或曾得此原本之殘本；森《志》亦言及此日本摹刻本，羅振玉《大雲書庫藏書題識》收此書，云「在今日殆推第一善本矣。此板十餘年前售於我國，此乃初印至精本，才下元槧一等耳」，《故宫所藏觀海堂書目》載云「日本刊元大德丁未梅溪書院本，據宋本、王本及諸本校，十二册」，《留真譜初編》卷七葉十四有書影，今存臺北故宫。

千金方一卷 日本刊本

日本天保三年摹刻，蓋據舊鈔本入木，書法亦古雅。首題「千金方第一并序」，下題「處士孫思邈撰」，序後一卷子目及本文俱接書，蓋據卷子本體式。卷末有正和四年和氣嗣成題識。以下其家數世均有跋語，下至觀應、〔亨〕（亡子）德、建治、正安、建武、延慶、康正、永正、天正三年止。據丹波元堅序，稱爲遺唐使人所齎回，定爲真人原本，未經林億校定者，惜只此一卷。按黄氏士禮居有此書殘本，存第一至第五、第十一至十五、第二十一至三十，共存二十卷；其餘以明刻補之，仍缺第二十卷。據其所跋，亦是真人原本，未經林億改竄者。蓋孫氏原書名《千金方》，林億等校本名《千金備急要方》，固自不同也。

龍按：森《志》曾著録此天保本所據之舊鈔本（原爲聿修堂藏本），楊氏舊藏今存臺北故宫，標「日本天保三年松本幸彦摹刻古鈔本」。另羅振玉《大雲書庫藏書題識》亦著録此本，云：「其文字體式與宋林億校定本不合，而與《醫心方》所引無殊，乃孫氏真面目也。」《留真譜初編》卷七葉十二、十三有書影。

神農本草經三卷 漢學堂黄奭輯本

案此本與孫氏《問經堂叢書》本全同，唯卷末多《補遺》二十二條。考孫氏自序，於此書源流甚晰，不應是竊人之書。黄氏輯逸書至二百八十條，亦不應攘人之作以充數。而卷末二十二條，非平日用力此學亦不能得也。疑黄氏輯書時，但就孫本較核，及書成，又得二十二條於孫本之外，故附刻其末，然不應没孫氏名而直署己作。又《本草》目録明載李時珍《本草綱目》第二卷，孫氏失采，而黄氏亦不遵之，至金山顧氏始爲拈出。《補遺》二十二條，大半是《證類》黑字，唯引《續博物志》一條，疑是序例佚文。

龍按：此條於楊《志》最初之辛丑修訂本中，加入所附《晦明軒稿》（劉昌潤藏本），此後丁酉本之甲、乙、丙三種本均無，至丁種本方闌入，以類相從，置於森立之輯本《神農本草經》前，因係插增，故版心葉碼標作「又六」。

神農本草經五卷 日本森立之輯本

森氏爲日本醫官，又精考證，此所輯《本草經》三卷，《考異》一卷。據其自序及《考異》，引證之博，決擇之精，遠出孫、顧二本上。唯所録上品一百二十五種，中品一百一十四種，下品一百一十八種，蓋不信李時珍《綱目》所載目録，而别據《千金方》《醫心方》《新修本草》《和名本草》等書，以爲根源之古，然顯與本《經》三百六十五種之數不合，森氏亦不言其所以然。又孫氏所輯《藥對佐使》之類，固爲龐雜，而所輯佚文十二條顧氏又多四條，森氏未見，當是序例中語，森氏概不之采，恐亦未必隱居之舊也。

龍按：楊氏於日本漢學名家向甚重視，《清客筆話》載其向森立之云「僕最服貴邦論學能與我邦先哲抗行」，於醫家則尤甚，云「貴邦詩文較之我國似不及，而醫道則過之」，故於森氏則極欽服。《清客筆話》載楊氏於明治十四年三月二十八日第二次到訪森氏，即詢「先生著有《本草注》，可得一觀乎」，在觀看此書手稿後又云：「先生所注《本草》卷帙似甚繁，刊板不易。然先生一生心血，何可令不於生前傳之。弟夙有拙稿數十帙，亦因力不能刻，近日遂以所藏金石售之，以爲刻貲。先生何不以重複之書或不甚愛惜之書而售之，弟爲作緣，則一舉兩得也。」至五月十七日，楊氏方知「先生有《神農本草》已刻本三册」，即此書，森氏云「本文而已，《考注》未上木」，楊氏問「此書公少年作乎？」甚佳。板今存何處」，其書時已難得，楊氏或欲刷印之，然森氏答云「昨年春於玉池罹火災」。另按：森氏數十年心力所粹之《本草經考注》確因篇幅甚巨而未能刊行，當世僅存二抄本，其一即楊氏舊藏，《故宫所藏觀海堂書目》載，今藏臺北故宫。一九八六年日本所藏抄本影印出版，一九八七年楊氏舊藏亦得影印機會。

經史證類大觀本草三十一卷 元刊本

元大德壬寅刊本，不附寇宗奭《本草衍義》，避孝宗嫌名，蓋原於宋刻，爲慎〔微〕（徽）原書。按此書有兩本：一名《大觀本草》，三十一卷，艾晟所序，刻於大觀二年者，即此本也；一名《政和本草》，三十一卷，以第三十一卷移於三十卷之前，合爲一卷，而删其所引十六家《本草》，義例最謬。政和六年曹孝忠奉敕校刊者。二本皆不附入寇氏《衍義》。至元初，平陽張存惠重刻政和本，始增入《衍義》及藥有異名者，注於目録之下。首有木記，稱「泰和甲子下己酉冬〔日〕南至晦明軒記」，錢竹汀考爲元定宗后稱制之年，其説至確。《提要》以爲金泰和刻本，誤。余别有詳考，載入成化刻《政和本草》之首。至明萬曆丁丑，宣城王大獻始以成化重刻《政和》之本，依其家所藏宗文書院《大觀》本之篇題，合二本爲一書，卷末有王大獻後序，自記甚明。並去《政和》本諸序跋，獨留大觀艾晟序及「宗文書院」木記，按其名則「大觀」，考其書則「政和」，無知妄作，莫此爲甚。又有萬曆庚子巡按兩淮鹽課御史彭端吾據王本重刊，並去艾晟序、「宗文」木記。《提要》所稱大德本及錢竹汀所録皆是此種。《提要》見此本亦增入《衍義》，遂謂元代重刊，又從金本録入，而不知大德原本並無《衍義》也。又有朝鮮國翻刻本，一依宗文本，不增改一字，較明人爲謹飭焉。此書集《本草》之大成，最足依據。至李時珍《本草綱目》，頗傷龐雜，不爲典要。顧《大觀》《政和》兩本糅雜不清，前人未見古本，多不能分別，故爲之詳疏如此。

龍按：《鄰蘇園藏書目録》載《宋槧大觀本草》三十一本，注「癸丑六月賣于張石銘」，然此所述爲元本，二者似非一書，楊氏舊藏《大觀本草》多部，或其售所謂宋本於張氏，而自留此元本。彼所云之宋本今藏臺北「國圖」，其書目標注云「檢此帙艾晟序後之木記，被估人裁去，楊跋不足據」，則知此所謂宋本仍爲元本。森《志》曾著録此元本，楊氏所述之本今藏臺北故宫，王《補》曾據之録跋，與此僅個别字句不同。《留真譜初編》卷七葉二四至二六、《留真譜二編》卷六葉十六、十九、二十均有書影，似前者爲明代仿刻，後者爲元刻。

又：此書之所謂「宋本」曾借於柯逢時覆刻。劉禺生《世載堂雜憶續編》曾造謡云：「守敬刻《留真譜》，皆日本宋以來所獲密本也。時日人對宋刻本，不甚愛惜，楊借閲一部，即就中撕下一頁，積久宋版數百部，每部皆缺一頁。」此點整理者已辨其僞（參《書舶録：日本訪書詩紀》），劉氏爲證成其説，又云：「守敬居武昌長堤，與柯逢時鄰近。楊得宋刻《大觀本草》，視爲珍本。逢時許重價代售，許閲書一晝夜即還。柯新自江西巡撫歸，吏人甚衆，盡一日夜之力，抄全書無遺漏。書還楊，曰：『聞坊間已有刻本。』不數月而《大觀本草》出售矣。楊恨之刺骨，至移家避道，視若仇讎，終身不相見。鄉人曰：『楊一生只上過巽庵大當。』」前後並舉，劉氏之意乃云楊騙人於東瀛，則回國又遭人之騙，以明報應之不爽。然劉氏所言柯氏之事亦全屬謡言。柯氏摹刻此書，實得楊氏支持，並提供影摹之本爲底本，歷時六年，二度校刻方成。其朱印校樣本臺北故宫及湖北省圖書館皆有收藏，前者首册封面有墨書云「此印成第二次校本，凡紅圈墨圈皆守敬筆」，書中楊氏校語亦多。雖柯氏於楊氏似不無微詞，其致繆荃孫信云：「敝刻《本草》，已成十之八，《論語》畢公札記尚未就。惺吾作事，無一能爽快者。其刻本無不精絶過人者，蓋其所長，即其所短也。」（參《藝風堂友朋書札》）然亦可見此非偷刊之書；楊氏有致柯氏信，亦詳論刻此書之情形；且柯氏去世時，楊爲撰挽聯云：「我邀刊酈，公嗜岐黄，傳古深情均未了；公逝漢皋，我棲滬瀆，如今殘喘抑何之。」並自注云：「巽庵公創醫館，刻《太平聖惠方》《聖濟總録》，守敬爲《歷史輿地詳圖》及《水經注疏》，均未蕆事。公今年六十八，守敬今年七十四，而公已先去，異鄉不得一臨，忍此終古，悵悵何言。所謂既悲逝者，亦行自慮也。愚兄楊守敬拜輓。」楊氏尚於致沈曾植信中云：「慎庵刻《大觀本草》，已動工，兹以樣子呈。雖不如東洋刻手，然已相去不遠。」（參賀宏亮《新見三十五通楊守敬先生信札考釋》，《三峽文化研究》第十二輯）又致端方信云：「本擬即撰題識，緣近爲柯慎庵作《本草》札記，頗費時日，且天氣嚴寒，十指如椎，未克執筆，稍緩報命，想不以爲過也。」（參馬克主編，林鋭整理之《端方存札》）則可確知劉氏所云爲妄造者。

本草衍義二十卷目録一卷 宋刊本

首載政和六年十二月廿八日付寇宗奭劄子，又題「宣和元年□月本宅鏤板印造，〔侄〕宣教郎知解州解縣丞寇約校勘」。《目録》及第一卷之首題「通直郎添差充收〔買〕藥材所辨驗藥材寇宗奭編撰」。趙希弁《讀書後志》作《本〔草〕廣義》，與其序例不相應，當誤也。自序稱《重定本草》及《圖經》有：「執用己私，失於商較，並考諸家之説，參之事實，覈其情理，證其誤脱，以爲此書。」蓋爲掌禹錫等《補注神農本草》、蘇頌等《本草圖經》而作也。

余按大觀二年，唐慎〔微〕（徵）之《本草》已刻於漕司。至政和六年，曹孝忠又奉命校刊慎〔微〕（徵）之書，何以寇氏一不議及？余意大觀、政和年歲相近，漕司之本或流傳未廣，至曹氏校《證類》，而宗奭之書已成。嘗以質之森立之，立之云：「此書通編藥名次第，全與唐蘇敬《新修本草》相符，日本現存蘇敬《本草》十卷，余已得其影鈔本。寇氏蓋以《證類本草》分門增藥爲非是，因就《新修》而作《衍義》也。」然則掌氏、蘇氏之書與《新修本草》義例相同。又云：「寇氏辨正藥品，凡四百七十二種，發明良多，蓋翻『性味』之説而立『氣味』之論，東垣、丹溪之徒多尊信之，《本草》之學，自此一變。」然則寇氏本非爲慎〔微〕（徵）之書而作《衍義》，張存惠刊《證類本草》以寇氏書入之，已失其旨，有明一代遂無刊本，而《四庫》不得著録，此當急爲流布者也。

龍按：《留真譜初編》卷七葉二九有書影，楊批云「今存飛青閣」，此本今藏臺北「國圖」，書中除楊氏諸印外，另有「森氏開萬册府之記」「勝鹿文庫」「松本氏曝書印」「黄絹幼婦」「讀杜草堂」「天下無雙」「青月山房」諸印。原文「本草廣義」中「草」字闕，據張《補》録文補，後者文末有「光緒丁亥三月宜都楊守敬記」字樣。又，《鄰蘇園藏書目録》載《宋槧本草衍義》五本，注「宣統二年賣于柯大人」，即此書。柯逢時致繆荃孫函云：「已將元刊《本草衍義》影刻，可與《大觀》合印。」（《藝風堂友朋書札》)即據楊氏舊藏重刊之宣統二年武昌醫館刻本，惟柯氏以此爲元刊本。然此書後又當入張鈞衡架上，《適園藏書志》收録，附楊跋，並云：「楊惺吾得自日本。其跋語推尊以爲宣和原刻，其實别本卷末有慶元乙卯記及官銜段梁等五人，蓋當時與《證類本草》同刊，元宗文書院亦同翻板。陸存齋、盛杏蓀均有此書，出自一版，均不以爲宋本。」

傷寒論十卷 影北宋本

《傷寒》一書，後人多所更亂，而所據者大抵以成無己注本爲集矢，不知成氏本亦非叔和所編真面目。蓋叔和於每證治法相同者，不嫌複載；成氏則但載其初見者，以後則云「見某證中」以省煩。然醫道至密，古人不憚反覆叮嚀，意自有在。今省去之，反開學苟簡之弊。然自成氏注解後，林億校進本遂微。著録家亦皆以成氏本爲叔和原書，寃矣。余在日本，初得其國寬文刊本，見其與成氏注解本不同，而刻手草率，誤字甚多。厥後得其翻刻明趙清常《仲景全書》本，而後知成氏本果非叔和原書。然開篇題名下即著「明趙開美校刻，沈琳仝校」字樣，是已非宋本舊式。最後於書肆得此影寫本，每半葉十行，行十九字，首題「傷寒論卷第一」，次行題「漢張仲景述，晉王叔和撰次」，再下行低三格，「辨脈法第一，平脈法第二」，又下行低二格，「辨脈〔法〕第一」，再下頂格「問曰」云云。乃知趙氏本根源於宋刻，但爲題校刊姓名，遂移其行第。清常收藏名家，亦爲流俗所染。此本影寫精緻，儼然北宋舊刻。唯「第五」一卷，「第六」上半卷，「第八」「九」「十」三卷，摹寫稍弱，紙質亦新，當又是後來補寫也。竊怪日本著録家皆以趙開美本爲最古，而此本尚存其國，未見甄異。余乃無意得之，歸後屢勸人重刻，竟無應者。念此書爲醫家本經，日本翻刻趙本其板已毁，恐他日仍歸湮滅，故特録其經進官階於左，以審世之存心濟世者。

《傷寒論》序

國子監准尚書禮部元祐三年八月八日符：元祐三年八月七日酉時，准都省送下。當月六日敕中書省勘會，下項醫書册數重大，紙墨價高，民間難以買置。八月一日奉聖旨：令國子監别作小字雕印。内有浙路小字本者，令所屬官司校對，别無差錯，即摹印雕版，並候了日，廣行印造。只收官紙工墨本價，許民間請買，仍送諸路出賣。奉敕如右，牒到奉行。前批八月七日未時付禮部施行。續准禮部符：元祐三年九月二十日准都省送下，當月十七日敕中書省、尚書省送到國子監狀，據書庫狀，准朝旨雕印小字《傷寒論》等醫書出賣，契勘工錢，約支用五千餘貫，未委於是何官錢支給應副使用。本監比欲依雕《四子》等體例，於書庫賣書錢内借支。又緣所降朝旨，候雕造了，令只收官紙工墨本價，即别不收息，慮日後難以撥還。欲乞朝廷特賜應副上件錢數支使。候指揮。尚書省勘當，欲用本監見在賣書錢，候將來成書出賣，每部只收息壹分，餘依元降指揮。奉聖旨，依國子監，主者一依敕命指揮施行。

治平二年二月四日進呈，奉聖旨鏤版施行。

朝奉郎、守太子右贊善大夫、同校正醫書、飛騎尉、賜緋魚袋臣高保衡。

宣德郎、守尚書都官員外郎、同校正醫書、騎都尉臣孫奇。

朝奉郎、守尚書司封郎中、充秘閣校理、判登聞檢院、護軍、賜緋魚袋臣林億。

翰林學士、朝散大夫、給事中、知制誥、充史館修撰、宗正寺修玉牒官、兼判太常寺兼禮儀事、兼判秘閣秘書省、同提舉集禧觀公事、兼提舉校正醫書所、輕車都尉、汝南郡開國侯、食邑一千三百户、賜紫金魚袋臣范鎮。

推忠協謀佐理功臣、金紫光禄大夫、行尚書吏部侍郎、參知政事、柱國、天水郡開國公、食邑三千户、食實封八百户臣趙槩。

推忠協謀佐理功臣、金紫光禄大夫、行尚書吏部侍郎、參知政事、柱國、樂安郡開國公、食邑二千八百户、食實封八百户臣歐陽修。

推忠協謀同德佐理功臣、特進、行中書侍郎、兼户部尚書、同中書門下平章事、集賢殿大學士、上柱國、廬陵郡開國公、食邑七千一百户、食實封二千二百户臣曾公亮。

推忠協謀同德守正佐理功臣、開府儀同三司、行尚書右僕射、兼門下侍郎、同中書門下平章事、昭文館大學士、監修國史兼譯經潤文使、上柱國、衛國公、食邑一萬七百户、食實封三千八百户臣韓琦。

知兖州録事參軍、監國子監書庫臣郭直卿。

奉議郎、國子監主簿、雲騎尉臣孫準。

朝奉郎、行國子監丞、上騎都尉、賜緋魚袋臣何宗元。

朝奉郎、守國子司業、輕車都尉、賜緋魚袋臣豐稷。

朝請郎、守國子司業、上輕車都尉、賜緋魚袋臣盛僑。

朝請大夫、試國子祭酒、直集賢院、兼徐王府翊善、護軍臣鄭穆。

中大夫、守尚書右丞、上輕車都尉、保定縣開國男、食邑三百户、賜紫金魚袋臣胡宗愈。

中大夫、守尚書左丞、上護軍、太原郡開國侯、食邑一千八百户、食實封二百户、賜紫金魚袋臣王存。

中大夫、守中書侍郎、護軍、彭城郡開國侯、食邑一千一百户、食實封二百户、賜紫金魚袋臣劉摯。

正議大夫、守門下侍郎、上柱國、樂安郡開國公、食邑四千户、食實封九百户臣孫固。

太中大夫、守尚書右僕射、兼中書侍郎、上柱國、高平郡開國侯、食邑一千六百户、食實封五百户臣范純仁。

太中大夫、守尚書左僕射、兼門下侍郎、上柱國、汲郡開國公、食邑二千九百户、食實封六百户臣吕大防。

龍按：此本今藏臺北「國圖」，有「莚圃收藏」「飛青閣藏書印」「吴興張氏適園收藏圖書」諸印，知楊氏此舊藏曾售予張鈞衡。《適園藏書志》收録，云：「楊惺吾推爲北宋本，無確證也。」《留真譜初編》卷七葉九有書影。

脈經十卷 宋嘉定何氏本

王叔和《脈經》十卷，《隋志》已著録，《新唐志》同，而《舊唐志》僅有二卷之本，此宋林億等所謂好事之家僅有存者，故五代高陽生《脈訣》得而托之。然自熙寧頒布以後，《脈訣》仍自盛行，直至元戴啓宗爲《刊誤》，始昭然知《脈訣》非叔和書。顧《脈經》雖一刊於熙寧，再刊於紹聖，三刊於廣西漕司，四刊於濠梁何氏，元泰定間，又刊於龍興儒學，而傳習者終稀，據諸家叙録可見。良以經旨淵奥，非貫穿《素》、《靈》、扁、佗者未易領取。明代畢玉、袁表、沈際飛諸本，皆從泰定出，而奪誤尤甚。唯吴勉學《醫統正脈》所收，取源於何氏，至今尚有存者。而《四庫提要》乃未收此書，殊不可解。嘉慶間，阮文達公始得影鈔何氏本，著於《未收書目》中，惜未翻雕傳世。金山錢氏〔《指海》〕又從袁刻録入，亦未爲善本。坊間所行，更無論矣。余從日本得宋刻何氏原本，又兼得元、明以來諸本，乃盡發古醫經書與之互相比勘，凡有關經旨者，悉標於簡端，非唯可據諸經證此書，亦可據此書訂諸經。別詳《札記》。吾宗葆初壽昌大令，存心濟世若不遑及，見而亟墨諸版。嗟乎！人命至重，二十四脈判於〔毫〕（豪）髮，俗醫沉伏、遲緩之不分，妄逞臆見，率爾下藥，殺人不須白刃，夭折付之天命，而蒼生之禍極矣。此書出，吾願天下之業斯術者，未能洞徹此旨，慎勿漫摻刀圭。

光緒十有九年夏四月記於鄰蘇園。

龍按：此本森《志》著録聿修堂藏「明代摸雕宋本」，楊氏所謂宋本者今未見，或楊氏所藏亦明摹宋本。據楊跋知其藏本曾經楊葆初翻刊，然此翻本亦似所存極罕（《中國古籍總目》中未録，然其有光緒十六年蜀中何氏刻本，非此書，以此刊於光緒十九年），日本實踐女子大學圖書館藏二「清光緒十九年（一八九三）宜都楊守敬景蘇園用宋嘉定刻本景刻」者，臺北故宫又藏一「日本影宋刊朱印本」，當同爲楊葆初摹刻之本，前有楊跋，即此文，據補二字。羅振玉《大雲書庫藏書題識》載《脈經》一種，云：「楊葆初大令壽昌曾據楊氏觀海堂所藏宋嘉定何氏本重雕，未見印本。昨過武昌，楊君面許見寄。異日寄至，當與此一校異同也。」（《羅振玉學術論著集》第七集《留真譜二編》卷六葉七有書影。

脈經十卷 影鈔元刊本

元泰定四年，龍興路醫學教〔授〕謝縉翁刊本，前有東陽柳貫序，又有謝縉翁自序，並載「移文」一首。據縉翁後序稱，以官本及廣西漕司本，又得鄉人黄南牖家本合校。柳貫序云「其卷帙篇第，一用陳氏廣西之舊」，故陳孔碩一序亦賴之以存。今以校何大任本，互有異同，而不如何本之勝。唯劃條提行，此本又較勝之。後來袁表、沈際飛等皆從此本出也。又有成化十年畢玉重刊此本，則訛謬尤多云。此本爲日本醫學提舉多紀氏所藏，即著聿修堂各醫書之家也。

柳貫《序》
謝縉翁《序》
宋校定《脈經序》
熙寧元年《劄子》
紹聖三年《劄子》
泰定四年《劄子》

以上袁表本皆載之，今不録。唯此《劄子》後有謝縉翁《重識》一段，袁本不載，今附於左：

泰定四年六月初四日
中奉大夫江西湖東道肅政廉訪使朶列禿
書吏劉伯貞

《脈經》皆依宋監本及廣西校定刻布，其中疑處並係元本，不可輒改，序中已言之矣。今再取二本元刻本末及今憲司准申指揮並刻之，庶讀者知其原云。

廬陵謝縉翁重識

龍按：此本森《志》著録懷仙閣藏本，《故宫所藏觀海堂書目》録「日本影鈔元泰定本，有『江户醫學藏書之記』朱印，二册」，然此本今不知所在。《留真譜二編》卷六葉八有書影。此書序作者楊氏記爲「東陽柳贇」，劉昌潤云：「《守山閣》本作『柳質』，其籍東陽，疑爲柳貫兄弟行。」實誤，柳貫未聞有此兄弟。實仍當爲柳貫，《柳貫集》（浙江古籍出版社版，此書未補收此序）收録諸序跋即多署「東陽柳貫」，或以其常自署「貫」字，致後世之訛（參前《唐律疏議》條考辨）。

脈經十卷 明刊本

明袁表重刊《脈經》，蓋以泰定四年本爲原，而間有校改，並有印行後剜改者。據徐中行札，知所據本中多模糊，屬袁氏校正，故不免臆補之處。自袁氏以前，此書唯有成化中淮陽刊本及趙府居敬堂本，皆流傳不多，自袁氏本出，此後重刊皆據其本，不可謂之無功。此書余得之小島，朱、藍、墨筆校記，其朱筆者嘉定何〔大〕（太）任本，藍筆者明淮陽刊本，墨筆者則據《素》《靈》《難經》《傷寒》《甲乙》等書，可稱精詳。每卷後有學古校讀年月，並記與其友人同〔校〕諸姓名，蓋不啻三四覆校。然叔和所引書，今不盡見，其源多載《千金方》。小島未以《千金》校之，且至六卷以後，亦第以宋本互校，未及旁引他書，甚爲漏略，故余復以硃筆勘之。凡見於諸醫經者，異同悉著之，不嫌其煩瑣也。

龍按：此本森《志》著録，亦標「懷仙閣藏」（知原爲日本藏家曲直瀨正琳舊藏），末有「書林童文舉謹識」字樣，今存臺北故宫，有小島尚質手書題跋，亦有楊氏朱筆校記。《留真譜二編》卷六葉六有書影。

蕭世基脈粹一卷 永正〔十〕五年鈔本

此書晁氏《讀書後志》著於録，言治平中姚誼序之，《書録解題》《宋志》皆不載。此日本永正〔十〕五年鈔本，首有治平三年姚誼序，與晁氏説合；次有嘉定癸未李撰跋，蓋又南渡後崇川王進甫重刻，並附王叔和《脈賦》此僞書。今只存《脈粹》一書，係小島學古舊藏，森立之《訪古志》亦不載。據姚、李二序，知世基字處厚，吉州龍泉人。

世爲神農學者，大要以察脈論病爲急。然醫經方書，祖述浩博，罕際其會，非性識穎鋭，通貫文藝者，曷究其藴？河南蕭君處厚世基簪紱名家，少業儒術，屢應鄉薦，士大夫賢而愛之。處厚嘗因伯父及母氏數不妄節，醫家者流率多庸淺，〔因〕（固）留意於醫，輒詣淵奥。鄉曲間有少疵癘，必就之取愈，處厚不以貧富，待之如一，賢不肖以此尤重之。嘗閲《内經》及歷代書訣，患其隱昧難曉，撮取衆善，類成一編，名曰《脈粹》。雖根本聖賢，而指括徑捷，視醫道如指掌，誠書訣之喉〔衿〕（衾）也。不忍管〔摧〕（擢）其善，且欲傳之於人，庶札瘥者無鄙〔夭〕（犬）之患，稚子耋翁，胥格仁壽，實大君子用心矣。與夫得一要義重囊深櫝，惟恐人見聞者，萬萬相遠。予承乏邑事，既熟處厚之爲人，復嘉其存意，故舉其大略冠於篇。治平三年五月既望，大常博士知吉州龍泉縣事姚誼序。

是書乃吉州龍泉上劦隱君子世基處厚作也。應名《脈粹》，大常博士姚公誼出宰龍泉時序云詳矣。處厚伯氏吏部銀〔青公〕世京（青公）崇寧間嘗以授大丞相韓公忠彦，韓公授董大丞汲。大丞得之，獻試輒效，活人甚衆，名振京師，寶愛不啻珠玉。一時業醫者俯伏其門，巇求恐後。中更南渡，往往散失不全。崇川王君進甫，迄獲善本，重加校正刻梓，與天下共。就以叔和《脈賦》附於卷右，總之曰《診脈要捷》，濟人利物之量，可謂廣矣。獨惜其未詳是書流傳之本末，蕭君儀甫又能録而遺之，尤可嘉尚。儀甫名來儀，好古博雅，乃處厚孫侄云。嘉定癸未上巳日修職郎連州録事參軍李撰謹書。

龍按：楊氏失檢，森《志》著録然名作《診脈要捷》，餘皆同。此本今存臺北故宫，然有兩本，其一前有楊氏諸印，另一則有楊氏手書題跋，二本皆標爲「永正十五年鈔本」，檢森《志》云「卷末題『永正十五年戊寅三月七日申刻寫之畢』」，知楊氏跋誤奪「十」字，據補。日本今僅公文書館存一抄本，末署「天保壬寅正月小島氏寶素齋藏本借鈔」，知亦從小島藏本出。

另，因此書存世僅有日傳抄本，輾轉謄録，故多誤字，歷來引録者均未及更正，故稍作考證。姚序「固留意於醫」，檢公文書館抄本，「固」實爲「因」。「誠書訣之喉衾」，「喉衾」不辭，實「衾」當作「衿」，趙岐《孟子題辭》云「《論語》者，五經之錧鎋，六藝之喉衿也」，「喉衿」，綱領之意。「不忍管擢其善」，「管擢」不辭，實當作「管摧」，即專管之意。「庶札瘥者無鄙犬之患」，「犬」字顯誤，此前整理者徑改爲「夫」，然亦不通，實當作「鄙夭」，即夭折之意。李序「處厚伯氏吏部銀世京青公」似不通，檢公文書館抄本，「銀」下有「青」字，則知「青公」二字或原爲大字，傳抄中誤爲小字，原爲「吏部銀青公世京」，據嘉靖《江西通志》及萬曆《吉安府志》均載蕭世京爲龍泉人，再據《續資治通鑑長編》卷五百七載元符二年「蕭世京爲吏部員外郎」，或當指此。又前云「處厚嘗因伯父及母氏數不妄節」，此又云「處厚伯氏」，似蕭世京爲蕭世基伯父，然據《宋會要輯稿》，其於元祐九年至元符三年「提舉廣南東路常平等事」，蘇軾紹聖元年貶至惠州，曾有《與蕭世京》書二首，較世基此書之成晚三十餘年，再觀其名均有「世」字（蘇軾另有致世京之弟蕭朝奉信，其人名世範），知此所謂「伯氏」當爲長兄之意。

鍼灸甲乙經十二卷〔鈔正統重刊本〕

序例後有「正統丁巳重〔刻〕」（刊）」〔木〕」（本）記，每半葉九行，行廿四字。按：近世所行《甲乙經》唯《醫統正脈》刊本，而脱誤宏多，更有以林億等校注作正文者，如第一卷「心怵惕」條下引楊上善之説，上善隋唐間人，士安何得引之？此本不載楊上善説，凡林億等校語俱不載，亦無林億等序，知所原在未校正之前。其他亦多與《千金》《外臺》所引合，遠勝《醫統》本，惜有殘缺。據張金吾《藏書志》有明初鈔本，後有熙寧二年鏤板牒，後列富弼、趙抃等銜名。又陸氏《藏書志》亦有正統刊本，則此書善本尚未絶於中土，敬告留心醫籍者，當急爲刻之。

龍按：森《志》著録殘本三卷，注爲「鈔明正統丁巳重刊本，寄所寄樓藏」，今藏日本公文書館，柯逢時致繆荃孫函云：「《甲乙經》一書，最善者爲正統本，倭人有殘帙，已誇耀不堪。」（《藝風堂友朋書札》）所指即此。楊氏所跋爲另本，雖當爲同一系統，然抄工較前者爲優，今藏臺北故宫，僅存卷一、卷二。森氏云「與《千金》《外臺》所引相合，惜乎所存僅止於此。張金吾《藏書志》亦載正統本，不知與此同種否」，其本後有熙寧二年鏤板牒，與此不同，楊氏則以陸氏有正統刊本，並望能刻之以繼絶，然陸氏著録之本後亦有「正統六年十有五日琴川俞氏永惠堂家藏」之題識（張氏所記少「十有五日」四字，且「俞氏」與「永惠堂」二詞倒），則當爲同書，今已隨陸氏十萬卷樓藏書同歸日本静嘉堂文庫。又，楊氏云木記爲「正統丁巳重刊」，檢公文書館本及臺北故宫本，均同作「刻」字。另，底本標題後未加版本項，據目録補，然酌加「鈔」字。

葛仙翁肘後備急方八卷（明刊本）

明萬曆二年李栻刊本。按李栻刊有《通鑒紀事本末》，亦好事者。但此書既經（皇）（中）統楊用道附廣，已非隱居之舊。至元丙子又刊於烏氏。至栻爲之再刻，又非皇統本之舊。森立之《訪古志》云，據朝鮮《醫方類聚》所引，亦是用道附廣本。而今本所無者十四門，《醫心方》所引亦時多差互。然則此爲烏氏所删與？抑李栻所删歟？今皇統本不可見，至元本亦不聞有藏者，甚可惜也。

又此書有萬曆三年胡孟晉重刊本，日本延享丙寅浪華沼晉(又)(文)據以翻刻，以《外臺》《千金》《證類本草》所引，校刊於界欄上，頗爲不苟。唯沼晉不見《醫方類聚》及《醫心方》，猶未爲盡善也。小島春沂有補輯本，考訂極精。程永培六醴齋所刊，直據萬曆本，無甚異同。

龍按：此本森《志》著録，注「楓山秘府藏」，此本今藏於日本公文書館。然楊氏所據者或非森《志》所録者，以公文書館另有一本，有「尚質之印」「號學古」等印，知爲小島氏舊藏，則楊氏或就小島藏本録之。

諸病源候論五十卷目録一卷 影南宋本

影南宋本《巢氏諸病源候論》五十卷，首題「諸病源候論卷一」，不冠以「巢氏」二字，次題「大業六年太醫博士巢元方等奉敕撰」，次題「風諸病」。原本舊爲懷(仙)(山)閣所藏，缺第四十、四十一、四十二、四十三凡四卷，以酌源堂所藏宋殘本補摹之。首有「金澤文庫」印，日本古時官庫藏書之所也。此本爲小島學古從宋本影摹者。按《隋書·經籍志》有《諸病源候論》五卷，《目》一卷，吴景賢撰；《舊唐志》則作五十卷，吴景撰，皆不言巢氏書；《新（舊）唐志》則二書並載。《提要》：「疑當時本屬官書，元方與景，一爲監修，一爲編撰，故或題景名，或題元方名，實止一書。《隋志》『吴景』作『吴景賢』，『賢』或『監』之誤。其作五卷，亦當脱一『十』字。如止五卷，不應《目録》有一卷。」按《提要》所云《隋志》五卷，「五」下脱「十」字，至確。又稱吴與巢同撰此書，今以宋本照之，題爲「元方等撰」，與晁公武《讀書志》所稱合，足見此書非元方一人之力。〔惟〕（准）吴景賢之名已見《隋書·麥鐵杖傳》，《提要》疑「賢」爲「監」之誤，未免失之。此書有明方鑛、汪濟川、吴勉學等刊本，近亦不多見。通行者，嘉慶間胡益謙刊本。以此本校之，胡本之誤不下數千字，且有十數條脱漏者。即如篇首標題增「巢氏」二字，「論」上加「總」字，次删「大業六年」「等奉敕」〔七〕（上）字，每類「諸病」改爲「病諸」，下又增「候」字，其爲庸妄，已可概見。余謂王燾《外臺秘要》、王懷隱《太平聖惠方》，每部皆取元方之論冠其首。宋制，醫以《巢氏論》與《千金翼》目爲小經，知此書爲證治之津梁。自《素問》《傷寒》以下，未堪比數。顧邇來操岐黄者，多未寓目，即胡益謙本亦視同秘笈，可慨也夫！

光緒壬午春三月記。

近日〔湖北〕崇文書局刻此書，不言從何本出。柯慎庵云是據袁壽階舊鈔傳録，差勝胡本。以視此宋本，則天淵矣。甲申六月記。

光緒辛卯，池州周氏又刊此書，自稱以舊本付梓，實即胡益謙本也。丁酉六月記。

又歸安陸氏得元刊本，較勝胡、周諸本。然據其所校出刊入《群書校補》中者，僅寥寥數翻，亦遠不及此本之善也。丁酉八月記。

龍按：此影鈔本之原本，即曲直瀨正琳懷仙閣藏本，森《志》著録，今藏日本宫内廳書陵部（前有「森氏開萬册府之記」印）。楊批森《志》云「原本見之未購成，飛青閣得影寫本」，《留真譜初編》卷七葉十一有書影，楊批《留真譜》云「影宋本，今存飛青閣」。此影鈔本今藏臺北故宫，書前有楊氏手跋，據之校改數字。另手跡末署云「光緒甲申春三月宜都楊守敬記」，則此較楊《志》所署晚二年，次條所署手跡作「守敬再記」。

諸病源候論五十卷目録一卷 小島學古校本

日本醫官小島學古據宋本、元本、日本國刊本、聿修堂鈔本，又以《外臺秘要》《醫心方》日本人所撰所引，合校於胡益謙刊本上。凡訂正不下數千事，最爲精審，似無遺恨。顧余嘗校《三因〔極一〕〔一極〕方》宋本有云「《巢氏病源》其列一千八百餘件」，蓋爲示病名也。今各本唯有一千七百二十六論，又校元張從正《儒門事親》足本，引「婦人雜病帶下候」曰「巢氏《内篇》四十四卷」云云，是此書並有内、外篇之目。今各本此條皆在三十七卷中，頗疑此書有殘缺。因取《外臺秘要》重校之，引有「傷寒十日至十二日候」，各本皆無之；又「傷寒毒攻眼候」，其文大異；又有「重下候」，各本亦無。更取《太平聖惠方》校之，引有「食癎候」，《醫心方》引有「小兒鬼舐頭候」，皆各本所無。然則今本果非巢氏之舊？意其脱佚，當在宋綬校刊以前，顧不解陳言、張從正所言何以有異同，抑天聖刊本至南宋已有脱佚？書賈重刊，妄移卷第，仍標足本。得知者如《瘿瘤門》有「多忘候」「嗜眠候」「鼾眠候」「體臭候」「狐臭候」「漏掖候」，並與「瘿瘤」不相涉，當是别篇錯文爲書賈所亂。不然，宋綬奉敕校定此書，不應疏忽至此。惜乎學古尚未疑及此也。

龍按：此本《故宫所藏觀海堂書目》著録，並注云「日本小島氏據宋本、元本及諸本校，有楊氏題識」，則即此本無疑。今藏臺北故宫，前有小島氏九疊印，又有朱筆校語。

千金寶要八卷 明刊本

明嘉靖丁酉刊本，首郭思自序，次武定侯郭勛序，次陸深序。每半葉十行，行二十字。卷首第二行題「前徽猷閣直學士通奉大夫致仕河陽郭思纂」，第三行題「陝西西安府華州知州古盂劉整補校重鎸石」，第四行題「救急方」，第五行「婦人第一」。按郭氏原刻，世久失傳，其重鎸者爲華州知州劉整所編。正統八年刊石。厥後楊勝賢刊木於華州；景泰六年郭勛刻木於粤東；張翰刻木於蜀中，此即蜀中本也；又有隆慶六年秦王守中刊石耀州者，又併爲六卷，嘉慶十二年孫淵如刻於《平津館叢書》中者，即隆慶本也。此本有小島學古硃校，文字頗多訛謬，不及隆慶本之佳。然其次序，似當仍郭氏之舊。隆慶本則多所移易，又脱郭氏原序，又删其「救急」次第原目，惜乎淵如刊此書時不及見此本也。

《千金寶要》序

序曰：孫真人《千金方》一部，三十卷，二百一十八門，門中各有論，〔論〕下各有方。論以論説人所以得病之由，君子小人皆宜熟知；方以治人之已病。而人有未嘗得見此集者，並藥有物多而難合者，貧下細民，因此不獲治療，枉壞軀命者，可勝言哉！況一州一縣，幾家能有《千金方》？而有者亦難於日日示人。因此孫君之仁術仁心，格而不行處有之，鬱而不廣處有之。孫君此書，上本黄帝、岐伯，次祖扁鵲、華陀、張仲景、陳延之、衛汜、王叔和、《小品》、《肘後》、《龍宫》、《海上》而下，及當時之名公方論、藥術，並自撰經試者。世皆知此書爲醫經之寶，余亦概嘗閲諸家方書，内唯《千金》一集號爲完書，有源有證，有説有方，有古有今，有取有舍，闕百聖而不慚，貫萬精而不忒。以儒書擬之，其醫師之集大成者與？唐之盧照鄰謂：「思邈高談正一，則古之蒙莊；深入不二，則今之摩詰。」斯言得其深致矣。思久欲闡揚此書，以廣之海内，而在公牽迫，終不克遂。今休閑矣，遂取《千金方》中諸論，逐件條而出之以告人，使人知防之於未然之前；又將《千金方》中諸單方，逐件列而出之以示人，使人知治之於已病之後。其思家與知識家，經用神驗者，〔亦〕（之）附之其中，按今檢本郭氏附方不復識别，當是劉氏重鐫時混合爲一。今《千金方》宋槧復見，學者當就其書識出之。各别稱説，買巨石刊之，以廣其傳。以救急者爲先，以稍可待者爲次，以尋常大病爲三，以尋常次病爲四。孫君之書，以婦人、小兒爲首，以男子、婦人雜病爲後。思今皆依之。而特取諸病目前交急者爲首，此思急於救人、推行孫君之妙法本意也。謹敢以《千金寶要》命篇，誓施萬本，長者仁人當共濟斯善。宣和六年四月初一日徽猷閣直學士通奉大夫致仕河陽郭思謹序。

武定侯郭勛序正德十一年

上海陸〔深〕（源）序嘉靖丁酉

四明張楷跋正統甲子

西野張翰跋嘉靖十六年

龍按：此本《故宫所藏觀海堂書目》未載，然書則存臺北故宫，書末有小島氏朱筆識語。此據楊氏稿本及故宫藏原本校改數字。

日本訪書志卷十　子部·醫類

外臺秘要方四十卷目録一卷 影北宋本

原本藏日本紀藩竹田氏，森立之《訪古志》曰：「此本嘉永己酉，官下命郵致，使於醫學影鈔，凡二通，一納楓山官庫，一藏醫學。蓋宋槧醫籍存於日本者頗多，然多南渡以後物，其北宋本如《千金方》，猶有補刻，特此本真爲林億等經進之原刊，〔有明諸家所不夢見者，〕而首尾完具，〔毫〕（豪）無缺失，豈可不謂天下之至寶乎！」立之又言：「當新寫此書。」時立之方爲醫學校官，以五人分書之，越三年乃成，其費不貲。余因立之言，先購得小島學古校本，乃知明程衍道刊本奪誤凡千萬言。因訪之杉本仲温，據言，紀藩之宋本不可見，楓山庫之新本亦不可得，維醫學之一部，明治初散出，未知存於誰何之手。余乃囑仲温物色之，久之，以此本來，缺其末一册，蓋以末册有題識，恐爲其官所覺也。索價殊昂，余以爲此書宋槧中土久絶，程本僞謬不可據，乃忍痛得之。每卷首有林億等上進名銜，卷末有裴宗元校正及趙子孟校勘名銜，或有右迪功郎張寔校勘字，影摹之精，下真宋刻一等。無怪立之言以五人之力三年乃成也。末一册托書記官巖谷修從楓山庫本補之，仍爲完璧。此書爲古方淵藪，晉、唐逸籍，賴是以存。當吾世不乏壽世仁民之君子，當覆之以傳也。

《唐書·王燾傳》附《王珪傳》有「視絮湯劑」語，《提要》謂「視絮」二字未詳。按《曲禮》「毋絮羹」，鄭注「絮，猶調也」，《釋文》「絮，敕慮反，謂加以鹽梅也」，則「視絮」即「調劑」之義，非誤字。又《提要》稱燾作是書成於守鄴時，故曰「外臺」，引《高元裕傳》爲證。余按《玉海》引《中興書目》云：以其出守於外，故號曰「外臺」。與《提要》説合。然《高元裕傳》：「故事，三司監院官帶御史者，號外臺。」王燾自序結銜不帶「御史」，則謂出守於外即稱「外臺」者，未確。據《魏志·王肅傳》注「薛夏曰『蘭臺爲外臺，秘閣爲内閣』」云云。燾自序云：「兩拜東掖，便繁臺閣二十餘歲，久知弘文館圖籍方書等，由是睹奥升堂，皆探其秘要。」據此，則取《魏志》「蘭臺爲外臺」甚明，非出守於外之謂也。

光緒丁酉於上海書肆得歸安陸氏《群書校補》，乃知此書宋本吾中土尚有存者，唯陸氏所校，第據明程氏刊本，著其異同，亦多有脱漏處，不及小島會粹群籍精審無遺也。

龍按：森《志》著録，原本今藏於日本宫内廳書陵部，楊批云「醫學影抄本，今在飛青閣」一;《留真譜初編》卷七葉十八、十九有書影,楊批《留真譜》云「影宋本,摹手絶精。今存飛青閣」。楊氏所得之影本則藏於臺北故宫。然據二者之標注,此原本當爲南宋初兩浙東路茶鹽司刻本,非北宋本(國圖亦藏有此本)。據楊氏手跡末有「光緒癸未四月宜都楊守敬記」一行。

醫心方三十卷 摸刊古卷子本

日本永觀二年,丹波宿〔禰〕(稱)康賴撰進,當中土宋雍熙元年也。其原書爲卷子本,安政元年官府命醫學摹刊以行。其書體例仿王燾《外臺秘要》。所引方書,有但見於《隋志》者;有不見於隋、唐、宋《志》,但見於其國《見在書目》者;亦有獨見於此書所引,不見於著録家者;即爲常見之書,而所見之本大異者。如廿七卷中引嵇康《養生論》,多溢出於今本之外,則知《文選》所載,爲昭明删削;康賴選録,當是《叔夜集》中原本。至其標記旁注,是後人校此書者所爲,而其所見亦多古逸書。如引陸法言之《切韻》,與孫愐之《唐韻》不相混合;引郭知玄、麻〔杲〕(果)、釋弘演之《切韻》,武玄之《韻詮》,亦唯見於《見在書目》而唐、宋《志》無聞焉;至陸善經《字林》更無考。良由彼國富藏古籍,據《見在書目》所載，幾與隋、唐《志》相勒。康賴爲鍼博士，又得近見其秘府所藏，故能博贍乃爾。丹波元堅等校刊此書，稱其校《外臺秘要》有過之無不及，良非溢美。至其書體秀逸，古香可挹，亦誠如元堅等所説。今原書第二十二卷尚存稻垣真郎家，余曾借得比校刊本，篇幅字體稍縮，而如鑑取影，不爽毫髮。其影寫手渡邊旐亦一時之絶技，而刊刻之精，校訂之密，當爲日本摸刻古書第一。其所載校刊職名中，如森立之、淺田惟常，今巍然猶存，皆博覽群書，爲中土方今醫家所未有也。

刻《醫心方》序

《醫心方》卅卷，每卷首題「從五位下行鍼博士兼丹波介丹波宿〔禰〕（稱）康賴撰」。謹按：臣等遠祖康賴撰進是書，實爲圓融帝永觀二年十一月廿八日，《家牒》所記與本書延慶舊〔抄〕（杪）册子本後記合，可徵也。後在正親町帝時，嘗出以賜典藥頭。半井氏云：「豈即遠祖所進之本歟，抑別有鈔本也？」意者，秘府所藏，人間莫得而窺焉。加之保、平以還，兵燹相踵，是書在若存若亡之間者，蓋數百有餘年矣。寬政初載，先大君父恭公方表章遺文，命臣等曾祖臣元悳，使以仁和王府所藏鈔本謄寫，儲之醫學，當時稱爲希覯。顧其爲書，殘脱居半，學者仍憾不得窺其全豹焉。恭惟今大君仁洽寰宇，孝存繼述，最深軫念醫藥，訪知今典藥頭半井氏有斯書全帙，乃命執政傳旨其家，俾送致之醫學，使臣等得繙閲之。既而又命臣等使遵依原本摸刻，以布之海内。臣等不堪感躍，謹審檢細勘之。其〔書〕（舊）裝爲卷子，嚴存隋、唐舊帙體式，爲卷凡卅，與《仁和寺書目》所載合。其間字樣非一，紙質亦殊，有結體奇古，與金石遺文相印契者；有筆畫遒勁，直逼晉、唐法書者；有如樸質無文，而古香可挹者。蓋非其親筆，則其子弟爲之。據第八卷天養二年記，殆從當日前後稿及各家傳録本，排纂綴緝，以成一部完帙歟？間有係後人補鈔者，亦不失爲數百年前物。每卷各爲一類，下分子目，其所引證，上根據之農、黄、扁、張之經，下貫穿之唐以上各家之著。其所論列，起治病大體訖食物，每門上載證候，下列其方，遇有可注明者，附以按語。其第二卷論鍼灸，則更有序以開其端，豈身爲鍼博士最所深致意歟？竊詳之，其書體例，蓋準擬之王燾《外臺秘要方》，而其引據之博，與立論之精且確，則有過無不及也。原夫醫之道幽以微矣，必也稽之往聖昔賢，徵之百家之格言，協之於古今之異與風土之宜，參伍而錯綜之，然後其道乃始完，可以〔模〕（摸）楷後學矣。求之前人之著，能具斯道者，其唯王氏之書足以當之；而是書則直駕而上之，豈不更偉乎！況其所徵引逸書、遺典，史家所未及載者數十部，皆得依是書以睹其概略。又況古書存於今日者，一歷宋人校改，往往失當日本色，得據此書以糾正其譌謬，亦復不一而足。

他欄外及行間所注字書，如《玉篇》《切韻》《唐韻》之類，雖所採不多，而亦足以窺唐以上訓詁音韻之微，則是書在天壤間，凡以裨補後學有匪細故者，不僅爲醫家鴻寶也。臣等竊幸今日文明之化，〔施〕（弛）及吾醫，是書數百年鬱而未顯者，一朝發其幽光，極知宛委、瑯環之秘，亦必應昌期而出，非偶然也。爰課醫官諸彦及男元〔琰〕（睒）、男元佶與及門之士，審加檢閲，更倩佳手〔模〕（摸）寫以授梓人，亦庶幾仰上副大府所以愛養斯民之至意最深，有感於尤物顯晦之故焉。謹次其顛末以爲之序。安政元年十二月朔，侍醫尚藥醫學教諭法印臣多紀元堅、侍醫醫學教諭兼督務法眼臣多紀元昕頓首拜識。

是書校刊未全，不幸會臣琰先人謝世，未幾，臣佶先人亦復相繼見背。不肖等慟哭之餘，竊恐是刻之遷延不果，無以報二先人於地下。既而不肖等承乏忝襲先職，乃孤陋不自揣，敢任校讎之責。而二三子亦皆密勿從事，始能畢功。其札記則小島尚真、高島久貫、澁江全善、森立之、佐藤葚等最與有力焉。既而尚真、全善先没，而久貫、立之等專任其責。唯是此書之成，距今九百年所，其所援引各書，並係唐人舊帙，在今日大率散逸不傳。或者其所依之本，派别不一，或者今本經後人删改，猝難證明。矧乃其間字畫僻異，不易辨識者有之；文義晦澀，不易讀定者有之；簡斷墨闇，不可復問者有之；今不敢苟且遷就，妄爲之説。半井氏所藏别有延慶舊鈔册子本，其第廿五、廿六、廿〔八〕卷，係延享四年和氣成庸所補鈔。校以是本，亦互相出入，則爰從而疏記之。其第卅卷末記是書撰進歲月，及其卒歲月日，亦足以補史〔氏〕（記）之缺，則併附刻以資考鏡。他仁和王府所藏，凡十六卷，舊藏零本凡四卷，亦時有異同，今皆一一條舉之。若夫「微」作「㣲」，「率」作「𢇁」，「暑」作「署」，「覆」作「覆」，「棗」作「来」，「狗」作「猗」及偏旁之「木」「手」並通，艸頭、竹頭之互用，凡皆文字異構，非關指義，則均不敢辭費。其背記數條，一從原帙影摸以附後。至於背紙有用當時牒狀者，有用具注曆本者，諸古記遺文，散出各處，固多考古者所不廢。意者，此類與本書不相涉，一概濫載，極爲不倫，則今皆從略。嗚呼！自二先人有斯舉，蓋屢易裘葛，其間存没之感，有不堪慼然者。臣琰、臣佶自顧聞見黯陋，曾不足窺先業萬一，獨是數百年欲見而不得之珍，一朝發光，醫方之傳，可沿泝以得其津涯，則庶幾乎醫道之日以益明。蓋不唯見二先人所以拳拳校刻是書之功之偉，抑亦昭代休明之運，舉一世而躋之於仁壽，其所沾被者遠矣。萬延紀元歲次上章涒灘且月既望，侍醫醫學教諭法眼臣多紀元琰、侍醫醫學教諭兼督務法眼臣多紀元佶拜手同識。

嵇康《養生論》云：「養生有五難：名利不去，一難也；喜怒不除，二難也；聲色不去，三難也；滋味不〔絶〕（絁），四難也；神慮精散，五難也。五者必存，雖心希難老，口誦至言，咀嚼英華，呼吸大陽，不能不曲其操，不夭其年也。五者無於胸中，則信順日濟，玄德日全，不祈喜而有福，不求壽而自延，此亦養生之大經也。然或有服膺仁義，無甚泰之累者。」抑亦其亞也。

又云：「嗜欲雖出於人情，而非道德之正。猶木之有蝎，雖木所生，而非木所宜。故蝎盛則木朽，欲勝則身〔枯〕（拈）。然則欲與生不並立，名與身不俱存，略可知矣。」

龍按：《留真譜初編》卷七葉二十有書影。臺北故宫今藏《醫心方》安政刻本二種，皆爲楊氏舊藏，與《故宫所藏觀海堂書目》所載同。又據《鄰蘇園藏書目録》載此書二種（與字號），其一下標「四十兩」，則當售出。而據柯逢時致繆荃孫函云：「《醫心方》兩部首册呈覽，一係倭印雁皮紙本，訂卅册，定價卅元。一係逢時去歲購於惺吾者，乃倭印宣紙本，只訂十六册，價則廿元，八折得十六元。」（《藝風堂友朋書札》）則當售予柯氏，柯氏又欲將其一轉售繆氏。檢《藝風藏書記》載有安政六年刊本《醫心方》，則繆氏當購其一，唯不詳繆氏所購爲何種。整理者曾得數册，首册前有「楊守敬印」及「星吾海外訪得秘笈」二印，又有「叔朋曾觀」印，即張炳翔（字叔鵬），其人爲葉昌熾弟子，曾爲葉氏校《語石》（參姚文昌《上海圖書館藏〈語石〉稿本考述》，《文獻》二〇一九年第六期），檢葉氏《緣督廬日記》光緒十年正月二十四日載「李静山丈之子及張叔朋並來從游」，則此時已入門下，十二月廿五日載「訪翼甫……有日本内府刻《醫心方》，僅見一册，皆容成之術，多述黄帝之言，雖不可爲訓，亦未見奇書也」，則張氏當於此時鈐印。楊氏所得，或不僅此數，《清客筆話》載明治十五年八月楊氏訪森立之時問及「《醫心方》板可售則購之」，森氏云「不可速成，少俟時而可也」，然終未得，後楊氏歸國前致信森氏云：「啓者兹付上連四史紙壹箧，計算可印《醫心方》六部（又前存紙二本可一並付工人，則有餘矣），伏祈速屬工人印之，限十五日必成。若十五日不成，則不印也。」另據陳捷注云：「這些板木在日本關東大地震時燒毁，損失不少，現在保存在東京大學綜合圖書館的，只有四十三塊合計雙面八十五葉。」

又楊氏録所引嵇康《養生論》佚文，實嵇康《答難養生論》中文，魯迅已以《醫心方》校及。「五難」條《醫心方》前後兩引，前有「抑亦其亞也」五字，後則無之，且嵇氏文中亦無，知爲引者之語；而「滋味不絶」之「絶」字當誤，後引一條又作「絶」，據後引改。

太平聖惠方一百卷目録一卷 舊鈔本

宋王懷隱等奉敕撰。按《宋史·懷隱傳》：「宋州睢陽人。初爲道士，住京城建隆觀，善醫診。太宗尹京，懷隱以湯劑祇事。太平興國初，詔歸俗，命爲尚藥奉御。太宗在藩邸，暇日多留意醫術，藏名方千餘首，皆嘗有驗者。至是詔翰林醫官院，各具家傳經驗方以獻，及萬餘首。命懷隱與副使王祐、鄭奇《讀書後志》作「彦」、醫官陳昭遇參對編類。每部以隋太醫令巢元方《病源候論》冠其首，而方藥次之，成一百卷。太宗御製序，賜名曰《太平聖惠方》，仍令鏤版頒行天下，諸州各置醫博士掌之。」《玉海》稱此書自太平興國三年陳振孫云「七年」詔撰集，至淳化三年始成。

按森立之《訪古志》稱尾張藩庫藏宋本原刊，存五十卷，以宋本補鈔，每半葉高(七)(六)寸五分，廣五寸，十三行，行二十五六字。此本行款悉與之合，每卷首中縫下書「相州或作「陽」、或作「之」圓覺寺或無「寺」字第二位周音或有「首座」二字書寫」，蓋僧徒之筆，無鈔寫年月。相其紙質筆跡，當在數百年以前。書法亦簡勁峭直。據自稱「首座」，必非俗僧，惜當時在日本未曾訪之緇流也。第二卷末有「上總國市原郡海保村中道長津神護押」，則藏書人之記也。每卷又有「啓迪院」緑印記。按日本有翠竹庵一溪〔叟〕（臾）道三撰《啓迪集》醫書八卷，自序稱「天正甲戌」，當中國明萬曆二年，是書當經其所藏與？《訪古志》又云，宋本有「福建路轉運司今將國子監《太平聖惠方》一部〔一〕百卷，二十六册，計三千五百三十九板，對證内有用藥分兩及脱漏差誤，〔共〕（爽）有〔一〕萬餘字，各已修改開板，並無訛舛，於本司公〔使〕庫印行。紹興十七年四月〔日〕」，「次有邵〔大〕寧、宋藻、陳舉、黄〔訒〕（訪）、范寅秩、馬〔純〕（□）官銜六行」，此本無之。按此書第九十九、第一百兩卷爲《鍼經》，鈔手雖古，稍嫌草率，亦無「啓迪院」印記。其中本有圖像，皆空位未摹，當是周音鈔本缺末二卷，後人又再爲補鈔也。此書自《書録解題》著録後，遂不著於世，唯《愛日精廬藏書志》載有「眼」「齒」兩類三卷此本「眼」「齒」兩類在第三十二、三十三、三十四，其他無聞焉。此本首尾完具，真希世秘笈。計其所采方書，增於《外臺秘要》數倍。唯每方不著所出原書，不如《外臺》之例之善。然是書經諸名醫編類，首尾十三年，頒諸天下，以之課士，知其非苟而已也。

龍按：森《志》著録宋槧本及舊鈔本，楊批森《志》云「飛青閣得古抄本，此書中土久佚，真奇寶也。蓋與《太平御覽》〔齊〕（濟）修，中多古籍」，此書刊本海内已無存，《中國古籍總目》即僅載一抄本，有楊守敬跋，或即楊氏此跋所述之本，《留真譜初編》卷七葉二一有書影。另臺北故宫亦藏二種，亦有楊跋。據其手跡，跋末當署「光緒甲申」之字樣。據繆荃孫日記載其光緒十六年三月初逢楊守敬，楊即「託鈔《太平聖惠方》」，柯逢時致繆荃孫函多處言及刻此書之事，云此書及《聖濟總録》「卷帙繁多，刻工太少……自揣衰頽，河清難俟。近與同人約，擬將《聖濟》《聖惠》兩巨帙，先用石印，精制成書，惠此來學」（《藝風堂友朋書札》），惜終未如願。另，楊氏引森《志》所列刊刻者官銜，姓馬者無名，惟以方框代之，檢日本所傳鈔本，亦闕此字，有鈔本於此描出殘損之跡，知爲原本如此。據日人岡西爲人《宋以前醫籍考》引爲「馬純」，人民衛生出版社點校本《出版説明》亦然。據《太平聖惠方》所列其人銜名云「右中大夫直秘閣福建路計度轉運副使兼提舉學事」，而《夷堅支丁》卷十《張聖者》載福州張聖者「忤轉運副使馬子約純」，與此銜名合，當即此人，故據補字。

普濟本事方十卷舊鈔本

宋許叔〔微〕（徵）撰，小島尚質舊藏，後有「以江武官庫御本寫之」九字，存第四至第十，末有淳熙乙巳孝忠跋不著其姓，待考。；又有辛亥左昌〔詩〕（時）跋。每葉十行，行二十字。

每卷之第二行即接所分類，無「宋許叔〔微〕（徵）撰」等字，知其根源爲古。按此書乾隆中王陳梁有刊本，多所删節，不足爲據。日本享保中刊本亦多譌字，皆不及此本之佳。又按《經籍訪古志》有宋槧本，序後題「寶祐癸丑良月夏淵〔佘〕（全）氏刊於明經堂」，目録後有「建安余唐卿宅刻梓」八字，每半葉十三行，行二十一字。此本格式亦與之不同，然則此豈即〔紹〕（淳）熙辛亥之本與？則尤可寶也。

《四庫》著録者元余氏勤有堂刊本，未知其款式與此合否。

龍按：此書森《志》著録宋本，今藏日本宫内廳書陵部。楊批森《志》云「飛青閣有古抄本」，《鄰蘇園藏書目録》載「影宋《本事方後集》一本，癸丑臘月賣於傅沅叔二十四元」，即此本，今存臺北故宫。另所云建安余氏本楊氏亦藏鈔本，有「宜都楊氏藏書記」「星吾海外訪得秘笈」「小島圖書記」「臣尚質」「江户小島氏八世醫師」諸印，則亦當得自小島氏，今存臺北「國圖」，《留真譜初編》卷八葉十二有書影。

新刊續添是齋百一選方二十卷元刻本

宋山陰王璆孟玉撰。首有慶元丙辰天台章楫序。目録首有篋子（云）載劉承父咨。

每半葉十行，行二十二字。按此書《四庫》不著録，《宋志》二十八卷，《書録解題》三十卷，《曝書亭集》稱所藏元本僅二十卷，遂疑爲後人所選擇。然按劉承父所咨，則此爲是齋全本，《解題》《宋志》皆誤也。

《是齋百一選方》序

方書傳於世衆矣，其斷斷能已疾者蓋寡。古人方書，一藥對一病，非苟云爾也。後世醫家者流，不深明夫百藥和齊之所宜，猥曰「醫特意爾」，往往出己見嘗試爲之，以故用輒不效，甚者適以益其疾而殺其軀者有之。毋怪乎饋藥者以未達而不敢嘗，有病者以不治爲得中醫也。嗟呼！醫方所以除疾疢而保性命，其何至是？得匪其擇之不精、處之不審故歟？是齋王史君璆，博雅君子也。生長名家，蓄良方甚富，皆其耳目所聞見已試而必驗者。每歎人有可療之疾，藥不相值，卒於不可療。思濟斯人，詎忍秘而不示？屬守古沔公餘，裒集始就，乃鋟諸郡齋，目之《百一選方》，其精擇審處蓋如此。然則公之用心仁矣，是書之衍其傳也宜哉！慶元丙辰孟冬初吉，郡文學天台章楫序。

此集已盛行於世，近得是齋全本，其爲方也一千有餘，分門析類，列之於目，井井可觀，皆係經驗不傳之秘。凡丈夫、婦人、小兒諸證，纖悉委曲，靡所不備，鼎新刻梓，三復校正，並無訛舛。凡我尊生君子，伏幸詳鑒。歲在癸未端陽前一日，建安劉承父謹咨。

龍按：此書森《志》著録，云爲「京師荻子元藏」，又云「躋壽館亦藏元板，係細川桃庵舊藏」，今日本宫内廳書陵部藏一元板。楊批森《志》云「飛青閣有刻本」，或即此書。楊跋云「目録首有筐子云載劉承父咨」，不可解，實此語係節略森立之語而成，森氏原云「目録首有篋子云『歲在癸未端陽前一日建安劉承父謹咨』」，楊氏因附録劉氏之牌記文字，故此處節略，然未將「云」字删去。另《故宫所藏觀海堂書目》著録楊藏兩種抄本，今皆存臺北故宫。《留真譜初編》卷八葉九有書影。

楊氏家藏方二十卷 影宋鈔本

宋楊倓撰。首有自序，又有「殿木氏藏書」印記，末有延壐跋，又有小島尚質硃筆點校。每半葉十一行，行十九字，左右雙邊。按此書《四庫》不著録，本朝諸家目録亦無之。宋槧本今藏楓山官庫，此蓋自彼影鈔云。據《訪古志》又有元板，序後有「阮仲猷刊於種德堂」木記，余未之見。據延壐跋，此與《洪氏集驗方》、《〔胡〕（顧）氏經〔效〕（驗）方》同刻。

今洪、胡二書亦無著録者。

《楊氏家藏方》序

夫醫之爲藝，探天地清濁之源，察陰陽消息之機，順四時之宜，藉百藥之功，以治人之病者也。粤自神農著金石草木之書，黄帝、岐伯撰《内經》《素問》，其學盛行而不廢。名世之士，若扁鵲、和、緩藝成名立，蓋班班可考。然皆心得其微，取諸左右，砭艾湯熨，變化不測，實未嘗爲方以語後之人也。惟伊尹論湯液，漢長沙太守張仲景引而申之，始有可傳之方，蓋已末矣。夫疾病之變無窮，而吾之爲方有限，欲以有限之方，通無窮之變，其不附會臆度，繆以〔毫〕(豪)釐者鮮矣。是以有經絡、形證之辨，有增減、參伍之法，神而明之，〔祈〕(存)乎其人。嗚呼！豈以後人若扁鵲、和、緩者，不可覬一得於千百年之間？而人之有疾，蓋死生於呼吸之際，不得已而有是也歟！由是言之，後之醫以方爲書者，凡有一得之效，舉不可廢也。余家藏方甚多，皆先和武恭王及余經用，與耳目所聞見嘗驗者也。揭來當塗，郡事多暇，日發篋出之，以類編次。凡用藥相似而責〔効〕(功)不同者，皆備列之，得一千一百一十有一道。蓋今之爲醫者，皆有嘗試之方，深藏篋中，不輕以語人；僥倖一旦之售，以神其術。今余之所得，〔多〕良醫之深藏而不語人者也。方將使人家有是書，集天下良醫之所長，以待倉卒之用，不亦慈父孝子之心乎？於是鋟木郡齋，以廣其傳云。淳熙五年三月乙未朔代郡楊倓序。

樞密洪、楊二公，給事胡公，前後守當塗，各有方書鋟木於郡中，亦遺愛之一端也。其名曰《洪氏集驗》《楊氏家藏》《胡氏經〔效〕（驗）》。今江淮〔浙〕間士大夫與醫家多用此三書，對證以治疾，無不取效。閩中相去差遠，猶未之有，今刊諸憲司，將以惠衆，抑亦副三公欲廣其傳之意云。淳熙乙巳夏四月望日，東密延璽書。

龍按：森《志》著録楓山官庫藏宋本，今藏日本宫内廳書陵部；楊批森《志》云「飛青閣有傳抄本」，此本今存國圖，有小島尚質校並跋，除楊氏諸印外，又有「松坡圖書館藏」印。此書刊本國内已失傳，《中國古籍總目》僅録一抄本存於中華醫學會上海分會。

婦人大全良方二十四卷舊鈔本〇

影鈔朝鮮活字刊本。首題「新編婦人大全良方卷之一」，次行題「醫學臨川陳自明良甫編注」。每半板十二行，行十九字。案朝鮮活字原本日本有二通，皆缺自序，此有自序，或是從熊氏《補遺》本補鈔也。卷末有跋云：「右《婦人大全良方》，陳氏真本也。從聿修堂所藏朝鮮活字鈔。而借寫起於文化庚午冬十一月十日，終於十二月初五下晡。松章渙之識。」

余又得一鈔本，體式與前本同，無陳自明自序，而卷首多《辨識修製藥〔物〕法度》凡八葉，目録亦有此八字，居卷〔一之〕（之一）前，未知何以與前本互異，當再詳之。

龍按：森《志》著録，今存國圖，末有松章渙之識語，除楊氏諸印外，又有「松坡圖書館藏」印及楊氏小像，知即此本；國圖尚存另本，前亦有楊氏小像及藏印。森《志》另録朝鮮活字本及明刊本，楊批均云「今在飛青閣」，今均存臺北故宫。此陳氏原書國内僅存一元勤有書堂刻本，餘均經後人改動。又據羅振玉《大雲書庫藏書題識》載，其亦得日本傳録高麗活字本，前有「森氏開萬册府之記」印。《留真譜二編》卷七葉五有書影。又稿本「卷一之前」，刊本作「卷之一前」，據稿本改。

御藥院方十一卷 朝鮮刊本〇

朝鮮國活字本。不題撰人名氏，首有高鳴序。據序，稱太醫提點榮禄許公所撰集，日本多紀櫟窗考爲元許國楨，當得其實。首題「癸巳新刊御藥院方卷（之）第一」，目録末有鐘形木記曰「頤真堂記」，又有琴形木記曰「平陽府司家印」。此本有日本寬政戊午醫官千賀芳久活字印行。

又按：此書有元至元刊本，有二十四卷，舊爲張月霄所藏，今在歸安陸氏。據《愛日精廬藏書志》跋稱，卷五「檳榔圓」下注「泰和五年」云云，卷七「半夏利（膈丸）（隔九）」下注「崇慶元年」云云，卷九「兩炒圓」下注「大安三年」云云，卷十「酸棗仁煎」下注「興定五年」云云，今檢此書皆無之。而「半夏利（膈丸）（隔九）」在第五卷，未知此爲後來删本與，抑彼爲增入與。俟再詳考。

龍按：此書國内當已失傳，《續修四庫全書》即收入日本活字印本。森《志》著録此朝鮮本，然爲活字本，今藏日本公文書館，楊氏所見亦當爲活字本，然其舊藏今不知去向，臺北故宫有楊氏舊藏之日本活字本，除楊氏鈐印外，另有「秋水茶寮氏記」「千賀書庫印記」等印。另據稿本，其首段下又有「未知其行款與原本同否也，其原本今藏楓山官庫」一句，爲點去。

醫方考六卷 明刊本

明吴〔崐〕（焜）撰。首萬曆乙酉汪道昆序，次自序，稱「取古昔之良方七百餘首，揆之於經，酌以心見，訂之於證，發其微義，匪徒苟然誌方而已」。今觀其所著，皆疏明古方之所以然，非有心得者不及此，信爲醫家巨擘，而傳世甚少，何耶？按：〔崐〕（焜），歙人，以醫名一時。所著有《脈語》《十三科證治》《參黄編》《砭〔焫〕（磷）考》《藥纂》《鍼灸六集》《素問語》等書。

龍按：《故宫所藏觀海堂書目》著録云「有九折堂山田氏圖書之記朱印」，知曾爲山田業廣氏收藏，今藏臺北故宫。《留真譜二編》卷七葉二二有書影。

錢氏小兒藥證直訣三卷 宋〔刊〕本

按趙希弁《讀書後志》「《錢氏小兒方》八卷，《閻孝忠方》附於後」，《宋志》亦云「八卷」，陳振孫《書録解題》則云「三卷」。太醫丞東平錢乙仲陽撰，宣教郎大梁閻孝忠集。

上卷言證，中卷叙嘗所治病，下卷爲方，孝忠亦頗附以己説，且以劉斯立所作《仲陽傳》附於末，宣和元年也。今按：此書一一與《解題》合，且閻氏序明言「三卷」，則《讀書志》所云「八卷」，當是傳寫之誤，《宋志》又沿其誤也。是書世罕流傳，唯明熊宗立注本及康熙間陳世傑刊本，薛己本則多所改竄，非錢氏原書。今以此宋本校之，上卷尚無甚出入，中卷陳本缺「附馬子病目」一條，《醫方類聚》、熊本、薛本、《證治準繩》並有此條，則爲誤脱無疑。而多出「睦親宮中十大王」一條。按此條熊宗立注本無之，《幼幼新書》及《醫方類聚》亦不援引。此條前半即前第十條「一九王病瘡疹篇」文而小異耳。後半即上卷「瘡疹候篇」文，其爲誤衍無疑。緣此書目録中卷記嘗所治病二十三證，陳本既缺「王附馬子」一條，遂雜鈔本書之文湊合成篇，以充原數。下卷則甚多差異，如「瀉黄散」後有閻孝忠附語數百字，「羌活膏」後有閻附一百七十七字，「蟬蜕散」有閻附語六十八字，熊宗立本亦有之，陳本皆脱；又如「導赤散」宋本只「治小兒心熱」五字，陳本有「視其睡」云云三行，全録上卷「心熱證治」之文；「瀉心湯」宋本只「實熱宜服」四字，陳本「小兒心氣」云云，亦全録上卷文；「生犀磨汁」宋本「治消毒氣，解内熱」，又有「磨汁之法」，陳本則云「治瘡疹不快，吐血、衄血」，而製法、用法全脱；又宋本有「木苽丸」，陳本無之，按本書上卷「生下吐證治」明有「木苽丸方」，則爲陳本誤脱無疑；又宋本有兩「大黄丸方」，一兩味治鼻塞顖開，一四味治風熱云云，陳氏無「治風熱」一方，考朝鮮國《類聚》有此方。其他方名雖同，而證治、製法、藥味多寡之異，難以枚舉。宋劉昉《幼幼新書》引此書幾十之七八，《醫方類聚》則全部載入。今以此本校之，一一相合，則此爲宣和本無疑。又閻氏附方五十五條本在錢氏之後，宋本及陳本皆劃然分明，而宋、元以下方書，引閻説並方，皆混稱錢氏。余意宋時必有以閻氏附方併入錢氏方中之本，故諸家不能別出。然則錢氏書在宋時傳本既多，已有異同，陳氏所得，又是傳鈔本，故不免有奪爛。陳本目録後有《無爲軍新刊錢氏方後序》目，下卷却無此序，此奪爛之明徵。其以上卷文録入中、下卷，蓋苟以充數，決非宋本所有。其他或有與熊宗立、薛己、□□、王宇泰諸人所引同者，當是別本如是，未必盡陳氏臆造，精斯術者，自能決擇之。余年來累失孫男女數人，今細讀此書，乃知短折非命，悔痛何及。乃盡發宋、元以下嬰兒方書，一一互校，當謀精槧以傳之，庶（夭）（天）札者少瘳云。

龍按：森《志》著録清陳世傑仿宋本，楊批云「今在飛青閣」。然楊氏此宋本今未知其詳，臺北「國圖」藏宋刊大字本配補清昭文張氏雙芙閣影鈔清陳世傑仿宋刊本，然無楊氏藏印，有張鈞衡藏印，未知與楊氏有關否，《適園藏書志》著録，未及楊氏。今臺北故宫藏楊氏舊藏鈔本，有楊氏朱筆批校及題記，題記末署「光緒二十年歲在甲午正月宜都楊守敬記」，又有柯逢時題記云「此據陳世傑本，用四庫輯本校過重寫。言宋本者，惺吾之飾詞也。遜菴」。《留真譜二編》卷七葉六有書影。楊氏「當謀精槧以傳之」，然亦未果，至一九二四年方由蕭延平蘭陵堂校刊行世。另，此書失傳已久，故乾隆時四庫館臣自《永樂大典》輯出，於其作者閻孝忠，館臣云「《書録解題》及《通考》皆作『季忠』，疑《永樂大典》爲傳寫之訛，今改從諸家作『季』」（自日人岡西爲人《宋以前醫籍考》引此爲《四庫全書總目》卷一百三後，諸家皆據轉引，實《四庫全書》及《總目》均無此書條目，彼所引文字實出武英殿聚珍本目録末附館臣提要），然館臣誤，據《幼幼新書》載，此人字「資欽」，則名與字均從《千字文》「資父事君，曰嚴與敬。孝當竭力，忠則盡命」句而來（因宋人諱「敬」字，故將此字改爲「欽」）。

嬰童百問十卷（明刊本）〇

明嘉靖十八年，吏部尚書許讚疏進，行首有嘉靖壬寅嚴嵩序，次許讚表，行首「嬰童百問卷之一」，下題「魯伯嗣學」，次行「第一問初誕」，下題「麗泉堂刊」。按許讚《疏》第云「相傳爲在昔名人著述」，不云是魯伯嗣作，此或係刊板校訂之人謬題與？按其書論辨詳審，誠小兒證治之善本也。流傳頗少，故録之。

嚴嵩《序》嘉靖壬寅

進《嬰童百問》疏

太子太保吏部尚書臣許讚謹奏爲進書事。臣係河南靈寶縣人。正德（十）二年，臣爲翰林院編修之時，收得醫書二本，名曰《嬰童百問》，相傳爲在昔名人著述。乃以嬰童各證設爲百問，每問必究其受證之原，每證必詳其治療之方，觀形審勢，因病投藥，極爲詳備，誠保護嬰〔幼〕（兒）之全書也。此書原刻於陝西藍田縣，今乃少見。伏惟皇上至仁如天，老老幼幼，舉一世而生成之。此書若行，未必不爲幼科〔醫藥〕之助。臣謹將原本裝潢進呈，伏望皇上敕付所司，再加詳校，刻爲善本。或以廣醫家之見聞，或以備内府之參用，傳衍流行，則皇上仁慈所被者無窮，而效之所及者廣矣。嘉靖十八年二月□日奉聖旨：卿進方書，朕覽已，著禮部校正刊行，欽此。

龍按：此書國内所存甚多，此本今藏臺北故宫。楊氏稿本有此條，然較刻本少一「伏」字，據補。

日本訪書志卷十一　子部・類書

初學記三十卷 明宗文堂刊本

今世行《初學記》以安國本爲最舊，其書刊於明嘉靖辛卯。其本亦有二：其一，邊口書「九洲書屋」者，安氏原刻，即《天禄琳琅》所載本；其一，邊口書「安桂坡館」者，覆安氏本也，其書中墨丁，一依安氏而較多，（間或挖去），則刻梓人之爲。書首秦金序，挖去「郭禾」二字。嘉靖十三年甲午晉藩又以安本重刻，墨丁一仍其舊，而少劉本一序，有晉藩《刻書引》。又至萬曆丁亥，太學徐守銘又以安本覆刻，有茅鹿門序，書中墨丁皆補刊，有以所引原書校補者，有憑臆填者。又有陳大科刊本，亦安本之枝流也。又有萬曆丙午虎林沈宗培所刊巾箱本，前亦録鹿門序，而截去「近代錫山」云云以下，蓋借名以行世也。其書分爲三十二卷，每類「詩賦」有據《藝文類聚》《太平御覽》增入者，顧誤字差少，蓋沈氏以他書校改也。古香齋本似以安國之卷第，而據沈氏爲底本，然以嚴鐵橋所舉宋本，無不違異者。唯明嘉靖丁酉書林宗文堂刊本劉本序後有木記云：「近將監本是正訛謬，重寫雕鏤，校讎精細，並無荒錯，買書君子，幸希詳鑒。」其三十卷後有跋云：「《初學記》三十卷，宋後刻於麻沙，今歲書林鄭逸叟再購以板其書。上天下地，明陽幽陰，貴人賤物，無不〔賅〕（核）也。經典史册，方言小説，長賦短詩，無不取也。門分類綴，大且勤矣。以鈔本而贋字殘簡爲多，獻觀於予，予讓隘弗敢讎也。敢求正於識奇字、記雜書如揚子雲、鄭康成君子云。時嘉靖丙申冬，壺雲子後跋。」其書題「新刊初學記」，首卷有總目，每卷無總目，而於每類下題目，録出附首卷。其「徐堅奉敕」下有「撰」字。劉本序「形名」不作「刑名」，與鐵橋説相應。書中訛文奪字，觸目皆是，知其未以安本〔校〕（植）改者。按：鐵橋言，第二十五卷至三十卷，有二十餘翻與安本大異，而未言在何類。今略校之，則第二十五卷「火類」一葉半；廿六卷「〔弁〕（并）類」半葉，廿八卷「李類」「柰類」「桃類」「櫻桃類」共八葉，廿九卷「狗類」一葉半，三十卷「雞類」後半葉、「鷹類」前半葉、「蟬」「蝶」「螢」三類共六葉。鐵橋謂安氏所得係殘本，而其館客郭禾輯補之。今按安氏本非殘缺，乃漫漶不可〔辨〕（辦），郭君以其不能〔辨〕（辦）者，以他〔書〕（文）補之；其能〔辨〕（辦）者，仍夾置其中，然已大非東海之舊。若非得宋本〔安能〕發其覆，如此本刊刻之草率，縱有異同，亦將土苴視之。今宋本未知尚在人間否，嚴氏〔校〕（稿）本亦未墨諸板，則此本當什襲藏之。

至其誤處，宋本已然，此更加劇，非裒集群書不能〔校〕（憮）也。

癸未十月。

據森立之《訪古志》稱，其楓山官庫有北宋本，余本擬借出一校，因歸期在邇，故不及。附記於此，俟後之留心古籍者。

丁酉赴上海，得歸安陸氏《群書校補》，乃知嚴鐵橋校本尚有傳鈔者，惜〔陸氏但刻其校文〕，近日川中重刻本未據其校文改訂也。

龍按：森《志》著録宋本，今存日本宫内廳書陵部，楊批森《志》云「此書未借校，一大恨事」；森《志》亦録此容安書院藏本，《留真譜初編》卷六葉二三、二四有書影。據森氏云，「此本係市野光彦舊藏」，今存臺北故宫，前有「細川家藏」印。楊氏所云森氏言及之「北宋本」，實森氏明云「宋紹興年間刊本」，《藏園群書經眼録》有詳録。又，原本「癸未十月」與下文連排，然後文云「歸期在邇」云云，考楊氏於甲申「四月差滿」（參《鄰蘇老人年譜》），知此處所云爲二事。阿部隆一《志》所録此跋實題於九洲書屋本前者，據之校改數字。另，阿部隆一書中著録鄭氏宗文堂另本，有楊氏手跋，阿部云「楊《志》十一」著録，然其跋語與此並非同跋，字句大體相似而已，參《再補》。

初學記三十卷 明刊本

明嘉靖甲午錫山安國刊本，首有秦金序，稱其與塾賓郭禾相與校讎釐正，遂成完書。以後晉府刊本、徐守銘寧壽堂本、陳大科諸本皆源於此。古香齋刊本亦源此，而略有校訂。國朝嘉慶間，嚴鐵橋從孫淵如借得宋刊本，以安本對校，乃知其末數卷與宋本大異。鐵橋謂安國得不全本，倩郭禾補之，以秦金序證之，其語似不爲誣。又證以余所得明宗文堂刊本，益信嚴説之確。去年從上海得歸安陸氏所刊鐵橋所校《初學記札記》，一一過録於此本上，嚴氏所校據徐守銘本，陸氏所刊又從陳大科本過録，間有安本不誤，而徐、陳兩本誤者。乃知非特嚴氏所舉之數卷，而全書中删節不爲少。大抵「事對」中，宋本所引稍煩，安本則但録其與標題相應而止。或已見上文者，宋本多複舉，安本則以「見上文」括之。竊怪郭氏所補諸類，亦頗能采《藝文》《御覽》諸古書，又其所删字句皆照標題裁斷，亦非漫然脱漏；而亦有宋本與標題不照，而安本合者。如《〔星〕〔皇〕部》「編珠　連貝」，宋本〔無〕「尚書中〔候〕〔侯〕」二十三字。何以明明可考補之字，不爲之翻檢原書，乃留如許墨丁？據鐵橋言，宋本「勝處固多，誤亦無算」。乙亥夏，始以浄徐本録取其長，仍其疑〔似〕若譌謬灼然者，置不復載。陸氏刻本，蓋傳録其浄本也。余所藏宗文堂本，其所長一一與嚴校相應，而其誤處反數倍於安本。想嚴氏所云「宋本」者，亦相去不遠。據陸氏所言，嚴氏本實是元本，非宋本。余意安國所據之本，必非嚴氏所見之本，不然何以能校如許誤字，而反留習見之墨丁乎？或者其所據爲宋大字善本，其與元本大異之處，則由向來所傳如此。惜未得日本楓山官庫所藏宋本一校録以決斯疑耳。

龍按：森《志》著録多紀氏三松齋藏本，楊批森《志》云「今藏飛青閣」，今藏臺北故宫，有朱筆校語，即楊氏據陸刊一一過録者。楊云孫星衍舊藏宋刊本，當誤，據孫氏所記，實元刊本也（參焦桂美、沙莎標點《平津館鑒藏記書籍·廉石居藏書記·孫氏祠堂書目》），陸氏已言及此云「孫氏藏本曾歸于余，爲人攫去，未完，實元刻而非宋刻，詳《儀顧堂三跋》」（按：陸氏無此書，或有書未刊，其各題跋中亦無言及者），楊氏注文中已言及陸氏之語，然或未深信。

跋中注文需加考辨。注云「乙亥夏，始以净徐疑若譌謬灼然者，置不復載。本録取其長，仍其陸氏刻本，蓋傳録其净本也」，亦頗難通，核以《鐵橋漫稿》，知此句一半爲嚴氏原文，據之反觀楊《志》，或此注文原分二行，前行僅有七字之位（雙行爲十四字），後或因前文增字，此十四字注文移至下行之首，然刻工粗率，徑行拼合，以至誤接。故徑行乙正，惟據嚴氏原文補一「似」字。依此例觀前文極費解之注，則亦豁然，即「嚴所校據徐守銘本，陸氏所刊氏本過録，間有安本不誤，而徐又從陳大科陳兩本誤者」，以此行上有六字正文，依前例，當有七字屬上行，則有一字之位當移至上行末，其後之注原本當一氣貫通，然此又分於次行五字位中，據此例乙正，則語意通暢，全無滯礙。核之嚴氏跋語及陸氏引言，亦可知其義，嚴氏明云「余案頭有徐本，取以對勘」（《鐵橋漫稿》卷八），陸氏却云「嚴可均曾以陳大科本校一過」（《群書校補》卷五十），則陸氏所據，或即後人以陳本過録嚴校之本，故楊氏有此一辨。另有一注，原似全無問題，據此例之，竟亦爲割裂，即「大抵事對中，宋本所引稍煩，標題相應而止；或已見上文，安本則但録其與本則以見者，宋本多複舉，安上文括之」，亦據前例乙正之。

幼學指南鈔三十卷 殘本

日本古鈔本，兩面鈔寫，爲蝴蝶裝，四邊外向。日本卷子以下，此式爲最古，蓋北宋刊本裝式亦如此也。今存第三、第四、第九、第十三、第十四、第十七、第十八、第三十。又三册殘本，不知卷數，一「寶貨部」下，一「衣服部」，一「音樂部」，第三十卷爲「鱗介蟲豸類」，故知書止三十卷也。書法甚古，以日本書體紙質衡之，當是八九百年間物。每條有題所引古書，至六朝而止。細核之，蓋從徐堅《初學記》鈔出，而其文字則遠勝今本，蓋此從卷子本出也。

龍按：據劉玉才《〈幼學指南抄〉徵引漢籍校議》（《國際中國文學研究叢刊》第四集）云，此書分藏臺北故宫、日本大東急紀念文庫、京都大學附屬圖書館、御茶之水圖書館成簣堂文庫、東京國立博物館、陽明文庫等處計二十三卷。京大所藏卷七、二二兩卷已於二〇〇二年指定爲日本重要文化財。楊氏携歸共十一册（楊云「三册殘本」），臺北故宫所藏「衣服」「音樂」合爲一册，故十册），約全書三分之一，約爲現存數量之一半，即今存於臺北故宫者。

古鈔蒙求一卷卷子改裝本〇

李瀚《蒙求》，《唐志》不著録，《崇文總目》始載之。按《唐志》有王範《續蒙求》三卷，則知必有李瀚書，傳刻者脱之。日本所傳本有二種：一爲舊注本，即李瀚自注；一爲徐子光補注本。自補注本行，而舊注本遂微。寬政十二年有龜田興者，覺舊注本雖不出書名，而所引多逸聞逸事，知其必有根據，因復據傳鈔數本校刊之，謂「范張雞黍」出於謝承書，「賀循儒宗」出何法盛《晉中興書》，「劉寵一錢」出司馬彪，「李充四部」出臧榮緒，而舊注未舉書名，徐子光不推究其根源，唯據范蔚宗書、唐修《晉史》私用芟祚，擅自增損云云，所詆頗中其失。獨怪李瀚作《蒙求》而自注之，當必原委粲然，如吴淑之自注《事類賦》，豈有不注所出，開學者飣餖之門，唐人無是也。

余乃得此古鈔本一卷，其原係用墨絲欄作卷子本，後乃裁斷改摺本，字體古雅，墨色沉厚，絶似古鈔《玉篇·放部》及卷子本《左傳》，相其筆跡，當在唐宋間。有「禰家藏書」印，亦不知爲何人。首李良《表》，《表》後題「天寶五年八月一日饒州刺史李良上表，良令國子司業陸善經爲表，表未行而良授〔晉〕（贊）事，疑當是『受替』，『事』字下屬。因寢」，次李華序，而不出華名，但題「蒙求本序」，下題「安平李瀚撰并注」，其序文又截「《周易》曰」以上不録。按李良《表》明稱有李華序，此本截去之，當是鈔者省略。首題「蒙求上卷」，自「王戎簡要」起，至「蔡邕倒屣」止，蓋通爲上、下二卷。各本並作「三卷」。篇中每注皆出書名，間有未出者，大抵皆習見事，今略舉其大者：序文王子淵《洞簫賦》及「馬〔援〕（融）銅柱」注，「淵」字並作「泉」，此足爲唐鈔之證；「楊震關西」引《東觀漢記》；「博望尋河」引《漢書》，無「遂得支機石歸」六字「支機石」事出《集林》；「梁習治最」引《魏志》舊注作「梁集」，誤；「賈誼忌鵩」

引《史記》，無「字士休」三字舊注本有此三字，按《魏書》賈思〔伯〕（作）字〔士休〕（仕林），當是不學者所增入；「時苗留犢」引《魏略》；「大叔〔辯〕（辨）給」引《世説》舊注作「〔辯〕（辨）洽」，誤；「王忳繡被」引《益部耆舊傳》；「孟軻養素」，注「浩然之氣」，「浩」作「〔晧〕（皓）」，下有項岱曰「晧，素白也，如天之氣晧然也」；「南郡猶憐」引《妬記》；「崔烈銅臭」引《九州春秋》「烈字休明」范《書》不載烈字；「齊后破環」引《春秋後語》；「胡威推縑」引《晉陽秋》；「江淹夢筆」引《宋略》舊注引《南史》，與所引「授筆」事不符；「蔣詡三〔徑〕（經）」引《三輔決録》；「西施捧心」引《莊子》舊注引《列女傳》，亦非；「孫壽折腰」引華嶠《後漢書》；「靈輒扶輪」引《類林》舊注引《左傳》，無扶輪事。〔《新唐志》〕（《崇文總目》）「《類林》十卷，于立政撰」，按立政唐初人；「逸少傾寫」引《衛玠別傳》；「澹臺毁〔璧〕（壁）」引《搜神記》；「江逌爇雞」引《晉中興書》；「交甫解佩」引《韓詩内傳》；「任座直言」不作「翟璜」注中翟璜與任座皆互易，足訂今本《新序》之誤，徐氏反據今本改題，大謬；「蘇韶鬼靈」引王隱《晉書》舊注引《三十國春秋》，當誤；「柳下直道」引《列士傳》舊注誤作《列女傳》。《隋志》「《列士傳》二卷，劉向撰」；「井春五經」引嵇康《高士傳》；「顧愷丹青」引《續晉陽秋》；「丁固生松」引《會稽録》；「甯戚扣角」引《三齊略記》，無「中有鯉魚長尺有半」八字；「龐統展驥」引《襄陽耆舊傳》；「仇覽棲鸞」引《陳留耆舊傳》。篇中引《東觀漢記》及《世説》尤多。凡所引，與舊注詳略大異，不可縷舉。

余意此書在唐時必多童蒙誦習，鄉俗鈔寫，憚其煩文，遂多删節。其後並所引書名略之，至宋徐子光不見有書名之本，但見其文與事與見存書多異，又未能博考類書、傳記，遂就見存書史换之，故往往有與標題不符。龜田興雖覺其有異，然其學亦未博贍，不能一一注其所出。得此本始恍然，李氏原書，卓然大雅，惜僅存上卷，不得爲完璧耳。

又按：森立之《訪古志》所載舊注《蒙求》凡三通，大抵皆删節之本，不足與此本取證。唯藤原貞幹《好古日録》載《蒙求》二通，第一通云「《蒙求》全一卷」，第二通云「手跡紙色七百年以上之物」，此二本其注與諸本不合，未知是卷子否，當與此本同記之，以俟後人訪之。此亦足當逸書之一種也。

薦《蒙求》表

臣良言：臣聞建官擇賢，其來有素；抗表薦士，義或可稱。爰自宗周，逮兹炎漢，競徵茂異，咸重儒術。竊見臣境内寄住客前信州司各本下有「馬」字，非。倉參軍李瀚，學藝淹通，理識精究。撰古人狀跡，編成音韻，屬對類事，無非典實，名曰《蒙求》，約三千言。注下轉相敷演，向萬餘事。瀚家兒童三數歲者，皆善諷讀。談古策事，無減鴻儒。不素諳知，謂疑神遇。司封員外郎李華，當代文宗，名望夙著，與作序云：「不出卷而知天下，各本有『豈』字，與後李華序不相應。其《蒙求》哉！」漢朝王子泉製《洞簫賦》，漢帝美其文，令宫人誦習。近代周興嗣撰《千字文》，亦頒行天下，豈若《蒙求》哉！錯綜經史，隨便訓釋，童子則固多弘益，老成亦頗覽起予。臣屬忝宗枝，職備藩捍，每廣聽遠視，采異訪奇，未嘗遺一才，蔽片善，有可甄録，不敢不具狀聞奏。陛下察臣丹誠，廣達聰之義；令瀚志學，開奬善之門。伏願量授一職，微示勸誡。臣良誠惶誠恐，頓首頓首，謹言。

天寶五年八月一日饒州刺史李良上表，令國子司業陸善經爲表，表未行，而良授晉，事因寢。

《蒙求》序

安平李瀚著《蒙求》一篇，列古人言行美惡，參之聲律，以授幼童，隨而釋之，比其終始，則經史百家之要，十得其四五矣。推而引之，源而流之，易於諷習，形於章句，不出卷而知天下，其《蒙求》哉！以上卷子本無，以刻本補。《周易》〔曰〕有「童蒙求我」之義，李公子以其文碎，不敢輕傳，達識者所務訓蒙而已。故以《蒙求》爲名題其首。每行注兩句，人名外傳中有别事可記，亦此附之。雖不配上文，所資廣博。從《切韻》東字起，每韻四字。

龍按：此一卷今藏臺北故宫。目録「古鈔」二字在後，楊氏稿本同此正文，故不據目録乙改。又據稿本，注《類林》一書時原作《崇文總目》，後圈改爲《新唐志》，然刊本皆從原文。；「其學亦未博贍」稿本原作「所據類書不過《唐類函》《潛確類書》等，亦未能詳考《御覽》等書」，圈去旁改。；「僅存上卷」下原有「想彼土亦無全本」，圈去。另國圖藏龜田興本，前有「飛青閣藏書印」及「松坡圖書館藏」印，即楊氏舊藏，上、中兩卷有楊氏據此古鈔所作校語。

附音增廣古注蒙求三卷 古鈔本

此本缺李良《表》、李華《序》。首題「附音增廣古注蒙求卷上」，下題「安平李瀚撰注」，以「滕公佳城」爲中卷，「陳逵豪爽」爲下卷，與徐子光本不同。烏絲欄格，每半葉十三行，行二十字，又有層欄補釋注中名物。相其紙質、筆跡，當爲五六百年間物。末有粘條云：「於時天文廿三年乙卯初秋下澣，一日大貫興福禪寺於南窗下書旱矣。□□年五十。」按天文乙卯當明嘉靖三十四年，此條紙色甚新，字體亦不類，必後來校者之筆。余得此書於向山榮，有「向黄村珍藏印」。其注多不著書名，蓋亦舊注本經後人節删者。篇中亦間引《補注》。以享和元年日本所刻朝鮮本照之，雖不盡同，大致同出一源，蓋又在龜田興所祖本之後。然其所據，終多李瀚原注，故亦往往有異聞勝於徐子光《補注》本。今就中、下二卷校之，上卷已見卷子本。「董永自賣」注文出《搜神後記》徐氏不知所出，引《後〔記〕（注）》删「後」字；「翟湯隱操」注文出《晉中興書》見《世説》注，徐氏改引《晉書》，與標題不合；「相如題柱」注文出《華陽國志》徐氏不知所出；「老萊〔斑〕（班）衣」引《高士傳》，徐云舊注引《列女傳》無「斑（班）衣」事，知所見爲誤本《列女傳》安得有此事；「不占殯車」注引《韓詩外傳》，今但見《新序》，《外傳》不載，然不得謂舊注爲誤。大抵李氏所注，皆根據於故書〔雜〕（雅）記，龜田興所云「李瀚注《蒙求》時，如謝承、華嶠等之《後漢書》，王隱、虞預等之《晉書》尚存，不得以范蔚宗之《後漢書》、唐太宗之《晉書》校之」，其語誠是。特以傳鈔者省其書名，徐氏以其與所見之書不合，遂謂傳記無見，皆以見存書易之，往往有與標題不合者。

日本〔文〕（元）化中，天瀑山人以活字收入《佚存叢書》，即此種也。然「吕望非熊」注引《六韜》，已改作「非虎」。按古鈔舊注本皆作「非龍非彪非虎非熊非羆」，天瀑本亦據鈔本，而與今本《六韜》同，又引《補注》以正之，抑天瀑所爲耶？

按王觀國《學林》云，《後漢·黄香傳》不載扇枕事。陶淵明作《士孝傳贊》曰：「黄香九歲失母，事父竭力，以致孝養，暑月則扇床枕。」李瀚《蒙求注》引《東觀漢記》：「黄香事母至孝，暑月扇枕。」今按《士孝傳贊》出淵明本集。《御覽》四百一十二引《東觀漢記》

云：「黄香字文彊，父況，舉孝廉。貧無奴僕，香躬勤苦，盡心供養。冬無被袴，而親極滋味。暑即扇枕，寒即以身温席。」據王觀國所見《蒙求》，是引此文。觀國稱《漢記》香字文孺，又謂事母，與《御覽》亦不合。蓋觀國所見《蒙求注》亦有誤。而此《蒙求》舊注不書名，其所引乃淵明《士孝傳贊》之文，可知南宋之初觀國所見，尚是李瀚原注。至徐子光所見舊注，已經後人改易。徐子光既知舊注爲陶淵明之説，又復漫引《後漢書》本傳。林天瀑、龜鵬齋並稱舊注皆李瀚原文，亦未審。

龍按：此本今藏臺北故宫，標爲「日本室町寫本」，有朱墨藍三色批校。前除楊氏諸印外，又有「向黄邨珍藏印」。《御覽》引《東觀漢紀》，「況」作「兄」，然未聞黄香有兄，且據《後漢書》李賢注引謝承《後漢書》云「香代爲冠族，葉令況之子」，所言甚明，則楊氏或引及時隨筆校正之，故不再據《御覽》校改；又據《後漢書》，香當字「文彊」，然《御覽》原文爲「彊」，亦不校改。

附音增廣古注蒙求三卷舊鈔本〇

首有《薦蒙求表》，次行題「光禄大夫行右散騎常侍臣徐賢等奉敇撰」，再下頂格「臣良言」云云。表後有《蒙求序》而不題李華名。烏絲界欄上亦有層欄，無鈔寫年月，紙質、筆跡當又在前本之後。篇中亦間引《補注》文字，亦略與前本同。三卷共裝爲一册。首有「迷庵」印，又有「林下一人」印。按迷庵，市野光彦字也。又有「福山岡西氏藏書記」楷書印。市野、岡西皆日本好古士。按此本篇首題「徐賢」名，不可曉。據龜田興刊本言，三春、朝鮮本俱有徐賢名。森立之《訪古志》所稱容安書院本、寶素堂本亦有之，而享和所刊朝鮮本則無之。龜田興疑徐賢爲朝鮮人，所云「附音增注」即出於其人。又疑徐賢即徐子光之名，皆未詳也。

龍按：森《志》曾著録容安書院藏本，今未知藏處。此條與上條連排，惟另起行標「又一通舊鈔本」（楊氏稿本亦有此條，雖無上條，然亦標「又一通」，文中亦稱「前本」云云），目録中亦連排，依例將其分列，並據上條補書名。

蒙求補注三卷 舊鈔本 ○

首李華《蒙求序》，次《薦蒙求表》，下題徐賢官銜如舊注本，又次「臣良言」云云，又次子光序。篇首標題「徐狀元補注蒙求卷上」，下書「安平李澣古鈔本「瀚」「澣」錯出撰並注，徐子光補注」。案徐子光未詳其人。《書録解題》始著録，稱爲八卷。《四庫》著録稱「《集注》二卷」，不題徐子光名，蓋又後人所省略也。此本三卷，以「史丹青蒲」爲中卷，「相如題柱」爲下卷，與舊注本不同。每半葉十一行，行二十字。每卷首題「南豐」「元樟」等字，蓋即森立之《訪古志》所稱寶素堂藏本。每卷有「小島學古」疊篆印，又有「馬氏溯源堂圖書」八分書匾方印。

《提要》於此書多誤，今爲辨之於下。李瀚爵里雖未詳，而首有李華一序，即李良之表亦明著天寶八年，此二篇《提要》本想缺佚。乃《提要》既引匡乂《資暇集》稱「宗人瀚作《蒙求》」，知爲李勉之族；又引《五代史・桑維翰傳》有好飲酒之李瀚，定題爲晉人，是并李匡乂亦晉人矣，最爲矛盾。又云「注雖稍嫌冗漫，而頗爲精核。如『呂望非熊』句，以《六韜》原文無『非熊』字，則引崔駰《達旨》以明之」，不知《六韜》作「非虎非羆」者，此宋以下之本也。案李善注劉越石《贈盧諶詩》引《六韜》正作「非熊非羆」。又云「『周嵩狼抗』以《晉書》嵩傳作『抗直』，則引《世説》以明之」，不知舊注本引《世説》，此當時俗語，卷子本如此，舊注本不出書名。《晉書》改作「抗直」，已失當日對母之意，徐氏既知「狼抗」出《世説》，乃先引《晉書》，而以《世説》證之，正其好改舊文之失。又云「『燕昭築臺』以《史記》乃築宮非築臺，則引孔融《書》以明之」，按卷子本引《春秋後語》本作「築臺」，舊注引《史記》作「築臺」。非《史記》也。又云「『胡昭投簪』，以本傳無『投簪』字，則引摯虞所作《昭贊》以明之」，按卷子本及舊注本皆引《昭贊》，非徐氏所補也。又云「『趙孟疵面』『子建八斗』『中屠斷鞅』『龍逢版出』『何謙焚祠』之類，皆疑以傳疑」，《補注》俱直引舊注，未得所出。今按「趙孟疵面」出王隱《晉書》見《御覽》三百六十五，「子建八斗」出《南史·謝靈運傳》此非〔僻〕（癖）書，何亦不能檢出，「龍逢版出」原注引《論語陰嬉讖》，此事稍隱，然亦見《文選》任彥昇《百辟勸進箋》注文。又謂「『江革忠孝』事見《南史》，非後漢之江革」，此説本《野客叢書》《琅琊代醉篇》襲之，案卷子〔本〕原注引《東觀漢記》「江革字次翁，忠臣孝子之稱行天下」云云，是本有「忠孝」二字，不必以《後漢書》作「巨孝」爲疑。唯「中屠斷鞅」疑出《東觀漢記》，按《初學記》十八引周斐《汝南先賢傳》曰「建武八年，車駕西征隗囂，郭憲諫曰『天下初定，車駕未可以動』，憲乃當車拔佩刀以斷車鞅」云云。《後漢書》作「斷靷」，疑本一事，而傳者分屬之。蔚宗采《先賢傳》入《郭憲傳》中，遂於《中屠剛傳》不載此事。「何謙焚祠」何謙附見《晉書·謝玄傳》，不言其「焚祠」事，當在十八家《晉書》中。未知其原耳。又云「『顔叔秉燭』注，事出毛公《詩傳》，今《詩傳》實無此文」，按今《詩·小雅·巷伯傳》實有此文。又云「『劉恢傾釀』《補注》據《晉書》改作「劉惔」。按《世説》本作「恢」，《文選》任彥〔昇〕（升）《王文憲集序》注引臧榮緒《晉書》亦作「恢」，今本《晉書》作「惔」，恐誤。誤讀《世説》，以『傾家』之『傾』爲『傾酒』之『傾』」，此説亦本於《老學庵筆記》，謂「欲傾竭家財以釀酒飲之」，引山谷詩「欲傾家以繼酌」爲證，不知

「傾家釀」何等直捷醞藉，乃增成「傾家財以釀酒」，迂曲少味矣，山谷詩翦截爲句，亦非務觀之意。《提要》乃謂徐氏失於訂正，何耶？至於「毛寶」「韓〔壽〕（嬉）」二事，原題亦未爲大失，不足爲李氏病。「紀瞻出妓」事見《世説》，徐氏云「今本不載」，《提要》非之，是已。按此書「何晏神伏」「周鎮漏船」「許〔詢〕（洵）勝具」，舊注並引《世説》，徐氏皆云「今本無載」，其實三事今本《世説》皆有之。「淵明把菊」注引「白衣送酒」事，此出《續晉陽秋》。見《書鈔》一百五十五、《初學記》十一、《御覽》三十二、又九百十六、《事類賦》五。徐氏不能引，但以《南史》《晉書》無「白衣」字，遂於引《南史》後增「一云」一段，足知其陋。大抵徐注凡見於正史者，即以易舊注；其不見正史者，即不能博采傳記證明之。自序稱「旁求百家，窮本探源」，特大言欺人耳。《提要》以博贍推之，過矣。

《蒙求序》

《薦蒙求表》

子光《序》

前言往行，載〔在〕經史，炳若丹青。然簡編浩博，未易研究，非真積力久，莫能撮其要。唐李瀚搜羅載籍，采古人行事，著爲《蒙求》。揣議聲韻，以類折偶，剪剔煩蕪，掊擷精英，事跡粲然，班班可考。其於屬辭備閲，不爲無補矣。然鮮究本根，類多舛訛，覽者病焉。豈澣之所載然歟？抑亦後世傳襲之誤也？予嘗嘉其用意，而惜其未備，於是漁獵史傳，旁求百家，窮本探源，摭華食實，大抵傳記無見而語淺謬妄者，就加是正。至於載籍之中，間有故實可以概舉者，仍掇其一二大者附焉。庶幾照然若日星之麗天，焕然可睹，命曰《補注》。將以備遺忘，而助討論，不亦文範之捷徑歟？〔時〕（明）己酉仲冬之月辛卯吉日子光序。別本「子光」上有「徐」字。

龍按：森《志》著録，今存臺北故宫。楊氏手稿本及謄清稿本均有此條，謄清稿本無首段。「今本《世説》皆有之」下，手稿本有「又如『相如題柱』，舊注本《華陽國志》文，徐氏亦未知所出；『老萊班衣』，舊注引《高士傳》，徐本誤作《列女傳》，而亦不能訂之」一節，謄清稿本亦鈔録，然又圈去。

標題徐狀元補注蒙求三卷 活字本

此活字本，無集印年月，相其字體，當是慶長年間之版。每半葉十四行，行二十字。每卷有總目。古鈔本均無總目。首李良《表》，次李華《序》，次徐子光《序》。按徐子光不詳其人，龜田興稱：「活字本有宋度宗咸淳戊辰宋秉孫《序》曰『君其問諸徐君，以爲然乎否』，似是當時現存之人。徐氏《補注》成於己酉，下距戊辰僅二十年。然則徐子光爲理宗、度宗兩朝間人。」其説當爲有據。顧余所見活字本，均無宋秉孫《序》，當是龜田所見又一時集印之本也。《訪〔古〕〔書〕志》所藏有〔文〕〔永〕禄活字本。此本欄外上、下，均有日本人補釋注中字義典故。

又一通字體格式全與上本同，而紙色稍新，當又出此本之後。又有寛永乙亥孟夏中野市右衛門刊行本，則翻雕活字本也。

龍按：森《志》曾著録文禄活字本，此本今存臺北故宫，標注爲「元和、寛永間活字本」，另楊氏舊藏寛永刊本亦藏臺北故宫。此條與上條連排，目録同，依例分列。

太平御覽一千卷影宋鈔本

〔此《太平御覽》鈔本，日本柴邦彦舊藏邦彦爲日本學士，最有名黌序聞，行款悉如楓山官庫宋槧之舊楓山官庫者，日本内府藏書處，蓋影鈔也。〕《御覽》一書，明刊本多誤。我朝嘉慶間揚州鮑氏據舊鈔本訂正重刻，始略可讀，顧其所據鈔本亦非影宋精本，不免有以近刻校改之弊。而世傳宋刻僅有殘本，今在嘉興陸氏〔吴黄蕘圃舊藏也〕，然不及三之一，固未足以訂全書也。

日本文久間，〔醫官〕喜多村直寬據其國楓山官庫藏宋本用活字板印行，自卷一至卷五百六十二屬田口文之以所引各書勘正，著有《舉謁》〔附每類之後〕；五百六十三卷以後，則直寬即據鮑本校改，〔近日得之市舶者，〕世遂以此本爲《御覽》善本。余來日本，既得活字印本，又得柴學士此影宋本，乃知田口文之多臆改，未足憑也。即如第一卷《天部上》《舉謁》云：「《晉書》『爲天下主』，『主』清本作『貞』是也。既上板，不及改，故此出焉。」似田口所據宋本作「主」無疑矣，今觀此本仍作「貞」，則是作「主」者，田口上板時臆改也。又《天部下》《舉謁》云：「《曾子》曰『單〔君〕（居）離』，清本『君』作『居』。」今此本仍作「居」，則作「君」者亦非原本如是。是則此五百六十三卷爲田口所亂不少矣。

余以爲此書本於北齊《修文殿御覽》及唐代《藝文類聚》《文思博要》等書，而尤以《修文》爲藍本。目録前所列〔徵引〕書目，多有唐、宋《藝文志》所不載者，皆《修文》之舊也。且無論逸文秘册，他無證驗，不能易一字；即見存之書，〔近刻校改，固屬鹵莽，〕以各本對勘，亦如隔雲霧。蓋《修文御覽》尤在宋以上近千年也。惜此書卷帙浩博，非有大有力者不能精刻，又非好學深思、心知其意者不能校訂。書此以俟，庶幾旦暮遇之。

〔光緒癸未秋八月宜都楊守敬記。〕

龍按：據《清客筆話》載，光緒七年「十月某日」楊氏訪森氏時曾提出：「《太平御覽》抄本原是黄君所欲購，彼有信來，但願以六十圓購之，先生允否？如允，則明日以六十圓來取書也。」森氏答：「右書斷然以不賣决之。雖千金不賣。板本非而抄本是，每葉皆然。故不得賣也。」楊氏云：「黄君不知此。彼見世上刻本價甚廉，故以先日之約百圓爲貴。今聞先生言，乃知刻本多臆改。然則仍從先日之約，以百圓爲定，僕將擔當之。公勿以僕爲反覆而怒之，蓋中間人作事難也。」然森氏此次態度堅决，云：「今决云不賣，則雖千金不賣也。過日若賣却則已耳，至於今日則不可。是非違約也。」楊氏惟有解釋：「此本黄君所欲得之物，非僕所欲得。且彼寄銀來購書，皆唯弟是問。彼云其價六十圓者，彼未見其書，以尋常待之故耳。今聞先生，僕固釋然。然先生遂因彼有六十圓之語，遂怒之而不諾，然則僕更難處矣。蓋彼因僕言而寄銀來，今因又不得書，僕將以何言答之？」森答：「决非如此也。日本人一旦得金之後，則無違約。不然則從心所欲而可也。」至十一月十四日，楊氏復提舊議，森氏仍堅執不售，楊氏無奈，另出别策云：「僕以極珍古刀布錢贈公，公勿辭。《御覽》之約，總期公曲從。不然僕無以回復友朋黄君也。乞憐之。」森氏此時稍有緩和，楊氏繼云：「貴邦原本宋刻尚有二部存，不第此一部也。公好古之情與僕同，然僕得之欲再校之也，非爲謀利也，公諒之。且僕非有力也，借他人之力而購之，以校之也。」然此時森氏仍云「至今日決不賣之」，又云「且宋板原本二部雖在日本，非吾有也。猶鄰家之貨，無益於我耳。」。然於次年五月，事則似有轉圜，森氏云：「百圓約定，則本月内半額，來月某日半額亦可也。」日本學者川瀨一馬據森立之手稿《壬午睡餘雜録》引森氏致楊信云：「《御覽》畢竟難割愛，然建築多費，無所補回，遂至沽却也。昨今貧極矣，紙幣多少授與是祈，在明日則尤妙，逾月則大不可。先生深察愚意，則明日晚間待車來。」知森氏因營建之事而終將此書售於楊守敬。陳捷注《清客筆話》云「楊氏曾以朋友黄君只願付六十圓爲理由壓價」，似爲臆測。前引文獻已極清楚，黄氏願以六十圓購買，楊氏亦同意，是未知此書之特點（《清客筆話》中多有記載楊氏請森氏允許將某書携歸校讀，以瞭解其書之價值，如談及《隸釋》一書，楊氏即云「此《隸釋》如果從宋板出，僕願以重價購之。但必借一本與汪本校之，而後知其可貴。先生如不借，僕亦不知其果從宋板否也」），現知此書與刻本不同後，即同意百圓之約，可知前非壓價明矣，且允此百圓之議實未得黄氏同意，故楊氏云「僕將擔當之」，則楊氏自留，亦事理之常。檢同年五月十七日筆談，楊云：「昨日接讀手書，故今日來謁，但我銀尚未寄到，約數日之後必寄來。我銀是由廣東兑寄，聞其人有小病，故又緩數日。」又云：「僕與廣東黄君約以二千兩銀來，在此買書買板，所關甚大。彼銀一日不來，僕一日不去。大約數日之後必有信來。」疑此黄君即欲購《太平御覽》者，並疑其人或爲楊氏親家黄家駒。據楊氏自撰《鄰蘇老人年譜》載，光緒六年「二月，移居東北園東莞進士黄燮雲家駒館中……兩人昕夕商訂，情意契合，遂聯爲姻婭，以三女許字其子志孚」。

森《志》著録二宋本，其一今存日本宫内廳書陵部，一存東福寺（二種皆爲《四部叢刊》影印本之底本）。楊批森《志》云「飛青閣得影抄二本」，《故宫所藏觀海堂書目》録此二本，一云「有光緒癸未楊氏題識，一百册」，一云「影鈔宋蒲叔獻刊本，有慶元五年蒲氏序，有『森氏開萬册府之記』『養安院藏書』兩朱印，二百册」。此二種今均藏臺北故宫。此跋所叙當爲前者，知跋作於光緒癸未，其書前有「柴氏家藏圖書」之印，亦可相證。而後者則即楊氏購自森氏者。《留真譜初編》卷六葉四一、四二有書影。據阿部隆一《志》引校補。

事類賦三十卷 宋槧本

每半葉十一行，行二十字。首題「事類賦卷之一」，次行題「宋博士渤海吴淑撰注」，前有紹興丙寅邊惇德序，序後有邊惇德、陳綬、李端民校勘官銜，次有吴淑《進注事類賦狀》，所引書名下皆有「曰」字。明嘉靖壬辰無錫華麟祥重刊本即據此本，惟於校刊之後增「無錫縣學生倪奉、施漸、浦錦、陸子明、苗子寔、秦采、俞寰、華復初」等名，前增華雲一序。卷首於「吴淑撰」下一行題「皇明都事錫山華麟祥校刊」。又有翻刻華本者，改題「明後學無錫華麟祥校刊」，然於吴氏原文仍無所改。又有明嘉靖甲午刻於開封郡齋，前有李濂序，每半葉十一行，行亦二十字，而文字則一仍宋本之舊，不知何時以華本改爲十一行，而盡删去書名下「曰」字，並删節注文，仍題「華麟祥校刊」。此後劍光閣刊本因之。近日輯逸書者亦多據其本。如開篇《天部》「地居下而陰濁」注引徐整《三五曆記》，近本竟全删之；又「溟涬濛鴻」注引《帝系譜》並引注文，近本則删注文；「雪霜降而風雨施，無非教也」注引《禮》曰「天有四時風雨〔霜露〕（雪霜），無非教也」，近本只注一「禮」字。其他不可縷舉。觀其所節，意在去繁就簡，似亦略通文義者，非書估所能爲。不知吴氏所引書今大半亡佚，一字之存，當同一珠，乃復妄施斧削，使人人習讀之書，竟不得真面目，其可恨十倍於陳禹謨。今《事類賦》單行之本更微，坊間刻有《五種事類賦》，謬誤尤不可讀，安得好事者以宋本重刊之？

邊惇德《序》近本有，不録，録其題銜。

宋紹興丙寅右迪功郎特差監潭州南嶽廟邊惇德，左儒林郎紹興府觀察推官主管文字陳綬，右從政郎充浙東提舉茶鹽司幹辦公事李端民校勘。

進注《事類賦》狀

右臣先進所著《一字題賦》百首，退惟蕪累，方積兢憂。遽奉訓辭，俾加注釋。伏以類書之作，相沿頗多，蓋無綱條，率難記誦。今綜而成賦，則焕焉可觀。然而所徵既繁，必資箋注。仰聖謨之所及，在陋學以何稱？今並於逐句之下以事解釋，隨所稱引本於何書，庶令學者知其所自。又集類之體要在易知，聊存解釋，不復備舉。必不可去，亦具存之。凡讖諱之書及謝承《後漢書》、張璠《漢記》、《續漢書》、《帝系譜》、徐整《長曆》、《玄中記》、《物理論》之類，皆今所遺逸，則著述之家，相承爲用，不忍棄去，亦復存之。前所進二十卷，加以注解，卷〔帙〕（秩）差大，今廣爲三十卷，目之曰《事類賦》。乏張華之博物，叨預升聞；謝陸賈之著書，敢期稱善。徒傾鄙思，曷副宸心！伏乞皇帝陛下，俯録微能，特紆睿覽。苟乾坤之施，不遺芻狗之微；則鉛槧之勤，庶耀縑緗之末。冒黷斧扆，兢惶載深。

閻百詩校《困學紀聞》稱傅青主言，明永樂間揚州有刊本謝承《後漢書》者，不知謝書自《崇文總目》以下皆不著録，此已可決其爲讕言。而或猶以青主不妄言爲解，今觀此書進狀，知北宋之初博洽如淑者，已云「遺逸」，想百詩亦未見此狀也。

龍按：楊氏諸書目未載此宋刊《事類賦》，《故宫所藏觀海堂書目》載有「明崇正書院刊本，有『森氏開萬册府之記』朱印」，另有「緑静堂圖書章」「子孫永保雲煙家藏書記」印，知曾爲江户後期書畫鑒定家安西雲煙與明治時儒者杉山心齋舊藏。未知楊氏所云宋本現存何處（國圖存一宋本，然爲黄丕烈舊藏），此崇正書院本今存臺北故宫。《留真譜初編》卷六葉三八、三九、四十有書影。

姓解三卷〔北宋槧本，〕刻入《古逸叢書》

宋邵思撰。陳振孫《書録解題》尚著於録，以後遂無及之者。此本爲向山黄村舊藏，雕鏤之精，罕有倫匹，蓋即景祐〔原〕刊本也。乃影鈔而重刊之。今按其書詳略失當，有經、史著姓而遺之者，有不見經、史第就《姓苑》録出者。其北虜複姓，則連篇累牘，不勝其繁。姓下所引名人，往往朝代淩亂，〔書中望族，皆隨手亂填，觸目皆是，〕如以吴起置吴芮後之類。父子乖錯，如以嵇康爲嵇紹子，徐摛爲徐陵子之類，今訂。分一人爲二，如士會、士季，邢邵、邢子才，皆分爲二人之類。以複爲單，如以申屠嘉爲姓申之類。以虜爲漢，如云「仇尼，漢複姓」之類。甚至「郤」「郗」不分，如以郗鑒、郗超爲郤姓之類。「咸」「威」不辨，如以咸丘蒙爲威丘蒙之類。又好雜採謬説，如云「周武王以万人服天下，故有万氏」之類。幾於目不睹書傳者之所爲，訂不勝訂。非第不可與《元和姓纂》等書絜長較短也。惟其中所引有逸書，又引《風俗通·姓氏篇》之文最多，或亦好古者所樂觀焉。

龍按：森《志》著録懷仙樓舊藏北宋刊本，經曲直瀨正琳、向山榮等遞藏，今存日本國立國會圖書館（劉玉才、稻畑耕一郎編《日本國會圖書館藏宋元漢籍選刊》收入）。楊氏據此本影鈔，後以此影本刻入《古逸叢書》（《清客筆話》中楊氏多次向森氏詢及《姓解》，並提及「弟皆使人影抄之，皆欲刻之」），然楊氏影本今不知所在，《故宫所藏觀海堂書目》中亦無，或早爲楊氏售出。此條於楊《志》辛丑修訂本及丁酉甲、乙、丙等四種版本中皆重出，至丁種本方删其一，然二條相校，又小有異同，據丙種本重出者補十四字。《留真譜初編》卷六葉四三有書影。

書叙指南二十卷 明萬曆刊本

前有嘉靖六年巡按山西監察御史吴興沈松序，次有萬曆丙申知鎮江、襄陽兩府事永嘉王繼明序，蓋嘉靖間刻於河東，萬曆間又重刻於襄陽者也。目録分元、亨、利、貞爲四集，每集分五卷，合爲二十卷。題「浚水任廣德儉甫編次，猗頓後學喬應甲重校」。《提要》載此書與此合，唯所據雍正三年金匯刻本稱「自靖康板燬以來，五六百年若隱若顯」，不言明代有嘉靖、萬曆二刻，則此本流傳不廣，金氏未之見，《提要》亦未之見也。今金氏本亦罕見，唯三原李錫齡《惜陰軒叢書》有刻本。

龍按：此書現存有嘉靖六年及三十七年兩次刻本多種，然此萬曆本極罕見，楊氏諸書目中亦無載録，頗疑楊氏此處所述，實據萬曆本翻刻之日本慶安本。臺北故宫存有楊氏舊藏之慶安本，並有其手書題跋（大體爲此跋之後半，唯末句多「當從金氏本出也守敬記」數字）。另洛陽市文物考古研究院存一萬曆本（《中國古籍總目》失録）。

類編群書畫一元龜丁部殘本 鈔本

存丁部二十一至二十三，皆《樂門》，二十四《歌舞門》，共四卷。體例略同《太平御覽》，而所分子目尤繁碎，其全書當不在千卷下。所采大抵六經、子、史、《文選》，不采讖緯説部，然間亦有逸書。所引經、史皆標經、史字樣於上，而注書名於下。自《爾雅》及漢以後典禮之書皆標圖記之目，又所引書至唐而止。首有「金澤文庫」印，又有「樂亭文庫」印，及「桑名」「白河」二圓印。此書日本《訪古志》亦不載。

龍按：此書楊氏亦曾藏宋刊本一册，參《再補》。此鈔本當爲陸奥國白河藩松平家舊藏，「樂亭文庫」「桑名」「白河」均爲其家藏書之印，今存臺北故宫。

錦繡萬花谷前集四十卷後集四十卷續集四十卷別集三十卷 宋槧明印本

每半板十二行，行二十一字。明刊本同，蓋即以此翻雕者。是書著録家皆只有前、後、續三集，唯《千頃堂書目》載有别集。《提要》據序中「編爲三集，每集析爲四十卷」之語，定前三集爲原書，别集爲後人所續。今案别集前後無序跋，唯前三集書名多注每段之末，别集則書名皆出於其首。《提要》據序文稱「淳熙十五年編爲三集」，而《紀年類》《誕節類》並稱理宗爲「今上」，定爲書肆所附益。今細核之，殊不然。若果淳熙中其書即成三集，則每集每類必無重複，何以前集所分之類，後集、續集、别集亦大半同之？比勘之，實是前集有不盡者復載於後集、續集、别集皆然。余意其人初成此書只前集四十卷，厥後屢增屢續，遂有四集。初集之成在淳熙，至續、别集之成，已至端平之代。其前集紀年有理宗之號，當時或補刊、或挖板，皆不可知。余意此書特書賈之稍通文理者所爲，故時代已移，但改序文數語，不知與年世不照也。

龍按：森《志》著録嘉靖丙申重雕宋本，或即楊氏此本，以楊氏諸書目均未見宋本，《故宫所藏觀海堂書目》載一明本，其本今存臺北故宫，有「八雲軒」「藤亨」「脇坂氏淡路守」「安元」「永井氏藏書」「向黄邨珍藏印」，知曾爲江户前期信濃國飯田藩藩主脇坂安元舊藏，行款與楊氏所記者同，且其前有楊氏手跡云「據南宋會通館本校」，然會通館本實明活字本，則故宫所藏當即此本，而楊氏批森《志》則云「可删」。又森《志》著録求古樓藏宋本，楊批森《志》云「見之，未購」。《留真譜二編》卷五葉二八有書影，據行款及「金澤文庫」印，知與森《志》所載同，然森氏所云者存三、四、二十一、二十二凡四卷，楊氏摹刻則爲卷十一，知非同卷，此二種今均不詳藏處。

事物紀原二十卷〔正統九年刊本〕

余所見《紀原》有二通：一爲正統十〔二〕（三）年南昌閻敬所刊，一爲胡文煥本，即從閻本出也。皆十卷，分五十五門。此本爲正統九年所刊，首列漢陽教諭南平趙弼序，次漢陽府推官建安陳華序。據序中言，陳華得此本於國子祭酒江西胡頤庵後，以倩趙弼校訂。趙又爲之删削增益，乃使其子繕寫付刊。今核其書分五十門，校〔閻〕（簡）本頗有省併，其中徵引之文，亦稍有裁削，且有併全條删削者，大非高氏之舊矣。然其分卷仍作二十，與《書録解題》合。每條題目皆作陰文，下即緊接書之，不别居一格，似仍宋刻之舊，且書中稱《國朝會要》，尚是高氏原本；〔閣〕（簡）本盡改作《宋朝會要》，良由不知書爲宋高氏所作，故盡改之。又如伍希明《太乙金鏡》，〔閣〕（簡）本作「王希明」之類，皆以此本爲是。又此本目録後稱「《歷代考注事物紀原》書傳諸儒姓氏」壹百八十四種，似亦高氏原書所有，但其中删削原文，妄爲竄易，實不一處。明人删改古書，莫此爲甚，不待萬曆以後也。

龍按：此本楊氏諸書目中無，亦未知藏處。國圖藏有此正統九年本，前有羅繼祖印，或楊氏所録，原爲羅振玉藏書。

事文類聚翰墨全書殘本 元槧巾箱本

元劉應李撰。《四庫〔提〕（題）要存目》題爲宋人，誤也。首有大德十一年熊禾序，行書，當是熊氏手寫。稱應李與之講學武夷洪源山中十有二年，然則應李爲閩人。書分前、後二集，此本今存《前集》甲集十二卷，乙集九卷，丁集全缺，丙集十一卷，戊集十三卷，己集七卷，庚集二十四卷，辛集十卷，壬集十二卷、癸集十一卷；《後集》存乙集上、中、下三卷，丙集十二卷，戊集九卷，餘俱缺。卷中凡「事實」每半葉十二行，凡「文類」每半葉十行。按此爲劉氏原書，惜缺數集，未知原本總若干卷，大約一百三十卷以上。此後坊本所刻多竄亂，又併合卷數。有稱爲《啓制天章》者，改題爲《翰墨大全》者，不可究詰。余别藏明嘉靖丁巳清白堂楊氏歸仁齋刊本，則通前、後爲一百十七卷，《後集》至戊集而止。據此則原書《後集》似僅至戊集。其分卷與此不同者，《前丙集》併爲五卷，戊集亦併爲五卷，《後丙集》併爲六卷，首題爲「李古沖古本」，其實亦改竄之本也。而《四庫存目》題爲一百二十五卷，則所據亦一本矣。此書對聯、套語入録，誠爲穢瑣。然搜采經傳，宋元人遺文獨存於此册者不少，當援祝穆《事文類聚》之例存録之。

又按《後乙集·聖朝混一方輿勝覽》上、中、下三卷，仿祝穆《方輿勝覽》，詳於古跡，而略於因革。然《元一統志》既不傳，《元史·地理志》又多脱誤，則此册尤考元地理者所不廢也。《潛研堂文集》及《拜經樓藏書題跋》皆載此書，而不知爲劉氏書中之一種，且吴氏所載每葉二十四行，行二十字，一一與此本相應，則所見非有别本矣。

文公嘗言：「制誥是君諛其臣，表箋是臣諛其君。」然則近世士大夫以啓、劄相尚，無乃交相諛者乎？書坊之書，遍行天下，凡平日交際應用之書，〔率〕（概）以啓、劄名，其亦文體之變乎？省軒劉君應李爲此編，命曰《翰墨全書》明刻本改爲《大全》，凡儒者操翰行墨之文〔皆具，非但啓、劄而已也。其所選之文〕，大約變俗歸雅，返澆從厚，去浮華，〔尚〕（從）質實，多是先哲大家數。而時賢之作，亦在所不遺。斯亦可謂之《全書》矣明刻改爲《大全》，蓋嘗因是而論之，文之體莫善於《書》《詩》，君之於臣，誥命而已，即後世詔令之體也；臣之於君，謨訓而已，即後世書疏之體也。紀述之體如《堯典》《禹貢》等作，後世紀志、碑記敘事之文始於此。問答之體如《微子》《君奭》等篇，後世論〔辯〕（辨）往復之文始於〔此〕（是）；若後世詩、詞一類，則自虞夏賡歌而下，備見於《三百篇》之《風》《雅》《頌》。舍是之外，亦未見有能易是者。至制誥、箋表、啓劄胥爲駢儷，而後文始盡變矣。甚者紀事實録之史，亦爲四六之體，吟詠〔情性〕（性情），且尚對偶之工。〔於〕（至）末流連篇累牘，雖百千萬言而辭不足，果何日而可復返於雅厚、質實之歸乎？且劉君此〔編〕（篇），自冠昏以至喪祭，近自人倫日用，遠而至於天地萬物，凡可以寓之文者，莫不畢備，其亦異乎世之所謂啓劄者矣。其間俚俗之言，異怪之説，雖不能悉去，亦必爲之訂其謬誤，而究其指歸。劉君之用志，亦可尚已。劉君力學善文，與余講學武夷洪源山中者十有二年，所造甚深，此特其遊藝之末耳。平磵伯氏爲刊是書，君之可傳於世者，固明刊訛「因」不止（於）是也。輒書編端，以驗覽者。歲在丁未〔月正〕（正月）元日，是爲大德之十有一年，前進士考亭熊禾去非父序。此序明嘉靖本亦載之，但改誤數字耳。《提要》誤應李爲宋人，必其所見本脱此一序，故録之。

龍按：此即《故宫所藏觀海堂書目》載云「元麻沙本二十册」者，今存臺北故宫。森《志》曾著録求古樓舊藏《翰墨大全》元刊本，然森氏亦云「未見」，或即此楊氏求得者。故宫藏本前有「平原趙璞」「高巖」藏印。

新編排韻增〔廣〕事類氏族大全十卷 日本五山版本

不著撰人名氏，無序、跋。書中所引事，殆宋末元人所編，與《四庫》著録本體例皆同。惟彼以十干分集，每一集爲二卷，末二卷爲覆姓，合二十二卷。此亦以十干分集，而每干爲一卷，覆姓一卷爲癸集，不别出，未知誰爲原書。每半版十六行，行二十八字。鎸刻精好，的是從元本出。相傳日本應永年間所刻，謂之五山版。「五山」者，佛寺所建之地名也。

龍按：《故宫所藏觀海堂書目》未載五山本，然有元刊本，今藏臺北故宫，標爲「元五融書堂」刊本，有楊守敬小像及諸藏印。《留真譜初編》卷六葉四九有書影。

新編群書類要事林廣記九十四卷日本元禄十二年刊本

元西〔潁〕（穎）〔陳〕元靚編。凡分十集，甲集十二卷，乙集四卷，丙集五卷，丁至壬各十卷，癸集十三卷。元靚著有《歲時廣記》，《提要》因有朱鑑一序，定爲宋人。今此書乙集録元初州郡，壬集録至元雜令，則元靚逮元代猶存也。其書體例彷彿《居家必用》，而搜采較博，雖少遠大雅，實有便於日用。其中所采《蒙古篆百家姓》及《地理禮儀》，猶足考元代之制度，「時令」一門，與所撰《歲時廣記》不相複，彼爲考古，此爲便俗故也。書首尾無序、跋，唯甲集目録後有〔木〕（本）記云：「此書因印匠漏失版面，已致有誤君子，今再命工修補外，新增添六十餘面，以廣其傳，收書君子幸垂鑒焉。泰定乙丑仲冬增補。」此書著録罕載，雖爲日人重翻，尚不失元刊之舊，可喜也。

龍按：《故宫所藏觀海堂書目》無此和刻本，今亦不知所在，臺北「國圖」存一元禄本，前有「王氏二十八宿研齋祕笈之印」「恭綽」「遐庵經眼」等印，未知是否即楊氏所敘之本。又，楊氏以陳元靚爲元人，或誤，此書中多有元時資料，則或後人之增補，楊氏所引甲集牌記即已言之。

秘府略殘本二卷 鈔本

此書日本天長八年奉敕撰，凡一千卷。今存八百六十四《百穀部》一卷，八百六十八《布帛部》一卷。末有紀宗直、源胤相二跋。其體例全同《太平御覽》，所引書多亡佚之本，即現存者亦多異同，余别有《札記》。惜所存僅二卷耳。

《文德實録》云第四滋野貞主天長八年敕與諸儒撰集古今文書，以類相從，凡有一千卷，名《秘府略》云云。又《仁和寺書籍目録》亦云「《秘府略》千卷」云云。予三十年好古書集之，聞有此書，未見此書。又引書等一向所見無之，深恨之。適於或家得此二册卷第八百六十四、卷第八百六十八，則書寫之，希代爲珍，記勿令外見。元文五曆十二月十三日御厨子所預從五位上紀宗直。

寶曆七年丁丑四月以御厨子所預高橋若狹守宗直家藏之本書寫，自加校合畢。張藩源胤相。

龍按：《留真譜初編》卷六葉三七有書影。《清客筆話》載楊氏訪森氏時詢及「又有大本二册，書名忘之」，森氏答云：「《秘府略》也。此則不割賣之部也。此則屬抄寫之。此書棭翁舊藏，故不出門也。他有以此書寫本藏之者，未沽却否，問之。若沽却，則可採出也。」知此鈔本當得自森氏。後羅振玉據内藤湖南所藏鈔本影印行世。又，此篇楊《志》丁酉丁種本外其他版本中均位於本卷之末葉四十二，至丁種本方移置於《姓解》之前，而此調整實因此處《姓解》重出，丁種本或察知此誤，故删其一，然葉碼則有空闕，移入此條，實爲填補此闕葉也。然於例未合，據卷四「小學」類例，日人著述當隸卷末，本卷爲類書，依時代爲次，前雖有日人所編《幼學指南鈔》置《初學記》之後，亦因楊氏「細核之，蓋從徐堅《初學記》鈔出」，故附其後，亦得其宜。此書與前之《事類賦》無關，且編成於日本天長八年，較《事類賦》早百餘年，次序亦舛。故依別本重置於此。

日本訪書志卷十二　集部・總集

楚辭章句十七卷 明隆慶辛未刊本

首王世貞序，次目録，次本傳，次班〔固〕（因）序，次劉勰《辨騷》，目録後題「隆慶辛未歲豫章夫容館宋版重雕」，一卷後題「姑蘇錢世傑寫，章芝刻」。按此本與明無名氏翻宋本體式相合，唯彼缺宋諱，此不缺諱。又四周雙邊，當爲重寫，並非影橅。然字體方正而清爽，猶與宋刻爲近。首行題「楚辭卷之一」，次行題「漢劉向編集」，三行題「王逸章句」。然則明刻別本題「校書郎王逸章句」者，特據《隋志》改題，未必舊本如此也。又按：晁公武《讀書志》稱王逸續爲《九思》，取班固二序附之，今此本班序不入卷中。又公武始以《本傳》冠首，則知此本編次出於公武之後。然《楚辭》莫古於是本。嘉慶間大〔小〕雅堂雖重刻是本，而草率殊甚。近日武昌書局重刻洪氏《補注》及朱子《集注》，而此本傳世頗罕，亦缺事也。

龍按：森《志》著録。此書所存甚多，未能定何者爲楊氏舊藏之本。楊氏於《留真譜初編》卷九葉一摹刻此書卷端一頁。

文選一卷古鈔卷子本

此即日本森立之《訪古志》所載温故堂藏本也。後爲立之所得，余復從立之得之。《訪古志》云：「現存第一卷一軸，首有顯慶三年李善《上文選注表》，今善本、六臣本皆以昭明太子序居首，李善及五臣《表》次之，皆非也。次梁昭明太子撰《文選序》，序後接本文，題『文選卷第一，賦甲』，次行『京〔都〕（師）上，班孟堅《兩都賦》二首并序，張平子《西京賦》一首』。界長七寸五分，幅一寸，每行十三字。卷末隔一行題『文選卷第一』《西京賦》即接《東京賦》之後，不別爲卷，不記書寫年月，卷中朱墨點校頗密，標記、旁注及背記所引有陸善經、善本、五臣本、《音決》、《鈔》、《集注》諸書及『今按』云云。考其字體墨光，當是五百許年前鈔本，此本無注文，而首冠李善序，蓋即就李本單録出者。」守敬按：此一一與森説合，然謂其就李本單録出者，則非也。今細按之，此本若就李本所出，李本已分《西京》爲二卷，則録之者必亦二卷。今合三《賦》爲一卷，仍昭明之舊，未必鈔胥者講求古式如此。《東都賦》「子徒習秦阿房之造天」，標記云「善本『秦阿』無『房』字，五臣本『秦阿房』，或本又有『房』字」，今以善本、五臣本合校此本，此不從善本出之切證也。又篇中文字固多與善本相合，然亦有絶不與善本合者。善之學識精博，迥非五臣所及，五臣又後於善注，更經傳鈔，宜其多謬也。《西都賦》無「〔衆〕（泉）流之隈，汧涌其西」八字，與《後漢書》合，與陳少章説合；「度宏規而大起」，王懷祖謂善本作「慶」，今善本作「度」者，以五臣亂之，其説是也，此本作「度」，與《後漢書》合，亦見其非從善本出也；「平原赤土，勇士奮厲」，標記云「此二字陸有之，又鹿本有之，師説無『土』『奮』字，五臣無此二字」，按今善本亦無此二字；《東都賦》「乃動大路」不作「大輅」，與兩本皆不合；「其詩曰」下，即接「於昭明堂」云云，其《明堂詩》《辟雍詩》《靈臺詩》《寶鼎詩》《白雉詩》各題，皆在各詩之後，與《三百篇》古式同，今各本題皆在詩前，非也；各本有「嘉祥阜兮集皇都」，此本無此句，與《後漢書》合；《西京賦》「繚亘綿聯」，標注云「本注，『〔繚〕（潦）亘，猶繞了也』，臣善曰『亘』當爲『垣』」，然則薛注本作「繚亘」，善注本始爲「繚垣」，此本作「亘」，又足見其本在善未注之前也；「衍地絡」，標記云「『揄』，陸曰『臣善，以善反，申布也』」，又記云「『衍』，五臣作『之舒布也』」，按《集韻》「揄，申布也」，則善本作「揄」，五臣作「衍」，此與五臣合，今善本作「衍」，非也；「獨儉嗇以偓促」，今各本作「齷齪」，皆不相符。蓋日本鈔古書，往往載後來之箋注、序文，如《孝經》本是明皇初注本，而載元行沖《孝經疏序》。其他經書經注本，又往往載孔穎達之疏於欄格上，蓋爲便於講讀也。鈔此本者固原於未注本，而善注本已通行，故亦以冠之也。

龍按：森《志》著録，楊批森《志》云「今藏飛青閣，又飛青閣别得古鈔本」，臺北故宫存「清宜都楊氏摹寫鎌倉舊鈔本」一册，體制行款悉同，即此書。據目録將「古鈔」二字移入版本標注中。

文選殘本二十卷〔古鈔無注本〕

古鈔無注《文選》三十卷，缺一、二、三、四、十一、十二、十三、十四、十七、十八十卷，存二十卷。《文選》本三十卷，李善注分爲六十卷，五臣注仍三十卷。自後蜀毋昭裔刻《五臣注》三十卷，北宋刻善注合於五臣，其卷則從善注。兩本所據之本多不相合，雖略注異同，亦時多漏誤。逮尤延之刻《善注》，又從五臣本抽出。故兩本互亂之處，遂不能理，其詳已見鄱陽胡氏之《考異》。此無注三十卷本，蓋從古鈔卷子本出，並非從五臣、善注本略出。何以知其然？若從善注出，必仍六十卷；若從五臣出，其中文字必與五臣合。今細校之，乃同善注者十之七八，同五臣十之二三，亦有絶不與二本相同，而爲王懷祖、顧千里諸人所揣測者。又有絶佳之處，爲治《選》學者共未覺，而一經考證，曠若發曚者。蓋日本所得中土古籍，自《五經》外，即以《文選》爲首重，故其國唐代曾立「《文選》博士」。見其國《類聚國史》。今古鈔卷子殘卷，往往存收藏家。余亦得二卷。此本頗有蟲蝕，相其紙質、字體，當在元、明間。旁注倭文，又校其異同。其作「扌」者，謂摺疊本，即「摺」字之半，指宋刻本也；其作「亻」者，即「作」字之半，皆校者之省文，與卷子本《左傳》同其款式。則首行題「文選卷第五」，旁注「賦戊」，下題「梁昭明太子撰」，以下一卷子目與善本合，五臣本每卷不列子目，而以總目居前，非古式也。每半葉八行，行十七字，字大如錢，必從古卷抽出也。今中土單行善注原本已不可得，尚何論崇賢以前。其中土、俗字不堪縷舉，然正惟其如此，可以深信其爲六朝之遺。今爲出其異同別詳。世有深識之士，爲之疏證，當又爲治《選》學者重增一公案也。

龍按：《故宫所藏觀海堂書目》著録「《文選》存二十一卷」，標云「日本古鈔本，缺卷二至卷四、卷十一至卷十四、卷十七、卷十八，有『新宫城書藏』朱印」，當即此書，缺佚相似，唯此多卷一，當與前古鈔卷本合計。楊致譚獻函云：「敬所得驚人秘笈更僕難數。有古鈔《文選》三十卷，是李崇賢未注以前本，絶非從六臣本鈔出，先生信之否？」（參錢基博整理編纂《復堂師友手札菁華》）。據藏印，當爲新宫城主水野家十代水野忠央舊藏。

《留真譜初編》卷九葉三收此書書影一葉。題注據目録改。

李善注文選六十卷 宋槧本

宋尤延之校刊本，缺第一至第十二卷，即鄱陽胡刻祖本也。唐代《文選李善注》及《五臣注》並各自單行，故所據蕭《選》正本亦有異同。至五代孟蜀毋昭裔始以《文選》刊板，傳記雖未言何本上木，然可知爲五臣本。按今行袁刻六臣本於李善《表》後有國子監准敕節文，云「《五臣注文選》傳行已久，竊見李善《文選》援引〔該〕（賅）贍，典故分明，若許雕印，必大〔假〕（段）流布。欲乞差國子監説書官〔員〕（負）校定浄本後，鈔寫板本，更切對讀，後上板就三館雕造」云云，據此可見善注初無刊本。此云「校定浄本後鈔寫板本」，是浄寫善注，又鈔寫五臣板本合刊之證。唯不著年月，故自來著録家有北宋《六臣文選》即袁氏所原之裴本是也、北宋《五臣文選》即錢遵王所收之三十卷本是也，見《讀書敏求記》，而絶無有北宋《善注文選》者，良由善注自合五臣本後，人間鈔寫卷軸本盡亡，故四明、贛上雖有刊本當在南宋之初，皆從六臣本抽出善注。故尤氏病其有裁節語句之弊，〔見尤氏跋語。今存宋本六臣注所載善注往往不全，緣善注多在五臣之後，凡善注、五臣同者往往删善注。四明、贛本不合諸本參校，故有裁節語句而不知者。此善本從六臣本出切證。至尤氏始病其陋，重爲校刊。當時六臣本雕印甚多，今著録尚存四五種，余嘗合校之，有彼此互節善注者，故知其詳也。故袁氏採掇該備。〕然以五臣混善注之弊，亦未能盡除。詳見胡刻《文選考異》。元時張伯顔刊《善注》，〔又不以尤本翻雕而裁節善注，〕則更多增入五臣注本〔，想以四明、贛本爲原之故〕。明代弘治間唐藩刊本、嘉靖間汪諒刊本、崇禎間毛氏汲古閣刊本，又皆以張本爲原，而遞多謬誤。〔見《東湖叢記》陳仲魚跋，〕各本余皆有之。國朝嘉慶間，吴中黄蕘圃始得尤氏宋本，聞於世，鄱陽胡氏倩、元和顧澗薲影摹重刻，論者謂與原本〔毫〕（豪）髮不爽。余從日本訪得尤氏原本照之，乃知原書筆力峻拔，〔其精者如睹歐陽率更宋拓《化度寺碑》，〕胡刻雖佳，未能似之也。此本後有尤延之、袁説友、計衡三跋，胡刻本只有尤跋，袁跋則從陸敕先校本載於《考異》後，然亦損末二十餘字。此則袁跋全存，計跋稍有缺爛，猶爲可讀。〔唯缺第一至第十二卷，未稱完璧。然黄氏本孤行天地，兵燹以來未卜存佚，此雖有殘缺，固亦應球圖視之也。〕余嘗擬以胡刻本通校一過，顧卒卒未暇；會章君碩卿酷愛此書，欲見推讓，〔重違其意，許之，〕乃隨手抽第十三卷對勘。如《風賦》，「激颸熛怒」〔注「如熛之聲」〕，胡本」「熛」誤作「漂」〔余所據胡本是湖北書局重刊，其中訛字甚多，恐非胡氏之舊〕；又「啗齰嗽獲」注「中風口動之貌」，胡本「口」上擠一「人」字，《考異》亦以爲誤，此本並無「人」字，不知胡本何以誤增〔此非翻刻胡本之誤〕。以斯而例，則胡本亦未可盡據。又原本俗字，胡本多改刊。原本中縫下有刻工人姓名，胡氏本則盡刊削，是皆足資考證者。〔碩卿專足取書匆匆作跋，但詳善注刻本原委，或亦足補胡氏《考異》之所不及。至精校全書，此又託之碩卿，慎勿謂胡氏已刊忽之也。光緒丁亥正月二十八日，宜都楊守敬記。〕

余在日本時，見楓山官庫藏宋贛州刊本，〔卷後題「贛州州學教授張之綱覆校」。〕又見足利所藏宋本，又得日本慶長活字重刊紹興本及朝鮮活字本，皆六臣本。余以諸本校胡氏本，彼此互節善注，即四明、贛上所由出，乃知延之當日刻此書，兼收衆本之長；各本皆誤，始以書傳校改。胡氏勘尤本，僅據袁本、茶陵本，凡二本與尤本不同者，皆以爲尤氏校改，此亦臆度之辭。如《西都賦》「除太常掌故」，袁本、茶陵本並作「固」，尤作「故」，《考異》謂尤氏校改，不知紹興本、朝鮮本及翻刻茶陵本並作「故」，非尤氏〔憑〕（馮）臆也。〔又嘗校贛州張本，於善注時有删節，頗疑即延之所云裁節字句者。觀延之上文云傳世皆五臣注本，豈以贛本六臣注中有善本故云然與？是則别善注於五臣即自延之始。然裴氏明言刊於廣都，何得僅舉四明、贛州兩本？仍疑贛州、四明别有善注單行本。俟他日再核之。守敬又記。〕

龍按：《留真譜初編》卷九葉四、五收此書書影二葉（袁説友、計衡識語），楊批云

「宋槧本，藏日本足利學」。此書據袁克文跋云「紹熙尤刻善注《文選》殘帙四十八卷，楊惺吾獲自倭島，展轉歸於木齋」云云，可知楊氏將此售於李盛鐸，今歸北京大學圖書館，書中除楊氏鈐印外，另有「寶勝院」「龍溪書屋」「光璘」「哦松」「周暹」等印。其書末有楊氏手跋，與此相較，可據補數百字（參見李盛鐸著，張玉範整理《木犀軒藏書題記及書録》）。另據嚴紹璗《日藏漢籍善本書録》知，此書所缺前十二卷後爲德富蘇峰收藏，今存日本御茶之水圖書館。

〔六臣注〕文選六十卷　宋槧，楓山官庫本

六臣《文選》，楓山官庫藏。首李善《文選注表》，《表》後無國子監牒文，次吕延祚《表》，次昭明太子《序》，有目録一卷，首題「文選卷第一」，次行題「梁昭明太子撰」，第三行題「唐李善注」，第四行、五行題「唐五臣吕延濟、劉良、張銑、吕向、李周翰注」，第六行「賦甲」下有善注。每半板九行，行十五字，注行二十字，大板大字。無刊刻年月，中缺「弘」「竟」「讓」「徵」「敬」「貞」「玄」「桓」「殷」「構」等字，蓋南宋刻本。板心有刻工人姓名。第一卷末記「州學司書蕭鵬校對，鄉貢進士李大成校勘，左從政郎充贛州州學教授張

之綱覆校」，第十八卷末記「州學齋長吴〔拯〕（極）校對，左迪功郎新昭州平樂縣尉兼主簿嚴興〔乂〕（文）校勘，左迪功郎贛州石城縣尉主管學事權左司理蕭倬」，第二十六卷末記「左迪功郎新永州零陸縣主簿李汝明覆校」。各卷所記互異，又有劉格非、陳〔烈〕（裂）、鄒〔敦〕（郭）禮等名；而題「張之綱、蕭鵬校正」者居多，蓋贛州州學本也。書中善注居前，五臣居後。今以袁褧本校之，凡五臣所引書與善注複者則删之；其不複而義意淺者亦多删之。其善注往往校袁本爲備。蓋袁本以五臣爲主，故於善注多削其繁文；此以善注爲主，故於五臣多删其枝葉也。又其中凡善注之發凡、起例者，皆作陰文白字，如《兩都賦序》「福應尤盛」下，善注「然文雖出彼」以下十九字作陰文；又「以備制度」下，善注「諸釋義」至「類此」二十字亦作陰文，此當有所承。按：善注單行之本久佚，余疑袁氏刊本即從此本録出。若元茶陵陳仁子刊六臣本及明吴勉學刊六臣本，雖亦善注居前，而又多所删節改竄，更不足據。顧澗〔薲〕（濱）爲鄱陽胡氏重刊袁本，僅據茶陵本勘對，而未得見此本也。

龍按：此贛州本也，森《志》著録，今藏日本宮内廳書陵部，《留真譜初編》卷九葉六至八有書影。又，據目録於標題補「六臣注」三字。

文館詞林十四卷〔小島尚質景鈔本，又傳鈔本，〕刻入《古逸叢書》

先是日本文化中林述齋刻《〔佚〕（逸）存叢書》，收《文館詞林》四卷，中土驚爲秘笈。及余東來，見森立之《訪古志》所載，又有溢出此四卷之外者六卷。因據以蹤跡之，則又溢出於《訪古志》之外者九卷。除林氏已刻之四卷及第三百四十八之馬融《廣成頌》，餘十四卷今星使黎公盡以付之梓人。其大字疏行者，係小島尚質從原本摹出；其小字密行者，則傳鈔本也。中間不無奪文壞字，覽者當自得之。

阮文達據《唐會要》「垂拱二年，於《文館詞林》内采其詞涉規誡者，勒成五十卷，賜新羅國王」，因謂「當時頒賜屬國之本，原非足册」。今考藤原佐世《見在書目》有《文館詞林》一千卷，又源順《倭名類聚鈔序》云「《文館詞林》一百袟」，則彼國所得，實爲足本。今校其所存各卷，門類繁多，不盡規誡之辭。且第六百六十五卷後有「儀鳳二年書手〔吕〕（李）神福寫」字樣，是更在垂拱以前，其非删節之本無疑。余按：宋太平興國中輯《文苑英華》，收羅至博，而此書不見采録，故《崇文總目》僅載《文館詞林彈事》四卷，《宋史·藝文志》僅載《文館詞林詩》一卷，是皆零殘之遺。若其全書，則已爲北宋人所不見。《通志略》

載《文館詞林》一千卷，僅據《唐志》入録，實未見原書。此十四卷中，雖略有見於史書、《文選》及本集者，而其不傳者十居八九，可不謂希世珍乎？

刻成後，柏木政矩復貽目録一紙，據稱是嘉永間小林辰所訪，通計其國尚存三十卷。至今有存於淺草文庫者，有存於西京大覺寺者，皆不易傳録，故今附刻其目以俟後之人焉。

〔光緒甲申二年宜都楊守敬記。〕

小林辰所得元禄間鈔本《文館詞林》目録

卷一百五十二西京大覺寺影鈔本，又淺草文庫縮寫本。

卷一百五十六西京大覺寺影鈔本，又淺草文庫縮寫本。

卷一百五十七西京大覺寺影鈔本，又木村觀齋所藏元禄縮寫本。

卷一百五十八卷首原本柏木探古藏，卷尾鈴木真年所藏影鈔本。

卷一百六十西京大覺寺影鈔本。

卷三百三十八未詳所在。

卷三百四十六西京大覺寺影鈔本，又木村觀齋元禄縮寫本。

卷三百四十七西京大覺寺影鈔本。

卷三百四十八卷首西京大覺寺影鈔本，卷尾原本攝津國勝福寺所藏。馬融《廣成頌》一首，見本傳。

卷四百一十四西京大覺寺影鈔本，又木村觀齋所藏元禄縮寫本。

卷四百五十二鈴木真年所藏影鈔本，又木村觀齋所藏元禄縮寫本。

卷四百五十三西京大覺寺影鈔本，又淺草文庫縮寫本。

卷四百五十五未詳所在。

卷四百五十七西京大覺寺影鈔本，又木村觀齋所藏元禄縮寫本。

卷四百五十九卷首鈴木真年所藏影鈔本，卷尾小島所藏影鈔本，合此兩本爲完卷。又西京大覺寺影鈔本，又木村觀齋所藏元禄縮寫本。

卷五百七原本柏木探古所藏。存「璽書」廿七行，殘缺甚。

卷六百五十五未詳所在。

卷六百六十二原本柏木探古所藏，已見《佚存叢書》。

卷六百六十四原本柏木探古所藏，已見《佚存叢書》。

卷六百六十五木村觀齋所藏元禄縮寫本，又西京大覺寺摸刻數葉。

卷六百六十六原本藏高野山古寺，罹火。

卷六百六十七原本未詳所在。

卷六百六十八原本柏木探古所藏，已見《佚存叢書》。

卷六百六十九西京大覺寺影鈔本，又木村觀齋所藏元〔禄〕（録）縮寫本。

卷六百七十西京大覺寺影鈔本，又淺草文庫縮寫本。

卷六百九十一西京大覺寺影鈔本，又鈴木真年影鈔本，又淺草文庫縮寫本。

卷六百九十三未詳所在。

卷六百九十五原本攝津國勝福寺所藏。又木村觀齋所藏元禄縮寫本，已見《佚存叢書》。

卷六百九十九西京大覺寺影鈔本。又鈴木真年影鈔本。又木村觀齋所藏元禄縮寫本。

卷名未詳殘簡西京大覺寺影鈔本，此卷現存自後粱蕭〔仏〕（攸）《讓侍中表》至後粱沈君攸《爲安成王讓加侍中表》，凡三首。

龍按：森《志》曾著録。臺北故宫藏有二種，一爲日本江户末期小林辰鈔本，七册九卷，即卷一五六、一五七、一五八、三四七、四五三、四五七、四五九、六七〇、六九一，皆刻入《古逸叢書》；另有日本寶永影鈔本，二册六卷，即卷一五二、三四六、四一四、四五七、六六五、六六九，似僅卷六六五刻入，餘卷均未刻。據杜澤遜《長伴蠹魚老布衣——記藏書家張景栻先生》一文所載，山東藏書家張景栻藏「《文館詞林》三軸，皆日本皮紙影寫古抄本……疑爲《古逸叢書》底本」，再據張景栻、張旻《楊守敬舊藏日本卷子本目録》知此三卷爲卷四五九、五七〇、六九五，知杜、張所「疑」不確，因此三卷中《古逸叢書》僅刻入卷四五九（然此卷小林辰鈔本即有，存於臺北故宫），另二卷均未刻入，自非其底本無疑。然據《鄰蘇園藏書目録》載「元刊《杜少陵文集》加《文館詞林》稿本，元本，一册，辛亥冬月賣於甘先生五十元」，則《文館詞林》刊入《古逸叢書》之底本當已售出，未知今存何處。

又，題注據目録增補數字，文末據《古逸叢書》補題署。

文館詞林六卷〔景〕鈔〔淺草文庫〕本，成都楊氏重刊

日本文化中刻《佚存叢書》中有《文館詞林》四卷。及守敬東渡，又訪得十四卷，刻於《古逸叢書》，並得柏木政矩目録一紙，稱是嘉永間小林辰所訪，通計其國尚存三十卷。有存於淺草文庫者，有存於西京大覺寺者，皆不易傳録，守敬並刻此目以待搜訪。及《古逸叢書》已成，余差滿將歸，晤博物館書記官町田久成，言淺草文庫所藏彼曾見之，余托傳鈔，乃得〔一〕〔三〕百五十二、三百四十六、四百一十四、六百六十五此卷原刻不全，此足本、六百六十九，共計五卷。其第三百四十六卷後有「校書殿寫，弘仁十四年歲次癸卯二月爲冷

然院書」。考冷然院爲日本古藏書官庫，藤原佐世《見在書目》即據冷然院所藏編載。弘仁爲彼國嵯峨天皇年號，其十四年當中國唐穆宗長慶三年，足知其根源之古。又有「寶永元年甲申四月十五日寫」，則又其傳鈔之年月也，當我朝康熙四十三年。其書屢經傳鈔，譌誤頗多，乃携之歸。凡見於史傳、《太平御覽》、《藝文類聚》、《初學記》等書所引者，悉爲比勘，其無可參證者闕焉。吾宗葆初大令見而愛之，並爲是正文字，精寫而刻之。合之《佚存》《古逸》所載，共得二十有三卷。其三百四十八之馬融《廣成頌》以已見融本傳，及柏木政矩所藏五百七卷，只存目録，故皆不復彙入。又有卷名未詳殘簡在西京大覺寺。其餘三百三十八、四百五十五、六百五十五、六百九十三凡四卷，柏木政矩《目録》已云「未詳所在」，附記於此，以俟後之人續訪焉。

〔光緒癸巳四月宜都楊守敬。〕

龍按：楊批森《志》云「飛青閣又得抄本六卷，在此之外」。臺北故宫藏楊氏舊藏《文館詞林》鈔本有二，一者前則已述，另一即所謂日本寶永影鈔本，二册六卷，即卷一五二、三四六、四一四、四五七、六六五、六六九，據此知爲《古逸叢書》刻成後續搜得者，另亦可知楊跋中「三五二」當「一五二」之訛，以其以序羅列，不當將卷「三五二」置「三四六」之前，且與小林辰所輯之目及臺北故宫所藏有出入。據楊跋，知此六卷曾得楊葆初重刊，即光緒十九年成都景蘇園刻本。楊氏曾致函譚獻云「昨日手民陶子麟來，攜刻《文館詞林》式樣，葆初甚爲嘉許，已囑將六卷全刻之，大約將來次第可成一叢書，但未能刻巨部耳。」（參錢基博整理編纂《復堂師友手札菁華》）即指此。題注據目録補數字。又據楊批森《志》云「共存二十一卷，飛青閣俱有抄本」。另，《留真譜初編》卷九葉十九有《文館詞林》卷六六四書影，楊批云「今在柏木政（矩）（舉）家。卷子本絶佳」，以卷六六四已刻入《佚存叢書》，故楊氏不再摹刻，僅存書影而已。另，張鈞衡《適園叢書》本前亦收楊跋，與此小有不同，以張本較後，故不細校，唯據補末行題署。

河嶽英靈集三卷 元刊本

首自序，題「河嶽英靈集」，下題「唐丹陽進士殷璠」，序後別有《集論》一篇。目録前有木記云：「切見詩之流傳於世多矣，若唐之《河嶽英靈》《中興間氣》則世所罕見焉。本堂今得此本，編次既當，批摘又（精），真詩中無價寶也。敬録諸梓，與朋友共之。四遠詩壇，幸垂藻鑒。謹啓。」蓋麻沙坊本也。按此書唐、宋《志》並二卷，《崇文總目》一卷，《書録解題》二卷，此本序文亦只二卷，而書實分上、中、下三卷，與毛氏汲古閣刊本同，當是後人所分。汲古本多有「以本集、《國秀集》校刊」語。此本無之。按日本僧空海《文鏡秘府論》引此序作三十五人，二百七十五首；《文苑英華》所載序文亦云三十五人，一百七十首。「一」當「二」字誤。至陳振孫《書録解題》稱二十四人，二百三十四首。此本序及毛本序皆同，而實數之只二百二十八首，當是北宋已有佚脱，故《崇文總目》只一卷。今雖分三卷，而人數、詩數皆減，又非陳振孫所見本也。至其序文之首《文鏡秘府論》《文苑英華》皆多一百零四字，此本與毛本皆缺。《集論》一篇毛本不載，《文鏡秘府論》亦有之，今並録於左。

或曰：梁昭明太子撰《文選》，後相效著述者十有餘家，咸自盡善。高聽之士，或未全許。且大同至於天寶，把筆者近千人，除勢要及賄賂，中間灼然可上者，五分無二，豈得逢詩輒纂，往往盈帙。蓋身後立節，當無詭隨，其應銓簡不精，玉石相混，致令衆口謗鑠，爲知音所痛。下接「夫文有」云云。

集論

昔伶倫造律，蓋爲文章之本也。是以氣因律而生，節假律而明，才得律而清焉。寧預於詞場，不可不知音律焉。孔聖删《詩》，非代議所及。自漢魏至於晉宋，高唱者千餘人，然觀其樂府，猶時有小失。齊、梁、陳、隋，下品實繁。專事拘忌，彌損厥道。

夫能文者，匪謂「四聲」盡要流美，「八病」咸須避之。縱不拈綴，未爲深缺。即「羅衣何飄飄，長裾隨風還」，雅調仍在，況其他句乎！故詞有剛柔，調有高下。但令詞與調合，首末相稱，中間不敗，便是知音。而沈生雖怪，曹、王曾無先覺，隱侯去之更遠。璠今所集，頗異諸家。既閑新聲，復曉古體。文質半取，風騷兩挾。言氣骨則建安爲儔，論宫商則太康不逮。將來秀士，無致深惑。

龍按：據《中國古籍總目》所録，此書現存有宋刻本及明刻本，然無元刊，未知楊氏所見爲何本，據《鄰蘇園藏書目録》，知其曾藏有「日本梧南林藏本二册」，未知是此書否。今亦未知藏處。

唐詩極玄集二卷元刊本

首題「唐詩極玄集，唐諫議大夫姚合纂，宋白石先生姜夔點」，目録後有姚武功自題云：「此皆詩家射雕手也，合於衆集中，更選其極玄者，庶免後來之非。凡廿一人，共百首。夾注：今校諸本皆闕一首。」又有姜堯章云：「唐人詩措辭妥帖，用意精切，或譏其卑下，非也。當以唐人觀之。」又云：「吾所不加點者，亦非後世所能到。」再後建陽蔣易序云云。蔣易有《皇元風雅》詩選。卷内詩多用密點，與吕東萊《古文關鍵》、樓〔昉〕（鑰）《崇古文訣》體裁又不同。其以本集、《中興集》互校，與汲古閣刊本同，而字句則往往勝之。如祖詠《夕次圃田店》「中夜渡京水」，毛本作「涇水」，按圃田安得有涇水？閻百詩已議之；錢起《送彈琴李長史赴洪洲》「皆添白髮聲」，毛本作「白雪」，何義門校《中興間氣集》云「《極玄》善本作『白髮』，若作『白雪』，則與上『復』字不相應。大抵不學者因彈琴而妄改之」；《送元盛歸潛山》注云「《中興集》作『送元晟』」云云，毛本題與注並作「元晟」，謬矣。其他皆與《唐詩紀事》所引合。據毛氏跋，亦稱有武功自題，而所刻本乃删之，何耶？又稱：「向傳姜白石點本最善，竟不行於世，近刊掛空名於簡端。」是毛氏所見本只有白石名而無點；若有點，安得謂之空名？况其所點，皆矜慎不苟，絶非坊賈所能。若以爲無評品語而疑之，則淺之乎視白石矣。《愛日精廬藏書志》所載秦酉巖手鈔本，即從此出也。日本文政八年有翻刻本。

龍按：此本有影宋鈔本及明本存世，傅璇琮云「蔣易的元刊本，除何焯曾見過外，後來也就湮没無聞」（《唐人選唐詩新編·極玄集前記》），則似亦無元刊存世，《鄰蘇園藏書目録》亦載其藏有「梧南林藏本一本」，未知是此書否。今亦未知藏處。國圖藏明刊《極玄集》，原爲莫友芝藏本，一九一七年爲袁克文購得，許爲「元刊精絶之本」，至傳增湘、張元濟、高世異、周叔弢亦莫不許爲元刊，後爲周叔弢捐贈而入藏國圖。楊守敬亦曾書觀款云「壬子四月鄰蘇老人觀於滬上」，則以其爲元刊必也。故知此跋所題或亦明刊之本。

中興間氣集二卷 何義門校本

何義門校舊鈔本，不知何時流入日本，此日本人以汲古閣本過録者。所選詩凡二十六人，共一百三十二首。以毛本校之，或次第異「張南史」毛本在末，此本在「姚倫」前。或多寡異，戴叔倫二首，毛本〔六〕（八）首；章八元二首，毛本一首；朱灣八首，毛本七首。或題同而詩異，錢起《送温逸人》。或詩與題皆異，李嘉祐《送從弟録事參軍》，毛本則爲《和苗員外秋夜省〔直〕（置）》。至於字句之異，尤不勝舉。又毛本闕張衆甫、章八元、戴叔倫、孟雲卿、劉灣五人評語，此本皆在焉。唐人總集傳世本少，又爲後人所亂，今日並毛本不易得，則此本尤當急爲傳布者。十年前聞章碩卿言，義門校本近有刻者，乃至今仍未得見，因復録義門諸題識於後。

此集所録詩格卑淺，殊未厭心，殆出一時傳詠，不見全集故耳。若云全昧別裁，則如「古調獨推孟雲卿爲著」，《格律異門論》及《譜》三篇，此中亦有深工。後之憒憒者，烏足語此！

康熙戊戌十月望，以事往南海淀，借宿蔣西谷寓舍，架上有抄本唐《中興間氣集》《極玄集》一册，視其行數、字數，似從宋雕影寫。問之，乃述古堂故書也。因借歸呵凍是正，遂成善本，餘兒他日其〔愛〕（珍）惜之。或更倩善書者重録，尤不負老子一再勘〔校〕以貽爾曹之意也。焯記。

《中興間氣集》仲友長史曾云，家有元人舊刻。他時見仲友訪求精校之。丁丑皋月承匡塾中雨窗書。焯。

是册蓋義門評校秘本。壬寅夏，余弟亮直自京師歸，余得其本渡此。亡何，而先生凶問至矣。讀書種子已絶，豈不哀哉！

龍按：《中興間氣集》除明刊諸本外，尚有汲古閣影宋鈔本，今之整理本皆以此爲底本。此外，又有何焯據影宋鈔本校於汲古閣刊本之上者，此本後曾在鐵琴銅劍樓處，今藏國圖；楊氏所藏，即過録何氏校本者，今藏臺北「國圖」，其標注云：「據清康熙間何義門評校本鈔，正文以墨筆鈔，評語校文則用朱筆寫。」書中除楊守敬諸印外，又有「徐恕讀過」「森氏開萬册府之記」「香港中山圖書館藏書」「孟氏圖書館藏書」諸印，知楊氏得自森氏，《清客筆話》中留存楊氏向森立之借此書之借條，當即此本。其後此批藏書曾寄存香港中山圖書館，後歸臺北「國圖」。《留真譜二編》卷八葉九有書影。

才調集十卷 舊鈔本

首題「才調集叙，蜀監〔察〕御史韋縠集」，次目録，每人幾首，不録詩題。每卷首題「古律雜歌詩一百首」。以汲古閣刻本照之，汲古本每卷首目録有詩題，每卷首無「古律雜歌〔詩〕一百首」總題，卷中字句往往不同，而詩題尤多參差。大抵汲古閣題下注或刻作某者，即此本也。如白居易《三月三日祓禊洛濱》，汲古本序二百五十三字，注云「序與舊刻不同」，而此本則題爲《祓禊日遊於斗門亭》，夾注只二十二字。《四庫提要》著録本有劉禹錫《别蕩子詩》，今按汲古本及此本此首皆在劉長卿詩内。王之涣《惆悵詞》本王涣詩，今按汲古本作「王之涣」，此本實作「王涣」，不誤。賈島《贈劍客詩》「誰有不平事」，《提要》本作「誰爲」，今按汲古本、此本並作「誰有」，是《提要》著録非此二本。據毛氏跋稱，其刻此書有二種，《四庫》著録或其前一種與？至此本筆誤，亦時有之，其款式則視汲古爲舊矣。日本文政八年有官刊本，即從此出。

龍按：據《鄰蘇園藏書目録》知楊曾藏此書之「日本梧南林藏本，三本」，未知即此鈔本否，今不知所在。此條於楊《志》辛丑本中位卷十三葉四，然至丁酉甲種本中，被移置於卷十二《中興間氣集》與《篋中集》間，《中興間氣集》爲葉二十三、二十四，《篋中集》爲葉二十六，此當爲葉二十五，然版心刻爲「二十六」，與下葉重。而此改移使卷十三少一葉「四」，故至丁酉乙種本則又於卷十三補入，使前後重出兩見；丙、丁二本即又删卷十二之文，保留卷十三文字，與最初辛丑本同。然依例，此條仍當依甲種本，以其次《河嶽英靈集》《極玄集》《中興間氣集》及《篋中集》諸唐人選唐詩之列，正得其宜。故據甲種本移於此。

篋中集一卷　舊鈔本

是書有汲古閣刊本，多譌誤。如開篇序云「元結作《篋中集》成，或問曰」，毛本脱「或」字。《文苑英華》脱「成」字。「若令方直之士」，毛本「令」誤「今」。尤謬者，「乾元三年」，「元」作「之」。豈毛氏刻成，竟未寓目耶？至於卷中亦多不合，如沈千運「豈非林園主」，毛本作「豈知」；「前路漸欲少」，毛本「前」作「別」；「人生各有命，在余胡不淑」，毛本

「命」作「志」，「淑」作「激」；「草草門巷喧」，毛本作「草萆」；孟雲卿「心憂轉顛倒」，毛本「轉」作「夢」；元季川「丹砂發清蕖」，毛本作「渠」；「人無第舍期」，毛本「第」作「茅」：皆以此本爲勝。按：王荆公《百家詩選》六卷全收此集，以此本校之多合，知其原於北宋本也。《提要》稱沈千運《寄秘書十四兄》一首，較《河嶽英靈集》所載爲勝。按：此詩是王季友《寄韋子春》，毛本亦同。《河嶽集》題雖稱「秘書十四兄」，而亦爲王季友詩，何不細檢，乃以屬沈千運也？

龍按：此書當得之森立之，《清客筆話》中載楊氏訪森氏時云「《篋中集》二册祈再見」，後又有借書之借條。此書國内亦存有影宋鈔本及數種明刻，學界亦有整理，然以楊氏所舉異文對校，則此舊鈔本亦頗有勝處。《藏園群書題記》載「臨楊惺吾校本」，語意未明，檢《藏園校書録》云：「《篋中集》一卷：臨楊惺吾藏日本森立之校本，用藍筆。甲寅六月。」知此本曾經傅增湘細校，惜未知此本及傅校今存何處。

日本訪書志卷十三　集部·總集

文鏡秘府論六卷古鈔本〇

首題「金剛峰寺禪念沙門遍照金剛撰」。遍照金剛即空海也。空海爲日本高僧，嘗入唐求法，能書能文，著有《性靈集》。今日本所用假字即空海創造。此書蓋爲詩文聲病而作，彙集沈隱侯、劉善、劉滔、僧皎然、元兢及王氏、崔氏之説，今傳世唯皎然之書，餘皆泯滅。按《宋書》雖有「平頭」「上尾」「蜂腰」「鶴膝」諸説，近代已不得其詳。此篇中所列二十八種病，皆一一引詩，證佐分明。又論「有韻謂之文，無韻謂之筆，不可相混」，雖其中或涉膚淺，然指陳利病，不可謂非操觚之準繩。至其所引六朝詩文，如顧長康《山崩詩》，王彪之《登冶城樓詩》，謝朓《爲鄱陽王讓表》，魏定州刺史甄思伯《難沈約四聲論》，沈約《答甄公論》，常景《四聲贊》，温子昇《廣陽王碑》、魏收《赤雀頌》《文宣謚議》，邢子才《高季式碑》，劉孝綽《謝散騎表》，任孝恭《書》，何遜《傷徐主簿詩》三首，徐陵《横吹曲》《勸善表》《定襄侯表》〔，皆未見他書〕。其所引唐人詩尤多秘篇，不可勝舉。又引齊太子舍人李〔季〕節《音韻決疑》，亦《隋書·經籍志》所不載，尤考古者所樂觀也。

《文鏡秘府論》序

夫大仙利物，名教爲基；君子濟時，文章是本也。故能空中塵中，開本有之字；龜上龍上，演自然之文。至如觀時變於三曜，察化成於九州，金玉笙簧，爛其文而撫黔首；郁乎焕乎，燦其章以馭蒼生。然則一爲名始，文則教源，以名教爲宗，則文章爲紀綱之要也。世間出世誰能遺此乎？故經説阿毗跋致菩薩，必須先解文章。孔宣有言：「小子何莫學夫《詩》？《詩》可以興，可以觀，邇之事父，遠之事君。人而不爲《周南》《邵南》，其猶正墻面而立也。」是知文章之義大哉！遠哉！文以五音不奪、五彩得所立名；章因事理俱明、文義不昧樹號。因文詮名，唱名得義。名義已顯，以覺未悟。三教於是分〔鑣〕（鏕），五乘於是並轍。於焉釋經，妙而難入。李篇玄而寡和，桑〔籍〕（藉）近而争唱。游、夏得聞之日，屈、宋作賦之時。兩漢辭宗，三國文伯，體韻心傳，音〔律〕（津）口授。沈侯、劉善之後，王、皎、崔、元之前，盛談四聲，争吐病犯，黄卷溢篋，緗帙滿車。貧而樂道者望絶訪寫，童而好學者取決無由。貧道幼就表舅，頗學藻麗。長入西秦，粗聽餘論。雖然志篤禪默，不屑此事。爰有一多後生，扣閑寂於文囿，撞詞花乎詩圃。音響難默，披卷函丈。即閲諸家格式等，勘彼同異。卷軸雖多，要樞則少。名異義同，繁穢尤甚。余癖難療，即事刀筆。削其重複，存其單號。總有一十五種類，謂聲譜、調聲、八種韻、四聲論、十七勢、十四例、六義、十體、八階、六志、二十九種對、文三十種病累、十種疾、論〔文〕（大）意、論對屬等是也。配卷軸於六合，懸不朽於兩曜，名曰《文鏡秘府論》。庶緇素好事之人，山野文會之士，不尋千里，蛇珠自得；不煩旁搜，雕龍可期。

龍按：楊氏舊藏現存於臺北故宫，標爲「鎌倉鈔本」，僅二卷，知楊氏所得未全，有「棭齋」藏印，知此本原爲狩谷棭齋藏本。《留真譜初編》卷十葉五四有書影。又「皆未見他書」五字，楊氏稿本原云「皆亡佚已久，足補嚴氏《文存》、馮氏《詩紀》」，後塗改之，然刊本未刻此五字，致文義未完，故據稿本補。另，稿本中「操觚」一詞點改爲「初學」，然刊本未改。

皇朝文鑑一百五十卷 明天順刊本

《文鑑》宋刻世不可見，惟愛日精廬藏明葉文莊影鈔宋本，序、跋完好，惜未重刻。其次則明天順嚴州刊本爲佳，又其次則胡公韶補刊嚴州本。至慎獨齋、晉藩本，則訛謬不可讀矣。此爲天順八年嚴州府以宋本重刊，前有商輅序，稱「提督浙學憲副張和偶得是書以示嚴郡太守張永，欣然命工重鋟。其間題識仍舊，款目無改，則以摹本〔翻〕（書）刻，弗別繕寫，懼謬誤也」云云，據此則是以宋本上木。今按其款式、字體，精緻絶倫，的是翻刻宋本。每半葉十三行，行二十一字，首商輅序，次周必大序，次《繳進文鑑劄子》，次《謝賜銀絹除直秘閣表》，首卷題「文鑑卷第一」，上空二字，蓋原「皇朝」二字也，每卷尾亦然，次行低二字題「朝奉郎行秘省著作佐郎兼國史院編修官兼權禮部郎官臣呂祖謙奉聖旨詮次」，三行與「朝」字齊，又次「賦」總目，又次《五鳳樓賦》。卷二以下則無官銜。唯呂喬年以下諸跋此本不載，幸皆存《愛日精廬藏書志》中。余意若以此本重刻，而以張氏所載諸跋補之，亦庶幾成公之舊。

又按：據成公《繳進劄》名《聖宋文海》，至周益公奉旨作序，始稱《皇朝文鑑》，此本惟商輅序題《新刊宋文鑑》及成公《劄子》前改「皇」字爲「宋」字。其他每卷題「文鑑卷第幾」，皆上空二字，不補以「宋朝」二字。晉藩以下刻本，始直題爲《宋文鑑》。

龍按：據《故宫所藏觀海堂書目》載，楊氏曾收藏此書三種版本，一者爲「宋刊本，每半頁十三行，每行二十一字，五十二册」，即宋麻沙劉將仕宅刻本，現存北大圖書館;另一爲晉藩刊本;其三則胡韶翻刻天順本,即此跋所叙者,今存臺北故宫,書前有「出石城弘道館圖書記」「中村敬宇藏書之記」印,《留真譜初編》卷九葉二七有書影。

唐荆川批點文章正宗二十五卷 明刊本

此本不記刊行年月,望其字體,蓋即在嘉、隆間,亦無荆川序跋。每卷第二行題「荆川唐順之批點」,中縫亦題「唐荆川批點文章正宗」。目録每篇上或作「○」、或作「、」、或作直竪,或并「○」「、」無之。書中每篇題上或著一二字,如第一卷第(一)(二)篇批「轉折」二字,第二篇批一「轉」字,第三、四篇批一「直」字。欄外眉上間批數字。文中著圈點處甚少,皆批卻導窾,要言不煩。明代書估好假托名人批評以射利,閔齊(伋)(汲)所刊朱墨本大抵多僞託。此則的出荆川手筆,故閻百詩《潛邱劄記》極稱之。邇來學文者喜讀古文家緒論,紛紛刻《歸方評點史記》,獨此書流傳甚少,雖明刻,固當珍惜之矣。所圈點至二十二卷止,其二十三卷後詩歌則無一字之評,荆川本以古文名世,故只論文筆,而韻語非所長,遂不置一辭。然則視今人之强不知以爲已知者,天淵矣。

龍按：森《志》著録寶素堂藏本，此本今藏臺北故宫，末有楊氏手書題跋。

文章軌範七卷 翻元槧本

首有目録。本書首行題「疊山先生批點文章軌範卷之一」，行下陰文題「侯字集」，次行題「廣信疊山先生謝枋得君直編次」，第三行墨蓋下大書「放膽文」三字。每半葉十行，行二十二字，四周雙邊。批注字居行右，惟首篇「請自隗始」左引《史記》作雙行。目録《歸去來辭》後云：「〔右〕（古）此集惟《送孟東野序》《前赤壁賦》係先生親筆批點，其他篇僅有圈點，而無批注。若夫《歸去來辭》，則與『種字集』《出師表》一同，并圈〔點〕亦無之，蓋漢丞相、晉處士之大義清節，乃先生之所深致意者也。今不敢妄自增益，姑闕之以俟來者。門人王淵濟謹識。」又柳子厚《箕子廟碑陰》首俱記云：「此篇係節文，今〔一〕依元本刊行如左。」然則此本爲疊山門人王淵濟據謝氏手定之本入木，當爲最初刻本。《四庫提要》所載，亦略與此同。唯彼前有王守仁序，蓋已爲明代重刻之本矣。但此書雕鏤雖精，脱謬頗多，日本嘉永壬子松崎純儉以此本重刊，據朝鮮本及戴本多所訂正，庶幾善本云。

龍按：森《志》著録昌平學藏元刊本，此書楊氏注「翻元槧本」，未知其所指爲何。若云即元刊，何以增「翻」字；若云指日本嘉永翻刻元本，則此條之末又另舉嘉永本。即楊氏諸書目言，全無其藏元刊之蹤跡，國圖、故宫博物院、上海博物館、南京圖書館各藏一此書元刻，然國圖所藏有錢謙益朱筆評點，故博藏本爲徐乃昌積學齋物，上博藏本不全，南京圖書館藏本有丁丙跋，均非楊氏舊藏。故頗疑此處所叙即日本嘉永本，臺北故宫有楊氏舊藏嘉永本，或即此也，《留真譜初編》卷九葉三五、三六有書影。文中所言戴本指康熙三十三年戴許光刻本。

文章軌範七卷 朝鮮國刊本

首無目録。本書款式略同前本，圈抹處亦悉合，唯篇幅較大。每半葉九行，行二十三字，批注皆雙行。其書校讎精審，相傳爲疊山原本。按此書每卷既無子目，則應有總目。若以爲原於王淵濟本，則不應删其總目。且其中勝於王者，不可勝數，諒非坊賈所能爲。豈此本原有目録，歷久而脱之與？日本文政元年其國學嘗據此本重刊，板毁於火，故傳本亦漸希云。

按：日本甚重此書，坊間翻刻，或意改，或重加批評，不可勝數。唯此二本，猶存舊式，而購求之者頗少。原謝氏本爲初學而作，已覺多費言詮，今又從而增益之，論説愈多，而學文之根底愈淺。中外皆然，可勝浩歎！

龍按：此本森《志》亦曾提及，然今極珍稀，亦未知楊氏舊藏何在。《留真譜初編》卷九葉三三、三四有書影。

又，此條原在上條之前，然本條云「本書款式略同前本，圈抹處亦悉合，唯篇幅較大」，則與其前之《文章正宗》全然不合，且楊《志》開篇多録其書款式，此條未録，亦不合慣例。然其後所録「翻元槧本」則既「圈抹處亦悉合」，又爲中型本，較此朝鮮本爲小，尤要者開篇録云「本書首行題『疊山先生批點文章軌範卷之一』，行下陰文題『侯字集』，次行題『廣信疊山先生謝枋得君直編次』，第三行墨蓋下大書『放膽文』三字」，即本條所謂「款式」，二者實同，前書已録，本條即不贅列。再如此云「若以爲原於王淵濟本」亦頗突兀，實亦以翻元刊本所云「然則此本爲疊山門人王淵濟據謝氏手定之本入木，當爲最初刻本」爲潛臺詞。故據之互乙。

瀛奎律髓四十九卷（朝鮮重刊明成化本）

朝鮮重刊明成化本。首方回自序，序後有「成化三年仲春吉日紫陽書院刊行」木記。有圓點，注文雙行，末有皆（春）居士跋。據其印章，知爲龍遵叙。末又有成化十一年朝鮮府尹尹孝孫跋，蓋即據成化本翻雕者也。據龍叙，知虛谷此書以前未有刊本。此雖非成化三年原本，而款式毫無改換，較吴之振本之移龍叙於卷首者，亦有間焉。

龍按：楊氏舊藏今存臺北故宫。

皇元朝野詩集前集五卷後集五卷元刊本

傅習采集，孫存吾編類，虞集校選。有虞集、謝升孫二序，與《皇元風雅》同。顧彼前、後集並六卷，此並五卷，而標題則或爲《皇元詩集》，或爲《皇元治音朝野詩集》，當是書坊展轉翻刻，故有斯違異也。

龍按：楊批森《志》云「有元刊本，今藏飛青閣」，即此。北京大學圖書館今藏此書元刊本，以其爲孤本，且亦前後集各存五卷，或即楊氏舊藏。《留真譜二編》卷八葉十B面、十一有書影。《鄰蘇園藏書目録》載「元槧《皇元朝野詩前後集》四册」，下標「宣統二年賣於張潤芝」。

古樂府十卷 明嘉靖刊本

元左克明編。《四庫提要》載此書，稱郭茂倩《樂府》刊板時，僅在克明成書前六年，克明未必見郭書；而其題下夾注多摭《樂府詩集》之文，《紫玉歌》條下，並明標「樂府詩集」字，又「《臨高臺》條下，引劉履《風雅翼》之説，尚與克明相去不遠。至《紫騮馬》條下，引馮惟訥《詩〔紀〕（記）》之説，則嘉靖中書，元人何自〔見〕（視）之？其由明人重刻，臆爲竄入明矣。又馮舒校《玉臺新詠》，於《焦仲卿妻詩》『守節情不移』句下注曰：『案：活本、楊本此句下有「賤妾留空房，相見常日稀」二句，檢郭、左二《樂府》並無之。』今考此本，乃已有此二句，知正文亦爲重刻所改，不止私增其解題矣。」據《提要》所見本，必萬曆以後之本。此本爲明嘉靖時所刊，萬曆己卯徐中庵屬田藝〔蘅〕（衡）重修板者也。卷首題「古樂府卷之一」，次行題「元豫章左克明編次」，三行題「大明新安王文元校刊」。今按：書中《紫玉歌》亦引《樂府詩集》，而《臨高臺》下不引《風雅翼》，《紫騮馬》下無馮惟訥之説，

《焦仲卿〔妻〕詩》亦無「賤妾留空房」一句，則知《提要》所見非此本也。至《樂府詩集》刊本在克明成書之前，固未可以江西、濟南相距頗遠，遂謂克明不見郭書，且田藝〔蘅〕（衡）序中雖有「以郭茂倩所集，綸同繹異」之語，然板爲王氏舊刻，田氏不過修板校刊字句而已，其不能增竄解題於各條明矣。至若王氏武人，刊校此書更未必有所增益。況嘉靖以前，竄亂古書籍之風尚未甚熾，則以此本當克明原書可矣。

自序與《提要》合，不録。

重刻《古樂府》叙　　錢塘田藝蘅此在第二行

《詩》三百，聖人之經也，如機縷之有縱也。王綱紊紐，聲律紇亡，而漢制氏猶傳其緒響，孝武乃立樂府之官以統之。自廷雅廟頌，以及巷詠涂謡，爲制不同，如今之所纂，其名亦「三百」焉。蓋商、周而下，此其紹之矣。遠振餘音，上追絶調，庶幾其緯乎？在昔左氏，肇采勳華，結於陳、隋，名之曰「古樂府」。管弦間作，淫哇未肴。組織粲然，自成杼柚。其見卓爾矣。太府中庵徐公好雅復古，欲章風教於四方，爰訪善本，屬蘅合郭茂倩舊所集，綸同繹異，而緝正之。於是傳得王將軍武庫舊鈑，殘闕者補，訛亂者刊，遂完藻璧。文事武備，貞伯故兼長也。它日鼓吹凱歌，干舞奏績，王將軍以之；若夫明良賡歌，太常錫樂，不佞又將於我徐公而考其成矣。渢渢乎豈不大明之音也哉！大明萬曆己卯立秋日。

龍按：此本今存臺北故宫。楊氏標云「嘉靖刊本」，或以其爲王文元嘉靖時刊，而田藝蘅萬曆補版者，實當誤，應標「萬曆刊本」。《留真譜二編》卷八葉六有書影。

古樂苑五十二卷〔衍録四卷〕鈔本（《衍録》四卷）〇

明梅鼎祚撰。首有新都汪道昆序。凡例稱：「〔本〕據郭茂倩《樂府詩集》補其闕佚，正其〔譌〕（僞）舛。始自黄虞，訖於隋代，則仿左氏克明。」其《衍録》四卷則諸家評論及作者姓氏附焉。按其所收，倍於郭氏，十倍於左氏，凡僞託之書，一例收入，未免失之雜。然六代以前歌什，此爲淵海；且編纂有法，其訂正郭氏書者，亦復不少，固應著録之篇也。豈本未入刻，僅有傳鈔本，故收藏家不及之與？

龍按：此書有萬曆十九年吕胤昌刻本，今存甚多，楊氏未及見。楊藏鈔本今存臺北故宫。題注據目録改。另據楊氏稿本補一字。

中州集（日本五山版本）

日本五山板，永正年間刊。首元好問自序，次張德輝序。目録題「乙卯新刊中州集總目」，卷首題「中州甲集第一」。每卷有總目，總目後低二字分目，有黑蓋子。每半葉十五行，行二十八字。據張德輝序，此爲《中州集》之初刊本。小字密行，字體有北宋遺意。汲古刊本雖佳，然非其原式也。且脱張德輝序，今補録於左。

百年以來，詩集行於世者且百家，焚蕩之餘，其所存蓋無幾矣。至一聯一詠雖嘗膾炙人口，既無好事者記録之，故亦隨世磨滅。元遺山北渡後，網羅遺逸，首以纂集爲事，歷二十寒暑，僅成卷帙；思欲廣爲流布，而力有所不足，第束置高閣而已。己酉秋，得真定提學龍山趙〔侯〕（候）國寶資藉之，始鋟木以傳。予謂非裕之搜訪百至，則無以起辭人將墜之業；非趙〔侯〕（候）好古博雅，則無以慰士子願見之心。因贅數語其後云。作詩爲難，知詩爲尤難。唐僧皎然謂鍾嶸非詩家流，不應爲詩作評，其尤難可知已。半山老人作《唐百家詩選》，迄今家置一本；曾端伯選宋詩不可謂無功，而學者遂有二、三之論。予謂裕之此集，今四出矣，評者將附之半山乎？曾端伯乎？

季、孟之間乎？東坡有言「我雖不解書，曉書莫如我」，是則又不知皎然師果爲真識否也。明年四月望日頤齋張德輝書。

又按：莫子偲《宋元書目》載有此書元刊本，亦十五行，當即此本。

龍按：據《鄰蘇園藏書目録》録「《中州集》六本」，下注云「癸丑臘月賣于傅沅叔八十元」，檢傅氏《藏園群書經眼録》，録元至大三年曹氏進德齋遞修本時云「余别藏日本五山翻刊本」，後又單獨著録《乙卯新刊中州集》，並注「余藏」，知即楊氏所出之本。然此本今未知所在。《留真譜初編》卷九葉三十有書影。

唐詩鼓吹十卷　朝鮮活字本

不記刊行年月，前有「養安院」圖記，蓋亦明時所印行也。按通行本有趙孟頫序，此本佚之；而此本有姚燧一序，則又通行本之所無。據都〔卬〕（印）《三餘贅筆》，此書至大戊申江浙儒司刊本，舊有姚燧、武〔乙〕（一）昌二序，此本亦無武〔乙〕（一）昌序，想重印時删之。然其原於至大本固無疑也。每半葉九行，行十七字，注雙行，載於每句之下。卷首題「唐詩鼓吹卷第一」，次行題「資善大夫中書左丞郝天挺注」。

《注唐詩鼓吹》序

鼓吹，軍樂也。大駕前後設之，〔役〕數百人，其器惟鉦、鼓、長鳴、中鳴、觱栗，皆金、革、竹，無絲，惟取便於騎。作大朝會，則置案於宫懸間，雜而奏之，最聲之宏壯而震厲者也。或以旌武功而殺其數。取以名書，則由高宗退居德壽，嘗纂唐〔宋〕（宗）遺事爲《幽閒鼓吹》，故遺山本之。選唐近體六百餘篇，亦以是名，豈永歌之，其聲亦可匹是宏壯震厲者乎？嘗從遺山論詩，於西昆有「無人作鄭箋」之恨，漫不知何説，心〔竊〕（切）〔異〕（易）之。後聞高吏部談遺山誦義山《錦瑟》中四偶句，以爲寓意於「適、怨、清、和」，始知謂「鄭箋」〔者〕（志），殆是事也。遺山代人，參政郝公新齋視爲鄉先生，自童子時嘗親几杖，得其去取之指歸，恐其遺忘，以易數寒〔暑〕之勤，既輯所聞，與奇文隱事之雜見它書者，悉附章下。則公可當元門忠臣，其又鄭箋之孔疏與？公，將種也，父兄再世〔數人〕（人數）皆長萬夫，於鼓吹之陪轢稍〔而〕（之）導繡幰者，似已飫聞。晚乃同文人詞士以是選爲後部，寂寂而自隨，無已大希聲乎？其亦宏壯而震厲者，有時乎爲用也。《兵志》有之，「不恃敵之不我攻」，走聞江南詩學，壘有元戎，壇有精騎，假有詩敵挑戰而前，公以元戎握機於中，無有精騎，孰與出禦？走頗知詩，或少數年，使得備精騎之一曲，横槊於筆陣間，必能劘壘，得〔雋〕（焦）而還。惜今白首，不得從公一振凱也。公由陝西憲長以宣撫奉使河淮之南，欲序，故燧書此。

按：序稱以「鼓吹」命名，本於宋高宗之「幽閒鼓吹」，《提要》駁之，謂本於《世説》「《三都》、《二京》，五經鼓吹」之語，其説良是。獨怪姚氏既嘗與遺山論詩，何以有此附會語？至郝天挺之爲遺山門人，以材武世家，由陝西憲長宣撫河南，則燧序中明明言之。而陸敕先補注此書，乃以爲遺山師之郝天挺當之，反嗤趙松雪之誤，可謂疏矣。又未詳考《元史》，且元有兩「郝天挺」，明陳霆《兩山墨談》已辨之，敕先以藏書名一時，而補注此書曾未見姚氏此序，宜其所補注無足取也。

龍按：據《故宫所藏觀海堂書目》載，楊藏之書「有『養安院藏書』『森氏開萬册府之記』朱印」，此本今存臺北故宫，《留真譜初編》卷九葉三八有書影。

精選唐宋千家聯珠詩格二十卷 朝鮮刻本

元于濟、蔡正孫同〔編〕（篇）。濟與正孫事跡無所考見，顧嗣立《元詩選》亦無其人。王淵濟爲謝疊山門人，曾刻《文章軌範》。據序，于濟初編僅三卷，正孫乃增爲二十卷，凡三百類，千有餘篇，附以評釋。按：其書皆選七言絶句，唯前三卷爲絶句要格，以下皆拈詩中一二虚字以相比校，頗嫌繁碎，稍遠大雅。然其中逸篇秘句，爲諸家全集及選本之所不見者，往往而在。是固當與《瀛奎律髓》共珍也。其注，據後序，爲明成化間朝鮮達城徐居正所撰。後朝鮮國王又命其臣安琛及成俔、蔡壽、權健、申從濩就徐注重加補削，亦頗詳贍。於宋詩則多載逸聞逸事，尤有資於考證。而日本之重刻是書者，皆失載後跋，遂不知增注爲何人。此本爲弘治壬戌朝鮮刊本，前有「弘前醫官澁江氏藏書〔記〕」印，又有「森氏開萬册府之〔記〕」印。按：澁江氏、森氏《經籍訪古志》不載此書，當以得此在成書之後也。

龍按：此本今存臺北故宫，書前有「弘前醫官澁江氏藏書記」「森氏開萬册府之記」「遵義黎庶昌之印」。《留真譜初編》卷九葉三一有書影。

萬首絶句刊定四十卷 明萬曆刊本

洪容齋《〔萬首唐人〕〔唐人萬首〕絶句》，前人議其多謬誤，此本爲明趙宧光與黄習遠重訂，凡去其謬且複者二百十九首，補入六百五十九首，總得一萬四百七十七首。詩以人彙，人以代次，較原書實爲精整。蓋凡夫富藏古籍，見聞廣博，與他人竄亂古書掩爲己有者有間。書刻於萬曆丙午、丁未間，而《四庫》不著録，《存目》亦無之，想當時未見其本也。

龍按：此書版心作「萬首絶句」，卷端則署「宋洪魏公進萬首唐人絶句」，故此條標目不改，正文首句書名稍加改移。

增注唐賢絶句三體詩法三卷（元刊本）

元刊本。首裴庾序，次方回序，次綱目，次《唐十道圖》，次凡例，次諸家世系紀年。首題「增注唐賢絶句三體詩法卷之一」，次行題「汶陽周弼伯弜選」，三行題「高安釋圓至天隱注」，四行題「東嘉裴庾季昌增注」。

龍按：《故宫所藏觀海堂書目》載《唐三體詩注》三卷，標云「宋周弼編，元釋圓至注，裴庾增注，日本翻元大德本，三册」，則此所謂「元刊本」或即此「日本翻元大德本」，因據學界研究，將圓至注及裴庾注合併之元刊本皆失傳，賴和刻本方知其原貌（參陳斐《〈三體唐詩〉版本考》，《齊魯學刊》二〇一〇年第二期）。《留真譜初編》卷九葉三二有書影。

唐詩始音一卷正音六卷遺響七卷 明初刊本

首虞集序，楊氏自序，題「唐詩始音卷之一」，次行題「襄城楊士弘伯謙編次」，三行題「新〔淦〕（塗）張〔震〕（虞）文亮輯注」。注文弇陋，《提要》疑爲明人，今觀其注中有「河南布政司」語，則爲明人無疑。顧其所據之本，當是楊氏原書。後來嘉靖間顧璘刻本，則《始音》一卷、《正音》十三卷、《遺響》一卷，通爲十五卷，多有删除。《遺響》中並削長孫〔佐〕（佑）輔、令狐楚、元微之三人之詩，與首所録姓氏不相應，則此本猶可貴也。

龍按：此本今存臺北故宫。《留真譜初編》卷九葉三九有書影，楊批云「有殘缺，今存飛青閣」。

明詩選十三卷 明崇禎刊本

明陳子龍、李雯、宋徵輿同輯。前有三人自序各一首。自明初迄萬曆、天啓，分體彙選，各以時代相次。書成於崇禎癸未，去明社之亡只一年矣。每人各有小傳，各有總評，其出於子龍者，稱「卧子曰」；出於雯者，稱「舒章曰」；出於徵輿者，稱「轅文曰」。然則三人雖合選，其所見尚不相亂。明啓、禎間，公安、竟陵之焰甚熾，卧子出，始極力闢之，而風氣又一變，宗旨具於此選中。大抵演太倉、歷下之説，於前後七〔子〕（字）所録爲多。然卧子本自工詩，亦具有别裁，其《凡例》稱閲文集四百一十六部，名家詩選三十七部，而所録僅十三卷，雖未必一一皆精，然蕪穢者少矣。此書入國朝甚有名，而《四庫》不存其目，不應其時亡佚，想偶失之耳。

龍按：此本今存國圖，前有「飛青閣藏書印」，又有「松坡圖書館藏」印。另，楊氏云《四庫》不存其目「想偶失之耳」，實非，陳氏以抗清而殉身，有清一代，多將其著述禁毁，故不録（今人將其收入《四庫禁燬書叢刊補編》中，良有以也）。

書目題跋叢書

日本訪書志校證

下册

〔清〕楊守敬 著
李小龍 校證

中華書局

日本訪書志卷十四　集部·別集

陳思王集四卷明刊本

僅存賦及詩四卷，雜文以下無之，無目録、後跋，與《江文通集》合爲一函，賦四十一篇，詩六十三篇。按《思王集》原書三十卷，久佚，後人從類書、選本中鈔出爲此集。《提要》所稱嘉定癸酉宋刊本，賦四十四篇，詩七十四篇。自張燮、汪士賢以下漸有增入，無復減少者。此本賦四十一篇，所原似更在嘉定本之前，故所載反略。其中往往有缺字，又如《矯志》詩題下注：「『作孚』之下脱二句。」《三家集》則僅於字下注二「闕」字，陳朝輔本則並不注闕脱。其餘異同，更難悉數，大抵皆出後來臆改，則此本可貴也。每半頁十行，行十八字，左右雙邊，中縫在横綫下題「陳集」，其刊當在嘉靖間，其款式實源宋本。按明朱之蕃有《唐百家集》，其版式字體略與此同，而所載唐人集亦唯存詩、賦，此本或亦朱氏所刊與？

龍按：此本今存臺北故宫，標注爲「嘉靖間刊《六朝詩集》本」，有「寺田盛業」「字士弘號望南」「讀杜草堂」等印。

蔡中郎集十卷 明刊本

明萬曆元年東陽王乾章刊本，凡十卷。首《故太尉喬公碑》，與别本異。元和顧澗薲以黄筆校蘭雪堂活字本，以硃筆校舊鈔本，以墨筆校《後漢書》《文選》及各本，精審之至，聊城楊氏重刻《蔡集》，即此本也。

此本原初陳仲魚徵君舊藏，目録前有〔仲〕魚圖像印，又有「得此書，費辛苦，後之人，其監我」方印。後爲唐端甫仁壽所得，有「唐仁壽讀記」印。端甫多藏古本，余得其手校《晉書》，其宋板《晉書》爲李木齋所得，並附記之。

龍按：此書現藏北京大學圖書館，即李盛鐸舊藏，則楊氏此書與其所云《晉書》同，亦爲木齋所得。底本此條前爲葉一，後爲葉二，此條則標「又一」，知爲移置者。楊《志》丁酉甲、乙二種本此條均位於卷十六之首，版心標爲「一」，然此後之《續高僧傳》版心亦爲「一」，知或臨時置此，且部類亦不吻合，至丙、丁二種本，則移置於此，然不欲盡更此後葉碼，故以「又一」示之。所録陳鱣藏書印爲名印，文獻多録爲「其鑒我」，楊氏録爲「監」，似有誤，實細審原印，即用「監」字無疑，「鑒」之本字即「監」，意義正同，即不校改。《鄰蘇園藏書目録》「字」字號載「喬刻《蔡中郎集》四本」「庚戌五月賣於北京張潤之」。《留真譜初編》卷十葉一、《留真譜二編》卷八葉十四有書影。

孟浩然詩集三卷 元禄庚午刻本

前有元禄庚午可昌序稱：「得《襄陽集》三集，不問字畫善否，篇什多寡，遽命剞劂氏以刻諸板，其所訛缺，姑仍舊本，以俟智者校焉。」書分上、中、下三卷，凡《遊覽》五十七首，《贈答》三十一首，《旅行》三十首，《送别》四十首，《宴樂》十七首，《懷思》十五首，《田園》十九首，其二百九首。首題「孟浩然詩集卷上」，次行題「須谿先生批閲」，三行題「吉安元鼎校正」當是日本人，中縫題「襄陽集」。按《四庫》著録爲明人刊本，有王(士)(大)源、韋滔二序，此本皆脱。余所見須谿批點名家詩集多不載舊序，是其陋也。或坊賈删之。又士源序稱，集其詩二百一十七首，分爲四卷。此本卷、數皆不合，知非唐人綴輯之舊。須谿評語類傷佻儇，亦無所發明。唯據《衆妙集》云「《除夜有懷》一首爲崔塗詩」，頗見考證。

校之明本分體編詩，以近體爲古詩，又竄入他人之詩者，相去天淵矣。

案明閔齊伋及汲古閣刊本作三卷，行篋無此二書，未識與此本異同若何。惟有明朱〔警〕（謦）所刊《唐百家詩》本亦作三卷，亦分類編詩，而《贈答》類《宿廬江寄廣陵舊遊》之下，《荆門上張丞相》之上，多出詩十二首。又下卷《田園》類之後有《美人》類七首，《時節》類三首，《拾遺》三首，此本亦無之。然《遊覽》類既有《春晚詩》，不應《初秋九日》等詩又别出《時節》一類。《美人》類之詩亦大半可入《懷思》類中。余疑朱本爲後人綴拾浩然佚詩，而妄立名目以附於後，至《清鏡歎》《涼州詞》《庭橘》三首，又分三類，故題爲《補遺》。其實〔朱〕（宋）本至《田園》類而止，别無《美人》《時序》二類，爲此本所佚也。《提要》又引《容齋隨筆》疑其《示孟郊詩》時代不能相及，此本及朱本皆有之。又謂《長安早春》一首《文苑英華》作張子蓉，而《同張將軍薊門看燈》一首亦非浩然遊跡之所。唯朱本有《長安早春》一首在《時節》類，此本則二首皆無之。然則此本於孟詩雖有所佚，尚無宋以後人竄入之弊，固校孟詩者之標準也。至朱本與此本字句異同互有長短，則當參校而得之。

余歸後，聞黄蕘圃所藏宋本尚存吴中，則此本未足奇也。

龍按：楊氏諸書目中無此書，亦未知其藏處。《留真譜二編》卷八葉十八有書影。楊文云吉安元鼎「當是日本人」，誤，其爲朝鮮人，此和本亦據朝鮮本翻刻。

須溪先生校本韋蘇州集十卷 元刊本

首有王欽〔臣〕序，次目録。首行題「須溪先生韋蘇州集卷第一」，次行題「蘇州刺史韋應物」。每半葉九行，行十七字。卷中多校録異同之字，間有評語。末有何〔湛〕（堪）之兩跋，須溪此本多據何本補入者。其第二卷《呈崔郎中》之上補入三〔篇〕（編），《雪夜下朝》之下補入四〔篇〕（編），第五《答〔裴〕（棐）處士》下補入十八首，第七《秋景〔詣〕（指）瑯琊精舍》之下補入三首，第八末補入一首。共補入二十九首，皆低一格。《拾遺》八首，則云：「熙寧丙辰校本添四首，紹興壬子校本添三首，乾道辛卯校本添一首。」則是《韋集》自嘉祐本以至何湛之本凡六本矣。原序五百七十一首，按目録除補遺外，只五百五十五首；以何本補入二十九首，則當爲五百八十四首，其數皆不相應，未知其故。昔人云「獨憐幽草澗邊生」，宋板作「澗邊行」，以「生」爲誤。此詩在第八卷，「幽」下注云「一作『芳』」，「生」下注云「一作『行』」，則知作「生」、作「行」皆宋板所有矣。今世行者，康熙中〔項〕（頊）絪以北宋本翻雕，稱即王欽臣本。又毛晉所刻王、孟、韋、柳四家本，行篋中無此二書，未知何如。然須溪據六本以校定此本，則所得多矣。

後序

韋應物居官自愧，閔閔有恤人之心。其詩如深山採藥，飲泉坐石，日晏忘歸。孟浩然如訪梅〔問〕（間）柳，偏入幽寺。二人趣意相似，然入處不同。韋詩潤者如石，孟詩如雪，雖淡無采色，不有輕盈之意。德祐初〔初〕秋看二集並記。此不著人名，當即須溪總評也。

又按：《提要》云：「項本分十四類，原篇云『分類十五』，殊不可解。」此本亦十四類，而序亦作「十五」，則非誤也。然則此與項本分類皆非欽臣之舊。

《陶韋合刻》跋按此則何湛之並有《陶集》刻本，此在須溪跋後。

《詩》三百十一篇，所爲美刺，要皆抒於性情，止於理義，無所爲而爲，不求工而工也。後之爲詩者，以爲一藝而競趨之。至於唐，且以爲制科之羔雁已。嗟乎！以詩而博名，高取世資，必且爲快目豔心之語，驚魂動魄之談，適人之適而非自適，其適安在？其抒性情而止理義，説者謂詩盛於唐，予謂至唐而漓也。晉處士植節於板蕩之秋，游心於名利之外，其詩沖夷清曠，不染塵俗，無爲而爲，故語皆實際，信《三百篇》之後一人也。唐刺史作，不虧情理，少涉濃郁，未必與處士雁行。乃效陶潛諸作，可稱〔速〕（逼）肖，蓋似者，其模仿之工；不盡似者，則時尚所移也。雖然，曠代希聲，寥寥寡和，若刺史者，亦處士之後一人也。倘禘尼〔丘〕（立）而並〔祫〕（祫）二祖，則陶幾入室，韋漸升堂，意味風流，千秋並〔嘗〕（賞）。予因合刻之，聊以存古人三百十一篇之遺意云。疎園居士何湛之書。按此序不著年月，當再考。

龍按：此所謂元刊本者當誤：何湛之乃明人，其刊陶韋合集在萬曆中，則此爲明本無疑；現存元刊之本於「德祐初初秋看二集並記」末有「須溪」二字（《中華再造善本》已影印），此無，實爲何湛之删去者，楊氏將前跋之「德祐」與後跋之何湛之合觀，即以其爲宋人。然楊氏所叙此書或亦非何氏原本，而爲日本翻刻之本，《故宫所藏觀海堂書目》録「日本寶永三年刊本，楊氏手校」，此本今藏臺北故宫。

分類補注李太白詩集三十卷 明郭雲鵬本

此本《詩集》首先標楊齊賢、蕭士贇名，次標「吴會郭雲鵬校刻」；《文集》首卷則標「郭〔雲〕鵬編次」，不列齊賢、士贇名，蓋以《文集》無兩家注故也。其目録後有「嘉靖癸卯春元日寶善堂梓行」篆書木記。

《天禄琳琅》亦載此本，以郭氏不自爲序跋，疑雲鵬爲書估。今按：此本於楊、蕭二注删削過半，又增以徐禎卿之説，當非書估所能爲。然楊、齊二注正以詳贍爲貴，雲鵬意取簡約，而學識不足以定去取，適形其陋。特以槧刻差精，爲《天禄》所收耳。

龍按：《故宫所藏觀海堂書目》著録楊藏李白集多部，均有楊氏題跋，此其一（餘參王《補》），今藏臺北故宫。又，此條丁酉甲、乙、丙三本均無，丁種本插入，故版心葉碼爲「又七」。

集千家注杜詩二十卷文集二卷 元槧元印本

首有元大德癸卯劉將孫序，次目録，前題「須溪先生劉會孟評點」，次附録各家序跋及須溪《總論》，次年譜。以下唯卷一題「會孟評點」《文集》卷一亦有此題，餘卷並無之。據將孫序將孫係會孟之子，知此本爲高楚芳所編，蓋楚芳删次各家之注，而附以會孟評點也。其詩亦分〔年〕（類）編次，而與魯訔、黄鶴本皆不甚合。明代〔明易〕（白陽）山人、金鑾、許自昌等所刻，皆從之出；而並遺劉將孫序，遂不知編此本者爲何人。朱竹垞竟謂出之蔡夢弼，尤失考矣。《四庫》著録本但稱前載王洙、王安石、胡宗愈、蔡夢弼四序，知其所見亦明刊本。

蓋此四序原在《附録》中，明刊本删存此四序，並劉會孟《總評》十一則盡删之，篇中評語竟不題「會孟」名，其爲庸妄何可勝言！《提要》引宋犖謂：「杜詩評點自劉辰翁始，劉本無注。元大德間有高楚芳者，删存諸注，〔以〕（及）劉評附之，此本疑楚芳所編也。」是則國朝唯宋牧仲得見此本《天禄琳琅》所收亦〔明易〕（白陽）山人本。今又二百餘年，余始從日本得之，以印證牧仲之説，亦一快也。

《提要》稱篇中所集諸家之注，真贋錯雜，蓋指僞東坡注而言；不知此編絶不載東坡注，劉將孫□已明言之。《提要》未見劉序，又未暇細核全書，故意此千家注中必有東坡注，遂漫爲此説也。

余又藏一本，每半葉十二行，行亦二十三字。序文每行減一字，版幅亦略縮小，亦爲元刊，而摹印在後，且塗抹滿紙，遠遜是本。附記於此。

龍按：此書森《志》著録求古樓舊藏本，《留真譜初編》卷十葉九、十有書影，今存臺北故宫，其前有「讀杜草堂」「天下無雙」印，知原爲寺田望南舊藏，後入狩谷氏求古樓，終歸於楊。據其書楊氏手跡，僅止「亦一快也」，末署「光緒癸未秋七月宜都楊守敬記於東京使館」。另，跋文中云「其詩亦分類編次，而與魯訔、黄鶴本皆不甚合」，當爲手民之誤植，因據楊氏手跡，實用「年」字（《鄰蘇觀海：院藏楊守敬圖書特展》），且此本確爲以年編排者。周采泉《杜集書録》謂楊氏此跋「多承襲楊紹和説」，實二者相似處在對原書之描述，不可謂承襲；又其云楊氏「跋中誤白昜爲白明，白昜山人即金鑾，楊氏誤兩人，此亦其疏略處」，實周氏亦誤，一者楊跋確誤，然誤爲「白陽」而非「白明」（此或楊氏之誤記，其手跡即如此，《鄰蘇園藏書目録》書籍部五「别字號」載《千家注杜詩》下即標「白昜山人刊本」字樣；然據劉氏《續補》録其另跋，則又作「明昜」不誤）；二者此人當作「明昜」而非「白昜」；且明昜山人是否即金鑾，學界實未有共識。

增廣注釋音辯唐柳先生集二十卷附别集外集附録 南宋刊本

每半葉十三行，行二十六字。首乾道三年陸之淵序，次劉禹錫《柳先生文集序》，又次諸賢姓氏，曰：「中山劉禹錫編，河南穆修叙，眉山蘇軾評論，胥山沈晦辯，南城童宗説音注，新安張敦頤音辯，新安汪藻記，張唐英論，雲間潘緯音義。」其書分類編次與穆修本合，惟彼以《非國語》爲四十四、四十五兩卷，此則合併詩文爲二十卷，而以《非國語》爲《别集》。其《外集》則採自沈晦本，《附録》下逮紹興，當爲潘緯所定。考《柳集》有四十五卷者，爲劉禹錫所編，禹錫本附《墓志》《祭文》於第一卷，穆修本則不附之，卷數與禹錫本同；有三十三卷者，爲元符間京師開行；又有曾丞相、晏元獻二本，而無二十卷之本。據陸之淵序，似潘緯所據本亦三十二通，則此二十卷爲坊賈所合無疑。《四庫》著録麻沙本，係四十三卷，是又據穆修本分之。余亦藏有此本，每半葉亦十三行，行二十三字，然分合雖殊，實無盈缺，唯其卷一下題「南城先生童宗説注釋，新安先生張敦頤音辯，雲間先生潘緯音義」，故《提要》據以爲説，其實此宋本無此題也。《提要》稱書中所注，各以「童云」「張云」「潘云」别之，不似潘緯自撰之體例，疑本各自爲書，而書賈合之，其説誠是。蓋五百家注本有張敦頤《柳先生歷官記》，此本無之，則知其於張説有删削矣。又此本注中多詳音訓，而略於事實，唯童宗説頗徵史傳，而與韓氏詁訓本多同。其不著姓名之注，則又與五百家注相出入，疑其互有攘取也。編中所載「一本」與五百家悉合，疑魏仲舉即以此爲藍本也。今穆修四十五卷之原刊既不傳，麻沙四十三本亦爲難覯，明代翻刻，訛謬宏多，然則以此當《柳集》之祖本可矣。

或疑此本不缺宋諱，又四周雙邊而黑口，當是元以下本，未必爲宋刻。余謂不然，余所見麻沙宋本不避宋諱者甚多小字《唐文粹》其一也。四周雙邊及黑口亦起於南宋，而元人承之，詳見余《古刻源流考》及《留真譜》中。且元人刻書，字體皆趨圓潤，即如《千家注杜詩》是也。此刻字體則純是南宋格。余仁仲《穀梁傳》是其證。又紙質堅而薄，是宋閩地所産，元、明人無之。況此書元麻沙本已改其款式，《提要》所據本是也。

龍按：森《志》著録多種版本，然均爲四十三卷本，然此條所叙爲二十卷本，且每行二十六字，目前僅知有明刊本同此，或此實明刊之本，《留真譜二編》卷八葉二一有書影。

孫可之集十卷 明刊本

明崇禎中，閩中黄燁然、黄也剛與《劉蜕集》合刊本。有「小野節」「小島學古」印記。首載正德丁丑王鏊序，知其從王本傳刻者。王刻世尚有之，又有宋本，舊在顧之逵家，顧澗薲曾爲校訂云《龍多山録》「樵起辛而遊，〔洎〕（泊）甲而休」，《刻武侯碑陰》「獨〔謂〕武侯治於燕薁」，「見宋刻而〔後〕知正德本之謬」，今此本亦沿其誤，似未足珍。然樵自序前不標「孫可之文集序」六字，樵自題銜在序後，猶是古式，勝於汲古本遠矣。近日南海馮氏重刊《可之集》，自言得見澗薲兩校本，又見黄蕘圃校本。顧氏且云「有《唐文粹辨證》之役，遍搜唐集勘正」，知必於《文粹》所載可之文，一一校録。馮氏參校重刊，宜乎折衷一是。今以馮氏本對勘，不唯《文粹》佳處不能從，《〔讀〕開元雜報》《文粹》作「帛其縵，志其末」，謂以帛覆藏之也。《廣雅》「幔，覆也」，《説文》無「幔」字，蓋「縵」與「幔」通，今本作「帛，而漫志其末」，「帛」字遂無著。即此本是處，亦多改刊，如《書何易于》「城嘉陵江南」，蓋謂益昌縣城在嘉陵江南耳。按：唐益昌縣，今四川保寧府昭化縣。縣城適在嘉陵江南，唐屬利州刺史。利州，今廣元縣，在昭化縣北。下云刺史崔朴自上游泛江東下，即謂利州刺史也。故易于自云「爲屬令」，若非本州刺史，安得稱屬令乎？馮本從俗作「河南刺史」，而以「城嘉陵」斷句，爲不辭矣。其他顯然謬誤，馮氏略不能訂正，且有各本不誤而馮本獨誤者，此由重寫失於覆勘之故。别詳《札記》。吾不知「多見校本」謂何。甚矣！傳刻古書之難也。

龍按：此本國内所存尚夥，森《志》著録，今藏臺北故宫，《故宫所藏觀海堂書目》注云「楊氏手校並跋」，中有小島尚質及小島瞻淇各手書題識，王《補》即據之補録楊跋。《留真譜二編》卷八葉二四有書影。另，楊《志》各本「武侯」前之字均壞爲墨丁，據顧廣圻原文補「謂」字。

劉蜕集六卷 明刊本

明崇禎癸未，閩中黄燁然刊本。與《孫可之集》合刻，亦小島藏本，森立之《訪古志》載之。其自序蓋以天啓甲子吴〔蘣〕（緋）所輯六卷本重加補綴者。吴〔蘣〕（緋）序則云舊稿本之桑悦。悦故振奇士，即僞造伊世珍《瑯〔嬛〕（寰）記》者也。按此本所載蜕文，不見於《文苑》《文粹》兩書者尚多，或疑有僞作。然《文泉子》原書十卷，《書録解題》尚著録，則亡佚不久；或桑悦故有傳鈔本，未可以《瑯〔嬛〕（寰）記》一概例之。唯此本以《文粹》所載對勘，亦多脱誤，如《諭江陵耆老書》，誤「諭」爲「論」；《嬴秦論》「而先立與」，脱「而先絶其術欲有立」八字；《獻南海崔尚書》「今閣下」下，脱「則踰垣塞牖而已雖然當閣下」十二字。其他字句差違，尤難枚舉。良由展轉鈔刻之故。《四庫》著録有崇禎庚辰閩人韓錫所編《文泉子》一卷，先於此刻四年；又有閔齊伋刻本，稱《拾遺集》，余俱未得，不知與此本詳略異同若何。然原集既不存，恐皆以吴〔蘣〕（緋）爲藍本，亦未有以遠過之者也。

龍按：此本森《志》著録，今藏臺北故宫，《留真譜二編》卷八葉二五有書影，《故宫所藏觀海堂書目》注云「楊氏手校並跋」，王《補》據之補録。據《鄰蘇園藏書目録》，上二書下注云「孫樵、劉蜕合刻明刊二本癸丑臘月賣於傅五十元」。傅氏《藏園群書題記》有跋，云：「第有不可解者，壬子在海上楊惺吾家，曾見所藏孫、劉二集，云是吴蘣合刻。惺吾盛稱此書罕祕，慎勿以版式粗陋而忽之，并影刊入《留真譜》中。」則其當於次年購歸。

樊川文集夾注殘本二卷 朝鮮刊本

存一、二兩卷，無序文及刊行歲月，亦不知注者爲何人。審其字體、紙質，的爲朝鮮人刻板。卷首題「樊川文集卷〔第〕一」，下記「夾注」二字，次行題「中書舍人杜牧」，旁注「牧之」二字。每半葉八行，行十七字，注亦十七字，注頗詳贍。卷末又附添注，注中引北宋人詩話、説部，又引《唐十道志》《春秋後語》《廣志》等書甚多，知其得見原書，非從販鬻而出，當爲南宋人也。自來著録家無道及者，豈即朝鮮人所撰與？惜所存僅二卷，不得詳證之耳。森立之《訪古志》稱爲寶素堂舊藏，顧無小島印記，當是偶未鈐押耳。

龍按：森《志》著録寶素堂藏本，楊批云「今藏飛青閣」。森氏雖疑「或是朝鮮國人所刊與」，仍標爲「明刊本」，楊氏稱其「的爲朝鮮人刻板」，二人僅據此二卷殘本判斷，後人可見全本，其末有「正統五年六月日全羅道錦山開刊」牌記，知楊氏推測爲是。然楊氏又云注者「當爲南宋人」，「自來著録家無道及者，豈即朝鮮人所撰與」，至今學界亦以其爲宋元人注。據研究，此書夾注或爲朝鮮人徐居正所撰（參楊焄《域外漢籍傳播與中韓詞學交流》）。此本今藏臺北故宫，《留真譜初編》卷十葉十八有書影。

表制集六卷

唐沙門不空撰。不空西域人，唐代宗時贈司空，所翻經律甚多，亦兼通外典，此《表制集》皆其當肅、代兩朝所上表啓及答制也。末附徐浩所撰《不空碑文》一首。此集南、北《藏》皆不載，蓋已佚矣。首題「司空大辨正廣智三藏和上表制集卷第一」，次行題「上都長安西明寺沙門釋圓照集」。圓照之序在第一卷内，目録附於卷後，古式也。

龍按：此本楊氏未標版本，《故宫所藏觀海堂書目》收日本刊本，並注云「末附徐浩所撰碑文」，與此對照，或即其書，今藏臺北故宫。《留真譜二編》卷八葉三九有書影。另張景栻藏卷子本《表制集》卷三，爲楊氏舊藏，然其云「此卷楊守敬《日本訪書志》著録」當誤（參張景栻、張旻《楊守敬舊藏日本卷子本目録》），楊《志》所録非卷子本也。

李推官披沙集六卷 宋槧本

每半葉十行，行十八字。首有紹熙四年楊萬里序，序後有「臨安府棚北大街陳宅書籍鋪印行」，世謂之「府棚本」，蓋陳氏在臨安刊書最多而且精也。今觀此本，刻印雅潔，全書復完美無缺，信可寶也。《披沙集》，《四庫》未著録。據誠齋序，推挹甚至，當爲晚唐一作手。明朱警刻《百家唐詩》，稱皆以宋本哀刻，所收咸用詩即據此本，行款亦同，唯删其卷首總目，其中間有墨丁、訛字。席氏《百唐詩集》又源於朱本，皆補填之，而誤字尤多。如《緋桃花歌》首句「上帝春宫思麗絶」，「宫」席誤「官」；末句「争教〔此〕（比）物芳心歇」，朱本「心」字墨丁，席本補「菲」字；《短歌行》「下在黄埃上須漸」，朱、席本「漸」誤「慚」；《小松歌》「短影日斜不滿尺」，朱、席本「日」作「月」；《劍喻》「誰是的提〔挈〕（絜）」，朱、席本「的」誤「眴」，不成字；《放歌行》「至哉先聖情」，朱本「聖情」二字空，席本補「〔哲言〕（先哲）」二字；《覽友生古風》「皺皵老松根」，席「皵」誤「散」；《題友生叢竹》「蒲箑今無種」，席「蒲」誤「〔脯〕（晡）」；《江南曲》「鄉夢欲成山鳥啼」，席本「鳥」誤「烏」；《寄修睦上人》「相憶由來一無事」，席本作「無一」；又「相似不似寄數字」，此本「相」字空缺，朱本同，席本補「相」字；《古意論交》「通財能幾何」，朱、席本「通」誤「過」；《昭君》「蠻夷莫敢侵」，席本「夷」作「彝」；《贈來進士鵬》「灘急五更風」，席本「灘」誤「難」；《酬鄭進士新居》「深似白雲間」，席本「白」誤「自」；《友生見訪》「共約冰銷日」，席本「約」誤「酌」；《春晴》「新詩吟未穩」，朱本「穩」字墨丁，席本補「就」字；《酬蘊微》「訪君還獨還」，朱、席本「君」字並空缺；《分題雪霽望爐峰》，朱、席本「霽」並誤「花」，席本「爐」上增「香」字；《雪十二韻》「陂〔椿〕（椿）吐白蓮」，朱、席本「椿」誤「椿」；「槎面江摇錫」，席本「樓面光摇錫」；《廬山》「稜收雪氣昏」，朱本同，席本「雪」空缺；「作賦偶無孫」，朱、席本「孫」誤「人」；《謝友生遺端溪硯瓦》「淺小金爲斗」，席本「淺」作「䃣」，觀下句「泓澄玉作堤」，則作「淺」是也；「想〔爾〕（樂）與天齊」下缺一句，朱、席本皆同；《山中夜坐》「一床山月竹」，朱本同，席本「山」作「秋」；《送韋主簿》「嚴風愛日淚闌干」，席本「嚴」作「巖」；《夏日別余秀才》「沖漠非吾事」，朱、席本「漠」誤「漢」；《寄題從兄坤載》「雨中寒樹愁鴟立」，席本「鴟」誤「鵄」；《題劉處士居》「月過修篁影旋疏」，席本「旋」作「漸」；《和友人喜相遇》「文賦歌詩略不專」，朱、席本「略」誤「路」；又「謝思寧許夢魂通」，席本「許」作「計」；《和修睦山居》「不論軒冕及漁樵」，席本「及」作「與」，與下句「性與情違漸漸遥」複；《觀山榴》「却應羞得强青青」，朱、席本「羞」誤「着」。然亦有宋本誤席本較正者，如《寄楚瓊上人》「静對五峰秋」，此本作「對静」；《雪十二韻》「童癡爲獸捏」，此本、朱本「捏」誤「〔泹〕（沮）」；《夏日别余秀才》「岳麓雲深麥雨秋」，此本「麥」誤「麦」。是則當分别讀之。《全唐詩》編爲三卷，校之，有兼從朱、席二本者，然未見此本，故猶有誤字。

龍按：此爲南宋書棚本，極珍貴。《留真譜初編》卷十葉二三、二四有書影，楊批《留真譜》云「宋刊本，今存飛青閣」。據傅增湘云，此書除楊氏諸印外，尚有「藤井方明」「向黄邨珍藏印」「静節山房宋本鑒藏之印」「讀杜草堂」「好古堂藏書記」「白水書院」「仁壽山莊」等印，其末三印均爲江户後期播磨國姬路藩家老河合鼎之印，其人字漢年，號白水，曾設立仁壽山學問所。知河合氏藏書後入寺田望南手，再歸向黄邨，終爲楊守敬所得。

據《鄰蘇園藏書目録》載「宋槧《李推官集》二本，癸丑臘月賣於傅沅叔二百二十元」，知售於傅氏。傅氏《藏園群書經眼録》云：「是書楊惺吾得之日本。余於壬子十月在上海以二百銀幣得之，旋以歸之張菊生。嗣鄧孝先聞之，以藏有書棚本《群玉》《碧雲》二集，欲得此使三李合併，癸丑十月始自滬寄來，遂以歸之。一年之間此書四易其主，志此以作雲煙過眼觀可也。」楊云「癸丑臘月」，傅云「壬子十月」，似有誤記，細核傅録，知其於壬子十月已付銀於楊氏，而楊氏出書，則似已至次年十月，楊氏云「臘月」，則事後追記，稍有出入。又傅氏《藏園群書題記》云「余壬子春旅居申江，訪惺吾於虹口寓樓，曾出以相示，惺吾以余愛不忍釋，後乃割以見讓」，又何以轉售張氏？後云「洎余離申之日，以資斧不繼，遂轉以歸張君菊生」。然其又轉介於鄧氏，查傅氏致張氏函云：「《李推官集》孝先聞之，欲請相讓，以渠有《碧雲》《群玉集》，得此可成三李矣。如能惠讓希先示及，再備價來取，何如？」此處張批云「允其互易，索《群碧樓書目》」。又云：「鄧孝先交來百元，以爲《披沙》價之半，餘俟開春接眷時再行奉繳，不知公能允辦否。或先寄，或緩寄，均候公便。鄧意如讓出時，必覓一席刻校過爲宜，以佳處尚不止惺吾所云也曾借一景抄本校過。」（參《張元濟傅增湘論書尺牘》）張元濟致傅氏函有「代付：買楊惺吾書四百元」之記載，時爲「二年七月九日」，即傅氏所云癸丑；張氏又云：「一月卅收一百元（來信注明鄧撥書價）……前以一百撥鄧帳……今再以一百元付鄧帳。」（《張元濟全集》第十卷）所云或即與鄧氏交易事。據鄧氏云：「此書初爲東瀛所收，鄰蘇老人携以歸國，老人殁後，張菊生前輩購藏之於涵芬樓。沅叔告余何不爲三李之合，因代請於菊翁，慨然允之，遂歸余齋。惜蕘圃之未之見，然『三李』自吾而創，已足突過前賢矣。既正《群》《碧》次第，《披沙》

復在《群玉》之前，他日當别刻一『披玉雲齋』印，以志此遇合之幸也。」（金曉東整理《群碧樓善本書録·寒瘦山房鬻存善本書目》）張元濟雖僅轉手，然亦將此書收入《四部叢刊初編》之中，其前牌記云「上海涵芬樓借上元鄧氏群碧樓藏宋刊書棚本景印原書版匡高營造尺五寸四分寬四寸一分」。然此書存鄧處十餘年，鄧氏即爲生活所迫，不能守，《藏園群書題記》云：「孝先自官遼瀋，即鋭志收書，其後網羅益富，乃編刻《群碧樓書目》六卷，題詞雋美，盛行於時。洎晚歲屏居吴門，生事艱窘，舉其所藏書讓歸中央研究院，此《披沙》一集，亦隨《群玉》《碧雲》以俱去矣。」故此本今藏於臺灣中研院史語所傅斯年圖書館，據其標注又有「寶宋閣珍賞」（此印實即向山黄村印，前引傅氏識語偶遺）、「群碧樓」、「宋刻本」等印，有民國七年鄧邦述手題記，後有「戊辰八月初二日鎮江柳詒徵閲於滬上」字樣。

另據《藏園群書題記》云「此《李推官集》六卷，楊惺吾先生據所藏南宋書棚本所摹寫者也」，前引傅氏致張信云「曾借一景抄本校過」，所指即此。萬曼《唐集叙録》云此爲「楊惺吾就書棚本影寫以酬傅氏者」，然傅氏則云「余壬子夏得之琉璃廠肆」，知楊氏初未肯鬻其宋刻原本，僅摹寫出售以應急，後讓歸傅氏，一者有生計日艱之窘，二者確因傅氏愛書之篤，許成人之美。故傅氏於次年即「以資斧不繼」而轉售，或亦因其已有影摹之本也。於此影本，傅氏又云「余雖不得長有宋刊，而存此影本，書衣尚有鄰蘇老人手題，與宋本正一家眷屬。得見虎賁，如見中郎，差足以自慰矣」，三十一年後，又「妙選良工，補畫闌格，重付裝潢，頓覺神采焕發，宛然國初毛、錢之遺風」，惜此影本今已不知所蹤。

歐陽文忠公文集三十六卷〔日本刊本〕○

此本爲日本寶曆十三年所刊，首有皆川愿序，稱以元時刻本重校上木。首載東坡序，題銜稱「門人翰林學士」云云。稱其通家子有島氏藏《〔歐〕〔政〕集》二本，其一爲元時刻本，因合校刻之。第一卷爲賦與雜文，蓋即據《居士集》而截去首卷之詩，賦與雜文爲第一卷，以下次第悉與《居士集》合。未知所據原本如此，抑皆川愿等删其詩？然每卷正文中多列異同，其每卷末所載校刊人姓名，亦悉與前本合，則知即從前本出也。皆川愿所校異同則列於欄外，其中多稱「蘇本」「宣和本」，蓋其所見一本夾入注中之語，尤爲精善，故亟録之。

龍按：楊氏舊藏之本今或藏於北大圖書館。楊氏云此爲寶曆十三年所刊，小誤，書前之序作於十三年，然據書後牌記，出版則在十四年三月。楊氏稿本於「截去首卷之詩」上有校語云「『首』字疑誤」，《居士集》前十四卷爲詩，此書截去之，故此處或當爲「前十四」之誤。

王荆文公詩注五十卷 朝鮮活字本

首有大德辛丑劉須溪之子劉將孫序，次大德丙午毋逢辰序，次《年譜》六葉，不題撰人名氏。首題「王荆文公詩」卷第，二行題「雁湖李〔壁〕（璧）〔箋〕注」，三行題「須溪劉辰翁評點」，蓋與〔乾〕（明嘉）隆間海鹽張宗松刻本同出一原，張本删須溪評語耳。唯張本缺前劉、毋二序，又缺《年譜》。其第三十卷及第五十卷均缺尾葉，今並鈔於後。據將孫序，知須溪於雁湖注亦略有删節，故盧抱經所注長塘鮑氏宋槧十七卷殘本，宋本存第一至三卷、十五至十八卷、二十三至二十九卷、四十五至四十七卷，尚有魏鶴山一序。注中每有多至數條者。然宋本亦無第三十卷、五十卷，則此二葉獨賴此本以存，殊足貴也。

龍按：此本森《志》曾著録，稱之爲「朝鮮國小活字板本，求古樓藏」，楊批云「今藏飛青閣」；《留真譜初編》卷十葉二七有書影。其本今藏臺北故宫，據載除楊守敬諸印外，另有「慈照院」「梅熟軒」「仁正侯長昭黄雪書屋清玩秘篋之記」「賜蘆文庫」

「新宫城舊藏」「向黄邨珍藏印」諸印，知歷經相國寺塔頭、市橋長昭、新見正路、水野忠央、向山榮珍藏。據董岑仕文，朝鮮活字本有三種，楊氏舊藏此本爲其甲辰活字本，即「元删節加評本系統」（參董岑仕點校《王安石詩箋注》），非如甲寅字本之保存李壁舊注面貌之珍貴也，然其主要以元大德十年毋逢辰本爲底本，卷二九至三六又據大德五年王常本，後者今僅存孤本於世，前者雖存三種，然臺圖藏本共闕十二葉，日本宫内廳書陵部藏本闕二葉，又數十葉殘損而有補抄，南京圖書館藏本更闕二十一卷之多，則此本亦有價值。文中所云「宋槧十七卷殘本」者，迭經名家遞藏，今亦歸臺北故宫。又，楊氏原文云「明嘉、隆間海鹽張宗松刻本」者，後世引用者多駁正之，然此或僅爲楊氏筆誤，故宫楊藏本即録張氏之序，即明云「乾隆辛酉上巳後五日武原張宗松題於清綺齋」，故將原文「明嘉」二字校改爲「乾」字。

張元濟曾致信繆荃孫云：「先六世祖曾刊李壁《王荆公詩注》，當時缺去魏鶴山序及卷三十、卷五十末葉各一，甚以爲憾。魏序後已覓得，而兩末葉終付闕如。近見楊惺吾《日本訪書志》，有朝鮮活字本《王荆文公詩注》，此兩頁均存。不知此書已否歸惺吾，當托人詢問借抄，久不得復。聞惺吾藏本陸續散出，恐此又成虚願，但不知尚有他處可覓假否，務祈見告，元濟頗欲補足影印也。」信中又有「明春將有環球之行」語（《藝風堂友朋書札》），知當作於宣統元年。或繆荃孫接信即轉告楊守敬，故張氏於一九二二年影印毋逢辰本後跋語中又云：「偶檢宜都楊惺吾參贊《日本訪書志》，有朝鮮活字本，完善無缺，且附年譜，亟遺書往索，既得楊君慨焉録寄，欣感交集，即思付印，會有歐美之行，事遂中止。」知楊氏即時録寄。而本條云「其第三十卷及第五十卷均缺尾葉，今並鈔於後」，又云「宋本亦無第三十卷、五十卷，則此二葉獨賴此本以存，殊足貴也」，知楊氏計畫將清綺齋刊本所闕二葉刊於文末，然因故未刻，張氏所得即無，致信楊氏，則楊氏亦當知此疏漏，然此後亦未填補，故僅據之考實，亦不爲補録。

又原文中有「尚有魏鶴山一序」七字，使前後語義不暢，當爲小字注誤刻爲大字正文，改之。

山谷詩注二十卷目録一卷年譜附外集詩注十七卷序目一卷年譜附別集二卷（朝鮮活字版本）

右朝鮮活字版。首山谷子黄埒序，次許尹叙。據《敏求記》言，舊藏《山谷詩注》，目録首缺二版，此本有之，則知是從宋本出也。每半版十行，行十七字，注雙行，行十七字。有「養安院藏書」記。

龍按：森《志》曾著録，楊批森《志》云「飛青閣得一部，失年譜」，或即此，楊批森《志》又云「日本有翻刻本」。《留真譜初編》卷十葉三六至三八有書影，楊批云「朝鮮古刻本，今存飛青閣」。《鄰蘇觀海：院藏楊守敬圖書特展》録有「朝鮮舊活字本」，又云此本現藏「國家圖書館」，實與臺北「國圖」所藏朝鮮刊本相混（臺北「國圖」藏本無楊氏鈐印，有「青松沈宜東印」），此本實仍藏臺北故宫，前有「養安院藏書」之印可證。光緒十九年，陳三立曾借楊氏藏日本刊本（此本楊氏亦有題跋，參王《補》），即以此本之外集、别集補足之（陳刻本外集前傅春宫序云「楊君星吾……又得朝鮮活字本外集、别集，行款雖不盡同，尚不失宋人面目」）。又據《鄰蘇園藏書目録》載「《山谷内外詩注》，朝鮮刊本，十五册，辛亥冬月賣於傅沅叔二十元」，則知楊氏舊藏當售予傅氏，《藏園群書經眼録》載一朝鮮本，標注云「東來閣取閲，辛巳十一月，已收」。另，黄埒爲山谷曾孫，此云「子」，當屬筆誤。

后山詩注十二卷 明弘治刊本

首門人魏衍記，記後低一格爲政和丙申王雲題，末有弘治丁巳楊一清跋。據云：初刊於漢中，後又得定本於江東故家，遂再版焉。然此本日本元禄三年亦有翻刊，每半版八行，行十六字，體勢與宋板《山谷集》合，當從宋板翻雕者也。然則此本爲《后山詩注》之最善本矣。

龍按：據《故宫所藏觀海堂書目》載有「日本元禄年柳枝軒刊本，有明弘治丁巳石淙楊一清跋，四册」，國内現存弘治本六種，國圖三種（其二爲袁宏初刊本，無楊一清跋，另一有跋），上海圖書館一種（不全），南京圖書館一種（有丁丙跋），湖南省圖書館一種（參《第一批國家珍貴古籍名録圖録》第七册），然未見楊氏所藏弘治本，頗疑其所叙實爲朝鮮活字本，傅增湘《藏園群書經眼録》載其本一種，後爲《四部叢刊》影印底本。

淮海文粹十四卷 舊鈔本

相傳陳同甫所輯《六君子文粹》之一也。此本僅存十四卷。以《淮海集》校之，有一篇之中刊去首尾及繁文者，在他人則爲妄，在同甫則爲嚴，此自關乎學識也。

龍按：《故宫所藏觀海堂書目》載《淮海先生文粹》，云「相傳陳同甫所輯《六君子文粹》之一，存十四卷，鈔本，二册」，此本今存臺北故宫，其卷端標「明錢謙益較」字様。

竹友集十卷 宋槧本

此宋槧謝薖《竹友集》十卷，鎸刻精良，紙墨朗潤，宋槧之絶佳者。《四庫提要》云「今所行本只四卷，又有詩無文」，其所著録之十卷本，乃明謝肇淛從内府鈔出，然傳鈔者仍希，故百年來著録家仍不見薖集。若宋槧原本，則自明内府外，無著録者。然則此本爲天壤間孤本已數百年，無論今日也。初爲日本向山黄村所藏，余謂宜重刊以廣其傳，因借得用西法影橅之。未幾，余將歸，黄村好余之刀幣古泉數十事，乃議以此原本交易之。薖與兄逸，同列江西詩派中。據苗昌言跋，此集得之於其子敏行，即其所編次。又稱二謝交遊遍天下，「既没之後，爲之傳、序、哀詞、祭文者甚衆，今未暇博詢而遍録也」。特取吕舍人之所書，摹其真跡於後。夫以薖之文行，烜赫一世，生平酬應之作，當不下數十册。此集名爲十卷，其實詩不過二百六十二首，文不過二十五首，並其傳、序、哀詞、祭文不載。其編次之謹嚴，可謂不誣其先。則昌言稱敏行之「詩律有典型」者，亦爲實録。今人名不出里閈，身前刻集，卷端題詞連篇累牘，轉瞬化爲煙雲。讀此集，知古人篤實，所以傳世愈遠也。

〔光緒甲申十一月二日，宜都楊守敬記於鄂城通志局客次。〕

余歸後，得金山錢氏小萬卷樓所刊謝本，其誤脱不下數百事，良由謝氏以寒夜急録，不能精審；加以展轉傳訛，故不可讀。乃别爲《札記》，入《續群書拾補》中。

龍按：森《志》所録求古樓舊藏宋槧本《謝幼槃文集》十卷即此書。據森氏録其藏者狩谷望之手跋云：「余初得此本，觀之字軟刻粗，頗不類宋槧，以爲是明初覆刻耳。今讀此跋，知萬曆之時已不傳於世，唯内府存之。若有明初刻本，不當如此絶少。蓋宋刻亦有精粗，不可一概論也。文化十一年季夏掖齋狩谷望之識。」同一書，狩谷指其「字軟刻粗」，而楊氏云其「鐫刻精良，紙墨朗潤，宋槧之絶佳者」。楊守敬手批《經籍訪古志》注云「飛清閣得之，後歸潘伯寅尚書」，《留真譜初編》卷十葉四三、四四有書影，楊批亦云「宋槧本絶佳，今歸潘尚書」。潘氏得此，當經葉昌熾手，參前《廣韻》條。傅增湘云：「楊守敬得自東瀛之書，蓋宋時入倭，吾國久佚者也。潘氏滂喜齋藏，已印入《續古逸叢書》中。」（《藏園訂補郘亭知見傳本書目》）潘氏《滂喜齋藏書記》著録此書，並録其上藏書印記，除楊氏諸印外另有「錢長祚珍賞印」「潄芳閣」「潄芳閣鑒藏印」「淺野氏章」「子孫世昌」「向黄邨珍藏印」「寶宋閣珍藏」「海堂藏書」，知曾爲淺野長祚（前四印均淺野氏印，祝尚書《宋人别集叙録》增訂本據録此數印，然誤「淺野」爲「淺草」）、狩谷望之、向山榮諸人遞藏。後曾收入《古逸叢書》三編影印行世，再歸孫伯淵，孫氏捐於上海博物館，據楊氏手跡於段之末補其題署時間（《第一批國家珍貴古籍名録圖録》第四册）。另據《鄰蘇園藏書目録》有「鈔本《竹友集》，古鈔本，一本，癸丑臘月賣于傅沅叔，十五元」之載録，知楊氏亦藏有古鈔之本，今國圖藏有所謂清抄本者，有傅增湘校並跋，非楊氏舊本，《藏園群書題記》云「昔年在杭州得舊鈔本，爲黄蕘圃舊藏」。此處所云《札記》郗志群等整理《續群書拾補》未收，據《中國古籍總目》載，其手稿藏於湖北省圖書館。

和靖先生詩集二卷 日本貞享丙寅刻本

集分上、下二卷，首梅堯臣序，首題「和靖先生詩集序」，不冠以「林」字，次行題「太常博士宛陵梅堯臣撰」。明沈行輯本刪除「宛陵」二字，以置於年月之後。又序文「寧海西湖」之上，沈本改「寧海」爲「錢唐」。序文於「和靖」皆提行，其根源於北宋本無疑。今就明沈行輯本校之，沈本多出《春日寄錢都使》一首，《和虢略秀才》一首，《傷朱寺丞》一首、《林山人隱居》一首、《洞霄宮》一首、《宿洞霄宮》一首，又「草泥行郭索，雲(木)(水)呌鉤輈」二句。其重輯本不載、見於此本者，《秋懷》一首，《寄輦下莫降秀才》一首，《梅花》二首，《西湖小隱》一首，《東竹寄曹州任懶夫》一首；《又和病起》一首，此本在《和謝祕校西湖馬上》之下，沈本以《和安秀才次晉昌居士留題壁》之下。其他字句異同，更難枚舉，然則沈氏亦未見此本也。《宋志》載《林逋詩集》七卷，又二卷。《書録解題》云「《和靖集》三卷，《西湖紀逸》一卷」，然本傳云「所傳三百餘篇」，此本篇數亦相合。則《志》所稱「七卷」「又二卷」，與《解題》所稱「三卷」者，不知爲誰誤。《澹生堂書目》載此書不著卷數，僅署「二册」，或是此本。至明正德丁丑沈行輯本則爲四卷。國朝康熙中，吴調元刊本因之。昔劉後村以《摘句圖》證和靖詩之多逸，爲之惋惜。今此本《秋懷》以下六首全篇宛在，竟爲沈行、吴調元刊本所脱，不尤可鄭重哉！

龍按：此本今存臺北故宫，除楊氏諸印外，另有「館氏石香齋珍藏圖書記」「掃葉山房藏書」「讀杜草堂」諸印，知曾經館柳灣、東條琴臺、寺田望南收藏。

宗忠簡集六卷〔明刊本〕

明崇禎庚辰進賢熊人霖校刊，蓋據萬曆張維樞刻本重雕者。目録後附《始末徵》，首樓昉原序，次萬曆乙巳張維樞所撰《忠簡傳》，又有附刻《雜録》，則建炎二年高宗所賜誥敕及宋濂、解縉以下題跋。按國朝義烏縣王庭曾重編本爲八卷，據《提要》稱，增入《諫止割地》一疏，而以樓昉原序及明初方孝孺序弁於篇首。今此本無《諫止割地疏》及孝孺序，有樓昉、張維樞序，亦小有不相應者。惜篋中無王庭曾本，未能一一校對之耳。

龍按：此本據目録標爲「明刊本」，國内此崇禎刊本僅國圖及安徽師大圖書館有藏。然據《故宫所藏觀海堂書目》著録有「日本鈔本，有明崇禎庚辰熊人霖序，二册」，未見明刊本，此鈔本今藏臺北故宫。或楊氏所據即此鈔本。

誠齋詩集四十二卷 影宋鈔本

首題「誠齋集卷第幾」，次行題「廬陵楊萬里廷秀」。計《江湖集》七卷、《荆溪集》五卷、《西歸集》二卷、《南海集》四卷、《朝天集》六卷、《江西道院集》二卷、《朝天續集》四卷、《江東集》五卷、《退休集》七卷，合爲四十二卷。按《誠齋全集》本一百三十三卷，今著録家所傳朱竹垞影宋本，有劉煒叔序，每半葉十行，行十六字，每卷後有「嘉定元年春三月男長孺〔編定〕（篇次），端平元年夏五月門人羅〔茂〕（端）良校正」。此本皆與之合，的係從宋本影鈔，唯前無劉煒叔序。又《文獻通考》載《江湖》《荆溪》《南海集》俱有自序，何義門所見宋賓王藏本《江西道院》《朝天續集》亦有自序，此本皆無之。岳珂《桯史》稱《朝天續集·韓信廟詩》「淮陰未必滅文成」句，麻沙刻本訛「文成」爲「宣成」，此本作「淮陰何必滅宣成」，意者原於麻沙本。當時本僅刻《詩集》，非影鈔者之有所略也。

龍按：楊氏或曾向繆荃孫道及此書，後繆氏至日，即搜得《誠齋集》一百三十卷之影宋鈔本，《藝風藏書記》載云：「楊惺吾同年云：『《文獻通考》載《江湖》《荆溪》《南海集》俱有自序，何義門所見宋賓王藏本《江西道院》《朝天續集》亦有自序，此本皆無之，當再求足本續鈔，以成完璧。』今按《江湖》《荊溪》《南海》三序均在卷八十，《江西道院》《朝天續集》自序均在八十一，惺吾未見文集也。」（按繆氏所引，較楊《志》所載多末十一字。）繆本後爲張元濟收入《四部叢刊初編》影印行世，亦爲近來《誠齋集》整理之底本。楊氏藏本今藏臺北故宫（《留真譜初編》卷十葉四八有書影），少人知曉，其書除楊氏諸印外，另有「寺田盛業」「字士弘號望南」「讀杜草堂」「黄絹幼婦」等印，知曾爲寺田氏舊藏。然楊氏所藏之鈔本較繆藏本尤精，繆本名爲影宋鈔本，實已改宋本之行款，宋本（今藏日本宫内廳書陵部）半葉十行，行十六字，而繆本改爲十九字，楊藏本則保留原款；且繆藏本誤字較多，如《江湖集》卷端詩之首句「居士一丘壑」，繆藏本即誤爲「居士一丘嶽」，整理本均從别本校改爲「壑」字（參辛更儒《楊萬里集箋校》、薛瑞生校箋《誠齋詩集箋證》）；再如作者名，原宋本作「楊万里」，楊藏本照鈔（此跋中楊氏又用「萬」，不作校改），而繆藏本作「楊萬里」，非宋本原貌。

晦庵先生朱文公詩集十卷 朝鮮刻本

無序跋。首有「奚疑齋藏書圖記」，末有「嘉靖庚申至月慶州府尹龜巖李公剛而所贈，此書板在是府」，當亦朝鮮人所題。首行題「晦庵先生朱文公詩集卷第一」。每半葉十行，行十八字。字體古樸，當是明初所刻。每卷後附《考異》，知非苟付剞劂者。

龍按：檢日本公藏及朝鮮諸書目，均無此書，《鄰蘇園藏書目録》「鹹」字號下載「《晦庵詩集》朝鮮本四本」，知有此書，然今不知其詳。《故宫所藏觀海堂書目》著録「《晦庵詩集》十卷，日本刻本，四册」，然即日本亦無此和刻本，僅千葉縣立中央圖書館藏《晦庵先生朱文公文集》殘十卷，注云即「朱晦庵先生詩集」，爲鈔本，故亦未知其詳。此書前之奚疑齋之印乃日本漢學家澤田一齋之印。《留真譜二編》卷八葉二九有書影。

陳龍川文集三十卷 明萬曆刊本

萬曆丙辰黄州守王世德刊。據其自跋，從原本出，蓋猶葉水心所刊原書也。葉序後有瞿九思及郭士望序。《祭吕東萊文》六篇在第二十二卷，鄒本移於第二十三卷。明崇禎癸酉鄒質士刊本即從此本出，而頗多訛字。國朝康熙四十八年，其永康族裔重刊，所據此本有永康知縣姬肇燕序。獨怪同治戊辰永康胡氏重刊此書，而所據以辨僞考異者，僅崇禎鄒氏本及道光間陳坡刊本，而萬曆黄州本、康熙永康本皆不得見焉。胡爲龍川鄉後進，而又爲楚中書局提調，未必此二本竟絶於世，毋亦搜訪之未周乎？

龍按：此萬曆時王世德刊本國内所存極少，李盛鐸舊藏一部，云：「癸亥歲除前一日購自津市文林閣，價不甚昂，惜非三十卷本；蓋將原書之二十二、三、四、五卷祭文一門删去，不知何意。其他篇次尚未竄亂。明人刻書每有此病，無足怪也。但此楚中刻本《龍川集》諸家罕有著録，姑購歸插架，以備勘校之資可耳。」知此非楊氏舊藏，且李藏之本云爲二十六卷，未知二本原即不同，抑或著録有誤。李氏藏本今存北大圖書館，楊氏舊藏未知藏處。

晞髮集十卷 明刊本

明萬曆戊午郭鳴琳刊本，徐𤊹所輯。前八卷爲臯羽本書，九、十兩卷爲《附録》。按

《四庫》著録爲平湖陸大業本，則有《遺集》二卷，《遺集補》一卷，此本無之。意陸氏所據爲弘治間儲巏刊本，故以其所遺别爲兩書，此本已彙入八卷中。徐興公以博洽名一世，又與皋羽同郡，其所訂當不至大謬。惜篋中無陸本，不得一互校之也。

龍按：據《鄰蘇園藏書目録》載「《晞髮集》二本，己酉四月賣於萃文齋」，當即此本。後傅增湘曾藏此本一種，《藏園群書經眼録》及《藏園群書題記》均著其本，今存國圖，未知是否傅氏於萃文齋購得楊氏本。

静修先生文集三十卷丁亥集五卷附録三卷、樵庵詞一卷、遺文遺詩各六卷、拾遺七卷續三卷（明弘治刊本）

明弘治乙丑廬州府同知崔〔暠〕（嵩）刊，有後跋，稱從蜀本録出，而次第則從元本。蓋以蜀本將各集彙併，失静修本意，故仍從元本，以《丁亥集》爲首卷也。每集首行題下著「保定崔〔暠〕（嵩）校正」。《附録》，房山賈彝編；《續集》題「後學楊俊〔民〕（氏）裒録」，崔跋又稱「元本乃其門人真定安熙所訂，最爲〔詳〕（謹）切」。

龍按：此本楊氏諸書目均未著録，現不知藏處。

吴淵潁集十二卷附録一卷〔明嘉靖刊本〕

明嘉靖元年刊本。首有祝鑾序，蓋刊於杭州者。此在卓氏刊本之先，又係以宋璲寫本覆刻，殊爲精雅，而傳世頗少，因録之。

胡翰《序》至正十二年

劉基《序》

胡助《序》

男吴士諤《跋》。《跋》後題「金華後學宋璲謄寫」。

龍按：此本今藏臺北故宫，《留真譜二編》卷八葉三七有書影。除楊氏諸印外，另有「七十二蓮峰中人」「存雅樓藏書章」「溪琴詩屋」諸印。

新芳薩天錫雜詩〔妙〕（鈔）選稿全集一册〔日本刊本〕

日本明曆三年刊本。按天錫《雁門集》本八卷，汲古刊本併爲三卷，《集外詩》一卷，有自序及干文傳序。此本無序，詩後附文七首，皆爲緇流所作。據《標目》稱爲「妙選稿」，則非全集也。然驗其板式，的爲從元槧重刊。惜篋中無《雁門集》，未得一校之。

龍按：據《藏園群書經眼録》載：「此書本楊鄰蘇老人守敬所藏，以余嗜好之深，癸丑冬日在上海瀕行，遂舉以相贈。丙辰十月廿九日沅叔記。」知楊於一九一三年寓居上海時贈傅。傅氏於此書評價頗高，云：「其詩太半爲汲古閣本所不載，其載者字句亦頗有不同，驗其板式及標題之新異，從元本翻刻無疑，蓋當日單行之本，與後來彙刻之本宜其不相合也。」

犂眉公集五卷 明初刊本

明劉基撰。無序、跋、目録。按基有《郁離子》、《覆瓿集》、《寫情集》二卷，《春秋明經》二卷，《犂眉公集》五卷，各自爲書。成化中，戴鱀等始合爲《誠意伯文集》二十卷，而各集别行本遂微。此五卷，首雜文、次樂府、次詩，猶爲原刊。《提要》稱此集爲「二卷」者，亦誤也。世傳基《推碑圖》等書，神怪謬妄，不可窮詰。然觀此集第三篇《謝恩表》中有云：「基一介愚庸，生長南裔，疎拙無知，其能識主於未發之先者，亦猶巢鵲之知太歲，園葵之企太陽。」又云「至於仰觀乾象，言或有驗者」云云，是基本深明術數占驗之學，宜乎後之方技家多所依托也。

龍按：此書今僅有孤本藏於國圖，並收入《中華再造善本》中，前有楊氏小像並鈐印，知即楊氏舊藏。書末有繆荃孫己未七月跋（按此跋《藝風藏書記》三種均未收），則楊氏當將此書售予繆氏。

皇甫司勳集六十卷 明萬曆乙亥刊本

首有顧存仁、范惟一、劉鳳、黄文禄等序，並有自識《集原》一首。《司勳集》《四庫》雖著録，而世罕傳本，此猶原刻初印本，著之。

龍按：此本國内所存頗多，然均著録爲萬曆二年刻本（參《中國古籍總目·集部》），或據書前皇甫《集原》所署而來，實誤，以顧、范二氏之序均作於次年，故當依楊氏標爲萬曆乙亥（三年）刊本。《鄰蘇園藏書目録》載「《皇甫司勳集》六本，己酉四月賣於北京富古堂」。

朝鮮賦一卷 朝鮮刊本

明董越撰。弘治〔元〕(九)年，越以右庶子兼翰林侍講使朝鮮，歸而爲此賦。初刻於江西泰和，此爲朝鮮太斗南重刻者。所載山川風土頗略，文辭亦質實有餘，環麗不足。然越留其國僅浹月，宜其不能賅備。且采風問俗，意存徵實，固有資於考核，正不必以《三都》《兩京》相誇擬也。

龍按：此朝鮮刊本極罕見，此本今存臺北故宫。

日本訪書志卷十五　釋家

大藏經五千七百四十卷 宋槧本〇

宋理宗嘉熙三年安吉思溪法寶資福禪寺所刊。是《經》日本有兩部，一藏近江國菅山寺，一藏山城國天安寺，此即天安寺本也。自「天」字起至「最」字止，凡五千七百四十卷，間有鈔補，係元禄九年以菅山寺本照〔録〕（禄）重修，不知何時又缺六百餘卷。余在日本，有書估爲言欲求售之狀，適黎星使方購佛書，即囑余與議之，價三千元，以七百元作定金立約，期三月付書。及逾期而書不至，星使不能待，以千元購定日本翻明本。久之書至，星使以過期不受，欲索還定金，書估不肯退書，難以口舌争。星使又不欲以購書事起公牘，囑余受之，而先支薪俸以償。余以此書宋刻，中土久無傳本，明刊南、北《藏》本，兵燹後亦十不存一，況明本魯魚豕亥不可枚舉，得此以訂訛鉏謬，不可謂非鴻寶，乃忍痛受之。缺卷非無別本鈔補，以費繁而止。且此書之可貴，以宋刻故也。書至六七千卷，時至六七百年，安能保其毫無殘闕，此在真知篤好者，固不必狥俗人之見以不全爲恨也。
〔光緒癸未二月宜都楊守敬記。〕

龍按：楊批森《志》云「又别有宋槧全《藏經》五千册，亦爲飛青閣所得」，即此。《留真譜初編》卷十一葉二至四有書影。此本之目録二卷（今存臺北故宫）後有楊氏手跋，據之補末一行。另，楊氏手跡原云「書估狡賴，不肯退書」，後圈去「狡賴」二字。楊氏致繆荃孫信云：「昨日午帥信來，亦言及欲購我書，但目録未成，萬難議價，唯有宋槧全《藏》六千餘册，是特别庋閣。從前節盦曾轉達午帥意，捐廉千金，購以入圖書館。守敬以此書原值三千金，減折太多未允。今春守敬至金陵節署，午帥又言欲購置焦山，而未議價。守敬固不望得原值，私意欲得二千金，未知午帥應諾否。」（參《藝風堂友朋書札》）按此書原價爲三千元，爲與黎氏所議，楊氏書此，必不致誇大。待次年楊氏歸國，即欲出售此書，曾有售書之目寄諸嗜古之士，據葉昌熾《緣督廬日記》光緒十年九月初三云「得翼甫書，寄來楊星吾出售書目二紙」，十九日云：「得翼甫書，知楊惺吾自東瀛携歸宋、元槧不少，《廣韻》有金刻、宋刻，《禮記》《周禮》皆有宋刻小字本，《文選》有數本，又有元刻《韻會舉要》，宋板《釋藏》全部，欲售三千餘金。」亦無虚價，然十月初九云「宋本《藏經》以番佛三千尊售之宋軍門，欲其補全，即藏其目」，葉氏於日記中多力詆楊氏，或亦因諧價未愜所致，此云「欲其補全」，亦爲楊氏素願，「即藏其目」亦似可證，今此書之目分藏於臺北故宫，然「欲其補全」何以要「即藏其目」，實不能解，葉氏或亦知此理未通，故十二月廿四日又云：「翼甫來談，爲言星吾之詭譎絶頂，目録之學亦絶頂。其宋本《藏經》，改易目録售於宋軍門德鴻，既爲一衲子道破，復作罷論。」將「即藏其目」易爲「改易目録」，則均道聽途説之言。楊氏留此書目録不售，自非瞞天過海，實爲留此索驥之圖，此習目録者常事。此書於楊氏生前未能變現救急，身後終「鬻諸政府」。關於此套宋《藏》之經過，另有黎庶昌致莫繩孫一函可以爲證（參《黎庶昌全集》第一册），具引如下：

又有持宋本《佛藏》求售者，此間舊有緣山三《藏》，一宋本，一元本，一高麗本，刻有目録。其書五千本，摺本。内配抄者五百本，共索價值金幣五千圓，以目前市價合之，約庫平銀二千五六百兩之數，實不爲貴。若中國有此，恐萬金不售，實希世之珍。抄、刻各見其一，刻本雖未缺恒字，然的是宋板，決非僞爲。抄本亦係當康熙三十年所補，末有日本年號。蓋德川氏主政，崇尚佛教，故有此巨觀，彼國亦只此一部而已。屬其將目録寄來一閲，尚未到。亦望商之運台，購而置之金、焦二寺或揚州天寧寺，誠盛舉也。在揚州籌二三千金似易爲力，惟足下留意。行否早賜復音。

此函可闕注者有四：一者，黎氏云其書索值五千圓，依其致莫繩孫另函論慧琳《一切經音義》時所云「每洋一元，换金幣一圓二角弱」（參該條按語），則約四千餘元之數，較楊氏所云三千元尤高，三千元之價或爲此後議價之數；二，即此五千金幣之數，黎氏仍以其價甚廉，若在國内，恐將倍之；三，書估爲售此書，亦先將目録寄黎，以便其決定，則目録與全書離析似亦有因；四，黎氏購此書，似並非己藏，而望收歸國内某寺儲之，此與楊氏歸國後謀售此書之意相同。然黎氏所望終未果，又與日人已有成約，便命楊氏購下，以其薪俸抵之，據其致莫繩孫前信言及隨員月俸爲一百三十元，則當楊氏兩年之俸。

大藏經六千四百六十七卷〔高麗刊本〕○

今藏日本東京三緣山增上寺。當宋至道間，高麗國王以其國前本、國後本、中本、丹本、東本、北本、舊宋本飭諸大德校正刊行。日本舊有二部，一建仁寺本，爲永嵩禪師由高麗齎歸，天保八年九月廿六日毁於火，今僅存四十九卷。一爲大和國忍辱山圓成寺所藏，係後土御門天皇文明年間寺主榮弘所請，慶長十四年大將軍德川家康移貯增上寺，償以食邑百五十石，即今本也。余嘗就三緣山寺中見之，字大如錢，紙堅白，摺疊式，校宋、元《藏》篇幅稍大，其中多宋、元、明《藏》所不載者。而希〔麟〕（齡）《續一切經音義》十卷、慧琳《一切經音義》百卷，尤爲特出至寶。黎星使嘗使人以西法照出擬刻，卒未就也。今列其爲宋、元、明《藏》所不載諸經目於左。

高麗《藏經》所有，宋、元、明《藏經》所無者：

《須摩提經》一卷「服」函内，唐菩提流志譯。

《佛説般舟三昧經》一卷「伐」函内，後漢支婁迦讖譯。

《阿彌陀佛説咒》一卷「鞠」函内，失譯。

《佛説月燈三昧經》一卷「鞠」函内，宋先公譯。

《佛説申日經》一卷「敢」函内，西晉竺法護譯。

《佛説枯樹經》一卷「若」函内，失譯。

《佛説舍衛國王十夢經》一卷「若」函内，附《西晉録》。

《佛説受新歲經》一卷「竟」函内，西晉竺法護譯。

《佛説金光王童子經》「户」函内，宋法賢譯。

《難儞計濕嚩囉天説支輪經》一卷「兵」函内，宋法賢譯。

《普遍智藏般若波羅密多心經》一卷「磻」函内，唐法月重譯。

《大集大虚空藏菩薩所問經》八卷「曲」函内，唐不空譯。

《大聖文殊師利菩薩佛刹功德莊嚴經》三卷「阜」函内，唐不空譯。

《金剛頂勝初瑜伽經中略出大樂金剛薩埵念誦儀軌》一卷「微」函内，唐不空譯。

《金剛頂經一字頂輪王瑜伽一切時處念誦成佛儀軌》一卷「旦」函内，唐不空譯。

《金剛頂降三世大儀軌法王教中觀自在菩薩心真言一切如來蓮華大曼荼羅品》一卷「孰」函内，唐不空譯。

《修習般若波羅密菩薩觀行念誦儀軌》一卷「營」函内，唐不空譯。

《觀自在大悲成就瑜伽華部念誦法門》一卷「營」函内，唐不空譯。

《大華嚴長者問佛那羅延力經》一卷「桓」函内，唐般若共利言譯。

《般若波羅密多心經》「桓」函内，唐般若共利言等譯。

《佛説迴向輪經》一卷「合」函内，唐尸羅達摩譯。

《佛説十地經》九卷「合」函内，唐尸羅達摩譯。

《佛説十力經》一卷「合」函内，唐勿提提犀魚譯。

《根本説一切有部毗奈耶藥事》十八卷「濟」「弱」函内，唐義浄譯。

《根本說一切有部毗奈耶出家事》四卷「綺」函内，唐義净譯。
《根本説一切有部毗奈耶安居事》一卷「綺」函内，唐義净譯。
《根本説一切有部毗奈耶隨意事》一卷「綺」函内，唐義净譯。
《根本説一切有部毗奈耶皮革事》二卷「綺」函内，唐義净譯。
《根本説一切有部毗奈耶羯耻那衣事》一卷「綺」函内，唐義净譯。
《佛説佛名經》三十卷「寧」「晉」「楚」函内，失譯。
《佛説勝義空經》一卷「馳」函内，宋施護等譯。
《佛説隨勇尊者經》一卷「馳」函内，宋施護等譯。
《佛説佛十力經》一卷「馳」函内，宋施護等譯。
《佛説清净心經》一卷「馳」函内，宋施護等譯。
《金色童子因緣經》十二卷「郡」函内，宋惟净等譯。
《佛説開覺自性般若波羅密多經》四卷「秦」函内，宋惟净等譯。
《六趣輪迴經》一卷「亭」函内，馬鳴菩薩集，宋日稱等譯。
《尼乾子問無我義經》一卷「亭」函内，馬鳴菩薩集，宋日稱等譯。
《諸法集要經》十卷「鴈」函内，觀無畏尊者集，宋日稱等譯。

《福蓋正行所集經》十二卷「門」函内，龍樹菩薩集，宋日稱等譯。

《父子合集經》二十卷「紫」「塞」函内，宋日稱等譯。

龍按：此條所附經目，據稿本，原大致以名爲序，後於經目上重標序號，改以譯者時代爲次。另稿本「黎星使」作「黎公使」。

〔宋元明〕大藏經未收古經〔目録〕〇

余在日本所得古鈔佛經，不下六七百卷，其中有唐人書寫者，有日本人傳録者，工拙不一，而時有出於高麗《藏》、宋《藏》、元、明《藏》之外。有島田蕃根者，篤好佛書，爲言此皆其國入唐求法僧所齎回者。會其國集股印《大藏經》，並借余所得本校補，因以知宋、元、明《大藏》不收之目，今列於左。

《受五戒八戒文》一卷，唐不空譯。

《菩提心義》一卷，唐不空譯。

《無畏三藏禪要》一卷，唐善無畏造。

《大毗盧遮那佛説要略念誦經》一卷，唐菩提金剛譯。

《供養儀式》一卷，唐菩提金剛譯。

《金剛頂經毗盧遮那一百八尊法身契印》一卷，唐善無畏、一行同譯。

《諸佛境界攝真實經》三卷，唐般若譯。

《金剛頂瑜伽略述三十七尊心要》一卷，唐不空譯。

《大日經持誦次第儀軌》一卷，唐金剛智譯。

《大毗盧遮那佛眼修行儀軌》一卷，唐金剛智譯。

《大聖妙吉祥菩薩説除災教令法輪》一卷，唐一行述。

《施八方天儀則》一卷，大興善寺翻經院阿闍梨述。

《堅牢地天儀軌》一卷，唐善無畏譯。

《新集浴像儀軌》一卷，唐慧琳述。

《佛説大輪金剛總持陀羅尼經》一卷，唐慧琳述。

《大輪金剛修行悉地成就及供養法》一卷，唐慧琳述。

《攝無礙大悲心大陀羅尼經計一法中出無量義南方滿願補陀落海會五部諸尊等弘誓力方位及威儀形色執持三摩耶幖幟曼荼羅儀軌》一卷，唐不空譯。

《青頸觀自在菩薩心陀羅尼經》一卷，唐不空譯。

《三種悉地破地獄轉業障出三界秘密陀羅尼法》一卷，唐善無畏譯。

《慈氏菩薩略修愈誐念誦法》二卷，唐善無畏譯。

《白傘蓋大佛頂王最勝無比大威德金剛無礙大道場陀羅尼念誦法要》一卷，唐善無畏譯。

《毗盧遮那五字真言修習儀軌》一卷，唐不空譯。

《地藏菩薩儀軌》一卷，唐輪婆迦羅譯。

《都表如意摩尼轉輪聖王次第念誦秘密最要略法》一卷，解説師子譯。

《底哩三昧耶不動尊聖者念誦秘密法》三卷，唐不空譯。

《佛説無量壽佛化身大忿迅俱摩羅金剛念誦瑜珈儀軌法》一卷，唐金剛智譯。

《説矩里迦龍王像法》一卷，唐金剛智譯。

《佛説金色迦那鉢底陀羅尼經》一卷，唐金剛智譯。

《摩利支菩薩略念誦法》一卷，唐不空譯。

《摩利支天一印法》一卷，唐不空譯。

《阿吒薄拘付囑咒》一卷，唐不空譯。

《焰羅王供行法次第》一卷，唐阿謨伽撰。

《何耶揭唎婆像法》一卷，唐阿謨伽撰。

《何耶揭唎婆觀世音菩薩受法壇》一卷，唐阿謨伽撰。

《馬鳴菩薩大神力無比驗法念誦儀軌》一卷，唐金剛智譯。

《降三世忿怒明王念誦儀軌》一卷，唐不空譯。

《佛説金毗羅童子威德經》一卷，唐不空譯。

《千手千眼觀世音菩薩治病合藥經》一卷，伽梵達摩譯。

《播般曩結使波金剛念誦儀》一卷，伽梵達摩譯。

《金剛藥叉瞋怒王息災大威神驗念誦儀軌》一卷，唐金剛智譯。

《金剛頂瑜珈青頸大悲王觀自在念誦儀軌》一卷，唐金剛智譯。

《大慈大悲救苦觀世音自在王菩薩廣大圓滿無礙自在青頸大悲心陀羅尼》一卷，唐不空譯。

《火吽軌别録》一卷，唐不空譯。

《北方毗沙門天王隨軍護法儀軌》一卷，唐不空譯。

《宿曜儀軌》一卷，唐一行撰。

《如意寶珠轉輪秘密現身成佛金輪咒王經》一卷，唐不空譯。

《寶悉地成佛陀羅尼經》一卷，唐不空譯。

《法華十羅刹法》一卷，唐不空譯。

《深沙大將儀軌》一卷，唐不空譯。

《摩醯首羅大自在天王神通化生伎藝天女念誦法》一卷，唐不空譯。

《供養十二大威德天報恩品》一卷，唐不空譯。

《寶藏天女陀羅尼法》一卷，唐不空譯。

《摩訶吠室囉末那野提婆喝囉闍陀羅尼儀軌》一卷，唐般若斫羯囉譯。

《冰揭羅天童子經》一卷，唐不空譯。

《使咒法經》一卷，菩提留支譯。

《施諸餓鬼飲食及水法並〔手〕〔咒〕印》一卷，唐不空譯。

《梵天擇地法》一卷，唐不空譯。

《建立曼荼羅及揀擇地法》一卷，唐慧琳譯。

《釋迦牟尼佛成道在菩提樹降魔贊》一卷，唐不空譯。

《佛説造塔延命功德經》一卷，唐般若譯。

《悉曇字記》一卷，唐智廣譯。

《木槵經》一卷，唐不空譯。

《大聖妙吉祥菩薩秘密八字陀羅尼修行曼荼羅次第儀軌法》一卷，中天竺菩薩喋使譯。

《大隨求八印》一卷，宗叡傳。

《總釋陀羅尼義贊》一卷，唐不空解譯。

《十八契印》一卷，唐慧果譯。

《大妙金剛大甘露軍拏利焰鬘熾盛佛頂經》一卷，達磨栖那譯。

《尊勝佛頂修瑜珈法軌儀》二卷，唐善無畏譯。

《釋迦文尼佛金剛一乘修行儀軌法品》一卷，唐善無畏譯。

《藥師瑠璃光如來消災除難念誦儀軌》一卷，唐善無畏譯。

《藥師如來念誦儀軌》一卷，唐不空譯。

《觀自在菩薩心真言一印念誦法》一卷，唐不空譯。

《觀自在菩薩大悲智印周遍法界利益衆生薰真如法》一卷，唐不空譯。

《聖無動尊一字出生八大童子秘要法品》一卷，大興善寺翻經院述。

《建立曼荼羅護摩儀軌》一卷，大興善寺翻經院述。

《火吽供養儀軌》一卷，大興善寺翻經院述。

《北斗七星護摩秘要儀軌》一卷，翻經院阿闍梨述。

《北斗七星念誦儀軌》一卷，唐金剛智譯。

《文殊師利菩薩六字咒功能法經》一卷，唐金剛智譯。

《大隨求即得大陀羅尼明王懺悔法》一卷，唐金剛智譯。

《金剛壽命陀羅尼經》一卷，唐不空譯。

《九品往生阿彌陀三摩地集陀羅尼經》一卷，唐不空譯。

《七星如意輪秘密要經》一卷，唐不空譯。

《藥師如來觀行儀軌法》一卷，唐金剛智譯。

《藥師如來念誦儀軌》一卷，唐不空譯。

《大日如來劍印》一卷，唐不空譯。

《阿闍梨大曼荼攞灌頂儀軌》一卷，唐不空譯。

《金剛頂經一字頂輪王儀軌音義》一卷，唐不空譯。

《佛頂尊勝心破地獄轉業障出三界秘密三身佛果三種悉地真言儀軌》一卷，唐善無畏譯。

《佛説俱利伽羅大龍勝外道伏陀羅尼經》一卷，唐金剛智譯。
《常曉和尚請來目録》三卷，唐金剛智譯。
《新書寫請來法門等目録》一卷，宗叡和尚。
《靈巖圓行和尚請來目録》一卷，宗叡和尚。
《惠運禪師〔將〕（請）來教法目録》一卷，宗叡和尚。
《大使咒法經》一卷，唐菩提流支譯。
《聖賀野紇哩縛大威怒王立成大神驗供養念誦儀軌法品》二卷，唐不空譯。
《佛説不空羂索陀羅尼儀軌經》二卷，師子國阿目佉譯。
《佛心經品亦通大隨求陀羅尼》二卷，唐菩提流志譯。
《七佛俱胝佛母心大准提陀羅尼法》一卷，唐善無畏譯。
《七俱胝獨部法》一卷，唐善無畏譯。
《五大虛空藏菩薩速疾大神驗秘密式經》一卷，唐金剛智譯。
《金剛頂瑜伽三十七尊出生義》一卷，唐不空譯。
《蕤呬耶經》三卷，唐不空譯。
《佛説毗奈耶經》一卷，唐不空譯。

《大佛頂如來放光悉怛多鉢怛囉陀羅尼》一卷，唐不空譯。

《佛説出生無邊門陀羅尼儀軌》一卷，唐不空譯。

《華嚴經心陀羅尼》一卷，唐不空譯。

《轉法輪菩薩摧魔怨敵法》一卷，唐不空譯。

《日光菩薩月光菩薩陀羅尼》一卷，唐實〔叉〕（又）難陀譯。

《如意輪菩薩觀門義注秘訣》一卷，唐不空譯。

《文殊滅淫欲我慢陀羅尼》一卷，唐不空譯。

《阿吒薄俱元帥大將上佛陀羅尼經修行儀軌》三卷，唐善無畏譯。

《伽馱金剛真言》一卷，失譯。

《佛頂尊勝心破地獄轉業障出三界秘密陀羅尼》一卷，唐善無畏譯。

《千手千眼觀世音菩薩大悲心陀羅尼》一卷，唐不空譯。

《千光眼觀自在菩薩秘密法經》一卷，三昧蘇嚩羅譯。

《千手觀音造次第法儀軌》一卷，唐善無畏譯。

《念誦結護法普通諸部》一卷，唐金剛智。

《青龍寺軌記》一卷，唐金剛智。

《勝軍不動明〔王〕（玉）四十八使者秘密成就儀軌》一卷，唐不空、天竺遍智集。
《聖無動尊安鎮家國等法》一卷，唐金剛智。
《北方毗沙門天王隨軍護法真言》一卷，唐不空譯。
《毗沙門儀軌》一卷，唐不空譯。
《賢劫十六尊》一卷，唐不空譯。
《大聖歡喜雙身大自在天毗那夜迦王歸依念誦供養法》一卷，唐善無畏譯。
《大聖歡喜雙身毗那夜迦悉天形像品儀軌》一卷，憬瑟撰。
《毗那夜迦誐那鉢底瑜伽悉地品秘要》一卷，含光記。
《大黑天神法》一卷，嘉祥寺神愷記。
《十二天供儀軌》一卷，嘉祥寺神愷記。
《般若守護十六善神王形體》一卷，唐金剛智譯。
《七曜攘災決》一卷，西天竺金俱吒撰。
《七曜星辰別行法》一卷，唐一行撰。
《北斗七星護摩法》一卷，唐一行撰。
《佛説北斗七星延命經》一卷，婆羅門僧。

《梵天火羅九曜》一卷，唐一行述。

《攝大毗盧遮那成佛神變加持經入蓮華胎藏海會悲生曼荼攞廣大念誦儀軌供養方便會》，唐輸婆迦羅譯。

《大毗盧遮那經廣大儀軌》三卷，唐輸婆迦羅譯。

《大毗盧遮那成佛神變加持經蓮華胎藏悲生曼荼羅廣大成就儀軌供養方便會》二卷，玄法寺法全集。

《大毗盧遮那成佛神變加持經蓮華胎藏菩提幢幖幟普通真言藏廣大成就瑜珈》三卷，青龍寺法全集。

《大毗盧遮那成佛經疏》二十卷，唐一行記。

附《不思議疏》二卷，唐不可思議撰。

龍按：據楊氏稿本，「篤好佛書」四字原作「儒而釋者」；「借余所得本校補」後原有「又借余所藏《房山石經》對校」，圈去。又經目中「大日如來劍印」一條重出，徑删其一。

貞元新定釋教目録三十卷日本享保刊本

唐西京西明寺沙門圓照奉敕撰。其書體例，一同釋智昇《開元釋教録》，而下止於貞元十六年，凡加一百三十九部，三百四十二卷，亦多有訂定《開元録》者。此書宋、元、明南、北《藏》皆不載。此本爲日本享保十六年書坊所刊，卷後多署「丙午歲」或署「丁未歲高麗國大藏都監奉敕雕造」。前有高野山釋妙端序，稱此本得之高麗《藏》，粤山釋迦文院又以其國秘書本及《開元録》《梁高僧傳》等書校之，題於書楣，而圈記其下。余按此本訛謬滿紙，尚多未校者，或妙端校後又爲刻梓所誤，未暇重校與？余初以爲校書圈記始自阮文達之刊十行本《十三經》，今此本刊於享保十六年，當我中國雍正九年，而已有圈記，豈暗合與？抑别有前規與？記之以俟博雅。

原序

西京西明寺沙門圓照撰

謹按，《舊録》云：「夫目録之興也，蓋所以别真僞、明是非，記人代之古今，標卷部之多少，摭拾遺漏，删夷駢贅，欲使正教合理，金疑「經」字言有緒，提綱舉要，歷然可觀也。但以法門幽邃，化綱恢弘，前後翻傳，年移代謝，屢經散滅，卷軸參差。復有異人，時增僞妄，致令混雜，難究蹤由。是以先德儒賢，製斯條録，今其存者，殆六七家。然猶未極根源，尚多疏闕。昇以庸淺，久事披尋，參練異同，指陳臧否，成茲部帙，庶免乖違。幸諸哲人，俯共詳覽。」今觀先覺所撰，冠絶群英，伏從庚午以來，增七十祀，三藏繼踵，於今四朝。聖上欽明，翻譯相次。一百餘部，《經》《律》特明，累降鴻私，許令修述。圓照等才智短淺，思不延文。祇奉皇恩，俯仰恭命。今所詳者，約以類分，隨三藏文相次附入。自惟以索繼組，以礫次金，疑則闕之，以俟來哲也。

龍按：楊批森《志》於《首楞嚴經》上方批云：「外有《貞元釋教録》，爲中土佚書，此録不載。」知此雖爲和刻之本，然國内不存，故極珍貴。楊氏諸書目均未載此本。檢羅振玉致楊函云「又承允賜《貞元釋教録》及石印《董美人墓誌》、《悉曇字記》等書，百朋之錫，尤爲感泐」（見《羅振玉手札》），另羅氏《大雲書庫藏書題識》收此書一種，云：「宜都楊君星吾曩遊日本時得之。去冬過鄂，欲從楊君假鈔，以卷帙多且大，慨然持贈。百朋之錫，忻慰何似！異日當勸有力者重雕，俾不負楊君見惠之雅意也。」（《羅振玉學術論著集》第七集）知此書贈予羅氏，現未知藏處。

日本訪書志卷十六　釋家

續高僧傳四十卷 宋刊摺子本

唐釋道宣撰。始於梁初，終唐貞觀十九年。正傳三百三十一人，附見一百六十人，分爲十例。其書叙述典雅，幾於蕭子顯、李百藥之筆。按《四庫書目》僅載釋贊寧《宋高僧傳》及《僧寶傳》。近時潘氏海山仙館刻釋慧皎《高僧傳》，而此書仍沉霾於《釋藏》中，未經表彰。此本亦宋嘉熙三年安吉州資福寺刊本，即南、北《藏》本所從出也。

《續高僧傳》序

唐釋道宣撰此在第二行

原夫至道絶言，非言何以範世；言惟引行，即行而乃極言。是以布五位以擢聖賢，表四依以承人法。龍圖成大《易》之漸，龜章啓彝倫之用。逮於素王繼轍，前修舉其四科；班生著詞，後進弘其九等。皆所謂化導之恒規，言行之權致者也。惟夫大覺之照臨也，化敷西壤，跡紹東川。踰中古而彌新，歷諸華而轉盛。雖復應移存没，法被澆淳，斯乃利見之康莊，缺有之弘略。故使體道欽風之士，激揚影響之賓，會正解而樹言，扣玄機而即號，並德充宇宙，神冠幽明。像設焕乎丹青，智則光乎緇素。固以詳諸經部，誠未纘其科條。竊以葱河界於剡〔州〕（洲），風俗分於唐梵。華胥撰列，非聖不據，其篇則二十四，依付法之傳是也。神州所紀，賢愚雜其題引，則六代所詳群録是也。然則統斯大抵，精會所歸，莫不振發蒙心，網羅正理。俾夫駘足九達，遺蹤望而可尋；徇目四馳，高山委而仰止。昔梁沙門金陵釋寶唱撰《名僧傳》，會稽釋惠皎撰《高僧傳》，創發異部，品藻恒流，詳核可觀，華質有據。而緝裒吴越，叙略魏燕，良以博觀未周，故得隨聞成彩。加以有梁之盛，明德云繁，薄傳三五，數非通敏。斯則同世相侮，事積由來。中原隱括，未傳簡録，時無雅贍，誰爲補之？致使歷代高風，颯焉終古。余青襟之歲，有顧斯文，祖習乃存，經綸攸闕。是用憑諸名器，竚對殺青。而情計栖遑，各師偏競，逖聽成簡，載紀相尋，而物忌先鳴，藏舟遽往，徒懸積抱，終擲光陰。敢以不才，輒陳筆記，引疏聞見，即事編韋，諒得列代因之，更爲冠冕。自漢明夢日之後，梁武光有以前，代别釋門，咸流傳史。考酌資其故實，删定節其先聞。遂得類續前驅，昌言大寶。季世情槃，量重聲華，至於鳩聚風猷，略無繼緒。惟隋初沙門魏郡釋靈裕儀表綴述，有意弘方，撰《十德記》一卷，偏叙昭玄師保，未粤廣嗣通宗。餘則孤起支文，薄言行狀，終未馳高觀，可爲長太息矣。故使需預染毫之客，莫不望崖而戾止，固其然乎！今余所撰，恐墜接前緒，故不獲已而陳。或博諮先達，或取訊行人，或即目舒之，或討讎集傳。南北國史，附見徽音，郊郭碑碣，旌其懿德，皆撮其志行，舉其器略，言約繁簡，事通野素。足使紹胤前良，允師〔後〕聽。始岠梁之初運，終唐貞觀十有九年，一百四十四載，包括岳瀆，歷訪華夷。正傳三百三十一人，附見一百六十人。序而申之，大爲十例：一曰「譯經」，二曰「解義」，三曰「習禪」，四曰「明律」，五曰「護法」，六曰「感通」，七曰「遺身」，八曰「讀誦」，九曰「興福」，十曰「雜科」。凡此十條，世罕兼美，今就其尤最者，隨篇擬倫。自前傳所叙，通例已頒。迴互抑揚，寔遵弘檢。且夫經導兩術，掩映於嘉苗；護法一科，綱維於正網。必附諸傳述，知何續而非功。取其拔滯開元，固可標於等級，餘則隨善立目，不競時須。布教攝於物情，爲要解紛静；節總歸於末第，區别世務者也。至於韜光崇岳，朝宗百靈，秀氣逸於山河，貞概銷於林薄。致有聲喧玄谷，神凝紫煙，高謝於松喬，俯眄於窮轍，斯皆具諸别紀，抑可言乎！或復匿跡城闉，陸沉浮俗，盛業可列，而吹嘘罕遇。故集見勳風素，且樹十科，結成三袠，號曰《續高僧傳》。若夫搜擢源派，剖析憲章，〔組織詞令〕（粗識今詞），琢磨行業，則備於〔後〕（復）論，更議而引之。必事接恒篇，終成詞費，則削同前傳，猶恨逮於末法。世挺知名之僧，未覿嘉猷，有淪典藉，庶將來同好，又塵斯意焉。按此序孫淵如《續古文苑》不載，則知孫亦未見此書。

龍按：楊氏諸書目載日本刊本多種，皆三十一卷者，未見此宋刊摺子本，今亦未知存處。臺北故宫有楊舊藏之日本刊本。

釋氏要覽三卷 日本刊本〇

宋釋道誠撰。首崔育林序，次自序，即爲卷上之首，猶是古式。末有□隨後序。凡分二十七門，皆解釋經論名義，誠讀内典之寶筏也。較之《翻釋名義》，尤爲揭要，顧彼教中亦罕著録。此本爲日本翻雕，末有「前川茂右衛門尉開板」字樣，相其字體，當是三百年前之物。

龍按：《留真譜初編》卷十一葉十五有書影。《釋氏要覽》最佳之本即日本流傳者，然此本末附後序作者僅有「隨」字，據國内所存明刊二卷本，知此人名王隨。另，日本流傳之本中，易得且佳者爲寛永十年刻本，距楊氏著録時約二百五十年，楊氏據其字體，指此「當是三百年前之物」，亦得其實。然楊藏之本末有「前川茂右衛門尉開板」字樣，則非寬永原本，當爲後人修板重印者。楊氏舊藏現當存國圖，前有「松坡圖書館藏」印，然僅存二册，檢《鄰蘇園藏書目録》，此書本即標云「二册」，則原即不全。

感山雲卧紀談上卷附雲卧庵主書一卷 日本貞和仿宋刻

宋釋曉瑩撰。首有自序，末附曉瑩與遁庵《無言書》一通，凡數千言。下卷末題「貞和丙戌三月吉日沙門明起捨財命工鏤梓流通，板留平岳自快庵中」云云。按：曉瑩有《羅湖野録》，《四庫》著録，余亦得其本，書成於紹興乙亥。此本自序不署年月，考其與遁庵《無言書》中「淳熙戊戌冬以徒弟隸名感山小寺而〔徙〕居焉」，則此本成於淳熙以後。其書體例與《羅湖野録》同，多載遺文遺事，有資於考證。蓋曉瑩固高僧以詞翰著者，非如他人語録第逞機鋒語也。

《感山雲卧紀談》

始余出自南閩，遠歸江表，分甘與草木俱腐，誅茆城山，以尚書孫公仲益所書「雲卧庵」字而揭焉。公又以詩見寄，有「身世兩相違，雲閑卧不飛」之句，蓋〔其〕知予者也。山頂高寒，非老者所宜。八見青黄，病隨日生，繇是徙居曲江之感山。年運既往，與世日益疏闊，順時制宜，以待溘然。或逃可畏之暑於松塢，或暴可愛之日於茆簷。身閑無事，遇賓朋過訪，無〔可〕藉口則以疇昔所見所聞，公卿宿衲遺言逸跡，舉而資乎物外談笑之樂。不謂二三子剽聞而耳亦熟矣。遂相與記諸，以《雲卧紀談》名之。然余所談，未必世之賢者以爲善，令會粹成編，無乃重予之過歟？若夫文字性空，言語道斷，以予終日談爲未嘗談，則庶幾焉。雲卧庵老僧自序。

龍按：此本森《志》著録，楊批云「飛青閣得之」。楊藏本今存國圖，前除楊氏諸印外，又有「松坡圖書館藏」印。

人天寶鑑　并前後序文八十四葉，日本仿宋刻，無年月

宋釋曇秀撰。首有劉棐序，次自序，末有紹定庚寅釋師□、釋妙堪跋。其書〔裒〕（褒）載歷代高僧逸事遺言，每條之下注引書名，頗爲博洽，其大旨具於自序中。

是集皆佛氏妙藥救世之書也，能令病者服之即愈：至有盲、聾、喑、跛之徒，亦得除瘥。四明道人秀公久歷湖海，此藥備嘗，無不應驗，宜乎刊行以壽後世，故余樂爲之序。紹定庚寅六月望日蘭〔庭〕（廷）劉棐。

《人天寶鑑》序

竊聞先德有善不能昭昭於世者，後學之過也。如三教古德於佛法中，有一言一行，雖載之碑傳實録及諸遺編，而散在四方，不能周知遍覽，於是潛德或幾無聞。愚嘗出處叢林，或得之尊宿提倡，或訪求采摭，凡可以激發志氣、垂鑑於世者，輒隨而録之，總數百段，目曰《人天寶鑑》。不復銓束人品，條次先後，擬大慧《正法眼藏》之類。且昔之禪者，未始不以教律爲務；宗教律者，未始不以禪爲務；至於儒、老家學者，亦未始不相得而徹證之；非如今日專一門、擅一美，互相詆訾，如水火不相入。噫！古者之行非難行也，人自菲薄，以謂古人不可及爾。殊不知古人猶今之人也，能自奮志於其間，則與古人何別。今刊其書，廣其説，欲示後世學者知有前輩典刑，咸至於道而已，高明毋誚焉。紹定三年結制日四明沙門曇秀序。

龍按：此本現藏國圖，前除楊氏諸印外，又有「松坡圖書館藏」印。此本當爲日本寬文十年本。此書作跋者之名，或爲「師贊」。

無文印二十卷　宋咸淳九年癸酉刊本，附《語録》一册，杉本仲温藏本○

宋釋無文撰，凡詩二卷，文十八卷。首有李之極序。每半葉十一行，行二十字，雕刻精良。無文與當時名流相唱和，故其詩文皆無蔬筍氣，文尤簡質有法，在宋僧中固應樹一幟也。

道以忘言爲妙，以有言爲贅，其説似矣，而實未也。吾聖人六經，如杲日行空，萬古洞〔照〕（然）。使夫子盡遂其無言之欲，則民到於今，不胥爲夷狄禽獸者，伊誰之賜？浮屠之學雖不若是，然既曰「空諸所有」，又曰「不實諸所無」，則泥於「有」「無」之間者皆非也。東湖無文師方弱冠〔時〕，天資穎脱，出語輒驚人。坐白鹿講下，師事晦静湯先生，雅見賞異。一再戰藝不偶，即棄去，從竺乾氏遊。異時諸方叢席號大尊宿者，一見輒器之，必以翰墨相位置，無文自是始不能無文矣。歲滋久，知滋多，應酬滋〔益〕（兹）夥。中年病眩，猶信口命侍僧執筆以書，爲語皆刻厲警特，師不自知其爲工否也。

辛未二月〔示〕（亦）寂。後其徒惟康〔稡〕（梓）《遺稿》二十卷，請於常所來往之有氣力得位者，助而刊之，囑予爲之序。予家番，與師遊最後而語最合，於康之請不復辭。又怪世之不知師者，疑其於言語文字爲詳，是殆見其善者機耳。故曰：言而足，則終日言而盡道；言而不足，則終日言而盡物。語默不論也，多寡不論也。師長於文，而自號「無文」，則世之疑之者，淺之爲丈夫矣。癸酉長至日李之極序。

仲穎序癸酉秋。此在《語録》册首。

普度跋咸淳九年。此在《語録》後。

龍按：傅增湘爲《郘亭知見傳本書目》增補此書，並云「友人羅振玉獲自日本之書，蓋宋元時倭僧携歸之書也」。祝尚書《宋人别集叙録》載遼寧省圖書館之藏本，云「無日人題識藏印，亦無羅氏手跡」，繼云「今日本國會圖書館亦藏一部」，又引楊《志》所述，云「該本原爲寶宋閣、向黄邨等舊藏」，則以楊氏舊藏今存於日本國會圖書館。金程宇叙録亦引楊氏語，然提及遼圖所藏者，僅云「今遼寧省圖書館（羅振玉舊藏，卷十二下抄補）藏宋本一部，即由日本回傳者」（《東亞漢文學論考》）諸家所録均有誤。遼圖所藏即羅振玉舊藏，以其前有「大雲精舍」印可知；而羅氏之書却非「獲自日本之書」，亦非「無日人題識藏印」者，因其前實有「杉恒篠珍藏記」印（參《第一批國家珍貴古籍名録圖録》第四册），知爲日本藏家杉本仲温舊藏；再與楊《志》所注對照，可知此即楊氏舊藏之本，後當售予羅振玉者。故日本國會圖書館所藏與楊氏當無涉。另，所引李序「惟康」後一字楊氏定爲「梓」，《中華再造善本》之提要則以方框代之，實原作「稡」，即「萃」字。

禪苑蒙求三卷 寬文九年刊本

金少林寺僧志明撰，仿李翰《蒙求》之體，以隸釋氏典故，燕京萬壽寺僧無諍、德諫爲之注。大抵出於《五燈會元》者十之七八，間有不知所出者。屬對雖未工，誠彼教中之記事珠也。

按明《藏》目録不載此書，當時或以爲初學所設不録，或以未見其本不録。此本鐫刻尚有古式，當原於金本，亦内典逸書之一種也。

原序　　燕京大萬壽寺無諍、德諫注

少林樂真子志明撰

嵩山少林錯庵志明禪師，字伯昏，雅號樂真子，安州郝氏子。性忽繩墨，外簡樸而内精慜，始爲糠禪四祖，作《貫花標月集》，有潔首座者激礪，乃〔薙〕（雉）髮，師香林浄公受具。日夕咨參咨扣勝静普之室，後徹證於東林。嘗懸木槌拭手，謂之「槌巾」。拄一楖，去留自適，人莫能親疎之。東林遷超化，衆請補少林，師打籌自誓，長歌而去，歌曰：「五乳峰前飰店開，饅頭如斗餅如篩。洛陽城裏多檀信，墜珥遺簪競作齋。窮跛子，淡淵才，老來因甚舞三臺。拄笻徑上嵩陽道，笑指青山皈去來。」挽留不可，諸方咸仰其高致。

雪堂和尚注《禪苑瑶林》引

吾萬松老師以無上機讀盡天下書，嘗謂余曰：「『記事者必提其要，纂言者必鉤其玄』，韓子之云，良有以也。」嗣子雪堂諫公和尚以玉溪老取樂真《禪苑瑶林》欲板行之，公爲之注釋焉，幾六萬言。或者怪其繁，以師言告之。公喝云：「東風吹落杏花枝，箇裏紅香在何處？」乙卯年二月二日龍山居士雁門吕伯鯤夫書。

《禪苑蒙求》，錯庵所製。錯庵者，即比丘中李瀚、王令也。此書貫串二千言，發明五百事，其言辨而載，其學淵而博，可以爲禪門節事、法海聯題。使後學省十載之勞，成半《藏》之記，公慈悲足見。以夫錯庵謂誰？乃不搽紅〔粉〕（紛）拂袖於小林者也！正大乙酉臘前五日。友人幅巾男子槾軒居士題後。

《禪苑蒙求》引

樂真禪師爲初機後學而設也。師以正法眼作文字禪，駢以對偶，諧以韻語，凡五百餘則，以使學者觀覽。予且讀且笑曰：「師把定要津，不通凡聖，何區區乎此書！無乃爲蛇畫足耶？」師曰：「子言誠是。雖然，童稚無識，未能參叩，使成誦在口，粗知問津，則吾此書不爲無助。譬猶教坊雷大使作舞，雖非本色，且要兒孫不墜素業耳。」於是笑謝而爲引。時正大三年正月廿六日閑居士書。

龍按：此本現藏國圖，有楊氏「飛青閣藏書印」，又有「松坡圖書館藏」印。又，此書原本「五乳峰」作「五乳峯」，然嵩山有五乳峰，少林寺即在其下，故楊守敬録文時徑改爲「峯」，知原本當因字形相近而譌。

碧巖録十卷元刊本

卷首題「佛果圜悟禪師碧巖録卷第一」，每半葉十一行，行二十一字。書首有封面，記刊板緣起，邊格外標「杭州北橋北街東嵎中張氏書隱印行」。每卷後均有張氏木記，或詳或略，或篆隸或行草。

比丘普照《序》建炎戊申。

方回《序》大德四年。

三教老人《序》大德甲辰。

周馳《序》大德九年。○以上四通在卷首。

闞友《後序》宣和乙巳。

比丘凈日《後序》大德壬寅。

比丘希陵《後序》延祐丁巳。○以上三通在卷末。又有一通存二頁，脱末一葉，不知何人所作。

龍按：此本現藏國圖，有楊氏「飛青閣藏書印」，又有「松坡圖書館藏」印。楊氏標此爲「元刊本」，或誤，一者此書元刊當已無存；二者，此書於日本多有翻刊，和刻本多保留元刊本前扉頁刊記，然其左側則稍有不同，國圖所存楊氏舊藏本扉頁左側標云「越後州蒲原郡加地之莊本源禪院新刊」，則可確定爲日本五山版中川瀨一馬氏所云之第九種本（參川瀨一馬《五山版研究》）。

須賴王經一卷 唐鈔卷子本

共十九紙，每紙二十七行，末一紙八行，共四百九十四行，末署「延曆十六年六月十一日右大臣藤原朝臣誓願」，首尾完具，書法端雅。日本古寫佛經雖多，如此卷者，實爲罕覯。按延曆十六年當中國唐德宗貞元十三年，日本左、右大臣之職，如中國左、右僕射。藤原爲日本望族，朝臣又當時名相，詳見《日本國史》。此卷蓋其誓願捨經，故記姓名、年月於卷末，非必其所手書者也。或疑此書即非朝臣，當是日本人之筆。余謂不然，按《日本書記》紀其國入唐求法僧不絶於道，釋空海其最著者。其齎唐人寫經度海，何止法顯、宋雲、玄奘千百輩。若天平十二年藤原皇后施舍《一切經》全部，至今卷子本往往見之，雖不題唐人年號，固可望而知之也。余所得經有題「乾寧元年」者。藤原朝臣位長百寮，力能布施。當時所捨，必不止此一卷，今但存此耳。經末題識，筆勢究與本經不同，其相似者，則風氣使然，不獨此卷尾效之也。且書之工不工，何分彼我。而余堅持此説者，日本當唐代所産紙質皆白麻，理鬆而文皺，今其國存釋空海、小野道風、嵯峨天皇諸人書皆可證。此則黄麻堅韌，與中土所存《鬱單越經》在中江李氏、《轉輪王經》在福山王氏紙質無二，則知此爲唐人書無疑也。經生之筆，在當時不過傭書者流，未必與書家品騭。至今日則有極天下之選，盡一生之聰明才力，尚不能追其格度，古今人之不相及，所以有世道升降之慨也。此本首有「法隆寺」印記，日本古名刹也。大抵日本古籍多出於法隆寺、高山寺、金澤文庫。附記之。

龍按：據張景栻、張旻《楊守敬舊藏日本卷子本目録》，知此卷現藏張景栻處。據楊氏手跡，跋語末署「光緒甲申□□宜都楊守敬記」。

佛説大孔雀咒王經三卷 唐鈔本

日本古鈔佛經雖多，然如此三卷首尾完具，實爲僅見。或疑此類皆日本人書，未必千載遺翰墨采如新。余按其國史，遣唐之使不絶於道，其稱聖僧空海者，亦入唐求法，歸國所携，著爲《齎來録》，手跡尚存。以余所見《文館詞林》有「神龍」之題在柏〔木〕（本）政矩家，《華嚴義疏》載「光化」之號爲余所得，更有北魏「元龜」藏西京沙門徹定、「大齊天統」藏黑田忠直，年世悠遠，尤駭聽聞。知數十鷁首何啻白馬千萬。況黃麻堅韌，舊唯唐製，今中土所存，若《鬱單》《轉輪》《兜沙》《靈飛》，皆硬黃卷軸，可對勘也。又時代稍降，格韻遂卑，宋之視唐，已分今古。余得日本宋大觀年間寫經，遂遠不及此。乃地隔海嶠，而謂指腕雖殊，神理不異，揆之於理，必不其然。今其書法與房山石刻，運筆結體，不爽毫髮。則稱爲唐人之作，當非燕説。或又謂倭奴既購經於支那，則震旦之璧藏，當倍蓰於邪馬，何以其今日庋（弆）（弃）反多於中土？此未知彼國兵争，例不毁佛寺，千年古刹，崔巍相望，若東大寺、石佛寺、法隆寺，不惟大、小乘《律》牙籤無恙，即九流四部，亦多出其中。且自達摩東邁，禪宗既盛，語録日增。《五燈》之書充棟，三藏之籍束閣。日本緇徒，雖亦染其流風，而機鋒口舌，究爲有間，梵筴經典，猶競誦習。此又多亡少存之一端也。並志於此，以釋來者之惑。

龍按：據張景栻、張旻《楊守敬舊藏日本卷子本目録》，知此卷現藏張景栻處。據張氏著録，此跋爲楊氏寫於光緒十四年者。

王子安文一卷古鈔卷子本

古鈔《王子安文》一卷，三十篇，皆序文，日本影照本，書記官巖谷脩所贈。首尾無序、跋。森立之《訪古志》所不載，惜當時未細詢此本今藏何處。書法古雅，中間凡「天」「地」「日」「月」等字，皆從武后之制，相其格韻，亦的是武后時人之筆。此三十篇中不無殘缺，而今不傳者凡十三篇，其十七篇皆見於《文苑英華》。異同之字以千百計，大抵以此本爲優，且有題目不符者，真希世珍也。

目録

《王勃於越州永興縣李明府宅送蕭三還齊州序》《文苑英華》作「越州永興李明府宅送蕭三還齊州序」。

《山家興序》《文苑英華》「家」作「亭」，誤。

《秋日宴山庭序》《文苑英華》作「秋日宴季處士宅序」。

《三月上巳祓禊序》

《春日序》缺後半

《秋日送沈大虞三入洛詩序》

《秋日送王贊府兄弟赴任别序》闕後半

失題缺前半

《秋晚什邡西池宴餞九隴柳明府序》

《上巳浮江讌序》

《聖泉宴序》

《江浦觀魚宴序》缺後半

《梓潼南江泛舟序》

《餞宇文明府序》《文苑英華》「餞」作「送」。

《仲〔家園〕（氏宅）宴序》僅存末十字

《夏日仙居觀宴（觀）序》缺後半

《秋日登洪府滕王閣餞別序》闕後半

《送劼赴太學序》缺前半

《秋夜於綿州群官席別薛昇華序》

《宇文德陽宅秋夜山亭宴序》

《晚秋遊武擔山寺序》

《新都縣楊乾嘉池亭夜宴序》《文苑英華》作「越州秋日宴山亭序」。按：序文有「揚子雲之故地」句，則非「越州」審矣，《英華》誤。

《至真觀夜宴序》

《秋晚入洛於畢公宅別道王宴序》缺首尾

《秋日楚州郝司户宅遇餞〔霍〕（崔）使君序》缺前半

《江寧縣白下驛吴少府見餞序》《文苑英華》作「江寧吴少府宅餞宴序」。

《秋日登冶城北樓望白下序》

《冬日送儲三宴序》缺後半

失題僅存末五字

《春日送吕三儲學士序》缺後半

此卷首尾無卷第尾殘缺。其第一首題王勃名，以下則不題名，似當時選録之本。然以勃一人之作，采取如此之多，則其書當盈千卷。考唐人選集唯《文館詞林》一千卷，而編録在顯慶三年，非子安所及，抑唐人愛勃序文者鈔之耶？疑不能明，記之以俟知者。子安有《舟中纂序》五卷，然校此卷中文不盡舟中作，《滕王閣序》其一也。今以逸文十三篇抄録於左，其他文十七篇異同，則别詳《札記》。

《春日序》

夫五城高暎，飛碧玉之仙居；三山洞開，秀黄金之神闕。斯則旁稽鳳册，聞禮制而空存；俯視至閒，竟寂寮而無睹。況乎華陽舊壤，井絡名都，城邑千仞，峰巒四絶。山開雁塔，還如玉名之臺；水架螺宫，則似銅人之井。嚴君平之卜肆，里閈依然；揚子雲之書臺，煙霞猶在。雖英靈不嗣，何山川之壯麗焉。王明府氣挺龍津，名高鳳舉，文詞泉湧，秀天下之珪璋；儒雅風流，作人倫之師範。孟嘗君之愛客，珠履交晉；〔宓〕（密）子賤之調風，弦歌在聽。則有蜀城僚佐，陪騁望於春郊；青溪逸人，奉淹留於芳閣。明明上宰，肅肅英賢，還起潁川之駕，重集華陰之市。於時歲遊青道，景霽丹空。桃李明而野徑春，藤蘿暗而山門古。横琴對酒，陶潛彭澤之遊；美兒多才，潘岳河陽之令。下官寒鄉劍士，燕國書生。憐風月之氣高，愛林泉之道長。下闕。

《秋日送沈大虞三入洛詩序》

夫鳥散背飛，尚有悲鳴之思；獸分馳騖，猶懷狂顧之心。况在於人，能無別恨者也？虞公、沈子，道合姻連，同濟巨川，俱欣利涉。天門大道，子則翻而入帝鄉；地泉下流，余乃漂泊而沈水國。昇降之儀有異，去留之路不同。嗟控地之微軀，仰沖天之逸翮。相與隔千里，阻九關，後會不可期，倚伏安能測。是時也，赤熛云謝，白道爰開。潘子陳哀感之辰，宋生動悲傷之日。萬物迴薄，四野蒼茫。雲異色而傷遠離，風雜響而飄別路。月來日往，澄晚氣於幽巖；景净天高，引秋陰於爽籟。此時握手，共對離樽，將以釋慰於行前，用宴安於別後。命篇舉酌，咸可賦詩。一字用探，四韻成作。

《秋日送王贊府兄弟赴任别序》

夫别也者，咸軫思於去留；將行矣，夫有懷情於憂喜。王贊府伯兄、仲弟，如壎〔若〕（如）篪，匪二陸之可嘉，即三王之繼體。長衢騁足，拔〔萃揚〕（苹楊）眉；道泰官高，成榮下闕。

失題〔《冬日送閭丘序》〕

山陽。我北君西，分歧臨水。於時寒雲悽愴，更有心愁；咽溜清冷，翻增氣哽。聽孤鴻而動思，怨别怨兮傷去人；聞唳鶴而驚魂，悲莫悲兮愴離緒。風煙冥寞，林薄蒼茫。舉目潸然，能無鬱悒。人探一字，四韻成篇。

《秋晚什邡西池宴餞九隴柳明府序》

若夫春江千里，長減楚客之詞；秋水百川，獨肆馮夷之賞。亦有拔蘭花於溱洧，采蓮葉於湘湖。亭皋丹桂之津，源水紅桃之徑。斯則龍堂貝闕，興偶於琴樽；菌楫荷裳，事編於江漢。未有一同高選，神怡吏隱之間；三蜀良遊，道勝浮沈之際。歷秋風之極浦，下明月之幽潭。别錦帆於迴汀，艤瓊橈於曲嶼。柳明府藉銅章之暇景，訪道鄰邓；竇明府〔□〕錦化之餘閑，追歡妙境。司馬少以陽池可作，具仙舟於南浦之前；下官以溝水難留，攀桂席於西津之曲。同聲相應，共駐弦歌；同氣相求，自欣蘭蕙。瓊卮列湛，玉俎駢芳。煙霞舉而原野晴，鴻雁起而汀洲夕。蒼蒼葭〔菼〕（莢），傷白露之遷時；淡淡波瀾，喜青天之在矚。既而雲生歧路，霧黯他鄉。空林暮景，連山寒色。轉離舟於複溆，嘶旅騎於巖坰。故人易失，幽期難再。乘查可興，與筆海而連濤；結網非遥，共詞河而接浪。盍申文雅，式序良遊。人賦一言，同裁四韻。

《聖泉宴序》

玄武山趾有聖泉焉，浸淫滴瀝，數百年矣。乘巖泌湧，接磴分流，砂堤石岸，成古人之遺跡也。若乃青蘋緑芰，紫苔蒼蘚，亦無乏焉。群公九牘務閑，江湖思遠。寤寐〔寄〕（奇）託，淹留勝地。既而〔崇〕（豈）巒却峙，荒壑前縈。丹崿萬尋，碧潭千仞。松風唱晚，竹霧曛空，蕭蕭乎人間之難遇也。方欲以林壑爲天屬，以琴樽爲日用。嗟乎！古今同遊，方深川上之悲；少長齊遊，且盡山陰之樂。盍題芳什，共寫高懷。

《江浦觀魚宴序》

若夫〔辯〕（辦）輕連鼇，澹洲爲獨往之賓；道寄虛舟，河洛有神仙之契。雖復勝〔遊〕（逝）長〔逝〕（遊），陵谷終移；而高範可追，波流未遠。群公以十旬芳暇，候風景而延情；下官以千里薄遊，歷山川而綴賞。桃花引騎，還尋源水之蹊；桂葉浮舟，即在江潭之上。爾其崇瀾帶地，巨浸浮天。綿玉甸而横流，指金臺而委輸。飛湍驟激，猶驚白鷺之濤；蹴浪奔迴，若赴黄牛之峽。於是分桂楫，動蘭橈，嘯漁子於平溪，引鮫人於洞穴。沙林石嶼，環臨翡翠之竿；瓊轄銀鉤，下暎茱萸之下闕。

《夏日仙居觀宴序》

咸亨二年四月孟夏，龍集丹水，兔躔朱陸。時屬陸沉，潤褰恒雨。九隴縣〔令〕（今），河東柳易，式〔稽〕（嵇）彝典，歷禱名山。爰昇白鹿之峰，佇降玄虬之液。楊法師以煙霞勝集，諧遠契於詞場；下官以書札小能，叙高情於祭牘。羞蕙葉，奠蘭英，舞閡哥終，雲飛雨驟。靈機〔密〕（蜜）邇，景下闕。

《至真觀夜宴序》

若夫玉臺金闕，玄都紫府，曠哉邈乎，非流俗所詣，而群英在焉。乃相與造〔□〕處之宫，遊□萍之野，棄置煩雜，栖遲道性。陶然不知宇宙之爲大也。豈直坐談風月，行樂琴樽而已哉！仰觀千載，亦各一時。

《秋日登〔冶〕（冶）城北樓望白下序》

僕不才，懷古人之士也。峴山南望，恨元凱之塗窮；禹穴東尋，悲子長之興狹。徘徊野澤，散誕陂湖。思假俊翮而遊五都，願乘長風而眺萬里。佳辰可遇，屬樓雉之中天；良願果諧，偶琴樽之暇日。携勝友，陟崇隅，白雲展面，青山在目。南馳漲海，北控淮潮。楚山紛列，吴江晧曠。川原何有，紫蓋黄旗之舊墟；城闕何年，晉宋齊梁之故跡。時非月是，物在人亡。灌莽積而蒼煙平，風濤陰而翠霞晚。關山牢落，壯宇宙之時康；井邑蕭條，覺衣冠之氣盡。秋深望徹，景極情盤。俯萬古於三休，窮九垓於一息。思欲校良遊於日下，賈逸氣於雲端；引江山使就目，驅煙霞以縱賞。生涯詎幾，此念何期？灑絶翰而臨清風，留芳樽而待明月。俱題四韻，不亦可乎？人賦一言，其詞云爾。

《冬日送儲三宴序》

儲學士東南之美，江漢之靈。凌翰圃而横飛，入詞場而獨步。風期暗合，即爲生死之交；道德懸符，唯恨相知之晚。下官太玄尚白，其心如丹。將忠信以待賓朋，用煙霞以付朝夕。自非琴書，好事文筆，深知口若雌黄，人同水鏡。亦未與談今古，盡□胸懷。對山川之風日，蕩羈旅之愁思。此君邂逅相遇，適我願耳。樽酒不空，吾無憂矣。方欣握手，遽慘分歧。覺歲寒之相催，悲聚散之無定。是時也，池亭積雪，草樹下闕。

失題〔《初春於權大宅宴序》〕

人，皆成四韻。

《春日送吕三儲學士序》

宇宙之風月曠矣，川岳之煙雲多矣。其有徒開七竅，枉滯百年，棄光景若埃塵，賤琴書同糞土，言不及義，動非合禮。若使周、孔爲文章之法吏，比屋可以行誅；嵇、阮爲林壑之士師，破家不容其罪。至若神高方外，志大寰中，詩酒以洗滌胸襟，池亭以導揚耳目，超然自是，散若有餘。義合則交疏而吐誠，言忘則道存而目擊。二三君子，當仁不讓。並高情朗俊，逸調疏閑，杞梓森羅，琳琅疊彩。崩雲垂露之健筆，吞蛟吐鳳之奇文。顔、謝可以執鞭，應、徐自然銜璧。下官栖遑失路，懷抱沈愁。暫辭野鶴之群，來廁真龍之友。不期而會，甘申羈旅之心；握手言離，更切依然之思。於時風雨如晦，花柳含春，雕梁看紫燕雙飛，喬木聽黄鶯雜囀。殷憂别思。〔下闕。〕

龍按：此王勃文古鈔原卷今存於日本正倉院，楊氏所得爲巖谷修轉贈之石版印刷複製品，然不全；此後，羅振玉至日本，又得印刷局刊行足本，輯爲《王子安佚文》一卷印行。詳參日人道坂昭廣《關於正倉院藏〈王勃詩序〉的「發見」》一文（《國際中國文學研究叢刊》第八集），然其所言亦較略，據羅振玉《王子安集佚文序》（《羅振玉學術論著集》第十集）知，其於宣統元年至東京，有平子尚欲爲介，以觀正倉院藏本，然羅以返國迫不克往，請爲寫影，羅歸國後得平子尚寄印刷局本，爲全卷之半。羅勸蔣伯斧刻於其父蔣清翊《王子安集注》後，蔣欲獲全卷再刻。然逾歲無消息，詢之東京友人，知平子尚因肺病卒數月矣。後由内藤湖南處又得數篇，又勸蔣授梓，「顧伯斧移書借楊星吾舍人藏本，書函往返者又經歲，則已辛亥之秋矣。伯斧又以暴病卒，於是刊刻之事，遂成泡幻」。然據楊守敬致羅振玉函中云「伯斧擬刻之《王子安集》，已刻樣子數行，甚精，當以附入《國學叢刻》」（引自國圖所藏《鄰蘇老人書札》），則蔣氏刻此書之事當已啓動，惟未能蕆事。後羅再往日本京都，欲影正倉院本，然「禁令森然，卒不果」。直至民國七年，羅於神田喜處得全卷，「乃以三夕之力，手自移寫」，並付影印。

另，此節中「天」「地」「日」「月」「人」「年」「載」「國」等字皆用武后所造，分別爲「𠀑」、「埊」、「𡆠」、「𠥱」、「𤯔」（僅「人探一字」句中作此字形，餘均用「人」）、「𠡦」、「𠧋」、「圀」，本文不再保留，徑改；個別文字據羅振玉輯本稍加校改。

日本訪書志補

宜都楊守敬　撰
高陽王重民　輯

日本訪書志補序

昔宜都楊惺吾氏以光緒甲辰東遊，大搜秘籍，先後得三萬餘卷，多此土久佚之書。每得一本，輒考其原委。歸國後刊之，是爲《日本訪書志》。其書考訂精審，爲學術界有數之書，而書僅十六卷。據自序謂年老無力整理，其秘笈善本不見於《志》者尚多，世以此惜之。而鄰蘇老人旋歸道山，嗣出之説，終成空言。民國己未，觀海堂書將出售，吾師沅叔先生時長教部，慫恿當局買之，書遂爲國有。初庋於集靈囿，旋歸故宫圖書館。友人王君有三於民國十五六年間來館任職，得閲楊氏遺書，即其批本迻録序跋；復以數年之力，參之他書，輯爲此編。楊氏訪書遺稿，沉薶數十年，至是復得與世人相見，可謂學術界之一快事矣。

有三沉潛好學，所著諸書，均博雅見稱於時，於前輩著作，尤搜討不遺餘力。如《越縵堂諸史札記》之輯，《清儒集外文》之輯，俱爲藝林佳話，有（裨）（稗）實學。兹編之作於前《志》外，約多四十餘篇，其關係於目録之學者尤鉅。楊氏所嘆惋而不克實行者，今乃終成於有三之手，鄰蘇老人地下有知，亦將引爲知己也。有三爲予言：「《士禮居題跋記》經潘、繆二氏再三搜輯，爲補編、爲〔續〕（緒）編，以至於再續而未已，可謂勤矣。而島田翰述俞曲園語，謂曾見蕘翁晚年手定之《古書録》，以爲此書出世，繆刻題跋可廢。余之爲此編，亦復如斯。設一旦楊氏定稿出，則亦歸於無用耳。」余謂：「楊氏書生前已散出，恐無定稿。吾輩工作亦祇能就眼前力所能爲者爲之，但期於學術界有所〔裨〕（埤）補，則個人之志願已畢。其定稿有無，可不必論，而多年秘本一旦呈露，世之人亦復有讀未見書之快。」如有三兹編，正不以未睹全稿而稍減其價值也。

時民國十九年六月十八日同學弟孫楷第序於北平中海《國語大辭典》編纂處。

附：

右楊惺吾先生題記三十六則：六篇録自張氏《適園藏書志》，一篇録自《晦明軒稿》，一篇録自《古逸叢書》，餘均民國十六年余在故宫博物院整理觀海堂藏書時所鈔輯者也。楊氏題記，不但精版刻，于考據校勘，莫不盡其詳，因欲博訪窮搜，成續志；但觀海堂藏書散在海内，非一人一時之力所能實現也。適友朋多索觀，而余亦正欲求助於友朋；因録出輯目，將未印行諸篇先布之《季刊》，一以應友朋之求，一以求同志見聞所及，郵筒見示，共成此美事也。

十七年八月二十七日王重民記。

通信處：北平北海公園北海圖書館。

龍按：跋中云「三十六則」，據其輯目實爲三十七則，然其跋中所云六篇録自《適園藏書志》、一篇録自《晦明軒稿》、一篇録自《古逸叢書》者及一篇《圖書館學季刊》第一卷第四期發表者，共九篇，僅存目而未録正文。

日本訪書志補卷一　經部

周易六卷　日本古抄本

按《隋書·經籍志》稱《周易》十卷：王弼上下《經》注六卷，韓康伯《繫辭注》三卷，又王弼《略例》一卷，合數爲十卷〔也〕。新、舊《唐志》云王弼注七卷，則並《略例》數之也，〔《宋志》乃並上下《經》屬之韓康伯，則謬矣。〕日本古鈔《周易》多祇王弼注六卷，彼國人稱爲六朝之遺。此本亦六卷，每半葉九行，行十七字；五、六兩卷半葉八行，行十六字，每卷後記經注字數第二、第三未記。〔欄外層格節鈔《正義》及朱子《本義》又《纂圖互注》，其體式與森立之《訪古志》所載永正間鈔本一一相符。〕顧未見鈔寫年月，然〔其書〕前四卷與後二卷筆法迥不相同，其爲原補配本無疑；〔或鈔寫年月原在書衣而重裝時去之也。《訪古志》又稱此本爲求古樓藏而亦無狩谷掖齋印，此則由掖齋收藏絶富，往往有未鈐印者，立之蓋從求古樓架上親見而著於録也。〕考此本文字，注末亦頗多虚字，其異同亦多與山井鼎所稱古本、足利本合，〔而亦間有與宋本合者，〕篇中凡遇「貞」字皆缺筆，《訪古志》稱係從北宋本鈔出，似爲可信。但不知其經文何以與《唐石經》〔多〕出入，其注文與岳刻本又多異。〔據岳氏言，校梓時甄集凡十餘通互勘，豈少北宋本？而此本遠岳本之處何以多不從？此相臺之未滿人意者。〕今以岳本一一校對，朱筆圈記之，其異文不見於山井鼎《考文》者，如《小畜·象》注「何由知其未能爲雨」，岳本脱「其」字；《困·象》注「唯履正而能體大者也」，岳本無「唯」字；《震》注「故曰『震來虩虩，恐致福也』」，岳本脱「曰」字；《艮·九三》注「至中則列夤矣」，岳本脱「夤」字；《節·九五》注「所往有尚也」，岳本脱「所」字；《既濟·九三》注「故能貞也」，岳本「貞」作「興」。其餘無關宏旨，尤不勝記，讀者當自得之。

光緒壬辰秋七月宜都楊守敬記於鄰蘇園。

龍按：森《志》著録求古樓藏日本永正間鈔本，今藏臺北故宫，楊氏有影鈔副本藏臺北「國圖」，《留真譜二編》卷一葉二有書影。臺北故宫存楊氏舊藏「日本室町期鈔本」者五種，此所跋當爲其三册本，前有「星吾七十歲小像」，有「楊守敬印」「星吾海外訪得秘笈」「宜都楊氏藏書記」「飛青閣藏書印」等，全書朱筆句讀，天頭與内文有朱墨筆批校及注解。此條王氏據《適園藏書志》録文（王《續志》輯目注「見張氏

《適園藏書志》」），較楊跋原文删略近二百字。若從楊氏原文入録，則失王氏原貌，故仍以王録爲底本，並與楊氏原文對校，將删略之文字補入其中。楊氏原文以阿部隆一《志》爲據。另，此本售予張鈞衡，張氏《適園藏書志》首則即此書，並云：「每節均加『也』字，楊惺吾以爲寫官所加，極是。」

尚書孔傳殘本五卷 日本古抄本

右殘本《尚書孔傳》，存第七、第八、第十一、第十二、第十三五卷，舊爲日本容安書院所藏，見《經籍訪古志》。册首又有澀江氏印，然則又爲澀江道純物也。余從森立之得之。册尾有「〔天〕（大）正第六戊寅六月吉〔日〕秀圓」題記並花押，當明萬曆六年也。又按《訪古志》，求古樓藏此全本亦有秀圓記。

余既從森立之得容安書院藏本二册〔第七、第八、第十一、第十二、第十三五卷〕，後又從市上得此二册第一、第二、第九、第十。相其格式筆跡，的爲一書。據《訪古志》所言，是森氏尚見全部，不知何時散落。計余歸已十稔，無復得全理，爲之太息。

〔光緒甲午六月宜都楊守敬。〕

龍按：此本森《志》著録，云爲求古樓藏本及容安書院藏本，楊批云「在飛青閣」。此跋語共二條，前條在卷十三之末，後條在卷十之末，均爲楊氏收藏殘本之末也。王《補》標云「五卷」，誤，以其後得四卷，計當九卷。此本今藏臺北故宫，據阿部隆一《志》校補數字。

古文尚書十三卷 影日本舊抄本

舊抄本《古文尚書》十三卷，每半葉九行，行二十字，裝爲四册，每册首有「智福山法輪寺」印，册尾有以荷包印界欄上，〔節録孔《疏》此本未摹。〕篇中古字、俗字甚多，與山井鼎《考文》所載古本合，而與薛季宣《〔書〕古文訓》又多異。按《釋文·序録》云：「《尚書》之字本爲隸古，既是隸寫古文，則不全爲古字。今宋、齊舊本及徐、李等《音》所有古字，蓋亦無幾。穿鑿之徒，務欲立異，依傍字部，改變經文，疑惑後生，不可寫用。」蓋指此等書也。〔陸氏之説，其果與否，尚待詳考，然〕因此可知此爲唐初舊籍，如「允釐百工」注：「釐，理。」又「則能信理百官」，皆以「治」作「理」，避唐高宗諱，其爲唐人之遺無疑。其中爲「長興」以下板本所奪誤者，藉以訂正不少。如山井鼎、物觀等所校出者是也。然〔亦〕有板本不誤，而《考文》所稱反誤者，今依此本覆校之，有應有不應，乃知山井鼎、物觀所見之二本，偶有傳録之差，非古本盡如是也。如《舜典》「詩言志」注「謂詩言志以導之」，《考文》云「古本無『謂』字」，此本則有「謂」字；「陟方乃死」注「三十徵庸」，《考文》云「古本『庸』作『用』」，此本仍作「庸」；「凡壽一百一十二歲也」，《考文》云「古本『歲』作『載』」，此本仍作「歲」。《〔大禹〕（咎繇）謨》「降水儆予」注「水性流下」，《考文》云「古本『性』作『惟』」，此本仍作「性」；「克勤于邦」注「卑其宫室」，《考文》云「古本『宫』作『居』」，此本仍作「宫」。《益稷》「予思日孜孜」注「奉承臣功而已」，《考文》云「古本『承』作『成』」，此本仍作「承」；「惟慢遊是好」（注），《考文》云「古本無『惟』字」，此本有「惟」字〔全本類此甚多，別詳《札記》〕。又有山井鼎、物觀所漏校而甚有關於經義者，如《堯典》「〔宅〕（定）朔方曰幽都」注「北稱『朔』，亦稱『幽』」，宋以後皆誤「幽」爲「方」，遂以「方」有「北」訓，不可通；「父頑，母嚚，象傲」注「心不測德義之經爲『頑』」，岳本此下有「口不道忠信之言爲『嚚』」九字，此本無之，按上文「嚚訟可乎」注「言不忠信爲『嚚』」，既釋「嚚」字，故此處不再釋，岳本非也；《大禹謨》「萬邦咸寧」注「則賢才在位，天下安寧也」，岳本脱「寧」字，非也；「奉詞伐皐」注「『詞』謂不敬」，各本作「恭」，此因避宋諱改，《考文》失校〔此類亦多，別詳《札記》〕。大抵日本古鈔本注文之末每多虚字，有不可通者，山井鼎一一校録，阮文達《校刊記》詆之，或者遂疑古本爲贋本不可信，不知皆非也。唐以前古書皆鈔寫本，此因鈔書者以注文雙行排寫，有時先未核算字數，至次行餘空太多，遂增虚字以整齊之，别無意義，故注文多虚字，而經文無有也。至宋代刊本盛行，此等皆刊落，然亦有〔沿襲舊鈔本〕未剷除盡净者。如宋槧玄應《一切經音義》是也〔此唯余藏宋槧有之，明南、北《藏》本亦無，别詳《札記》〕。即如此書，《咎繇謨》「寬〔而〕（曰）栗」九句，七句注脚皆有「也」字，唯「柔而立，强而誼」二句無「也」字，以此二句或六字或八字，皆兩行雙齊，不煩增字也。並記於此，以釋來者之惑。

光緒壬辰春楊守敬記。

龍按：此本今藏臺北故宫，又有影鈔之本藏臺北「國圖」。《留真譜二編》卷一葉十四有書影。此條亦王氏據《適園藏書志》録文（王《續志》輯目注「見同上」，即指出《適園藏書志》），張《志》云「日本舊本，楊惺吾據之影鈔」，後附楊跋，較原文删略數十字，據阿部隆一《志》所録校補。

書集傳六卷 元刊本

元槧蔡氏《書集傳》六卷，首蔡氏自序，序後有木記云「梅隱書院鼎新繡梓」八字，下載

《纂圖》一卷，又載《朱子説書綱領》疑即蔡抗《表》所稱《朱子問答》一卷，又有木記稱：「兩坊舊刊《詩》《書集傳》俱無《音釋》，覽者有遺恨焉。本堂今將《書傳》附入鄱陽鄒氏《音釋》、《詩傳》金華許益之《名物鈔音釋》，各依名儒善本點校句讀，仍取《纂圖》寘之卷首，大字刊行，精加校正無差，庶幾讀者豁然無疑矣。與坊中舊本玉石判然，收書君子幸監。至正丙午孟冬梅隱精舍謹識。」據此知爲合刊《詩集傳》之記。又載蔡抗《進書傳表》。第二册首標題「朱子訂定蔡氏集傳」，所録孔安國序、《漢書·藝文志》、孔穎達之説，皆有注文，「今按」以下，則朱子之説，末有「今定此本」云云，知此書本朱子之志。下接《書序》，每條皆有注與蔡抗《表》有《小序》一卷合，此如朱子之《詩集傳》，於《詩序》皆逐條辨駁也。再下爲本書，首行題「書卷第一無「經」字，蔡氏集傳」。按：今本題「書經卷之一，蔡沈集傳」，又删除其《書序辨説》、朱子《綱領》及蔡抗《進書表》，皆爲謬妄。其經文異者，如「洚水儆予」，不作「降」據蔡氏注，稱作「降」者爲古文，則《集傳》本作「洚」可知；《益稷》「敖虐是作」，不作「傲」；《金縢》「惟朕小子其新逆」，不作「親迎」據注，知「『新』當作『親』」是蔡氏訂定之辭，其正文必仍作「新」；「逆」作「迎」者，則又後人臆改；《酒誥》「惟殷之迪諸臣，惟工」不作「百工」；《武成》一篇有注，今考定《武〔成〕（城）》一篇低一格，無注，惟「垂拱而天下治」後，夾注十餘行，與今本大異，且增多百餘字。觀此知蔡氏雖改定此篇，猶以舊文爲主。今本則兩篇並載，注文繁複，非注書體。又其注文如《禹貢》「九河既道」注「齊威塞八流以自廣」，不作「齊桓」蔡氏避宋諱，自應作「威」，皆當據以訂正，以還蔡氏之舊。至其中亦間有訛字，則由坊刻不校之過，讀者當自得之。

又按：宋元之際所刊書籍，多有木記，稱某書院校刊。今日藏弆家直以爲當時官本，其實皆坊肆所托，如此本《綱領》後木記云云，決知非官刊之書。

又此本木記既云「附入鄱陽鄒氏《音釋》」，而全書實無《音釋》，當是坊賈故作此語欺人。但今日則又深幸未附《音釋》，尚存蔡氏原本面目。

又此書前所載《纂圖》，不著作者姓名，後有「合沙先生」云云。按《經義考》「合沙漁父，鄭東卿自號」，東卿有《尚書圖》一卷，此必其所作也。

光緒庚寅夏四月宜都楊守敬記。

龍按：森《志》著録，楊批森《志》云「今在飛青閣」，又云「飛青閣别得元槧本」，即指此。《留真譜初編》卷一葉十九有書影，今存臺北故宫，王《補》文字與阿部隆一《志》所録全同。書前有「新宫城書藏」印，知爲水野忠央舊藏。

毛詩鄭箋二十卷 日本古寫本

古鈔本《毛詩鄭箋》二十卷，卷首題「毛詩卷第一」，次行「周南關雎詁訓傳第一，毛詩國風，鄭氏箋」，款式與山井鼎《考文》所載合。第十卷末有經、注字數，第二十卷末有篇數、章數、句數、字數。每半葉九行，行二十字。界長六寸强，幅四寸六分。〔每紙有層格，格内抄《音義》及《正義》。此重寫不摹層格。〕卷尾記「四國與州宇和之莊多田長壽寺宗訓書」。卷首有「龍□」「碧□」二印。此森立之《訪古志》所載，云是求古樓藏，今以此本照之，一一相合。每卷首有「掖齋」印，狩谷望之號也。掖齋藏書名「求古樓」，日本文政間學人之最，其藏書之富，又過於官庫。讀森立之《訪古志》足見一〔斑〕（班）。按山井鼎《考文》所載足利學所藏古本，皆稱是隋、唐之遺，獨《毛詩》所據本多衍文誤字，顧千里遂謂其古本是采《正義》《釋文》而作，而於其絶佳者亦多略之。此本則與山井鼎所記多不合，則知《考文》弟據足利學所藏，非日本古本盡如斯也。第以《國風·周南》一篇校之，其不相應者已不下數十處，如《關雎》箋云「古本作『后妃之德，無不和諧』」；「荇，接余也」，云「『余』下有『菜』字」；「樂必作也」，云「『作』上有『皆』字」；《葛覃》序「后妃在父母家」，云「古本『母』下有『之』字」；《傳》「濩，煮之也」，云「無『之』字」；「王后織玄紞」，「『織』上有『親』字」；「命婦成祭服」，無「成」字；「未〔知〕（之）將所適」，「將」下有「有」字；「乃能整治之」，云「無『之』字」；「我見教告」上，有「言」字；「告我以適人之道」，「適」上有「嫁」字此尤非是；《卷耳》箋「必有醉而失禮者」，云「無『而』字」；《傳》「石山〔戴〕（載）土曰砠」，云「『山』下有『之』字」；《樛木》序「而無疾妒之心焉」，云「『焉』作『也』」；《傳》「〔木〕（本）之下曲曰樛」，云「本枝下曲曰樛」；《螽斯》傳「振振，仁厚也」，云「『厚』下有『貌』字」；《桃夭》序「國無鰥民也」，云「『民』下有『焉』字」；「灼灼其華」，云「『華』下有『也』字」此尤非；《兔罝》箋「皆以禦難也」，云「『皆』下有『所』字」；「有武力可任爲將帥之德」，云「無『可』字」；「〔罝兔〕（兔罝）之人」，云「下有『賢者』二字」此亦非；《芣苢》「薄言襭之」，云「『襭』作『擷』」；《傳》「袺，執衽也」，云「『袺』下有『者』字」；《漢廣》箋「紂時淫風」，云「下有『大行』二字」；《傳》「喬，上竦也」，云「『喬』下有『木』字」；《箋》「將不至也」，云「『不』下有『敢』字」；「尤翹翹然者」，云「『尤』下有『長』字」；《汝墳》箋「棄我而死亡」，云「無『而』字」；《麟趾》箋「無以過也」，云「『過』下有『有』字」尤非。凡此《考文》所記，此本皆不相應，而皆以此本爲長，惜山井鼎未之見也。然則日本古本自五山板本外，當以此本爲正，因使書手傳録一通，以原字既過小，又多草率，遂有原本不誤而書手傳寫誤者，今爲圈正之，善讀者當不以爲嫌也。

光緒壬辰春楊守敬記。

龍按：森《志》著録求古樓藏舊鈔本，楊批云「今在飛青閣」；《適園藏書志》亦著録（王《續志》輯目注「見張氏《適園藏書志》」），並附楊跋，注爲「楊惺吾影鈔本」，《增訂叢書舉要》楊氏按語云「《毛詩》則有影鈔本，余從日本得之」，即此書。今藏臺北「國圖」，書前除楊氏藏印外，另有周懋琦印多枚，知曾爲周氏珍藏。此書「龍□」「碧□」，據阿部隆一《志》著録，前者爲陰文印，後者爲鼎形印，然亦未能識讀之。另據阿部隆一所録補二十字。

儀禮鄭注十七卷 明刊本

此本校顧亭林所云《儀禮》脱經文五處皆在，唯《鄉射》「士鹿中」下脱注文。經、注不及宋嚴州本及明徐氏本、鍾（人）（仁）傑本，而勝於閩、監、毛本。又按陳氏既刻此本，不脱經文，何以其後刻注疏本並脱經、注而不覺，遂使後來閩、監、毛皆沿其誤。

龍按：此本森《志》著録，注爲「求古樓藏」，評其「蓋絶佳之本」，今藏臺北故宫，爲明陳鳳梧校、正德十六年序刊後修本，書前有「掖齋」「狩谷望之」「湯島狩谷氏求古樓暴書記」印。阿部隆一《志》所録爲三段，王《補》則僅於各段間空一格以示意，現仍據前者分段。二者文字全同。《留真譜二編》卷一葉二二有書影。

儀禮注疏十七卷 明刊本

此本我朝校刊家皆不見，其板式文字皆與陳鳳梧注疏本合，未知誰爲後先。序下題「賈公彦撰」，删「等」字，疑此又在陳本後也。

〔守敬記〕。

龍按：此本森《志》著録寶素堂藏汪文盛本，楊批云「今在飛青閣」，現藏臺北故宫。書有「小島氏圖書記」「江户小島氏八世醫師」「尚濱之印」「字學古」「佞宋」諸印。據阿部隆一《志》録文補跋末「守敬記」三字。《留真譜二編》卷一葉二四有書影。

禮記二十卷 影日本古鈔本

古鈔本《禮記》二十卷。日本古鈔經書，唯《禮記》與《左傳》爲最少。山井鼎《考文》所據祇一通，森立之《訪古志》所載祇二通，此其一也。余於日本竭力搜求古鈔本，《易》《書》《詩》皆有數通，《左傳》有卷子本，獨《禮記》除此本外，祇有殘本二通，蓋彼土習此經者亦少也。每半葉八行，行十七、八、九、二十字不等。首題「曲禮上第一」，次題「禮記一」，再下「鄭氏注」，合(於)(我)大題在下古式；而卷六、卷七、卷十三，此三卷均大題在上，不知何故。卷一及卷十四末記經注字數。第一册首有「法雲寺」三字，蓋古刹之舊籍也。據森立之《訪古志》，此爲狩谷望之求古樓所藏，顧無掖齋印記。求古樓藏多不鈐印，而皆有古銅色紙包裹之，是其證也。篇中文字與山井鼎《考文》合，而亦間有不合者。如《曲禮》「三賜不及車馬」注「卿、大夫、士之子」，《考文》云「古本『之子』作『子之』」非是，此仍作「之子」。「幼子常視勿誑」注，《考文》云「古本作『誑，毋誑欺也』」亦非，此無上「誑」字。全書如此甚多，則知《考文》所據本偶有誤衍，非古本盡如此也。至若《曲禮》「三賜不及車馬」注「受車馬而身所以尊者備矣」，各本脱「受」字；「則必賜之几杖」注「亦明君尊賢」，各本「尊」〔誤〕（作）「貪」；「執友稱其仁」注「執友，執同志者也」，各本脱下「執」字；「年長〔以〕（一）倍」注「今四十則二十者，有子道矣」，各本「則」誤「於」；「孝子不服闇」注「禮，男女夜行以燭也」，各本脱「禮」字；「不許友以死」注「死謂〔報〕（執）仇讎也」，各本「謂」誤「爲」；「主人固辭」注「再辭曰『固辭』也」，各本脱「辭也」二字；「尊客之前不叱狗」注「不敢厭倦」，各本脱「厭」字；「二名不偏諱」注「言徵不言在，言在不言徵」，各本下二「言」字皆作「稱」，與疏不合。凡此皆各本誤，而此獨是者。全書如此甚多，此第就《曲禮》一篇言之。而洪震煊爲阮文達重校此經，或從或駁或略之，未足見古本之長也。是當別爲校議以發明之。至其注脚虚字，每以「之」字當「也」字，此是鈔胥者省筆所爲，無關宏旨，存而不論可也。

光緒癸巳春二月宜都楊守敬記。

龍按：此本森《志》著録，注爲「求古樓藏」，並稱其「每半葉九行」，實誤，當以楊《志》所著爲是。今藏臺北故宫，另臺北「國圖」藏有楊氏據此本影鈔之本。王《續志》輯目注「見張氏《適園藏書志》」，據阿部隆一《志》録文改兩處誤字。《留真譜初編》卷二葉十二有書影，後有楊氏手跡「《禮記》古鈔本一卷，未見，從森立之摹本傳録」。

春秋經傳集解三十卷 影日本古鈔卷子本

舊讀山井鼎《七經孟子考文》，各經皆有古鈔本，唯《左傳》經注本、注疏本，皆祇據足利學所藏宋槧〔本〕，因疑日本《左傳》無古鈔本。及得小島學古《留真譜》，中有摹本，第一卷首葉字大如錢，迥異日本諸鈔本。問之森立之，乃云：「此書全部三十卷，是古鈔卷軸本，藏楓山官庫，爲吾日本古鈔經籍之冠，山井鼎等未之見也。」余因托書記官巖谷修於楓山庫中檢之，復書乃云無此書，深爲悵惘。故余《譜》中刻弟〔三〕（□）卷首一葉，以爲幟志。而森立之力稱斷無遺失理，且道卅卷共一櫝，爲格□五，並告其櫝之長短尺寸。使巖谷再檢之，久之乃得，且許假我一月讀。計全書卅卷，無一字殘損，紙質堅韌如硬黄，紙背亦有校記，日本所謂「奥書」也，均是未褾本。各卷後有建長中越後守〔實〕（寶）時、參河守教隆，文永中清原〔俊〕（後）隆，正嘉中清原直隆，弘安中左近衛將監顯時跋，皆係親筆題署森立之云。又有延久、保延、仁平、久壽、應保、長寬、嘉應、治承、養和、壽永、元曆、建保、承久、延應各記。第三十卷末有「應永十六年八月一日覽了」跋，每卷有「金澤文庫」印。篇中朱墨校記，其稱「扌ナ」「扌〔无〕（九）」者，謂宋槧摺本之有無也，「扌」即「摺」

字，「ナ」即「有」字，其稱「乍某」者，「乍」即「作」字也，皆校書者省筆。余以爲此絶〔無〕〔書〕僅有奇書，不可不傳録之，乃雇書手十餘人，窮日夜之力影摹之。又以其筆法奇古，摹鈔未能神似，每卷雙鉤首一葉及卷後題字，以存真面。凡一月而成。其中文字多與陸氏《釋文》所稱「一本」合，蓋六朝舊籍，非唐以後所可比勘。其經、傳之異於《唐石經》者且數百字，其注文之異於宋槧者，不可勝紀，明以下俗刻更無〔論〕矣。今略標數條，如《昭廿七年傳》：「夫鄢將師矯〔子〕之命，以滅三族，三族，國之良也。」自《唐石經》以下，皆不疊「三族」二字，文義不足，得謂非脱文乎？日本又有唐人書昭廿七年《左傳》一卷，亦疊「三族」二字。其卷藏高山寺，余於紙幣局見之。其注文如《莊十九年傳》「刑猶不忘納君於善」注「言愛君，明非臣法也。楚臣能盡其忠愛，所以興」，自岳本以下，皆脱下「臣」字，不可通矣。又如《〔隱〕〔桓〕九年傳》「衷戎師，前後擊之，盡殪」，注「爲三部伏兵，祝聃帥勇而無剛者先犯戎，而速奔，以過二伏兵，至後伏兵，伏兵起，戎還走，祝聃反逐之」云云，宋以下刻本「過」皆作「遇」，又不疊二字，最爲謬誤。蓋祝聃引戎師過二伏兵，而戎尚不知遇伏，至後伏兵之處，伏兵盡起，戎始知遇伏而還走，若至二伏兵即相遇，則必鬭，安能引至後伏兵處乎？疊「伏兵」二字，情景如繪，蓋三伏兵並起也。若夫「死而賜諡」等要義，皆絶勝俗本。全書朱墨校具在，細意詳考，知爲六代舊傳無疑。其中亦間有鈔胥奪誤，深識者自能辨之，亦無事曲徇。余嘗謂據今所得日本《七經》古鈔本重校一過，當勝山井鼎，此其一徵也。

光緒壬午夏六月宜都楊守敬記於東京使館。

龍按：此本森《志》著録，原本藏日本宫内廳書陵部；楊批森《志》云：「今仍在官庫，余借出影抄之。日本古書，此爲第一，此書非特注文大異今本，即正文與《唐石經》亦異。真六朝舊籍也。」又云：「日本官庫又藏有興國本，即此本之祖。」楊氏影本今藏臺北「國圖」，書前除楊氏藏印外，另有周懋琦印多枚，知又曾爲周氏珍藏。《適園藏書志》著録並附楊跋，注云「楊惺吾傳鈔日本五經，此本稍精」，王《續志》輯目注「見同上」，知據之録文。又楊氏云「余《譜》中刻弟□卷首一葉」，中有空格，當爲作此跋時《留真譜》尚未付刻，此僅懸擬之辭，檢《留真譜初編》卷一葉三七所摹刻，當爲卷三。

另，據阿部隆一《志》，其卷十八尾有識語云「光緒癸未借日本楓山官庫所藏駿府古鈔卷子本屬鈔胥影覆手校一過，十一月九日，守敬記」，卷廿六尾「光緒癸未借楓山官庫影抄手校一過，惺吾」；書前有「德福鴻寶齋周氏珍藏書」「韓侯史學」「鴻寶經學」「福樓書卷之寶」等印；文末有楊氏另跋云：「光緒癸巳三月庚寅楊氏歸於鴻寶齋。」知此書楊氏於光緒八年夏書跋，九年影鈔完工，十九年售予鴻寶齋。

春秋穀梁傳二十卷傳鈔本

此《穀梁注》，蓋從宋監本《注疏》録出，唯序文並疏録之，餘只録《傳》文。第一至第六標題「春秋穀梁傳」，自第七至第二十並稱「監本春秋穀梁傳」。校其中文字，雖有脱誤，而不沿明閩、監、毛之誤，可喜也。

龍按：此本今藏臺北故宫，標爲「日本永禄二年鈔本」，前有「稱意館藏書記」「稱意館圖書章」「吉氏家藏」等印，知曾爲江户初期醫家吉田意庵舊藏。

論語義疏十卷日本舊鈔本

《論語》皇疏自日本根本遜志刊本流傳入中國，鮑氏刻之《知不足齋叢書》中。有深信爲古本者，有異議者。其信爲古本者，以其中佚事舊聞往往而在，如公冶長通鳥語之類，獨見於此書。其有異議者，則據《經典釋文》「子行三軍則誰與」云「皇音『餘』」，又「子温而厲」云「皇本作『君子』」。今此書二條皆不相應。余謂以《釋文》勘皇《疏》，誠爲切證，但通讀皇《疏》，無爲經作音者。按《釋文·叙録》有徐邈《論語音》。又「不易得也」下，《釋文》云「孫音『亦』」，蓋指孫興公《論語集注》。然則此「音『餘』」之説，或是孫、徐之本，傳寫者誤爲皇與？若《子温章》皇本云「明孔子德也。亦有云『子曰』者」，是皇本明同今本，别無可解説，亦恐《釋文》有誤。大抵欲勘此書，當知此十三家之注，雖純駁不一，而義訓自古。又六朝人聲口與唐代不同，今以他經舊疏照之，其語言如合符契。如果日本人有此手眼，是與《孟子》孫奭僞疏何啻天淵！考日本自源氏以來，荒滅已甚。其崇尚經學，在德川氏中葉。而彼土今存此書鈔本，有在四五百年前者，則謂即根本僞作者，未核其實也。〔《義疏》爲海外逸書真本，無庸擬議，〕余獨怪根本所刊《義疏》體式全同閩、監、毛之邢《疏》本。按合注於疏，始於南宋，今所見十行本《注疏》及黄唐本《尚書注疏》《周易注疏》《禮記注疏》及元元貞刊本《論語》邢疏，皆注文雙行，安得皇《疏》舊本一同明刊之式？此懷疑未釋者。及來日本得見皇《疏》古鈔本數通，乃知其體式迥異刊本，每章分段，以雙行先釋經文，提行處皆頂格，注文則别行低一格，大字居中亦有不跳行者，則空數字，疑抄胥爲之，其有所疏者，亦以雙行釋之，提行處並低一格，俱不標起止，足知刊本之妄。且其文字，爲根本以他本及邢本校改者，亦失多得少。此本無鈔書年月，相其紙質，亦二百年前之物。後有重刊此書者，當據此正之。

又按六朝義疏既有此式，何以唐人《五經正義》皆不循此轍？余疑皇《疏》古原本亦必標起止，别爲單疏。今此式亦日本人合注於疏者之所爲，而删其所標起止與？惜日本所傳古鈔本皆不出元、明之世，無從實證之耳。

光緒甲申余歸後，總理衙門致書日本公使，索皇氏此《疏》原本，使署中隨員姚君子良以根本刊本進，且稱其古鈔本多譌字，不足據，是真買櫝還珠矣。

光緒乙酉夏楊守敬記於黄岡學舍。

龍按：森《志》著録，楊批森《志》云「《義疏》與刻本大異，飛青閣凡得四部」，此其一。《留真譜初編》卷二葉四四至四五有書影，亦摹刻楊氏此跋手跡，與此首節「余獨怪」以下及二節幾同，然亦有逸出字句，據補。據《清客筆話》載，楊氏曾借森立之所藏此書，寫借條云「借皇《疏》二册，限三四日返却」，則此書或後即售予楊氏。又楊氏曾詢森氏云：「以皇《疏》題爲『圓珠』，此是何義？或者其疏序中有此二字因以名乎？」森氏答：「在《道藏》中一名曰《圓珠經》，或云佛家所名，故在緇徒則皆曰《圓珠經》也。其二字亦光鄰所書也。」日人多稱《論語》爲「圓珠經」，今存《論語集解》建武鈔本前即題此名。

覆正平本論語集解十卷《古逸叢書》校本

此合日本諸古本及守敬所搜得諸舊抄本合校，擬並吉〔漢〕宦從校本録出，以附覆正平《論語》後，卒未得如願，存之以俟後人。癸丑五月守敬志。

龍按：《留真譜初編》卷二葉三八至四十有書影。此本今藏臺北故宫，前除楊氏藏印外，另有「中村敬宇藏書之記」印，知曾經中村正直收藏。

孟子章句殘本日抄本

右《孟子》趙注殘本四卷，蓋從南宋「重言重意」本出也。光緒辛巳借之〔向〕〔問〕山黄村，校於足利活字板上。守敬記。

按宋十行本及明閩本《注疏》無《題辭》，此本亦無之，乃知趙注之奪亂不自明代始也。附記之。

龍按：楊批森《志》云「飛青閣所得凡數部，即非此所載」。《故宫所藏觀海堂書目》録「十四卷，存卷一至卷四，日本影鈔南宋本，有楊氏題識，二册」，此本今藏臺北故宫，前有「養安院藏書」「小島氏圖書記」「考古」「尚絅」「向黄邨珍藏印」等印，卷二及卷四末有楊氏識語云「光緒辛巳九月二十三日楊守敬校過」。

爾雅注三卷 影寫北宋本

北宋刊本《爾雅》，日本東京高階氏所藏，卷末有「將仕郎守國子四門博士臣李鶚書」一行。按王明清《揮麈録》：「後唐平蜀，明宗命大學博士李鶚書《五經》，倣其製作刊板於國子監，〔監〕中印書之始。今則盛行於天下，蜀中爲最。明清家有鶚書《五經》印本存焉，後題『長興三年』也。」據此，則此本當根源於長興本。今日海内所存宋槧，當以此爲第一，勿論《爾雅》刊本，無與之爲比也，其中文字足以訂正他本，不勝指數。其尤妙者，《釋畜》「狗四尺爲獒」注引《書·孔傳》「犬高四尺曰獒」，即此義十一字，段茂堂據單疏謂此非郭注，後人所附益。此本不引《孔傳》，與段説合。

〔辛巳七月荆州楊守敬記。〕

龍按：森《志》著録北宋本，此即其影寫之本；又有崇蘭館藏宋槧本，楊批森

《志》云「飛青閣得重刋本」，今存臺北故宫。此據《〈古逸叢書〉研究》録文補末行題署。

釋名八卷 日刊本

此書有宋臨安府陳道人書籍鋪刊行本，舊藏張金吾處。又有明吕柟刊，即從陳道人本出，相傳爲此書善本。然按戴表元《題〔孫〕（好）過庭書譜後》云：「往時杭州陳道人家印書，書之疑處，率以己意改令諧順。」然則陳道人本亦未可盡信。此本亦未知與陳道人本何如，記之以俟他日。

〔守敬〕甲申正月。

戊子正月，閲陸心源《儀顧堂集》，知吕〔涇〕（桱）野重刊陳道人本《釋天・慧星》上脱「霧，冒也。氣蒙亂覆冒物也。蒙，日光不明，蒙蒙然也」十九字，此本亦脱，則知此本原於吕本。而程榮〔校〕（枝）何鏜《漢魏叢書》本，又沿此本之誤也。

守敬再記。

龍按：森《志》著録，今存臺北故宫。據《鄰蘇園藏書目録》載「陳道人《釋名》一本，癸丑臘月賣於傅沅叔二十元」。檢傅氏《藏園群書經眼録》云「鈐有『養安院藏書』朱文長印，是曾入東瀛者（余藏）」，知即得自楊氏者。

又，據楊氏手跋，原無「枝」字，然無此字則語意不明，故據刻本「枝」校改爲「校」字。王《補》删「守敬」二字，「甲申正月」四字恰填滿上則之末行，下無空白，劉昌潤校注本及張雷點校本均誤將此四字屬下，與下則開始之「戊子正月」連排，今據其手跋及阿部隆一《志》補二字，並分爲二則。

埤雅二十卷 明刊本

此本亦原於張存性本，故缺簡皆同。然間有誤字，又失張存性一序，不如顧〔棫〕（域）校刊本之精。唯每卷後有《釋音》，而顧本無之。按宋人刻書多附《釋音》。此所載雖不敢謂原出陸氏，然其爲宋時舊有必矣。原書「今俗謂『虹』爲『虹』」，字下有云「音『絳』」，此當是顧氏原音。然全書只此一條，蓋以俗音詮義，故特出之。又卷首標題「新刊埤雅」顧刊無「新刊」二字，當亦宋本之舊。據張存性序，此書自宣和刊本後，再刊於贛州，故有「新刊」之目，宋人重刊書多題如此。非畢氏增加也。胡文焕《格致叢書》亦沿此本，而刊落陸宰一序，又删農師官銜，則妄矣。

戊子正月守敬記。

龍按：森《志》著録明成化刊本，此當爲畢效欽本，今存臺北故宫。

浄土三部經音義四卷 日抄本

《浄土三部經音義》四卷，日本沙門信瑞纂，自序題「嘉禎三年」，當宋理宗端平三年也。卷一、卷二爲《無量壽觀經》，卷三爲《觀無量壽經》，卷四爲《阿彌陀經》。其引《廣韻》則陸法言、孫愐分著，引《玉篇》則亦時見野王案語，是其所見古本與今殊異。又所引《東宮切韻》中載郭知玄、薛峋、麻〔杲〕（果）、韓知十、祝尚丘、武玄之、王仁煦等之説，皆唐以前小學書之散逸者。其見於新、舊《唐志》者，不過數家，餘多見其國《現在書目》。雖卷帙無多，固當與玄應、慧琳《衆經音義》並珍也。

光緒癸未春三月宜都楊守敬記於東京使館。

〔是書引《東宮切韻》旁注云：「是書之作，菅丞相之父也。」菅名道真，爲彼國名臣，當中國唐之中葉，惜其書不傳也。此書彼國藏書家亦不知之。余從書肆得此本。守敬再記。〕

龍按：此與楊《志》卷四所録爲同書，然用語小有異同，現藏臺北「國圖」，《適園藏書志》著録，並附楊跋。王《續志》輯目注「見張氏《適園藏書志》」，據阿部隆一《志》録文補末段。

日本訪書志補卷二　史部

史記河渠書一卷日本古鈔本

右卷子本《河渠書》殘卷，自「山東西歲百餘萬石」起，至卷末止。日本延喜二十年九月二十一日家牒所用。前一行署「右大臣藤原忠平公印」，又下題「右一卷，師海屋氏所藏，天保二年辛卯仲春上浣，爲紫山先生謄於三緘堂南窗，啼鳥睍睆、讀書咿唔之處。浪速邨井俊」，按延喜二十年當梁貞明六年，此初寫底本之年也。天保二年當道光十一年，此覆影寫之年也。藤原忠平後爲左大臣，又爲關白，卒於日本天曆三年，當中國漢乾祐二年。其生平事跡詳《日本史》。此卷書法端整，猶有唐人風格。集中筆誤之字甚多，俗體、別字如「穿」作「穿」、「砥」作「底」、「穀」作「槃」不計外，「蒲阪」作「蒲反」；「而水湍石」，「水」下有「多」字；「故鹵地」作「故惡地」，與《溝洫志》合；「東至山嶺」，「領」不從「山」，與《古蘭亭叙》合；「延道」不作「正道」；「東郡間」不衍「流」字，與《溝洫志》合；

「旴旴」不作「洋洋」；今本「菑」「災」錯出，此本並作「灾」。皆足訂今本之誤。

龍按：王《補》輯目注「已見本刊第一卷第四期」。森《志》著録京師藏本，楊批森《志》云「今不知所在」，實原本歷經藤原忠平、貫名海屋（有「須静堂」印）、神田香巖（有「容安軒主」「香巖秘玩」印）藏，今存日本東京國立博物館，爲日本重要文化財。據原本鈐印及楊藏本識語可知，此本先入貫名海屋手，天保二年邨井俊據原本爲紫山先生摹寫一本，貫名氏殁後，由其門人畑古雪收儲，並轉讓於神田氏，終歸東京國立博物館；邨井俊之摹本前除楊氏諸印外，另有「温故堂文庫」印，知爲江户後期學者塙保己一舊藏，再爲楊氏所得，《留真譜初編》卷四葉九有書影，今存臺北故宫。劉昌潤將文中「賸」字校改爲「賸」，然檢此原卷子本即爲「賸」，楊氏手跡亦同，或楊氏爲有意保留原樣，故今亦不改，謹此説明。

漢書食貨志一卷 日本影鈔本

右古寫卷子本《漢書·食貨志》上卷；末附《鄧通傳》殘字六行，日本醫官小島春沂所影摹者，今據以入木。結體用筆，望而知爲唐人手書，不第缺文皇、高宗兩諱也。

卷中如「揉木爲耒」，各本作「煣」，宋子京云「煣」當爲「揉」。按《説文》「煣，屈申木也」，「揉」字《説文》不收，則作「煣」爲正。但《易·繫辭》已作「揉」，别無作「煣」之本，若《漢書》本作「揉」，師古不應無注，疑顔氏所據之本原作「揉」。所不解者，宋子京竟不見作「揉」之本耳。又引《詩》「興雨祈祈」，今本皆作「興雲」，按顔之推《家訓》，疑「雲」當爲「雨」，引班固《靈臺詩》云「習習祥風，祈祈甘雨」爲證。據此，則六朝經文無作「興雨」者。若《漢書》本作「興雨」，何勞遠引《靈臺詩》。自陸氏《釋文》已有作「雨」之本，當是因《家訓》校改。師古作此書注，在陸氏之後，或遵其祖説，又據《釋文》一作之本改班《書》，亦情事所有，而後之鈔録者，仍遵舊本作「雲」，遂致此参差耶？凡此二義，均難裁定。其他異同奪誤，互有是非，别爲《校札記》附其後。

光緒壬午四月宜都楊守敬記於日本東京使館。

據何義門所校各本，又以宋劉之問本、元〔孔〕（劉）文聲本、朝鮮活字本、日本寬永活字本，互相比勘，凡此卷與諸本有一合者，皆不出；正、俗通用字習知者，亦不出。

龍按：森《志》著録，注爲「李唐人真蹟卷子本，尾張真福寺藏」，楊批森《志》云「原本仍在真福寺」，《古逸叢書》所刻，據求古樓影寫本也」，又云「已付入《食貨志》刊之」。《留真譜初編》卷四葉十六有書影。楊氏得小島氏景摹之本（按：末附《鄧通傳》六行之後有識語云「右《漢書》零本九十三字，乙未仲秋爲寶素堂主人雙鈎，菊庵」），並刻入《古逸叢書》（羅振常《善本書所見録》曾載此書之「初刻時樣本。每頁上套印黄紙，寬處及旁綫而止……疑爲欲示原卷紙本之寬狹者，後以其不甚美觀，遂廢此法不用，亦一刻書掌故也」）。此卷原本藏名古屋市大須觀音真福寺，爲日本國寶，然或非唐人真蹟，當爲八世紀日人寫本（參嚴紹璗《日藏漢籍善本書録》）。此書楊氏有詳盡之《札記》，收入《古逸叢書》本之後，亦收入《續群書拾補》（《楊守敬集》第七册）。

南齊書五十九卷 宋刊本

南監本、《七史》本、宋蜀大字本，字體方整。元代有重修之板，稍趨圓活，明嘉靖又經補刊，則更爲劣矣。此本首尾一律，定爲宋、元間所印，絶無元修之跡。馮夢禎刊本即從此翻雕，可覆按也。或謂宋紙〔薄〕（簿）而紉，無如此之厚重者。然余所見元印鄭氏《通志》，即此等紙也，書之以質世之博涉者。壬子仲冬宜都楊守敬記於上海寓廬，時年七十有四。

龍按：此跋實不當輯入此書，以其非日本所訪也。據傅增湘《藏園群書經眼録》云：「此書余壬子夏獲之宏遠堂書肆，詢書之所出，堅不肯言。然余見其連車入肆時，有聚珍版書多種，皆有穆彰阿印，而此書敗篋亦在焉，則此書出其家殆無疑矣。」其《藏園群書題記》所載尤詳，並録楊氏此跋，知其於壬子夏得此書，仲冬即請楊賞鑒並書跋。書今存國圖，楊氏手跋在首册末葉。

歷代職源五十卷 日鈔本

《書録解題》：「《職源》五十卷，大理司直金華王益之行甫撰。亦簡牘應用之書，而專以今日見行官制爲主。蓋中興以後，於舊制多所併省故也。」然則原書每條之後必多臚列歷代典故，以備簡牘之用。此本首題「撮要」，蓋删其類典而存其總綱。考宋南渡官制者，當以此書爲詳實。

惺吾記。

龍按：此書國内失傳，僅存此日鈔一卷本「撮要」。楊氏舊藏日鈔本二種，均存臺北故宫，《留真譜初編》卷四葉五四有書影。據汪詒年云，汪康年輯《振綺堂叢書》，有擬編而未及印者三十一種，中即有此書，並注云「《宋職源》，宋王益之著，日本抄本」（參《汪穰卿先生傳記》），以楊、汪二人之交往，此或得自楊氏，惜刊印之事未果。據繆荃孫日記載，一九一三年九月八日，「又看楊心吾，面還《職源》一册」，此時正爲楊氏售《山谷詩集注》日刊本於張鈞衡之時，而張氏此時亦與繆氏往還較密，故至次年，張氏即據楊藏「明治三年度會縣校權教授松田混鈔本」刻此書於《適園叢書》，然此本有闕損，故多有墨丁；民國十三年，胡宗楙仍據此本刻入《續金華叢書》，已經校補。實楊氏另藏「江户末期鈔本二册」較完好，可以補闕。

日本訪書志補卷三　子部

臣軌二卷 日本古鈔本

此書以寬文刻本根源爲最古，此本注中大有删削，然墨色如漆，審其筆勢，當爲日本六七百年前人所抄。其原本不與寬文本同，故卷首有「鄭州陽武縣臣王德纂注上」十一字，而寬文本無之。按此書别有〔天〕〔大〕正間抄本，亦有「王德纂注」之文，則知寬文本脱也。

光緒戊子四月宜都楊守敬記。

又按寬文本卷末有「垂拱元年撰」五字，《佚存叢書》因之，阮文達遂有異議。此本無此五字，豈寬文本爲後人所竄入與？

守敬再記。

龍按：森《志》著録求古樓藏本，楊批云「今在飛青閣」，《故宫所藏觀海堂書目》

著録日本鈔本多種，此即其一。此本今存臺北故宫，注爲「日本鎌倉末期鈔本」，末有楊氏手跋，據手跡更正一字。《留真譜初編》卷四葉又五十B面摹刻此書影一葉。另：王補未明標經、史、子、集字様，然排列亦依四部之序，此條位於《歷代職源》與《農書》間，二書分屬史、子二部甚明，其中《臣軌》一書反歸類爲難：依楊《志》位《唐六典》前，《留真譜》位《貞觀政要》後、《唐律疏議》前，則必屬史部無疑；然楊氏步武之《經籍訪古志》則位《中説》後，又屬子部，尤要者，何澄一編《故宫所藏觀海堂書目》雖未收《臣軌》，然收與此性質相同之《帝範》，即仍列於《文中子》後，亦以之屬子部，此當沿《四庫全書總目》之法（今《中國古籍總目》亦入子部），何氏與王氏曾共事於故宫博物院，輯成二書亦前後不遠，此歸屬當彼時共識。故依此隸子部。

農書二十二卷　武英殿聚珍本

王禎《農書》，典雅詳實，《齊民要術》之亞也。惟武英殿聚珍本有之。杭州、福州重刊聚珍本，均不刻此書，可謂無識。余求之二十年未得，丙戌入都，始以重值購之。他年有力，必當重刻之。此書所引《齊民要術》，〔尚〕足訂《秘册彙函》本之謬。

龍按：此本今存臺北故宮，阿部隆一《志》録文，據補一字，另其手跋末署「□□□五月廿三日守敬記」。

巢氏諸病源候論五十卷 日人學古校本

胡益謙刊本《巢氏病源候論》，日本醫官小島學古據宋本、元本、日本國刊本、聿修堂鈔本，又以《外臺秘要》《醫心方》日本人所撰所引合校之，凡訂正不下數千事，似可無遺恨矣。顧余嘗校《三因〔極一〕（一極）方》宋本有云「《巢氏病源》具列一千八百餘件」，蓋爲示病名也。今各本唯有一千七百二十六論。又校元張從正《儒門事親》足本引「婦人雜病帶下候」曰「巢氏《内篇》四十四卷」云云，是此書並有内、外篇之目。今各本此條皆在三十七卷中，頗疑此書有殘缺，因取《外臺秘要》重校之，引有「傷寒十日至十二日候」，各本皆無之。又「傷寒毒攻眼候」，其文大異。又有「重下候」，各本亦無。更取《太平聖惠方》此書中土久佚，余得之日本古鈔校之，引有「食癇候」，《醫心方》引有「小兒鬼舐頭候」，皆各本所無。然則今本果非巢氏之舊？意其脱佚，當在宋綬校刊以前。顧不解陳言、張從正所言何以有異同。抑天聖刊本南宋已有脱佚？書賈重刊，妄移卷第，仍標足本，得知者，如《瘻瘤門》有「多忘候」「嗜眠候」「鼾眠候」「體臭候」「漏腋候」「〔狐〕（抓）臭候」，讀其文義，並與「癭瘤」不相涉，當是别篇錯文，爲書賈所亂。不然，宋綬奉敕校定此書，不應疏忽至此。惜乎學古精於比勘，於此書用力至勤，尚未疑及此也。

光緒甲申春三月宜都楊守敬記。

龍按：此書楊《志》卷九有叙，與此大同小異。

經史證類大觀本草三十一卷 元刊本

元大德壬寅宗文書院刊本，書中避孝宗嫌名，蓋源於宋刻，爲慎〔微〕（徽）原書。按此書有兩本：一名《大觀本草》，艾晟所序，刻於大觀二年者，即此本所源也；一名《政和本草》，三十卷，以三十一卷移於三十卷之前，合爲一卷，而删其所引十六家《本草》，義例最謬。又疑併三十一卷爲三十卷，係張存惠所爲。政和六年曹孝忠奉敕校刊者。二本皆不附入寇宗奭《本草衍義》。至元初，平陽張存惠重刊政和本，始增入《衍義》及藥有異名者，注於目録之下。首有木記，稱「泰和甲子下己酉〔冬日〕南至，晦明軒記」。錢竹汀、程易疇考爲元定宗后稱制之年，距金亡已十有六年，其説至確。《提要》〔以爲〕（爲以）金泰和刻本，誤矣。余别有詳考，載入明成化重刻《政和本草》之首。然此本亦不傳。至明成化四年，山東巡撫原傑又重刻之，於原書略無增損。嘉靖間亦〔有〕刻本，首（有）有陳鳳梧序。迨至萬曆丁丑，宣城王大獻始以成化《政和》之本改從宗文書院《大觀》本之篇題，合二本爲一書。卷末有王大獻後序，自記甚明，並去《政和》本諸序跋，獨留大觀艾晟序及「宗文書院」木記。按其名則「大〔觀〕（德）」，考其書則「〔政〕（泰）和」，無知妄作，莫此爲甚。又有萬曆庚子巡按兩淮鹽課御史彭端吾據此本重刊，並去艾序及木記。《提要》所稱大德〔本〕及錢竹汀所録皆是此種。《提要》見此本亦增入《衍義》，遂謂元代重刊，又從金本録入，而不知大德原本並無《衍義》。《提要》又有朝鮮國翻刻本，一依宗文本，不增一字，較明人爲謹飭焉。此書集《本草》之大成，最足依據。且墨筐墨蓋，白字黑字，使神農《本經》、隱居《别録》、蘇敬《新修》皆可識别，其例亦最爲謹嚴。下視李時珍之《本草綱目》龐雜無序，不可爲典要矣。顧《大觀》《政和》兩本，糅雜不清，前人未見古本，多不能分辨，故爲詳疏如此。後有刻此書者，以宗文原本還慎〔微〕（徽）之舊，别以寇氏《衍義》附刻其後，則盡善矣。余得〔宋〕宣和刻本《衍義》。

光緒乙酉楊守敬記。

龍按：森《志》著録聿修堂藏本，《留真譜初編》卷七葉二四至二六有書影，《二編》卷六葉十六、十九、二十同。楊批云「元刊本，今存飛青閣」。此書楊《志》卷九有叙，與此大同小異，據前跋補一「本」字，又據楊氏手跡補一「宋」字。

重修政和經史證類備用本草三十卷明刊本

明成化四年山東巡撫原傑重刊平陽張存惠本。按此書本名《備急本草》，凡三十一卷，見於元宗文書院刊本大觀二年艾晟序。此本改「備急」爲「備用」，又以第三十一卷移置三十卷之首，有政和六年曹孝忠序，蓋重校刊此書者。又有麻革序，稱平陽張魏卿得解人龐氏本，附以寇氏《衍義》，命工刻梓。復載劉祁跋，皆只稱「乙酉」，不著朝代、年號。首有木記，稱「泰和甲子下乙酉冬日南至，晦明軒記」，《四庫提要》謂是「金大定乙酉」，蓋從「泰和」上逆數之誤也。錢竹汀考爲元定宗后稱制之年，距金亡已十有六載，當宋理宗淳祐九年。而存惠猶以「泰和甲子下」統之，隱寓不忘故國之思。此恐亦求之太深，蓋元初無年號。余謂金泰和凡八年，無「乙酉」，泰和四年爲「甲子」，稱「甲子」下「乙酉」，則明爲入蒙古時矣。錢氏説是也。又有宇文虚中皇統三年《書後》，此則更在泰和甲子前六十年，下距「乙酉」又四十六年，安得相接？是蓋存惠仰慕虚中之名，因其集中有《書後》一通，故載之，非存惠刻書時所作也。此書又有嘉靖間刊本，首有陳鳳梧序，即以此本爲源。又有明萬曆丁丑宣城王大獻以政和之本依其家藏宗文書院篇題合二本爲一書，而「大觀」「政和」兩本皆亂矣。張氏本既不傳，近來著録家皆據成化本以存政和之舊，因亟録而藏之。

光緒癸未四月宜都楊守敬記。

龍按：森《志》著録聿修堂藏本，楊批云「今在飛青閣」，今存臺北故宫。《留真譜二編》卷六葉十七至十八有書影，另卷四葉三八亦有書影一幅。

外臺秘要四十卷目録一卷 明刊本

此日本東京醫官小島尚質以紀藩竹田氏宋槧本校勘，又以《巢氏病源》、孫氏《千金方》，凡王燾所引書之尚存者，莫不對讀，可謂精審之極。小島三世以醫鳴於日本，余得古醫書秘本多出其家。凡醫經正本，罔不參互考訂，一字無假。余嘗謂校訂之學，經書、小學而外，即當以醫籍爲最要，一字訛謬，充其量即可殺人。讀小島校訂諸書，不能不歎異域之有人。而後知精斯術者，妙悟〔神〕（紳）解，仍從一字一句做起。束書不觀，妄逞意見，藉口古方不能治今病，流失敗壞，等諸賤技，而蒼生之禍極矣。

光緒壬午四月宜都楊守敬記。

龍按：此書楊《志》卷十著録影紀藩竹田氏所藏宋本，此則小島氏據校之明崇禎十三年新安程氏經餘居刊本，今存臺北故宫。

和劑局方十卷 元刊本

每半葉十五行，行廿四字，雙邊，目録分十四門，凡七百八十八方。據目録每門有陰識增入《紹興續添方》《寶慶新增方》《淳祐新添方》《吴直閣增諸家名方》《續添諸局經驗秘方》。按《玉海》稱，「大觀中，陳師〔文等〕（友）校正《和劑局方》五卷，〔二〕（三）百九十七道，二十一門」。此本前有日本人補鈔師文上《表》，與《玉海》合，而與此本不符。陳振孫《書録解題》稱，《和劑局方》「其後時有增補」，殆謂此與？然除紹興以後所增之方，實得二百九十六方，師文之舊，尚可尋檢。唯所分十四門，每門下又有附目，又得十門，共二十四門。是則增添合併，不可考矣。

宋制最重醫學局方，自北宋元豐中詔天下名醫以秘方下太醫試驗，至大觀、紹興，代有增益，故南、北宋間，皆奉此本爲圭臬。自朱震亨《局方發揮》出，其風始稍殺。余謂操古方〔以〕（方）治今病，固不能盡合，師心自用，隨意下藥，又豈有準平？和、緩、〔扁〕（匾）、陀，曠代一見，《千金》《外臺》古方，奚止千萬？不有揀擇，何以示中材？末有《局方指南總論》上、中、下三卷，標題稱「敕授太醫助教前差充四川總領所檢察惠民局許洪編」，而《四庫〔提〕（題）要》著録本不著「許洪」之名。按許洪雖無可考，據其官銜，亦必南宋人。其所論列，皆有斷制，非深明醫術者不能。《提要》稱其從《圖經本草》鈔録增入，亦淺之乎視洪矣。

光緒壬午二月楊守敬記。

余又得大德甲辰余志安刊於勤有堂本，體式頗異，文字全與此本同，而又缺目録，末亦無許洪《總論》。

又檢《曝書亭集》，有建安高氏日新堂刊本，與此本悉合。

又得明崇禎丁丑朱葵刊本，紹興以下續添之方皆合并，不復識别，且多所增損。治婦人諸疾增添至一百五十九方，不知所據何本，然望而知爲俗刻。

又檢《學津討原》刊本，標題「增廣太平惠民和劑局方」，後有《圖經本草藥性總論》三卷，無「指南」之名，其十四門除「産前、後二法」「胎神遊方」「催生符」及後附「四香」不可謂之「方」外，止六百七十四方。據稱，從鈔本入木，未得古本訂正，則亦未可據依。按「胎神」諸符，元本無之。「四香」一門，則元本所有。又案《癸辛雜識》稱《局方》牛黄清心丸廿九味，前八味至蒲黄而止，自乾山藥以下廿一味，乃山芋丸所誤入。今此本牛黄清心丸藥味次第，蒲黄在第十三，而乾山藥在第廿六余志安本亦同，與周氏所説不應，而與張海鵬刊本次第亦復不同。張刊次第與朱葵本同。知此書爲後人所亂不少。大觀之本既不得見，則此較勝於朱、張兩刻，有心世道者，亟宜重刊，爲業醫者示之，的爲惠民者廣其術焉。

壬午九月廿二日燈下再記。

余又得日本丹波元胤《醫籍考》稿本，有許洪《太平惠民和劑局方注自序》，末題「嘉定改元，歲在戊辰日南長至，敕授大醫助教前差充四川總領所檢察惠民局許洪謹書」。乃知許洪有《局方注》，其《指南總論》冠其注本之首，後人刻《局方》去其注，而存其《總論》，故附於書後。序文中又稱洪襲父祖業三世矣。按許叔微有《普濟本事方》十二卷，叔微，維揚人，紹興三年進士，洪豈其孫與？存以俟考。

癸未五月守敬再記。

《太平惠民和劑局方》序

昔神農嘗百草之味，以救萬民之疾；《周官》設疾醫之政，以掌萬民之病。著在簡編，爲萬世法。我宋勃興，神聖相授，咸以至仁厚德，涵養生類。且謂〔札〕（扎）瘥薦臻，四時代有，救恤之術，莫先方書。故自開寶以來，蚤敕近臣讎校《本草》，厥〔後〕（没）纂次《神醫普救》，刊行《太平聖惠》，重定鍼艾、俞穴，校正《千金》《外臺》，又作

《慶曆善救》《簡要濟衆》等方，以惠天下。或範金揭石，或鏤板聯編。是雖神農之用心，成周之致治，無以過也。天錫神考，睿聖承統，其好生之德，不特見〔於〕（步）方論而已。〔又設太醫局熟藥所於京師，其恤民瘼可謂勤矣。〕主上天〔縱〕（繼）深仁，孝述前〔列〕（烈），爰自崇寧，增置七局，揭以「和劑惠民」之名，俾夫修製給賣，各有攸司；又設收買藥材所，以革僞濫之弊；比詔會府，咸置藥局，所以推廣祖考之德澤，可謂曲盡。然自創局以來，所〔有〕（用）之方，或取於鬻藥之家，或得於陳獻之士，未經參訂，不無舛訛。雖嘗鏤板〔頒行〕（須以），未免傳疑承誤。故有藥味脱漏，銖兩過差，製〔作〕（住）多不依經，祖襲間有〔僞〕（爲）妄。至於貼牓，謬戾尤多，殆不可以一二舉也。頃因條具，上達朝廷，繼而被命，遴選通醫，俾之刊正。於是請書監之秘文，採〔名〕賢之〔別〕（書）録，公私衆本，搜獵靡遺。事〔闕〕（關）所從，無不研核。或端本以正末，或〔泝〕（沂）流以尋源。訂其訛謬，折其淆亂。遺佚者補之，重複者削之。未閲歲而書成，校正凡柒佰捌處，增損總柒拾壹方，作看詳壹拾參册，净方伍卷，計貳佰玖拾柒道，分貳拾壹門。繕寫甫畢，謹獻於朝，將見〔合和〕（和合）者得十全之效，飲餌者無纖芥之疑。〔頒〕（須）此成書，惠及區宇。遂使熙、豐惠民〔之〕（民）美意，崇、觀述事之洪規，本末巨細，無不畢陳。納斯民於壽康，召和氣於穹壤。億萬斯年，傳之無極，豈不韙歟？

將仕郎措置（置）藥局檢閲方書陳承

奉議郎〔守〕太醫令兼措置藥局檢閲方書裴宗〔元〕（先）

朝奉郎守尚書庫部郎中提轄措置藥局陳師文謹上。

龍按：森《志》著録元廬陵古林書堂刊本，楊批云「今在飛青閣」，然其行款不同，《故宫所藏觀海堂書目》著録一元刊本，注云「有光緒壬午楊氏題識」，當即此本，今藏臺北故宫，注爲「元刊黑口十五行本」，《留真譜初編》卷八葉二有書影。楊氏所引之序誤字脱文較多，據原書核校。臺北故宫另藏元刊《指南總論》一册，卷末有朱筆識語「蘭軒子見贈」，前有小島氏諸印，知爲伊澤蘭軒贈小島氏者。

另文中提及「又得大德甲辰余志安刊於勤有堂本」，《故宫所藏觀海堂書目》亦録，並存臺北故宫。其本除楊氏諸印外，另有「森氏開萬册府之記」「野間氏藏書印」印。後者許媛婷云「據日本茨城大學真柳誠教授推定，『野間氏』即藏書家野間任夫（生卒年不詳）」（參《鄰蘇觀海：院藏楊守敬圖書特展》一書相關叙録），當誤，此人實爲江户醫員野間三竹，字子苞、静軒、柳谷等，其藏書印又有「白雲書庫」印，楊氏舊藏中《音注全文春秋括例始末左傳句讀直解》朝鮮本及《鹽鐵論》二書亦有此印。

楊跋中云「余謂操古方方治今病」，整理者多以「方」字衍而徑删，檢王重民《日本訪書續記》所録，下「方」字實爲「以」字。

新編婦人良方二十四卷 影鈔本

森立之《訪古志》稱陳氏真本唯朝鮮活字本，而未載其行款字數。又載新刊殘本二卷，每半頁十二行，行廿四五字不等。此本半頁十二行，行十九字，有小島學古疊文印，與《仁齋直指》同裝一櫝。《仁齋直指》爲朝鮮活字本，此亦從朝鮮活字本出無疑，故其篇幅、行款、字數、裝式悉與之合。按此書《四庫》著録，載有元勤有堂刊本。而近代藏書家如張氏愛日精廬、陸氏皕宋樓、丁氏八〔千〕（萬）卷樓、黄氏士禮居均不載，則其傳本之稀可知。日本雖有朝鮮活字本，亦惟存誠藥室及懷仙閣有之，且亦多補鈔。日本醫家以其書難得也，故亦多展轉傳鈔。余以此書中土罕傳也，故既得小島精鈔本，又購得尋常抄本二通。行款皆不改。他日或不終絶焉。

宣統庚戌四月五日宜都楊守敬記。

或謂此鈔本小島學古並未稱從朝鮮活字本出，而余乃質言是朝鮮本，未免臆斷。蓋余又得熊宗立《婦人良方補遺》殘本，存第三至第六一册，又自十三至十八一册，又自十九至二十四一册，不知何人所校。其中引韓本異同，皆與此本合，益知此從朝鮮本出，斷斷然矣。

同日守敬再記。

龍按：森《志》著録此書之原本，楊氏舊藏有數種，所謂小島氏影抄之本即此本，今存臺北故宫。

新編婦人良方補遺大全二十四卷 元麻沙本

首陳自明自序，次行題「臨川陳自明良甫編集」，三行題「鰲峰熊宗立道軒補遺」，每半板十二行，行二十二字。熊宗立未詳何代人，以此本字體定之，當爲建安麻沙本。《訪古志》載有明天順八年刊本，余亦得殘本三册，行款與此同，而鐫刻失其圓潤，當是據此本重翻。據薛己《校注婦人良方凡例》「一，各論有陳無擇、熊鰲峰二先生評論治法」云云，以宗立與自明並稱，知所補必皆有依據效驗，故薛氏推重之。且宗立於陳氏原書多所删削改訂，正可參其異同而核其長短。況此熊本今亦不常見，安得不亟録之。

宣統庚戌四月七日宜都楊守敬記。

龍按：此本曾藏臺北「國圖」，今移臺北故宫。《留真譜初編》卷八葉十九有書影。楊氏此云「熊宗立未詳何代人，以此本字體定之，當爲建安麻沙本」，彼時檢索不易，然楊氏於《錢氏小兒藥證直訣》之敘録中已云「明熊宗立」，《素問》條亦言「明趙府居敬堂本、熊宗立本」，彼二則均光緒間撰，則此前即知其爲明人，故此處或偶然疏誤。另，王《續志》輯目注「見《晦明軒稿》」，《晦明軒稿》録文與此全同，唯「今亦不常見」誤爲「金亦不常見」，《楊守敬集·晦明軒稿》臆校改爲「余亦不常見」，誤。

新刊仁齋直指方論二十六卷 影抄本

〔首〕景定甲子三山楊士瀛登父自序，目録前有「環溪書院刊行」一行，卷一題「三山名醫仁齋楊士瀛登父編撰，建安儒醫翠峰詹中元本「中」上有「宏」字洪道校定」。每半頁十二行，行十九字。有小島學古三印。學古爲日本侍醫，藏書之富，自多紀外，罕有其匹，余所得醫籍，大抵皆其舊藏。按森立之《訪古志》稱聿修堂藏宋槧本，半頁十四行，行二十四字，其書亦爲守敬所得，實是元刊本，與此本行款不合，篇幅亦異。其每卷或題「新刊」，或題「新編」，或題「增修」，莫知其義例所在。二十六爲《婦人類》，有《血氣》《拾遺》二子目，元本則有《血氣》《吐衂》《拾遺》三門。此書有明朱崇正補遺本，其《婦人類》有《子嗣》一門，此與其中文字經小島學古以朱筆校宋、元本及《醫方類聚》多所異同，大抵以此本爲是。又《訪古志》稱懷仙閣、酌源堂均有朝鮮國活字印本，此本原與影抄朝鮮《婦人良方》同裝一櫝，其篇幅行款皆同，則此從朝鮮活字板出無疑。元本二十六卷，有《傷寒類書》《小兒方論》《醫學真經》，此本無之。蓋朝鮮以重印《直指》，而以陳自明《婦人良方》配之，故行款皆同。學古校此書，雖未題此本爲何代刊本，而於明朱崇正本上，臚列宋、元本。其稱宋本，皆與此本合，則此本小島固以爲宋本也。或謂此本目録前題「環溪書院刊行」與元本同，書院刊書多出元代，疑此亦元刊。余謂不然，考建安有三山書院，宋寶祐中提刑王汝建；又藍田書院，宋紹興中建；環溪在羅源縣東南，當南宋時，書院之設遍於閩中，此書在宋時已刊於環溪書院，至元時復刻之，而改其行款。不然，以元刊反多訛字耶？此書《四庫》著録已只有明朱崇正本，且云宋槧舊刊已不存。近日藏書家若歸安陸氏、錢唐丁氏皆只得明朱崇正本，則此本誠爲天壤間罕覯之物矣。

宣統庚戌四月五日宜都楊守敬記。

宋本

卷一新刊　卷二新刊　卷三新刊
卷四新刊　卷五新刊　卷六新刊
卷七新刊　卷八增修　卷九增修
卷十增修　卷十一增修　卷十二增修
十三增修　十四增修　十五增修
十六新編　十七增修　十八增修
十九增修　二十增修　二十一新編
廿二新編　廿三新編　廿四增修
廿五增修　廿六新刊

元本

卷一新刊　卷二新刊　卷三新編
卷四新刊　卷五新刊　卷六新刊
卷七新刊　卷八增修　卷九增修
卷十增修　卷十一增修　十二增修

十三增修　十四增修　十五增修
十六新編　十七增修　十八增修
十九增修　二十增修　二十一新編
廿二新編　廿三新編　廿四增修
廿五增修　廿六新刊

龍按：《留真譜二編》卷七葉十一有書影。此本今藏臺北故宫。據卷首楊氏手跋校補。光緒三十年，楊曾致信柯逢時言及此上二書，所述較詳，可爲此跋之補充，具引如下（參《楊守敬題跋書信遺稿》）：

慎庵老兄左右：

前囑以《仁齋直指》影鈔六本及《婦人良方》全部呈覽。守敬因所藏醫書有一種二三通者，其中有上駟、中駟、下駟之分，而其中源流多未載明，兹將《仁齋直指》影鈔宋本計六册，四百六十二葉，《婦人良方》九册，五百七十八葉，日本亦視爲異書者，故傳録亦多；又熊宗立補遺本二種，尊處既有此書，兹亦呈上，以視與尊藏是同一本否。又《仁齋直指》明刊本□册，明刊本雖未足奇，然近來藏家皆只此本，且有日本人以宋、元本校録，故亦呈覽。觀此諸跋，足知守敬在日本兼收並蓄，不惜金錢，雖殘本亦不輕捨，以其非棄之物也。不然，則陸氏之書，近日又何以十萬金購之。如以爲可，並留，容日當異各本開價照舊買帳開價，其稍折開亦可，惟不能過減少焉，大抵如大本《仁齋直指》以爲上駟，明刻本爲下駟，小號《婦人良方》亦上駟，其輾轉傳鈔者爲下駟。

前日所呈《直指方》各種九册，來札謂缺《醫學真經》一種，此種葉數無多，合訂於《直指方》中，如果無之，此書敝藏尚有一部，可以補鈔。來札謂如不可讓，則影鈔，竊以此書有副本，故照上駟價百兩售之，非不可讓也。以爲可留則留之，否則還之。緣尊處已有此書，似無容復鈔。必一一借鈔，則敝處異本醫書不下百種，窮年累月不能盡，恐守敬之年不能待也，精力衰頽，亦不耐發收之煩也，唯諒之。如何如何，唯裁察。

唐宋白孔六帖殘本四十四卷宋刻本

海内著録家有宋單刻《白氏六帖》，而無宋《白孔六帖》合刻本，故皆以明本爲祖刻。此爲宋刻宋印，精妙絶倫，雖殘缺，當以吉光片羽視之，不第爲海内孤本也。

癸丑五月端午鄰蘇老人記。

龍按：《留真譜》卷六葉二六有書影，楊批《留真譜》云「宋刊本，殘缺，今存飛青閣」。據《鄰蘇園藏書目録》載「宋槧《白孔六帖》，宋本，十六本，癸丑六月賣於張石銘五百兩」。此本今藏臺北「國圖」。除楊氏小像及印記外，另有「莚圃收藏」「玄譽」「知鑑」諸印，存卷三至卷二十、卷二十二、卷三十九至卷四十三、卷六十五至卷七十七、卷八十九至卷九十四。《適園藏書志》著録並附楊跋，稱其「字畫精潔，宋本之冠」。

大唐新語十三卷《稗海》本

首缺劉肅《自序》，末缺《總論》一篇。又《政能第八》標目誤刻於《持法》篇「韋陟」條末，與馮本同。《提要》稱《稗海》本於劉肅《自序》增入「世説」二字。今以此本照之，並無劉肅《自序》。蓋《稗海》所刻書，皆妄删原序原跋，不獨此本也。《提要》所云蓋是馮本，而誤屬商氏也。觀此本每卷仍題「大唐新語」，尚仍《唐志》之舊，足見無改增序目之事。其每篇文字與馮本亦互有長短，而此本較勝。今一一校出，以與馮本並讀，庶乎善本焉。

《提要》又云，據諸本校定爲三十篇，《總論》一篇，似合爲三十一篇。今從《持法》分出《政能》一篇，實只二十九篇，合《總論》爲三十篇，《提要》所云蓋稍未分析云。

光緒癸巳春三月宜都楊守敬記。

文子二卷 明萬曆五年刊本

首有潛庵子序，稱：「得墨希子所藏徐靈府注本，因彙刻之。然僅存《文子》正文，其徐注則皆删之，可惜也。〔丁丑夏日潛庵子志。〕」未詳其人。〔《四庫提要》稱此書有明道潛堂刊本，未知誰爲後先。然以《纘義》所列異同，則此本與道潛本多合。又錢氏《守山閣叢書》據《雲笈七籤》九十一卷引《九守篇》與此分篇迥異，知宋本尚不誤。然則序稱從靈府本出，恐未然。

戊子五月楊守敬記。

龍按：今存臺北故宫，《留真譜初編》卷五葉九有書影。據阿部隆一《志》補字。

摩訶般若波羅密多心經一卷 日寫本

右《經》一卷，白麻紙書，書法不甚精，唯波磔尚是舊格。後有日本題爲「弘法大師書」，謬也。弘法大師者，釋空海之號，余見其手跡，可與唐〔名〕（明）家抗行，此去之尚遠。

光緒庚寅三月楊守敬記。

日本訪書志補卷四　集部

文章正宗二十六卷 明刊本

此本不記刊行年月，望其字體，蓋即在嘉、隆間，亦無荆川序跋。每卷第二行題「荆川唐順之批點」，中縫亦題「唐荆川批點文章正宗」，目録每篇止或作「○」、或作「、」、或作直豎、或並「○」「、」無之。書中〔每〕（無）篇題上或著一二字，如第一卷第一篇批「轉折」二字，第二篇批一「轉」字，第三、四篇批一「直」字。欄外眉上間批數字。文中著圈點處甚少，皆批郤導窾，要言不煩。明代書估好假托名人批評以射利。閔齊伋所刊朱墨本，大概多僞托。此則的出荆川手筆，故閻百詩《潛邱劄記》極稱之。邇來學文者喜讀古文家緒論，紛紛刻《歸方評點史記》，獨此書流傳甚少，惟明刻，固當珍惜之矣。

所圈點至二十二卷止，其二十三卷後詩歌，則無一字之評。荆川本以古文名世，故只論文筆，而韻語非所長，遂不置一辭。然則視今人之强不知以爲知者天〔淵〕（間）矣。

龍按：此條楊《志》卷十三亦録，大同小異。其末之「天閒」，劉、張二氏皆云當補「壤」字，亦非，據楊《志》前跋，知「閒」當作「淵」。

倪注庾開府全集十六卷 原刊本

《四庫提要》稱「魯玉錢塘人，康熙乙酉舉人，官内閣中書舍人。是編以吴兆宜所箋《庾開府集》合衆手以成之，頗傷漏略，乃詳考諸史」云云。今觀此書題辭及後跋，皆不著年月，大抵此書之刻，在康熙末年；吴注之刻，則在康熙戊辰，魯玉不容不見吴本。而魯玉書首僅載張溥一序，並不及有吴注本，又似未見吴注者。近日葉廷琯《吹〔網〕〔綱〕録》議魯玉《哀江南賦注》「楚老相逢，泣將何及」引《漢書》兩龔事，與情事不合；不如吴兆宜注引《列子》「燕人生長於楚」云云。今按注《哀江南賦》是諸家集成，此書失注出典者，當不止此一條。

龍按：此本今存臺北故宫，標云「康熙間崇岫堂刊本」。

分類補注李太白詩二十五卷 元刊本

此即元建安〔余〕氏勤有堂原刊本，其目録末有余氏篆文木記。此本缺目録及第一卷。余得之寺田弘。據森立之《訪古志》，有楓山官庫本，卷末有「至大庚戌余志安刊於勤有堂」記。此本卷末將木記挖去，不知何故。案楊、蕭二家皆只注李詩，不注其文，故《愛日精廬藏書志》及楓山官庫皆只詩二十五卷，即明許自昌刊本亦然。唯明郭雲鵬本有三十卷，然自二十六卷以下，皆題「吴會郭雲鵬編次」，則知附雜文五卷，出郭手也。《四庫提要》著録爲三十卷，不知後五卷出何人，且疑是楊、蕭所爲，蓋未見此元刊本也。

光緒戊子五月十一日守敬記。

龍按：森《志》著録楓山官庫本，今藏日本宫内廳書陵部；又録「求古樓藏」本，即此本，楊批云「今在飛青閣，缺首一册」，今存臺北故宫，卷二前有楊氏手跋，楊氏得自寺田弘，且有「讀杜草堂」印，則或狩谷氏舊藏後歸寺田氏。又故宫標爲「明初覆元至大三年余氏勤有堂刊本」。

分類補注李太白詩二十〔五〕卷 明翻刻本

此爲明中葉重刊元建安余氏勤有堂本。目録末空格，即勤有堂木記，翻刻者挖除耳。卷首蕭士贇一序，自郭雲鵬、玉几山人、許自昌刻本皆逸去。近日海昌蔣光煦《東湖叢記》始從元刊本録出。此本序亦有殘缺，據元刊本補録之。〔守敬。〕郭雲鵬本（玉几山人）雕刻雖佳，然删除注文過甚。玉几山人及許自昌本亦略有删除，非蕭氏原書。固當以此本爲據也。

蕭序

唐詩大家，數李、杜爲稱首，古今注杜詩者號千家，注李詩者曾不一二見，非詩家一欠事與？僕自弱冠知誦太白詩，時習舉子業，雖好之，未暇究也。厥後乃得〔專〕意於此，間趨庭以求聞所未聞，或從師以蘄解所未解。冥思暇想，章究其意之所寓；旁搜遠引，句考其字之所原。若夫義之〔顯者〕（所題），概不贅演。或疑其贗作，〔則〕（爲）移置卷末，以俟〔具〕（真）眼者自擇焉。此其例也。一日，得巴陵李粹甫家藏左緜所刊春陵楊君齊賢子見注本讀之，惜其博而不能約，至取唐廣德以後事及宋儒記録詩詞爲祖，甚而併杜注内僞作蘇東坡箋事已經益守郭知達删去者亦引用焉。因取其本類此者爲〔之〕節文，擇其善者存之。注所未盡者，以予所知附其後，混爲一注。《全集》有賦八篇，子見本無注，此則併注之，標其目曰《分類補注李太白集》。吁！晦庵朱子曰：「太白詩從容於法度之中，蓋聖於詩者。」則其意之所寓，字之所原，又豈予寡〔陋〕（涵）之見所能知？乃欲以意逆志於數百載之上，多見其不知量矣。注成，不忍棄置，又從而刻諸棗者，所望於四方之賢師友是正之、發明之、增而益之，俾箋注者由是而十百千焉，與杜注等，顧不美歟？其毋誚以注蟲魚，幸甚。

至元辛卯中秋日章貢金精山北冰崖後人粹齋〔蕭〕（簫）士贇粹可。

龍按：此本今存臺北故宫。楊《志》注「二十卷」，當漏一「五」字；另據阿部隆一《志》所録楊氏跋文，增「守敬」二字題署。有「備前河本氏藏書記」「子孫永保」「小李山房」諸印，前二印分别爲江户學者河本立軒、柴野邦彦印。

分類補注李太白詩二十五卷 明玉几山人刊本

此本爲明嘉靖丙午玉几山人校刊，卷首有重刊序，後於郭雲鵬刊本三年。板式與郭本同，而注文但略有删節，不如郭本之甚。亦僅有詩二十五卷，不刻雜文。後來許自昌刊本即從此本出也。

龍按：此本今存臺北故宫。

分類補注李太白詩二十五卷明〔許氏刻本〕（許本刻氏）

明長洲許自昌刊本。許君好刻古書，此蓋合工部集同刊者。以楊、蕭元刊本照之，注文亦多删略。蓋原於嘉靖丙午玉几山人刊本也。

戊子五月守敬對校記。

龍按：此本今存臺北故宫。

分類補注李太白詩三十卷明刊本

此本爲明嘉靖癸卯吴人郭雲鵬刊本。按元刊楊、蕭《補注》本只詩廿五卷，無雜文。此并雜文爲三十卷。觀卷末雲鵬自跋，知係雲鵬所爲。《天禄琳琅》載此本，缺雲鵬跋，遂疑雲鵬爲書賈，誤也。守敬記。

龍按：此本今存臺北故宫。

樊川文集二十二卷 宋刊本

宋槧《樊川文集》廿卷，《外集》一卷，《别集》一卷，原本藏日本楓山官庫，無刊板年月，避「桓」「鏡」等字，不避「貞」「慎」字，當是北宋本。然每卷不爲總目，而以總目居卷首，亦非唐本之舊。劉克莊《後村詩話》云：「樊川有《續别集》三卷，十八九是許渾詩。牧仕宦不至南海，而《别集》乃有《南海府罷》之作。」是劉所見者，《别集》外更有《續别集》。此本無《續别集》，故無《南海府罷詩》。《提要》誤以劉所指者在《别集》中，又以今之《别集》只一卷，較劉所見少二卷，遂疑又爲後人删定。不知《别集》有熙寧六年田槩序，明云「五十九首編爲一卷」，此本一一相合，安得有删削之事？則知後村所見《續别集》更爲後人所輯，反不如此本之古。《全唐詩》編牧詩爲八卷，其第七、八兩卷皆此本所無，而與《丁卯集》複者五首，當即後村所見之《續别集》中詩。考牧詩唯《正集》皆爲牧作，其外、别兩集已多他人之詩。如《外集》之《歸家》一首爲趙嘏詩；《龍丘途中》二首、《隋苑》

一首，見《李義山集》；《别集》之《子規》一首，見《太白集》：皆采輯之誤，不獨《續别集》有許丁卯詩也。樊川詩文爲有唐大家，近唯桐鄉馮氏注其《詩集》行世，其《文集》罕傳。余故不惜重費使書手就庫中影摹以出，待好事者重鎸焉。

光緒癸未四月宜都楊守敬記於東京使館。

龍按：此書原本藏於日本宫内廳書陵部，然其所藏有二，均標爲明覆宋刊，國内學界均以其爲宋刊本，未知何者爲是。楊氏影鈔之本於光緒二十二年由楊壽昌付刻出版，即景蘇園本，書前有楊氏題序，即此文。然此影鈔之本今不知藏處，或景蘇園本即以其本上木。另據《鄰蘇園藏書目録》載「《杜樊川集》四册，己酉蟲月賣於北京富古堂」，未知所售是否即此本。傅增湘《藏園群書題記》曾云：「光緒中葉，吾鄉人楊君葆初曾取此本翻雕於鄂，頗爲精雅，其初印本竟可亂真，第今亦稀覯矣。」其稀見之由，或可於光緒三十年楊氏致柯逢時函中所云得之：「守敬自日本携古書歸，滿擬擇尤墨諸板，以餉學者，而口焦唇乾，卒無應者。僅楊葆初刻兩種《脉經》《樊川集》，而緘秘不印行，令人憤懣。」（參《楊守敬題跋書信遺稿》）羅振玉曾於宣統二年致函楊守敬云：「長者前爲楊大令校刻各書，如《樊川集》等，久求不獲。若允代致，感荷無似。」（參陳捷《人物往來與書籍流轉》所引）王欣夫曾藏此刻本之朱印校本，其中楊氏手書校改之處甚多，此書後入韋力芷蘭齋，並影印出版。

孫樵集十卷 明刊本

此本蓋從王濟〔之〕本重刊者。顧澗蘋跋宋本稱《龍多山録》「樵起辛而遊，洎甲而休」，又《刻武侯碑陰》云「獨謂武侯治於燕奭」，此本皆仍濟之之誤，未能訂正。余嘗以《文粹》所載樵文十篇校之，此本尤多脱誤，然勝於汲古本遠矣。觀樵自序前不標「孫可之文集序」，題銜在序後，猶是舊式，異於妄改者也。

光緒丁亥守敬記。

此本爲小島尚質藏，見森立之《經籍訪古志》。蓋彼土無宋本，固不得不以此爲秘書。

龍按：此及下條《劉蜕集》均於楊《志》卷十四有叙，惟行文有異。

劉蜕集六卷 明刊本

是書《四庫》著録，稱《文泉子》一卷，明崇禎庚辰閩人韓錫所編。此則香城吴馡所輯，云原本得之於桑悦，天啓甲子吴〔馡〕（緋）又重加搜輯者也。至崇禎癸未，閩中黄燁然又爲之補綴重刊，合《孫可之集》行世。按黄本後於韓錫本四年，同爲閩人，顧不知先有韓本。今韓本流傳亦少，僅有別下齋重刊本。余架上無韓本，未知與此書異同若何。他日當得韓本一校之。

此本根源於《文粹》《文苑》，故篇中亦以二書校異同，而脱誤復不少。劉本長沙人，故文《冢銘》自題甚明，他書皆據其流寓著録，非也。

〔守敬光緒丁亥丙月。〕

又按明崇禎時，烏程〔閔〕（閩）齊伋亦刻此集，名曰《拾遺集》。惜未見。士禮居有之。

龍按：據阿部隆一《志》所録文，第二段末補題署。

山谷内集注二十卷 日本覆宋刊本

此蜀大字本《山谷内集》，〔末〕（未）有其子黄垺跋，自來無著録者。余得自日本。義寧陳君伯嚴欲重價購之，余不忍割，乃議借刻，別以所藏朝鮮古刻《外集》《別集》補之。一時風行，其實較〔此〕（比）原本十得四五耳。

癸丑五月守敬記。

龍按：《留真譜初編》卷十葉三二至三五有書影，楊批云「日本翻北宋本，絶佳。今存飛青閣」，森《志》曾著録求古樓藏「舊刻覆宋本」，當與此本同，楊批云「此本爲西洋人購去」。陳三立於光緒十九年秋訪楊守敬，「遍覽所藏金石秘籍」，欲購此書而未得，然亦有所獲，即「重價」購得王獻之書《洛神賦》之所謂玉版十三行本，楊氏爲書跋云「去年秋，陳伯嚴兄訪余於鄰蘇園，見之愛不釋手，以重值相償，念此物爲得所，乃割而捨之。大瓢稱此刻『如親見古仙，聞吹玉笛』，今余則『如李後主揮淚對宫娥』云」。二十年後，此書又流散，「爲甘君翰臣所得，云是杭州人持來求售者，以視余。獨念伯嚴今亦避居滬上，豈以經濟困難，隱其名求售耶？抑爲竊去，展轉至杭州耶？惟余則如同隔世，如復見亡子，爲之憮然。」（《楊守敬題跋書信遺稿》）於玉版十三行，楊氏云其「訪書海外，未嘗以此相易」，今則售陳氏，然陳氏重價購《山谷内集》之日本刊本，則「不忍割」，可見楊氏於此書之重視。惜此書終仍售出，據《鄰蘇園藏書目録》「宋槧《山谷詩注》十本，癸丑六月賣於張石銘二百兩」，距此跋僅一月。又據繆荃孫日記載，一九一二年十一月十八日「劉健之來示楊心吾所藏日本翻刻《山谷詩》」，即陳百年刻底本」，至次年（即售書之癸丑年）一月廿六日云「石銘送來楊星吾書」，至二月廿三日「菊生來，與石銘、乙庵同看惺吾書」，廿五日「楊惺吾來。閲石銘來條，即復之」，所言當即售書張氏事。祝尚書《宋人别集叙録》云：「《内集》底本後爲張鈞衡所得，《適園藏書志》卷一一著録，今不詳何在。」《適園藏書志》云：「楊惺吾得之日本，陳伯嚴重刻，今底本歸余。新刻本亦佳，但視爲原本，則真贋不能混矣。」又按云：「山谷之孫榗、犖，火生土，埒則曾孫輩行，惺吾以爲子，誤。」甚是。然此或偶誤，據楊氏於此跋前十數年爲陳三立刻山谷集所作之序稱「有紹定壬辰山谷孫黄埒跋」可知。此本今藏臺北「國圖」，除楊氏諸印外，又有「韞輝齋」「張氏圖書印」，「韞輝齋」即張鈞衡孫張珩印。另，日本東京大學東洋文化研究所藏一日本覆宋刊本，有傅增湘「雙鑑樓藏書印」，檢《藏園群書經眼録》曾著録此本，云「前有紹興乙亥冬十二月鄱陽許尹叙，稱《黄陳詩集序》，乃鈔補者」，與此藏本合，或即傅氏舊藏。

日本訪書志再補

李小龍輯

日本訪書志再補卷一　經部

周易九卷周易略例一卷 宋槧本

昌平學藏南宋巾箱本。

龍按：森《志》著録昌平學藏本，《留真譜初編》卷一葉五有書影，據《留真譜》卷一手書識語録。

周易六卷 大永、享禄間鈔本

在飛青閣。

龍按：森《志》著録求古樓藏本，據楊批森《志》録，《留真譜初編》卷一葉一、二有書影，《故宫所藏觀海堂書目》録，今存臺北故宫。

周易六卷天正間鈔本

在飛青閣。

龍按：森《志》著録小島氏寶素堂藏本，據楊批森《志》録，《留真譜二編》卷一葉一有書影，摹刻有小島氏藏書印，《故宫所藏觀海堂書目》録，今存臺北故宫。

周易九卷略例一卷大永間鈔本

在飛青閣。

龍按：森《志》著録崇蘭館藏本，據楊批森《志》録，《故宫所藏觀海堂書目》録，今存臺北故宫。

周易九卷略例一卷文明、明應間鈔本

在飛青閣。

龍按：森《志》著録增島氏竹蔭書屋藏本，據楊批森《志》録，《故宫所藏觀海堂書目》録，今存臺北故宫。

周易正義十四卷 日本古鈔本之重鈔本

案阮氏《校刊記》無《周易》單疏本，所據唯錢遵王校本。然錢氏與注疏本合校，遂不能識别。蓋《易》單疏種子已絶。余於日本則得古鈔本數通，此其一也。此本舊有「新宫城藏書」正書印記，相其字體裝式，當在數百年以前從古卷子本傳録。如《乾卦·用九》下，此本標題「彖曰大哉至咸寧」，蓋釋經畢，然後釋注，錢校本同。自十行本以每節、每段分屬，大改舊第，閩、監、毛因之。不有此本，何以證錢本之是而十行本之非乎？至其中之間有與錢校不同而獨是者，則尤足寶貴。乃重録以遺筱珊同年，其有以教我。

光緒庚寅嘉平月宜都楊守敬記。

龍按：此書爲楊守敬重鈔並贈繆荃孫者，繆氏日記光緒十七年十一月八日云「見宋本……《周易》單疏、《尚書》單疏各種，皆從楊惺吾處購來」，十八年七月一日云「湖北寄宋刻《五代史記》、《周易》、《尚書》單疏來」，即指此。又於《藝風藏書記》中著録，並云：「影寫東洋單疏本。宜都楊惺吾同年守敬遺予，爲阮文達公所未見，真驚人秘笈也。」繆氏又售予劉承幹，劉氏再售於復旦大學。此據韓悦《楊守敬題跋本諸經單疏四種的特殊價值》（《圖書館雜誌》二〇一九年第五期）録。又，此書之底本即楊《志》所録之《周易正義》十四卷（舊鈔本），楊氏前敘此書時，未及其藏印，此跋則有録，然楊氏誤録爲「新宮城藏書」，實當作「新宮城書藏」，此印爲新宮城主水野家十代水野忠央（一八一四—一八六五）之印。

周易正義十四卷 應永間鈔本

在飛清閣。

龍按：森《志》著録求古樓藏本，據楊批森《志》録，《故宫所藏觀海堂書目》録，今存臺北故宫。

周易正義十四卷 元龜、天正間鈔本

在飛清閣。

龍按：森《志》著録澁江氏容安書院藏本，據楊批森《志》録，《留真譜二編》卷一葉五有書影，前除有森氏所録「江户市野光彦藏書記」印外，另有「正健珍藏」「養安院藏書」印。《故宫所藏觀海堂書目》録，今存臺北故宫。

周易傳義十卷 元刊本

《周易傳義》十卷，前有程子序及朱子《易圖》，後有延祐甲寅孟冬翠巖精舍新刊木記，昌平學藏。余所得僅三、四兩卷。

龍按：森《志》著録昌平學藏元刊本，今存於日本宫内廳書陵部。楊批云「今殘在飛青閣」。據《留真譜初編》卷十二葉三五録（北京圖書館出版社影印者無此頁，此卷僅三十三葉，日本公文書館藏本有三十四葉，然所見另本又有第三十五葉，據録）。

然宫内廳所藏爲全本，則楊氏舊藏與此非同本。

古文尚書十三卷 鄰蘇園抄本

此《古文尚書》古鈔本，存第一、第二、第七、第八、第九、第十、第十一、第十二、第十三。末有「天正第六六月吉秀圓」記。每半葉九行，行二十字。以森立之《訪古志》照之，此第七第八、第十一第十二第十三册，即容安書院所藏；其第一第二、第九第十二册，則守敬從日本市上得之，相其筆跡格式，酌爲一書，不知何時散落。其中古字與山井鼎《七經孟子考文》所載古本合，其第一卷序後直接「古文尚書堯典第一」，不别題「尚書卷第一」，蓋合安國序同卷，與《唐石經》合。宋以下序後别題「尚書卷第一」五字，非也。仲弢學士見而愛之，囑爲覆寫，以此未經衛包所改之書，當爲至寶。余謂今人以《經典釋文》覈山井鼎之書，往往不合，遂疑日本古鈔爲不足據，不知《釋文》已經宋陳鄂改亂，非陸氏之舊。阮文達作《校刊記》，亦未悟及此，是當與學士重商之。

光緒癸卯二月，楊守敬記。

龍按：此據《上海圖書館善本題跋輯録》。又，此跋後又有葉景葵跋云：「庚、辛之際，蓼綏閣遺書散出，購得此書。去歲又在滬見黄氏集存時賢墨札，檢得楊星吾氏致仲弢學士書，與抄此書有關，黏附卷首。……癸酉十月杪，景葵記。」與楊跋相參，知此書爲光緒二十九年（一九〇三）黄紹箕（字仲弢）據楊氏所藏日本古鈔本覆鈔，楊氏爲作題跋。黄氏於光緒三十三年曾率各省提學至日本考察教育，次年即病逝。此後一二年間，其蓼綏閣藏書即散出，此本爲葉景葵購得。一九三二年，葉氏又於滬上購得楊守敬爲此書所作題跋，附於書前。葉氏又有一跋云：「此即《日本訪書志》所載、上虞羅氏惜爲人藏俱亡者。今得此覆寫本，藉以見古文真面，不勝欣喜。辛未正月，景葵書。」其所云「此即《日本訪書志》所載」，實指楊《志》辛丑本、丁酉乙種本、丁酉丙種本均收録之《古文尚書古鈔本》，此條在卷一第四葉之後、第五葉前，版心作「又四」，可知楊氏本欲將此則插入，然在其最後定本丁酉丁種本中，仍將此則撤出，故前點校楊《志》正文時不據前數本補録，而附於此。又王《補》第二則所述亦此書，然文字頗有異同，故兩存之。

尚書孔氏傳零本一卷 古卷子鈔本

飛清閣有影抄本。

龍按：森《志》著録京師東寺觀智院藏元亨三年鈔本，僅存卷十一，據楊批森《志》録。《故宫所藏觀海堂書目》録，今存臺北故宫。

尚書孔氏傳十三卷 古鈔本

飛清閣得傳抄本。

龍按：森《志》著録求古樓藏永享三年鈔本，據楊批森《志》録。

尚書正義二十卷 楊藏宋本之鈔本

北宋槧本《尚書正義》原本藏日本楓山官庫，余曾借出，用西洋法影照之，擬刻未成。

携歸以視德化李君木齋，欣然許爲重鐫，乃以照本付之。顧久未聞鳩工，想已成畫餅。余又得近藤正〔齋〕（齊）影鈔本，亦求古樓中物。鈔手雖未精，然行款不失，蓋影摹也。按山井鼎《七經孟子考文》所稱《尚書》宋板亦注疏合刊本，此本肥後熊本重刊，其原宋本今亦爲守敬所得，唯殘一册爾。此單疏本山井鼎亦未之見，無論中土，久絶傳本也。筱珊同年屬爲重録，因記其原起如此。

光緒庚寅嘉平月宜都楊守敬。

龍按：此書底本即楊《志》所録之《尚書正義》二十卷北宋槧本，森《志》曾著録，楊批森《志》云：「余曾借出，用西法影照，以付李木齋，想不能刻成也。又得〔近〕（齋）藤正齋影抄本，今尚在篋中。」繆荃孫日記光緒十七年十一月八日云「見宋本……《周易》單疏、《尚書》單疏各種，皆從楊惺吾處購來」，《藝風藏書記》亦録，云：「影寫東洋單疏本，亦楊惺吾同年所得者……《周易》單疏尚見前人著録，此更絶無而僅有矣。」此書同前之《周易正義》，亦藏於復旦大學圖書館，據《楊守敬集》第一册前附楊跋手跡之圖録文。

附釋音尚書注疏二十卷 元刻明修本

宋刊十行本《尚書注疏》，雖有明正德補刊，然首尾完具，亦可貴尚。補刊本板心上皆題「閩何校」，近世閩姓未聞，記之，以訪方聞之士。

光緒丙戌二月，楊守敬題。

或因板存福建，故題爲「閩」而何氏校與？然下方刊工人皆署姓名，此不書名，亦恐非也。

龍按：《留真譜初編》卷一葉十八有書影。《適園藏書志》載此書，並有詳細叙録，並云：「是本爲日本島田重禮所藏，卷一末有『以秘府御本宋本單疏校過』一行，校用藍筆。上有『大學藏書』朱文大方印、『佐伯毛利高標字培松藏書畫之印』朱文大方印。」則當售予張鈞衡。今存上海圖書館，此據《上海圖書館善本題跋輯録》。

尚書洪範第六

《古文尚書·洪範第六》一卷，見《訪古志》。守敬影照得之。

龍按：據《留真譜初編》卷一葉十A面楊氏手跡録。

尚書盤庚上第九

《古文尚書·盤庚第九》一卷，守敬所得，八九百年間舊鈔也。

龍按：森《志》未録此本，楊批森《志》云「飛青閣又得《盤庚》三篇，最古，此不載」。此據《留真譜初編》卷一葉十B面楊氏手跡録。據阿部隆一《志》云，《留真譜》有楊氏識語云「古鈔卷子本，今在日本向山黄村家」。此卷今臺北故宫有影鈔本。關於此書，羅振玉曾彙集衆古寫本，亦「於亡友楊星吾舍人許影寫《商書·盤庚上》至《微子》九篇」，「嗣聞老友楊惺吾舍人藏日本古寫本《商書》殘本，因移書乞影寫，擬與敦煌本比勘。楊君許之，不逾月郵至。計存《盤庚上》至《微子》，凡九篇。敦煌本則佚《盤庚上》及《盤庚中》之上半。因就兩本並存者勘之，雖略有小殊，而經傳之見於古籍所引與勝於宋以來諸本之處，則兩本靡不隱合。」（《羅振玉學術論著集》第九集）可見此卷之價值。羅氏之知楊氏藏此卷，乃從《留真譜》來，羅氏曾有函致楊云「再有懇者：前讀《留真譜》，見尊藏《古文尚書·盤庚》卷子。兹因石室《顧命》殘本，遂欲將傳世諸《古文尚書》斷簡彙刻爲一書。去冬從東友購得《洪範》《金縢》《旅獒》《微子之命》四篇（去冬幾至斷炊，而質書畫得百元購之。同輩多以得僞古本，譏誚不已，不顧也。都中士夫不信古寫本，至可歎也），又從日本西京神田氏假其所藏之《泰誓》《牧誓》影照，擬並假長者所藏之《盤庚》合刊之。若肯割愛見讓，俾與《洪範》等四篇合併，尤荷高誼。價當遵示奉繳也。冒昧陳乞，尚祈矜其好古之愚而許之，幸甚幸甚。」（參《羅振玉手札》）楊氏原藏「後自楊故里宜都流出，歸於武漢文物商店，嗣經上海圖書館購存，又已失去《盤庚上》『予亦拙謀作乃逸』起，至《盤庚中》『鮮以不浮』止」（參劉起釪《尚書的隸古定本、古寫本》，《史學史研究》一九八〇年第三期）。

書集傳音釋六卷 元槧本

龍按：森《志》著録寶素堂藏元槧本，據楊批森《志》録，《故宫所藏觀海堂書目》録，注云「存卷一至卷四，元刊本，存四册」。《留真譜初編》卷一葉二四有書影。今存臺北故宫。

今在飛青閣。

書蔡傳旁通六卷 影元本

龍按：森《志》著録昌平學藏元槧本，今藏日本公文書館，據楊批森《志》録。《留真譜初編》卷一葉二五、二六有書影。《故宫所藏觀海堂書目》載「《書蔡傳旁通》六卷，元陳師凱撰，日本影鈔元余氏勤有堂本，四册」，即此本，今藏臺北故宫。另，此書元本大陸無存，臺北「國圖」有汲古閣、袁克文、嘉業堂遞藏之本，日本則有覆刻元

飛青閣得影抄本。

本者。

尚書通考十卷影元本

飛青閣得影抄本。

龍按：森《志》著録昌平學藏元槧本，《留真譜初編》卷一葉二七至二八有書影，今藏日本公文書館。據楊批森《志》録。楊藏之抄本今存臺北故宫。

尚書句解十三卷元刊本

今存飛青閣，元刊本。

龍按：此本《留真譜初編》卷一葉二九有書影二幅（卷一首葉及序末木記），此據楊批《留真譜》録。《鄰蘇園藏書目録》載「元槧《尚書句解》，元本，四本，癸丑臘月二十一日賣於傅沅叔五十元」，然傅氏書目未載此書，而張元濟《涵芬樓燼餘書録》中載之，注爲「楊星吾舊藏」，並云：「楊星吾隨使東瀛，購之以歸，中有日本人用彼國讀法評點所書片假名。其國人小林辰題記……然以匡、恒、貞、桓、愼、惇等字闕筆，認爲宋槧，則刻舟之見矣。」則或傅氏得後，或即轉歸涵芬樓，前述《李推官披沙集》，傅氏曾云：「是書楊惺吾得之日本。余於壬子十月在上海以二百銀幣得之，旋以歸之張菊生。」鄧邦述云：「此書初爲東瀛所收，鄰蘇老人携以歸國，老人歿後，張菊生前輩購藏之於涵芬樓。」且其時間即在癸丑年，與此書售予傅氏時間亦相合。此書歸涵芬樓後，張元濟將其又移存金城銀行，故此躲過炮火之厄，今藏國圖，前有較模糊之蒹葭堂圖書記，知爲木村孔恭舊藏。又，張氏以小林辰因此書避宋諱而以爲宋槧爲「刻舟之見」，或亦未確，雖此「敏德書堂」確爲元代書坊，然書中避宋諱，則或其板刻於宋而印於元，或其底本爲宋本而翻刻較謹，故《中華再造善本》收入國圖所藏此本時，亦以爲「當有宋刻本」。

毛詩鄭箋二十卷 舊鈔零本

今在飛青閣。

龍按：森《志》著録求古樓藏本，殘存八卷，據楊批森《志》録，《故宫所藏觀海堂書目》録，注云「存卷三、卷四、卷八、卷九、卷十二、十三、卷十五、十六，日本昌平坂學問所翻刻本，每半頁十行，行十八字，小字二十三，存五册」，所注卷數與森《志》所録有異。今存臺北故宫。

毛詩鄭箋二十卷 五山本

《毛詩鄭箋》有五山板本，最古最佳。飛青閣得之，此失載。

龍按：王《補》録有《毛詩鄭箋》之古鈔本，即森《志》所録求古樓舊藏者，然楊氏另藏有五山板者，其於前《志》《七經》條云「日本刻經，始見正平《論語》及翻興國本《左傳》，又有五山本《毛詩鄭箋》」亦提及。此據楊批森《志》録，今存臺北故宫，前有楊氏諸印。

吕氏家塾讀詩記三十二卷 宋刊本

猶憶前數年有蔡姓者載書一船，道出宜昌。友人饒季音得南宋板《吕氏讀詩記》一部，據云宋、元槧甚多。意必有秘笈孤本錯雜於其中，未知流落得所否。

今在東湖饒氏。

龍按：楊氏東瀛訪書，或與此書有較大關係，據楊《志》之《緣起》即可知，故録《緣起》相關文字，並將楊批森《志》之語附後。此之饒季音即饒敦秩，楊氏赴日前即相交好，於光緒三年、五年分别合作出版《元押》及《歷代輿地沿革險要圖》，二書當皆楊守敬所纂，借饒氏手刊行者。森《志》著録此書，云有「普門院」「艮岳院」二朱印，則今仍當存於日本宫内廳書陵部，此處另有一部宋本；國内存宋本三種，國圖及上海圖書館各有一全本，然二者皆遞藏有序，前者爲鐵琴銅劍樓舊藏，後者爲汪士鐘舊藏。唯國圖另有一不全之本，未知是否饒氏舊藏。

韓詩外傳十卷 朝鮮刊本

今在飛青閣。

龍按：森《志》著録求古樓藏本，據楊批森《志》録。《留真譜初編》卷一葉三六有書影。《故宫所藏觀海堂書目》著録有沈辨之刊本，其上有「森氏開萬册府之記」，又録此「朝鮮翻沈氏本」。今藏臺北故宫。

韓詩外傳十卷 明刊本

沈辨之本亦在飛青閣。

龍按：森《志》著録朝鮮本，據楊批森《志》録。《故宫所藏觀海堂書目》著録，上有「森氏開萬册府之記」。

周禮鄭氏注零本一卷 古鈔卷子本

今在飛青閣。

龍按：森《志》著録求古樓藏本，據楊批森《志》録。所存僅《考工記》之局部，《留真譜初編》卷二葉五B面有書影。

周禮鄭注十二卷 宋槧本

右宋槧本《周禮》存《天官》《地官》《春官》六卷《夏官》《秋官》《冬官》以附釋音本補之，不附釋音。避「敬」「殷」「貞」「徵」「玄」「匡」「竟」「恒」「桓」「讓」等諱。第三卷後有「婺州市門巷唐宅刊」木記。大題在下，與《唐石經》合。第一卷末題經注字數。審其款式字體，雕印當在北宋末南宋初。舊爲周櫟園、宋牧仲所藏，有兩家印記，今在章碩卿大令處。敬於光緒丙戌冬十二月赴碩卿嘉魚縣署，出示此本，余驚爲秘笈，竭兩日力略爲校之。如《天官・太宰》「九兩」注「疾病相扶」，無「持」字。《小宰》「八成」〔注〕「貸子」不作「貸予」。《膳夫》注「稍事謂非日中」，「謂」不作「爲」。《腊人》注各本因疏衍二十五字，此不衍，與嘉靖本合。《地官・遂師》《遂大夫》不提行，以圜隔之。《地官・載師》〔注〕「其大夫」不作「上大夫」「下大夫」。《〔司市〕（媒氏）》注「行苦」不作「行沽」。《遂師》「抱磿」不作「抱磨」。《遂大夫》注「鎡其」不作「鎡基」。《稻人》「芟夷」不作「萸」。《山虞》「柔刃」不作「忍」。《槁人》注「不〔於〕（與）鱞人言者言其共至尊」，各本脱「者言」二字，岳本、嘉靖本遂改「其爲者而共至尊」，遂若不相接。又「潘瀾戔餘」，「戔」字偏右，據《釋〔文〕》「戔」

一本作「殘」，原刻必是「殘」字，挖去「歹」旁。今各本無作「殘」者，足見此本根源之古。《春官·世婦》注「亦用士人」不作「八人」。《司干》注「謂盾」不作「楯」。《大宗伯》注「五年而再殷祭」，「五」上無「率」字。〔《小宗伯》〕「群神之兆」不作「群臣」。《肆師》注「匪以致饗」，「匪」字上空，原刻當是「篚」字，以經用古字、注用今字例之，則「篚」字是。《司尊彝》注「罍臣」不作「罍神」，「涗拭勺」不作「挩」。《大司樂》注「鳥獸蹌蹌」不作「鎗鎗」「牄牄」，與《釋文》一本合。《小師》〔注〕「大予樂」不作「大子樂」，與《後漢書注》合。《典同》注「甄燿」不作「甄濯」，與賈疏合。《詛祝》注「鄭司農云載辭」，此本「云」字擠入，原刻無「云」字，則「載」爲「説」字之誤尚有跡可尋。《太史》〔注〕「底日」不作「底」，「或爲汁」不作「叶」。《巾車》注「聲旦警衆」不作「聲且」。凡此皆一字千金，其他勝今本處不可勝紀，余已附校語，籤帖於書眉。按：《周禮》宋本今存於世者，唯余仁仲萬卷堂本、相臺岳氏本及錢保敬所藏殘本，然皆附釋音者。其不附釋音唯明嘉靖翻宋本爲最佳，今以此本照之，十九與之合，間有勝嘉靖本者，余、岳二本遠不逮也。此雖殘本，若能並所補釋音翻雕餉世，誠經學鴻寶也。碩卿其有意乎？書以俟之。宜都楊守敬記。

右附釋音本《周禮鄭注》，亦周櫟園、宋牧仲所藏，存《夏官》《秋官》《冬官》六卷，蓋以補前六卷不附釋音本者。版式四周雙邊，當爲南宋之初刊本。北宋本無四周雙邊者。粗校一過，大抵與余仁仲萬卷堂本、相臺岳氏本互有出入，亦間有誤字，不及前本根源之古，而遠勝於十行、閩、監、毛注疏本。古本日亡，得此以證余本、岳本之源流，又足見十行、閩、監、毛誤字之所自，亦經學之瓌寶也。光緒丙戌十二月十三日宜都楊守敬記於嘉魚官廨。

此本標題亦與《唐石經》合，獨《冬官考工記》鄭氏注下標「陸氏釋文」四字，與前數卷不一律，當是坊賈所爲，避諱之字亦時有出入不避殷、貞、徵等字，故知決非官本也。同日楊守敬又記。

龍按：此《寶禮堂宋本書録》所附，雖非楊氏於日本所訪之書，然楊氏跋中所云，於楊《志》中幾見之，而此跋尤詳，且《留真譜初編》卷二葉三亦摹刻書影二幅，故據《張元濟全集》第八卷録文。

附釋音周禮注疏四十二卷南宋槧本

今殘在飛青閣。

龍按：森《志》著録昌平學藏本，缺前七卷。此據楊批森《志》録。

儀禮圖十七卷 影宋本

飛青閣得影抄本。

龍按：森《志》著録昌平學藏宋槧原本，今藏日本公文書館。據楊批森《志》録。《故宫所藏觀海堂書目》載「《儀禮圖》十七卷，日本影宋本，六册」，然今未知存處。

儀禮圖十七卷 日本古鈔本

古鈔本，首有「吉家氏藏」印，又有「稱意館」印，「新宫城書藏」印，每卷後有「迷庵」印，有「林下一人」印，蓋市野光彦之舊藏也。以通志堂刻本照之皆合，惟此脱第末「儀禮旁通圖」耳。

龍按：此書存於國圖，除楊氏所及諸印外，尚有楊氏小像及其印，又有「松坡圖書館藏」印。前有楊氏手跋，據録。另此書之印，楊氏指出「迷庵」「林下一人」爲市野光彦印，或未知「新宫城書藏」爲日本紀伊新宫藩第九代城主水野忠央印；另「稱意館」印爲雙行六字，因爲另一墨印所覆，不易辨認，故楊氏未録，實當爲「稱意館藏書記」六字，爲德川幕府中期醫家吉田宗恂藏書印，據此亦可知另一「吉家氏藏」印楊氏録文有小誤，此亦吉田氏印，當作二行横讀爲「吉氏家藏」。

京本點校附音重言重意互注禮記二十卷 南宋槧巾箱本

今存飛青閣，只一册。

宋槧《禮記》，宋本，一本，癸丑臘月二十一日賣於傅沅叔二十元。

龍按：《留真譜初編》卷二葉十收書影二幅，第一條據楊批《留真譜》録；第二條據《鄰蘇園藏書目録》録。檢《藏園訂補郘亭知見傳本書目》，傅氏補此書，並注云「存卷六至七，計二卷，余藏」（森《志》云「惜僅存第六一卷」，或失檢），則當即此本，今存上海圖書館。

監本纂圖重言重意互注禮記二十卷 宋刊本

右宋刊纂圖重言重意互注本《禮記》與予所得《論語》款式見《留真譜》者悉同，已别摹待刻，有毛子晉印、玉蘭堂、季振宜印。欄外有橢圓「宋本」印，又有「乙」字方印，蓋於汲古閣藏書爲乙等也。鄭注之外，全録陸氏《釋文》。雕鏤之精，與《論語》不相上下。避宋諱惟「敬」字不避，與《論語》亦同，蓋南渡已祧之故也。余所得《論語》以《注疏》校之，大有異同，已備録於《日本訪書志》中。此本亦必與世傳經注本、注疏本及陸氏《釋文》大有關係，惜余老，不能通校一過。沅叔得此，自當悉心以著其異。蓋鄭氏《三禮》，前輩於《周禮》《儀禮》多有詳校，而于《禮記》獨略，以世傳《禮記》除岳本、撫本、十行注疏外，無多宋本足以互勘也。余在日本所得經書古鈔本至多，惟《禮記》自足利本外，僅古鈔一通，俟由上海運書來，當與沅叔對參之。

甲寅閏五月七日，鄰蘇老人記。

龍按：此跋傅增湘曾録入《藏園群書經眼録》，劉《續補》據傅録增補之。傅氏於跋後按云：「是書余甲寅夏得於琉璃廠文友堂。」其《雙鑑樓善本書目》手稿云：「是書余甲寅夏以六百元購之京師文友堂。余歷年所見，如李木師之《論語》、繆藝風之《尚書》，皆與此板式行格悉同。海源閣有《監本纂圖重言毛詩》，其標名亦與此一律，疑當時監本纂圖五經皆有之矣。」與楊跋所署合，知此書非楊氏藏書，楊氏之跋當爲應傅氏之請所撰，故依例不當闌入。然楊跋論及其於日訪得之監本《論語》，則亦可覘其訪書之跡，故存之。就其跋文，楊守敬之孫楊先梅藏有題跋手稿，曾録入《楊守敬集》之《鄰蘇老人題跋》中，與傅所録頗有小異：如手稿本前及《論語》時有「别摹待刻」數字，傅録無之；傅録「南渡已祧」之後有「日本吉宦漢（按：傅氏誤，此日人名當爲「吉漢宦」）謂，互助起於唐人，而余所見則起於南宋。或謂起於元人者，誤也」一段，手稿則無；傅録末署「甲寅閏五月十三日，鄰蘇老人記，時年七十有六」，與手稿所署不同。臆者手稿或爲楊氏五月七日所撰初稿，後題於傅氏藏書時，稍有更改。又其有關日人吉漢宦之語已見前《論語》之叙録，故亦不據補；傅録楊跋及《論語》時下有小字云「今爲李木齋所得」，未識此爲楊之原文抑傅氏所注，詳其語意則似傅注。此書現存於上海圖書公司，入選《第一批國家珍貴古籍名録》。

禮記正義 楊藏宋本之鈔本

右《禮記·曲禮正義》卷子本殘卷，日本狩谷望之所藏，余得之森立之。顧立之《訪古志》未載，蓋其作《訪古志》時尚未見此本也。日本所存單疏，《易》《書》有全部，《左傳》有殘本，然皆從折疊本傳摹。獨此爲卷軸之舊，相傳爲唐代之筆。此從狩谷本影摹，字體尚未絶俗，想見原本之高古。其中文字固有鈔手奪誤之處，而其有足訂今本之誤者，絶非宋本所可及。特重録一通，以貽筱珊，知不河漢余言。

庚寅嘉平月楊守敬記。

龍按：此書同前之《周易正義》，據韓悦《楊守敬題跋本諸經單疏四種的特殊價值》録。《藝風藏書記》著録，僅署「影寫東洋卷子本」幾字，據楊跋，知即其所贈之本。另此卷亦曾摹刻入《留真譜初編》卷二葉十一，有楊氏跋語云「古鈔《禮記》單疏卷子本一卷，狩谷望之舊藏本」，楊批《留真譜》又云「《禮記・曲禮》單疏卷子本，狩谷望之所摹，今存飛青閣」。

禮記鄭氏注二十卷 舊鈔本

今在飛青閣。

龍按：森《志》著録新見氏賜蘆文庫藏本及吉田氏臣鈴鹿某氏藏本，均云「未見」，此據楊批森《志》録。

禮記鄭氏注二十卷 活字本

今在飛青閣。即山井鼎所謂足利本也。余收七經皆全。

龍按：森《志》著録，《故宫所藏觀海堂書目》載足利本兩種，今均存臺北故宫。據楊批森《志》録。

禮記二十卷 宋槧巾箱本

今殘在飛青閣。

龍按：森《志》著録昌平學藏本，此據楊批森《志》録。惜今不知存處。

禮記正義零本 舊鈔本

飛青閣得狩谷望之影抄本。

龍按：森《志》著録桐山元仲藏本，然森氏未見。據楊批森《志》録。此本今不知存處。

禮記集説十六卷 元槧本

今在飛青閣。

龍按：森《志》著録求古樓藏元刊本，此據楊批森《志》録。今北大圖書館有李盛鐸舊藏，未知是否楊氏故物。

三禮圖二十卷 宋槧本

右宋槧本《三禮圖》，末有「淳熙乙未」「永嘉陳伯廣記」，蓋即通志堂所從出。唯此本每半葉十六行，版心記字數，通志堂則減爲十四行，又不載陳伯廣識語耳。舊爲季滄葦所藏，前後並有印記，不知何時流入日本。粤逆之亂，黄蕘圃、汪閬園所藏書亦多有流入日本者，余往往收得之，此不足爲怪也。聞此亦爲狩谷望之故物，故行間字裏無倭點倭訓。望之藏書多不鈐印，蓋珍惜之矣，余所得望之書有印者甚少。宋槧宋印，首尾完具，余所收日本舊籍，無如此潔凈者。

光緒甲申春二月，宜都楊守敬。

龍按：此據北京保利二〇一八年秋季拍賣會拍品録文，據筆跡與用印，當爲楊氏應友人之請所書。然楊氏不察，此書實以通志堂本撤序挖字僞造而成。楊氏以「通志堂則減爲十四行，又不載陳伯廣識語」爲證，然其所謂者非通志堂本，而爲同治時巴陵鍾謙鈞重刻本，通志堂本實有陳氏識語，且半葉十六行，不過每行之字數確較宋本稍有調整。此書宋本天下僅存孤帙，原爲元、明間人俞貞木舊藏，後入錢曾手，書末有錢謙益手跋（亦收入《有學集》卷四十六，而文字亦有小異），後入季振宜手，再歸徐乾學，又入海源閣，歸於周叔弢，現藏國圖（已收入《中華再造善本》中）。此遞藏軌轍與楊氏所述亦有關係，一者曾入季振宜手，楊氏所述者亦有季氏之印，作僞者或知季氏果有此宋本（《季滄葦書目》之「延令宋板書目」中録之），故爾附會；二者又入徐乾學手，則通志堂刊此書時當以之爲底本（參喬秀岩、葉純芳《文獻學讀書記》書中《聶崇義〈三禮圖〉版本印象》一文）。通志堂本因刊刻精美，當時便多有挖改以充宋本者，甚至騙到了皇宫去，《欽定天禄琳琅書目後編》收此書宋本三種，竟皆爲以通志堂本僞充者（參劉薔《天禄琳琅知見書録》）。傅增湘於《藏園訂補郘亭知見傳本書目》中云：「廠市韓左泉曾收得宋刊本，余曾借校，比通志堂本多後序一編、記一篇，勝於蒙古刊本。其書後爲人盜去，不知流落何所。」實當亦爲僞充者，或即楊氏所跋者，作僞者或未敢公然於國内出售，故將其「流入日本」耳。

禮書零本三卷 宋槧本

今在飛青閣。

龍按：森《志》著録寶素堂藏本，據楊批森《志》録。傅增湘《藏園訂補邵亭知見傳本書目》云「此書傳世無宋本，各家著録宋本均元至正七年福州路儒學刊」，似是，則此亦當爲元本。《留真譜初編》卷四葉四九有書影。

北齊人書左氏傳附善慧録

右六朝人書《左傳》卷子殘本，共一百四十六行，行十五字。計三段，第一段三十六行，自桓二年《傳》「官之失德」起，至「下無覬覦」止；第二段八十八行，自桓三年《經》起，至六年《經》「九月丁卯，子同生」止；第三段二十二行，自桓十五年《傳》「雍糾殺之」起，至十六年《傳》「秋七月，公至自伐鄭」止，《經》《傳》皆出一格，猶是古策書式。其注末每多「之」「也」等字，亦是六朝舊習，見《經典釋文》，不具論。其中亦多筆誤、俗體，可望而知之。其佳處則有非唐、宋、元本所可擬者，今略疏之。注「故曰其有後於魯」，不作「臧孫」；注「意取於戰相仇忿」，不作「仇怨」；注「見獲而死」，不作「而免」。《傳》「齊侯送姜氏于讙」，按《經典釋文》「齊侯送姜氏」，本或作「送姜氏于讙」，是陸氏以無「于讙」二字爲正，孔穎達《正義》從之，《唐石經》以下皆同，此本是陸氏所見之一本，可知爲六朝之舊；按《水經・汶水注》引《傳》文作「齊侯送姜氏于下讙」，酈氏蓋因杜預以「下讙」釋「讙」地，故增「下」字以證，世謂之「夏暉」，音同耳，非《傳》文有「下」字也。余以爲酈氏、陸氏所見有「于讙」二字者是，陸氏、孔氏所見定本無「于讙」二字者非也。蓋古者《經》《傳》各別行，若《傳》無「于讙」二字，則不知所送爲何地。自合《經》《傳》之後，始因「于讙」二字已見《經》文，不煩别檢，遂有删《傳》文之本。陸、孔不據未合之本而據已合之本，未免失擇矣。又「請爲左矩」以下五「矩」字皆同，《釋文》本、《注疏》本、《唐石經》、宋、元本並作「拒」，觀杜注「矩，方陳」，則「矩」是而「拒」非，唯日本楓山官庫三十卷全本與此同，不得以「矩」「拒」通假爲説。此所謂一字千金，絶非唐、宋所有。且其字體豐腴，絶似日本黑田氏所藏《齊天統佛經》，故定此爲六朝人手筆，非懸斷也。

此卷爲柏木政矩所藏，余初至日本見之，驚爲絶帙。以中土卷子佛經尚有留遺，至經書爲六朝之筆則自宋、元未聞，何論今日！屢欲得之，而柏木堅不肯割，緣日本古鈔本經書雖多，大抵展轉傳録，其稍古者如正平《論語》、原本《玉篇》之類，然不出宋、元之代。唯《左傳》「昭二十七年」一殘卷藏石山寺者，與此卷相伯仲，故柏木視若球璧，不可以利動。而余所有古碑帖、古銅印、古錢之屬，柏木亦頗羨之，然屢議交易，終不成。及余將歸國，臨行時以情説之，謂古寫《左傳》貴國已有兩卷，不足稱絶世無雙，吾國今不聞有六朝寫本經書，君若以讓我携之西歸，使東西對峙，皆有千年以上之經籍寫本，豈非足下之光乎？柏木始心動。乃以宋畫《漢甘泉宮圖》、舊拓《武梁祠畫像》及古印、古錢數十事易得之。携歸，歡喜無量，至忘寢食。昔汪容甫得《定武蘭亭》，自謂書生之福所享已多，故於科名仕宦，泊然無營。余學問文章雖不逮容甫，而東瀛一行，著録數萬卷，此本尤爲驚人秘笈，視《定武》有過之，是天之錫我已厚，故歸來自安儒素，不復他就，與容甫有同情焉。唯私願刻石以廣流傳，而良工未得，輒遲歲月。今已篤老，恐過此以往，化爲煙雲，則余之負疚深矣。乃親携之滬上石印，以餉學者。

此卷紙背有僧徒書《雙林善慧大士小録》並《心王論》，題「菩隆戒弟子進士樓穎述」。據稱大士姓傅名翕，東揚郡烏傷人，烜赫於梁武之世，與武帝問對頗悉。當時誌公深爲推挹，至陳大建元年示寂，詔敕徐陵、周弘正、王固等爲《碑志》。徐陵文今猶存《孝穆集》中。至隋煬帝又屢詔褒其門徒，而《續高僧傳》顧無其名，不可解也。樓氏文亦不見《佛藏》中，是此背書亦爲佚文秘笈，可寶也。

石山寺藏本《左傳》余亦曾見之。自昭二十七年《傳》「爲惠已甚」起，至卅二年《傳》「季氏世脩其勤，民忘」止。其中最佳者，「夫鄢將師矯子之命，以滅三族。三族，國之良也」，自《唐石經》以下，皆不疊「三族」二字；《傳》「雖士大夫有所不獲數矣」，「獲」上有「禮」字；《傳》「以待君之察也，亦唯君」，「君」上有「命」字，「察」下有「之」字，以上文「君若以臣爲有罪」例之，則此「君」字下屬是也，然則各本脱「命」字。此三事皆足訂《唐石經》以下之誤。附記於此。

宣統元年閏二月廿有二日，鄰蘇老人記，時年七十有一。

此《雙林善慧大士小録》，《續高僧傳》不載，「樓穎」亦無考，原寫於《左傳》之背，蓋日本僧徒常以古卷子本反面書涉佛事之語，不足怪也。今以其佚文亦並印行，以俟博識。

壬子仲冬守敬再識。

龍按：此跋所敘之《北齊人書左氏傳》曾爲楊守敬選印數葉於《留真譜初編》卷一葉三八及《二編》卷一葉二十至二一，至宣統元年又於上海石印以行，此據整理者自藏《北齊人書左氏傳(附善慧録)》石印本末楊氏手跋録文(《楊守敬集》第八册《鄰蘇老人題跋》亦收)。楊氏石印本國内存本極少,各類古籍書目亦無,現知日本東洋文庫及京大人文研二家有藏,據《中國古籍總目》載有《六朝人書左氏傳》一種,楊守敬跋,宣統元年上海有正書局石印本,當即此書。又國圖有抄本,前有「楊守敬印」「星吾海外訪得秘笈」,又有「松坡圖書館藏」印,知爲楊氏或倩人據原本所抄之本。楊氏於此石印之本並不滿意,曾致信羅振玉云:「吾之《北齊人書左傳》,去年在上海石印之,不能佳,今已擇良工木刻之。他日亦可附《國學叢刻》矣。」(引自國圖所藏《鄰蘇老人書札》)然此木刻之本未見著録,或未蕆事。另,此本今學界多以爲唐人寫本,李盛鐸致袁克文信中曾云:「楊星吾所藏寫本《春秋》,曾見影印本,可定爲唐人書,謦爲六朝,過矣。」(參李小文、孫俊《李盛鐸致袁克文論書尺牘》,《文獻》二〇〇八年第四期)其所見者當即此石印之本(李、孫文注其爲三十卷古鈔卷子本,誤);又楊伯峻稱「楊守敬定爲六朝人手書,以其避『忠』字諱,實隋人寫本」(參《春秋左傳注》),未知何據。

此書原本現存於日本京都,一九三〇年,日本有鄰館珂羅版影印行世,一九五二年,被定爲「日本國寶」。二〇二〇年,華東師範大學出版社據有鄰館本影印(收入

《日本藏漢籍古抄本叢刊》第一輯）。此跋中所云之石山寺藏本《左傳》即楊《志》卷一所叙之「舊鈔卷子本」。

又按，嚴紹璗《日藏漢籍善本書録》録引書云其「原楊守敬、内藤湖南等舊藏」，並云「大正末年，又被内藤湖南從中國携往日本」，實未確。據下文所引内藤跋可知，此書後入李國松手（内藤以其爲李鴻章孫，實爲侄孫），至一九二九年，爲日人購回，藏於京都某藏書家處，次年即由京都有鄰館以《唐鈔本左傳殘卷》之名以珂羅板編號影印，末附内藤湖南跋文，述此書嬗遞甚詳，於楊跋之誤亦間有辯證，故節録如下。

清國楊星吾廣文之初至此間，此間講校勘之學者仍存前輩之典型，若森養竹、島田蕃根諸老。星吾昕夕過從，聞所未聞，加以世變方亟，學士大夫盡廢舊學，名山巨室所藏古鈔舊槧，視若土苴。星吾於是益得見所未見，始知東瀛多存唐鈔本，百方訪求，頗有購獲。而舊鈔《左傳》殘卷稱爲秘笈第一。此書係柏木探古舊藏，星吾賺以東瀛古寫《左傳》復有石山寺本不足稱絶世無雙，構而獲之。其實石山本乃係此間寫生筆，書法之妙，亦不及此唐寫本。探古漫然不辨玉石，終爲星吾所奪。然星吾以此爲北齊人手筆，則又不然也。石黑男爵藏北齊天統寫《十地論》（星吾稱黑田氏者誤）與此書筆意殊不類。星吾於鑑識古書未免粗淺，以唐寫本謬爲北齊人書耳。……星吾（誤爲「後」）死後，此書爲合肥李木公名國松，李文忠之孫所獲。今年春間，余傳聞其書在李氏，屬太田貞造物色，至秋冬之交，太田終購得之以歸諸平安某氏，於是此無上寶簡自探古一失，幾乎五十載，而復還於東瀛。太田之勞，不可没也。……昭和四年十二月内藤虎。

此文於楊守敬頗多詆語，如云「賺」、云「構」，似言楊氏知石山寺本之陋而欺瞞柏木，然據楊《志》所叙，知楊實以此本「信奇跡也」，且其《志》録石山寺本之跋，而未録此本之跋，似亦可見；又云「奪」，似言楊氏未得柏木之同意而以武力或廉值得此，然其「以宋畫《漢甘泉宫圖》、舊拓《武梁祠畫像》及古印、古錢數十事易得之」之載録則爲忽略。將此跋與楊跋對讀，二人胸襟氣度如見。

北齊人書左氏傳

北齊人書《左氏傳》，共七〔紙〕（祇）一〔百〕（日）四十六行。

惺吾記。

龍按：據《留真譜二編》卷一葉二一録，葉二十、二一有書影。然此上木時或刻工致誤，將「紙」「百」二字誤刻，而據前云之石印本及影印本，楊氏所題此二字均不誤。

左傳 古鈔卷子本

右《左傳》古鈔殘卷一軸，黄麻紙書，較楓山本似尤邃古，柏木貨一郎所藏，余借得全摹之，特圖其起止如此。

龍按：《留真譜初編》卷一葉三八、三九及《留真譜二編》卷一葉二十、二一有書影，即前述《北齊人書左氏傳》。據《留真譜》卷一楊守敬手跡録。楊氏云「特圖其起止如此」，然於葉三八摹原本葉二之一面，葉三九摹首尾各二行；《留真譜二編》則有包括首尾二葉之三面，據此跋可知楊守敬非但由柏木購得原本，在此之前，尚曾據原本影摹之，此摹本今存臺北故宫，書眉有楊氏朱筆校語。阿部隆一《志》著録此影摹本時云其原本不知詳情，實已重歸日人庋藏（參上文所引）。

左傳 舊鈔卷子本

右《左傳》舊鈔卷子本，舊藏楓山官庫。三十卷首尾完具，最稱奇籍。余來此託掌秘書者蹤跡之，竟不可得。蓋散佚於明治之初。原本每卷後有題識，詳見森立之《訪古志》。此從小島尚質摹本僅末卷兩題，原卷當尚在人間，願後來者按圖索之。

龍按：此即楊《志》卷一所叙者。《留真譜初編》卷一葉三七有書影，此跋則在葉三九，據録。此當作於楊氏未得全本之前，故尚望「後來者按圖索之」，而據前楊《志》、王《補》所述，知其後得全本，故修訂之《留真譜初編》（如日本公文書館藏本）即將此跋挖去。

關於此書之影鈔，尚另有曲折。據王寶平《黎庶昌東瀛訪書史料二則》（《文獻》二〇〇四年第四期）載，先是黎庶昌於光緒九年五月十二日因欲刻《太平寰宇記》闕卷而向日提出申請得允（詳參該條按語）。同年十月十七日，黎氏再提出申請：「前承貴大臣假與宋本《太平寰宇記》，感荷無已。兹聞貴秘庫書中尚有可貴之本，爲本大臣所未見。生平好古，結習難除，特開後列各種，意欲煩請貴大臣破例，准再次第假出一觀，未知可否。如蒙惠許，交收之事仍希飭貴館員巖谷穀修與敝署隨員楊守敬辦理。」下列書目五種，即古鈔卷子本《春秋經傳集解》、北宋板杜佑《通典》、宋板《尚書》單疏、宋板《集韻》、宋板《世説新語》。日方回覆云：「貴大臣欲借我秘閣所藏古鈔本《春秋左氏傳》、宋槧杜氏《通典》等諸書，敬領來意，須照前例以應請焉。書係數部，宜逐次送進。如其交收之事，仍委館員巖谷修辦理。」然據王《補》所録，楊氏跋文末署「光緒壬午夏六月宜都楊守敬記於東京使館」，即光緒八年，與前引黎氏申請之往復公函不同，細審二跋，可知此處非有日期之誤。光緒八年，楊氏「使巖谷再檢之，久之乃得，且許假我一月讀」；而光緒九年則云「遍商之掌書者借出，限十日交還」：顯然前只託巖谷氏，爲私人請託，得一月之期；後則爲公事，需「遍商」各環節官員，且條件亦較嚴苛，僅十日之限。此二次借鈔亦可得而證之。據《清客筆話》載，楊氏光緒八年八月訪森氏時云「昨日從楓山官庫借出古鈔卷子本《左傳》三十卷，吾意欲屬寫生鈔之」，即前次借鈔之證，此次楊氏請書手影鈔全書，並將「每卷雙鉤首一葉及卷後題字，以存真面」，此部分後皆影刻入《留真譜》中。然《清客筆話》所載爲八月，王《補》題署又爲六月，仍有參差，則或後者偶有誤記。又據阿部隆一《志》載，臺北故宫藏此鈔本二部，其一卷十七末，有楊守敬紫筆識語云「光緒癸未，借楓山官庫本影鈔並手校一過。十一月十日，守敬記」，其日期恰與光緒九年商借之時合，則當爲後次借鈔之本，此次或黎氏亦當同時傭人影鈔，據《蕭穆日記》光緒十四年十一月六日載：「上午蒓兄以所校日本秘閣古鈔本《春秋左氏傳》一部見示，並記原本『每行十二字，行寬八分半，高裁尺六寸一分强，每紙十六行，注夾行寫』云云。此原本爲日本金澤文庫所藏，乃蒓齋前次出使，在光緒九年冬借校也。」

春秋經傳集解三十卷 宋本

此即阮氏《校刊記》所稱淳熙小字本也，今藏楓山官庫。

又：此木記在卷尾。

龍按：《留真譜初編》卷一葉五一有書影，據《留真譜》楊氏手跡録。跋語中所云「此木記」指此宋本末阮仲猷種德堂刊記。

春秋經傳集解三十卷 傳抄宋本

龍按：森《志》著録足利學校所藏宋嘉定癸酉刊本，並云求古樓藏據此宋本抄録之本，據楊批森《志》録。《故宫所藏觀海堂書目》載，並云「缺卷一、卷二，日本影鈔臨川本，每半頁九行，每行二十字，卷末有嘉定六年江公亮記，十册」，今藏臺北故宫。

此即臨川本也。飛青閣得傳抄本。

春秋經傳集解三十卷 明刊本

龍按：森《志》著録明嘉靖間覆刻宋岳珂本，據楊批森《志》録。《故宫所藏觀海堂書目》載，今存臺北故宫。

今在飛青閣。

春秋經傳集解三十卷 日本寬永刻本

此足利《左傳》，即山井鼎《七經孟子考文》所載之慶長板本也。其根源在宋本以前，今日本已難得，唯此本書眉上有日本人批解，未免點污耳，此在善讀者。

龍按：此爲日本寬永間刻本（此條及下條楊氏均將其誤定爲慶長本，寬永本即覆刊慶長本，二者較似，然一爲古活字，一爲雕版，且寬永本有返點與送假名，實較易辨別），存於國圖，前有「飛青閣藏書印」「宜都楊氏藏書記」「松坡圖書館藏」印，知爲楊氏舊藏。前有楊氏手跋，録於有「鄰蘇園」標識之附紙上，據録。

春秋經傳集解三十卷 日本寬永刻本

此日本足利本《左傳》，不附釋文，根源於唐本，山井鼎《七經孟子考文》載之，兹一一與之合，中土雖有宋本，然未有不附釋音者，此本在山井鼎時已稱難得，何論今日。

癸未冬守敬記。

龍按：此同爲日本寬永間刻本，存國圖，亦有「飛青閣藏書印」「宜都楊氏藏書記」「松坡圖書館藏」印。前有楊氏手跋，徑題於扉頁，序後有「楊守敬印」。此條與上條跋語相近，然亦有不同，故兩存之。

春秋正義存六卷 楊藏正明寺鈔本之重鈔本

此《左傳》單疏，僅存卷四至卷九，共六卷。狩谷望之求古樓本，卷面有狩谷親題簽並硃書「增井正明寺藏本」。按森立之《訪古志》稱求古藏單疏卅六卷全本，係常陸國久慈郡增井村萬秀山正明寺所藏，近藤正〔齋〕（齊）借鈔，此五卷亦題正明寺本，蓋求古樓既藏正〔齋〕（齊）全本，又收得此殘帙也。阮氏《校刊記》載宋慶元間吴興沈中賓刊注疏本卅六卷，稱爲第一善本，而豈料北宋單疏本尚存人間。此本分卷悉與沈本合，而足訂俗本之處，較沈本尤勝之。惜正〔齋〕（齊）本未之見，想正明寺原全本當無恙。寄語筱珊，以告近之使東者留心訪之。

光緒庚寅嘉平月宜都楊守敬記。

龍按：森《志》著録，楊批森《志》先云「此本訪之未得」，後又云「飛青閣得鈔本單疏一册」。此書同前之《周易正義》，據韓悦《楊守敬題跋本諸經單疏四種的特殊價值》録。《藝風藏書記》著録，亦僅標「影寫東洋單疏本」。

附釋音春秋左傳注疏存三十卷六册 元覆南宋建刊明正德修補十行本

十行本《左傳注疏》存弟一至十六，又自二十二至三十六卷，世傳十行本注疏多明正德間補刊，故凡補者即多譌字。此雖殘缺之本，然除序文兩葉是重刊，餘俱原槧，可貴也。守敬記。

龍按：楊批森《志》云「别有十行本宋槧，飛青閣得之」，即指此本，《留真譜初編》卷一葉五三有書影。今藏臺北「國圖」，除楊氏諸印外，另有「擇是居」「獨山莫氏藏書」「曾在東山徐復菴處」「敦仁堂徐氏珍藏」「莚圃收藏」「張鈞衡印」「石銘收藏」「吴興張氏適園收藏圖書」「尚餘數卷殘書在」「南州孺子」諸印，則必楊氏售於張鈞衡者，張氏著録此書三種，其一有「獨山莫氏藏書」之印者即楊氏舊藏（然彼僅二十一卷，或張氏著録有誤，以今臺北「國圖」仍三十卷）。然張氏未録楊跋，據張《補》録。

音注全文春秋括例始末左傳句讀直解七十卷 元刊本

林唐翁《左傳句解》，雖若凡淺，其解釋疑滯，足以補杜注之不及者正復不少。自明人摘録附於杜注，原書遂無刊本。此元時坊本，雖多省筆俗字，然尚唐翁全書，可寶也。余於日本得朝鮮刊本，大板大字，未知與此刻誰爲後先，他日當從碩卿一假校之。光緒丙戌十二月望日，宜都楊守敬記。

龍按：此書今存北大圖書館，《留真譜初編》卷一葉五四有書影。據楊氏跋語，似此爲章壽康（碩卿）藏書，故云「當從碩卿一假校之」。

音注全文春秋括例始末左傳句讀直解七十卷 朝鮮刊本

今在飛青閣，缺首册。

龍按：森《志》著録，據楊批森《志》録。《留真譜初編》卷一葉五五摹刻其書影一葉。按此本即前條所謂「大板大字」之朝鮮刊本，今或存國圖，因國圖藏有所謂「元刊本」，然其末有朝鮮人刊行識語「全羅道都觀察使臣金連枝鋟梓於錦山郡」云云，則知爲朝鮮刊本；又書末有「白雲書庫」印，知爲野間三竹舊藏，前又有「松坡圖書館藏」印，則可確知此即楊氏「於日本得朝鮮刊本」。

論語集解十卷 古鈔本

是本每册後皆有「元龜二年」題識，書估從西京販來，爲杉本仲温所得，借而校之，大抵與正平本合也。

龍按：《留真譜初編》卷二葉三二、三三有書影，據《留真譜》楊守敬手跡録。《故宫所藏觀海堂書目》録，並云「日本元龜年鈔本，有『清住禪院文庫印』記，五册」。

論語集解十卷 正平本

右重刊正平《論語》，逸人貫，彼邦學者亦未詳爲何許人，驗其紙墨，當亦去正平不遠，格式雖仍正平之舊，文字亦略有校改。傳世尤少，余從書估借校一過，摹之如此。

龍按：《留真譜初編》卷二葉三四有書影，據《留真譜》楊守敬手跡録。按此有「學古神德楷法日下逸人貫書」者，即學界所謂雙跋本，爲正平原本；其後印者删去此行，即所謂單跋本（參嚴紹璗《日藏漢籍善本書録》）。楊以此爲「仍正平之舊」之後印者，或誤。《故宫所藏觀海堂書目》録，並云「日本正平原刊本，每半頁六行，每行十三字，有『中村敬宇藏書之記』朱印，五册」。

論語集解十卷 古鈔本

按：此本自《述而》以下據宋槧補鈔，則經注字數不應與正平本合，可知此是自來相傳舊數，故右本因之，即正平本亦不必悉合，然則欲校定諸本，此亦一大關目哉！

守敬附記。

龍按：《留真譜初編》日本公文書館藏本卷二有書影一葉，並附楊守敬手跡，據録；北京圖書館出版社影印本及日本國會圖書館藏本均有書影，而無此跋。

論語集解十卷古鈔卷子本

右古鈔卷子本《論語集解》，文字多與正平本合，出大和廣瀨某家，後歸津藩侯有造館。天保八年，津藩縮摹上梓者即此本也。相傳爲菅原道真書，以第三卷末記有「丞相」二字，遂附會之，《訪古志》且謂二字爲後人所加。余未見原本，不敢質言。别得序文全篇及每卷首數行摹本，審其筆勢，當爲日本八九百年間人所書，復節刻之，以爲論語古鈔之冠。

龍按：《留真譜初編》卷二葉二七、二八有書影，據《留真譜》楊守敬手跡録。森《志》著録津侯藤堂氏藏本，楊氏批云「此書有刊本」，即指津藩有造館所刊《縮臨古本論語集解》，《故宫所藏觀海堂書目》有之，知楊氏亦曾購藏。森氏曾疑此本爲附會，然據武内義雄研究，日本古傳《論語集解》有兩大系統，其一之清原家證本系統最古者爲教隆本，其本已佚，轉寫本有正和鈔本及嘉曆鈔本，而此本之底本即教隆本（武内義雄撰，俞士玲譯《正平版論語源流考——本邦舊鈔本論語的兩個系統》，劉玉才主編《從鈔本到刻本：中日〈論語〉文獻研究》），可知此本亦有淵源。蕭穆曾將津藩本與正平本比較，指其「字句又時有異同，大致與朱文公《集注》本相合者爲多……此本雖無序跋可考，亦確爲日人據一古本而刊之，非日人所能僞爲也」（蕭穆《敬孚類稿》），曾欲合校之而未果。黎庶昌亦認爲日傳《論語》最古者即此本與正平本，指出二者均「根源中土舊鈔，文字奇古」，且此本多與古本合，「灼然知其爲隋唐間傳本，出於《開成石經》未刊以前無疑也」，故將其與集注本細校，並撰爲校記（參《拙尊園叢稿》卷六）。

論語集解十卷 古鈔本

此亦卷子本。自卷首至《雍也》，文字與諸卷子本略同；《述而》以下筆跡少異，所據本亦不同。蓋《雍也》以前，注中全列姓名；《述而》以後，則有姓無名，與邢本同，其句末「也」「乎」「之」「矣」等字亦大半删削，故知所據爲宋槧本也。此本吉（漢宧）（宧漢）、市野光彦皆未引及。余得小島學古校本，校於正平《論語》本上，故知其原委異同若此。其原本則未知今藏何家。此圖亦據小島摹本也。

龍按：《留真譜初編》卷二葉三一有書影，據《留真譜》楊守敬手跡録。

論語集解十卷古鈔本

此書原是卷子，後改摺本。卷首有左中將藤宗重題字，故日本著録家稱爲宗重本《論語》。古鈔梅尾、津藩二本外，此爲最矣，舊藏狩谷望之求古樓，今在向山黄村家。

龍按：森《志》著録「某氏藏」舊鈔卷子改摺本，楊批森《志》云「今在飛青閣」，《留真譜初編》卷二葉二九、三十有書影，據《留真譜》楊氏手跡録。森《志》云「某氏」，不欲明指其人，據楊氏所云，則遞藏於狩谷、向山二家，終歸楊氏。《故宫所藏觀海堂書目》著録云「日本觀應年鈔卷子改摺本，四册」，今藏臺北故宫。

論語十卷日本天文本

此日本天文二年所刻《論語》單經本，當明嘉靖十二年。余嘗校之，知其所據原本遠出宋本上，不獨字體古雅，與正平本伯仲也。前有清原朝臣宣賢序，稱以家本重梓，知其所自來遠矣。顧流傳甚少，山井鼎作《考文》時亦未引之。至吉〔漢宧〕（宧漢）作《論語考證》，始載之。余展轉購得二部，歸以貽通經學古者。

光緒癸未三月宜都楊守敬記。

龍按：森《志》著録，楊批云「今在飛青閣」。楊守敬購得此書有二部，一藏北京大學圖書館，一藏日本東京大學東洋文化研究所，二本之前皆有楊氏此跋。北大藏本前亦有李盛鐸跋語，云「楊惺吾遊日本購歸，手跋見詒」，知其書後歸李氏；東大藏本卷端有「雙鑑樓藏書記」，知此書後歸傅增湘。馬月華《〈古逸叢書〉研究》據北大藏本録此跋，並云此二本基本相同，「僅個别字句略有歧異」，細勘二文，其有歧異處皆以東大本爲優，故據傅增湘《藏園群書經眼録》及東大所藏原本手跡録文。《故宫所藏觀海堂書目》録一本，注云「日本天文癸巳年刊本，每半頁七行，每行十四字，有『讀杜草堂』印，二册」，然前二本均無此印，或爲書跋後所得。

論語十卷 清氏點本

今在飛青閣。

龍按：森《志》著録清氏點本，據楊批森《志》録。

論語義疏十卷 日本舊鈔本

余所得皇《疏》舊鈔數通，然皆不及此本之古。此本藏森立之，余屢求之未得。或據《經典釋文》「子行三軍則誰與」云「皇音『餘』」；又「子温而厲」，皇本作「君子」。今此書皆不相應，疑爲日本人疑作。余謂以此勘皇《疏》，誠不可解，然十三家之注雖純駁不一，而義訓自古并江熙集解登對妄繼，且疏中佚聞舊事，亦往往而在，如公治長通鳥語之類，獨見於此書。又古義别解詳贍，覺邢《疏》已有不應删略之恨，如果僞作，以視僞孫奭《孟子音義》何如？日本經學自源氏以來，荒滅已甚，安得有如斯人。余疑「行三軍章」之音「餘」，本非皇《疏》，蓋皇《疏》通部無爲作音者，按《釋文》叙録有徐邈音，又「不易得也」《釋文》云「孫音『亦』」，所云「孫」者，蓋孫興公有《論語集注》十卷，此音「餘」之本，或是孫、徐傳寫誤爲皇與？若「子温章」，皇本云「明孔子德也」，亦有云「子曰」者，是皇本明同今本，此無可解説，亦恐《釋文》「皇」字有誤。大抵欲勘定此書，非余讀皇氏書與他經舊疏比例其提解聲口，决是六朝人語，明知此真六朝元本，斷非淺學者所能僞造。

龍按：《留真譜初編》卷二葉四四有書影，此所跋之書即王《補》所録者，此據楊批《留真譜》録。又楊氏致函譚獻時云：「皇侃《義疏》以《釋文》照之多不合，亦有疑之者。不知古人義疏與經注别行，唐人尚爾，豈有皇氏先有合併之本。敬所見日本古鈔皇《疏》多係元、明以下之本，蓋亦效中土南宋注疏本合併之，故有以疏就經注者，此自日本人學淺之故。今全書具在，平心讀之，果僞書乎？」（參錢基博整理編纂《復堂師友手札菁華》）另，前楊《志》《論語義疏》條按語引楊批森《志》云「飛青閣凡得四部」，此又云「余所得皇《疏》舊鈔數通」，然據高田宗平氏核檢，臺北故宫實藏七部，爲海内外藏此書古鈔最多之處，而均爲楊氏舊藏（高田宗平撰，張名揚譯《楊守敬觀海堂舊藏〈論語義疏〉鈔本略述》，《域外漢籍研究集刊》第二十三輯），或楊氏批森《志》後又有所獲。

監本纂圖重言重意互注論語二卷 宋劉氏天香書院刻本

此本爲琳琅閣書估從日本西京搜出，未經日本諸名人鑒定，故無多印記，而通前後無倭訓，尤爲難得。余以重價購之，至其彫鏤之精、紙墨之雅，則有目共賞，誠爲希世之珍。

余初携歸時，海寧查君翼甫一見心醉，不惜重金堅求得之，余與約能重刊此書者方割愛。後查君東歸，不果。而碩卿章君亦酷愛此書，余亦與約，必重刻餉世，碩卿許諾，乃跋而賚之。昔錢牧齋售《漢書》於季滄葦，自稱如李後主揮淚對宫娥，此情此景，非身歷者焉知其沉痛也。

光緒丁亥正月宜都楊守敬記。

又按：十行以下，《論語》注疏皆不附《釋音》，此本獨載之，往往與宋本音義合，且有足訂宋本之誤者。

龍按：其書現藏北京大學圖書館，並影印入《中華再造善本》中。其末有楊守敬手跡跋文，其文頗長，共五葉，亦收入楊《志》中，然將其與此楊氏手跡相較，文字頗有小異，尤以末節差異較著，故將末節别録於此，以便比照。馬月華《〈古逸叢書〉研究》亦録引末節，然不知爲何，漏「琳琅閣」之名（知此書爲楊自日本東京之琳琅閣購入），故此據《中華再造善本》重録。

又，《留真譜初編》卷二葉四一有書影，其書影眉間有楊守敬手跡云「宋刻二卷，後歸李木齋」，按此書前後多有李盛鐸藏書印；又云「今年藏園售出之《禮記》與此同」，參前《監本纂圖重言重意互注禮記》條。

論語集解十卷孟子趙岐注十四卷大學章句一卷中庸章句一卷 活字刊本

龍按：森《志》著録，據楊批森《志》録。森《志》録其半板七行，行十七字，疑慶長間本。今在飛青閣。

碣石調幽蘭抄一卷 傳抄影唐人書本，刻入《古逸叢書》

已刻入《古逸叢書》。然此本未全，余又得後半卷，係物茂卿手抄。

龍按：森《志》著録寶素堂藏影寫本，楊守敬當據森氏著録之小島氏摹本刻入《古逸叢書》，以其卷末摹刻「小島氏圖書記」之印也。《留真譜初編》卷四葉五五有書影。此書之唐人手寫卷子本今藏日本東京國立博物館，爲京都神光院舊物，被定爲日本國寶。楊氏所藏爲物茂卿抄本，今臺北故宫藏二種，均注「狄生徂徠校」，當即此本。據楊批森《志》録。

古文孝經一卷 古鈔本

右《古文孝經》卷子本，裝爲兩軸，紙墨甚古，卷尾有大永校書人題記，已稱爲可藏。此卷《訪古志》不載，杉本仲温持來議價，未成還之。

龍按：《留真譜初編》卷二葉二五有書影，並有楊守敬識語，據録。

孝經孔氏傳一卷 弘安二年鈔本

日本此板已毁，然印本尚多存者。

龍按：森《志》著録福山城主阿部氏藏弘安二年鈔本，據楊批森《志》録。此弘安鈔本已不存，幸文政六年阿部正精影刻行世。然據楊氏此語，則文政本之板亦不存。另，楊氏致函譚獻云：「至《孝經》孔氏傳，此自是隋唐所稱僞本，流傳於彼，亦非彼能臆造。」（參錢基博整理編纂《復堂師友手札菁華》）

孝經孔氏傳一卷舊鈔卷子本

飛青閣得此影摹本。

龍按：森《志》著録高野山藏舊鈔卷子本，據楊批森《志》録。《鄰蘇園藏書目録》中載「《古文孝經》十本」，「又三本」，中或即有此書。

爾雅注疏十一卷元槧本

今殘在飛青閣。

龍按：森《志》著録昌平學藏元槧本，據楊批森《志》録。

爾雅注疏十一卷明刊本

今在飛青閣，然未佳。

龍按：森《志》著録「竹蔭書屋藏」，爲熊九岳等校刊本，今藏臺北故宫。據楊批森《志》録。

爾雅翼三十二卷 明刊本

飛青閣得畢啓欽本。

龍按：森《志》著録，據楊批森《志》録。長澤氏逐録時標書名爲《埤雅》，然據其所標片假名「ニノニハウニ」則當爲《爾雅翼》，且前書刊者當爲畢效欽，長澤或誤。

釋名八卷 明刊本

今在飛青閣。

龍按：森《志》著録懷仙樓藏明嘉靖甲申仿宋本，據楊批森《志》録。

埤雅二十卷 明刊本

今在飛青閣。

龍按：森《志》著録求古樓藏明嘉靖二年刊本，據楊批森《志》録。《故宫所藏觀海堂書目》録，注云「明嘉靖二年王倴刊本，四册」。

韻府群玉二十卷 元刊本

此書與流俗甚有出入，與《四庫》著録本亦不相應。余别有跋詳著之。守敬記。

龍按：此書楊《志》卷四曾著録一本，然據阿部隆一《志》，臺北故宫另藏一種同版，有「淺野源氏五萬卷樓圖書之記」「彤函翠蘊」等印，知爲淺野長祚舊藏。末有楊氏手跋，據録。

新增説文韻府群玉二十卷 明刊本

今在飛青閣。

龍按：森《志》著録寶素堂藏明正統丁巳刻本，據楊批森《志》録。此書《中國古籍總目》無著録，日本亦無藏，臺北故宫藏一正統丁巳本，然非「新增説文」本，牌記標

「丁巳仲秋」，與森《志》録其末識語所標「丁巳孟春」者異，未知是同書否。

急就篇一卷拓本

飛青閣得拓本。

龍按：森《志》著録日本天保八年澁江全善刻本，楊氏亦曾據此影刻入《古逸叢書》，其底本現當存於國圖。然此爲拓本，楊氏諸書目未載，不知存處。此據楊批森《志》録。

注千字文三卷舊鈔本

今在飛青閣。

龍按：森《志》著録求古樓藏本，據楊批森《志》録。

大廣益會玉篇三十卷 元槧本

龍按：森《志》著録，有「建安蔡氏鼎新繡梓」木記，據楊批森《志》録。今在飛青閣。

新雕入篆説文正字一卷 北宋槧本

龍按：此書國内不存，森《志》著録懷仙樓藏北宋刊本，後入德富蘇峰架中，現存成簣堂文庫，一九五二年，東京古典會曾據以影印。此據楊批森《志》録。見之，未購得。

篆隸萬象名義三十卷 日本抄本

《篆隸萬象名義》六卷，日本沙門空海撰。空海爲日本名僧，住東大寺，當唐開成、會昌間，曾入唐學法。此書蓋原本顧氏《玉篇》，而删削其注文引古之語，但録其訓詁，與今本《玉篇》同意。唯今本於大字正文多所增竄，此書於正文悉仍顧氏之舊，知然者，以顧氏殘本《玉篇》照之，其字數、次第無不吻合，則知其他部皆無增改，而《玉篇》之真面目俱存。近儒每恨《說文》次第爲後人所亂，欲以《玉篇》校之，而今本《玉篇》復不可據，得此以校《說文》，即許叔重之書亦可得其大凡，豈非希世鴻寶！此書原本當是一篆一隸，今所存東大寺本則首數部篆隸并存，餘多祇寫隸書，良由抄此書者憚篆書之煩，故省去之，非空海原本如是也。顧其傳本亦是唐抄，余曾於印刷局見之。此爲森立之所得傳録本，其中俗僞字一仍其舊，然亦可考見唐以前別體字，不盡可嗤也。

光緒癸未正月初吉，宜都楊守敬記。

龍按：此則楊《志》已録，然字句異處頗夥，故據《上海圖書館善本題跋輯録》再收。

又，此書附潘承弼跋，於此書之舶歸頗存軌跡，故摘録如下：

讀楊氏《日本訪書志》，知有所謂《萬象名義》者，其部首始一終亥，一依《說文》篇第，訓詁則悉從野王《玉篇》，楊氏所謂其可寶當出《玉篇》五殘卷之上。竊意天壤間尚有是書，足以佐證《玉篇》，則古本雖亡，猶未亡也。比歲以來，求之市肆不可得，求之故家藏書者不可得，求之各省之所謂圖書館猶不可得。春間有倭奴吉川、長澤者來，皆倭之所謂求學士也，以宣尼識郯子之禮交之。詢彼土有是書否，則曰原本藏某寺，聞之而未見，傳世無覆本，恐不易得矣。自後中心惘惘，意此書未得，則向之所欲董而理者，其部首且不可正，何云治爲？迨夏，我季孺叔祖臨舍，見余所藏倭抄《字鏡》，因言秘笈貯有倭抄《篆隸萬象名義》一書，亦楊氏舊藏，其體例與《字鏡》相類。聞而狂喜，因乞假迻録，叔祖慨然見付。夫求之千百里而未得者，一旦獲於咫尺之間，豈冥冥中憐其求書之苦心，有以成全其夙願乎？抑野王有知，特假手以彰其千百年後之湮没乎？……録成之日，謹識數語於尾，非敢附驥，藉申感謝云爾。時辛未九月中浣，盉厂潘承弼謹識。

又按：此跋亦收入《著硯樓書跋》中，然將原跋中「倭奴吉川、長澤」等句删去，亦可見時代變遷之跡。另，其末又附識語云：「按是跋爲余二十歲時所作，於時有志致力《玉篇》，曾彙校各本，并掇拾群籍所引，録取成帙。丁丑之劫，篋衍狼藉，稿遂失去，荏苒三十年，滄桑迭更，不暇重理舊業，空海此書，已有印本流傳，而楊鈔旋由季孺叔祖見賜，今猶存笈中。晴窗重展，益不勝東京夢華之感矣。」另潘氏過録之本亦有潘跋，中云：「越歲辛未，謁季孺叔祖，閑談往事，偶言十年前仲午叔祖曾以斯書見貽，藏諸篋衍，意是釋典音訓之書，無裨實用。」知楊氏此書或先入潘祖年（仲午）手，繼贈潘睦先（季孺），潘承弼曾借過録，後潘睦先將原書亦贈予潘承弼，終歸上海圖書館。

新撰字鏡十二卷日本抄本

《新撰字鏡》十二卷，日本昌泰間僧昌住撰，當唐昭宗光化中。據其自序稱，采《玉篇》《切韻》及《小學》《本草》之文勒成此書，其分部亦以偏旁而不循《玉篇》之舊次。其弟一部爲天，二部爲日，三部爲月，四部爲肉則不可解，豈以（以）月、肉字形相近而次之耶？其第十二卷則雜字、雙字、疊字等亦入焉，良由僧徒不學，第欲取便俗用而未窺六書本原也。然彼所見尚是《玉篇》《切韻》原本，故所録訓詁多出于今本《玉篇》《廣韻》之外，以日本所存《玉篇》殘本照之，往往相合。是顧野王、陸法言原書雖不見，而古訓多賴以存，是當以别本《集韻》視之。世有玄覽之士，當不河漢斯言。

光緒壬午正月，宜都楊守敬記。

是書日本無傳抄，其原本今藏淺草文庫，余多方求其書記官町田久成爲傳録而出。守敬再記。

龍按：此則楊《志》原已收入，然多不同，故據《上海圖書館善本題跋輯録》録以備考。另：此書亦同前書，當由潘氏收藏。潘承弼於其所鈔《篆隸萬象名義》跋云：「讀楊星吾先生《日本訪書志》，於是知有《字鏡》及《萬象名義》諸書，知於野王原本，並多徵引，因求星吾先生傳抄之本，遍及南北藏家不可得，用是懸懸於懷。庚午歲，爲滂喜齋曝書，檢得《字鑑》一帙，審即《訪書志》所録者，發函狂喜者累日。」

新撰字鏡十二卷 影鈔天治元年鈔本

余初從書肆得影鈔本五卷一、四、五、六、七，驚喜無似，惜其不全，遍訪諸藏書家，亦絶少傳鈔本。後知其原書在博物館中者一也。因託東友爲鈔之，久之不得端緒。余以爲有此奇書而不得鈔傳，辜負此次訪書之名，私心必欲得當而後快。後商之森立之，乃爲□諸司書者，使鈔胥就其餘鈔之，閱半年而後成。蓋非余堅忍不輟，則不能之；亦非森君好古夙成，樂此不疲，不肯擔之也。蓋森君每見余鈔録其國古書，則拍手稱快，似亦嫌當今少知己，而樂得異邦之有同心已。

光緒癸未正月。

又按：此書有以漢文訓詁釋爲倭訓者，又有删削成一册者，並載昌住原序，其實非原已也。此又從余影鈔本過録，蓋欲多存數本於世。守敬記。

龍按：此本楊《志》卷四已録，然彼爲楊氏影鈔天正元年鈔本者，此則爲楊氏又據已有之影鈔本再録副本者。此本今存臺北故宫。其識語前半與楊《志》所收略同，後半則全不同，故據阿部隆一《志》重録於此。

隸韻十卷碑目一卷 宋拓本

婁氏《字原》首書碑名於目，以下所采之字但以數記之，使人按次以求其目，檢閲爲勞。此劉球《隸韻》例仿《字原》，而每字即注碑名於下，最爲直捷。顧易爲陰文，反使椎拓維艱。細玩此本，當日亦是木質，以其無石泐痕、墨色深淺不一知之。阿厚庵重刻，又易爲陽識，則印工較易，故今流傳尚多，可謂善變矣。余在日本曾得一古刻殘本，非《字原》，亦非《隸韻》，而每韻之字較婁、劉爲多，疑是元人所爲，然未能詳也，附記於此。

宣統元年三月廿三日，宜都楊守敬記。

龍按：此《隸韻》非楊氏藏書，然楊跋中言及其日本所得之書，故據《上海圖書館善本題跋輯録》録。

廣韻五卷 宋刻本

余初謂張本傳世尚多，此書似不必刻，若必刻則當盡從原本，即顯然訛誤亦一字不改，而星使堅欲改之，争之幾失色，乃議改其太甚，刻成後爲《札記》，然往往有可存疑者竟爲張氏所牽者。厥後工未竣而余差滿歸，恐《札記》未必刻，仍留學者以口實也。……元泰定本黎星使亦重刻之，又多據張本校改，深爲可惜也。

余意歸後合諸本校之，詳爲《札記》，而以方謀别刻日本古卷子字書爲隋唐之遺者，有《新撰字鏡》及《萬象名義》，所據《玉篇》《廣韻》皆顧野王及陸法言原本。兹事遂輟。日月如馳，力綿願奢，謹記於此，以告當世之著録者。

光緒甲申十一月朔，宜都楊守敬記於鄂城通志局客次。

龍按：此則已收入楊《志》，然與《上海圖書館善本題跋輯録》所録楊氏手跡比照，頗多異同，今將差異較大者單獨録出，以資參考。據《古逸叢書》前黎庶昌所撰叙録云：「張氏雖名影宋，而據《玉篇》《集韻》改字頗多，顧千里曾以無《札記》爲憾，又行款部位間有移易，字畫俱一一排勻，故明秀異常，而遜其一種樸拙之氣。今用張刻校其異同，别爲《札記》附後。」則黎氏亦知張本改易之失原貌，然竟仍「用張刻校其異同」，或其欲以《札記》補之，然《古逸叢書》本後實無《札記》，知楊氏「恐《札記》未必刻，仍留學者以口實」之虞竟成事實。

廣韻五卷 元泰定二年圓沙書院刻本

此泰定本《廣韻》，已刻入《古逸叢書》中。其中固多誤字，然足以補正宋本者不少。黎星使必欲據張刻本校改，余屢争之不得。幸存此原本，他日一一列其異同，别爲《札記》，亦有功小學不淺。木齋兄其有意乎？

丙戌夏四月守敬記。

龍按：森《志》著録此求古樓藏本，然標云「金槧本」，似未當，既有「泰定乙丑」字樣，則爲元刻本無疑。楊批森《志》云「刻入《叢書》，原本歸李木齋」，又楊批《留真譜》又云「今歸德化李木齋，《古逸叢書》所收即此本也」。此書現藏北京大學圖書館，並影印入《中華再造善本》中。有「讀杜草堂」「黄絹幼婦」「森氏開萬册府之記」「楊守敬印」「木犀軒藏書」「木齋」「李盛鐸印」等印，知楊氏自森立之處得之，又歸李盛鐸也。此跋當售李時所題。

廣韻卷子殘本 古鈔本

蔣君伯斧以所得古鈔卷子本《廣韻》殘本囑題。據《廣韻》載仁壽元年《陸法言〈切韻〉序》，是《切韻》起於陸法言，而《隋志》不載。《封氏聞見記》云：「陸法言與顏、魏諸公定南北音，撰爲《切韻》。」與《廣韻》所載法言《序》合。而《新唐志》只有李舟《切韻》十卷，知與法言非一書。《舊唐志》有陸慈《切韻》五卷，而無法言；《日本現在書目》有「陸法言」而無「陸慈」；《和名類聚鈔》有「陸詞」而無「陸慈」；《净土三部經音義》有「陸法言」而無「陸詞」。古人名、字相應，是「詞」其名，「法言」其字，或時以字行。「慈」「詞」音同，通假，無可疑者。顧自唐長孫納言以後，拾遺增加，據《廣韻牒》已有九家，而《現在書目》更有十五家，其題名略異者不與焉。今諸家之書皆不傳，而引見《和名類聚》《净土三部經音義》者，尚可得其崖略。蓋自法言以後，諸家雖有增加，仍名《切韻》；至唐孫愐始名《唐韻》見《廣韻》所載孫愐序。；又至宋陳彭年重修，始名《廣韻》。孫愐以前，固不得名「廣韻」也。此本「入聲」首葉，標題云：「《唐韻》第五。」則當爲孫愐之書。據孫愐自序云：「州縣名號，亦據今時。」而篇中所稱郡縣名，皆仍隋制。今以《和名類聚鈔》所引孫愐《唐韻》證之，此本亦多不合，則此非孫愐書毫無疑義。而伯斧因謂此實陸氏原本，則又非也。按《隋志》云「開皇初，罷郡置州，大業初，罷州置郡。」自唐武德，始稱某州、某郡。法言自序起於開皇，迄於仁壽元年，則法言之書，當稱「州」不稱「郡」。而此本所稱多在大業以後，法言成書在仁壽前，則非法言之書亦無可疑。伯斧覆書言，此本「屋韻·蝮」字下，已載乾封元年《詔》，尤爲非法言之確據。惟長孫納言書成於儀鳳三年，則在武德之後，與此本合，且如「炙」字從「肉」，亦正納言改定之本。蓋納言以陸氏從「肉」爲非，故改定從「夕」。；至孫愐又據《説文》從「肉」，仍改從「肉」，非納言初從「夕」，後復改爲「肉」也。不然，儀鳳三年其書已成，何以仍以從「夕」爲是？則以此本指爲納言之書，似較有根據。然納言自序，其有類雜並爲訓解，是納言之書，必較陸氏爲詳。而《和名類聚》所引「陸詞」，則反較此本爲詳，且納言不聞改名《唐韻》，則此亦非納言之書，又可決矣。又《和名類聚》多只稱「孫愐」，其稱「《唐韻》」者，則不冠以「孫愐」。然則所引《唐韻》，未必即孫愐一書。又有孫伷《切韻》、《净土三部音義》《和名類聚》《現在書目》，亦皆與孫愐互出兩載，知非筆誤覆寫。是知有唐一代，韻書既多，或有彙集新書，各家增删成一書，非必專據一本。即伯斧所稱「改題新名，以便衒鬻」者，亦如宋南渡後删削陳彭年之書，均齊注文仍稱《廣韻》，而閣本竟以爲陸法言之書，豈非囈語余别有詳記！總之，此本既缺首卷，固不能定爲誰氏之作。其非陸氏原本，則確鑿有據也。

宣統三年六月二十有四日，揮汗書此，幾不能終。楊守敬記，時年七十有三。

龍按：此文係應蔣伯斧之請爲其藏所謂唐抄本《廣韻》殘本所作跋文，據《鄰蘇老人題跋》録文，《楊守敬題跋書信遺稿》録此文，末署僅「宣統三年」四字。楊守敬致羅振玉函中云：「伯斧所得《唐韻》不能定爲何人之有，故不敢附和。恐伯斧見之不悦。然實事求是，生平不肯假借，惟伯斧諒之。」（引自國圖所藏《鄰蘇老人書札》。）

禮部韻略五卷日本五山刻本

此日本重刊元至正乙未日新堂本。審其紙質，當是日本五山所刊，舊爲小島尚質寶素堂所藏。余從齋藤兼三得之。今以歸木齋兄，得其所矣。

丙戌夏四月十三日宜都楊守敬記。

龍按：《鄰蘇園藏書目録》有「《禮部韻略》增注本，五山板五本」，即此書，後歸李盛鐸，今存重慶圖書館。

古今韻會舉要三十卷 日本翻刻元陳寔本

今世傳《韻會》皆明繙本，向聞長沙袁漱六藏有元本，未之見也。己卯之春，姚彦侍以明本重寫擬刻之，以未得元本互校中止。近聞揚州書局已刻此書，未知所據何本。此本爲元刊明初印本，無一翻補刊，殊足貴也。惜未及合明本及揚州本一校之。

壬午三月楊守敬記。

龍按：森《志》著録元槧本，楊批森《志》云「今在飛青閣」，此本今存臺北故宫，前除楊氏鈐印外，另有「真常院」「芷田縱里市島市祕籍」印；又有據此本翻刻之朝鮮本及據朝鮮本翻刻之日本五山本，《留真譜初編》卷三葉四七有書影，楊批《留真譜》云「今存飛青閣」。據馬月華《〈古逸叢書〉研究》録文。馬氏云：「楊氏定此本爲『元刊明初印本』，似有問題，從其紙墨、字體來看當爲日本翻刻本。」馬氏所録之書有「木犀軒藏書」印，知即李玉編《北京大學圖書館日本版古籍目録》所録之「李□五〇五三」「日本覆刻元陳寔本」，此本前有「讀耕齋之家藏」（江户初期漢學者林守勝）、「麐嘉館印」、「木犀軒藏書」（後二印皆李氏藏印）等印，故此書確爲和本，然楊氏之跋多互相謄録，此跋原當書於另本，歸李盛鐸時或爲書之。據《鄰蘇觀海：院藏楊守敬圖書特展》所録，楊氏分别藏有元刊本、朝鮮刊本及日本應永五年（一三九八）覆刊之本，後者字體雖與元刊相類，然書末有「應永五歲姑洗日」刊記，當不致誤認。

宋閩刊六經注疏 宋黄唐本

右南宋紹熙間三山黄唐刊本。其《尚書》後有題款云「《六經疏義》，自京、監、蜀本皆省正文及注。又篇章散亂，覽者病焉。本司舊刊《易》《書》《周禮》，正經注疏萃見一書，便於披繹」云云。其《禮記》後亦有識語。據此是合疏於注，自黄唐始。今惟日本足利學藏有全部。余所見聞《周易》則有德化李木齋藏本，余亦有明代重刻本。《尚書》則有日本重刻本。其原宋本余亦得之，今歸南皮張文襄公。《毛詩》則有影鈔本，余從日本得之。《禮記》則有曲阜孔氏藏本，惟《周禮》《左傳》未見。

龍按：據《增訂叢書舉要》（《楊守敬集》第七册）録。

九經字樣一卷

此書日本有縮刻本，寫刻頗精。缺字以圈識别，甚便翻閲。惜版已毁。愷吾識。

龍按：據《增訂叢書舉要》（《楊守敬集》第七册）録。

七經孟子考文補遺 日本享保五年刊本

此日本山井鼎等就其國足利學所藏古抄本、宋槧本及足利學活字本合而校之，頗爲精審。然余於其國得《周易》《尚書》單疏、《毛詩》黄唐殘本、《禮記》單疏殘本、《左傳》古鈔卷子本及單疏殘本，皆山井鼎所未見。又得古鈔七經經注本。如數通以校山井鼎之本，時多出入，緣山井鼎僅就足利一學所藏，余則遍覓其國中古本，故所見多數倍也。擬爲重校《七經》本，僅成《論語》《左傳》，餘未脱稿。而余老衰眼昏，不復能細校勘。然其本皆什襲藏之，未敢散逸也。

惺吾識。

龍按：據《增訂叢書舉要》(《楊守敬集》第七册)録。

净土三部經音義四卷 舊抄本

日本嘉禎三年沙門信瑞編撰，當宋端平三年。所云三部者，一《無量壽觀經》二卷，二《觀無量壽經》一卷，三《阿彌陀經》。其書徵引簡陋，遠不如玄應、慧琳之博贍。所引《東宫切韻》中載曹憲、王仁煦、麻〔杲〕(果)、薛峋、郭知玄、祝尚丘、陸法言、孫愐、孫伷、韓知十、武玄之、裴務齊諸人之説。其書久佚，其見於《新唐志》者，唯武玄之《韻詮》十五卷，其陸法言、孫愐之書雖在《廣韻》中，今亦不能别出。按《日本現在書目》載有王仁煦、麻〔杲〕(果)、孫愐、孫伷、祝尚丘、裴務齊、韓知十等《切韻》，而薛峋、郭知玄亦闕焉。此書旁注《東宫切韻》，爲菅丞相之父所作。按：菅名道真，爲日本名臣，當中土唐代，知其父所見古書尚有《見在書目》所不載者，宜兩《唐志》未之録也。

龍按：國圖藏有三部《净土三部經音義》，均爲楊氏舊藏。其一有「星吾海外訪得秘笈」「宜都楊氏藏書記」「楊守敬印」，又有「門外不出寶輪窟」印及「松坡圖書館藏」印；另本有「飛青閣藏書印」「朱師轍觀」及「松坡圖書館藏」印，且前有楊氏小像；第三種有「飛青閣藏書印」「楊星吾東瀛所得祕极」，且前有楊氏手書識語，即據之録文。此條於此書頗有苛評，云其「徵引簡陋，遠不如玄應、慧琳之博贍」，與楊《志》卷四條譽其「固當與玄應、慧琳《衆經音義》並珍」大異，或此條識語撰寫較早，楊氏僅據其書本身立論；前條則較後，多著眼於其保存文獻之意義。

日本訪書志再補卷二　史部

史記一卷古鈔卷子本

右《史記》古鈔卷子本《孝文本紀》一卷，柏木貨一郎所藏，舊爲求古樓中物，即森氏《訪古志》所稱未見之本也。

龍按：森《志》著録求古樓藏本，並云「未見」，楊批森《志》云「今在柏木政矩家」，此卷爲延久五年大江家國手寫本，今藏日本東北大學圖書館，被認定爲日本國寶。《留真譜初編》卷四葉五有書影，此據《留真譜》楊守敬手跡録。

史記一卷古鈔卷子本

今存柏木政矩家。

龍按：森《志》著録求古樓藏本，云其存《孝景本紀》一卷，有延久五年大江家國記，則與前述之本同。此本今存大東急紀念文庫，被認定爲日本國寶。此據楊批森《志》録。大江家國手寫本今存三卷，除以上二卷外，另有今存於山口縣防府毛利報公會之《吕后本紀》，亦日本國寶。

史記一卷 古鈔卷子本

今存飛青閣。古鈔《史記·禹本紀》。

龍按：即森《志》著録求古樓舊藏之「現存《夏本紀》一卷」者，今存東洋文庫，爲日本國寶（嚴紹璗《日藏漢籍善本書録》稱「此卷卷首題書『夏本紀第二，史記二』」，當誤，其題位於卷末）。《留真譜初編》卷四葉六至八有書影。據楊批《留真譜》録。

史記一卷 舊鈔卷子本

余見有《范雎蔡澤列傳》一卷，未知此否。惜未能得之。

龍按：森《志》著録屋代氏不忍文庫藏本，然云「未見」，據楊批森《志》録。

史記平準書一卷 宋槧本

宋槧《平準書》一本，癸丑臘月賣於傅沅叔二十元。

龍按：據《鄰蘇園藏書目録》録。

史記七十卷 元槧本

余於齋藤兼〔三〕（山）書店見之，殘一册，塗抹狼藉，而索價甚昂，故未購。

龍按：森《志》著録昌平學藏本，據楊批森《志》録。

史記七十卷 元至元戊子刊本

此本刻印甚精，亦塗抹過甚，在齋藤兼三家。

龍按：森《志》著録元至元戊子刊本，據楊批森《志》録。《留真譜初編》卷四葉十至十三有書影。

史記殘本三十卷 宋蜀大字本

南宋蜀大字《史記集解》殘本三十卷，舊爲上海郁泰峰所藏，有徐渭仁題爲孟蜀本。渭仁蓋習聞孟蜀有大字本，不考此本避諱於南宋高宗止。今通檢一過，凡「匡」「桓」「禎」「頊」「恒」皆缺筆；書中不見高宗諱，而「購」「搆」皆缺筆，避嫌名也；孝宗諱「眘」字則不缺筆，足知此本的爲高宗時所刊。雕鏤之精，楮墨之美，少有倫匹，不知何以殘缺乃爾。大抵宋代刻書，以蜀本字爲最大，蓋沿于孟蜀之刻《五經》。以余所見，杭、建、汴、贛、鄂亦間有大字者，而要不如此本之特出。題爲蜀本，亦未爲過。乃囑門人熊崮芝會貞以毛本及各本校之，殊多異同，此本訛誤之字亦不少。昔邢子才謂「日思誤書，亦是一適」，知古人矜慎，不肯漫下雌黄。東坡傷《文選》之妄改，以不誤爲誤，知此弊北宋已然。至明代則逞臆尤甚，故近時顧千里創爲「以不校校之」之説，雖明知其誤，亦不輕改，以待學者之研求，誠刻書者之善法而讀書者之良規也。憶余在日本初晤森立之著有《經籍訪古志》，以古刻書相質，余謬言此書訛誤滿紙，雖古刻未爲奇也。立之艴然曰：「君于古書未也，書無訛字，尚何足貴乎？」余乃相視而笑，以立之爲知言。今香山甘君翰臣以重值購此書，瞥然一瞬，不以殘缺爲嫌，知其别有會心，與世俗侈爲玩物者異也。獨惜余觀海堂藏書至今尚未能携出，不得與翰臣共賞也。

壬子四月，鄰蘇老人書于上海虹口寓廬，時年七十有四。

龍按：此雖非日本所獲，亦非楊書，然楊氏跋提及與森立之論書之事，則亦可收，故據《鄰蘇老人題跋》（《楊守敬集》第八册）、《上海圖書館善本題跋輯録》録。

史記一百三十卷 宋黄善夫刊本

今仍在上杉氏家。紙墨俱絶。木村正直亦藏殘本。

龍按：森《志》著録此本，即首刊三家注之黄善夫本，注云「米澤上杉氏藏」，此本後歸日本歷史民俗博物館。此據楊批森《志》録。森《志》另著求古樓所藏不全本，遞經淺野長祚、島田重禮藏，光緒末年，由田吴炤購得舶歸，不久散出。張元濟云：「是本先由荆州田氏得之東瀛，宣統季年，余購之廠肆，書本殘闕，又爲市估分截數卷，今所存者……凡得六十六卷……惜中有數卷，爲彼國人士點閲，雜以片假文，不免如浮雲之滓耳。」（參張元濟《涵芬樓燼餘書録》）又據袁克文《寒雲日記》乙卯十月初十日載：「得宋黄善夫刊《史記》殘本，存卷二十九、三十，及卷八十六《刺客列傳第二十六》……以《河渠書》一卷與沅叔易得宋鷺洲書院本《漢書・景十三王傳》一卷。」（參王雨著，王書燕編纂《王子霖古籍版本學文集》）此三卷即李盛鐸云「張菊生所購而譚估竊留之卷」（參李小文、孫俊《李盛鐸致袁克文論書尺牘》，《文獻》二〇〇八年第四期），據尾崎康檢其卷三十有譚錫慶印記，知其由譚氏正文齋購得，此亦可得傅增湘《藏園群書經眼録》證之，其云「張菊生元濟前輩曾於正文齋收得殘帙」，然又云「存《河渠書》《平準書》，計二卷……乙卯夏袁抱存克文舉是帙相貽」，則袁氏所贈究爲一卷還是二卷，二者所言不同，尾崎氏「疑《經眼録》誤記」，實未當，傅氏書爲「經眼」書目，袁氏將此二卷供傅經眼，故傅載「計二卷」，此後云「舉是帙相貽」則爲題於卷二九之上者，傅熹年整理時將二者合併，故致誤解。此後，袁氏所藏卷三十及八六歸潘明訓，三人所藏六十九卷又次第入國圖。另有卷二、卷三藏東京大學東洋文化研究所，森《志》所列僅卷二一二未知所在。

史記集解 明白鹿書院刻本

《史記》注以裴駰《集〔解〕》爲最古，司馬貞《索隱》、張守節《正義》原皆單行。自宋以來，有《集解》《索隱》《正義》合刻本，有《集解》《索隱》合刻本，而毛刻單行《索隱》本即多異同，《正義》無單行本，録無據之以改裴駰乎？此亦如合刻《注疏》《音義》本，不能與《經典釋文》悉符合也。而《史記》原文，在六朝已多異同，劉子遴所傳、徐廣所録已可見。裴氏《集解》今傳世有毛氏汲古閣翻宋本。前年於上海見游泰峰蜀大字殘本三十卷，爲甘翰臣所得；後又見日本田中太郎宋刻小字本，索價千餘金，未知爲何人所得。此外未見有單行《集解》本。今來都中，則見傅君沅叔新購得此本，雖爲明初刻本，其根源於宋本無疑也。傳世甚少，足與毛本較異同。毛氏藏書最富，《史記》宋槧合刻本，何止一部，而彙刻《十七史》不以合刻本上木，乃以裴駰單行本冠首，是有特識。今足以窺裴氏之真者，唯此與毛本。雖有合刻〔宋〕（本）槧精本，未足以較裴本之得失也。沅叔以爲然否？

甲寅閏五月七日，宜都楊守敬記，時年七十有六。

龍按：傅增湘《藏園群書經眼録》卷三録明正德十年白鹿書院刊本《史記集解》，

云：「此書癸丑夏得於廠市，乃正德時九江白鹿書院刊本。序二葉已佚，自他本影補。楊鄰蘇老人守敬見此，詫爲難得，謂當與宋本同珍，爲書長跋於卷首。」劉《續補》據傳録補此一目，然無正文，云「待訪得補之」。國圖藏有白鹿書院刊本一種，然卷首無跋語，未知是否傅氏舊藏。按此雖非日本所獲，亦非楊書，然楊跋提及日人田中太郎所藏宋刻本事，則亦與楊氏日本訪書事相關，《鄰蘇老人題跋》（《楊守敬集》第八册）録此跋（與劉《續補》同册，然交臂失之），據其文義及所署時間，當即傅氏所稱之跋文，據録，又據《楊守敬題跋書信遺稿》改一誤字。

史記一百三十卷 日本活字本

日本活字本《史記》，今存飛青閣。

龍按：《留真譜初編》卷四葉十四有書影，此據楊批《留真譜》録。所謂「日本活字本」即古活字本，《故宫所藏觀海堂書目》載此本，標云「每半頁八行，行十七字，小字雙行同，五十册」。

漢書零本 舊鈔卷子本

有《高帝紀》一卷，甚精，與《食貨志》如出一手。印刷局借來，欲石印之，未果也。

龍按：森《志》著録，此據楊批森《志》録。此卷今存日本滋賀縣石山寺，爲日本國寶。此所云「《食貨志》」，已入王《補》，又刻入《古逸叢書》中。

漢書一百二十卷 宋槧本

今仍在米澤上杉氏家，與《史記》版式紙墨無異。

龍按：森《志》著録上杉氏藏宋本，即黄善夫刊本，今存日本歷史民俗博物館，爲日本國寶。此據楊批森《志》録。黎庶昌光緒十四年十一月四日致宫島信云：「來教誦悉。三史之約，上杉氏既不憚煩，誼極可感，容即告知蕭君，准明日十時以後赴上杉氏處。僕已看過，可不偕往。而敝署中或有欲廣眼福者，當與同來。望執事代爲周旋是幸。」（參王寶平《日本國會圖書館藏黎庶昌遺札》，《文獻》二〇〇八年第三期）王寶平注此「蕭氏」爲黎氏隨員蕭瓊，誤，此爲蕭穆，蕭氏於本年十月應黎氏以商定《續古文辭類篹》爲由邀至東瀛，據《蕭穆日記》載，其於十月二十日起訪日，十一月五日「往上杉觀書」，主人「以宋刊《史記》、兩《漢》及《備急千金要方》等書見示，觀良久並記大略」，與黎氏信正合。蕭氏歸國後，於次年三月十三日致信黎氏云：「上杉氏宋慶元本兩《漢》，實爲希世之寶，若設法仿刊，或照校録一部，其功當勝於刊《古逸叢書》十倍矣。未知能會同宫島栗香商之，再與上杉氏結歡，玉成此事否。」二十七日信又云：「至愚前請設法假上杉氏宋本《史》《漢》傳校者，以此等大部精本，中華實爲未有。年來風聞中外士大夫皆以執事此次出使毫無建白，與前判若兩人。愚以執事前此出使之功，不過爲精刊《古逸叢書》，究竟此書不過刊工精緻，多爲小品，緊要者不過三五種。若宋槧《史記》、兩《漢》，洋洋大觀，目下雖無經費辦此，而傳校一部回中華，鼓動他人刊版，以廣流傳，其功仍在執事。惠而不費，弭謗之方，莫妙於此。今執事以無暇及此，請託他人爲之云云，似以爲鄙人之私事。今合兩事觀之，執事之神志荒惑，日暮途遠，已見於此。鄙人惟有爲之長太息而已矣。」（參《黎庶昌全集》第一册）其拳拳之情，溢於言表，惜此等大書，成之維艱，故均未如願。所慶幸者，兩《漢書》國内均有北大藏本，雖偶有補鈔，然大體完整，實屬匪易；至於《史記》則如前注所言，亦存殘本（三書均收入《中華再造善本》），差可告慰於蕭氏。

漢書一百十八卷 元刊本

此書今在向山黄村家，脱誤最多。

龍按：森《志》著録昌平學藏元刊本，今存公文書館，有市野光彦藏印。此據楊批森《志》録。《留真譜二編》卷四葉十一有書影。

漢書一百卷 日本活字本

今存飛青閣。日本古活字本。

龍按：《留真譜初編》卷四葉十五有書影，此據楊批《留真譜》録。《故宫所藏觀海堂書目》載一日本刊本，標云「日本寬永戊辰刊本，每半頁十行，每行十七字，小字雙行同，五十五册」，實即此本，何澄一誤爲「刊本」。

後漢書一百二十卷 宋槧本

今仍在上杉家。上杉爲舊諸侯，今爲沖繩縣令。其家寶之如拱璧。

龍按：森《志》著録米澤上杉氏藏宋槧本，即黄善夫本，今存日本歷史民俗博物館。此據楊批森《志》録，《留真譜二編》卷四葉十七有書影。此與前《史》《漢》二者併稱「上杉三史」，最爲完整。前言黎庶昌於光緒十四年引介蕭穆往訪，實於六年前即曾携楊守敬同訪，光緒八年五月十四日黎氏致宫島信云：「聞舊藩侯米澤上杉氏藏有宋板《史記》《漢書》《後漢書》三種，爲奇密之寶，世所罕見，前星使何公曾一往觀。鄙意亦欲援例增此眼福，敢煩閣下便中代爲介紹上杉氏。倘蒙許可，僕當偕使署楊君同往修謁。」此次觀書，黎、楊二人各有所冀。黎氏讚歎云「真爲人間希有之本。貴藩侯何不集貲刊行，衣被天下，爲功不小」，「此書若以照影刊行，於原書無損，而又絲毫畢肖。盍試圖之」，「昔河間獻王好書，多得古册，後世美之。貴藩侯若將此書佈揚於世，異日亦河間之比也」，「貴藩侯果有刊刻之盛舉，僕雖不文，定當引序其端，不敢辭也。此書若刊成，敝國銷行必衆」，總之，極力慫恿上杉氏爲此刊行之盛舉。楊氏則云：「黎公近日不惜多貲摹刻逸書及古本之罕見者凡二十餘種。此二葉其式樣也。貴侯《漢書》若得摹刻傳世，尤爲快絶。此二册借抄之，何如？弟近作《東瀛訪書志》，每書影摹其首一葉，爲《留真譜》。此三史他日若爲弟各摹一葉以爲《留真》之冠，尤所不敢請也。若貴侯允許，則他日以所摹之式呈數葉。」（參陳捷《人物往來與書籍流轉》）可知《古逸叢書》已然進行，《日本訪書志》及《留真譜》亦在楊氏計畫之中。然黎氏之慫恿終成虚願，而楊氏之請求似亦未得允，以此三史於《留真譜》中僅《後漢書》有黄善夫本書影，另二種皆無，依理上杉氏若許之，則必三史皆准，斷無僅摹《後漢》之理。則此書影或非得自上杉氏者，李盛鐸亦藏此本，此書影或得自李氏。

後漢書一百二十卷 宋槧小字本

此校傳録本。余於書肆見之，索價甚昂，余以元校尚在官庫，可以借出過録，厥後竟無暇日，未録。差滿而歸，獨此恨事也。

龍按：森《志》著録崇蘭館藏本，今已不知所在，森《志》所載昌平學之另本今存公文書館。此據楊批森《志》録。

後漢書一百二十卷明刊本

今在飛青閣，缺一册。

龍按：森《志》著録求古樓藏本，據楊批森《志》録。《故宫所藏觀海堂書目》録「明嘉靖汪文盛刊本，二十一册」，即此本，今存臺北故宫。

後漢書一百二十卷日本古活字本

又有活本校本，依元本重印者。

龍按：森《志》著録足利學校藏明正統本，據楊批森《志》録，知此所謂活本即指日本古活字本，檢《故宫所藏觀海堂書目》録云「日本慶長活字本，每半頁九行，每行十七字，序後有『大德九年寧國路儒學刊』等字，蓋從元刊本出也，五十册」，即此本。《留真譜二編》卷四葉十八、十九有書影。

三國志六十五卷 元刊本

又有元刊本，爲飛青閣所得。

龍按：森《志》著録求古樓藏朝鮮刊本，據楊批森《志》録。《故宫所藏觀海堂書目》録云「宋衢本元明遞修本，每半頁十行，每行十九字，注二十二三字不等，卷前有大德丙午朱天錫跋」，今存臺北故宫，即此本。《留真譜初編》卷四葉十七有書影。森《志》又録青歸書屋藏宋刊本，楊批云「今不知所在」，據森《志》所述特徵，知即今藏於日本宫内廳書陵部之南宋十行本，《百衲本二十四史》即據之爲底本（詳參尾崎康《正史宋元版之研究》）。

此書楊氏購自森氏，然得之維艱。據《清客筆話》載，楊氏於明治十四年三月廿八日訪森立之，森氏出示此書，云其爲「宋元明三版共有。元刊，明嘉靖中所摺，有嘉靖補刊」，楊氏欲購，森云「《三國志》只此一部，故不沽却。他有一部則可鬻去」，楊云「汲古閣、掃葉山房，皆賤而易得」，森氏誤解云「此《三國志》天下無二之本，與清板交易則不可」，楊解釋「非云交易也。先生言欲得一部而後沽之，敬言再得不難。

請略問此書價耳」，森云「直沽却則廿圓也。若得一本，則十圓而足矣。無一本則不爲用，故不廿圓則不可也」，楊云「我爲公購之，易易。我國新校本甚佳，先生言其略可」，森云「見其本而後可決價耳」，楊云「我購贈公，不索價也」。此後，楊氏又於其所謂「宋」有疑云「此書誠佳，但以爲有宋板則恐非」，森氏翻出其中二葉云「此二葉宋梓之僅存者也，其他皆元刊，以明補刻作全書者也」。然此事直到當年十一月初四方有進展，楊云「此《三國志》即如尊約十五圓，僕可携去否」，森氏云「不今日則不可」，而楊氏「今日只携得五圓」，森云「君有意則後日携金而來，今日此書勿携去」。此行楊氏當携一汲古閣本贈森氏，森氏以此「爲俗本，交易不可當」，楊氏云「僕此本且留於公所，緩緩以二本對之，若果是俗本，則不换可也」。後森氏當讀之（此與前當非同日之事，一者細讀對校非倉卒間可辨，一者前此楊氏僅得五圓，此次則身有十圓，《清客筆話》或將大致同類之事合併，未細分時日），態度有變，「汲古本最佳，宜交易」。然不十五圓則不可」，楊「非不十五圓也，今日只得十圓耳。他日再補五圓何如」，森云「歲月漸迫，他日五圓何日入手」，楊答「只廿五日以後必可渡」，森云「云二十五日以後，則不確然也。若然則宜携一帙去，後收五圓之日，可爲全帙」，楊答「公過小心矣。僕言廿六日必渡，必不食言也。然今必携二帙去一校爲快」，至此方克完成。即此一未登楊《志》之書（楊氏訪書重點在古鈔、舊鈔，次則宋槧、元刊，此遞修之本多以明版目之），亦經如許周折，楊氏於《鄰蘇老人年譜》中云其得書「節衣嗇食」「無一倖獲者」，「有一册竭數日之力始能入厨者」，此例可以當之。

三國志詳節二十卷 元刊本

今在飛青閣。

龍按：森《志》著録求古樓藏宋槧本，然云「未見」，據楊批森《志》録。《故宫所藏觀海堂書目》録「元刊本三册」，今存臺北故宫，則楊氏所云或即此本。《留真譜二編》卷四葉二十有書影。

唐書二百卷 明刊小字本

今在森立之家，又有一部在書肆。

龍按：森《志》著録求古樓藏本，當爲嘉靖十八年聞人詮刻本。據楊批森

《志》録。

南唐書三十卷 朝鮮活字本

馬令《南唐書》，朝鮮活字板，五本，辛亥冬月賣於傅沅叔一百元。

龍按：據《鄰蘇園藏書目録》録。傅氏亦載於《藏園群書經眼録》，云「楊惺吾守敬以新刻本校異同，加簽于卷内余藏」，又於著録《中説》時云「此與《南唐書》同爲朝鮮活字印本，楊鄰蘇老人守敬極稱其罕秘。此二書余皆從老人得之。」又於《藏園訂補郘亭知見傳本書目》中云：「朝鮮古活字本，十二行十九字，黑口，四周單闌。楊守敬以清刊本校。」《留真譜初編》卷四葉二四有書影。

資治通鑑零本一卷 元槧本

今在飛青閣。別有全部亦爲飛青閣所得。

龍按：森《志》著録此本，注云「容安書院藏」，僅存卷七十四首二張，今未知藏處。據楊批森《志》録。

資治通鑑二百九十四卷元槧本

今在飛青閣。元槧本，刷印稍後，首尾完具。

龍按：前所云「全部」者，即此，《故宫所藏觀海堂書目》載元刊本一百六十册，《留真譜初編》卷四葉二九摹刻書影二幅，據楊批《留真譜》録，今存臺北故宫。

歷代帝王紹運圖一卷舊板覆宋本

今在飛青閣。

龍按：森《志》著録容安書院藏舊板覆宋本，據楊批森《志》録。然此本究爲何本，《故宫所藏觀海堂書目》僅録日本刊本一種，今存臺北故宫，則此或即日本五山本。

古史 北宋本

北宋本《古史》六十卷，大題在下，每半葉十一行，行二十二、三、四、五字不等。前有自序無年，後有自跋，題「紹聖二年三月二十五，蘇轍子由志」。左、右雙邊。避宋諱至哲宗止，蓋即紹聖原刻。按：此書余舊有元刊本，每半葉十四行，行廿四字；又有明初刊本，半葉十八行，行二十四字。元刊本已刻入《留真譜》，後俱失之。所見有：明萬曆三十九年南雍刊本，有孫如游、焦竑序，又有明吴宏基《史拾》，則三十五卷。所聞有：孫淵如元刊大字本；又瞿氏南宋本，每半葉十一行，行廿二字；《天禄琳琅》有宋刊小字本一部，大字本二部，未知何如。然元、明本或有前序無後序，遂不知其注爲其子遜作。此本前、後序皆完全。此本舊爲東湖王定安鼎丞所藏，鼎丞爲余壬戌同年，爲曾文正及沅甫所賞識，官至淮揚道，殁於任所。家頗饒裕，不知何以遽以藏書來上海求售。書估視爲奇貨，甘君翰臣以重值償之不得，而潘君明訓以無意得之，囑爲題識。余維二十年前尚有掃葉山房刊本行世，今其板已毁，明本已希有，著録家且什襲藏(藏)之，承學之士欲求一本，竟不易得。寄語潘君，何不影摹付良工授梓，嘉惠學者，使天下知紹聖原本重見於世，不尤佳乎？

甲寅三月三日鄰蘇老人記於上海，時年七十有六。

序首有「甲」字印，有竹垞藏書印，知清初已爲潛采堂甲部珍本。

龍按：此書非日本所得，亦非楊氏藏書，然其跋中提及楊氏自藏之元刊本，並云「已刻入《留真譜》，後俱失之」，檢《留真譜》卷四葉二六有書影，亦頗難得，故據楊氏手跡録文。此書今存國圖，並收入《中華再造善本》。另，明南雍本《留真譜二編》卷四葉二七至三十有書影。據《鄰蘇園藏書目録》云，楊守敬還藏有明仿宋本，「賣於馬老爺」；又「聽」字號有《古史》明校六本一盒，「萃文齋買去，八十元」。

十七史纂古今通要 元刊本

右大德壬寅原刊《十七史纂》，寓縱宕於絲闌中，元槧之絶，與宋刻各極其妙者。

龍按：《留真譜初編》卷四葉三一、三二有書影，並有楊氏手跡，據録；又楊批云「今存飛青閣」。此書現存臺北故宫，書影可參《鄰蘇觀海：院藏楊守敬圖書特展》。據書中所鈐印記，除楊氏諸印外，有「金地院」印，則爲江户初期禪僧以心崇傳舊藏；

又有「柴邦彦圖書後歸阿波國文庫别藏於江户雀林莊之萬卷樓」巨印等，知曾爲江户中後期朱子學者柴野邦彦舊藏。

十八史略二卷 元槧本

日本所存《十八史略》舊本甚多，以書陋故，飛青閣不收。

龍按：森《志》著録，據楊批森《志》録。《十八史略》一書於日本接受極廣，坊間觸目皆是，加之此書較簡陋，故楊氏不收，楊氏諸書目中亦無此書。然《留真譜二編》卷四葉三九有其書影。此書因國人輕視，國内傳本甚少，則日本所傳之本及其所刊行之本亦均有價值。

玉燭寶典十二卷 舊鈔本

加賀侯藏本。余曾見於重野安繹家，亦缺第九卷。

《玉燭寶典》誤字甚多，棭齋所校十之二三耳。若以《太平御覽》及《禮・月令》鄭注、蔡氏《月令》等書校之，其誤字當有五六也。僕僅校三四葉，已改其誤字數十。

龍按：森《志》著録楓山官庫所藏貞和四年鈔本，即所謂毛利氏獻本之一，今存日本公文書館；楊氏所云加賀侯藏本，指加賀藩主前田綱紀舊藏之本，今存前田育德會尊經閣文庫，此本爲日本所傳各本之一。前條據楊批森《志》録，後條據《清客筆話》録。楊氏曾影抄狩谷氏所藏鈔本，《清客筆話》中多次提及，明治十四年三月廿九日森氏將狩谷校本出示楊氏，楊問：「貴邦所有皆缺一卷乎？」又云：「守敬不敢奪所愛。但古書今日不刻，他日恐又失，故欲借抄刻之耳。先生不欲此書刻乎？小生亦不取此書到家中，即煩先生屬寫工而鈔之上木，可乎？」七月初四有楊氏借此書之籤條，七月廿一日，森氏告楊氏曰「《玉燭寶典》書寫半成，本月内可全成也」。後楊氏將其刻入《古逸叢書》，並曾寄呈重野氏，並有信云：「成齋先生閣下：前日蒙許爲校《玉燭寶典》，兹已刻成。謹以一部呈覽。此本係以狩谷舊藏上木，亦缺第九卷，未知是從加賀本出否。伏祈飭貴門人以加賀本對校，無論是非，凡有異同均以朱筆記之其旁，他日也可載囊校之。名不朽之業，當有同情，諒不以煩瑣爲嫌。」（參賀宏亮《新見三十五通楊守敬先生信札考釋》，《三峽文化研究》第十二輯）。《留真譜初編》卷六葉二二有書影。

帝範二卷 舊鈔本

今在飛青閣。此書與閣本大不同，宜重刊。

龍按：森《志》著録求古樓藏本，《故宫所藏觀海堂書目》著録所謂「日本鈔本，有『向黄邨珍藏印』」，或即此本。據楊批森《志》録。

臣軌二卷 舊鈔本

今在飛青閣。

龍按：森《志》著録京師鈴鹿河内守藏本，森氏注云「未見」，據楊批森《志》録。《留真譜初編》卷四葉又五十A面書影或即此書。

貞觀政要十卷 影鈔日人寫本

飛青閣得摹本。

只一卷，飛青閣得影橅本。

龍按：森《志》著録駿河國本門寺藏僧日蓮手書本，森氏曰「未見」，此據楊批森《志》録。

水經注箋四十卷 萬曆四十三年李長庚刻本，沈曾植藏本

朱鬱儀博覽群籍，著述等身。所校《水經注》，顧亭林推爲明代一部書，顧流傳頗少。余三十年前從日本得其原刊本，乃知明代即爲鍾、譚所删削，厥後又爲項絪以鍾、譚本亂之。至天都黄晟復以項本翻雕，摹印頗精，世之不得見朱氏原本者遂以虎賁爲中郎。以全、趙、戴專門名家，亦似未親見朱刊者。而長沙王氏《合校》，乃概以戴氏所謂「近刻」屬之朱箋，其實不盡讎也。今年僦居上海，從老友沈君子培得見黄省曾本，又知朱氏撲塵之功甚巨，宜亭林之傾倒矣。大抵明人刻書多憑臆斷，鬱儀則明知其誤亦因仍舊文，實爲一代所罕見，不第徵引浩博也。惟經、注混淆，亦未能訂正，似不無遺憾。然此書沉霾已久，鬱儀獨闢蠶叢，其不能廓清，勢使之然。即如全、趙、戴盡一生之力治此書，舉世奉爲圭臬，今余覆勘之，其考古之疏、脉水之失，尚未盡窺酈亭藩籬，而又何責乎鬱儀？沈君既得

五嶽本，又得此書，不得謂非秘笈也。

癸丑二月廿七日，宜都楊守敬記，時年七十有五。

《水經注》四十卷，自《崇文總目》已缺五卷，至何聖從刻本仍以缺本爲四十卷，知不免有移綴之失。明代有柳大中本，爲世所稱，然未聞入木，自以黄省曾爲祖刻。余夙治此學，見朱鬱儀引此本時有佳證，心嚮往之，久不能得。今年僦居滬上，晤老友沈君子培，談次及之，乃云新得此本，欣然見假，携歸讀之，則奪誤滿紙，當是以抄本覆刻。獨怪此書宋本明末尚有存者，黄氏何不博訪宋本校勘，乃以抄本爲據，豈以其本根源甚古，故朱氏所稱古本及舊本皆指此本與？余乃屬小孫先橘以朱本對勘，無論是非，皆爲録出，除諸家所取外，尚有足采者，不得謂砂礫中無玉石也。

癸丑二月廿七日，宜都楊守敬記，時年七十有五。

龍按：此楊守敬爲沈曾植藏書所撰之跋。然楊氏於跋中提及其曾於日本得朱氏《水經注》，《鄰蘇園藏書目録》中録有《水經注》，故據《上海圖書館善本題跋輯録》録文。

水經注箋四十卷 萬曆四十三年李長庚刻本，甘翰臣藏本

朱彞儀博覽群書……而又何責乎彞儀？甘君翰臣以無意得之，以乾嘉學人不得見之書，余得之海外，又遲至數年始重過目，不可謂非秘笈也。癸丑三月十二日宜都楊守敬記，時年七十有五。

龍按：前條楊氏觀沈氏藏本，云其曾於「三十年前從日本得其原刊本」，作跋後僅半月，即於甘翰臣處再見，並再作跋，味其語意，甘氏所得，似即楊氏於日本訪得之本。此據上海敬華拍賣公司二〇一七年春拍録文，拍賣會圖録説明云：「上海圖書館藏一套《水經注箋》楊守敬題跋本，或即爲此書。此書雖無上圖藏章，但爲上圖落實政策發還藏家可能性極大。」實誤，二跋雖泰半相同，然書則非一，藏者亦異，故於跋文略其相同文字。此書後歸沈燕謀，再散出。

輿地紀勝二百卷校刊記五十二卷補闕十卷 清刊本〇

揚州岑氏刊本，闕三十一卷，道光間岑建功以阮氏文選樓鈔本付刊。是書先有張鑑

舊校，建功又延儀徵劉文淇及其子毓崧爲《校勘記》，並《補闕》，至爲詳慎，以張氏、劉氏本以博洽名也。余則謂此等書非唐以前經部小學可比，況原是鈔本，即有疑義，只宜注於當文之下；若無關考證謬誤顯然者，直當改之，以省煩瑣。今懲明人妄改之失，遂使明爲鈔胥之誤者，亦故留此班疣，徒盈卷帙，更貽學者以翻檢之勞，無乃不知所裁乎！況象之於地學實未能深入，無論流連風景，必不爲杜君卿所重；即隋、唐以前古地志書，見於《水經注》《文選注》《寰宇記》及《御覽》諸類書中者，多見遺棄；又其甚者，略涉犬牙，不能爲之分析，反自生轇轕，擬之其鄉後學王伯厚、胡梅磵當有上下床之别。近來但見其於古跡名勝收羅頗博，遂欲於李弘憲、樂永言之後高置一座，過矣。深於此事者必不以余言爲河漢。

象之此書唯《沿革》是其創造，其《碑記》一門皆能實指其所在，誠可爲後來地志龜鑑。若其叙古跡、山川則不盡著所出，大抵抄録方志，故多不得其原。觀其《碑記》門所載圖經、舊志，可以知其所取材，其收羅之博在此，其博而寡要亦在此矣。

至若《補闕》十卷，雖名題岑建功輯，實亦劉氏父子所爲。其據以補此書者，《輿地碑目》《方輿勝覽》《一統志》《方輿紀要》數書，而曹學佺《名勝志》則一字不載。按《名勝志》所引《紀勝》最多，無論《輿地碑目》所缺之「潭」「彭」「漢」「鬲系」「邛」「黎」「天水軍」七卷尚有存者，即《紀勝》未缺之卷亦多佚文。竊意文選樓鈔本雖稱影宋，實是展轉傳録，不無奪漏，如《成都府碑目》、《名勝志》多出《唐太平公主書家勅》在天慶觀、《孔子廟堂碑》唐開元中周灝撰二條，楊升庵《全蜀藝文志》引《碑目》亦有之。又輿元府有《張將軍廟紀》，車氏刊《碑目》并脱。其他古迹景物爲今本所無者尤多。然如忠州下載《碑目》云：有宋州貢院參軍安元白立《金魚堡碑》，陞忠州爲咸淳府，碑俱在皇華洲上。考忠州陞爲咸淳府在咸淳元年，而王氏書成於嘉定辛巳，相去四十四年，王氏安得有此文？余藏祝穆《方輿勝覽》兩宋本，一小字原本，分爲三集；一大字本，合爲七十卷。祝氏之書成於嘉熙己亥，而大字本標目亦稱「忠州」爲「咸淳府」，其爲後人所改無疑。王氏之書當亦有後人增入之本，曹氏所見即其本也。然只此一條，確可指數，其他固難以分别。余乃爲鈔出若干條，較岑氏所刊《補闕》不啻加倍。世有讀王氏書者，慎勿以劉氏所補所校爲無恨也。劉氏於地理學頗深，竟未及檢《名勝志》，亦可怪。

龍按：楊氏稿本有此條，然僅存「至若《補闕》十卷」以下，劉昌潤藏别本《晦明軒稿》收全文，故前半據《楊守敬集·晦明軒稿》録，後半據稿本録。

晏子春秋八卷 日本鈔本

根本遜志抄本，今在飛青閣。

龍按：森《志》著録懷仙樓藏明成化本，《故宫所藏觀海堂書目》著録一影鈔本，有狩谷望之印，今存臺北故宫，未知是否此本。據楊批森《志》録。《留真譜二編》卷五葉一有書影。

唐才子傳十卷 日本五山版

林天瀑輯《佚存叢書》有《唐才子傳》，據稱以五山板校印，且稱其以元槧翻雕，紕繆極少。此本爲狩谷望之求古樓所藏，森立之云蓋即五山板本，余以所藏日本他五山本照之，信然。然的是日本人重寫，非以元槧繙雕，如「聞」作「聋」，「若」作「若」，諸省字之類，皆係日本舊刻通行之俗字，可覆按也。今以天瀑印本較此書，則相異者不下千餘字。余初疑天瀑所據或别一本，後又得慶長活字本，則與此本全同，知亦即從此本出，而天瀑印本即係其臆改，不盡因活字排板多謬誤也。此本亦略有誤字，然視天瀑本，高出天淵矣。倘使《指海》叢書刊此書，因天瀑本顛倒錯亂以《四庫》所輯殘本校之，其兩通者附注於下，而不知其爲林氏所改，非辛氏原文也。

光緒戊子春守敬校注並記。

大抵辛氏原文多古拙，林氏所改則通暢近時矣。守敬再記。

龍按：森《志》著録求古樓藏五山本，楊批云「今在飛青閣」；《留真譜初編》卷四葉三五有書影，今藏臺北故宫。國内學界多以楊守敬携歸之本爲元本，實非，楊氏舊藏實即此日本五山本（參李小龍《〈唐才子傳〉散佚及日本傳本考》，《北京社會科學》二〇二一年第七期）。此跋書於楊藏五山本《唐才子傳》扉頁，阿部隆一《志》曾迻録，《鄰蘇觀海——院藏楊守敬圖書特展》亦録文，然均有誤字。此據後書所附楊跋手跡重録。

又：此書扉頁上有浮簽，録《經籍訪古志》中關於《唐才子傳》之叙録，後又有識語云：「崇蘭館藏宋槧元修本《漢書》一百二十卷，中間脱頁補鈔。末記云『天正七稔戊戌九月十七日，善慧山人四十九齡』，每卷首有『善慧軒』印，即此人所藏。」

唐才子傳十卷 日本古活字版

此日本慶長活字板，是爲罕見，森立之云。

辛巳惺吾記。

龍按：此跋書於楊藏古活字本《唐才子傳》後，據阿部隆一《志》録。

通典二百卷 北宋本

余曾借出一校，卷首一表，諸本皆脱。

龍按：森《志》著録，《留真譜初編》卷四葉三九至四十有書影，楊批云「原書藏楓山官庫」，今存日本宫内廳書陵部。此據楊批森《志》録。宿白《現存釋典以外的北宋刊印書籍的考察》云此書爲「日本侵犯朝鮮，宇喜多秀家自朝鮮掠歸。每種都有朝鮮王室『經筵』『高麗國十四葉辛巳歲藏書大宋建中靖國元年大遼乾統元年』兩印」（參《唐宋時期的雕版印刷》）。楊云「余曾借出一校」，實慫恿黎庶昌向日本政府提出申請者(參前《左傳舊鈔卷子本》按語),原本申請《太平寰宇記》是以補刻闕卷爲由,此《通典》既爲政書要籍,又爲北宋刊印罕見之珍,楊氏借出却也無能爲力,僅能臨摹數葉以留吉光片羽而已。直至近年方得影印,使汴京珍秘,重光禹域。

通典二百卷 明嘉靖本

今在飛青閣。

龍按:森《志》著録,據楊批森《志》録,今藏臺北故宫。

文獻通考三百四十八卷 朝鮮活字本

此本余初到日本時,見於市上,後爲西洋人購去。

龍按:森《志》著録楓山官庫藏本,今日本宫内廳書陵部有二部,公文書館亦藏一部。此據楊批森《志》録。

釋迦方誌三卷 宋《藏》本〇

首有自序，題「唐終南太一山釋道宣撰」。道宣事迹，見《唐高僧傳》。此書蓋因隋沙門彦琮《西域傳》、唐玄奘《西域記》撮其要略爲八篇，其「遺跡篇」分爲上、中、下，備述西域、天竺諸國山川、道里、城池、塔寺，較之《西域記》尤爲簡要，文辭亦古雅研練。其述河源尤足與班《志》、《水經》相證驗。其他七篇叙述彼教源流，亦有條不紊。又有《釋迦氏譜》二卷，亦道宣撰。則專述彼教世系，故不别著。

龍按：楊《志》卷六已有《釋迦方誌》條，然與此不同，故據楊氏稿本録文。

安南志略十九卷 清人抄本

此書在向山黄村家。今上海樂善堂活字印本，即原於此，而脱誤尤多。

龍按：森《志》著録羽倉用九藏本，此據楊批森《志》録。

日本國見在書目録一卷日本抄本

是書當唐寶應間，其所載古籍多足以與《隋志》相證。新、舊《唐志》不足相比擬也，深於目録之學者自知之。

癸未夏惺吾。

龍按：《日本國見在書目録》亦楊守敬日本訪書之重要參考，此楊氏舊本今存北京大學圖書館，據馬月華《〈古逸叢書〉研究》録。此書亦爲刻入《古逸叢書》，惟其底本似非此楊氏所藏者。《留真譜初編》卷四葉五六有書影。

日本各書解題（跋）

當余初至日本也，得其國《群書一覽》及近世各人著述目録，苦其不分別漢文、和文，乃日就書肆索觀，並咨詢其老儒，録於書眉上，而擇其漢文之大雅者購之，亦盡有其國秘本，爲我所收者，通計不下數萬卷。歸後擬爲《提要》未遑也。頃者，陳君士可遊其邦，又得其《國書解題》十七册，並分類目次一巨册，較余所見尤夥矣。余嘗謂使臣之職，爲交涉之樞機，實覘國之郵傳也。其得之口耳者，在博訪周咨；其口耳之所不及者，當於其國之載籍求之。非惟近今政治國法所宜詳考，並其先世立國本末、治亂强弱之迹，以知其性情風俗與我異同之故，而因革損益之策出焉。若貿貿然從事疆埸，詳有不僨事者。又此書有青巒大内序云：「西洋之學，其初不過譯知大要，今則風靡於英、佛、獨、露之語言文字，而我之國書群籍一切唾棄，學者憂之。」憶余初從日本歸，爲言其國雖小，而百廢俱舉，不可輕也。聞者皆掩耳而走。今則一步一趨，莫不奉爲圭臬。吾懼先聖先王之禮樂、政刑、風教、倫理……

龍按：《日本訪書志緣起》云：「日本學者於四部皆有撰述，朝事丹鉛，暮懸國門，頗沿明季之風。然亦有通材樸學卓然可傳者，反多未授梓人，擬別爲《日本著述提要》，故兹皆不録入。」知楊氏曾有撰《日本著述提要》之構想，然今未見其稿。檢日本公文書館所藏楊《志》「丁酉乙種本」之末有《日本各書解題跋》一條，據補。

日本金石年表

日本所存千年以上墨蹟，所見以數千計，金石刻則無甚古者。然金如《神護寺鐘銘》《南圓堂燈臺銘》《道澄寺鐘銘》，石如《多胡郡碑》《佛足跡碑》，又未嘗不精妙可喜也。守敬。

此録所載，今亦不可盡得，然余所收，頗有出此録外者。至「委奴國王」一印，最爲邃古，以出自近代，此録不及載收也。守敬再記。

龍按：《日本金石年表》爲日人西田直養所輯之書（天保九年刻本），後潘祖蔭將其刻入《滂喜齋叢書》，其序云「此年表乃日本金石，從來無人著録，計五百餘種，亦云多矣。黎蒓齋以贈眉生，眉生以示余，爰取而刻之，以廣異聞」。知此爲黎庶昌贈李鴻裔，潘氏從李氏假得上木者。書前附楊氏識語，當非特爲此書所作之序，若爾當有述及李、潘之語，且此分兩節，未予合併，知或爲楊氏於原書題字，爲潘氏刻入者。楊氏云「然余所收，頗有出此録外者」，檢《鄰蘇園藏書目録》，日本金石甚富，則亦爲日本搜訪之物，故亦收入。

經籍訪古志六卷補遺一卷 徐承祖印本

大抵此書所載佳本，守敬約得其半；其不能得者，亦多方影抄之；至於奇籍出於此録之外者，守敬亦多有之。俟《訪書志》成，而後知守敬苦心搜羅，爲日人所驚訝者也。

龍按：日本學者橋川時雄曾於北京書肆獲楊守敬舊藏徐承祖鉛印本《經籍訪古志》，書前有楊氏識語，據長澤規矩也《楊惺吾日本訪書考》一文入録（《長澤規矩也著作集》第二卷），惟標點稍有更動。另，其末册有識語，亦録之如下：「庚子閏秋中浣得之。册面有守敬跋識，意即今所謂楊瘋子者，洵博雅君子也。卷眉亦有批語。雅愛好之，爰出二千五百京蚨購歸。共六卷，附補遺一卷，所載皆醫部。時正亂後，欵議之未定局，猶見貴生腐態□習難忘耳。楚北憒憒生漫記。」楊氏於此書，極力慫恿付梓，《清客筆話》中言及尤多，明治十四年三月二十八日，楊氏再訪森氏，見面即云：「頃購得《經籍訪古録》，知先生爲狩谷高足。敬于貴邦最服膺狩谷氏，以爲第一流。觀先生所著《訪古録》，知於古書源流真僞辨别精審。弟近日欲刻此書，但此書中抄寫頗有訛字，不敢臆定，顧先生校而後刻之。先生辛勤著録，弟爲先生刻此書，想不以爲妄否。」臆者兩月前初見森氏時尚未知有此書，森氏云：「《訪古志》上木之事，僕之宿志也。只奈家貧而不能，且助其資者亦無有，荏苒至于今日也。若刻成，則再三加校正，則僕之所願也。」或因國内書目多名爲「目録」「録」，故楊氏數次均誤將此書稱爲「訪古録」，森氏回答時均寫爲「訪古志」（此書之名，據森跋知取《宋史·鄭樵傳》「游名山大川，搜奇訪古。遇藏書家必借留，讀盡乃去」之語，故「訪古」二字實隱「遇藏書家必借留，讀盡乃去」之意，故其用「志」字或亦自鄭樵《通志》，楊《志》用「訪」、用「志」字，或當皆從此書來）。森氏告楊「《訪古志》浄書本寺田弘携去，今無之」，數月後，森氏云「《訪古志》醫家部已寫成」，當始爲校訂。後論《周易正義》之時，楊忽云「此書再增補一次，我必爲公刻之。公可增補否」，森氏尚論《周易正義》，楊氏繼云「我所云《經籍訪古志》也。此書以公所見有多漏者，故欲公補之」，亦可見楊氏時時念之。然此事終亦未果。四年後，接任黎庶昌之大使徐承祖及其隨員姚文棟方將此書排印行世，然此尚稱及時，森氏於春分時爲新書撰跋，至十二月五日即逝世，正如楊氏所言，此書終「於生前傳之」，亦是幸事。

留真譜

著録家於舊刻書多標明行格以爲證驗，然古刻不常見，見之者或未及卒考，仍不能了然無疑。余於日本醫士森立之處見其所摹古書數巨册或摹其序、或摹其尾，皆有關考驗者，使見者如遘真本面目，顔之曰《留真譜》，本《河間獻王傳》語也。余愛不忍釋手，立之以余好之篤也，舉以爲贈。顧其所摹多古鈔本，於宋元刻本稍略，余仿其意，以宋元本補之。又交其國文部省書記官巖谷脩與博物館局長町田久成，得見其楓山官庫、淺草文庫之藏，又時時於其收藏家傳録秘本，遂得廿餘册。即於其國鳩工刻之，以費重僅成三册而止。歸後擬續成之，而工人不習古刻格意，久之始稍有解，乃增入百餘翻，友朋見之者多歡賞，囑竟其功。至本年春，共得八册，略爲分類印行，觀者不以爲嫌，當并所集之廿餘册，賡續刻之。

光緒辛丑四月宜都楊守敬記。

龍按：此爲《留真譜初編》前楊氏手書之序，以其與日本訪書之事密切相關，故附録於此。又楊氏手批《留真譜》後有識語云：「光緒甲申，以初印本與加藤直種子易貞觀古寫佛經一段。惺吾。」此所謂「初印本」，當即初於日本所刻《留真譜》「僅成三册」者。

另，梁啓超曾爲《留真譜》作跋，評價甚高，附録如下：

楊君游日本，獲見其國秘府及故家所藏唐宋以來寫、槧古籍，依原書格式，景刊其首葉，殘本則景其所殘之葉，小本或全景之如御注《孝經》。其有序跋藏記者並景之……都四百三十種，陳百鼎而各獻一臠，亦足饜味也已矣。楊君收藏稱當代第一，其遺籍今在國務院非久，恐爲大力者負之以趨。惜不復見續編也。戊午六月初六日。（參《飲冰室合集》）

梁氏跋撰於一九一八年六月，歎未見《續編》，實《二編》已於上年秋刊行，任公未及見。一九一三年，楊守敬爲《水經注疏》刊刻事曾致梁氏二函（參劉信芳《楊守敬函稿》，《東南文化》一九九一年第三、四期），期其玉成，雖未見梁氏回覆，然由袁世凱致楊函云「梁任公轉交手書並歷代地圖、《水經注圖》兩帙，高文古誼，如獲至寶」（參程翔章、程祖灝《楊守敬年譜》所引），知梁氏亦曾盡力（此當爲袁世凱敦聘楊爲顧問之機緣），而由此跋，知任公於楊氏之學亦頗關注。

鄰蘇園藏書目

此從所藏古書簿中録出，未及半而止，其中亦不盡異本，以原簿但據書厨抄寫，未分古本時本也。

龍按：國圖藏有《鄰蘇園藏書目》一部，爲楊氏自存之目，書前有楊氏手題識語。據録。

日本訪書志再補卷三　子部

標題句解孔子家語三卷 朝鮮刊本

以上三種，皆王廣謀删節本，不足貴。

龍按：森《志》著録三種本子，一朝鮮刊本，一鈔本，一朝鮮活字本，據楊批森《志》録。

標題句解孔子家語三卷 朝鮮活字本

今在飛青閣。

龍按：森《志》著録容安書院藏本，據楊批森《志》録。

纂圖互注荀子二十卷元槧本

龍按：森《志》著録求古樓藏本，然云「求見」，據楊批森《志》録。

今在飛青閣。

鹽鐵論十卷明刊本

在飛青閣。

涂楨本《鹽鐵論》，明刊本，四本已賣。

龍按：森《志》著録寶素堂藏本，第一條據楊批森《志》，第二條據《鄰蘇園藏書目録》録。然此本非涂本，以森《志》所述九行十八字之行款言，當爲正德、嘉靖間刊本，傅增湘《藏園訂補郘亭知見傳本書目》云此本從涂楨本出，「諸家多有之，余亦藏一帙。《四部叢刊》初編印本即是此書，而誤信葉君德輝之言，標爲涂楨本。余嘗爲長跋以糾之」。《留真譜初編》卷六葉四有書影。

鹽鐵論十二卷 張之象注本

今在飛青閣。

龍按：森《志》著録求古樓藏本，據楊批森《志》録。《故宫所藏觀海堂書目》亦録，今存臺北故宫。

鹽鐵論四卷 沈延佺刻本

飛青閣藏書。

龍按：此本森《志》及楊氏各書目均未録，然據樊佳琦《山西省圖書館藏明沈延銓本〈鹽鐵論〉版本價值探析》（《圖書館研究與工作》二〇二〇年第九期），知山西省圖書館藏此本，前有「野間氏藏書印」「白雲書庫」「飛青閣藏書印」「楊守敬印」「宜都楊氏藏書記」等印，知亦楊氏舊藏。楊氏未著録，或以其年代較晚而略之，然此本今國内所存僅國圖本及此本，前者爲傅增湘舊藏，然因「失去前後序跋」，傅氏僅推測其

「似萬曆以後刊本」（參《藏園訂補郘亭知見傳本書目》），然此楊氏舊藏本則完整無缺，前有版權頁，後有跋文，則極珍貴。故單獨立目，取楊氏藏書印爲正文。

新序十卷 朝鮮刊本

今在飛青閣。

龍按：森《志》著録求古樓藏本，據楊批森《志》録。《留真譜初編》卷六葉二、三有書影，然皆非朝鮮本。

説苑二十卷 明刊本

又有明大字本，不記刊行年月。

龍按：森《志》著録求古樓藏明永樂丙申刊本，即永樂十四年西園精舍刊本，此據楊批森《志》録。《故宫所藏觀海堂書目》載《説苑》數部，其中一本「二十卷，明刊本，四册」，或即此所謂明大字本；又有一「殘本，存卷一至卷五、卷九、卷十，元刊本一本，有『讀杜草堂』印」，未知存處。《留真譜初編》卷六葉一有書影。

纂圖互注揚子法言十卷 元槧本

今存飛青閣。

龍按：森《志》著録求古樓藏元槧本，《留真譜初編》卷五葉二六有書影。據楊批《留真譜》録。《故宫所藏觀海堂書目》著録爲「元建安本」。《鄰蘇園藏書目録》載「《揚子法言》，元本，一本，已賣」。

纂圖互注揚子法言十卷 明覆元刊本

今在飛青閣。

龍按：森《志》著録懷仙樓藏本，據楊批森《志》録。另，據《故宫所藏觀海堂書目》「嘉慶江都秦氏影宋本，有楊氏題識，一册」。《留真譜初編》卷五葉二五有書影。

中説十卷 朝鮮銅活字本

今在飛青閣。

龍按：森《志》著録懷仙樓藏本，據楊批森《志》録。《留真譜初編》卷五葉三十、三一有書影。據《鄰蘇園藏書目録》載，「癸丑臘月廿一日賣於傅沅叔四十元」，傅氏亦載於《藏園群書經眼録》，云其除楊守敬外，另有「養安院藏書」「向黄邨珍藏印」，並云「此與《南唐書》同爲朝鮮活字印本，楊鄰蘇老人守敬極稱其罕秘。此二書余皆從老人得之。」

近思録十四卷 宋槧本

又有活字本。

龍按：森《志》著録昌平學藏宋槧本。此據楊批森《志》録。森《志》所云「宋槧本」今或已不存。楊氏所云活字本或指日本寬永年間古活字本。然《留真譜初編》卷五葉三六則爲日本天保五年官板本。

朱子語類 明成化九年刊本〇

末有成化癸巳張元〔禎〕（植）後序，又有成化九年江西按察使陳煒跋。

黄榦序嘉定乙亥池州刊《朱子語類》後序。

饒州刊《朱子語續録》後序李性傳嘉熙戊辰。

龍按：森《志》著録昌平學藏所謂「元末明初刊本」，然云「未見」，或楊氏據森《志》訪得，此據楊氏稿本録文。

小學書六卷 日本活字本

今在飛青閣。

龍按：森《志》著録求古樓藏本。此據楊批森《志》録。據森氏所述，知此書頗存舊貌，然楊氏諸書目均未載，亦不知存處。森《志》另著録有元槧零本，今亦不知所在。

老子道德經二卷 宋刊本

此書有宋槧本，爲飛青閣所得。

龍按：森《志》著録寶素堂藏舊鈔本，據楊批森《志》録。然楊氏諸書目無此本，今亦不知存處。《古逸叢書》亦收入《老子道德經》，然其正文以日本明和七年宇佐美惠考訂及光緒間浙江書局刊本爲底本，以日本摹刻《五經文字》《九經字樣》之字刻之，與楊氏此藏本無關。

老子鬳齋口義十卷 朝鮮刊本

今在飛青閣。

龍按：森《志》著録容安書院藏本，楊批森《志》録，今存臺北故宫。另據《故宫所藏觀海堂書目》載，楊氏另藏有此書之宋刊本，今未知存處。又楊氏諸目未載，然國圖存日本古活字本一種，前有楊守敬小像，書前除楊氏諸印外，另有「朱師轍觀」及「松坡圖書館藏」印，知爲楊氏舊藏無疑。《留真譜二編》卷五葉二有書影。

列子鬳齋口義十卷 舊刊本

今在飛青閣。

龍按：森《志》著録容安書院藏本，據楊批森《志》録。《留真譜二編》卷五葉三有書影。

句解南華真經十卷 慶長活字本

今存飛青閣，日本活字本。

龍按：《留真譜初編》卷五葉十五有書影，據楊批《留真譜》録。

纂圖互注南華真經十卷 元刊本

龍按：森《志》著録求古樓藏本，據楊批森《志》録。森《志》標爲「明初刊本」，然《故宫所藏觀海堂書目》著録云「元麻沙本，有『弘前醫官澁江氏藏書記』朱印，五册」，此本今藏臺北故宫，知森《志》誤。《留真譜初編》卷五葉十三有書影。

今在飛青閣。

莊子鬳齋口義十卷 元刊本

見之，未購成。

元刊本，從日本市上摹出。

龍按：森《志》著録求古樓藏本，《留真譜初編》卷五葉十四有書影。此録二則，前者録自楊批森《志》，後者録自楊批《留真譜》。

七書 慶長活字本

此書杉本仲温持來，議價甚昂，未成。

龍按：森《志》著録慶長十一年古活字本，據楊批森《志》録。此本實從施子美《七書講義》而來。

施氏七書講義四十二卷 舊鈔本

此僅小島尚真留真略中。

龍按：森《志》著録足利學藏本，據楊批森《志》録。《七書講義》一書國内已失傳，日本留存除鈔本外，另有古活字本及刊本，《故宫所藏觀海堂書目》著録文久三年官板本兩種，今皆藏臺北故宫。

施氏七書講義四十二卷日本古活字本

《七書講義》，日本活字本。藏杉本信恒家，以議值未妥不得。余所得者重刊本也。此亦逸書。

龍按：森《志》著録懷古樓藏本，《留真譜初編》卷五葉三四有書影，此據楊批《留真譜》録。

孫子古文二卷日本櫻田迪刊本

右《孫子》無注本，嘉永四年仙臺櫻田所刊，稱得舊藏古本，分上、下二篇。又，《始計篇》無「始」字，《作戰篇》無「作」字，每篇題目多省一字，而《虚實》《行軍》等篇又皆雙字。其文與魏武注本異者，《九變篇》云：「高陵〔勿〕（無）向，背丘〔勿〕（無）逆，佯北勿從，鋭卒〔勿〕（無）攻，餌兵勿食，歸師勿遏，圍師勿周，窮寇勿逼，絶地勿留。」安積信《序》云：「今本圮〔地〕以下二十（九）字，《九地篇》論之詳矣，不宜驀出於此，蓋攙錯也。且《九變篇》與《軍争篇》相接，故本文誤跳於上篇之末。」又，《用間篇》作「死間者，委敵也；生間者，反報也」，其他小異同尤不勝舉。又，《九地篇》「過則從」之下有「是故，不知諸侯之謀者，不能預交；不知山林、險阻、沮澤之形者，不能行軍；不用鄉道者，不能得地利」三十八字，其他小異同不可悉舉。按：《漢志》「《孫子〔兵法〕》八十二篇」，」此仍十三篇，則非《漢志》所載之本。又《九變》之文魏武注已云爾，今云所據本爲魏武所不見，此其可信乎？且篇分上下，於古亦無徵驗也。即櫻田之所僞撰。況日本所刻佚書，其原鈔本今大半可蹤跡，此本只見刻本，而其原卷竟識空焉。彼國先哲，如市野光彦、狩谷望之，皆窮探秘笈，即森立之、澁江道純之《訪古志》，收羅無遺，亦不言之，則此書即爲櫻田僞撰無疑也。余搜求日本古籍，大抵皆確然可信，唯此本不能爲之回護。櫻田者未足與議，若安積信者在此間頗稱聞人，亦爲之序而傳之，何耶？

龍按：此書原藏湖北省圖書館。據蘇桂亮、阿竹仙之助《日本孫子書知見録》一書所引楊跋手跡録文。楊氏引至《漢志》時，留有三字空白，或擬檢《漢志》再填入篇數，過後則遺忘，故據《漢志》補。

魏武帝注孫子三卷 日本鈔本

今在飛清閣，森立之所贈。

龍按：森《志》著録容安書院藏本，《留真譜初編》卷五葉六有書影，據楊批森《志》録。其書爲日本天正八年鈔本，卷末有「於辰天正八曆庚辰彌生廿八日宗傳書之白眼一笑云云」字樣。書前有「法輪寺常住」「山城州西京妙心禪寺内西河院」「萬海」「迷庵」「光彦」「林下一人」「弘前醫官澀江氏藏書記」「森氏」「問津館」等印，知此書曾經市野光彦、澀江道純、森立之遞藏，《清客筆話》載森氏向楊氏出示此書，楊氏問「此書貴國無乎？我國有之」，森云「此書只傳長老所書，所以貴也」，楊氏答「不然。我國有十家注，魏武在内。公此單魏武也。然則亦寫而刻之」，據本條知森氏後將該書贈楊氏，書今存臺北故宫，外題「傳長老書魏武注孫子全」。另，楊氏又據此影鈔一本，亦藏臺北故宫。

黄石公三略三卷 舊鈔本

今在飛清閣，從森立之得之。

龍按：森《志》著録，爲容安書院舊藏。據楊批森《志》録。今藏臺北故宫，前除楊氏印外，另有「問津館」「森氏」印。《留真譜初編》卷五葉二四有書影。

韓非子四本《道藏》本

道藏本《韓非子》，四本，癸丑臘月二十一日賣於傅沅叔七十元。

龍按：據《鄰蘇園藏書目録》録。傅氏《藏園群書經眼録》著録正、嘉間刊本，云其「源出《道藏》」，鈐有「森氏開萬册府之記」「一橋府學校印」「惺吾海外訪得秘笈」印，知即此本。《留真譜初編》卷五葉二一有書影。

韓非子五册 日本翻吴氏仿乾道本

光緒丁亥正月宜都楊守敬記。

龍按：據寒齋所藏楊氏手跡録。有「楊守敬印」「楊星吾日本訪書之記」印，又有「謙堂藏書」印。國圖所藏《觀海堂書目》「誠」字號有「乾道本《韓非子》二十卷，日本修道館本，五本」，當即此本，然《故宫所藏觀海堂書目》卷三葉六載有一種「二十卷，附《職（當作「識」）誤》三卷，日本翻吴氏仿宋本，七册」，當在臺北故宫，非此書。則此本當早已散出。另，森《志》著録有「清刊覆宋本」，楊氏以其爲清人刊本，且較常見，故批云「此應删」，而《留真譜初編》卷五葉二十、《留真譜二編》卷五葉五有書影。

棠陰比事三卷 活字本

又有活字本，飛青閣藏之。

龍按：森《志》著録懷仙樓藏朝鮮刊本，然云未見。據楊批森《志》録。楊氏所藏當爲日本古活字本，然楊氏諸書目未載，今不知存處。

洗冤録一卷 明刊本

龍按：森《志》著録寶素堂藏本，據楊批森《志》録。

今在飛青閣。

大唐陰陽書零本二卷 古鈔本

龍按：森《志》著録寶素堂藏本，據楊批森《志》録。此書爲唐人吕才所撰，久已失傳，日本雖存，然僅有三二、三三兩卷。楊氏得此古鈔，然楊氏諸書目均未録，國内亦未見。據孫猛所考，今存日本天理大學附屬天理圖書館吉田文庫者即此本（孫猛《日本國見在書目録詳考》）。

今在飛青閣。

太玄經十卷 明刊本

今在飛青閣。

龍按：森《志》著録求古樓藏明嘉靖甲申郝梁刊本，據楊批森《志》録。《故宫所藏觀海堂書目》録云「明嘉靖甲申郝梁重刊本，每半頁十行，行十八字，有『養安院藏書』『向山黄邨珍藏』朱記，二册」，《留真譜二編》卷五葉六有書影。森《志》另録有松崎氏石經山房藏明代覆宋本，楊批云「此本訪之未見」。

五行大義五卷 古鈔本

寶素影橅，今在飛青閣。

龍按：森《志》著録，據楊批森《志》録，今臺北故宫存日本觀棊生氏傳鈔古粘葉本，僅卷五，前有「小島氏圖書印」九疊印，《留真譜初編》卷五葉三三書影亦爲卷五首葉，則當即楊氏此謂「寶素影橅」之本，爲寶治抄本（鎌倉時代二種抄本之一）

之影抄本。又，明治十五年十月八日，楊氏又從森氏處借《五行大義》一種五册，當爲森《志》所録粟田青蓮院藏舊鈔卷子本，也即傳世抄本中最早之元弘抄本。

墨子十五卷 抄本

飛青閣有抄本。

龍按：森《志》著録求古樓藏明銅板活字本，據楊批森《志》録。《鄰蘇園藏書目》載有「銅龍館」古鈔本《墨子》，或即此書。

墨子十五卷 明刊本

今在飛青閣。

龍按：森《志》著録懷仙樓藏明刊本，前有韓人印記多枚。據楊批森《志》録。

呂氏春秋二十六卷 明弘治刊本

在飛青閣。

弘治刊本《呂氏春秋》，明刊本，八册，癸丑臘月二十一日賣於傅沅叔三十元。

龍按：森《志》著録昌平學藏明弘治本，第一條據楊批森《志》録，第二條據《鄰蘇園藏書目録》録，《留真譜初編》卷五葉二三有書影，《藏園群書經眼録》載弘治本，並云「余藏」，或即此書，然今未知藏處。

呂氏春秋二十六卷 明嘉靖刊本

今在飛青閣。

龍按：森《志》著録求古樓藏明嘉靖本，據楊批森《志》録，《留真譜初編》卷五葉二二有書影，今存臺北故宫。

論衡三十卷 宋槧本

此本在木村正直家，索價甚昂。余借校之，今本脱一葉。並刻於《留真譜》中。宋槧《論衡》，藏木村〔正〕辭家。通津草堂本以下皆缺此葉。

龍按：森《志》著録此求古樓藏本，今存日本宫内廳書陵部。《留真譜初編》卷五葉二七摹其卷首，葉二八則摹所缺之一葉。此跋有二條，前者據楊批森《志》録，後者據楊批《留真譜》録。

論衡三十卷 明嘉靖刊本

今在飛青閣。

龍按：森《志》著録求古樓藏本，據楊批森《志》録，即通津草堂本，據《鄰蘇園藏書目録》載，此書「己酉蟲月賣於萃文齋」。

困學紀聞二十卷 明翻刊元慶元路本○

此書每半葉十行，行十八字，四周雙邊，大黑口。首牟應龍序，後有「牟應龍印」「牟伯成父」「儒林世家」三印。次袁桷序，伯厚自識即在總目之前。目録後有「伯厚父」「深寧居士」二印。卷首標題「困學紀聞卷之一」，次行題「浚儀王應麟伯厚」，卷末題「孫厚孫、寧孫校正，慶元路儒學學正胡禾監刊」。又有泰定二年陸晉之跋，其中文字與閻校合，而與馬校元板多不相應，卷末實是慶元路刊本。而閻詠序謂是「應元路」，當由閻氏筆誤也。陸晉之後跋已載《皕宋樓藏書記》，各本不載，當由其文甚劣，然可以考見刊刻之由，亟録之如左。

第二卷「乃命三后」條，閣本脱「於禽獸」三字。

第四卷《管子·地員篇》「次曰五弫」，各本皆空三格。

第五卷「猶《金縢》之新逆」，各本皆誤作「迎」；「舜葬蒼梧之野」，閣本「之」誤「山」。

第八卷「陳烈讀書」條，注「前賢之讀書如此」，各本誤「前賢」爲「古人」。

第十卷引《尸子》「儉〔則〕（者）爲獵者表虎」，各本（作）「儉」作「狩」，此與《御覽》合。

第十四卷引《温彦博傳》「有時而傷」，各本作「賜」，此與《新唐書》合。

龍按：森《志》著録求古樓舊藏本，楊批云「今在飛青閣」。此書楊《志》卷七已録，然二跋又不盡同，此跋著録行款及版本特徵甚細，故據楊氏稿本録文。另，此本原標「元刊本」，乃據書末有「孫厚孫、寧孫校正」等語定之。元刊本國圖存于右任舊藏本，《四部叢刊》三編亦曾據傅增湘藏本影印，其行款爲半葉十一行，行二十四字，左右雙邊，白口，與此本全不相同；且前無牟應龍、袁桷序，後無陸晉之跋，亦無「慶元路儒學學正胡禾監刊」字樣：知二者之非一。傅增湘曾爲此書作跋，《四部叢刊》書末所附與《藏園群書題記》所載小有不同，據前者云：「《皕宋樓藏書志》記其行款，爲十行十八字，余家所儲及廠市寓目者皆是刻也。然字體板滯，刻工粗率，印本多爲白棉紙，頗疑是正統、景泰間風氣，第因其卷尾校正人名後有『慶元路儒學學正胡禾監刊』一行，舉世皆目爲元刊，余亦無以難也。……近者，臨清徐氏書散出，聞有元刊本，行款與世行本殊異，多方探訪，始由徐君森玉持來。」由此，推斷十行本「爲明初翻刊斷然無疑」。《藏園群書題記》又云：「余以重值獲得舊刻本，半葉十一行，每行二十四字，板心寬展，高至九寸，闊五寸九分，字仿鷗波體，繕寫工妙，模印精良，與

《天禄目》所記絶相類。持示海内鑑藏諸公，皆詫爲未見，蓋元泰定二年慶元路刻本也。」據此，知傅氏判斷十一行本爲元泰定二年慶元路刊本，而十行本則爲明初翻刻本。然似尚未確。此元本僅前有王應麟自識，末有「孫厚孫、寧孫校正」字樣，故將其定爲「泰定二年慶元路刻本」，所據實爲十行本「慶元路儒學學正胡禾監刊」字樣及陸晉之跋語，然曷可以彼證此？或十一行本爲較早之元刊本（清人馬曰璐曾云「《困學紀聞》二十卷初鏤板於元大德間」，且「暇日以大德本互爲勘對」云云，未知其何所據而云然），十行本增牟應龍、袁桷序，陸晉之跋亦叙其刊行之由甚明，則此十行本或即真元泰定二年慶元路本（至少亦當爲明初翻刻元泰定二年本），彼十一行本反與泰定二年慶元路全無關係。

鶴林玉露十八卷日本活字本

今在飛青閣。

校明刻本多。

龍按：森《志》著録容安書院藏朝鮮國活字刊本，檢楊氏諸書目，似無朝鮮活字本，僅《故宫所藏觀海堂書目》録一日本刊本，六卷六册，《鄰蘇園藏書目録》載，當爲日本古活字本，《留真譜初編》卷六葉九、十有書影，即此本。首條據楊批森《志》録。《增訂四庫簡明目録標注》載「日本慶、元間活字印本」，並云「楊惺吾言，校明刻本多」，據録爲第二條。

此書後歸傅增湘，傅氏於《藏園群書經眼録》中著録此書甲集六卷，並云「楊守敬舊藏余藏」。然又輾轉歸藏於日本東洋文化研究所，目録前有「雙鑑樓藏書印」，書衣又有「群碧樓」印，則或亦曾歸鄧邦述。書前亦有鄧氏題跋，《群碧樓善本書録·寒瘦山房鬻存善本書目》未録，故據鄧氏手跡録存，以見此書傳承之跡：

此本篇次卷第，與明刻迥殊。明人刻書往往删竄，失其舊觀，自是通病，然未若此書之甚也。鄰蘇老人先有一本，由沅叔丐余迻校，荏苒未竟，鄰蘇已成古人，而沅叔適得此書，與鄰蘇所獲正是一本。惟裝訂不免倒置。今余已盡録同異於吾書中，且補寫二十七葉，凡四十一條，亦可志此本之足貴矣。校畢志數語以謝沅叔。丙辰冬日，邦述。

據鄧氏所言，楊氏舊藏歸傅氏後，傅氏又得其餘，故傅氏《藏園老人手稿·雙鑑樓善本書目》載「《鶴林玉露》甲集六卷、乙集六卷、丙集六卷（日本活字本）」，日本所存亦爲全本。鄧氏《寒瘦山房鬻存善本書目》未録此跋，有《鶴林玉露》明刊本跋，作跋在此跋後數十日，中亦提及此和本。

智永千字文 劉刻本，日本石印本

此永師墨跡《真草千字文》，係明寧府收藏。宸濠之變，王陽明先生定亂，入宫持歸，甚加珍重，非知契弗令一見。先陽和文恭公每從文成講學，私得借觀，驚爲稀世寶墨。後文成捐館，書帙散佚，用厚值購之，家額一軒，什襲相沿，凡四世矣，載在《郡志》。先足亭侍御公恪遵遺命，不敢多以示人，故舊上朱蘭嵎太史、徐文長博士。此劉雨若樵刻，與陝本異，傳本甚稀。守敬携至日本，爲日下部東作購去以付石印，留此一册以爲紀念云。

光緒甲申三月楊守敬記。

龍按：此當爲日下部東作石印之本，據楊先梅輯、劉信芳校注《楊守敬題跋書信遺稿》録文。

智永千字文 南宋拓本

此南宋拓本。自許靈長已云「所見數十舊本，未有及此者」。今又三百年，其希更可知。獨怪永師八百本散在人間，明代著録家唯聞李賓之有一肥本。國初劉雨若刻一本，用筆頗似《歸田賦》，當即海岳《書史》所稱者，顧流傳亦少。余得一册，光緒甲申携之東渡，日本巖谷修見而愛之，以其國所影照永師別本易去。緣日本亦藏永師墨跡一通，卷首損失數字，用筆稍縱，即非永師手書，亦唐人臨本。携歸擬刻之，未果，今尚存鄂中寓舍。附記於此。

光緒丁未三月宜都楊守敬記。

龍按：此所叙爲南宋拓本，然中言及日本所藏智永墨蹟《真草千字文》，並曾携歸擬刻，故據《鄰蘇老人題跋》(《楊守敬集》第八册)及《楊守敬題跋書信遺稿》録。

智永真草千字文

世傳永師喜書《千文》，傳世凡八百本。然自宋以來，唯關中石刻本有薛嗣昌跋，俗稱

「鐵門限」者，其他集帖中皆無别本。余嘗得劉雨若所鎸一册，曰寶墨軒，云是王文成破宸濠所得，其中唯「淵」字缺筆，或是武德時人所臨。日下鳴鶴見之，因言其友人如意山人藏真跡本，與此絶相似。乃致書山人，屬其以墨本來對照，山人欣然郵寄。乍睨之，仿佛同出一源，細審乃覺有謹肆之别。觀其紙質墨光，定爲李唐舊笈無疑。又可知余本實有所受法，非同鑿空之比。趙子固稱虞永興《廟堂碑》爲楷法極則，今《廟堂》原石已亡，永興得法於永師，則謂此《千文》爲《廟堂》真影可也。又永師爲右軍嫡嗣，淵源有自，今右軍墨箋已不可見，過庭雖稱善變，然過趨勁快，識者病之，惟永師寓變化於謹嚴，山陰門庭，於斯不遠。書此以質鳴鶴，并以寄山人云。

光緒辛巳夏六月，荆州楊守敬識於東京使館。

龍按：此跋於日本所藏智永《真草千字文》所言尤詳，故據日本大正元年由小林寫真製版所珂羅版印行者録文。楊守敬於《學書邇言》中言及智永《真草千文》，云有「宋薛嗣昌刻。此右軍嫡嗣真草，皆應規入矩，今石尚存關中，纖瘦不足觀矣。舊拓又有劉雨若刻本，從墨跡出，亦精。智師《千文》固不止一本也。日本亦有一册，余得一影照本，此或唐人所臨。」亦可相證。然可值一論者，日人認定此爲智永真跡，又源自楊氏，據日下部氏致谷鐵臣函云：「昨訪清客楊惺吾。觀其所藏智永二體《千文》

舊拓刻本，云此自王陽明先生舊藏真跡入刻者。熟視之，與公所藏之《千文》，神彩形質，毫髮相肖，恰如出一手。以弟所鑒，公藏帖不是空海，不是唐人，定爲永師真跡無疑。天下後世，不以耳爲目者，知弟言不妄。開春第一以此代賀詞云。東作，十四年一月四日。」

褚遂良孟法師碑

褚河南《孟法師碑》，《寶刻類篇》載之，蓋宋南渡猶存也。明人則多不著録。我朝嘉慶間，翁覃溪先生嘗爲之考證，吾鄉蕲水陳氏有其稿本，甚精核，然所據祖石似多所剥蝕。會姚彦侍方伯欲校刻之，余遂未覆其本。厥後入都，始獲此册於故家，雖有闕佚，而所存者鋒穎無殺，故王元美昆仲稱爲唐拓者，當必有據。翁考似未見此册也。近世唯《因宜堂帖》載有全本，形貌全非，想即元美所稱僞本而又翻刻者。因念此册孤行宇内，不絶如綫，若復因循，不謀重摹，後之人必有「生不及時」之嘆。顧年來馳驅南北，未遑駐足，庚辰携之東渡，與日下鳴鶴論及，所見符合，迺以原本付梓人摹之。未及鳩工，屬東京大火，梓人家已爲煨燼，鳴鶴蒼黄來告，余聞之，不勝驚詫，急囑問訊，則此册巍然猶存，蓋梓人知余寶之甚，從烈焰中跳擲以出之者。余意必河南精靈所呵護，抑或余與鳴鶴欲傳此碑之忱，有所感達，故不罹此厄耶！不然，方其煙燄眯蒙之中，手足失措，其不及抱持者，豈第此一長物哉！余欣喜無似，蓋不啻趙子固落水蘭亭矣，乃更促鳴鶴速成之。未數月，工竣，校勘之勞與摹勒之費，皆鳴鶴任之。是役也，豈唯東瀛先哲未及覩，亦我國不傳之墨皇，沈霾千載，倏爾衣被東西，興言及此，爲之躊躇滿志云！

光緒辛巳端午前二日荆州楊守敬記于東京使館。

龍按：此爲明治十四年日下部東作據楊守敬藏雙鈎刊本末附之跋，跋末有「守敬」「惺吾」「星吾所有金石之記」「飛清閣」「君知我爲誰」等印。後有日下部氏跋，云：「客歲，楊君惺吾出一本見示，方整而不滯，流麗而不佻……故鈎而梓之，以爲學褚書之標的。」書前又有楊氏之贊云：「下筆千鈞，離紙一寸。鐵石心腸，嬉媚何恨。鸞鳳欲翥，迴翔萬仞。告誓云亡，莫得契券。後學澆醨，視此剛健。惺吾書首并贊。」《申報》一八八四年六月二十五日曾登廣告云：「宜都楊惺吾先生，以所藏漢唐古碑，擇其最有名者數百種在東洋縮印，遠出萬廉山《百漢研碑》之上，兹寄來十餘部，每部價洋十二元。又雙鉤褚《孟法師碑》，每本七角。其餘宋、元本舊書凡百餘種，不及備載，凡在儒林，想無不先睹爲快也。」知此書亦曾返銷中國。又光緒二十一年七月二十二日，楊氏致華世芳函云「《孟法師碑》此間適無，此書須於黄州寄來」（參賀宏亮《新見三十五通楊守敬信札考釋》），知十餘載後，仍有人於楊處求購此書。《瓻翁題跋》録有譚澤闓一九二五年撰跋云：「余有宜都楊氏雙鈎木刻本，與此無二，惟王敬美以後跋皆不存。楊氏亦僅云得之都中故家，似不知曾歸静娱室，且未見此覆本也。」此碑唯有李宗瀚珍藏者爲唐拓之孤本，即時人艷稱之「臨川四寶」之一，然今已歸日本三井氏聽冰閣，唯不知何以流出，言及者均語焉不詳。或楊氏所得即李家故物，否則楊氏何以「寶之甚」，其雙鈎之本又何以與李藏原本如此相近。楊氏此跋學界向未論及，亦未見於《楊守敬集》及楊氏題跋之書，故據整理者藏明治刊本録文。

另，楊氏云「後之人必有『生不及時』之嘆」，語自王世懋跋「恨不生其時一見之」一語。

麻姑仙壇記

吴文正云：「《麻姑碑》在吾鄉，舊爲雷所破，重刻至再，字體寖失真。」然則此碑當亡於宋之南渡。元時已有重刻，顧自元以來，無論原拓如星鳳，即重刻本亦罕有收之者，同輩中唯余與北平王小雲户部各得一本，小雲之本獲之崇雨舲中丞，余本則無題識印記。余本今贈島田南村，然皆疑是元時重刻。後見道州何氏本於京師，紙墨俱古，於魯公他碑，神理脗合，定爲宋拓原石，海内當無第二册，因雙鈎刻之《望堂金石》中。是書流傳東瀛，寶顔堂主人以爲得未曾有，謀重梓之。及余來渡，則工已告竣，主人因屬余跋尾，以著其自來。余謂此碑固是絶特，然余所得魯公《忠義堂帖》四卷，皆公劇跡，若能盡爲刻之，尤藝林盛事也，豈獨東瀛見所未見哉！跂予望之矣。

光緒庚辰冬十月上旬荆南楊守敬記。

山谷稱小字本爲宋僧所臨，今世所傳重刻本甚多，其見於集帖者，文氏《停雲館》本、謝氏《契蘭堂》本、毛氏《餐霞閣》本三刻爲佳，然皆蠅頭細書，唯《忠義堂》所載字大幾如指頭，結體運筆，皆奇古瑰麗，絶非他人能到。乃知山谷所指，當爲《停雲》祖本，其《忠義》本或未之見。故屬主人鈎其字爲題籤以告世之習顔書者，知小字本當與此合刻爲兩美也。

惺吾附記。

龍按：此爲明治十三年寶顔堂據楊守敬《望堂金石》雙鈎本重刊本末所附之跋，學界未見論及，據明治本録文。另，此書封面題籤下又有楊氏識語「此籤從忠義堂小字本摹出，惺吾記」。

宋蘇東坡小楷懷素自叙釋文册

公此書非相賞於牝牡驪黄之外者不辨，若無句曲外史及徐幼文鑒識定爲真跡，鮮不以爲誤者。蓋既用劣紙，又拾退筆，遂與平日風華掩映之作異相。然老筆紛披，無意求工，自然入古，此自關天工，不能强也。蘇、黄並稱，余嘗謂山谷腕弱，以逆筆取勢，雖奡兀異常，以視坡公，則有天人之别，觀此册益信。余又嘗於日本得公書《蓮華經・對治品》一卷，無公署名，而日本人以爲公書，余亦深信之。蓋其結體用筆，與公平日書直是一手腕。附記《蓮華經》本七卷，其題識當在末卷故也，刻已付石印，他日以視匋公以爲然否。附記於此。

宣統元年三月，宜都楊守敬記。

龍按：此跋言及楊氏自日本得蘇軾《蓮華經・對治品》，並携歸擬刻，故據水賚佑編《蘇軾書法史料集》録文。

蘇東坡畫竹（題跋）

米元章《畫史》云：「子瞻作墨竹，從地一直起至頂。余問：『何不逐節分？』曰：『竹生時何嘗逐節生。』運思精拔，出於文同與可。自謂與文拈一瓣香，以墨深爲面，淡爲背，自與可始也。作成林竹甚精。子瞻作枯木枝幹，虬屈無端倪，石皴硬，亦怪怪奇奇，如其心中蟠鬱也。」今觀此軸，從下直上，陰陽向背，深淺中節，皴法亦磊砢不凡，信爲真跡無疑。而此人以蘇公去年祀綿邈，真跡罕覯，無可比勘，不敢質言，余則寶之不揺。今年春，有日本武居綾藏者，一見傾心，堅欲求讓，余不忍割。武居歸至其家，猶復屬其友人龍江氏致書調合。余遲迴不報，乃復渡海來滬求之。余鑒其誠懇，諾之。從此蘇公翰墨流傳海外日本著録家無蘇公墨蹟，亦美談也。

壬子仲冬宜都楊守敬記於上海，時年七十有四。

龍按：此跋所叙爲其將珍藏之蘇軾畫竹讓於日本友人者，然與前跋合觀，亦可見楊氏日本訪書之跡，故據楊先梅輯、劉信芳校注《楊守敬題跋書信遺稿》録文。

元五大僧真跡

余舊見《集帖》中刻中峰和尚與趙松雪數札，全與松雪體格相似。後從日本得中峰書兩軸，驚其筆法奇絶，懷疑者久之。讀《書畫史》，稱「明本書類柳葉，雖未入格，亦是一家」。乃悟類松雪者是僞跡。今觀此卷第一首與余所藏筆法無二，可知高人韻士，縱不與書家争雄長，必能自立風格，絶不寄人籬下。餘四僧皆瀟灑古淡，此自關胸襟，非沾沾臨池者比也。

光緒丁未三月宜都楊守敬。

龍按：此跋《鄰蘇老人題跋》（《楊守敬集》第八册）、《楊守敬題跋書信遺稿》及《壬寅消夏録》均載，相較之下，末一種更可靠，據録。

張二水畫十八羅漢

二水書法，在宋似包孝肅、黄忠瑞之逋峭，畫亦蒼勁有骨，脱胎大癡，疑其爲人不隨時俛仰。相傳其書畫可辟水火，其爲當時推重可知。顧有魏監生祠之作，較之陸務觀《南園記》，尤爲口實。豈以其奉詔摛辭，不能自異耶？日本則酷嗜其書畫。此册爲吟君少夫所藏，日本人至以千金求之而少夫不許，雖交遍謫我不計，真可謂性命視之矣。

宣統元年四月宜都楊守敬記。

龍按：據《鄰蘇老人題跋》（《楊守敬集》第八册）、《楊守敬題跋書信遺稿》録。

彭二林極樂莊嚴圖

二林先生以儒家而深入佛理，於國朝理學爲别派。所作文章，瀾翻不窮，於國朝古文爲特幟。觀此圖中題詩，雅韻欲流，絶不粘蔬筍氣。而所作頌偈，則又如出古德之口。彭文敬公跋陳白沙卷稱二林中年學鍾太傅。今觀此諸題，古穆淵懿，信不虚也。以視卷中夢樓題字，猶有「美人嬋娟，不勝羅綺」之恨，事事絶塵，真天人也。或疑有所托而逃，則未知二林生長富貴，是有夙契，非厭罹苦海，作斯幻想也。昔余於日本得宋槧《藏經》全部，又得唐人書經數百卷，中有《浄土三部經音義》，所引多中土佚書。然余鈍根，但考證佛祖事實，爲《水經注疏·河水篇》之用，其中奥義，固毫無所解也。又於鄂城張紫威家，得袁小修自書《紀夢篇》，有杜茶村題字，今觀二林自記，乃知其本《浄土經》及小修《紀夢》而爲此圖。然則余雖於内學爲外道，而於此圖爲緣不淺，故應翰臣之屬，不辭而爲之記。

宣統元年三月五日，鄰蘇老人書，時年七十有一。

覺阿觀者，蘇州高僧。余舊於宜都佑聖觀永固和尚處，見其所書字，超妙無倫。今讀此和二林頌，乃知其道行高絶，不愧禪宗也。

守敬再記。

龍按：此題甘翰臣藏彭際清圖者，然中言及楊氏於日本訪書之事，故據《鄰蘇老人題跋》（《楊守敬集》第八册）録。

沈銓畫馬

按《畫友録》稱日本國遣使迎南蘋，留海外三年，歸得金帛，散給友朋，橐仍蕭然。余在日本於書畫會見南蘋畫頗多，收藏家甚重之。余家曾藏一幅，歸後亦爲日本人購去。久之少夫此卷，自書嘗爲日本小笠物色以去，而忍不能割，有李後主「揮淚對宫娥」之慨。以重值贖回，不啻「文姬歸漢」。昔米襄陽以《研山》易於薛紹彭，求復一見不可得，同友朋往觀，亦不出視。元章至歎紹彭爲忍人，因夢想成圖，以寄遐思。由斯以較，小笠之曠觀，少夫之厚福，轉勝古人多矣。

宣統元年四月，宜都楊守敬記。

龍按：據《鄰蘇老人題跋》（《楊守敬集》第八册）録。

日本人臨懷素千文

懷素草書傳世者，有《自叙》、有大小《千文》、有《聖母帖》、有《藏真律公帖》、有《苦筍帖》，以《苦筍》爲最佳。《聖母帖》《自叙》及《千文》是米襄陽所嗤爲「懸酒肆之書」者。然名震一代，能自成一家，固未可廢也。此日本濱野章吉所臨《千文》，是從陝本出，而反書之。以守敬所見反書之見於石刻者，有《蕭梁碑》額，然當時未必非正書而反刻者。本朝高南阜、張雪鴻二人，皆以左手作書畫得名，而字畫仍正寫之，從未有反寫稱者，而草書尤難。濱野此作，殊爲創格，真所謂集千古而無對者。

宣統三年六月二十有六日，宜都楊守敬記。

龍按：據《鄰蘇老人題跋》（《楊守敬集》第八册）録。

梅嶺百鳥畫譜

古畫家皆以真跡轉相傳授，緣畫之精神在筆墨蹊徑之外，非木石所能傳也。顧古人名跡非强有力者不能致。況一毁於庸俗之抵棄，再毁於絹素之霉爛，三毁於水火兵燹之拉雜摧燒，而古跡之存於世者罕矣。故張彦遠之《名畫記》、郭若虛之《見聞志》所載，今十不存一。假使張、郭當日縮爲副本，鎸之木石，猶庶幾虎賁中郎乎！自明人有畫譜之作，論者謂無補方家，有裨初學，由斯以來，效法者衆。《十竹齋》《芥子園》其尤著者。然六法精微，兼工爲難。故近來畫譜，各名一家，山水梅竹，多有專集，唯花卉翎毛，傳刻略少。日本西京幸埜楳嶺以繪事擅長，今之徐熙、黄（筌）（荃）也。頃以所作花卉翎毛譜付之梓人，鎸刻精良，活色生香，殆突過從前諸譜。夫大匠誨人，必以規矩，神明變化，則存乎其人，而各得其性之所近。然則斯譜也，其大匠之規矩乎！

光緒辛巳秋九月荆州楊守敬題於東京使館。

龍按：此楊氏應請爲日人所作之序，序中慨歎古跡存世之難，鼓勵「鎸之木石」，亦楊氏百計求書傳刻之意，故據手跡録文。然民國元年石印《蔣南沙花卉譜》前亦有此序，僅將「日本西京幸埜楳嶺」改爲「常熟蔣南沙相國」，餘全同，則或爲僞託。

自書千字文

陶君子林自燕京回，備述日本岡田君求余書《千文》之忱。余維久不作楷書，辭之未允，荏苒數月，遂至歲暮，而陶君言岡君專足坐索，有不得不歸之況。寒風凛冽，喝凍爲之，眼昏手弱，幾不成字，不惟不能比迹作者，即於鄙人平生亦自不類，老衰頹唐，一至於此。寄語岡君慎勿示人，爲吾藏拙也。

宣統庚戌嘉平月望日鄰蘇老人楊守敬記於鄂城菊灣，時年七十有三。

龍按：此「陶子林」即爲楊氏刻書之名手陶子麟。楊氏云「慎勿示人，爲吾藏拙」，然亦自謙之辭，岡田氏得此回國即立於次年付梓，名「楊惺吾楷書千字文」，據其末楊氏手跡録文。另，此書今存極罕，日本公藏似亦僅見於東北大學圖書館。

自書蘭亭序

去年在上海，見文衡山草書《蘭亭序》，末署「時年九十」。想因此老年過高，不耐臨摹，故爲此以應友人之求。去歲癸丑，日本岸田君亦屬我書《蘭亭序》屏幅，吾勉應之，字大如掌，亦不復規矩右軍。今來燕京，而吾眼愈昏，尤不耐臨摹。而岸田信來，復求余書此序，並云：「不論行款，不拘體格，但只書其文。」余以「只書其文」，何必《蘭亭》？因以孫退谷所藏《定武》真本背臨之，粗頭亂髮，唐突右軍。岸田携歸，持示吾友日下鳴鶴，以爲吾頽唐若此，知蒙朧之中，遺貌取神，或猶可爲我曲護也。

甲寅六月鄰蘇老人，時年七十有六。

龍按：據《鄰蘇老人題跋》（《楊守敬集》第八册）録。

松石山房印譜六卷

集古印者夥矣。我朝唯江氏訒庵《集古印存》《漢銅印叢》爲最著。迄粤匪之亂，汪氏之藏皆散。同治戊辰，余應省試，有骨董店持銅印數百枚求售，睬之，即訒庵《印叢》中物也。余時揀得數十枚，其餘歸揚州厲氏，深以未得合併爲憾。越十九年，余充小行人來日本，聞鄉純叔明先生酷好古印，訪之，出所藏相示，則泰半訒庵舊藏，驚問所從來，亦以粤匪亂後得之航頭者。顧石印累累，而銅印缺如。翼日見余所藏，傾慕無似，乃介日下鳴鶴求之，並贈善價，遂舉以歸之。叔明用是悉所有，精拓傳世。或以汪氏搜輯宏富，此數册者，誠未足以比擬。余雖汪氏時際承平處江南文物之地，據江淮上鹽筴之財，竭平生羅致之力，始克臻斯美備，久聚必散，復罹浩劫，使當日縹緗琳琅拉雜於瓦礫之場，毁棄於奴隸之手，良足慨矣。孰知有鄭重愛惜收拾於瀛海之外者乎？又遲之十餘年，茫茫人海，獨使余挾行有來此與叔明爲延津之合，可不謂奇之奇乎？訒庵有靈，當緋衣下拜於松石山房矣。

光緒壬午荆州楊守敬記於東京使館。

龍按：此爲楊守敬爲日人鄉純造《松石山房印譜》所作之序，此譜楊氏亦藏一種，今存臺北故宫。因其中言及汪氏所集之古印流入日本之事，且楊氏收書，亦多得其自藏古印之「善價」，故據其書第二册前楊氏手跋録入。

山海經十八卷三册　明嘉靖間翻刻宋本

右明嘉靖間翻宋本《山海經》，宋諱不缺筆，當是翻刻者補之。若以楊升庵、黄省曾刻本對校，必有佳處。

光緒丙戌十二月楊守敬記。

龍按：此本原藏臺北「國圖」，今移臺北故宫。據張《補》録文。

山海經十八卷 明嘉靖刊本

即黄省曾刻本。今在飛青閣。

龍按：森《志》著録求古樓舊藏本，然森氏云「未見」，據楊批森《志》録。今存臺北故宫，標注云有「楊守敬手書題記」。《留真譜初編》卷四葉五七有書影。

拾遺記十卷 明代重刊宋本

今在飛青閣。板式、紙質當在〔嘉〕（素）靖。

龍按：森《志》著録，據楊批森《志》録。今藏臺北故宫，「素靖」二字未知何意，或爲「嘉靖」之誤。

博物志十卷續博物志十卷 朝鮮本

都氏本當有傳本，此又翻都氏者，可删。

龍按：森《志》著録昌平學所藏朝鮮本，據楊批森《志》録。然楊氏以都氏本「當有傳本」，知其訪書之重點在宋元之本及古鈔本，於明本則多以中國有傳本，未以爲貴。《留真譜初編》卷六葉十一、《留真譜二編》卷五葉十五有書影。

世説新書殘卷 古鈔本

《世説新語》少善本，以明袁褧刻本爲優，今以此册校之，多有異同，雖亦不免有脱誤，然足以訂正彼本不少。如管輅論《易》一條，彼本删注幾百字；張闓一條，亦删二十餘字。乃知彼本亦爲宋人删削，非孝標之舊。又如李陽，各本皆誤作高尚人，此作高平；「遂死几下」之下，各本皆有「故懼之」三字，不知此引《晉百官名》，何得贅此三字？王平子條，諸本皆「平子諫之，並言不可」，此本「並」下有「諸」字，蓋郭氏貪欲，令婢路上儋糞，故平子諫之，並言其平日諸不可事也。若脱「諸」字，則「並」字不可通矣。又張闓條，「張闓即毁門，自至方山迎〔賀〕，賀公之出辭見之曰：此不見關」云云，彼本「〔辭〕見」二字互倒，則不辭矣，其他兩文互通者不可枚舉。此册爲日下鳴鶴舊藏，不輕示人，以余投契，假我數日，乃書此以還之。

光緒辛巳六月朔日荊州楊守敬記。

龍按：金程宇《日藏古鈔本〈世説新書〉鑒藏者略考》一文引及，然偶有脱誤，據日本同朋舍《唐鈔本·世説新書》所附楊氏手跡録文。又，甯稼雨《唐寫本〈世説新書〉殘卷考述》（《文史哲》二〇二二年第二期）詳論此書流傳，中及此跋，以其爲僞托之作，尤重之證在指此跋書法稚拙，然揆之《真草千字文》末楊跋，二字筆跡全同，且後者確出楊氏手書無疑，可證此跋非僞；另就跋文内容而言，其所述意見三則，均細密精深，於《世説》研究極有貢獻，亦非淺人所可妄托。另，此跋中楊氏稱其書爲「世説新語」，實因所見僅爲鈔本首截，未知卷末有「世説新書」之題，故標題據原鈔本改。

世説新語三卷影鈔宋本

余借出，以西法影照，擬刻之未果，今影照本尚在篋中。

原本藏楓山官庫，余〔以〕此書世少善本，借出用洋法影照之，擬刻未成，後以照本付李木齋。

龍按：森《志》著録楓山官庫本，今存日本宫内廳書陵部。《留真譜初編》卷六葉十四有書影。此二條分别自楊批《森》志及楊批《留真譜》録。楊氏借出此書，即慫恿黎庶昌向日本政府提出申請者（參前《左傳舊鈔卷子本》按語），先得《太平寰宇記》即刻入《古逸叢書》，次得《春秋左傳集解》等五種，餘四種均爲大書，一時難以措手，此書則不然，故楊氏此次「以西法影照」，即爲上木之備，惜仍未如願。幸日本尊經閣文庫所藏另一宋本早經影印，然此本仍待《日本宫内廳書陵部藏宋元版漢籍叢刊》之出方得迴歸故土。

世説新語三卷 明萬曆刊本

今在飛青閣，然非佳本也。

龍按：森《志》著録求古樓藏本，據楊批森《志》録。

酉陽雜俎二十卷續集十卷 明萬曆本

《愛日精廬藏書志》尚有元刊本《酉陽雜俎前集》，至《續集》則無聞焉。胡應麟《二酉綴遺》稱「《雜俎》於《太平廣記》鈔出續記，俟好事刻之」，故《稗海》有《前集》無《續集》，而毛氏《津逮秘書》亦無《續集》，通行本有《續集》，然不得之應麟。此本係明李雲鵠刊本，蓋從趙琦美本入雕，有琦美序一篇，言此書端末甚詳。蓋《前集》從宋本校録，《續集》亦從宋本增補，前有嘉定癸未鄧復序，蓋爲《續集》作，然則《續集》爲趙琦美所校定，非應麟手，琦美以收藏鑒定鳴一代，所謂清常道人者是也，其語必不誣。《提要》疑《續集》從《太平廣記》鈔出，何以得其六篇之目，意應麟以意爲。今閲此書，乃知《續集》本亦宋刻，但不免有脱佚，琦美亦有增補耳。又《提要》云「段氏自序『凡三十篇，爲二十卷』，今自《忠孝》至《肉攫》部凡二十九篇，尚闕其一」，遂疑《語資篇》後當有《破蝨録》一篇。今以此本校《稗海》本，第四卷《禍兆》之下，此本有《物革》一篇，蓋《稗海》《禍兆篇》共十條，此以前四條爲《禍兆》，而以後六條爲《物革》，觀後六條皆言物變，並無「禍患」，則此本標篇必非臆度。暇日當合《津逮》本并校之。

光緒癸巳春三月宜都楊守敬記。

龍按：楊《志》卷八已録，然與此跋頗異，仿王《補》之例，再據阿部隆一《志》録文。

開元天寶遺事三卷 古活字本

元和頃刊。

龍按：《故宫所藏觀海堂書目》録一「日本刊本」，有「森氏開萬册府之記」朱印，今臺北故宫藏。此非刊本，而爲日本古活字本，何澄一誤。此本極罕見，日本公藏或僅東洋文庫一家，楊氏《留真譜二編》卷四葉四二有書影。此「元和頃刊」四字據吴晗《和刻本〈開元天寶遺事〉的刊刻與流傳探考》（《域外漢籍研究集刊》第二十一輯）轉録。

開元天寶遺事二卷 舊鈔影宋本

今在飛青閣。

龍按：森《志》著録寶素堂藏本，據楊批森《志》録。《故宫所藏觀海堂書目》載「日本鈔本，今存臺北故宫，其行款與森《志》所述相符，或即此本，然其當非「影宋本」，或當據寬永本鈔録（參前引吴晗文）。

太平廣記五百卷 朝鮮刊本

此未知與談愷本何如。惜余亦未之見。如有「嗤〔鄙〕（部）」等類，則奇書也。惜森氏未檢出。

龍按：森《志》著録朝鮮刊本，然亦云「未見」，據楊批森《志》録。朝鮮或未曾刊五百卷之《太平廣記》，然朝鮮文人成任曾編《太平廣記詳節》五十卷，於世祖八年（即明天順六年，一四六二）刊行，較談刻本早一百餘年，保存宋本原貌較多，惜今經尋訪，僅存其半。若彼時楊氏可得一部，當爲漢籍環流之佳話。文中所言「嗤鄙」，指《太平廣記》「嗤鄙」類多有闕文之《王智興》《韋氏子》《崔育》諸篇，長澤氏誤識爲「部」。

重廣補注黄帝内經素問二十四卷十册 明覆宋刊本

宋槧《黄帝内經素問》廿四卷，缺北宋諸帝諱，雖未必即嘉祐初刻本，而字體端雅，紙質細潔，望而知爲宋槧。按此書自元代古林書堂合併爲十二卷，明趙府居敬堂本、熊宗立本、黄海本皆因之，遞相訛謬不可讀。其廿四卷之本，明代有三刻，一爲嘉靖間顧從〔德〕（義）本，體式全與此本同，而板心皆有刻工人姓名；一無名氏翻刻本，體式亦同，板心姓名則有載有不載；一爲萬曆間周曰校刻本，則體式行款盡行改易，不復存原書面目三書余皆有之。此本則板心姓名全無，疑顧氏及無名氏皆從嘉祐刻本出，但經明人摹刻，輪廓雖具，意度已失。此則宋人以初刻印本上木，時代既近，手腕相同，故宛然嘉祐原本。唯板心姓名，在宋人翻刻，此等無關精要，故特去之，不足怪也。且首尾完具，近來著録家皆未之及，知爲海内希有之本，亟重裝而藏之。

光緒乙酉三月宜都楊守敬記。

龍按：森《志》著録聿修堂藏本，此本藏臺北「國圖」，除楊氏諸印外，另有「真州吴氏有福讀書堂藏書」「道龢養壽」「北平州韓楊尹藏書印」諸印。據楊氏手跡録文。《留真譜初編》卷七葉一有書影。

新刊補注釋文黄帝内經素問十二卷素問遺編一卷運氣論奥三卷黄帝内經靈樞十二卷元刊本

龍按：森《志》著録聿修堂藏「元後至元己卯古林書堂刊本」，據楊批森《志》録，今存臺北「國圖」，印章甚多，中有「逬圃收藏」印，或楊氏將此售於張氏。

今在飛青閣。

素問二十四卷明刊本〇

無名氏重刊宋本《素問》，體式與顧從〔德〕（義）本同，唯中縫刻工人姓名有載有不載稍異。顧氏書刻於嘉靖時，此本相其紙質，當亦同時出，刻工亦在伯仲間，然以余所藏宋本校之，則二本皆其後。

龍按：此中所言「余所藏宋本」，即前條所述之顧從德覆宋刊本。據楊氏稿本録。

黄帝内經素問靈樞二十四卷 熊宗立本

今在飛清閣。

龍按：森《志》於元刊本後提及明熊宗立種德堂本，據楊批森《志》録。《留真譜初編》卷七葉二有書影。

黄帝内經素問靈樞二十四卷 居敬堂本

今在飛清閣。

龍按：森《志》於元刊本後提及明趙府居敬堂本，據楊批森《志》録。《故宫所藏觀海堂書目》載。《留真譜二編》卷六葉一有書影。

新刊黄帝内經靈樞二十四卷周曰校本

龍按：森《志》於明仿宋本後提及周曰校本，據楊批森《志》録。《故宫所藏觀海堂書目》載云「明萬曆甲申繡谷書林刊本」。

今在飛清閣。

黄帝内經太素三十卷日本抄本

光緒癸未三月，從日本杉本仲温得之。守敬記。

龍按：據楊氏各書目，其藏《黄帝内經太素》數種，其一「影古鈔卷子改摺本」已録於楊《志》，彼「每卷有『小島尚質』印」，此書則有「杉恒簃珍藏記」「滄海遺珠」「著録萬卷此行不虚」「惟餘舊書一百車方舟載人荆江曲」等印，則與彼非同一種。故據《〈古逸叢書〉研究》録文。《留真譜初編》卷七葉三有書影。

黄帝内經太素注日本抄本

飛青閣藏書。

龍按：此書藏國圖，前有「楊守敬印」「宜都楊氏藏書記」「飛青閣藏書印」「星吾海外訪得秘笈」印，又有「小島氏圖書印」「尚真私印」，另有「朱師轍觀」及「松坡圖書館藏」，知爲楊氏舊藏無疑，故以楊氏藏書印爲正文收之。此書末有小島手書跋語云：「先考寶素先生所著《對經篇》手書原本，爲人借失。學晦先生曾倩借録一本，又别作續録，以供參對焉。頃之，欲講《内經》，仍命近藤顯就學晦先生鈔本謄録一通及續録，以永備架中云。時己酉五月二日識於寶素堂南軒。尚真。」知爲小島尚質、淺田宗伯二人所輯，近藤顯抄本。

黄帝内經太素三十卷蕭延平校蘭陵堂刻本

伯誠大兄足下：送上《太素經》二十四册，外連《對經篇》二十五册，祈查收。此爲小島尚質初影摹本，其他皆從此傳録者。《對經》一册如欲傳鈔，敝處現有人能寫，緣近來敝藏書不欲久借出，故前擬稿二通，今日已付排印，其餘如何，以便一齊印之爲妙，尤以速印爲妙。即問刻佳，不莊。

守敬頓首，廿九日

龍按：此據一九二四年蕭延平校刻蘭陵堂本前附楊守敬致蕭氏函手跡録文。楊氏自日收得《太素》後，即奔走呼籲，如楊《志》之《緣起》中將此列爲「急宜刊布者」，並爲作詳跋，冀能付梓，黎庶昌亦多方慫慂，然均未果。至楊氏逝世九年後，蕭氏方將此書以模宋之字行世。之所以如此艱難，實在於國内學界彼時於此書價值頗多懷疑，如葉昌熾於《緣督廬日記》光緒十年十月初九日載云：「又得翼甫書，知前函爲星吾督寫，其人之離奇閃爍，無與比倫，此事費唇舌數月，終爲畫餅耳……又有影鈔楊上善《太素經》不全本，詡爲中土遺書，而鄭盦丈有其全本也。」然即在同時，葉氏助潘祖蔭（鄭盦）修《滂喜齋藏書記》，非但未見宋本《太素經》，反有《日本鈔黄帝内經太素殘本》條，末評云「是唐以來沈埋千載醫林古笈，海舶重來，未可以殘帙近鈔而忽視之」，與日記所言截然相反，可知日記之言，實爲貶低楊氏舶歸之書者。然此書之珍貴實不待言，日本定爲日本國寶，國内此書重現亦因有此日傳之本，即最早抄出此書之小島尚質，楊守敬於楊《志》中亦頗多讚譽，楊氏舶歸者亦多得之於小島氏寶素堂，而「寶素」之名，即來自此書，可見其重視。

楊氏雖未能刊行此書，但其揄揚甚力，終有應者。光緒二十三年袁昶將其刊入《漸西村舍叢刻》中，周樹模爲蕭本作序云「《太素》書久佚，楊惺吾教授得自日本，歸武昌柯中丞家，袁忠節曾傳鈔刊行」，即其本，國圖藏有靈溪精舍抄本，前有「光緒戊申五月息園重裝」識語，知爲柯逢時舊藏，當爲袁本底本。再至一九二四年，楊氏去世九年之後，蕭氏再爲翻刻，其前蕭耀南序云：「吾宗北承孝廉曩時監學存古，與楊惺吾廣文共事一堂，得借鈔其所獲日本唐人卷子本楊上善所注《黄帝内經太素》，手校者十數載，辨證凡數萬言，去歲由京師遄歸武昌，謀付剞劂。余詢知其事，因爲捐貲付梓，仍以校讎之役屬之孝廉。」知兩種刊本均源於楊氏。蕭氏《例言》云：「余長武昌醫館時，柯巽庵中丞曾出《太素》一部相示，乃尋常鈔本，字體較小，卷第與本書同，惟無殘卷，書中凡殘缺處，無論字數多少，只空一格，不若本書影寫之能存真相。」則亦見柯藏本，然以楊本爲優，故仍據楊本上木。且因此仿刻精美，故日本盛文堂又於一九七一年據此本以皮紙綫裝方式影印。

王翰林集注黄帝八十一難經五卷 日本刊本

今在飛青閣。别得古鈔本，尤勝。

龍按：森《志》著録日本慶安五年刊本，據楊批森《志》録。臺北故宫存此慶安本兩種，另有一種日本鈔本。《留真譜初編》卷七葉五有鈔本書影。

黄帝蝦蟇經一卷 影舊鈔本

飛青閣有傳抄本。

龍按：森《志》著録聿修堂藏影寫舊鈔卷子本，據楊批森《志》録。據《故宫所藏觀海堂書目》著録有日本敬業樂群樓所刊《衛生彙編》本，今藏臺北故宫，未見此傳抄本。《留真譜二編》卷七葉二四有書影，《鄰蘇觀海——院藏楊守敬圖書特展》收圖四十餘幅。

傷寒論十卷四册 日本影鈔北宋本

此影北宋本《傷寒論》，篇中多互見之文，以人命至重，古人不殫反覆叮嚀，意至深遠，《漢書·藝文志》是其前規。自金成無己作注解，將其重複者概删之以後，世遂無仲景完本。余乃於日本得此影抄，滿擬歸而刻之，奈真知者少，荏苒歲月，仍未遂苦心搜羅之願。癸丑端午鄰蘇老人題。

龍按：此即楊《志》卷九所叙之書，署「癸丑端午」，則爲民國二年，時據楊《志》刻成已逾一紀，此書仍未能付刻，而楊氏再爲作跋也。然楊氏作跋之去歲冬，柯逢時已於武昌醫學館刊行此書，然彼時楊氏避難滬上，倉卒之間，或仍未知此信。另於此本之性質，仍當稍辨。前已引《適園藏書志》於此之疑，近亦多有學者指其非影鈔北宋本，實影自趙開美本，最力之證爲此本有剪貼之跡，自以删除趙本前之題署所致，然有學者以此指認楊氏作僞，則於理未合，此書當爲日人作僞而售於楊氏者（參游文仁、蘇奕彰《臺北「國圖」館藏〈影北宋本傷寒論〉作僞者考辨》，《中華醫史雜志》二〇一一年第一期），一如《冥報記》三緣山寺本之例（參該條按語）。此本今藏臺北「國圖」，有「莚圃收藏」「飛青閣藏書印」「吴興張氏適園收藏圖書」諸印。據張《補》録文，張録偶有誤識之字，據楊氏手跡校正。

傷寒明理論三卷方論一卷 明刊本

今在飛青閣。

龍按：森《志》著録容安書院藏日本活字本，據楊批森《志》録。《留真譜初編》卷八葉十七有書影。今存臺北故宫。

金匱玉函經八卷 清刊本

今在飛青閣。

龍按：森《志》著録聿修堂藏康熙丙申陳世傑刊本，據楊批森《志》録，今存臺北故宫。此書雖康熙間刊，然存世較罕。

新編金匱要略方論三卷 明仿宋刊本

今在飛青閣。

龍按：森《志》著録聿修堂藏明代仿宋刊本，據楊批森《志》録，今存臺北故宫。《留真譜初編》卷七葉八有書影。此外，據《故宫所藏觀海堂書目》又著録一日本刊本，「日本尚真氏據明本、徐鎔本、趙開美本及諸本精校」，此本今亦存臺北故宫，有小島尚真五色校語。

新編金匱要略方論三卷 明刊本

今在飛青閣。

龍按：森《志》著録，據楊批森《志》録，今存臺北故宫。《留真譜初編》卷七葉七有書影。

新編金匱要略方論三卷 明《醫統》本

龍按：森《志》著録，據楊批森《志》録，今存臺北故宫。今在飛青閣。

新編金匱要略方論三卷 元刊本

《金匱要略》以明趙開美仿宋本爲最佳，次則俞橋本，然皆流傳絶少。《醫統》本則奪誤至多。此元刊本與趙本悉合，尤爲稀有之籍。光緒丁酉三月得見於上海寄觀閣，因記，宜都楊守敬。

龍按：此非楊守敬書，亦非日本訪得者，然楊氏於《金匱要略》一書搜求多種，皆得於日本，此跋爲各本評騭，又《留真譜初編》卷七葉二七、卷八葉二六有書影，亦當收入，故據《中華再造善本》影印楊氏手跡録文。另，傅增湘於《藏園訂補郘亭知見傳本書目》中述及此書，並云「有楊守敬跋。李木齋先生遺書，二册。丁丑津門見」，去楊氏撰跋已四十載。

新修本草存十卷 影舊鈔本

龍按：森《志》著録聿修堂藏影舊鈔卷子本，據楊批森《志》録。楊氏所得影本今存臺北故宫。《留真譜初編》卷七葉二三有書影。

飛青閣得影本。

經史證類大觀本草三十一卷二十二册 南宋刊本

《本草》自神農以下，吴普、陶弘景、陳藏器、李英公代有作者，原書皆不傳。以唐慎微《大觀本草》爲備。政和本附入寇宗奭《衍義》，已非唐氏原書。此爲南宋刊本，元宗文書院即從此出，序後有宗文書院木記。此本無之，是其證也。且此本爲初印，無一葉殘缺，尤可寶也。

此書余别有詳考，書於宗文本後。

癸丑五月鄰蘇老人記。

龍按：《經史證類大觀本草》楊《志》卷九録元刊本，王《補》亦録元刊本，並有明刊之本。《留真譜二編》卷六葉十六有書影。此據張《補》録文，然彼或據《「國立中央圖書館」善本題跋真跡》著録，署爲「元大德壬寅（六年）宗文書院刊本」，或誤，據楊氏跋文「别有詳考，書於宗文本後」，則知此所叙非宗文本；後又云「此爲南宋刊本」，則其所叙者或即南宋本，然此跋爲置於宗文本之中也。《鄰蘇園藏書目録》載「宋槧《大觀本草》，三十一本，癸丑六月賣於張石銘」，《適園藏書志》録此本爲「元刊本」，且云「第楊惺吾附會爲宋本，實是大德刊而裁去牌子者，惺吾之跋不足據」（參《適園藏書志》卷六葉十七）。

紹興校定經史證類備急本草十九卷鈔本

今在飛青閣。

龍按：森《志》著録聿修堂藏本，據楊批森《志》録，今存臺北故宫。《留真譜二編》卷六葉二五有書影。

大德重校聖濟總録二百卷元刊本

此本今在飛青閣。

龍按：森《志》著録吉田氏稱意館藏元刊本，據楊批森《志》録。然楊氏標注恐不確，森《志》所載元刊之本今藏日本宫内廳書陵部，楊氏諸書目中並無元本，而有以大德本爲底本之精鈔本，楊氏所謂或即此。柯逢時致繆荃孫函曾云：「《聖濟總録》已借惺吾處鈔元大德本校寫，惟卷帙繁多，刻工太少，合之《聖惠》，數年始得成功。……《聖濟》甫用元大德本校成十册，尚未繕寫，此頗費手，非一年不成。」惜此書終未刻成。《留真譜初編》卷八葉二二、二三有書影。

類要圖注本草四十二卷元刊本

今殘在飛青閣。

龍按：森《志》著録聿修堂藏建安余彦國刊本，次有聿修堂藏元板本《圖經集注衍義本草》，森氏云即前書改名者。據楊批森《志》録。然《故宫所藏觀海堂書目》僅録有元刊本，今藏臺北故宫。《留真譜初編》卷七葉二八有書影。

和劑局方圖注本草藥性歌括總論 元刊本

今在飛青閣。

龍按：森《志》著録聿修堂藏本，據楊批森《志》録。

飲膳正要三卷 日本鈔本

今在飛青閣。

龍按：森《志》著録吉田安手抄本，據楊批森《志》録，今存臺北故宫。

黄帝明堂灸經一卷 北宋槧本

今在飛青閣。

龍按：森《志》著録躋壽館藏本，據楊批森《志》録，然此本今未知存處，臺北故宫存有「日本傳鈔本元皇慶壬子燕山活濟堂刊本」。《留真譜二編》卷六葉四有書影。

新刊銅人鍼灸經七卷 明刊本

今在飛青閣。

龍按：森《志》著録聿修堂藏明熊氏衛生堂重雕本，據楊批森《志》録。《留真譜初編》卷七葉三五有書影。

銅人腧穴鍼灸圖經三卷穴腧都數一卷 明拓本

今在飛青閣。

龍按：森《志》著録聿修堂藏明正統拓本，據楊批森《志》録。今未知此本存否。《留真譜二編》卷七葉正一有書影。

新刊補注銅人腧穴鍼灸圖經五卷 元刊本

今在飛青閣。

龍按：森《志》著録寄所寄樓藏本，據楊批森《志》録，《留真譜初編》卷七葉二二有書影。此書今存臺北「國圖」，前有「楊守敬印」「飛青閣藏書印」「宜都楊氏藏書記」等，又有「劉世珩觀」「貴池文獻世家」「玉海堂」「蓮圃收藏」諸印，知楊氏舊藏當售於劉世珩，又歸張乃熊。另劉氏又曾將此本刻入《玉海堂景宋元本叢書》中。書末有劉氏宣統元年手跋。

備急灸法一卷 宋槧本

今在飛青閣。

龍按：森《志》著録寄所寄樓藏本，據楊批森《志》録，然《故宫所藏觀海堂書目》僅存影宋鈔本一册，未見此宋本，鈔本今存臺北故宫。臺北故宫另存一日本仿宋刊本，行款與森《志》所録同，或即此本。《留真譜二編》卷七葉二有書影。

鍼灸四書 明刊本

今在飛青閣。

龍按：森《志》著録寶素堂藏明成化刊本，據楊批森《志》録。《故宫所藏觀海堂書目》録，今存臺北故宫。

鍼灸資生經七卷 舊鈔本

今在飛青閣。

龍按：森《志》著録寄所寄樓藏本，據楊批森《志》録。《故宫所藏觀海堂書目》著録，今存臺北故宫，有小島氏印。楊氏又藏有另種日本鈔本及日本刊本，皆藏臺北故宫。《留真譜二編》卷七葉一有書影。

新刊廣成先生玉函經解二卷 元刊本

龍按：森《志》著録懷仙閣藏本，標爲「初明翻雕元板」，據楊批森《志》録。然據《故宫所藏觀海堂書目》標注，當爲元刊本，今存臺北故宫，除楊氏鈐印外，另有「養安院藏書」「小島氏圖書記」「越恒明印」等印，有「一依元本鼎新刊行」刊記。

今在飛青閣。

傷寒總病論六卷 日本抄本

龍按：森《志》著録京師高階經由藏所謂清人抄本，然《故宫所藏觀海堂書目》録有日人抄本，今存臺北故宫，此據楊批森《志》録。

今在飛青閣。

傷寒百問經絡圖九卷元槧本

今在飛青閣。

龍按：森《志》著録聿修堂本，據楊批森《志》録，今存臺北故宫，標「元至大二年刊本」。

增注類證活人書二十二卷明刊本

今在飛青閣。

龍按：森《志》著録明吴勉學刊本，據楊批森《志》録，《故宫所藏觀海堂書目》亦載。

華先生中藏經八卷明刊本

今在飛青閣。

龍按：森《志》著録明吴勉學刊本，據楊批森《志》録，《故宫所藏觀海堂書目》亦載。

千金翼方三十卷 元刊本

龍按：森《志》著録聿修堂藏本，據楊批森《志》録，《故宫所藏觀海堂書目》亦載。《留真譜初編》卷七葉十四有書影。今殘在飛青閣。

千金翼方三十卷 明刊本

龍按：森《志》著録寶素堂藏明王肯堂刊本，據楊批森《志》録，《故宫所藏觀海堂書目》亦載。今在飛青閣。

傳家秘寶脈證口訣并方三卷 鈔本

今在飛青閣。

龍按：森《志》著録京師伊良子光通千之堂藏本，據楊批森《志》録，今存臺北故宮，末有青雲館主人（即伊良子氏自稱）跋。《留真譜初編》卷八葉三七有書影。

嚴氏濟生方十卷 日本刊本

飛青閣有重刊本。

龍按：森《志》著録醫官湯河氏藏舊鈔本，據楊批森《志》録。楊氏所云重刊本，當指日本享保十九年京都植村藤治郎玉枝軒刊本，然楊氏書目中無此書，《故宮所藏觀海堂書目》録有「影宋鈔本，有『養安院藏書』朱印，五册」，此本今藏臺北故宮。《留真譜初編》卷八葉八有書影。

醫壘元戎十二卷 活字本

原本今在飛青閣。

龍按：森《志》著録躋壽館藏活字本，即日本弘化間木活字本，此本今存臺北故宮。據楊批森《志》録。《留真譜初編》卷八葉三五有書影。

新刊婦人良方補遺大全 殘本

存第三、四、五、六一册，十三、十四、十五、十六、十七、十八一册，十九、二十、廿一、廿二、廿三、廿四一册，行款與熊氏元刻同。惟改「新編」作「新刊」。森立之《訪古志》載有明天順八年刊本，此本或其零殘之本也。日本人點校頗密，其書眉以所引書詳其出處，若《外臺秘要》《聖惠方》之類，非博通醫籍者不能。又所稱「韓本」，即朝鮮國活字本，蓋日本人稱朝鮮爲韓國者，沿三韓古稱也。又可知小島影寫陳自明本出自朝鮮活字本也。

宣統庚戌四月宜都楊守敬記。

龍按：王《補》載《新編婦人良方》及《新編婦人良方補遺大全》二種，前者載「余又得熊宗立《婦人良方補遺》殘本」云云，後者云「余亦得殘本三册，行款與此同，而鐫刻失其圓潤，當是據此本重翻」，則均指此書。前則亦有叙録，然較簡略。另王《補》所載二則皆「宣統庚戌四月」所撰，與此當同時。此本今存臺北故宫（前曾存於臺北「國圖」，故張《補》亦收録，現此書已移藏故宫），據楊氏手書録文。另：此跋亦曾附楊《志》末之《晦明軒稿》中，後楊《志》丁酉本删《晦明軒稿》，此跋亦不存。參《楊守敬集》第五册。

增廣校正和劑局方五卷 南宋槧本

在飛青閣。

龍按：森《志》著録聿修堂藏本，據楊批森《志》録。此書現僅日本宫内廳書陵部藏宋刊孤本，且其本前有「多紀氏藏書印」，知當即聿修堂故物，故楊氏或批錯位置，或曾有影摹之本。

三因極一病證方論十八卷 影宋本

飛青閣有影抄本。

影宋本，今存飛青閣。

龍按：森《志》著録醫官河野氏藏宋槧本，第一條録自楊批森《志》。《留真譜初編》卷八葉五有書影（森《志》云其「十二行，行廿三字」，且爲「小板小字」，與此書影合），第二條即據楊批《留真譜》録。《故宫所藏觀海堂書目》載「影宋鈔本，弘化二年照宋槧原本審校，七册」，所云當指此本，今存臺北故宫，前除楊氏鈐印外，另有「小島氏圖書記」「父子鐙前共讀書」「葆素所藏」「江户小島氏八世醫師」「寶素堂收藏醫書之記」「好寫留䙩」「尚質校讀」「臣尚質」諸印，書中多有手書識語，如卷十八末朱筆題記「弘化二年仲秋廿一日，照宋槧原本審校。沂」。《故宫所藏觀海堂書目》另載「《三因極一病證方論》十八卷，宋陳言編，日本刊本，據宋、元本及諸本校，十册」，今亦存臺北故宫。

三因極一病證方論十八卷 影元本

影宋《三因〔極一〕（一極）方》，五本。宣統二年賣於柯大人。

龍按：據《鄰蘇園藏書目録》楊批録，今國圖藏一種，前有「養安院藏書」「正健珍藏」「森氏開萬册府之記」「青山求精堂藏書畫之記」「東莞莫伯驥所藏經籍印」「羅振玉印」諸印，書末有森立之明治九年所題識語云：「右宋版《三因方》七册，曲直瀨正健所令善書者影寫也。其後人（愛）割愛而投於余。」此云七册，國圖所藏爲六册，細檢知闕目録一册，楊氏載云五册，或有誤。後又入森氏門人青山道醇手。或即再歸楊守敬，售柯逢時，入羅振玉手，終歸莫伯驥藏，莫氏《五十萬卷樓藏書目録初編》著録，並云「此爲景宋本，結體嚴密，用筆和雅，原刻固佳，摹手亦不俗」。《留真譜初編》卷八葉四有書影。各家皆定其爲影宋本，然實爲影元之本。森《志》亦録元刊本，云「京師伊良子氏藏，懷仙閣亦藏」，據其卷七之末嘉永四年喜多村直寬跋云「而今歸越智曲直瀨君懷仙樓插架，其授受有自，尤可寶愛也」，則或爲此本之原本，今存日本宫内廳書陵部。

校正注方真本易簡方論三卷影鈔本

在飛青閣。

龍按：森《志》著録聿修堂藏本，據楊批森《志》録。今臺北故宫存楊氏舊藏丹波元簡抄本及日本刊本。

續易簡方論十一卷影宋本

飛青閣有影抄本。

龍按：森《志》著録，據楊批森《志》録。據楊氏書目知其藏此書鈔本甚多，今皆存臺北故宫。《留真譜初編》卷八葉十一有書影。

衛生家寶六卷衛生家寶湯方二卷鈔影宋本

飛青閣有傳抄本。

龍按：森《志》著録楓山秘府藏影宋舊鈔本，今存日本公文書館，據楊批森《志》録。此楊氏藏傳抄本今存國圖，有小島氏諸印及識語。

葉氏録驗方三卷 鈔影宋本

飛青閣有傳抄本。

龍按：森《志》著録楓山秘府藏影宋舊鈔本，今存日本公文書館，據楊批森《志》録。此書臺北故宫有藏，然缺一卷，國圖藏有全帙，前有「殿木氏家藏圖書」印，或即楊氏舊藏之本。《留真譜二編》卷七葉十九有書影。

古今十便良方四十卷 影宋本

飛青閣有影抄本。

龍按：森《志》著録楓山秘府藏影宋舊抄本，據楊批森《志》録。《故宫所藏觀海堂書目》載一鈔本，八册，今存臺北故宫，當即此本。《留真譜初編》卷八葉十三有書影。

方氏編類家藏集要方二卷 影宋本

飛青閣有影抄本。

龍按：森《志》著録京師畑柳平藏宋本，據楊批森《志》録。《故宫所藏觀海堂書目》載「《方氏編類家藏集要方》，宋方導撰，存上卷，影宋鈔本，有丹波元簡跋，一册」，今存臺北故宫。《留真譜初編》卷八葉七有書影。

芝田余居士證論選奇方後集殘本 影宋本

飛青閣有影抄本。

龍按：森《志》著録京師伊良子氏千之堂藏宋本，據楊批森《志》録。《故宫所藏觀海堂書目》載「《芝田余居士證論選奇方後集》殘本，存卷二至卷五，鈔本，存二册」，今存臺北故宫，卷數與森《志》著録同；前除楊氏鈐印外，另有「小島氏圖書記」

「醫師臣尚質印」「尚質私印」「學古氏」「葆素所藏」諸印，且有小島氏題記，當即此本。《留真譜初編》卷八葉十五有書影。

温氏隱居助道方服藥須知一卷 傳抄本

飛青閣得傳抄本。

龍按：森《志》著録鈔本，據楊批森《志》録。《故宫所藏觀海堂書目》載，今存臺北故宫，有小島氏印，即此本。

醫說十卷 影宋本

飛青閣有影抄本。

龍按：森《志》著録福井榕亭藏嘉靖本，據楊批森《志》録。《故宫所藏觀海堂書目》載「《醫説》十卷，宋張杲撰，影寫明嘉靖顧定芳仿宋本，十册」，今存臺北故宫，即此本。《留真譜初編》卷八葉三有書影。

魏氏家藏方十卷 影宋本

飛青閣有影抄。

龍按：森《志》著録聿修堂藏宋槧本，據楊批森《志》録。《故宫所藏觀海堂書目》載「《魏氏家藏方》十卷，宋魏峴撰，日本鈔本，缺第三卷，四册」，與森《志》著録所缺亦同，當即據彼影鈔，即此本，今存臺北故宫，卷二末有「安政四丁巳年三月廿七日，以寶慶間刊本校正畢。越智恒明誌」字樣。

黎居士簡易方論十一卷 鈔本

今在飛青閣。

龍按：森《志》著録躋壽館藏本，據楊批森《志》録，今存臺北故宫。《留真譜初編》卷八葉十有書影。

蘭室秘藏三卷 明初刊本

龍按：森《志》著録寶素堂藏本，據楊批森《志》録，今存臺北故宫。《留真譜二編》卷七葉十八有書影。

今在飛青閣。

衛生寶鑑二十四卷 明刊本

龍按：森《志》著録聿修堂藏「弘治七年劉廷瓚刊本」，據楊批森《志》録，今臺北故宫所存楊藏本爲「永樂十五年太醫院判韓夷刊本」，前除楊氏鈐印外，另有「養安院藏書」印。則二者非一本，楊氏本無補遺。

今在飛青閣。

類編經驗醫方大成十卷 元刊本

今在飛青閣。

龍按：森《志》著録寶素堂藏本，據楊批森《志》録，今存臺北故宫，標「元刊明鄭氏宗文堂修補本」，有楊氏及小島氏鈐印，共十卷九册，與《故宫所藏觀海堂書目》所録同。另南京圖書館亦藏熊彦明補輯之明初刊本，有森立之跋，或亦楊氏携歸者。《留真譜初編》卷八葉二八有書影。

世醫得效方二十卷目録一卷 元刊本

今在飛青閣。

龍按：森《志》著録醫官中川氏藏本，據楊批森《志》録，今存臺北故宫，標「明翻刊元至正三年陳志本」，後二卷補鈔，與森《志》所録同，《留真譜初編》卷八葉二四、二五有書影。此書楊氏另藏有朝鮮舊刊本及日本傳鈔本，今藏臺北故宫。

仁存孫氏治病活法秘方十卷 鈔本

龍按：森《志》著録聿修堂藏本，據楊批森《志》録，今存臺北故宫，標「日本文化二年丹波元簡手鈔本」。《留真譜初編》卷八葉十六有書影。今在飛青閣。

秘傳眼科龍木總論十卷 日本舊鈔本

龍按：森《志》著録躋壽館藏應永廿七年舊鈔本，據楊批森《志》録。《故宫所藏觀海堂書目》載「《秘傳眼科龍本總論方》十卷，日本鈔本，卷末有小島質識語，據諸本校，三册」，即此本，今存臺北故宫。除楊氏鈐印外，另有「小島氏圖書記」「江户小島氏八世醫師」「尚質之印」「字學古」等印；又每卷之末且有小島手書識語。《留真譜初編》卷八葉十八有書影。飛青閣得影抄本。

劉涓子鬼遺方五卷劉涓子治癰疽神仙遺論一卷 日本刊本

今在飛青閣。

龍按：森《志》著録寶曆丙子刊本，據楊批森《志》録，今臺北故宫存鈔本二種，且均無《鬼遺方》。《留真譜初編》卷八葉十四有書影。

外科精要二卷 朝鮮活字本

今在飛青閣。

龍按：森《志》著録楓山秘府藏朝鮮活字本，據楊批森《志》録。森《志》另録寶素堂藏明初刊本。然今臺北故宫僅存日本刊本一種。

經效産寶三卷 影宋本

飛青閣得影抄。

龍按：森《志》著録存誠藥室藏宋本，據楊批森《志》録。《故宫所藏觀海堂書目》載此本，今存臺北故宫。除楊氏鈐印外，另有「小島氏圖書記」等印。《留真譜初編》卷七葉三二有書影。

全嬰方論二十三卷 影宋本

飛青閣得影抄。

龍按：森《志》著録福井榕亭藏宋本，據楊批森《志》録。《故宫所藏觀海堂書目》載此本，今存臺北故宫。除楊氏鈐印外，另有「小島氏圖書記」等印，有小島氏手校、題識，並過録丹波元胤跋。《留真譜初編》卷八葉二一有書影。

泰定養生主論十六卷 抄本

飛青閣有抄本。

龍按：森《志》著録懷仙閣藏明刊本，據楊批森《志》録。《故宫所藏觀海堂書目》載此本，今存臺北故宫，有小島氏諸印，標爲「日本天保五年小島尚質影鈔明正德六年刊本」。

永類鈐方二十二卷 鈔朝鮮活字本

飛青閣有抄本。

龍按：森《志》著録楓山秘府藏朝鮮活字本，據楊批森《志》録。楊藏抄本今存臺北故宫。

鄉藥集成方七十五卷 朝鮮刊本

朝鮮古刊本，今存飛青閣。

龍按：《留真譜初編》卷八葉三十有書影，據楊批《留真譜》録。《故宫所藏觀海堂書目》載「《鄉藥集成方》七十五卷，朝鮮盧重禮、朴允德等撰，有『多紀氏藏書印』朱記。朝鮮刊本，二十五册」，當即此本。

聿修堂醫學叢書（序）

張湛曰：「夫經方之難〔精〕，由來尚矣。」以至精至微之事，求之於至麤至淺之思，其不殆哉！故古之良醫，並會通陰陽，探〔賾〕（頤）幽玄。降及後世，學術日衰，其患且中於醫術，未識經脈，妄施方藥，草菅人命，莫此爲甚。縱天心仁愛，未必盡付夭折，而以瘉爲劇，以生爲死者多矣。余初遊日本，訪求古書，於醫方尤夥。久之，始知有多紀父子兄弟提唱醫學，爲東瀛泰斗。所撰聿修堂諸書，浩博無津涯。綜其所得，有三善焉：宋元以來，儒與醫分途，業岐黄者，不問經史，多紀則胸羅四部，一字無假，此一善也；《素》《難》《傷寒》，傳自秦漢，古言古義，謬解實繁，多紀則旁稽《蒼》《雅》，疑滯皆通，此二善也；又病情萬狀，昔無今有，拘者泥古，食焉不化，多紀則有善必録，不棄時賢，此三善也。竊意自元以來，診察之士，罕有其匹。會有以原板求售者，乃傾囊購歸。其櫟窗所撰《靈樞識》六卷，茝庭所撰《雜病廣要》四十卷，原以活字印行，故無存板，而以《醫略抄》《經穴纂要》附焉。櫟窗别有《類鈔》八十卷，體例略如鄭方坤之《經稗》，皆剌取説部中經驗良方，不專爲醫家作者。柳沜别有《醫籍考》一百卷，仿朱竹垞之《經義考》，而精核或過之。茝庭别有《名醫彙論》八十卷，凡古人病論異同，條分縷析，可謂集證治之大成。三書皆以卷帙浩繁未刊。柳沜又有《名醫公案》《病雅》《藥雅》《體雅》等書，皆少作，亦精核有家法。並書之以告精于斯術者。

光緒甲申秋八月初吉宜都楊守敬記於黄岡學舍

龍按：楊守敬求書於東瀛，於醫員處所得尤夥，如《廣韻》明刊本、《初學記》明刊本、《黄帝明堂》卷子本、《千金翼方》校元本、《脈經》影鈔元刊本、《鄉藥集成方》朝鮮刊本等皆爲多紀氏所藏，《醫心方》亦多紀氏祖先所撰。此則多紀家族元簡（櫟窗）及其子元堅（茝庭）、元胤（柳沜）三人著述，楊守敬購得板片歸國付印，亦爲訪書之創獲。《清客筆話》載明治十五年楊氏往訪森立之，森氏示以《通鑑紀事本末》，價八百圓，楊氏云：「余已購多紀醫書板，故力不及此。」則即此所云「會有以原板求售者，乃傾囊購歸」。另明治十四年五月十七日拜訪時曾與森氏提及丹波父子（前云「多紀」，即丹波氏之改姓）及《醫籍考》，楊問「此人父子兄弟皆精〔醫〕術，且博洽多聞，貴邦文人似不及之，何耶」，森答「元堅號茝庭，桂山之次子也。兄號柳沜，早死。茝庭六十二而歿。丹波氏父子之内，以茝庭爲第一之壽，噫！」森氏此之感嘆或以丹波氏爲醫生世家，然均未享高壽而發，楊氏續問「丹波父子刻書不少」，森氏云「其著書已入刻者數十部，其他如《醫籍考》八十卷未刊」，楊云「此書可刻也。丹波一身爲古人刻書不少，此書何以不刻之」，森答「柳沜拙筆，草稿甚拙劣，故在近年脱稿，未暇入刻也」，楊問「今其家能有力刻之乎」，森答「今家無一書册，悉皆沽却，只給衣食耳」。楊氏當求得《醫籍考》稿本，王《補》中《和劑局方》條有云「余又得日本丹波元胤《醫籍考》稿本」，《故宫所藏觀海堂書目》載云「《醫籍考》殘本，存卷三十七至卷七十七，日本丹波元胤撰，日本鈔本，存十一册」，今存臺北故宫，何氏編目時或未詳察，據阿部隆一《志》載，其書用版心有「聿修堂」字樣之稿紙，當爲茝庭草稿本。

藝文類聚一百卷 明刊小字本

此可删。

龍按：森《志》著録求古樓藏明刊小字本，楊批森《志》云「此可删」，當以其非善本，不必著録，然此書亦當入楊氏飛青閣，以《故宫所藏觀海堂書目》録此本「明嘉靖丁亥吴郡陸子玄刻本，有胡纘宗序，每頁二十八行，每行二十八字，十二册」，與森《志》所録全同。葉昌熾《緣督廬日記》光緒十年十二月「翼甫得其小字本《藝文類聚》，至費二十金，可謂昂矣」，知當轉售查燕緒，今此書國内存數十種，未知何種爲楊氏舊藏。另《留真譜二編》卷五葉十六至十八數種書影，皆非此明刊小字本。

初學記三十卷 元麻沙本〇

首載劉本序，題曰「重刊大字初學記」，序每半葉十行，行二十字，注雙行。目録列四層。首卷題曰「新刊初學記卷之一」，二、三行徐堅官階，四行「天部上」旁注云「目録出附〔首卷〕（卷首）」，此坊本改宋本之舊式不可從者，其謬誤不一而足，遠不如安國本之善。良由坊本草率，未經校改者也。然有詳於安本者，亦有足訂正安本之誤者。大抵明人所刊，如徐□□府本，皆根源於安國，其有異同，則又翻刊之謬，不足以爲證。唯此本根源各別，足以互相□讎。又有明嘉靖丁酉書林〔宗〕（京）文堂刊本，則從此本翻出者，謬誤尤多，不俱列。

龍按：《初學記》一書楊守敬收藏較多，《鄰蘇園藏書目録》録「《初學記》卅二本」，《留真譜初編》卷六葉二四有書影。《故宮所藏觀海堂書目》録有晉藩本十册、安國本十二册及嘉靖重刊本十册（末二種楊氏亦曾有跋，收入楊《志》卷十一），恰合其數；此外仍録一種十二本者，或即此元刊本。據楊氏稿本録文。其中「徐□□府本」或當作「徐守銘、晉府本」。

初學記三十卷 明宗文堂本

嚴可均《鐵橋漫稿》稱以孫淵如宋本《初學記》校明徐守銘重刊安國本，自廿五至三十卷，凡二十二葉，與徐本大異，因知國所得有闕葉，其館客郭禾補足者。余所得九洲書屋本即安國原刻，又有安桂坡館本、晉藩本、徐守銘本、陳大科本，板式皆與安本同，别有〔沈〕（許）宗培本，則有所竄入，然以校廿五卷以下之二十二葉，無不相合，知諸本縱有據他書校改而皆祖安本者也，惟此本則與安國絶不相合。今按，第二十五卷「火類」一葉半；廿六卷「弁類」半葉，廿八卷「李類」「柰類」「桃類」「櫻桃類」共八葉，廿九卷「狗類」一葉半，三十卷「雞類」後半葉、「鷹類」前半葉、「蟬類」「蝶」「螢」三類共六葉，與安本大異，知嚴氏所指即此也。嚴氏謂安氏所得係殘本。今按：非殘本，乃漫漶太甚，故以他文補之，其中可辨者則仍夾置其中，然已大失徐東海之舊。若非得宋本發其覆，如此本之刊刻草率，縱有異同，亦土苴視之矣。今宋本未知尚在人間否，嚴氏校本亦未墨諸版，則此本當球圖視之。至其誤處，宋本已然，此更加劇，非裒集群書不能校也，以俟年，略記於此。

龍按：此本今存臺北故宫，《留真譜初編》卷六葉二三有書影。文與楊《志》卷十一之叙後半幾同，據阿部隆一《志》，前叙題於九洲書屋本，此則題於宗文堂本，故據阿部隆一《志》録文。另，森《志》著録此書，楊《志》已有叙，然楊批森《志》云「可删」，此跋又云「此本當球圖視之」，或楊氏初以此本「刊刻草率」「譌文奪字，觸目皆是」而輕之，後詳校各本，知此本「未以安本校改」，尚存舊貌。

群書治要五十卷 舊鈔卷子本

右楓山官庫所藏《群書治要》舊鈔卷子本五十卷，原缺三卷第四、第十三、第二十。寬永活字本、天明整板本皆從之出，而皆有校改。天明本簡端雖略著異同，而不著者甚多，且其所改亦得失參半。此本不知何人所摹，蓋祇據卷末有題識者録之。余别得狩谷望之此書校本，最爲詳審，擬他日刻之。守敬。

龍按：森《志》著録，楊批森《志》云：「今在官庫，余曾借校，乃知日本兩刊本俱有校改處。原書古雅絶倫。余每卷摹其首尾刊之。」楊氏曾致函譚獻云：「敬前讀尊著《日記》中述錢竹汀先生言，以《群書治要》爲僞書。然王懷祖亦當代大儒，其《讀書雜志》所取數百條，皆與中土古書相吻合。至嚴鐵橋所輯子部書，多有全篇取之此書者，此豈可憑空杜撰？此書卷子原本尚存其東京楓山官庫，敬嘗借出，每卷影摸數行，已刻成一卷未印行，容當寄上。古雅絶倫，斷非後人所能僞造。」（參錢基博整理編纂《復堂師友手札菁華》）所謂「每卷摹其首尾刊之」「刻成一卷」云云，即指收入《留真譜》也，其卷十二整卷即此，並有楊氏跋語，據北京圖書館出版社影印《留真譜》卷十二録。楊氏批《留真譜》又云：「以下《群書治要》古鈔本款式、裝訂無次第。原書藏楓山官庫，余得狩谷望之以近刻本校録。」又，日本公文書館藏《留真譜》此頁與前引者不同，或爲楊氏初刊之本，其「擬他日刻之」五字爲「附記於此」，「守敬」後署「壬午冬日」。此「壬午」即光緒八年，按此年楊守敬尚於東瀛議刻《古逸叢書》，則知此跋原爲楊氏初收《群書治要》卷子本之摹本時所題，其於光緒二十七年初刊《留真譜》時照原樣摹刻並付印，後又將跋語之另面（此跋語占一葉，其A面至「天明」止，二本全同）重刻，補「擬他日刻之」數字。惜此後十餘年，楊氏精力萃於《水經注疏》一書，此書亦與楊氏其他宏願同付畫餅。

群書治要五十卷 古活字本

今日所代購之《群書治要》，檢之，缺第二十一册《漢書》，務祈補足，如不足，黎公不要也。此致文行堂。明日君來館一叙。楊惺吾。

龍按：楊於森《志》著録前之舊鈔卷子本時批云「又有活字板本，是林祭酒初校刊本也」，即指此本（即所謂駿河版是也）。楊氏輯刻《留真譜》時曾摹刻書影（卷十二葉前一及又一），日本公文書館所藏《留真譜》之書影前附楊守敬手跋，據之録文。又，檢黎庶昌《拙尊園存書目》録有「日本板《群書治要》二十五本，五十卷」（《黎庶昌全集》第八册），當即此本。按此處尚有一事需辨之，即楊氏所謂「第二十一册」注爲《漢書》，實頗有疑，以《群書治要》卷十三至二十爲《漢書》，第二十一册爲《後漢書》。故知此非云「第二十一册」而爲「第二十」一册，若果如此，則楊氏此時或尚不知《群書治要》於日本闕第四、十三及二十卷之詳情。

群書治要五十卷 天明刊本

此日本天明七年初印本，紙質之厚，墨印之精，可謂無匹。余所得狩谷望之校本，亦在其後也。

光緒癸未楊守敬記於東京使館。

龍按：楊批森《志》言及活字本後又云「校勝整板本」，所謂「整板本」即指此本。楊氏舊藏今存臺北故宫。此據阿部隆一《志》録文。

白氏六帖事類集殘本 影宋鈔本

飛青閣藏影抄本。

影宋本。狩谷摹本。殘缺。今存。

龍按：森《志》著録京師伊良子某藏北宋槧本，存卷二二至二七，其原本曾經崇蘭館藏，今存日本天理圖書館，爲日本重要美術財。楊氏所藏爲此之影抄本，第一條據楊批森《志》録;《留真譜初編》卷六葉二五有書影,第二條據楊批《留真譜》録。《故宫所藏觀海堂書目》録「《白氏六帖事類集》殘本,存卷二十二至卷二十六,影宋鈔本,存二册」,今存臺北故宫,前除楊氏鈐印外,另有「船橋藏書」「森氏」,知舊曾爲近世儒學家清原家藏。森《志》著録云「現存二十二至二十七六卷」,楊氏舊藏至卷二六,似不全,然細核此與原本,知原本卷二七僅一葉,楊藏之本亦存,知楊氏未計入此殘葉。

琱玉集零本二卷 舊鈔卷子本

已刻入《古逸叢書》中。

《琱玉集》貴邦古寫,以宋板他書置於旁而刻之。原本則大惡。唐人所著。

龍按:森《志》著録尾張真福寺藏本,其原本今藏日本大須觀音寺寶生院,爲日本國寶。此第一則據楊批森《志》録,第二則據陳捷整理《楊守敬與宫島誠一郎筆談録》(日本東京大學中國哲學研究會《中國哲學研究》一九九八年第十二號)録。《留真譜初編》卷六葉二七有書影。《故宫所藏觀海堂書目》録有日本鈔本二卷,今藏臺北故宫，有「黑川氏圖書記」「字士弘號望南」「寺田盛業」「讀杜草堂」「天下無雙」等印，知當由江户後期學者黑川春村收藏，後經寺田氏歸楊守敬。然將此本與《古逸叢書》本細勘，行款、字體皆不相侔，則當非其底本。另早稻田大學圖書館亦藏一鈔本（僅卷十四），前有「温故堂文庫」「黑川真賴藏書」「黑川真道藏書」，黑川真賴爲黑川春村之繼子，則此書或與楊氏舊藏有關，此本封面題「真福寺本」，扉頁有識語云爲真福寺本之影寫本，知其行款與字體與真福寺本同，而早大本亦與楊藏本同，故《古逸叢書》當非以真福寺本以及衍生本爲底本者。然《古逸叢書》本字體殘損之跡又與前述二者同，若無淵源，當不如此。實楊氏與宫島誠一郎之筆談已透露其中信息，即「以宋板他書置於旁而刻之。原本則大悪」，即楊氏以原本字體不美觀（日人定其爲「八世紀日人寫本」），且每葉行款不一（多半葉九行，個别八行，或因原由卷子本改來之故），便未影摹，而以某宋板置於旁，以宋板字體摹刻此書而成，故其字體亦頗美觀。

事物紀原集類十卷 明刊本

趙希弁《讀書附志》「《事物紀原》十卷，高承撰，有項彬序」，陳振孫《解題》則「二十卷，不著名氏」，引「《中興書目》十卷，開封高承撰，元豐中人，凡二百七十事。今此書多十卷，且（多）數百事，當是後人廣之」。而明正統、成化刻本有閻敬序，又只十卷，亦不著撰人，而所載事則一千八百四十一《提要》誤作一千七百六十五，説者遂謂振孫後又有增益。今海内著録家無二百七事之本，而有毛氏校宋二十卷之本，所載已一千八百餘事，則知即振孫所見之本振孫本當亦無項彬序。振孫言多數百事者，蓋約略言之，故不符，非必明本又有增益也。余所得係明胡文焕刊本，蓋又從成化本出。以二十卷校本照之，非唯無溢出者，且十四卷明刊本卷七「州郡方域門」明刊本「門」皆作「部」「驛」下脱四條，此則閻敬之疏也。此本爲節庵所藏，卷首有翰林院印，是官庫中物，不知何時流出余所得宋槧《大觀本草》亦有是印。宋本既不可見，此本非著録家不能有。惜其卷七「道釋科教部」脱兩葉，卷九「農業陶漁部」脱兩葉，余爲囑抄胥補之；又録宋本「驛」下四條於左，以成完書。節庵見之，以視一瓻之酬爲何如？

光緒庚子十月廿日楊守敬記。

龍按：此書爲梁鼎芬舊藏明成化八年刊本，今存美國普林斯頓大學葛思德東方圖書館，據沈津《書城挹翠録》所引録文。此條當應梁氏所請爲之，可與楊《志》卷十一條對讀。

新編古今事文類聚六集二百二十一卷元槧本

飛青閣藏之。

龍按：森《志》著録奈須氏久昌院藏元本，據楊批森《志》録，然楊批又云「可删」。沈乃文《〈事文類聚〉的成書與版本》（《文獻》二〇〇四年第三期）一文云此書元刻有二，一爲元前期建陽雲莊書院刻本，一爲影刻雲莊書院之吉州武溪書院刻本。前者今已不存，然森《志》所録有「雲莊書堂」字樣，當即此本；而據楊氏批語，森氏所録者或已歸楊氏。然《故宫所藏觀海堂書目》僅載有明刊之本，臺北故宫所藏觀海堂書亦然，未知楊氏舊藏終歸何處。《留真譜初編》卷六葉四六、四七有書影。

新編事文類聚啓劄雲錦十集六十三卷元刊本

此後坊本所刻多竄亂，又併合卷數。有稱爲《啓制天章》者，改題爲《翰墨大全》者，不可究詰。

龍按：此書未見著録，今藏國圖，前有「寺田盛業」「字士弘號望南」「讀杜草堂」「天下無雙」「黄絹幼婦」「勿謂四疾」「星吾海外訪得秘笈」「飛青閣藏書印」「海鹽張元濟經收」「涵芬樓」「涵芬樓藏」諸印，前六印皆日人寺田望南藏書印，知楊氏得自寺田，後入涵芬樓。楊氏誤以其爲《事文類聚翰墨全書》改題之書，故僅於楊《志》卷十提及，非但未作跋，即於諸書目中亦未録，然於《留真譜初編》卷六葉五十摹其書影。此書爲海内外孤本，已收入《中華再造善本》中，故將楊《志》之語録出，爲此書立目。

翰苑新書零本 宋槧本

在杉本仲温家。

龍按：森《志》著録寶素堂藏零本四十卷，據楊批森《志》録，知楊氏時未得此書，然《故宫所藏觀海堂書目》載有「《翰苑新書》殘本，存七册，宋刊本」，此本今藏臺北故宫，其前有「小島氏圖書記」「讀杜草堂」等印，知即森《志》所録之本，即所存卷數亦基本相符，唯楊藏少前集卷十，或收得後又佚其一。另森《志》又録昌平學藏明萬曆刊本，楊批云「今在飛青閣」。《留真譜初編》卷六葉五一有書影。

翰苑新書前集十二卷後集七卷續集七卷别集二卷明刊本

今在飛青閣。

龍按：森《志》著録昌平學藏明萬曆刊本，據楊批森《志》録。然楊氏諸書目中無之。

居家必用事類全集零本二卷元槧本

今在飛青閣。

龍按：森《志》著録寶素堂藏元槧本，據楊批森《志》録。《故宫所藏觀海堂書目》云「存壬、癸集，元刊本，一册」，此本今存臺北故宫。此書今無元本留存，明本亦罕，故此殘本亦極珍貴。《留真譜初編》卷六葉四八有癸集卷端書影一幅（即所見諸本中，僅北圖影印本有此葉）。

事實類苑七十八卷 日本古活字本

《事實類苑》十五册，辛亥冬月賣於傅沅叔六十元。今在飛青閣。

龍按：森《志》著録日本元和七年銅板活字本，第一條據楊批森《志》録，第二條據《鄰蘇園藏書目録》録。傅增湘於《藏園訂補郘亭知見傳本書目》此書下標「余藏」。

晝一元龜 宋刊本

右宋槧《晝一元龜》殘本，舊爲狩谷望之所藏，自乙部卷八十六至卷九十，共爲一册。其書以經、史、子、文集、圖記分類，撮録止於唐代，當爲宋人所撰。各家皆不著録，唯明《文淵閣書目》有之，亦殘闕之本。余又得丁部卷二十一至二十四鈔本一册，有「金澤文庫」印記。

龍按：此書全名《類編秘府圖書畫一元龜》，現日本東洋文庫藏甲部存卷第七至第十三，乙部存卷第二十一至第二十九、第三十一，共十七卷；宫内廳書陵部藏乙部卷十六至二十、七六至八十，丙部卷三至六、十一至二十、三一至四十、四六至五十、六一至六五、八一至八五，丁部卷七至十、二一至三五、四一至四五、五一至六六，共八十九卷；京都陽明文庫藏享保七年（一七二二）虚舟子鈔本甲部卷七至一百，乙部卷一至卷八、卷二一至卷三一，丙部卷六十至卷一百二，共一百五十六卷。以上三家合計二百三十五卷。然楊守敬所得乙部卷八六至九十日本無藏，其曾著録於《鄰蘇園藏書目録》（標爲「宋本」），現存臺北故宫（書影可參《鄰蘇觀海：院藏楊守敬圖書特展》），此據《留真譜初編》卷六葉四五楊守敬手跡録，楊批《留真譜》又云「今在飛青閣」。此書據宫内廳所藏，有「余仁仲校刊題識」，故定爲南宋建安余仁仲萬卷堂刊本。

另：楊氏所藏宋刊本有「讀杜草堂」及「向黄邨珍藏印」，知前爲寺田望南及向山黄村舊藏，宫内廳藏本有「淺草文庫」「昌平坂學問所」印，爲市橋長昭所獻（末有市橋氏跋），則與楊藏非同一家之藏品；又楊氏所藏鈔本有「金澤文庫」印，據宫内廳藏本著録，其亦有多册末有此印記，然彼云此「恐是贋鼎」。

又，楊氏云「各家皆不著録」，實亦未確。孫星衍《廉石居藏書記》載其曾於吴門見《畫一元龜》之宋版不全本，「分甲、乙等集」，「十五行，二十五字」（行款與楊氏所藏同），共二十册（參孫星衍《平津館鑒藏記書籍・廉石居藏書記・孫氏祠堂書目》），惜此後竟佚。

詩學大成二十卷 元至正刻本〇

元林楨撰。據朱文霆序，稱楨爲三山人，字以正。目録題爲「聯新事備詩學大成」，次行題「後學三山林楨編集」，目録後有木記云云，末行書「至正乙未孟春翠巖精舍謹誌」，蓋又據林楨本而重爲編纂者，故目録中有「新增」字樣。又有明刊本目録後之木記亦同，唯末行改爲「永樂戊子孟春博雅書堂謹誌」，蓋即據至正本重翻者。按《天禄琳琅》載此書有明司禮監刊本，首有毛直方序，而此本無之。此本朱文霆序彼本亦無之。

龍按：據《故宫所藏觀海堂書目》所録，楊守敬藏有此書之日本五山翻元刊本。

此據楊氏稿本録文。

群書考索 明慎獨齋本

《群書考索》四集，卷數與慎獨齋合而不稱《山堂考索》，其每卷首仍題「山堂先生章俊卿編輯」，又題「建陽知縣區玉刊行」「縣丞管韶校正」「羅源知縣徐珪校正」，知非書估所爲。每半葉十四行，行二十九字，四周雙邊，書名卷數在魚尾上。首繪章氏像，像後録《宋史》本傳。去年，書估有以元「延祐庚申圓沙書院新刊」本木記，每半葉十五行二十四字，標題《山堂先生群書考索》，又稱「山堂宫講章如愚編」，乃知章氏之書本名《群書考索》，《提要》只稱《山堂考索》，删除「群書」二字，爲失其本來書名也。故後來慎獨齋本仍題《群書考索》。是書著録家無著録者，未知與圓沙本孰爲後先。而圓沙本有皕宋樓藏本，去歲亦有以圓沙本求售者，居爲奇貨，且有補抄，甘君以重值購之未得。忽又現此本於市，首尾無缺，余乃慫甘君速購之，議價不及圓沙本之半，每册有焦澹園印及季振宜印，已經名家珍藏，而莫氏書目亦僅載慎獨齋本，知此本爲稀有矣。

甲寅仲春倚裝書，鄰蘇老人。

龍按：此跋雖爲甘翰臣作，非楊氏藏書，然楊氏《留真譜》二編卷五葉二四至二七亦有此書影（且至八幅之多），則楊氏亦或曾收其書，或以其書稀見而闌入。故據李偉國《讀楊守敬題本〈群書考索〉》（《上海師範大學學報》一九八三年第一期）録文。另據李文所考，此書實即慎獨齋本，爲書商挖改貼補之僞作。

百川學海一百種 宋槧本

今零殘在飛青閣。

龍按：森《志》著録求古樓藏本，據楊批森《志》録。傅增湘於日本宫内廳書陵部曾睹一宋刊本，「有狩谷望之手跋，原缺五册，依華本鈔補，約計十餘種」，或此所缺即楊氏所得之零殘，惜楊氏舊藏今不知何處。傅氏曾藏宋本，並曾借陶湘影摹刊行，未知是否得自楊氏者。

六子全書六十卷 明刊本

今在飛青閣。

按：桐蔭書屋本，蓋翻世德堂本也。

龍按：森《志》著録寶素堂藏本，二條均據楊批森《志》録。森《志》因「卷末脱簡，校刊名氏未詳」，實即桐陰書屋刊本，然楊氏諸書目均未載。

和名類聚抄十卷 光緒龍璋刻本

《和名類聚抄》十卷「和」亦稱「倭」，音相近，日本源順撰。源順字倶璋，官上能登守，其祖大納言定，弘仁帝之子，始賜姓源氏，順左馬允舉子也，其仕履詳其國史及羅浮散人後序。此書蓋爲醍醐天皇第四公主勤子内親王（作）〔其〕自序，不著年月。考醍醐天皇天曆五年撰《和歌集》，彼土所謂梨壺五歌仙之一，則後周廣順元年也。醍醐卒於後唐明宗長興元年，則此書當撰於梁、唐間。書内皆釋名物，先引中土古書，而以和名雙注其下，所採書二百七十餘種，多有出於隋、唐《志》之外者。蓋源順當日本文物極盛之時，其《見在書目》可以考見；源順又學兼倭漢，故彼土八百年來亦稱寡雙。今爲核之，非唯所引中土之書多不存，即所引日本舊藉，亦半歸堙滅如《東宫切韻》之類，誠藝林之鴻寶也。

顧此書傳抄互異，蓋後人多所附益，不盡源順之舊。日本元和三年當中土明萬曆四十五年，有那波道圓者始以鎸板，其所據本分爲二十四部，二百四十八類，又有寬政十三年當嘉慶五年稻葉通邦得古鈔本第一卷及第二卷前七葉刻之，後有跋語，力詆道圓本之非。余於日本得舊鈔本二通，皆裝爲五册，皆十卷二十四部百二十八類，與源順自序合與稻葉本亦合，其一部有不存藏書印天文丙午當明嘉靖二十五年誂伊舜上人書款，其一部則又從此部傳鈔者。今以此本校道圓本，其原爲附載者，道圓本則多別爲一條，又多出曲詞一部、職官郡國二部，其他次第篇目亦多所分析改併，其爲後人所亂無疑。然謂此本即源順原本，則亦未然，蓋道圓本雖有改部分條之弊，而所引古書甚簡，此則不免有增成演説之辭，故往往與古書亦不盡合。又有三十二部二百四十九門者，其中多引宋初人書，更不足據。

又此書日本文化中當嘉慶間有江户狩谷望之者，曾參校舊本，爲之箋注，極爲精博。原稿傳鈔亦多異緣，其稿凡數易，其定本藏醫官森立之家，余極慫惥其紙幣局長得能良介刊行之，並爲作序，旋復中止。今年到上海，聞此書已有印本，然未之見，不知是其定本否也。攸縣龍君研仙好搜緝逸書，余授以此本，使重刻以餉學者。原本奪誤既不能因仍，又不得徑改，往復證驗，竭兩月之力始付寫官。尚有參差，以俟當世邢子才其人焉。

光緒丁酉九月五日宜都楊守敬記於黄岡鄰蘇園。

龍按：楊守敬於《和名類聚抄》十分重視，楊《志》中亦屢屢述及，以覘漢籍流傳之跡，其《留真譜初編》卷六葉三六中亦收書影一葉。且其於本書前《日本訪書志緣起》中提及日本學者著述，惜「有通材樸學卓然可傳者，反多未授梓人如狩谷之《和名類鈔箋》、丹波之《醫籍考》，擬别爲《日本著述提要》，故兹皆不録入」，「其有采録古書不參彼國人論議者，如《醫心方》《和名類聚》之類，皆千年以上舊籍，尤爲校訂之資，故變例收之」，然云「變例收之」，書中却無此書蹤影。實此書楊氏亦心心念念，曾將其所藏之本交由龍璋刊行，非但「竭兩月之力始付寫官」，且爲作序。故依楊氏之「變例」據光緒二十三年（一八九七）龍璋刻本録文。楊氏此序署時「丙午」，即光緒三十二年，然國圖藏本有朱字覆之，改爲「丁酉」，則爲光緒二十三年，當是，以書前牌記亦云「光緒丁酉八月刊成」也。

和名類聚抄考證十卷 日本排印本

余之東渡也，於其先哲得二人焉，曰狩谷棭齋，曰丹波茝庭。茝庭專精醫術，旁涉儒家，棭齋博極群書，尤深小學。是二人者，皆好學深思，心知其意，不爲偏駁意揣之辭者也。而棭齋爲絶倫，所著《和名類聚抄考證》若干卷，其書條列四部，通涉九流，異義兼賅，一字無假，訂訛疏謬，且出源氏原書上。按日本《經籍訪古志》所載奇帙，求古樓居其泰半，固已爲絳雲、箓竹之儔。及讀此書，乃知摩研功深，學與識並，擬之我邦，又盧召弓、顧千里之匹也。聞此書編纂數十年，稿凡四五易，晚歲卧病床簣，猶手自丹黄，蓋其不自滿假如此。殺青已就，乃以定本付門人澁江道純，而道純遷流靡定，亦未能墨諸板；又以授森立之，立之沉在下僚，今年已七十，學孤聲寂，不能有建白，又將抱此册以終焉。嗟乎嗟乎！宿素衰落，曲高和寡，此書其終絶矣乎！頃聞印刷局將刻此書，欣喜無似，其局長得能先生亦與余有一日之雅，乃致書促其速成之。以校刊之役付立之，而余爲之辭，論曰：

自學分多途，華實異用，由來久矣。畏難趍易，人情大同。而皮傅盈天下，木朽蟲生，異端乃得乘其弊。不知實事求是，吾儒自有徵驗，凡所謂虚辭浮語者，皆流傳之差，豈古聖賢象物正名之本意乎？此書之傳，知此邦先哲自有高矩，勿爲舍爾靈龜，顧我朵頤也。

光緒辛巳荆州楊守敬題。

余又見丹波茝庭《醫籍考》八十卷，亦所謂能自樹立者。若一併刻之，使知古醫術至精至密，非博涉百家、學通天人，未易語此。而海外之精其術者，亦不得議岐黄之疏也，豈不快哉！附記於此。

龍按：上條楊氏爲龍璋刻本撰序中云「余極慫惥其紙幣局長得能良介刊行之，

並爲作序，旋復中止」，知其曾預爲狩谷書作序，狩谷書已於楊氏歸國次年（明治十六年）即由印刷局排印出版，前有得能良介序，並無楊氏序，無可尋覓。後檢得莊帆《中日學術交流的視差：楊守敬未刊書信四封及佚文一篇》（文載《上海書評》二〇二三年十二月二日）一文，指出此序抄於森立之手稿《夜合不開録》中（藏日本天理大學圖書館），現據莊文轉録。另，莊文又録楊氏因此書事致印刷局長得能良介信三封及與森立之一封，因與此序頗有關係，故節引如下（信札首尾及枝蔓處稍加删節，欲觀全豹者祈參莊文）：

與得能氏第一封：

頃聞貴局有刻狩谷棭齋《倭名類聚抄考證》一書，又刻其《度量考》，不勝企羨。弟來此年餘，所見貴邦先達著述，竊以狩谷爲第一。蓋徂徠、春臺，雖有特識，而武斷爲多；仁齋、東涯，非漢非宋，家法並舛。嘗見東涯《名物六帖》一書，尚未能免俗也。唯狩谷博極群書，而又能決擇真僞，洵不愧東瀛領袖。顧其書一種未梓，弟方擬購其稿本，攜之歸國，謀爲刻行。兹聞貴局有此舉，是私心所切禱者。如果鳩工，弟不才，願爲叙文一首，發揮作者之意，諒不以佛頭著糞爲嫌也。

與得能氏第二封：

昨得回示並以尊藏《和名鈔》二册屬校，幸甚。此書弟曾於書坊琳琅閣借得抄本一部，兹以尊藏本對照，乃知互有詳略。尊藏本似是定本，然亦有書坊本是而此本爲誤删者……又有書坊本所略而尊藏本反詳者，大端亦尊藏本爲優。……諸本異同，注家例得並載，鄭康成之於《儀禮》合古文，《論語》魯、古篇，是其前規。棭齋此書，刻爲校訛，附於各類之後，是必因諸本異同，其文甚繁；入之正注，殊覺喧填，故仿《經典釋文》之例，亦注疏家善變之成法也。……弟嘗歎棭齋博洽精審，一掃武斷空談之習，爲貴邦第一流，而所著之書，生前不刻一種，遺稿傳抄，彼此參錯，縱後有時髦，而微言久絶，誰爲論定？以弟所知，小島、澁江皆爲此學，今已雕謝；巍然獨存者，唯森立之一人（此外諒必多有，然弟所知只此人）。其能删定此書與否，弟亦未知其深，想此君既在貴局，諒不草率從事也。此書坊抄本價兼金，弟力不能購，即購亦不能刻，甚望貴局速鳩工也。如刻成，弟意不用貴邦之旁訓點爲佳，蓋此書雖小學類，然亦非童孩所能讀。若有訓點，我邦人又多不欲，唯裁之。貴局既謀刻此書，必已派校刊之士數人如森立之者，祈以此札共議之。如不以爲謬，隨即作叙文一首，附之以傳，實爲至幸。

至其書小小脱誤甚多，想局中諸公自能正之，不待弟之嗷嗷也。

與得能氏第三封：

前委爲狩谷《和名鈔考證》作序，僕自顧何人，安敢論定通儒之書。顧此公博極群籍，以僕論之，當爲貴邦學人第一。而邇來文人且多有不知其名者，固由樸學非衆人所識，亦以其書未嘗廣佈，故後生不能據以稱述耳。兹謹撰就序一首，伏祈與森立之先生商之。如以爲可，則當手書以付梓人。再狩谷定本唯立之有之，别無副册傳世。立之老矣，此書若不速刻，或有中變，將來更難著手。是所望於先生極力表章，非特泉下之人衣絳再拜，亦貴邦真儒一綫之傳。守敬隔海後進，並無門户私見，特以針芥之合，故不能不獨有歎賞。要知後世子雲，定不河漢余言。

與森氏：

久不晤，歉甚，比惟起居萬福爲頌。昨日貴局長得能先生有信來，言及棭齋《和名抄》之事，欲煩先生到敝館議之，屬先定期。弟意欲明日在家俟駕，祈辱臨爲感。

據序與信可知，楊氏非但爲漢籍舶歸不遺餘力，即於日人著述，亦不吝獎掖讚美而謀付剞劂，於狩谷此書亦反覆再三，並自任作序爲之宣揚，信中於刊刻之技術問題亦多有建言。據第三信云「前委爲狩谷《和名鈔考證》作序」，知已得同意故爲撰序，雖楊氏自謙「如以爲可，則當手書以付梓人」，似尚有「以爲不可」之可能，然再據前條之追述，則楊氏或當以其序必用，然其書於明治十六年出版，此時楊氏尚未離開日本，却全不知其事，直至十數年後方「聞此書已有印本」，猶懸念其書所用底本「不知是其定本否也」。今據此印本，前但有得能良介撰於明治十六年四月之序，而無楊序。

另，國圖藏有狩谷望之箋注《和名類聚抄》抄本，前有「飛青閣藏書印」「朱師轍觀」及「松坡圖書館藏」印，知爲楊氏舊藏。又，楊氏藏《和名類聚抄》多種，據繆荃孫日記，其於光緒十六年初訪楊氏，即携其《和名類聚抄》一部而歸。

日本訪書志再補卷四　集部

楚辭章句十七卷附疑字直音補一卷 明翻宋本

此本即以宋槧翻雕，其誤字亦皆仍之，唯宋諱缺筆則悉填補。嘉慶間大小雅堂本又據此翻刻，而多用洪本校改，失真面目矣。

光緒庚寅宜都楊守敬記。

龍按：此書即楊《志》卷十二所跋之「章夫容館宋版重雕」之「明隆慶辛未刊本」，然此條與彼不同，故據傅增湘《藏園群書經眼録》卷十二録（傅氏於跋後注云「余藏，丙辰」）。另據《鄰蘇園藏書目録》載「覆夫容館王注《楚辭》六本」，下標「癸丑臘月賣於傅沅叔二十元」。

楚辭章句十七卷 明代重雕宋本

今在飛青閣。

龍按：森《志》著録求古樓藏本，據楊批森《志》録。此本據森《志》所録半葉八行，行十七字，且避宋諱，知當爲崇禎十七年嚴敏刻本，其本存世較少。

楚辭集注八卷辯證二卷後語六卷 元槧本

刻入《叢書》。

龍按：森《志》著録求古樓藏元槧本，然未云有「《辯證》二卷」，《留真譜初編》卷九葉二有書影。此據楊批森《志》録。傅增湘云海虞瞿氏藏元刊本「與黎刻《古逸叢書》同」（《藏園群書經眼録》），又云「黎氏景刻元至正本」（《藏園訂補郘亭知見傳本書目》），未明所指。《故宫所藏觀海堂書目》録有「《楚辭後語》六卷，宋朱熹撰，元刊本，有『〔弘〕（泓）前醫官澁江氏藏書記』朱印，一册」，楊氏諸書目未見元本《集注》與

《辯證》，此《後語》今存臺北故宫，其前除楊氏諸印外，另有「船橋藏書」朱長、「森氏」朱方、「讀杜草堂」朱方、「弘前醫官澁江氏藏書記」朱長諸印，標云「元末覆天曆庚午（三年，即至順元年）陳忠甫宅刊本」。知楊氏此書從森氏所得，爲元天曆本。

陶淵明集十卷 古鈔本

此即汲古閣本。

龍按：森《志》著録求古樓藏明刊覆宋大字本，據楊批森《志》録。楊氏所謂汲古閣本，即汲古閣影刊所謂仿蘇寫本。

寒山子詩集附豐干拾得詩一卷 影宋本

飛青閣得影抄本。

龍按：森《志》著録姬路河合元昇藏宋本，原本今藏日本宫内廳書陵部，此爲影宋鈔本，據楊批森《志》録。《留真譜初編》卷十葉二二有書影。《故宫所藏觀海堂書目》著録此本，今存臺北故宫。據陳捷《楊守敬與羅振玉的交友——讀楊守敬致羅振玉書札》所引，楊氏知有新出《齊郡王妃》等三誌，欲得此數誌以補《寰宇貞石圖》，「聞係武進董氏所得，奇貨居之。然聞董氏欲購我《寒山詩集》影宋本，吾亦愛不忍割。如董君肯以三誌贈我，則《寒山詩集》可議讓也」。然終未如願。董康後於一九二六年赴日，於宫内廳書陵部得見此書，有較詳之著録，可參《書舶庸譚》卷三。又楊氏致繆荃孫信云「前年借去《寒山子集》，聞在陶子林處，祈飭還爲荷」，檢繆荃孫日記光緒三十三年八月十日載「楊惺吾借《寒山子集》來」，十二日即「以《寒山子》付寫」，則繆氏或曾借以付刻，然終未果。

王子安文 古鈔本

此未詳爲何人之集，《英華》《文粹》並不載。日本《聆濤閣帖》刻此十一行，據其體式，定從卷子本摹入，書法古峭，出《文館詞林》上，故重刊之以告來者訪其全卷焉。守敬。

龍按：《留真譜初編》卷九葉二十有書影，據《留真譜》楊守敬手跡録。楊氏未知此文出何人手，實爲王勃文，後羅振玉曾校録之。楊氏於《日本訪書志》末亦曾附《古鈔王子安文》一卷，或其所録與此同源。

曲江集二十卷 明刊本

《曲江集》四本，賣於梁大人。

龍按：據《粼蘇園藏書目録》録。此「梁大人」或即梁鼎芬。此本今存國圖，書前有「飛青閣藏書記」「宜都楊氏藏書記」印，知必爲楊氏舊藏，又有「曾在趙元方家」「趙鈁」「元方」等印，知後入趙鈁之手，趙氏曾擇精善之本捐國圖，此書亦在其中。

高常侍集十卷 影宋本

影宋本，今失。

龍按：《留真譜初編》卷十葉六有書影，據楊批《留真譜》録。據《留真譜》書影可知，此爲不分體十卷之南宋本，清初錢曾曾見，後即失落；日本大東急紀念文庫藏有殘本六卷，惜此本亦失。

顔魯公集四卷

賣出萃文齋十六元。

龍按：據《鄰蘇園藏書目録》録。

杜工部草堂詩箋四十卷外集一卷補遺十卷 宋槧元修本

惟《草堂詩箋》原本最劣，當時力阻星使，竟不見納，異日必爲通人所詬。刻入《叢書》。

龍按：森《志》著録海保氏傳經廬藏宋槧元修本，《留真譜初編》卷十葉八有書影。第一則據楊批森《志》録，第二則據《藏園群書題記》傳氏載楊氏語録。黎庶昌《叙目》云「此書前四十一卷，宋麻沙本；《補遺》十卷，朝鮮繙刻本」，跋又云：「予所收《草堂詩箋》有南宋、高麗兩本，宋本闕《補遺》《外集》十一卷，今據以覆木者，前四十卷南宋本，後十一卷高麗本。」以外集卷末有朝鮮人姓名，知當以跋語爲是。然其所據之麻沙本質量極劣，故楊氏曾力阻。而楊氏所謂「異日必爲通人所訢」，亦不必俟諸「異日」，傅氏於《藏園群書經眼録》中即反復論及「余先後皆得假校，改正黎氏《古逸叢書》本不可勝計」，「據宋本補正脱佚訛舛數千事。黎刻雕鏤精工，號稱源出宋刻，世人咸以善本目之，設非親見宋本，詳加比勘，又安知其凌亂謬妄至於此極也」；於《藏園訂補郘亭知見傳本書目》中云「改正《古逸叢書》本數千則」，傅氏批校之《古逸叢書》本現存國圖，此數字亦可據之得到證實（參王菡整理《藏園群書校勘跋識録》）。另，傅氏尚録有《草堂詩箋》朝鮮本，有黎庶昌諸印，「即黎刻《古逸叢書》本底本之一也」，又注云「涵芬樓藏書」，查《涵芬樓燼餘書録》，確有此書，標「高麗刊本，《古逸叢書》底本」（《張元濟全集》第八卷），則此書由黎氏自日本舶歸，又不幸而毁於日軍之炮火。

集千家注分類杜工部詩二十五卷 元槧本

今存飛青閣。

龍按：森《志》著録酌源堂藏元刊本，據楊批森《志》録。據森氏所録，此本有

「建安余氏勤有堂刊」字様，臺北故宮存數種勤有堂本，雖均非觀海堂書，亦或有楊氏舊藏。

集千家注分類杜工部詩二十五卷文集二卷 元至正八年潘屏山圭山書院刻廣勤堂印本

杜詩分類始於徐居仁，黄氏就徐本爲之注，採取各家，最爲詳博。元高楚芳《集千家注杜詩》即從此出，無甚增損。此爲元刊本，首尾完具，可寶也。光緒丙戌冬十二月望日，楊守敬題。

龍按：森《志》著録求古樓藏本，並云「序末題『積慶堂刊』，卷尾有『至正戊子潘屏山刊於圭山書院』記」，今藏上海圖書館，據《上海圖書館善本題跋輯録》録文。杜集元本楊《志》已録其一，又云「又藏一本，每半葉十二行，行亦二十三字」者，當爲森《志》所録「山本某藏」之元槧本。另《鄰蘇園藏書目録》録三種，均標「元刊」，均十二册，其一標「已帶京」，一標「取來」，一下注云「楊三少爺經手賣於他人」，未知各與前舉何本對應。

集千家注杜工部詩集二十卷附文集二卷明嘉靖刊本○

首王洙序，次王安石序，次胡宗愈序，次蔡夢弼序。《文集》後附録甫《墓志》。首行題「集千家注杜工部詩集卷之二」，次行題「大明嘉靖丙申明易山人校刊」，其書字畫清朗，雕鏤頗工。然詩中實有劉須溪批點，而標題竟不著其名。且校刊亦未精審，則知所謂「明易山人」恐亦書賈之名。《天禄琳琅》所載明玉几山人刊本序跋皆與此合，未知是一是二。然劉須溪之元刊本尚存於世，則此等亦未足爲杜集之善本也。

龍按：此即楊《志》卷十四叙録提及明易山人本，據楊氏稿本録文。

五百家注音辯昌黎先生文集四十卷日本五山本

今在飛青閣。

龍按：森《志》著録舊刊本，據楊批森《志》録，《留真譜初編》卷十葉十二、十三有書影。此即日本五山本。

新刊五百家注音辯唐柳先生文集四十五卷日本五山本

日本五山刊本，今存飛青閣。

龍按：森《志》著録舊刊本，《留真譜初編》卷十葉十四有書影，此録楊批《留真譜》。《故宫所藏觀海堂書目》録「《新刊五百家注音辯柳先生文集》四十五卷，唐柳宗元撰，宋魏仲舉編，日本舊刊本，十四册」，當即此本。此書宋刊於國内無足本，僅國圖藏殘本，故此五山本可補其不足。卷末摹刻工之識語：「祖在唐山福州境界，福建行省興化路莆田縣仁德里臺諫坊住人俞良甫，久住日本京城阜近，幾年勞鹿，至今喜成矣，歲次丁卯仲秋印題。」

增廣注釋音辯唐柳先生集四十三卷別集二卷外集二卷附録一卷元槧本

今在飛青閣。

龍按：森《志》著録求古樓藏本，據楊批森《志》録。《故宫所藏觀海堂書目》載，今存臺北故宫，《留真譜初編》卷十葉十六有書影。

白氏文集零本二卷 舊鈔卷子本

此二本舊得影抄本，今失，可惜也。

龍按：森《志》著録求古樓藏金澤文庫舊本，據楊批森《志》録。楊氏所得影抄之本爲卷二九、三三，此雖佚失，然《故宫所藏觀海堂書目》載楊氏另藏有舊鈔本卷三、四，爲彼竹蔭書屋藏本。今存臺北故宫。

白氏文集零本一卷 舊鈔卷子本

今在飛青閣。

龍按：森《志》著録高野山西南院藏本，據楊批森《志》録。此爲卷四。

白氏文集七十一卷日本活字本

此本尚多存者，飛青閣得三部。

《白氏文集》日本古刻二十本，賣於傅沅叔。

龍按：森《志》著録，第一條據楊批森《志》録，第二條據《鄰蘇園藏書目録》録。《留真譜初編》卷十葉二十有書影。楊氏得此書數部，然今楊氏諸書目中均未載，臺北故宫亦無存，當早已售出，其一售傅氏，楊氏標云「日本古刻」，實即活字本，傅氏《藏園群書經眼録》亦載，「每卷鈐『菅原長親印』」，當即楊氏舊藏。

新板增廣附音釋文胡曾詩注一卷日本舊刊本

今藏飛青閣。

龍按：森《志》著録寶素堂藏本，此據楊批森《志》録，楊氏舊藏今存臺北故宫。此書國内失傳，頗賴日本刊本以傳，此即日本之五山本。《留真譜二編》卷八葉三六有書影。

歐陽文忠公集五十卷 明初刊本

麻沙本，今存飛青閣。

飛青閣亦藏一部。

龍按：森《志》著録楓山官庫藏宋本，第一條據楊批森《志》録；《留真譜初編》卷十葉二五、二六有書影，第二條據楊批《留真譜》録。就《留真譜》摹刻書影而言，此書爲曾魯考異本，即明洪武初蔡玘刻本，與森《志》所録合。

歐陽文忠全書一百五十三卷 明刊本

《歐陽文忠全書》一百五十三卷，經周益公編定，各本異同注於正文之下，其有據依而義意不甚違異者，則附於每卷之末，此見益公序，甚明也。自明嘉靖間祠堂重刊公集，將每卷末所附異同之説盡行刊削，以益公之所不敢棄者悍然去之，何其妄也！逮至國朝，歐陽衡重刊文集，亦僅據嘉靖本爲藍本，海内遂不復見益公真本。此爲明天順間祠堂刊本，每卷後皆附校語，蓋原本宋明州刊本。今宋本不可見，此其祖禰乎！余亦有藏本，係明成化間刊，亦卷末有校語，他日當與此本互勘之。

光緒丙戌十二月望日楊守敬記。

余嘗謂近人校書有過於繁碎者，當效益公此集，以最要者附注本文，以義意無甚出入者附於卷後，最爲良法。惜乎此本爲嘉靖本删落，遂令學者無所則效。

龍按：此書今藏廣東省立中山圖書館，據《國家珍貴古籍題跋叢刊》所附手跡録文。跋云「余亦有藏本」者，當即前條之書。

廬陵集十册 明初刊本

《廬陵集》十册，在黄州之時借與他人，忘其名姓。

龍按：據《鄰蘇園藏書目録》録。

王狀元集百家注分類東坡先生詩二十五卷 宋槧本

此本後歸賜蘆文庫，余於書肆見之，議價未成，爲日本人購去。

龍按：森《志》著録寶素堂藏宋刊本，據楊批森《志》録。此即宋刻劉辰翁評點本，此本今歸日本宫内廳書陵部。其每册尾有方形陰刻「壽本」印，册首有「平安堀氏時習齋藏」「小島氏圖書記」「佞宋」「尚質私印」「豈待開卷看撫弄亦欣然」「臣尚質」「葆素堂藏驚人祕笈」「學古氏」「父子鐙前共讀書」「尚真私印」等印。《留真譜二編》卷八葉二八有書影，並摹刻「平安堀氏時習齋藏」「壽本」二印。

王狀元集注分類東坡先生詩集二十五卷 舊刊覆元本

此二本尚多存者，飛青閣各藏一部。

元刊本，今存飛青閣。

龍按：森《志》著録求古樓藏宋刊本，又録二種元刊本，《留真譜》卷十葉二九有書影，即盧陵某氏書堂本，此據楊批森《志》、楊批《留真譜》録。《故宫所藏觀海堂書目》録二種，均存臺北故宫，其一全本者前有「森氏開萬册府之記」「占恒堂圖書」印，另本前有「向黄邨珍藏印」「養谷堂藏」「讀杜草堂」「青紡龐□山房」諸印。

山谷詩注二十卷 陳三立刻本

右山谷《内集詩》二十卷，任淵注；《外集詩》十七卷，史容注；《别集詩》二卷，史温注。《内集》爲日本古時翻雕宋本，今日本亦罕見。前有任淵序，鄱陽許尹序，蓋合《陳後山詩注》序本也；宋有紹定壬辰山谷孫黄埒跋，此跋各本皆無之。稱其以蜀本重刊於延平者。又云《且憩》《寂圖》二詩舊亦僅有其目，參考家集，遂成全書。今按第九卷末有此詩，注云任氏舊注元無此詩，但存其目爾。今以楊氏補注增入，而翁本目録則次於《題伯時畫松》之後，而第九卷亦無此詩。然則黄埒所云蜀本有題無詩驗矣。考明嘉靖全集本有此詩，翁刻缺之而無説，何耶？唯此本所稱楊氏補注，不詳爲何人，宋人著録皆無之。其《外集》《别集》則朝鮮活字本，行款稍異，然遇宋帝皆空格，亦原於宋本也。今校第五卷《粲字韻詩》，第七卷《贈張仲謀詩》，翁刻皆有脱文。通校三集注中，翁本誤字不可勝舉。良由覃溪所得是傳鈔本，雖較勝明刊，而與宋本固不可同日語也。黎公使以《山谷集》宋刻久絶，擬刻入《叢書》中，會余差滿不果，故公使於《叢書》叙後深致慊焉。

光緒甲申九月，宜都楊守敬記於黄岡學舍。

龍按：此所謂「黎公使」云云，當指黎庶昌《古逸叢書》叙目後所附識語云：「又有楊君星吾所收繙刻宋蜀大字本任淵《山谷詩注》二十卷，皆以卷帙繁重，未能謀刻，姑附記於此，以餉好事君子。」故陳氏翻刻，亦圓楊、黎夙願。内集前有陳氏跋云：「光緒十九年，方侍余父官湖北提刑，其秋携友游黄州諸山，遂過楊惺吾廣文書樓，遍覽所藏金石秘籍。中有日本所得宋槧黄山谷内、外集，爲任淵、史容注，據稱不獨中國未經見，於日本亦孤行本也。今余與山谷同里閈，余父又嗜山谷詩，嘗憾無精刻，頗欲廣其流傳，顯於世。當是時，廣文意亦良厚，以爲然，乃從假至江夏，解資授刊人。廣文復曰：『吾其任督校。』越七載而工訖。至其淵源識别，略具於廣文昔年所爲跋語云。光緒二十六年二月義寧陳三立題。」此亦有陳氏詩爲證，其《遊武昌西山經黄州雜詩五首》之五即述此事，中有「遂造揚雲居，憑啟鄭虔櫝」句，下注云「黄岡教諭楊性吾學博别宅，饒林亭之勝，兼藏海外秘笈、金石古器甚富」（參李開軍《陳三立年譜長編》）。

按陳刻本内集扉頁牌記有楊氏所題「光緒乙未開雕己亥八月成」，知始於光緒二十一年，成於二十五年，然此爲刻成後所署，實當尤早，據繆荃孫日記載光緒二十年六月廿八日「詣三佛閣，觀新刻《山谷集》，影宋極佳」，則此時書已有部分刻成；外集扉頁又有「宜都楊守敬校字並題」。此楊跋即在外集之前，作於光緒十年，知非特爲此本所作，即陳氏所云「昔年所爲跋語」者。楊、陳二跋均録自陳氏刻本。另，内集、外集卷末有「湖北黄岡陶子麟刊」字樣，又據外集前傅春官宣統二年序云「陳伯言吏部見而愛之，慨出重資刻諸鄂中，當時印行無多。其後吏部僑寓白門，携板自隨，久未付印」，知此刻本所印實少。至民國四年十二月，上海著易堂書局又據之以石印。

此書已爲山谷詩注新善本，極受推重。然三集來源不同。内集源自楊氏所謂「日本覆宋刊本」，然其題跋又云「蜀大字本」，售書記録又徑云「宋槧《山谷詩注》」，臺北「國圖」又標爲「明朝鮮覆刊宋紹定壬辰延平本」，實均不確。陳三立刻本前傅春官序云「右《山谷詩注》内集廿卷，爲日本寬永己巳繙宋紹定本」，並注云「楊君惺吾稱爲『古時』，實則寬永己巳爲明萬曆年間」，萬曆無己巳，此寬永己巳實崇禎二年，此尚小誤；尤要者，在於此書之判斷。日本印行《山谷詩集注》，先有五山本，半葉九行，行十六字，且字體、版式均仿原本，宋本有殘卷存於國圖，將其與五山本及陳、楊覆刊本相較，確有虎賁中郎之似（唯一不同者，宋本爲白口，版心上爲字數，下爲刻工，五山本爲黑口，版心二者全無），覆刻本藉助五山本，還原宋本神采，實可驚歎。至慶長時，日人又以古活字據五山本排印，然將行款改爲八行十七字，又改動題注，宋本前二卷題注中，凡山谷自注，則緊接於題下，凡任氏之注，則另起一行，卷三後或爲節省篇幅之故，則全部改隸題下，古活字本則全部整齊於題下，加之字體徑用彼時活字，與原本即大爲不同。再至寬永間，又仿古活字本上木，距原本則益遠。故傅氏以楊氏藏本爲寬永本，實大誤，其當爲五山本無疑。此五山本又可反證宋本，國圖所藏宋本僅殘存卷四、五及十五至十七，故無判定版本之標識，此書收入《中華再造善本》時，提要云：「此殘本是否即是黄埒刻本，由於首尾俱殘，已無黄跋可以證明。然趙萬里、冀淑英諸先生當年將此本確定爲黄埒刻本，想必有其根據。」知撰者未詳所據，實當據陳、楊刊本所述及引黄埒跋而來。

至外集與别集，則據朝鮮活字本，然其行款與宋本不同，爲十行十七字，楊氏序謂「其《外集》《别集》則朝鮮活字本，行款稍異」，亦若有憾焉。然朝鮮實亦有九行十七字之活字本（整理者藏有零本），惜楊氏未及見，若據此覆刻，雖每行仍多一字，然半葉行數相同，則於宋刊原本尤近一步。王重民《中國善本書提要》録美國國會圖書館藏本，云其爲此翻刻底本，實彼即九行本，非此書底本，其本前有佚名者手跋云「此板刻距今四百年前藏板也。雖非高麗時刻字，然考其時代，真可謂無價之寶云爾」，或因此跋，館方將此書定爲一六〇八年之版。另據《清芬室書目》載，朝鮮有「成宗十三年壬寅刊覆宋刊本木板」本，爲「九行十六字」本（參張伯偉編《朝鮮時代書目叢刊》），或猶存宋本真容，惜楊氏未見，今亦不知存否。

陳簡齋詩注 朝鮮刊本

飛青閣得之，後失於日本。

龍按：森《志》著録此本，云「求古樓舊藏」，此據楊批森《志》録。然楊氏《鄰蘇園藏書目録》録一「活字本」，下注「癸丑臘月賣於傅沅叔四十元」，當即朝鮮活字本，未知是此本否。另，楊氏亦有日本慶安元年翻刊本，據傅增湘《藏園訂補郘亭知見傳本書目》云「楊守敬得之東瀛，因以見讓」，則亦當售於傅氏。《留真譜二編》卷八葉三二有和刻本書影。

名公妙選陸放翁詩集存前集十卷 五山本

《四庫》著録《放翁詩選》有前後集，前集十卷，羅椅所選；後集八卷，劉辰翁所選；又附別集一卷，則取《瀛奎律髓》所録詩，以補兩家之遺者。此爲日本舊刻，的是據元刊本重翻。每卷標題下有「前集」字樣，則知原本亦必有後集，而殘失之也。《提要》稱此選取去不苟，今觀所録，多沉鬱之作，故當爲放翁別開生面也。

戊子四月守敬記。篇中於五律、七律、五絶、七絶，據目但云五言八句四句、七言八句四句，不稱律詩絶句。

龍按：《故宫所藏觀海堂書目》著録此書一册，並云「日本翻元刊本，有楊氏題識」，《留真譜初編》卷十葉四九有書影。據阿部隆一《志》録文。

陸放翁詩集十九卷 明嘉靖刊本

飛青閣亦藏一部。

龍按：森《志》著録楓山官庫藏明嘉靖刊本，然云「未見」，據楊批森《志》録，此當指羅椅等編之本。

陳止齋文集六册元刊本

宣統二年買於張潤芝。

龍按：據《鄴蘇園藏書目録》録，《留真譜初編》卷十葉四六、《留真譜二編》卷八葉三五均有書影。然《止齋文集》未聞有元刊存世，以上書影均爲明正德元年林長繁本，或其收失明人王瓚序，故爾誤認（國圖有張元濟爲涵芬樓所收之本，即無王序）。

晞髪集八卷附録二卷日本鈔本

右徐興公𤊹所輯謝翱《晞髪集》，萬曆戊午張蔚然刊本。按興公以博洽名一世，所著《筆精》至今爲士林寶重。此集蓋據萬曆繆氏刊本重訂者。卷中所載序跋有弘治間儲巏本、嘉靖間程煦本，萬曆間凌琯本，然則謝集在明代已四五刻矣。至國朝平湖陸大業刻此集，但據抄本及萬曆時歙人張氏刊本此刊本有外集、新集，稱爲謝公降亂之作，非蔚然本也，其卷端校語又有所謂坊本者，不知所指爲程、淩諸本否也。今以陸本校此本，則此本多出《智者寺》一首、《小華陽亭》一首、《過臨安故宫》一首、《雨中怨》一首，然見陸氏不見興公此本。今陸氏刊本亦不多見，世有好事者，合此本與陸本，重爲校刊，尤爲表章遺民之要事也。

光緒乙酉七月四日楊守敬記。

龍按：《故宫所藏觀海堂書目》著録此書四册，並云「日本舊鈔本，有光緒乙酉楊氏跋」，當即此本。據阿部隆一《志》録文。楊《志》録有此張蔚然萬曆間刊本，彼時云「惜篋中無陸本，不得一互校之也」，此時知當與陸本互校。

真山民詩集一卷 傳鈔元刊本〇

首有大德丙午夏董師謙序，稱「其族子伯源出小稿授余」，又云「伯源，文忠嫡玄孫云，文忠之先本括人，中徙健此字誤，當作「建」，與山民同祖」，然則山民爲文忠族曾孫，李生喬以爲「不愧遒祖文忠」之語爲實録，不得謂姓名皆好事者爲之也。知不足齋本皆近體詩，此卷末有五言古詩十首，雜言一首，又多出五十一首；而鮑本所有爲此本所無者亦八首。日本文化間泉澤充刊此集，附以鮑本八首爲《補遺》，又據《元詩體要》增七古一首，據《龍泉邑志》增七律一首，於山民詩差爲完善。然據董師謙序，《泊舟》《山間〔行〕》《醉和尚》等篇，此册亦缺之，則此亦非董氏所刊完帙也。余又記蔡粹然《聯珠詩格》及《詩林廣記》所引山民詩甚多，未知於是集有出入否也，暇日當一校之。

括蒼真山民善詩，其族子伯源出小稿授余，余〔於〕他文章無所畏，獨畏詩，每見詩人，輒如懸衡而俯。今讀山民詩，俯滋甚。其集中古體如《拙歎》《泊舟》《醉卧》《牧兒》《山間行》《醉和尚》等篇，造次未易到，惟五七言律爲最高，拭摘一二：如「亂峰相出没，初日乍陰晴」，「蟋蟀數聲雨，芭蕉一寺秋」兩句，一意(詩)讀之，不覺得古人風；如「聽雨寒更盡，開門落葉深」，「風蟬聲不定，水鳥影同飛」，「窗月燈昏見，巖泉雨歇聞」，「白沙難認月，黄葉易爲霜」，皆盡寫物之妙；如「商嶺定無屠狗客，雪臺豈有釣魚人」，「欲談時事佛無語，不管客愁鳥自吟」，「水禽與我共明月，蘆葉爲誰吟晚風」，皆奇語。如「陳書邀我共高閣，濁酒勸人歸醉鄉」，「泉石定非騎馬路，功名不上釣魚鈎」，皆新語；讀至《歲暮》一聯云「一年又是等閑過，百歲只消如此看」，爲之撫几擊節。夫律詩最難工，在唐人已難之，況今人承之大家數之後，好意説盡，好語道盡，如釀酒然，前者取其醇，後者取其醨〔。取之不已，今不知其第幾醨〕矣。欲追古作，豈不難哉！而《山民詩集》之精如此，計其苦心非一日之積矣。後進之士，宜得如山民者而師之。

伯源，文忠公嫡玄孫云，文忠之先本括人，中徙建，與山民同祖，將勉其鋟梓，以廣其傳，且徵余叙。〔余〕稚不工詩，未嘗敢輕叙他人詩，今予叙豈以恍一〔真〕（其）〔山〕民哉！後進之士知余之不輕叙而叙之也，則又可以尋常詩卷例之哉！大德丙午夏董師謙序。

龍按：據《故宫所藏觀海堂書目》，知楊守敬曾藏《真山民詩集》日本刊本一種，當即此處所云泉澤充刊本，然此所録爲傳鈔元刊本，其《鄰蘇園藏書目録》曾録一本，先鈐「日本古鈔本」之印記，後將「古鈔」二字圈去，旁改「五山」二字。而據此條跋語，則楊氏所藏，恐仍以日本古鈔本爲是。此雖叙古鈔本，然其末所附董師謙序則據泉澤充本而來，且楊氏所藏泉澤本當既有初刊本，亦有補刊本，其云「據《元詩體要》增七古一首」，實補刊本之特徵，然其董序則又全據初刊之本，故中闕「取之不已，今不知其第幾繭」一句；另楊氏或未見文化間之栲亭本，以董序所云「中徙健」，楊氏特爲注出云「此字誤，當作『建』」，而栲亭本即「建」字。此據楊氏稿本録文。

滏水集二十卷 清刊本

趙閑閑《滏水集》，海内著録家不聞有原刊本。仲繹侍郎得曹秋岳舊鈔本，又得何義門昆仲校本及定州王氏、浙中朱氏諸本，參校於書眉上，殊爲詳慎。囑守敬審定刻之。

曹本謬誤宏多，而傳録最先，故以爲原。諸家異同亦互有得失，大抵皆比勘字句之間，未遑博考典籍。如《原教》篇「以身繫諸道德仁義禮」，誤「身」作「事」，不知出《楊子·法言》；《廣平郡王》篇「妹夫吾也藍」作「妹天吾藍也」，不知出《金史·完顔承暉傳》；《裕州學記》「或隸襄城，或隸湞陽」，誤作「〔潁〕（穎）昌（潁）汝陰」，不考《魏書·地形志》及《隋書·地理志》；甚至《大椿賦》「松茂柏兑」，誤「兑」爲「悦」，不考《詩·大雅·皇矣》篇；《答李天英書》「李十八」，誤「李」爲「五」，不考《仇池筆記》。諸如此類，皆直據經典以正之。集中諸賢名位、爵里，則遍檢《金史》《歸潛志》《中州集》《遺山》《滹南》等集，并略著出處，使知閑閑當日爲金源泰斗，其所往來酬酢者，皆一代傳人，不獨遺山矯矯爲高足弟子也。

原鈔本末附《乞伏〔村〕（材）重修唐帝廟記》，是據《安陽金石志》鈔出，今考閑閑諸文見於金石著録者，尚有《遊草堂寺詩》在陝西鄠縣，《蓋公和尚行狀銘》在山東東昌，《利州精巖寺圓蓋和尚塔》在喀喇沁左翼利州城東，《鄧州宣聖廟碑》在河南鄧州，皆此集所無，當一併據拓本附入。侍郎其有意乎？

光緒乙巳九月，宜都楊守敬記。

龍按：此爲光緒間吴重憙輯刻《石蓮盦彙刻九金人集》之一種，《滏水集》爲楊氏審定，爲作跋附於卷末。按《留真譜初編》卷十葉五十有《閑閑老人滏水文集》書影，半葉十一行，行十七字，字體精美，且整葉全刻，於《留真譜》多僅刻首行等例不同，知楊氏於此頗示珍重之意。然《滏水集》僅有光緒間二刻，餘皆抄本，行款亦異，未知所據爲何本。

李善六臣文選 宋刊本

右足利學藏宋槧《文選》，無刻梓年月，字畫精嚴，宋槧中絶佳者。卷第一下記「五臣並李善注」，不排列五臣姓名，亦無總目，籤題篆書「李善五臣文選」六字，下爲界格，夾書卷數，猶是當時裝潢之舊。此爲小島原圖，獨惜其未摹籤題也。

龍按：楊《志》卷十二録李善注《文選》尤袤刊本及日本楓山官庫藏六臣注《文選》之宋本，此爲楊氏叙尤本時所言之「足利所藏宋本」也。《留真譜初編》卷九葉十二至十五摹刻此書四葉，此據《留真譜》楊守敬手跡録。

曹子建七啓八首（跋）古鈔本

田君伏侯從古本得《文選集注·曹子建〈七啓〉》，標「第六十八卷」，不題撰人名氏。按《昭明文選》本三十卷，李善分爲六十卷，五臣本仍三十卷。余所得日本古鈔無注本，《七啓》在十七卷，李善注在三十四卷，五臣合善注亦在三十四卷。此爲六十八卷，知又分《善注》一卷爲二卷，全書當共一百二十卷。顧中土自來無著録者，即日本《現在書目》亦不載。其中引《李善注》及《五臣注》外，有「鈔曰」「《音決》」及「陸善經」云云。按《舊唐志》「《文選》六十卷，公孫羅撰」，《新唐志》「公孫羅注《文選》六十卷」，日本《現在書目》「《文選鈔》六十九卷」。此本所引「鈔曰」爲公孫羅之書無疑。又《舊唐志》「《文選音決》十卷，公孫羅撰」，《新唐志》「公孫羅《文選音義》十卷」，日本《現在書目》「《文選音決》十卷，公孫羅撰」。此卷所引《音決》亦爲公孫羅之書。檢《舊唐書·儒學傳》：「公孫羅江都人，歷沛王府參軍、無錫縣丞，撰《文選音義》十卷，行於代。」沛王即章懷太子，永徽六年封潞王，龍朔徙封沛王。李善亦爲沛王侍讀，則知公孫羅與李善同時，年輩稍後耳。陸善經年里、時代、爵里不詳，所注《文選》不見兩《唐志》，日本《現在書目》亦無之，而有所撰《周易注》八卷、《古文尚書注》十卷、《周詩注》十卷、《三禮注》三十卷、《春秋〔三〕（二）傳注》卅卷、《論語注》六卷、《孟子注》七卷、《列子注》八卷。計善經著書如此之多，而兩《唐志》均不著録，往往見於日本古鈔經疏欄上及背面，而古文卷子《左傳》所載尤多。此《文選》雖無著録，而余所得古鈔卷子無注本第一卷欄格標記旁注，亦有陸善經、《音決》、《鈔》、《集注》諸書，即《經籍訪古志》所稱温故堂藏本今歸江夏徐恕，則知此本確有根源。今略校之，大抵正文多從李善本，亦間有從五臣者，又有不與善本、五臣同，而與《文館》四百一十四卷所載《七啓》同者。又余所得古鈔無注《文選》殘本，其中文字往往出於善注、五臣之外，可知《文選》善注、五臣外，當時流傳異同至夥，不得以善注、五臣遂謂盡《文選》義蘊也。又《唐書・曹憲傳》《許淹傳》，並有《文選音義》十卷，《舊唐志》又有蕭該《文選音義》十卷，皆最有名，而此本不載，或此爲日本所爲耶？惜伏侯持此卷屬題，僅期一日返京師，未得一一校其異同，別爲《札記》。酷暑匆匆記此，揮汗如雨，不自知其顇也。

宣統三年六月二十有三日，宜都楊守敬記，時年七十有三。

龍按：此爲楊守敬應田潛之請所作。田氏曾至日訪書，其爲所藏卷七三零葉作跋云：「日本金澤文庫所藏唐寫《文選》，彼中定爲國寶。予督學時得有《七啓》《五頌》《晉紀總論》各卷，首尾完全，極爲可貴，今均歸之他人。此雖斷簡殘編，亦足珍也。丙辰十一月朔日，潛山題。」（參《唐鈔文選集注彙存》）知此卷得自日本，故據《楊守敬書信題跋遺稿》録文。田跋所及三卷據《唐鈔文選集注彙存》附《現存〈文選集注〉一覽表》知一藏東洋文庫，一藏小川廣己，一藏臺圖。此卷六八田氏當得於宣統三年，五年後即「歸之他人」，今收入《唐鈔文選集注彙存》，首葉有「荆州田氏藏書之印」「田偉後裔」諸印，爲田氏舊藏無疑。楊守敬致羅振玉函中云「伏侯所得《文選》故是希有，然未必千金之寶吾有跋，可閱之」（國圖所藏《鄰蘇老人書札》），所言「跋」當即此。東洋文庫藏原本末有楊氏手跡，與此大同，然頗多次序調整與詞語改換，或爲楊氏匆忙中未暇斟酌之初稿，故不據校，唯手跡中有二小字注，一於「五臣本仍三十卷」下注「見錢遵王《讀書敏求記》」，一於「其中文字往往出於善注、五臣之外」下注「詳見余《日本訪書志》」，當指楊《志》「文選殘本二十卷」條，或可參考。又，原書前有羅振玉題署及識語，末有田氏跋，既可與楊跋對讀，亦因學界引録偶有誤字或疑而未録之字（如「幸草」一詞，即將「草」字以方框代之，實出王充《論衡·幸偶》「火燔野草，車轢所致，火所不燔，俗或喜之，名曰幸草」），故具引如下。羅氏識語云：「日本金澤文庫藏唐寫《文選集注》，殆唐人所著傳入彼土者。中多引佚籍，爲新、舊兩史志所未著録，洵爲人間秘籍，彼邦近已定爲國寶。此第六十八卷，首尾完足。宣統紀元，吾友潛山先生在東京得之，頃付裝池，既竟，出以見示，並屬篆題。留寒齋三日，今將返鄂渚，匆匆應教，佛頭著糞，罪過罪過。辛亥五月羅振玉謹署並記。」田氏跋云：「此卷辛亥八月携在衣箱返荆州故里，未與武昌所置書物同歸於盡，可謂幸草。今展閲一過，爲之憮然。乙卯冬日伏侯記。」

文選李善注六十卷附考異十卷 胡克家仿宋本，武昌廣州兩局繙胡本○

按《新唐書》「《李善注文選》六十卷，《五臣注文選》三十卷」，《崇文總目》亦分著之，似北宋當二本各行，故世謂合善注於五臣，始於南、北宋之間。明袁褧繙崇寧五年裴氏六臣注本，第四十卷末尚有後蜀毋昭裔題記，始悟昭裔初鏤板，已是合併之本，然則世謂南宋始合併者，非也。若謂是崇寧合併，時存其舊式，則余獨疑尤延之藏書最富，其在貴池倉使校刊李本，不容即不能單行本，而必從六臣本割截而出耶？詳見胡氏《考異》，汲古閣本亦然，詳見《提要》。

龍按：據楊氏稿本録文。

文選六臣注六十卷明袁褧重刻宋崇寧六年廣都裴氏本〇

按《文選》五臣、善注合併之後，善注不聞有單行原本，世傳宋板皆從尤延之本出，而五臣三十卷之本亦罕有見之者。唯錢遵王《敏求記》載有宋刻五臣三十卷之舊第。若果有此本，五臣雖不足重，而可以考校善注之羼雜，惜乎今亦不傳也。至六臣舊本見於著録者，《天禄琳琅》有五本，前四本爲一板，無刊刻年月，後一本即崇寧六年廣都裴氏本，皆北宋善本。又《敏求記》宋本有元人題跋。一本又茶陵增補本，目録第三行載「茶陵前進士陳仁子校補」，皆六十卷本。又有明萬曆戊寅徐成位、新都崔氏大字本即田藝（蘅）（衡）本，皆三十卷。田本有删節，而以善居前，五臣退後，此六臣之梗概也。而胡氏《善注考異》稱茶陵本善注居前，五臣居後，與裴本異。而余所見茶陵本則仍五臣居前，且其注中誠有與袁本、尤本異同，然不若《考異》所録之多。而以《考異》所出者校田藝（蘅）（衡）本，則一一吻合，豈胡氏所稱茶陵本者，或即田氏本與？蓋田氏本從茶陵本出，又多所（脱）改移，豈胡氏所見茶陵本又一本耶?余所見茶陵似繙刻。然不應違異若此。

龍按:森《志》録求古樓藏本,楊批森《志》云「飛青閣亦藏一部」,據楊氏稿本録文。

六臣文選六十卷 日本慶長活字本〇

六臣《文選》唯茶陵陳仁子本與袁褧本爲善,故顧千里爲鄱陽胡氏刻尤本《文選考異》即據二本訂正。然袁本世尚有之,茶陵本則絶不可見。良由時代稍遠,故如星鳳耳。此本爲日本活字印本,據其國《經籍訪古録》稱之,本當慶長丁未,直江兼續用銅雕活字印行。考日本慶長丁未,值中國明萬曆三十四年,距今已三百餘年,故其流傳亦少。余展轉購得之,以顧氏《考異》校之,乃知顧氏亦實未見茶陵原本。據《考異》云,袁本善注居後,五臣居前;茶陵本善注居前,五臣居後。今覩是本,則仍五臣居前,且其注中誠與袁本、尤本異同,然實多與《考異》所云不相應。而《考異》所出者校明田藝(蘅)(衡)本即新都崔氏本,亦稱徐成位本,則一一符合。然則顧氏所稱茶陵本指田氏本,蓋田氏本從茶陵出,而又多所臆改。其移善注居前者,田氏始爲之,茶陵原本不如是也。嘗考袁本李善《表》後,有國子監准敕節文云：「五臣注《文選》傳行已久，竊見李善《文選》援引該贍，典故分明，若許雕印，必大假流布」云云。是敕無年月，其爲宋時官文無疑。然則孟蜀毋昭裔所刻《文選》實是五臣本，李善注至北宋時尚是傳鈔，初無單行刻本，至是始合五臣付梓，故收藏家有六臣北宋本《天禄琳琅》《愛日精廬》及日本《經籍訪古志》俱載之、五臣三十卷本錢遵王《敏求記》有之，而不聞有北宋善注單行本。以尤延之遂初堂藏書之富，而所刻於貴池者，仍是從六臣本割截而出，故往往與五臣本奪亂，顧澗〔薲〕（濱）所勘不誣也。近世重善注胡刻本，而不知從六臣本出，亦爲不探其本矣。

張孝達之博綜，而《書目答問》所載乃獨出新都崔氏之陋本，置袁本、茶陵本於不問，甚可怪矣。余以得此秘本，思欲覆校以著澗〔薲〕（濱）之失，又因得釋慧琳《一切經音義》一百卷於日本，其書爲中土所久佚，尤爲瓌寶，校勘不易，故不能兼及此，乃以寄我景崙，能爲詳覈之，亦幸事也。附記書首，以當手札。

光緒辛巳春二月下旬。

龍按：森《志》著録，《留真譜二編》卷八葉三、四有書影。據楊氏稿本録。稿本於書名下注云「宋茶陵本」，然此所述顯爲日本活字本，據改。另，此則末段稿本有删節號，暫録存之。

文選六十卷 明覆弘治元年唐藩刊本

按：磐生，閩中陳衍字也，著有《漢詔疏選》。守敬記。

龍按：此書今存臺北故宫，據楊氏手跡録。其首册前有朱筆識語云：「鄧汝高所藏書，其首卷印章乃何雪漁筆也。中間披閱或用圈點，皆不終編而罷，豈鄧公有此疏懶耶？抑諸郎狡獪乎？當汝高督學雲南時曾以此書與《世説》刻行，置學宫中，不知尚在否。吾郡此書不多得，故雖殘弊，亦强留之。崇禎六年午日磐生識。」楊氏此識語即對陳氏跋而言者。前有「弘前醫官澁江氏藏書記」「森氏」「雲煙家藏書記」（此印據阿部隆一《志》引，前當另有「子孫永保」四横書之字）等印。

文選六十卷 明嘉靖二年覆元張伯顔刊本

飛青閣亦藏一部。

據序，亦翻宋本，然不及汲古閣本也。

龍按：森《志》著録，據楊批森《志》録。《故宫所藏觀海堂書目》載有「明嘉靖癸末汪諒翻元本」二十册，注「每葉二十行，每行大字二十字，小注二十一字，六十卷後有『監造路吏劉晉英、郡人葉誠』木記，前有李廷相序」，即此本，今存臺北故宫。

文選零本一卷 上野本

立之又云此本當在五百年前，余亦以爲不然。余所見日本古鈔佛經，在唐代則用黄麻紙，至宋時則用白麻紙，皆堅韌光滑，至元明之間則質鬆而理弱。此卷白麻堅結，當在八九百年間。且陸善經之書至宋世已不存，何論《音決》《鈔》《集注》，尤屬隱秘耶！《通志略》有《文選注》六十卷，公孫羅集注；又《文選音》十卷，公孫羅集。《日本現在書目》：《文選鈔》六十九卷，公孫羅撰；《文選音決》十卷，公孫羅撰。此卷所引，當公孫羅之書。

光緒辛巳八月楊守敬記於日本使館。

龍按：森《志》著録温故堂藏本，楊《志》已録，並有詳跋。此原本藏日本京都大學圖書館，末有楊氏手跋，與前跋有不同處，童嶺先生《隋唐時代「中層學問世界」研究序説——以京都大學影印舊鈔本〈文選集注〉爲中心》（南京大學古典文獻研究所編《古典文獻研究》第十四輯）一文提及此條，承謝文君博士轉託吴睥博士抄録全文，謹表謝忱。此跋前近千字實即楊《志》原文，僅有個别字句稍異，不贅録。僅末段爲楊《志》所無，則據童文所引及吴皞博士所示録文。

文選零本一卷 舊鈔卷子本

龍按：森《志》著録求古樓藏本，據楊批森《志》録。

此本今藏飛青閣。

文選六臣注六十卷 朝鮮銅活字本

龍按：森《志》著録福山鹽田屯藏本，據楊批森《志》録。此即翻秀州本之奎章閣本。

今在飛青閣。

增注唐賢三體詩法三卷 朝鮮刊本

今在飛青閣。

龍按：森《志》著録容安書院藏本，據楊批森《志》録。

增注唐賢三體詩法三卷 日本刻本

飛青閣藏。

龍按：森《志》著録日本明應甲寅刊本，據楊批森《志》録，《故宫所藏觀海堂書目》載云「日本翻元大德本」。《留真譜初編》卷九葉三七有書影。

疊山先生批點文章軌範七卷 日本刻本

有重刊本。

龍按：森《志》著録元刊本，楊《志》已録，此據楊批森《志》録。此所謂重刊本，當指日本嘉永刊本。日本昌平學先覆刻朝鮮本，楊《志》於朝鮮本條下云「日本文政元年其國學嘗據此本重刊，板毁於火」，嘉永六年重刊時改以元刊本爲底本，檢《故宫所藏觀海堂書目》即載此嘉永本，今藏臺北故宫。

文鏡秘府論二卷 古鈔本

日本僧遍照金剛撰，即空海也。空海求法於唐，兼善文翰，故以所聞文章利病著爲此書。上卷論對凡廿九種，下卷論病凡二十五種。中多引元氏、劉氏、洗氏、崔氏之説，而不著其名。元氏當是微之，餘三人今不可考。其論雖若淺易，實可考見唐人作詩賦律法，較之趙秋谷《聲調譜》以後人追尋其義例者，尤爲有據也。

按，弘法大師傳此書本六卷，此其殘本也。

龍按：《文鏡秘府論》一書楊跋已收於楊《志》卷十三，然楊《志》丁酉甲、乙二種本卷十五葉二七又有一條（此前爲葉二二，中間似留有餘地），較前爲略，且用語亦異，故據録於此。此書今存臺北故宫，僅存二卷，阿部隆一《志》載其扉頁題云「《文鏡秘府論》古鈔零本二卷，此亦狩谷望之所藏，有棭齋印記」。

古文苑二十一卷 明刊本

今在飛青閣。

龍按：森《志》著録求古樓藏，據楊批森《志》録。《故宫所藏觀海堂書目》載「明嘉靖年刊本，每本末有狩谷氏藍筆校點題識，十册」，當即此本，今存臺北故宫。《留真譜初編》卷九葉二四有書影。

重廣眉山三蘇先生文集存三卷一册 宋紹興末饒州董氏集古堂刊本

此《六君子文粹》之一，字體方整，每行字數不一，蓋北宋本也。

光緒丁酉三月楊守敬記於海上之寄觀閣。

龍按：此本今藏臺北「國圖」，標爲「宋紹興末饒州董氏集古堂刊本」，有「大雅」「歸安陸樹聲叔桐父印」「逬圃收藏」諸印。《適園藏書志》著録，云：「字畫紙張，無不精妙，南宋刻本，楊惺吾以爲《六君子文粹》，不知《文粹》無不標『文粹』者；又以爲北宋本，直是盲説，不如陸叔同遠矣。」故未録楊跋，徑録陸樹聲跋，陸氏檢出「『桓』『構』均缺筆」，則爲南宋本無疑。此據張《補》録文。《留真譜初編》卷十葉三一有書影。

唐文粹一百卷 宋槧本

今藏飛青閣。又缺第四至第八四卷。

龍按：森《志》著録賜蘆文庫藏本，據楊批《森》志録。然楊氏或有小誤，「八」當作「七」，一者「第四至第八」已五卷，二者《留真譜初編》卷九葉二三有書影，即卷八首頁。此云「又缺」者，即從森《志》「缺一、二兩卷」而來。嚴紹璗《日藏漢籍善本書録》載日本所藏《唐文粹》元末明初刊本多種，然均非森《志》所録之市野光彦舊藏之本，嚴氏云「森《志》所録此本，即係元末明初所刻之祖本，而原本今不知存於何處」，實可確定此書後歸楊守敬，《故宫所藏觀海堂書目》載「宋刊本，每半頁十五行，每行二十五字，末有文化十四年市野光彦跋，二十册」即此，今臺北故宫藏本標「元刊配補明嘉靖六年張大輪本」，或即觀海堂舊藏，則其缺卷以明嘉靖本配補。此本市野、森、楊三人均以其爲宋刊本，楊致譚獻函云：「敬所藏有宋槧本缺首五卷……宋槧刻雖不精，然誤字最少，徐本即從之出此本已售去。」（參錢基博整理編纂《復堂師友手札菁華》）所言亦即此書，然云「缺首五卷」，或籠統言之者。譚獻云：「楊惺吾函來，以所藏宋本《文粹》借校。出而察之，亦明本耳。東國人以爲宋刻，惺吾遂張之，不足信也。」（譚獻著，范旭侖、牟曉朋整理《復堂日記》）則其究爲何本，尚有争議，或以嚴氏所言爲當。另據《鄰蘇園藏書目録》載，「《唐文粹》晉府本廿三本，賣出萃文齋，三十二元」，則爲嘉靖八年晉府養德書院刻本。

西山先生真文忠公文章正宗零本 元末明初覆宋刊本

南宋槧《文章正宗》，飛青閣藏本。殘缺，今存飛青閣。

龍按：森《志》著録，前條據楊批森《志》録：《留真譜初編》卷九葉二九有書影，後條據楊批録。《故宫所藏觀海堂書目》録云「明刊本，存二册」，或即此本，今存臺北故宫，僅存卷一、二、二三、二四，共二册，書前有「湯島狩谷氏求古樓暴書記」「小島氏圖書記」印。

皇元風雅前集六卷後集六卷 元刊本

有元刊本，今藏飛青閣。

龍按：森《志》著録求古樓藏舊刊本，此據楊批録。《留真譜二編》卷八葉十有書影。森氏所録者非元刊，其云「此本蓋翻雕元槧者」，語焉不詳，實即日本五山本。森氏云其本「每卷有『艮岳院』朱印」，即日本京都東福寺艮岳院之藏書印，此後董康得一本，亦云「每册有『艮岳院』長方朱文楷書」，則董氏所得或即森氏著録之本。其書今藏國圖，有「董康秘笈之印」「董氏誦芬室校定」「曾在董氏誦芬室中」諸印，董氏於此刻贊其「槧刻樸雅，視至正原刻有青勝於藍之概，明槧更無論矣」，亦明云「《皇元風雅》前、後集各六卷，五山覆元本」（參《書舶庸譚》）。

詩人玉屑二十一卷 日本刊本

日本所刊元本，今在飛青閣。

龍按：森《志》著録求古樓藏舊刊本，然云「未見」，故所録亦誤爲「二十卷」，《故宫所藏觀海堂書目》録此書「日本翻宋本，十册」，即此本，《留真譜初編》卷十葉五二有書影一葉。今存臺北故宫，前有「朱師轍觀」印。何澄一整理觀海堂書目時以此爲「翻宋本」，當誤，楊氏《鄰蘇園藏書目録》此書上有「五山」字様，知楊氏定此爲日本五山本。森《志》次録懷仙樓藏朝鮮刊本，楊批森《志》云「此即翻前本」，此後日本至寬永間又有刊本，又據朝鮮本翻刻。

遺山樂府三卷 朝鮮刊本

朝鮮古刻本，今存飛青閣。

龍按：《留真譜初編》卷十葉五一有書影，據楊批《留真譜》録。《鄰蘇園藏書目録》録「《遺山樂府》，元本，三本，辛亥冬月賣於傅沅叔三十元」，當即此本。傅氏《藏園群書經眼録》亦載此本，並標「余藏」，又云「陶氏所刻即據余舊藏朝鮮古刻摹刊」，據《雙鑑樓善本書目》手稿，書有白文「向黄邨珍藏印」。陶湘《景刊宋金元明本詞》收此書時云「江安傅氏藏園所收，假以摹板」。遺山之詞集，最古者即此朝鮮刊本，後世之本多從此出。然因學界未注意《鄰蘇園藏書目録》與楊批《留真譜》之資料，故亦未知如此重要之版本實得自楊氏舶歸者。

日本訪書志再補卷五　釋家

大藏經綱目指要録八卷 宋刊本

惺吾海外訪得秘笈。

龍按：此書今存國圖，前有「惺吾海外訪得秘笈」「李國松藏」「肥遯齋」印，知爲楊氏舊藏，或與前述《北齊人書左氏傳》同入李鴻章從孫李國松手。此書爲海内外孤本，已收入《中華再造善本》，故據楊氏藏書印録文以存之。

景德傳燈録三十卷 日本覆元刊本

飛青閣得之。楊大年序，全集中所無。

龍按：森《志》著録此「貞和、延文間摸雕元延祐丙辰刊本」，此本今未知存處。

據楊批森《志》録。《留真譜初編》卷十一葉十六有書影。

續一切經音義十卷日本刊本

此亦在芝區寺中。

龍按：森《志》著録日本延享三年刊本，此云「亦在」，實承前《一切經音義》「在三緣山寺中，即芝田區大寺」而來，據《故宫所藏觀海堂書目》，楊氏藏此書二種，知亦收得，故據楊批森《志》録。

梵語千字文一卷日本刊本

今在飛青閣。

龍按：森《志》著録日本享保刊本，此據楊批森《志》録。此書失傳於海内，惟日本有翻刻之本。

五燈會元二十卷 元刊本

此本余曾見之，議未成，而别得元刊本。

龍按：森《志》著録求古樓藏「貞治戊申刊本」，楊氏未購此和本，却得元刊之本。據楊批森《志》録。《留真譜》卷十一葉十三有書影，楊氏批《留真譜》云「今存飛青閣」。然楊氏諸書目中無此書，國内僅北大圖書館藏元刊殘本，當非楊氏舊藏。據傅增湘《藏園群書經眼録》載有宋刊本，「鈐有楊惺吾守敬及日本人印記」，《藏園訂補郘亭知見傳本書目》中又云宋刊本爲「楊守敬自東瀛携回者」，則楊氏此處或誤宋爲元。劉世珩曾將此宋本影刻行世，其跋云：「初，宜都楊鄰蘇老人獲之日本東京，著於《日本訪書志》，嗣刻《留真譜》於武昌，僅影刻一二葉。壬寅冬，老人以此書歸予，亟付黄岡陶子麟影刻。今年刻成，寄樣本來京師，正直居湖上扇子河善緣庵南廂校閲一過。豈僅以宋槧原本之所寶貴，而使世人見此瓌璧，藏珍海外幾六百年，仍還我中土，得復續五燈三焰，良非偶然。名山慧業，當於香南雪北，參金粟如來，共證此因緣也。時丙午閏夏二十有五夜倚鐙書。」所言極詳，可知其源流（唯其言「著於《日本訪書志》」則不察，楊《志》未録此書）。國圖存有宋本全帙（已收入《中華再造善本》中），其雖亦來自日本（卷末有墨題「享德壬申」云云），却非楊氏携歸者；又有殘存五卷之本，迭經汪士鐘、袁克文、陳澄中珍藏（另有五卷流入拍賣場），亦非楊氏舊藏；劉世珩另跋云其書每卷端有「東京溜池靈南街第六號讀杜草堂主人寺田盛業印記」「薩摩國鹿兒島郡寺田盛業藏書記」「向黄邨珍藏印」，知楊氏得於寺田氏或向山氏，除前舉諸印及楊氏、劉氏諸印外，另有「遊圃收藏」印，則當又轉入張乃熊處，一九四一年張氏將適園藏書轉讓文獻保存同志會，再入臺北「國圖」（參李紅英《寒雲藏書題跋輯釋》）。

釋氏要覽三卷 活字本

今在飛青閣。

龍按：森《志》著録活字刊本，據楊批森《志》録。此當爲日本慶長間古活字本，然楊氏諸書目未載。

悉曇字記一卷日本刊本

飛青閣得重刊本。

龍按：森《志》著録寶素堂藏舊刻本，據楊批森《志》録。楊氏曾受羅振玉之托刊刻此書，然未果（詳參前《帝範》條按語），羅氏後得此書之日本古寫本，並爲影印，其跋云：「予往在京師，亡友楊惺吾舍人守敬曾爲予在鄂中刻此書。辛亥國難，楊君避地上海，尚迻書言板固無恙，而未嘗見寄。及舍人物化，遂無從索取。然印本尚存行笈，蓋即據通行本重刊者，今邁此至古之善本，則彼刻之存亡不足計矣。」（《羅振玉學術論著集》第九集）知此刊本當亦刻成，然未及印行，楊氏致羅氏函云「足下之《悉曇字記》等板亦未燬，此後尚未可知也」（參劉信芳《楊守敬函稿》，《東南文化》一九八九年增一期），當即羅氏前云「迻書言板固無恙」者，然此後終致無存。

翻譯名義集七卷 舊刊摸宋槧本

飛青閣得活字本，即原於此本也。

龍按：森《志》著録容安書院藏本，據楊批森《志》録。楊氏所云活字本，即日本寬永間之古活字本，今存臺北故宫。《留真譜二編》卷一葉四七至四八有書影。

山家義苑二卷 宋槧本

龍按：森《志》著録寶素堂藏宋刊本，僅存卷上，今藏日本國立國會圖書館，前有「小島氏圖書印」「弘前醫官澁江氏藏書記」「養安院藏書」「向黄邨珍藏印」等印。前有識語云：「是册先考曾藏之，後伊澤柏軒得之一書估，以贈於澁江籀齋，籀齋頃贈曲直瀨正健，正健又贈之於余。展轉得再歸架中，可謂奇矣。庚戌初秋十又二日，考古家南軒曬書之時記。樫落生尚真。」知此書初爲小島尚質物，後流落書肆，伊澤柏

在向山黄村家。

軒購得後贈澀江道純，澀江氏又舉贈曲直瀨氏，正健復贈於小島尚質之長子尚真。此書國内無存。據楊批森《志》録。

佛果圜悟禪師碧巖録十卷 日本覆元刊本

龍按：森《志》著録，據楊批森《志》録，當即日本五山板。傅增湘《藏園訂補郘亭知見傳本書目》載此本云「此書宋元刊本中土均不存，賴此知其版式」。飛青閣得之。

三教出興頌 宋本

《三教出興頌》，宋本，一本，辛亥冬月賣於傅沅叔二十元。

龍按：據《鄰蘇園藏書目録》録。其書今存國圖，書前有「高山寺」印，又有楊氏鈐印及楊氏小像，另有「周暹」印。據傅增湘《藏園老人手稿·雙鑑樓善本書目》載云：「此余壬子在上海購之楊惺老家，惺老得自日本，卷中尚有『高山寺』朱記。」時間相鄰，或稍有誤記。又傅氏云其書「『貞』字缺末筆」。國圖藏本末有傅增湘識語云：「友人徐森玉近去，其藏書中有五山板《三教出興頌》、明鈔《環溪詩話》，均爲秘本，特以介於左右，祈鑒賞爲幸。此致叔弢三兄左右。增湘拜啓。」查周叔弢《癸未新收書目》，知其四月得徐氏書五種，除上二種外另有洪武本《説苑》、徐氏校本《蔡中郎集》及《古逸叢書》零本，此三種各價百元，惟前二種各三百元（參趙嘉等《弢翁古書經眼録標注》）。則傅氏於一九一一年購楊氏此書後，或又售於徐氏，三十二年後，又爲介轉售此書於周氏。

唐人書菩薩善戒經卷第三

此菩薩善戒經第三卷第六品唐鈔卷子本，首尾完具，書法流美，風骨儼然，當爲中唐人之作。以視蘇靈芝、王士則肉軟無骨者，相去天淵矣。或疑此卷亦日本人書，余謂不然。按《日本書記》紀其國入唐求法僧不絶於道，釋空海其最著者，歸國所携，寫爲《將來録》，今尚存。若天平十二年藤原皇后施舍《一切經》全部，至今卷子本往往見之。雖不題唐人年號，以余所見，《文館詞林》有神龍之記，《華嚴經義疏》有光化之籤，其字體、筆法皆與之合，又證以《房山石經》，亦爲合符。且此卷黃麻堅紉，與中土所存《轉輪王經》藏福山王氏、《鬱單越經》藏蘇州顧氏紙質無二。日本當唐代所產之紙皆白麻，理鬆而文皺，今其國所存釋空海、小野道風、嵯峨天皇墨跡皆可證。經生之筆在當時不過傭書者流，未必與於書家品騭，至今日則有極天下之選，盡一生之聰明才力，尚不能追其格度，古今人不相及，所以有世道升降之慨也。

此經通九卷，爲劉宋罽賓三藏法師求那跋摩等譯，宋、元《藏》在「賢」字號，高麗《藏》在「維」字號，明《藏》在「辭」字號。今以此卷合校，則多與宋、元、高麗《藏》本合，明《藏》則多異，足見書經翻刻一次，即多一次誤字，即內典亦然。其中亦有與宋、元、高麗三本異者，如「勤」作「懃」，「障」作「鄣」，「郭」作「墎」，「黎」作「棃」，「觸」作「臯」，「琉」作「瑠」，「差」作「荖」，「惱」作「惚」，「陵」作「淩」，「喜」作「憙」，「麤」作「麁」，「莊」作「疰」，「寂」作「家」，「貌」作「狠」，「網」作「冈」，「誡」作「戒」，「陷」作「掐」，或因通借，或沿當時俗體，不足爲異。至若「無」作「无」，「萬」作「万」，「三十」作「卅」，「四十」作「卌」，則本爲古字；又若「無儒」作「无儒」，「菩薩現徧化身」，「徧」作「是」，「持戒」下有「禁」字，「書寫讀誦解説」，「誦」下有「思維」二字，「名無上士調御大夫」，無「無上士」三字，「能得難得如來身故」，無「難得」二字，此又宋、元以下或衍或脱，故宋、元槧又不如唐抄之證。大抵日本古鈔吾儒經書，皆根源於隋、唐，遠勝於宋、元槧者，可類推矣。其他間有筆誤之字，如「化身」作「他身」，「粟特」作「粟持」，自可校而得之，然亦不數見也。

光緒戊申四月朔日，宜都楊守敬，時年七十又一，病新起，書不成字。

此卷籤題爲日本人日下東作書，東作號鳴鶴，爲日本書家巨擘，知其珍重，非常品也。守敬又及。

龍按：此《壬寅消夏録》所載楊跋，承魏小虎先生録文賜示。楊批森《志》云：「日本石山寺所藏唐人寫經，不下數萬卷，余留彼土時，極力購得數十卷。」下數卷或均屬此。

佛説文殊師利經

日本人所著《好古目録》稱此卷爲北魏人書，而卷後土屋祐學則題爲魚養書。考魚養爲日本千年上三書家之一，此卷既無印記，安能質言？當以《目録》所鑒爲定。

光緒壬午，楊守敬。

《佛説文殊師利五字瑜伽根本秘密大智神咒大陁羅尼》，此經余於壬午在日本得之，即據藤原貞幹《好古目録》定爲北魏人書，以其與中土元魏造象筆法合也。厥後得見元龜西京沙門徹定藏、天統黑田忠直藏兩寫經卷，乃知目爲元魏爲至確。至其國魚養書，則與唐寫經爲近，不辨此也。今以其經文詳考之，則無論宋、元、明、高麗諸《藏》無之，即唐釋道宣《唐内典録》、釋明佺等《大周刊定衆經目》、釋智昇《開元釋教録》、釋圓照《貞元釋教録》，皆無此經。再推而上之，隋釋法經、釋静泰《衆經目録》、費長房《歷代三寶記》、梁僧祐《出三藏記》，亦皆無之。是此經自元魏有傳本，當出自法顯、宋雲所齎來，梁、隋以下即以亡佚。雖《貞元釋教録》有《文殊師利根本〔五〕字陀羅尼經》一卷，疑是此經，然其題省去「瑜伽秘密大智神咒」等字，則亦未敢定爲是此經。即云圓照著録時所省，亦足見自唐之中葉已佚，非宋、元所得有。或疑此亦日本人學北魏人書，不知日本自余未東渡以前，所得中土碑刻無唐以上者，所傳元龜墨迹唯沙門徹定一通。自余以漢魏以下輸之，始争購北碑，此日本人所共認者，不可誣也。

光緒戊申四月，宜都楊守敬。

龍按：據魏小虎《〈壬寅消夏録〉卷次與品目的復原》（虞萬里主編《經學文獻研究集刊》第十九輯，上海書店出版社二〇一八年版）知有此跋，得魏小虎先生賜示全文，謹此致謝。另，端方致繆荃孫信云：「惺吾寫經，的是唐物，且非中國人所書。今日見一日本人，云渠見本國所藏寫經，皆唐時物，且多有日本年款，以其時考之，知爲唐物無疑。然則惺吾諸經，其爲日人所書無疑。惺吾乃侈爲北魏，真無據之談也。卓見適與鄙意相同，請即定爲唐代物可也。」(《藝風堂友朋書札》)則端方與繆荃孫皆以此非北魏之書，或亦未然。

唐人書法華信解品

余在日本所見古寫佛經，不下千卷，大抵黄麻紙，爲唐經生家之筆，未足語於書家品騭。唯此卷勁健峭拔，宛然小歐手腕。中土所傳《靈飛》《轉輪王》《鬱單越》等經雖精，終是經生家本色，未若此之縱横跌蕩，變化無方也。卷後記「法師信行寫經二千七百卷」，其文甚典雅，筆法與卷中悉同。末題「神護景雲元年」，當唐大曆二年，然係挖改，其原書似「天平神護三年」，考日本天平神護只二年，踰年改爲「神護景雲」，藏者見其不合，故改之與？然則此爲日人之筆，故其紙用白麻，與唐《藏經》箋不同。蓋日本古昔崇尚佛法，遣唐之使，不絶於道，所齎唐人寫經，何啻千萬，流風所被，故寫經者亦能自闢門庭，如空海、小野道風等所作，幾與顔、柳抗行，所以聲名文物卓然有以自立，不以區區三島，等諸自鄶，非偶然也。

宣統元年將付石印，記之。鄰蘇老人時年七十又一。

龍按：據《鄰蘇老人題跋》（《楊守敬集》第八册）録文。據楊跋知其於宣統元年石印行世，今所知僅國圖及日本大阪大學圖書館有藏。楊跋中辯「天平神護三年」或爲藏者因其不合而改爲「神護景雲元年」，然或非是。楊氏此以中國使用年號之慣例推測日本之事，實未能合。日人年號多立即生效，與中國必待次年方啓用不同。查天平神護確有第三年，於其年之八月十六日方改年號爲神護景雲（參《日本史年表》），則或可推測此處所改即抄者改之，其當寫於此年八月十六日後不久，方知年號已改，至有此挖改之舉。

唐人殘經册

唐經生書，例不缺國諱，無論墨蹟，房山石刻數千通，可覆按也。江鄭堂所見不廣，以不缺唐諱，定爲宋人書；又以此紙唐時所無，不知此黄麻紙正唐人寫經通用，宋人例用白麻，間有黄麻，不以寫經，以希有故也。且宋人亦無此字體。余所藏寫經如此者，亦有數卷，末有日本「天平」年號，「天平」值唐之中葉，蓋從唐土齎去，而記其施捨之年者。吴荷屋自是鑒賞家，但據石刻定之，已如坐照，惜不以余本一證論之。

光緒丁未三月楊守敬記。

又一跋

據吴石雲手跋，此册皆係東方之藏，三分之：前五紙以贈石雲，後十頁以贈葉雲谷，其續裝四頁半，當爲東方自留，又爲石雲所得，至孔廣陶乃並得而重裝之。此册書法至佳，吴荷屋謂與《七寶轉輪王經》如出一手，定爲初唐人書，誠然。然謂非經生之筆則未確。余見日本古寫經如此者甚多，余亦得數卷，蓋唐代崇尚佛法，一時風尚所趨，皆以佳紙寫經，亦自成一家眷屬，雖精如《靈飛》，亦經生筆也。

宣統元年四月楊守敬記。

又一跋

余在日本得唐人寫經數十卷，其佳者往往與此相伯仲。觀中土所存唐人經卷，其用筆結體、紙質與此絶無少異，可見是唐人之筆，爲日本所齎去，蓋日本遣唐之使，不絶於道也。況黄麻堅紉，的是唐代之製。日本當唐時所造係白麻，質亦甚鬆。空海故工書，今日本所遺留者，行草爲多，以此爲空海之筆，恐日本人亦不許也。要之此非宋以下所能動一筆，此時代壓之，不論中外也。

宣統元年四月楊守敬記。

龍按：據《鄰蘇老人題跋》（《楊守敬集》第八册）録文。另《壬寅消夏録》亦有首則，末署云「光緒丁未三月宜都楊守敬時年七十」。

另，黑龍江省圖書館藏《大般若波羅蜜多經》卷三百六十三，後有跋云：「唐經生寫經字具有法度，及今頗有存者。此卷一楊姓自日本購歸，共五六卷，余擇其一，可莊修撰得其一。可莊一卷筆意似魯公，此卷多用歐、褚法。紙色古潔，當是晚唐經生極經意之作。其餘數卷皆不及此。然無收藏印記，想留存古刹近千年，尚未入文人手也。丙申四月記。」卷首又有題記云：「是卷楊君守敬收之東瀛。先君得之，迄今已四十餘年。曾著《古緣萃録》。中卷首標題下署一『贇』字，無可考證。頃讀張米庵《真蹟日録》內載《研北雜志真蹟》有一則云『余家有後唐人洪贇所書《放生軌儀》一卷，行筆精緊，有殷叙畫沙之妙，不知何人而楷法如此』，題云『長興元年歲次庚寅九月一日，寓四大天王寺金毗羅院，於藏經中鈔寫漢命《放生軌儀法》一卷，文林郎前攝梁州司馬洪贇書』……先君鑒定爲晚唐人書，尤足相證。唐人寫經近年出自敦煌石室者頗多，聞有署名，然其人不可考者，亦不易覯也。丙寅立夏後五日四月朔，福瀛題記。」知爲邵松年購自楊守敬者，後經其子邵福瀛遞藏，終歸黑龍江省圖書館（參金鳳、王延榮《黑龍江省圖書館館藏寫本〈大般若波羅蜜多經〉源流探究》，《圖書館建設》二〇一一年第二期），其前雖無楊氏題跋，然亦爲日本訪書之跡，暫附於此。

大般若波羅蜜多經卷第一百五十八 唐人寫經

唐人書佛經殘本，存一百二十三行，余得自日本。書法雖不工，然用筆皆古法，故非後人所能也。

光緒癸未宜都楊守敬記。

龍按：此爲顧鐵符舊藏楊守敬題唐寫經，有楊守敬印，據西泠印社二〇一九秋季十五周年拍賣會圖録録文。

華嚴經音義二卷 舊鈔卷子本

此徹定所藏，書法絶佳，余影照得之，擬刻之，未能也。

古寫本《〔華〕嚴經音義》絶精，藏日本西京某寺，余以洋法影照，擬刻未成。

龍按：森《志》著録「舊鈔卷子本，三緣山某院藏」，《留真譜初編》卷十一葉十有書影。據楊批森《志》及楊批《留真譜》録文。

佛説須真天子經

此本今存遵義黎氏。

龍按：《留真譜初編》卷十一葉二四有書影。據楊批《留真譜》録文。

善見律毗婆沙十八卷 唐寫本

此册書法至佳，吴荷屋謂與《七寶轉輪王經》如出一手，定爲初唐人書，誠然。然謂非經生之筆則未確。余所見日本古寫經如此者甚多，余亦得有數卷，蓋其時風尚所趨，非精紙佳墨不以爲卷，故經生所作亦自成一家眷屬，雖精如《靈飛》，亦經生筆也。余〔嘗〕（當）謂古今人不相及，如此等書在當時不過傭書流，至今日則有極天下之選，盡畢生之聰明才力不能與之抗行，時代所壓，不可强也。

宣統元年三月，楊守敬記，時年七十有二。

龍按：此雖非楊書，然楊跋中言及其於日本所得佛經，亦可視爲日本訪書之餘。故據《上海圖書館善本題跋輯録》録文。另，此條與前《唐人殘經册》部分語句重複，然一者字句亦有小異，二者此爲跋《善見律毗婆沙》者，則或可知前條所謂「唐人殘經」之細目。

前蜀王鍇書妙法蓮華經

此卷無書人姓名，而題爲「前蜀王鍇書」者，以鄭琰跋言「於塔内散帙中繙閲刊經一卷，有硃署『武成三年』字」，宋銑詩跋遂指爲王鍇筆。以鍇於武成二年曾除中書侍郎平章事，又以《金壺記》稱「鍇好寫《藏》經」，遂以屬之。以後諸家皆因之。其實有「武成三年」題者，别爲刊經一卷，非此册也。余從日本得唐人寫經數百卷，其最佳者亦數十卷，以此册格意對之，無不吻合，自是唐經生家筆法。此卷當在唐中葉以前，以《單越經》《靈飛經》照之，其格意與中土《七寶轉輪王經》相似。其後寫經已覺漸趨甜熟，緣開元以後，唐明皇、蘇靈芝筆意無此勁健矣，《房山石經》可按也。王錯者，雖好寫經，然時代壓之，必無此格力也。而諸家必以屬之者，良由中土唐人寫經存者頗少，故致有此品騭，若縱觀百餘卷，當必有定論矣。嘗謂唐經生書，大抵筆勁快，少含蓄之致，故不入書家品韻。而至今日則有極天下之選，盡一生之聰明才力，而不能望其矩度，古今人不相及，所以有時代升降之慨也。

光緒丁未三月楊守敬記。

龍按：據《鄰蘇老人題跋》（《楊守敬集》第八册）録文。

大方便佛報恩經

此卷自第二卷「對治品第三」起至「發菩提心第四」止，二百四十八行，行三十四字。日本有杉（本）（木）仲温者，頗識宋、元槧本，一日告余云：「有蘇東坡書經卷，願得之乎？」余笑訾之，問：「有款識乎？」曰：「無有。」「既無款識，安得附會？」仲温曰：「此吾國相傳如此，非浪語也。」既而以經卷來，其書法果佳，爰以世傳長公書《四十二章經》及《歸去來辭》石刻校之，神理實合，他人不能下一筆也，乃破慳得之。余又深幸其無款識，故終爲我得。若鈐一「趙郡蘇氏印」，則日人且球圖秘之矣。問此爲第二卷，當復有數卷，則云不可蹤跡矣。考《報恩經》本爲七卷，宋《藏》在「器」字函，失譯人姓名，云出後漢録。然則此卷爲佛書初入中國之始，與《四十二章經》同爲邃古，故長公書之，當日必書其全七卷，公故好禪悦，不得以篇幅之長難之。故其款識、題跋，當在首、尾卷中。尤可證者，日本所藏古佛經卷，大抵紙高七八寸，烏絲欄不過五六寸。此獨烏絲高八寸，界畫爲兩層，不知何故。余見日本古寫佛經不下千卷，無如此式者。或東坡故以示異於佛子之所爲耶？昔人稱東坡善製墨，故所書沉沉如小兒精。此卷墨色黝黑，而光采煥發，即使買「王」得「羊」，亦不差遠意。至其經中文字，以高麗《藏》、宋、元《藏》本校之，異同不下數百字，無論近刻詳《續群書拾補》，然非熟於《翻譯名義》，不能決其是非，以俟精内典者審焉。

宣統元年閏二月宜都楊守敬記，時年七十有一。

龍按：據《鄰蘇老人題跋》（《楊守敬集》第八册）録文。

大集經月藏分十卷 日本古鈔本

此卷書寫年月雖若草率不經意，而古雅秀麗，當是八九百年物。末有「文安二年」題識，則後人之筆也。

守敬乙酉冬。

龍按：此下四條均據國圖所藏原本手跡録出。

彌勒菩薩所問本願經一卷 日本古鈔本

按日本康治元年當宋高宗紹興十二年，此書雖不工，頗有蕭散之致。

乙酉冬守敬記。

大乘入楞伽經七卷 日本古鈔本

《大乘入楞伽經》七卷完具，無書寫年月，然當在八九百年間，觀此卷首尾書題猶是唐經生格律。

乙酉冬日守敬記。

大乘理趣六波羅蜜多經十卷 日本古鈔本

古鈔《大乘理趣》六卷之一。惺吾得於日本。

乙酉冬日記。

佛説攝諸善根經亦名華手經序品第一 摹日本古鈔本

右二卷首尾完具，西京某氏藏，余從巖谷誠卿轉借得摹之。

龍按：《留真譜初編》卷十一葉三一有書影，據楊守敬手跡録。

古鈔殘經 摹日本古鈔本

巖谷修持贈，絶佳。

龍按：據張景栻、張旻《楊守敬舊藏日本卷子本目録》，知爲張氏藏品。

大藏經一千九百十六部八千五百三十四卷 日本明治弘教書院縮刻小字本

以上自「天」至「霜」，總四十帙，四百十八册，一千九百十六部，八千五百三十四卷。此日本明治間東京弘教書院僧徒以高麗《藏》本及宋、元、明《藏》本校其異同，又增以其國古抄本爲諸《藏》所不載者，用活字板印行。爲目録於卷首，誠爲彼教中盛業。其中「傳記部」「纂集部」「目録部」可以考彼教源流、宗派；「護教部」則多隋唐以前古文；「音義部」中如慧琳之《一切經音義》、希麟之《續一切經音義》爲中土久佚之本，尤小學之淵藪，藝林之鴻寶也。

惺吾識。

龍按：《故宫所藏觀海堂書目》「釋家類」第一種即録此書，此據《增訂叢書舉要》（《楊守敬集》第七册）録。

佛説諸福田經 古鈔本

古鈔《佛説諸福田經》，首有殘缺，存四紙，一百二行，首一段蓋又别一卷之殘剩，舊粘連爲一卷，仍之。日本人指首段類爲北魏人書，指《福田經》之類爲北齊人書，固無確證。卷末有天平勝寳六年鑒貞題記，當中國唐玄宗天寳十三年，則亦千年以上物也。守敬。

龍按：此卷張景栻藏，據張景栻、張旻《楊守敬舊藏日本卷子本目録》録文。

唐成都府大慈寺净土經

右唐人寫經殘卷，舊爲宋漫堂布施於廬山開先寺者，今爲易子石父所得。爲蟲所蝕，首尾不具，蓋俗僧不知愛惜，石父從破櫝中搜出者。第三行題「成都府大慈寺沙門藏川述贊」，第四行首缺四字，下有王授記四衆逆修生七往生净土經。案《新唐志》「至德二年，改蜀郡爲成都府」，曹學佺《名勝志》引《通志》云「大慈寺，唐至德年建」，是此卷當作於唐之中葉。而僧贊寧《高僧傳》不載藏川之名。宋、元、明三《佛藏》及高麗《藏》，皆不録此經。即是則此爲佛經逸篇，正未知天竺尚有梵策否也。據翁覃溪跋，稱漫堂題爲唐末人書。不必定屬朱繇，當亦相去不遠。余按朱繇爲朱梁時人，《圖畫見聞志》稱其工畫佛道，酷類吴生。此卷有釋迦牟尼佛會圖，殊爲精妙，因以附會之。但其兩籤題與後文經贊，實爲一手書，筆法生峭，脱胎柳誠懸。今存房山唐石刻，已趨甜熟，無此風格，何論朱梁？所惜中土古寫佛經，散佚於兵燹。今世所存墨本，第有《靈飛》《兜沙鬱單越轉輪王》等經。而《靈飛》最著，袁清容直目爲鍾紹京書，不知紹京題升仙太子碑陰，在武后聖曆二年，《靈飛》寫於開元二十六年，時代隔越，何能相擬？余所見日本東大寺、高山寺、法隆寺所藏古經，黄麻堅韌，的爲唐人書者，不下數千卷。可謂目不周玩，情不給賞，而皆無書者姓名余所得亦數十卷，正不必指爲某名人之筆而後足珍也。余常謂唐人寫經，在當時不過傭書者流，未必與於書家品騭，至今日則有極天下之選，盡一生之聰明才力，尚不能追其格度。古今人不相及，所爲有世道升降之慨也。

光緒乙巳仲冬十有二日，宜都楊守敬記於鄂城菊灣。

龍按：此經與日本無關，然楊跋中言及於日本所得古經事，亦可相證，故據陳廷湘、李德琬主編《李思純文集·未刊論著卷》中《大慈寺考》録之。

廬山蓮宗復教録二卷元刊本

余在日本收羅古經爲《佛藏》所未載者，自僧一行以下凡百餘種，此《廬山〔復〕（佛）教録》亦未見。

壬子仲冬記於上海，楊守敬。

龍按：此跋僅爲觀款，書非楊氏所有，然跋中言及其日本收羅古經事，故據整理者自藏周氏民國七年影印本末附手跡録入。書末另有傅增湘跋云：「會賢耦妙顔夫人示疾，發願以尤所珍愛之宋槧《諸史提要》《莊子口義》二書易資，以流通經典。既歸吾齋，因檢此帙奉貽，冀選工摹勒，以備一種。」檢周景良《丁亥觀書雜記：回憶我的父親周叔弢》云「印《廬山復教集》是爲了替許氏母親祈福」，亦可相證，書印成後即「今中閨安穩，福因圓滿，善緣感應，良非偶然」。故知此爲周氏以宋本由傅氏處易得者。傅氏跋雖云「選工摹勒」，然觀其書，當爲影印之本，《中國古籍總目》録民國七年本云「影印元刻本」，民國十三年本則云「影刻本」，《弢翁藏書年譜》附書影一頁，與影印本確乎不同，影印本上下魚尾間距較小，刻本則較大。又據前引周景良文云「印《廬山復教集》也是既用石印法影印，又用木版刻印」，知確有二種，周景良據《寒山子詩》一書之影、刻推測當「先照相，再用薄紙印成珂羅版，再覆上木板雕刻」，知周叔弢爲付刻之精美，當先影印之，再以影印之本上木。

傅氏《雙鑑樓善本書目》手稿初將此書置於元刊本中，觀後附沈曾植、楊守敬跋亦可知，後周叔弢印行時仍作元本，然傅氏撰《藏園群書經眼録》時則標爲朝鮮古刻本，或傅氏讓於周氏之本確爲元刊，自留朝鮮本歟？據《弢翁藏書題跋・年譜》（增訂本）云「弢翁另藏此書高麗刻本一部」，則傅氏另本或仍歸周氏。今此二本均未知存處，無從辨析。魯迅一九二二年正月二十七日日記載云：「許季上來，不值，留贈《廬山復教案》二部二本。」《魯迅全集》當誤「集」爲「案」，故於注釋中云「未詳」。此當即周氏民國七年影印本。

日本法隆寺造象記

此《日本法隆寺造象記》。按狩谷望之《古京遺文》云：「釋迦佛像，上宮厩户皇子妃爲皇子所造，在法隆寺金堂，記刻在光燄背。天平廿年，《法隆寺資財帳》云守敬按，有刻本一册『王后敬造』者謂此也。按：上宮法王帝説太子娶膳臣傾子女、蘇我馬子女及尾張王女橘王，而膳氏先太子薨，則《資財帳》所云王后非蘇我氏則橘王也。寺僧謂「山背大兄王造者」，謬傳耳。上宮法王帝説謂法興元世一年者，是時厩户皇子與蘇我大臣謀興隆佛法守敬按法興寺成於推古四年，當隋文帝開皇十七年，故云爾，非年號也，辛巳推古天皇廿九年，癸未推古天皇卅一年也，鬼前太后乃斥穴大部間人女王，是厩户皇子之妣，其謂之鬼前，未詳何義。

明年壬午，推古天皇三十年，王后即厩户皇子之妃膳部氏，諱菩岐岐美郎女，即傾子臣之女也，翌日謂二十二日。則知厩户皇子以推古天皇三十年二月二十〔二〕〔三〕日薨，《法隆寺繡帳文》亦云歲在辛巳十二月廿一日癸酉日入，孔部間人母王崩。明年二月廿二日甲戌夜半，太子崩，正與此合。《推古天皇紀》云廿九年二月己丑朔癸巳五日半夜，厩户豐聰耳皇子命薨，蓋史筆之誤，當以是記及《繡帳》爲正也。安隱即安穩，《説文》新附云『穩，安也，古通隱』，按『穩』字古所無，鄭《尚書注》、《漢鄘閣頌》『穩』皆作『隱』，佛經亦多用『安隱』字。；岍即岸字，見北齊《劉碑造象銘》。鞍首止利佛師，《推古天皇紀》作鞍作鳥，鳥祖司馬達等以繼體天皇十六年四月歸化，見《扶桑略記》守敬藏本三十卷，殘缺，存十四卷。鳥爲造佛之工，亦見《推古天皇紀》。按《敏達天皇紀》鞍部村主司馬達等，《用明天皇紀》云鞍部多須奈，蓋司馬其本姓，而達等歸化之後，賜鞍部姓也。其云鞍首，云鞍部村主，云鞍作，皆同。」

守敬按：狩谷望之字掖齋，湯島人，日本文政間學者，撰有《古京遺文》二卷，皆日本南都以前古刻按日本遷都山城，曰平安城，在延曆十三年，當唐德宗貞元十年，考證精博，稿本未刊，故持録之。唯考諸年表，唐高祖四年辛巳爲日本推古天皇廿七年，武德六年癸未爲推古天皇廿九年，望之則以辛巳爲推古廿九年，癸未爲推古三十一年，相差二年。望之博極群書撰有《和名類聚鈔箋注》，精核絶倫，不容有誤，俟再詳之。

光緒壬寅五月九日宜都楊守敬記於兩湖書院。

又按：推古天皇即位於隋開皇十三年癸丑，推古辛〔巳〕（丑）實二十九年，癸未實三十一年，望之不誤。守敬再記。

此上中間拓本，亦法隆寺金堂藥師佛造像記。《古京遺文》云：「天平廿年《法隆寺資財帳》所載即是像也。記在光燄背。池邊大宫治天下天皇後謚曰用明天皇，丙午其元年當陳後主至德元年，小治田大宫治天下大王天皇後謚曰推古天皇，丁卯其十五年也當隋煬帝大業三年，太子及東宫聖王並謂厩户皇子，仕奉猶言奉造。河内國西琳寺僧總持記載天平五年緣起云，天忍羽廣庭天皇己卯年九月七日，始大山上文首阿志高時率諸親屬等仕奉此寺，並阿彌陀丈六佛像，注云仕奉者，造佛立寺之詞也。」

右下兩傍題各亦在法隆寺金堂，記光燄背。《古京遺文》云按孝德天皇白雉元年當唐高宗永徽九年紀云，是歲漢山口直大口奉詔刻千佛像。按《姓氏録》六卷，萬多親王撰「直」亦作「費」，見神護景雲元年當唐代宗大曆三年三月及寶龜四年當唐代宗大曆八年五月紀，《欽明天皇紀》又有河内直，引《百濟本紀》作「加不至費直」，其曰「直」、曰「費」、曰「費直」，皆假借價直字，即此所言山口大口費，即紀所載山口直大口也。是像豈所謂千佛之一耶。又按《姓氏録》蕃別載山口宿禰，云後漢靈帝之後，蓋改直，賜宿禰也。《姓氏録》又有皇別山口朝臣武内宿禰之後，故紀云漢以分之，藤蒙齋《好古小録》二卷，藤貞幹撰以爲韓人，非是。又《姓氏録》蕃別有蜂田藥師出自吴主孫權，德保或其後也。鐡疑即鐵字，矴字未詳。德保所造像，形勢與大口所造像略同，且記文如出一手，則其造亦在白雉元年也。記所謂「上者」猶言「首領」，《現報靈異記》三卷，沙門景戒撰，鈔本謂「國守」爲「國上」，是也。

此造如來、觀世音、天勢主三像記，亦在法隆寺金堂，而狩谷望之《古京遺文》不載者，以其在遷南都後也。文云承德年中，白波入金堂，侵佛像，盜道具。山本由定云白波者，緑林之別稱也。因金堂佛像道具爲白波盜去，故寬喜三年再鑄此三象，至貞永九年以之供養，刻以記之。案承德爲日本掘河天皇第四改元年號，當宋哲宗紹聖、元符間；寬喜爲日本後掘河天皇年號，三年當宋理宗紹定四年；貞永爲日本四條天皇子秀仁年號，當紹定六年。案釋迦佛像、藥師佛像在推古時，其文字亦古；此造象當四條時，其文字遂覺纖弱。古今人不相及，中外皆然。守敬。

龍按：端方曾收藏法隆寺造像拓本，楊守敬於光緒二十八年爲題四跋，拓片上另有李葆恂跋。此據《二〇一二泰和嘉成拍賣有限公司：古物同欣——金石碑版專場》拍賣圖録所附圖片迻録。

參考文獻

楊伯峻編著《春秋左傳注》（修訂本），中華書局一九九〇年版
佚名編選《唐鈔文選集注彙存》，上海古籍出版社二〇〇〇年影印本
［唐］玄奘、辯機原著，季羨林等校注《大唐西域記校注》，中華書局一九八五年版
［唐］楊上善撰注，錢超塵、李雲校正《黄帝内經太素新校正》，學苑出版社二〇〇六年版
［唐］吴兢撰，謝保成集校《貞觀政要集校》（修訂本），中華書局二〇二一年版
傅璇琮、陳尚君、徐俊編《唐人選唐詩新編》（增訂本），中華書局二〇一四年版
［宋］王安石著，董岑仕點校《王安石詩箋注》，中華書局二〇二一年版
［宋］楊萬里撰，辛更儒箋校《楊萬里集箋校》，中華書局二〇〇七年版
［宋］楊萬里著，薛瑞生校箋《誠齋詩集箋證》，三秦出版社二〇一一年版
［元］柳貫著，魏崇武、鍾彦飛點校《柳貫集》，浙江古籍出版社二〇一四年版
［清］端方、繆荃孫輯，魏小虎點校《壬寅消夏録》，上海書畫出版社二〇二四年版
［清］黎庶昌著，黎鐸、龍先緒點校《黎庶昌全集》，上海古籍出版社二〇一五年版

[清]羅振玉撰《羅振玉手札》,上海書畫出版社二〇〇七年版
[清]羅振玉著,羅繼祖主編、王同策副主編《羅振玉學術論著集》,上海古籍出版社二〇一三年版
[清]繆荃孫著,張廷銀、朱玉麒主編《繆荃孫全集·日記》,鳳凰出版社二〇一四年版
[清]繆荃孫著,黄明、楊同甫標點《藝風藏書記》,上海古籍出版社二〇〇七年版
[清]莫友芝撰,傅增湘訂補《藏園訂補郘亭知見傳本書目》,中華書局二〇〇九年版
[清]潘祖蔭著,蔣雲柯、蔣偉平整理《潘祖蔭日記》,鳳凰出版社二〇二三年版
[清]邵懿辰撰,邵章續録《增訂四庫簡明目録標注》,上海古籍出版社二〇〇〇年版
[清]孫星衍撰,焦桂美、沙莎標點《平津館鑒藏記書籍·廉石居藏書記·孫氏祠堂書目》,上海古籍出版社二〇〇八年版
[清]譚獻著,范旭侖、牟曉朋整理《復堂日記》,河北教育出版社二〇〇一年版
[清]蕭穆《敬孚類稿》,《續修四庫全書》第一五六一册,上海古籍出版社二〇〇二年影印本
[清]蕭穆著,蔣明恩、黄晨晨整理《蕭穆日記》,鳳凰出版社二〇二四年版
[清]楊守敬撰《晦明軒稿》,《楊守敬集》第五册,湖北人民出版社一九九七年版

［清］楊守敬編《鄰蘇老人年譜》，日本西東書房一九一二年版
［清］楊守敬撰《鄰蘇老人題跋》，《楊守敬集》第八册，湖北人民出版社一九九七年版
［清］楊守敬撰《鄰蘇老人書札》，國家圖書館藏本
［清］楊守敬編《鄰蘇園藏書目》，國家圖書館藏本
［清］楊守敬編《鄰蘇園藏書目録》，上海辭書出版社二〇〇九年版
［清］楊守敬撰《日本訪書志》稿本，重慶圖書館藏本
［清］楊守敬撰《日本訪書志》，鄰蘇園刊本，日本國立國會圖書館藏本
［清］楊守敬撰《日本訪書志》，鄰蘇園刊本，日本公文書館藏
［清］楊守敬撰《日本訪書志》，《續修四庫全書》第九三〇册，上海古籍出版社二〇〇二年版
［清］楊守敬撰《日本訪書志》，《日本藏漢籍善本書志書目集成》第十册，北京圖書館出版社二〇〇三年版
［清］楊守敬撰《日本訪書志》，《宋元明清書目題跋叢刊》第十九册，中華書局二〇〇六年影印版
［清］楊守敬編《留真譜》，楊守敬刊本，日本公文書館藏

［清］楊守敬《留真譜初編、二編》，鄰蘇園刊本，日本國立國會圖書館藏本

［清］楊守敬編《留真譜》，北京圖書館出版社二〇〇四年版

［清］楊守敬、［日］森立之撰，陳捷整理《清客筆話》，《楊守敬集》第十三册，湖北人民出版社一九九七年版

［清］楊守敬原編，李之鼎補編《增訂叢書舉要》，《楊守敬集》第七册，湖北人民出版社一九九七年版

［清］楊守敬撰，王重民輯《日本訪書續記》，《圖書館學季刊》第二卷第三期

［清］楊守敬撰，王重民輯《日本訪書志補》，中華圖書館協會一九三〇年版

［清］楊守敬撰，劉昌潤整理《日本訪書志》，《楊守敬集》第八册，湖北人民出版社一九九七年版

［清］楊守敬撰，張雷校點《日本訪書志》，遼寧教育出版社二〇〇三年版

［清］葉昌熾著《緣督廬日記》，廣陵書社二〇一四年影印本

［清］葉德輝著，漆永祥點校《書林清話（外二種）》，北京聯合出版公司二〇一八年版

［清］葉德輝撰，楊洪升點校，杜澤遜審定《郋園讀書志》，上海古籍出版社二〇一〇年版

劉玉才、稻畑耕一郎編《日本國會圖書館藏宋元漢籍選刊》，鳳凰出版社二〇一三年影

印本
馬克主編，林鋭整理《端方存札》，北京聯合出版公司二〇二三年版
錢基博整理編纂《復堂師友手札菁華》，人民文學出版社二〇一五年版
《北京大學圖書館藏古籍善本書目》，北京大學出版社一九九九年版
《第一批國家珍貴古籍名録圖録》，國家圖書館出版社二〇〇八年版
《第二批國家珍貴古籍名録圖録》，國家圖書館出版社二〇一〇年版
《第三批國家珍貴古籍名録圖録》，國家圖書館出版社二〇一二年版
《纍牘——古籍善本名人手札專場》，敬華（上海）拍賣股份有限公司二〇一七年春季拍賣會圖録
《文房清玩·近現代名家篆刻專場》，西泠印社二〇一二年春季拍賣會圖録
《中國古籍總目·經部》，中華書局、上海古籍出版社二〇一二年版
《中國古籍總目·史部》，中華書局、上海古籍出版社二〇〇九年版
《中國古籍總目·子部》，中華書局、上海古籍出版社二〇一〇年版
《中國古籍總目·集部》，中華書局、上海古籍出版社二〇一二年版

《中國古籍總目·叢書部》，中華書局、上海古籍出版社二〇〇九年版
《中國古籍總目·索引》，中華書局、上海古籍出版社二〇一三年版
《中華再造善本總目提要》，國家圖書館出版社二〇一三年版
陳福康著《鄭振鐸年譜》（修訂本），上海外語教育出版社二〇一七年版
陳捷著《人物往來與書籍流轉》，中華書局二〇一二年版
陳廷湘、李德琬主編《李思純文集·未刊論著卷》，巴蜀書社二〇〇九年版
陳先行、郭立暄編著《上海圖書館善本題跋輯録》，上海辭書出版社二〇一七年版
程焕文、沈津、王蕾主編《二〇一四年中文古籍整理與版本目録學國際學術研討會論文集》，廣西師範大學出版社二〇一五年版
程翔章、程祖灝編著《楊守敬年譜》，華中師範大學出版社二〇二二年版
鄧邦述撰，金曉東整理《群碧樓善本書録·寒瘦山房鬻存善本書目》，上海古籍出版社二〇一四年版
董康著，朱慧整理《書舶庸譚》，中華書局二〇一三年版
傅增湘撰《藏園群書題記》，上海古籍出版社一九八九年版
傅增湘撰《藏園群書經眼録》，中華書局二〇〇九年版

傅增湘撰，王菡整理《藏園群書校勘跋識録》，中華書局二〇一二年版
傅增湘著，傅熹年整理《藏園老人手稿》，中華書局二〇二〇年版
顧廷龍校閲《藝風堂友朋書札》，上海古籍出版社一九八一年版
何澄一編撰《故宫所藏觀海堂書目》，北平故宫博物院圖書館一九三二年版
金程宇著《域外漢籍叢考》，中華書局二〇〇七年版
金程宇著《東亞漢文學論考》，鳳凰出版社二〇一三年版
李國慶編著，周景良校定《弢翁藏書年譜》，黄山書社二〇〇〇年版
李國慶編著，周景良校定《弢翁藏書題跋·年譜》（增訂本），紫禁城出版社二〇〇七年版
李紅英著《寒雲藏書題跋輯釋》，中華書局二〇一六年版
李開軍撰《陳三立年譜長編》，中華書局二〇一四年版
李盛鐸著，張玉範整理《木犀軒藏書題記及書録》，北京大學出版社一九八五年版
李小龍著《書舶録：日本訪書詩紀》，生活·讀書·新知三聯書店二〇一九年版
李小龍著《和刻漢籍善本考録》，天津古籍出版社二〇二四年版
李玉編《北京大學圖書館日本版古籍目録》，北京大學出版社一九九五年版
李子君著《宋代韻書史研究——〈禮部韻略〉系韻書源流考》，社會科學文獻出版社二〇一一

六年版
梁啓超著《飲冰室合集》，中華書局一九八九年版
劉薔著《天禄琳琅知見書録》，北京大學出版社二〇一七年版
劉玉才主編《從鈔本到刻本：中日〈論語〉文獻研究》，北京大學出版社二〇一三年版
羅振常撰，汪柏江、方俞明整理《善本書所見録》，上海古籍出版社二〇二〇年版
馬月華著《〈古逸叢書〉研究》，北京大學出版社二〇一五年版
潘宗周編，余彦焱、柳向春標點《滂喜齋藏書記·寶禮堂宋本書録》，上海古籍出版社
二〇〇七年版
沈津著《書城挹翠録》，上海社會科學院出版社，一九九六年版
宋兆霖主編《鄰蘇觀海：院藏楊守敬圖書特展》，「國立」故宫博物院二〇一四年版
蘇桂亮、〔日〕阿竹仙之助合編《日本孫子書知見録》，齊魯書社二〇〇九年版
宿白著《唐宋時期的雕版印刷》，生活·讀書·新知三聯書店二〇二〇年版
沈津《書城挹翠録》，上海社會科學院出版社一九九六年版
孫猛著《日本國見在書目録詳考》，上海古籍出版社二〇一五年版
萬曼著《唐集叙録》，中華書局一九八〇年版

汪詒年纂輯《汪穰卿先生傳記》，中華書局二〇〇七年版
王寶平主編《中國館藏和刻本漢籍書目》，杭州大學出版社一九九五年版
王肇文編《古籍宋元刊工姓名索引》，上海古籍出版社二〇一二年版
王重民撰《中國善本書提要》，上海古籍出版社一九八三年版
武茂昌《楊守敬藏書目的整理與研究》，首都師範大學二〇〇八年碩士學位論文
嚴紹璗編著《日藏漢籍善本書録》，中華書局二〇〇七年版
楊君著《域外漢籍傳播與中韓詞學交流》，上海古籍出版社二〇一七年版
楊先梅輯，劉信芳校注《楊守敬題跋書信遺稿》，巴蜀書社一九九六年版
張伯偉編《朝鮮時代書目叢刊》，中華書局二〇〇四年版
張元濟撰《張元濟全集》第八卷，商務印書館二〇一〇年版
張元濟撰《張元濟全集》第十卷，商務印書館二〇一〇年版
張元濟、傅增湘撰《張元濟傅增湘論書尺牘》，商務印書館一九八三年版
周采泉著《杜集書録》，上海古籍出版社一九八六年版
周叔弢撰，趙嘉、王振偉、郭漢臣、齊彩虹標注《弢翁古書經眼録標注》，上海古籍出版社二〇二一年版

祝尚書著《宋人别集叙録》(增訂本),中華書局二〇二〇年版
祝尚書編《宋集序跋彙編》,中華書局二〇一〇年版
〔日〕阿部隆一《楊氏觀海堂善本解題:中國訪書志一》,慶應義塾大學附屬斯道文庫一九七〇年版
〔日〕倉石武四郎編拍《舊京書影》,人民文學出版社二〇一一年版
〔日〕長澤規矩也《長澤規矩也著作集》第一卷,日本汲古書院一九八二年版
〔日〕長澤規矩也《長澤規矩也著作集》第二卷,日本汲古書院一九八二年版
〔日〕川瀨一馬著《五山版の研究》,日本古書籍商協會一九七〇年版
〔日〕島田翰撰,杜澤遜、王曉娟點校《古文舊書考》,上海古籍出版社二〇一四年版
〔日〕岡西爲人著《宋以前醫籍考》,人民衛生出版社一九五八年版
〔日〕喬秀岩、葉純芳著《文獻學讀書記》,生活·讀書·新知三聯書店二〇一八年版
〔日〕澁江全善、森立之等撰,杜澤遜、班龍門點校《經籍訪古志》,上海古籍出版社二〇一四年版
〔日〕森立之撰《經籍訪古志》(初稿本),《日本藏漢籍善本書志書目集成》第一册,北京圖

書館出版社二〇〇三年版
〔日〕狩野直喜著《舊鈔卷子本莊子殘卷校勘記》，日本東方文化學院一九三二年版
〔日〕尾崎康著，喬秀岩、王鏗編譯《正史宋元版之研究》，中華書局二〇一八年版
〔日〕歷史學研究會編《日本史年表》（增補版），日本岩波書店一九九五年版

書名索引

D

G

H

J

K

T

W

X

Y